반공의 시대

반공의 시대

한국과 독일, 냉전의 정치

김동춘·기외르기 스첼·크리스토프 폴만 외 지음
안인경·이세현 옮김

2015년 3월 2일 초판 1쇄 발행
2019년 10월 21일 초판 2쇄 발행

펴낸이 한철희 | 펴낸곳 돌베개 | 등록 1979년 8월 25일 제406-2003-000018호
주소 (10881) 경기도 파주시 회동길 77-20 (문발동)
전화 (031) 955-5020 | 팩스 (031) 955-5050
홈페이지 www.dolbegae.co.kr | 전자우편 book@dolbegae.co.kr
블로그 imdol79.blog.me | 트위터 @Dolbegae79

책임편집 소은주
표지디자인 이승욱 | 본문디자인 이은정·김동신
마케팅 심찬식·고운성·조원형 | 제작·관리 윤국중·이수민
인쇄·제본 영신사

ISBN 978-89-7199-649-2 (93300)
이 도서의 국립중앙도서관 출판시도서목록(CIP)은 e-CIP 홈페이지
(http://www.nl.go.kr/ecip)에서 이용하실 수 있습니다(CIP제어번호: CIP2015001454).

책값은 뒤표지에 있습니다.

반공의 시대
한국과 독일, 냉전의 정치

Antikommunismus
in Korea und Deutschland

—

zur Zeit des Kalten Krieges

김동춘·기외르기 스첼·크리스토프 폴만 외 지음 | 안인경·이세현 옮김

차 례

007 **책을 내면서** _크리스토프 폴만

010 **머리말** _기외르기 스첼, 크리스토프 폴만, 김동춘

044 **"공산주의자를 물리치라"**
2차 세계대전 후 독일에서의 정부·비정부 대공 심리전 _슈테판 크로이츠베르거

073 **냉전의 국제정치와 서독의 내부화된 반공주의** _기외르기 스첼

099 **동독의 서방정책과 서독의 일상적 반공주의** _디르크 호프만

121 **서독의 반공주의와 사민당 및 노조의 정책에 대한 영향**
1957년 노조운동가 빅토어 아가르츠의 간첩죄 재판을 예로 _위르겐 트로일리프

158 **반공주의와 정당체제의 왜곡** _강명세

175 **한국의 지배집단과 반공주의** _김동춘

197 **역사 교과서 논쟁과 반공주의** _김정인

222 **반공주의와 화해·협력의 분단극복정책**
김대중의 햇볕정책과 빌리 브란트의 동방정책에 대한 비교 _노명환

243   2000년대 한국 개신교 보수주의자들의 정치활동과 반공주의 _류대영

267   1960년대 반공 이데올로기의 진화 _박태균

290   한국 반공주의의 궤적 _신광영

302   한국의 반공주의와 노동운동
       반공주의의 내면화와 노동운동의 사회적 고립 _유범상

321   한국의 반공주의와 친미주의
       냉전기 반공·친미 일색→1980년대 반미 등장→탈냉전기 반북·친미 _이완범

347   한국 대중문화에서의 반공주의
       '반공영화'의 진화와 불화 _이하나

369   한국의 반공주의와 인권 _조효제

390   국가폭력과 반공주의
       고문조작간첩 피해자를 중심으로 _한성훈

409   맺음말 _김동춘

       427 미주   469 참고문헌   514 찾아보기

1945년 이후 한국과 독일: 냉전, 탈냉전, 반공주의

한국과 독일은 냉전의 맥락에서 분단을 겪었다는 공통점이 있다. 그러나 냉전이 종식된 지 25년이 지난 지금 한반도의 분단은 여전히 지속되고 있으며 독일은 1990년에 통일을 이루었다. 이후 통일 독일과 한국의 양자관계는 크게 진전되었고, 이와 함께 분단의 경험과 통일 방안에 대한 교류가 이루어졌다.

그러나 그동안 두 나라 간의 학문적·사회정치적 교류에서 독일(서독)과 한국 역사의 중요한 측면 하나가 크게 주목받지 못했다. 바로 1945년 이후 양국의 정치적·경제적·사회적·문화적·학문적 발전과정에서 반공주의가 수행한 역할이다. 한국에서 반공주의는 국내 정치뿐 아니라 남북관계에서도 여전히 중요한 비중을 차지한다. 독일에서는 냉전이 종식되고 '소련의 위협'이 사라진 이후 반공주의의 영향력이 상당 부분 감소했지만, 지금도 반공주의의 유산은 독일의 국내 정치에서 발견할 수 있다.

프리드리히에버트재단(이하 FES)은 비교연구적 접근을 통해 한국의 김동춘 교수, 독일의 기외르기 스첼 교수 등 저명한 사회학자들과 함께

1945년 이후 반공주의가 한국과 독일의 사회정치적 발전에 미친 영향을 조명하고자 한다. 이 책에서 우리는 반공주의의 역할에 관한 주요 측면을 다루고자 했으며, 이런 논의를 진행하는 데 있어 현재의 사회정치적 문제에서 가지는 의의를 고려해 한국에 초점을 맞췄다. 이 책의 목적은 비교연구적 분석틀을 제시함으로써 반공주의에 대한 두 나라의 학문적 담론을 보완하고, 한국과 독일에서 각각 진행되고 있는 사회정치적 논의에 기여하는 것이다. 이런 의미에서 이 책의 출판은 하나의 실험으로 봐야 할 것이다. 실험에 항상 수반되는 한계는 향후 학문적·사회정치적 논의를 통해 보완되길 바란다. FES의 주최로 2013년 11월 서울에서 열린 워크숍에서 한국 측과 독일 측의 저자들은 비교연구적 접근법에 '부가가치'가 존재하며, 앞으로 추가적인 연구가 필요하다는 점을 확인했다.

　FES는 독일의 비정부기구로, 한국과 독일에서 그리고 두 나라 간에 반공주의와 그 유산에 관한 지속적 논의가 이루어지도록 도움을 주는 것으로 그 역할을 한정하고 있다는 사실을 밝혀두고자 한다. 따라서 FES의 견해는 이 책의 저자들이 제시하는 학문적 발견이나 규범적 결론과 일치하지 않을 수 있다. 우리는 반공주의처럼 논쟁적인 주제에 대해 비교연구적 접근을 취함으로써 궁극적으로 한국과 독일의 이데올로기적 균열을 극복하는 데 기여하기를 바란다. 이런 의미에서 우리는 개방적이고 민주적인 토론을 통해서만 사회통합이 이루어지며, 이 과정에서 상대편의 입장에 대한 관용이 필요하다는 확고한 믿음을 가지고 있다. 이는 2차 세계대전과 홀로코스트라는 끔찍한 사건 이후 독일의 민주화 과정에서 경험한 것이기도 하다. 또한 이데올로기적 간극 속에서도 공통점을 발견하거나 최소한 서로를 인정하는 방법을 찾는 것은 통일과정에서 성공적인 사회통합을 이루기 위한 전제조건이기도 하다. FES는 이 책이 바로 그런 논의과정에 이바지하기를 바란다.

　마지막으로 이 책의 출판에 도움을 주신 분들께 진심으로 감사하다는 말을 전하고자 한다. 김동춘 교수와 기외르기 스첼 교수는 한국 측 저자들과 독일 측 저자들의 의견을 훌륭히 조율했으며, 내용을 편집하고 직접 글을 작성하기도 했다. 의미 있는 글을 보내준 두 나라의 저자 모두에게 그리고 이 책이 나올 수 있도록 수고를 아끼지 않은 진양숙 FES 프로그램 코디네이터에게도 깊이 감사드린다. 또한 방대한 작업을 진행하는 동안 적극적으로 협조하고 기다려준 돌베개출판사에도 고마움을 전한다.

부디 많은 독자가 이 책을 읽고 건설적 태도와 충분한 지식, 관용을 바탕으로 이데올로기적 차이에 대처함으로써 민주주의를 더욱 발전시키기 위해 한국과 독일에서 진행되고 있는 비교연구와 사회정치적 논의에 새롭게 관심을 가지는 계기가 되기를 바란다.

—크리스토프 폴만, FES 한국 사무소 소장(2010~2014)

머리말*

기외르기 스첼, 크리스토프 폴만, 김동춘

"하나의 유령이 유럽을 배회하고 있다. 공산주의라는 유령이. 구 유럽의 모든 세력, 즉 교황과 차르, 메테르니히와 기조, 프랑스의 급진파와 독일 경찰이 이 유령을 사냥하려고 신성동맹을 맺었다."

—카를 마르크스·프리드리히 엥겔스, 『공산당 선언』, 1848[1]

"……또한 이론은 대중을 사로잡을 때 물질적 힘이 된다."

—카를 마르크스

현재 한국에는 담론의 표층에 존재하는 여러 시급한 문제가 있지만, 프리드리히에버트재단 한국 사무소는 분단국가라는 한국 사회의 독특한

---

* 기외르기 스첼 교수의 글은 이세현(영어 국제회의 통역사, sehyon.lee@gmail.com)이 우리말로 옮겼다.

성격을 이해하는 데 필수적인 근본적 문제들에 주목하고자 한다. 몇 가지 근본적 메커니즘에 대한 심층 분석은 사회의 표층에 나타나는 다양한 문제의 근원을 해결하기 위한 장기적 전략을 고안하는 데 필수불가결하다. 과거 분단국가였던 독일의 역사와 한국을 비교해보는 것은 다양한 문제를 새로운 시각에서 바라보고 인식의 지평을 넓히는 데 도움이 될 것이다.

한국 부분의 주제[2]

- 냉전의 국제정치와 한국의 내부화된 반공주의(노명환)
- 한국 '반공주의'의 정치: 이데올로기와 제도Institutions(강명세)
- 로스토와 1960년대 반공주의 이데올로기의 성장(박태균)
- 한국 정치에서 '우익 세력'은 누구인가? 한국의 지배계급과 반공주의, 반공주의적 주체로서의 친일 관료, 경찰, 군, 대기업, 기타 집단(김동춘)
- 한국의 국가폭력과 반공주의: 고문조작간첩 피해자를 중심으로(한성훈)
- 한국의 반공주의와 노동운동: 반공주의의 내면화와 노동운동의 사회적 고립(유범상)
- 한국의 반공주의와 친미주의(이완범)
- 2000년대 한국 개신교 보수주의자들의 정치활동과 반공주의(류대영)
- 한국 대중문화에서의 반공주의: '반공영화'의 진화와 불화(이하나)
- 교과서 속의 반공주의(김정인)
- 한국의 반공주의와 인권(조효제)
- 한국 반공주의의 궤적(신광영)

독일 부분의 주제

- 냉전의 국제정치와 서독의 내부화된 반공주의 그리고 미국의 역할(기외르기 스첼György Széll)

- 독일 반공주의의 역사(슈테판 크로이츠베르거Stefan Creuzberger)
- 서독의 반공주의 그리고 반공주의가 사회민주당, 노동조합의 정치에 미친 영향(위르겐 트로일리프Jürgen Treulieb)
- 동독의 서독 내 활동과 서독의 일상적 반공주의(디르크 호프만Dierk Hoffmann).

테제

근대사 속의 반공주의를 이해하고 설명하는 주요 가설을 세우려면 먼저 근대 공산주의가 왜, 어떻게 발생했는지 이해하고 이를 설명할 수 있어야 한다.

- 변증법 없이 아무것도 이해할 수 없다.
- 문화적·사회적 심층구조는 사회의 특수성과 모순을 이해하는 기초다. 다시 말해 역사 없이는 아무것도 이해할 수 없다.
- 자본주의는 경제적·정치적·사회적·문화적 균열을 낳았다. 이는 새로운 정치조직과 사회조직의 탄생으로 이어졌으며 이런 조직은 봉기, 혁명, 기타 다양한 형태의 저항을 조직했다. 다시 말해 경제학 없이는 아무것도 이해할 수 없다.
- 식민화와 제국주의는 자본주의적 생산관계를 전 세계로 확산시켰다.
- 19세기와 20세기에 이루어진 초기 공산주의 실험은 대부분 실패했다.
- 문화적·사회적 심층구조를 통해 세계의 공산주의와 반공주의의 특수성을 설명할 수 있다. 공산주의와 반공주의의 유형은 국가의 수만큼이나 다양하다.
- 반공주의는 공산주의만큼 오랜 역사를 가진다.
- 공산주의 세력과 반공주 세력의 갈등은 많은 국가에서 끔찍한 내전으로 이어졌다.

- 공산주의와 반공주의의 역사는 모순과 역설로 가득하다.
- 반공주의는 공산주의 세력이 없어도 존재한다.
- 1917년 소비에트혁명과 소련은 교조적 마르크스–레닌주의를 수립함으로써 공산주의를 이해하는 근대적 방식을 결정지었다.[3]
- 공산주의가 아니라 현실사회주의이긴 했지만 소련의 성립은 세계사를 변화시켰다.
- 미국은 세계적 패권국가로서 과거는 물론이고 지금도 반공주의를 이끌고 있다.
- 동아시아에서는 일본 제국주의에 대한 반작용으로 공산주의가 촉진되었다.
- 두 강대국 사이의 최전선에 자리 잡은 서독과 한국에서는 특수한 형태의 반공주의가 성장했다.
- 한국전쟁은 1945년 이후 공산주의 세력과 반공주의 세력이 벌인 유일한 국제적 '열전'hot war이었다.
- 2차 세계대전 이후 제3세계 공산주의와 반공주의는 동구권과 서방의 체제경쟁 한가운데 있었고 이로 말미암아 분열되었다.
- 자본주의의 다양한 형태 중 오늘날 지배적 형태는 신자유주의다.
- 반공주의는 공산주의와 마찬가지로 모든 수단을 동원해 정치적·문화적 헤게모니를 추구한다.
- 공산주의·반공주의 체제 양측은 사법체계를 활용해 자신의 이익을 추구한다.
- 소위 공산주의 세력과 반공주의 세력의 투쟁은 양측의 학문적 자유를 제한한다.
- 1990년 이후 공산주의 체제와 정당은 대부분 사라졌다.
- 중국, 북한, 쿠바 등 일부 사회주의 국가는 냉전 종식 이후에도 살아남았다(Saxonberg, 2012).
- 공산주의는 내셔널리즘nationalism으로 변화했는데, 사실 이런 요소는

공산주의 초기부터 이미 존재했다.

- 오늘날 반공주의는 상당 부분 반테러리즘과 반이슬람주의로 대체되었다.
- 유럽에서 냉전이 종식된 지 20년이 지난 시점에서 반공주의 연구에 관심이 높아지는 최근 현상은 반공주의라는 주제가 미래 세대, 특히 아직 평화와 통일을 이루지 못한 한국에 의미가 있음을 보여준다.
- 공산주의의 원천이자 반공주의의 표적으로서 마오주의가 성장한 중국에 대해 특별한 고려가 필요하다.
- 인류의 미래는 중국에서 결정될 것이다(Széll, 2010a).

반공주의 이론에 관하여

여러 정당과 조직, 분파에 걸쳐 존재하는 공산주의와 사회주의, 아나키즘 등 다양한 형태의 급진적 사회운동은 서로 구별되어야 한다. 보통 이런 운동들은 반공주의 정책과 이데올로기에 의해 별다른 차이 없이 다루어지며 여기서 반동주의와 파시즘, 자유주의, 보수주의 등 다양한 형태의 반공주의와 반사회주의, 반볼셰비즘, 반아나키즘이 탄생한다(Generalsekretariat zum Studium des Bolschewismus, 1975 : Jakowlew, 2004 : Rebatet, 1940). 그러나 세계적 맥락과 장기적 관점에서 볼 때 반공주의를 발견적 해결방법heuristic approach으로 정당화하는 기본적 원리도 존재한다(Braudel, 1986). 물론 경우에 따라 수천 년을 거슬러 올라가는 역사적·문화적 특수성(Gurvitch, 1962) 역시 고려되어야 한다. 이러한 맥락에서 〔그림 1〕이 도움이 될 것이다.

공산주의

반공주의와 관련된 논의에 들어가기 앞서 먼저 공산주의를 정의하고

지역통합(EU, Mercosur, NAFTA, ASEAN, OAS, APEC)

세계화   지역주의

냉전   열전

체제경쟁

복지국가/사회적 시장경제/제3의 길

사회민주주의   노동조합

반공주의/반사회주의/반아나키즘/반자유주의

사회주의 국가

사회주의 혁명

공산주의 공동체

공산주의/사회주의/아나키즘

독립전쟁

식민주의   반식민주의

제국주의   반제국주의

내셔널리즘/민족적 쇼비니즘/파시즘/반내셔널리즘/반파시즘

내전   반란

부르주아 혁명   반혁명

반계몽주의

계몽주의   개인주의

자본가   프롤레타리아트

자본주의   기득권

시장경제

부르주아   프티부르주아

국가

봉건제   귀족정

종교   교회/제도Institutions   근본주의

〔그림 1〕 반공주의 · 반사회주의 · 반아나키즘 · 반자유주의

넘어가겠다.[4] 이는 대단히 방대한 작업으로, 여기서 충분히 다루고 넘어가기는 어렵다(Tosel, 2010). 그렇다면 다음과 같이 콜린스 영어사전(2013)의 정의를 채택하면 어떨까?

- 사적 소유가 폐지되고 생산수단과 자급수단을 공동체가 소유하며 계급이 없는 사회를 옹호하는 주장
- 그런 사회를 달성하는 것을 목표로 하는 모든 사회적·경제적·정치적 운동 또는 주의
- (주로 대문자) 역사를 계급갈등과 혁명적 투쟁으로 이해하고 이것이 궁극적으로 프롤레타리아 계급의 승리와 생산수단의 공적 소유에 기초한 사회주의 질서의 수립으로 귀결될 거라고 보는 마르크스의 저작에 기초한 정치적 운동(참조: 마르크스주의, 마르크스-레닌주의, 사회주의)
- (주로 대문자) 구소련처럼 공산당의 통치에 의해 수립되는 사회질서 또는 정부체제
- (흔히 대문자 / 주로 미국) 특히 전복적인 것으로 간주되는 좌파적 정치활동 또는 사상 일반
- 공동체적 생활 공동체주의

우리가 쉽게 받아들일 수 있고 오늘날 가장 많은 사람이 참조하는 위키피디아 백과사전의 정의(2013a)를 살펴보자. 위키피디아는 마르크스주의적 공산주의의 열여섯 가지 유형과 비마르크스주의적 공산주의의 두 가지 유형을 〔표 1〕과 같이 분류한다.

논의의 목적을 위해 몇 가지 핵심적 요소를 간추려보자.

- 마르크스주의는 역사적 유물론이라는 방법론에 기초한다.
- 수많은 '혁명적' 수사rhetoric가 사용되지만 공산주의는 근본적으로 역

마르크스주의적 공산주의	비마르크스주의적 공산주의
마르크스주의	아나키즘적 공산주의
레닌주의, 마르크스-레닌주의	기독교 공산주의
레닌주의	
스탈린주의	
트로츠키주의	
마오주의	
프라찬다 노선Prachanda Path	
호자주의Hoxhaism	
티토주의	
주체사상	
유로코뮤니즘	
자유 마르크스주의Libertarian Marxism	
평의회 공산주의	
좌파 공산주의	
상황주의	
자율주의	

〔표 1〕 마르크스주의적 공산주의·비마르크스주의적 공산주의의 유형

사에 대한 '진화론적' 인식을 바탕으로 한다. "낡은 사회의 태내에서 새로운 사회가 태어난다(Marx, 1875)."

- 공산주의의 기초는 사회적 소유다(협동조합, 집산주의collectivism).
- 공산주의는 '국가의 쇠퇴'를 아나키즘적으로 이해한다.
- 공산주의는 군사적으로 팽창하지 않는다.
- '세계혁명'은 여러 사회에서 각각의 모순에 따라 발생하는 동시적 봉기를 의미할 뿐 모스크바에 자리 잡은 중앙기구나 위원회에 의한 전략적인 체제전복을 의미하지 않는다. 이는 오늘날의 시대에 전혀 맞지 않는다.

'현실공산주의'는 19세기 이후 유토피아적 지역 공동체(미국, 브라질, 뉴 래너크, 영국)와 키부츠에서 존재했다.

최근의 논의

지난 2~3년 동안 반공주의라는 주제에 대해 수많은 비판적 출판물 과 회의, 언론기사 등이 있었던 것은 놀라운 일일 것이다(예를 들어 The International Newsletter of Communist Studies; Wikipedia 2013b, c 참조). 새로 운 세대의 학자 일부는 냉전적 태도와 일정하게 비판적 거리를 유지한다 (Greiner 외, 2006~2013). 다행스럽게도 많은 문서고가 개방되어 역사의 새 로운 조명이 가능해졌다. 냉전기는 반공주의가 절정에 이른 기간이라는 점에서 특히 주목할 만한 가치가 있다.

얼마 전부터 냉전사 서술은 새로운 단계에 들어섰다. 기존에는 시대 구 분의 길이와 중요성이 다양했고, 특히 독일사에서는 동서갈등의 기간 에 대해 여러 가지 주장이 존재했다. 이제 냉전사는 1945~1947년부터 1989~1991년에 걸친 정해진 기간, 엄밀히 정의된 역사적 단위를 다루는 현대사의 학문 분과로 자리 잡았다. 냉전사는 영미권을 넘어 연구대상이 되었다(Müller, 2013; 기외르기 스켈 옮김).

게지네 슈반은 독일에 네 가지 형태의 반공주의가 있다고 보았다 (Gesine Schwan, 1999).

- 사회민주주의 좌파의 반공주의
- 자유주의적 반공주의
- 부르주아 계급의 좀더 부르주아적 부분의 반공주의
- '반민주적' 반공주의(국가사회주의)

김동춘에 따르면 한국에서 반공주의의 주체는 다음과 같다.

- 미국 유학파 지식인: 자유주의로서 반공주의
- 지주계급: 계급적 이해관계로서 반공주의
- 기독교계와 탈북자: 종교로서 반공주의
- 친일 관료, 경찰, 군: 자기방어의 논리 또는 권력투쟁을 위한 반공주의
- 일반 대중: 생존을 위한 반공주의
- 트라우마를 겪은 대중: 사회적 병폐로서 반공주의

반공주의 연구를 위해서는 네 개의 주요 학파를 구별해야 한다.

- 전통주의(Nolte, 1974)
- 현실주의
- 수정주의
- 탈수정주의(Vilmar, 1986)

또한 제니퍼 러프가 명명한 '상식적 반공주의'Commonsense anti-communism(2012)도 연구할 가치가 있다. 독일 좌파당Die Linke 부대표이자 '공산주의 강령'이라는 분파의 지도자인 사라 바겐크네히트는 '경성' hard 반공주의와 '연성'soft 반공주의를 구별해야 한다고 주장한다(Sarah Wagenknecht, 1994).

체계적 접근

좀더 나은 이해를 위해 다음 표를 제시하고자 한다.

일반	정치	사회	국가
• 기능	• 의도	• 행위자	• 제도Institutions
• 구조	• 전략	• 조직	• 정부
• 이해관계	• 전술	• 시민사회	• 행정부
• 정당화	• 정당	• 종교단체	• 법률
• 특성	• 비정부기구	• 경제	• 경찰
• 형태		• 기업	• 젠더
• 효과		• 노동조합	• 첩보기관
• 문화			• 군
• 이데올로기			• 간첩죄
• 예술			
• 학계			
• 교육			
• 미디어			
• 종교			

〔표 2〕 분석 영역

이슈

반공주의는 오랜 전통을 가지고 있다(Swennen, 2010). 태어날 때부터 공산주의자, 반공주의자, 반유대주의자인 사람은 없다. 중요한 것은 사회화 과정과 구체적 여건이다. 반공주의는 근대 공산주의와 함께 1848년 『공산당 선언』의 출간 이후 태동했다. 반공주의에서는 공산주의와 사회주의, 아나키즘, 마르크스주의, 마르크스-레닌주의, 소비에트주의, 생디칼리즘, 볼셰비즘, 스탈린주의, 러시아 혐오, 마오주의, 크메르루주, 피델주의, 마르크스-호르바트주의Marxism-Horvatism/티토주의, 노동자 자주관리 등이 의도적으로 혼용되거나 통합적으로 다뤄지는 경우가 많다(명확하게 구별하려면 다음을 참조. Anderson, 1976; Bottomore, 1983; Droz, 1984).

지금까지 사회혁명과 정치혁명은 대부분 민족주의적이었다. 영국과 미국, 프랑스, 멕시코, 독일, 헝가리, 이집트, 러시아 등이 그런 사례다. 그리고 사실 독일(1848, 1919)과 프랑스(1848), 헝가리(1919, 1956), 러시아(1905) 등에서 혁명은 대부분 실패했다. 사회변혁이 아니라 엘리트의 교체를 촉진하는 것으로 귀결된 봉기와 반란도 많았다(1776년 미국혁명). 미국과 영국, 러시아, 이탈리아, 프랑스, 인도, 스페인, 수단, 유고슬라비아, 인도네시아, 베트남, 중국, 미얀마, 예멘, 소말리아, 남아프리카공화국, 라틴아메리카 대부분의 국가, 한국, 스리랑카, 시리아, 리비아, 쿠르디스탄, 카메룬, 콩고, 앙골라, 모잠비크, 나미비아 등은 수백 년의 역사 속에서 내전도 겪었다. 19세기 이후 내전에서는 공산주의, 사회주의, 아나키즘 세력과 반공주의, 반사회주의, 반아나키즘 세력이 대립한 경우가 많았다.

2차 세계대전 중에는 동양과 서양 사이에 정신분열적 관계가 지배적이었다. 2차 세계대전 이후에는 서구는 물론 일본에서도 혁명운동이 성장하기에 좋은 혁명적 상황이 존재하지 않았다.

1999년 프랑스어로 처음 출간되고 2004년에 후속작이 나온 스테파네 쿠르투아Stéphane Courtois 등의 『공산주의 블랙북』Black Book of Communism 은 반공주의 담론에 가장 큰 영향을 미친 책일 것이다. 이 책은 26개 언어로 번역되어 총 100만 부가 팔렸는데, 놀랍게도 아직 한국에서는 출간되지 않았다. 소위 공산주의, 즉 소련식 마르크스-레닌주의 체제를 비판하는 주요 논거는 1930년대 우크라이나 대기근처럼 기아 사태, 농장 집단화, 1950년대 중국의 상황 등이 정권에 의해 고의적으로 발생했다는 것이다. 이런 사건은 비극적이며 분명 범죄지만 사실 '공산주의' 때문이라고 단정지을 수는 없다. 오늘날 제3세계는 말할 것도 없고 미국과 독일, 한국에서도 기아에 시달리는 사람이 얼마나 많은가! 전 세계의 빈곤 인구는 총 20억 명에 달하고 매년 5,000만 명이 사망하는데, 그중 대부분은 아동이다(Right to Food, 2013; Ziegler, 2011). 이는 공산주의가 아니라 '현실자본주의'와 관련된 문제다. 그리고 식민주의 시대까지 거슬러 올라가면, 더 나아가 지난 몇 세기 동안 유럽에서 발생한 대기근까지 계산한다면 사망자 수는 수십억 명에 이를 것이다. 따라서 로버트 쿠르츠(Robert Kurz, 1999)와 장 쉬레-카날(Jean Suret-Canale, 2002)은 각각 독일어와 프랑스어로『자본주의 블랙북』을 출간해 대응했다. 뒤이어 마르크 페로Marc Ferro는 프랑스어로『식민주의 블랙북』을 펴냈다. 이들이 쓴 책 세 권이 아직 영어로 번역되지 않았다는 사실은 흥미롭기 그지없다.

반공주의에서 범죄조직의 역할은 분명 가장 두드러지지만 이에 대한 연구는 그다지 이루어지지 않은 것으로 보인다. 이탈리아와 미국의 마피아, 일본의 야쿠자, 중국의 삼합회, 라틴아메리카의 마약조직은 공산주의에 맞서 싸워야 하는 이해관계를 가지고 있다. 물론 일부 공산주의 조직이 특히 라틴아메리카에서 마약 밀매를 통해 자금을 조달한다는 사실을 간과해선 안 된다. 또한 소련에서는 브레즈네프가 집권하던 시기에 마피아가 급속도로 성장해 경제 전체의 50퍼센트 정도까지 장악하게 되었고, 이들의 영향력은 지금까지도 유지되고 있다. 하지만 그렇다고 범죄조직이 일반적으로 반공주의와 연계되어 있다는 사실을 부정할 수는 없다. 소련은 공산주의가 아니라 국가자본주의 체제였으며, 진정한 공산주의 세력은 탄압받았기 때문이다.

'반공주의' 분석에서 다른 사례와 마찬가지로 간과해서는 안 될 것이 피해망상paranoia이다. 레닌과 스탈린, 히틀러를 비롯한 모든 독재자 그리고 많은 미국인과 독일인, 한국 국민 역시 피해망상을 겪었다. 이런 이유로 음모와 반역에 대한 의심은 반공주의의 핵심 요소다. 외국인과 이방인, 이민자, 적은 '야만인'으로 취급되는 경우가 많다. 이는 깊은 뿌리를 가진 인류학적 공포를 반영하며(Boveri, 1960), 반공주의에 활용될 수 있다. 반공주의는 외부의 적을 근거로 하지만 기본적으로 내부의 적에 대한 투쟁이다. 종교 역시 '악마'라는 개념을 통해 반공주의를 도울 수 있다.[5] 공산주의 세력은 '붉은 악마'red devil로 지칭되었다. 여기서 또 다른 종교적 관념이 적용된다. 바로 이단, 즉 지배적 신념체계로부터의 일탈이다. 미국과 유럽에서 마녀에 대한 화형은 오랜 역사를 갖고 있지만, 다행히 공산주의자에 대한 화형은 없었다. 사이언톨로지(Hubbard, 1956 ; Caberta, 2007 ; Reitman, 2011 ; Wright, 2013)와 통일교(Wikipedia, 2013f)[6] 같은 파시즘적·종교적·전체주의적 조직은 반공주의 활동에 큰 역할을 했다.

일부 정치인은 과거의 왕과 황제처럼 자신이 지고의 존재로부터 공산주의라는 악마에 맞서 싸우고 정복하며 대중을 이끌 임무를 부여받았다고 주장한다. 최근에 나타난 이런 사례로는 미국의 로널드 레이건과 조지 W. 부시가 있다(뒤에 나오는 스첼의 논문 참조). 하지만 공산주의에 맞선 투쟁의 핵심 이데올로기이자 주요 동력은 간첩죄와 반역죄라는 개념을 포함한 '내셔널리즘'이다.[7]

1995년 고故 프랑수아 미테랑 프랑스 대통령이 마지막 유럽의회 연설에서 언급한 "내셔널리즘은 전쟁"이라는 말은 안타깝지만 지금도 유효하다. 오늘날 다른 국가에 대한 개입은 인도주의적 개입으로 정당화된다. 과거 이런 개입은 유엔의 승인 없이 자국, 특히 미국의 국익을 보호한다는 명목으로 노골적으로 정당화되었다. 평화운동은 공산주의 세력이 주도하는 것으로 치부되었다. 하지만 평화야말로 기독교의 근본적 메시지가 아닌가.

자본주의

자본주의의 원동력은 카를 마르크스가 명확히 설명했듯 이윤추구와 재투자를 위한 자본축적이며 지배적 부문은 금융자본이다(Hilferding, 1981 ; Luxemburg, 1972). 이는 정치에 대한 경제의 우위를 의미한다. 오늘날 이런 성향은 '주주가치'라는 용어로 표현된다(Vitols, 2002). 위기는 자본주의 체제의 근본적 구성요소다(Lutz, 1984 ; Marx, 1976 ; Schumpeter, 1928). 또한 변증법적 의미에서 위기는 사회적 봉기, 반란, 혁명을 낳는다. 마오쩌둥은 이런 현상을 "두 노선 간의 투쟁"이라고 표현했다.

동시에 자본주의는 자신의 권력을 공고히 하기 위해 국가라는 틀을 활용하면서 국제적 경쟁 속에서 내셔널리즘을 이데올로기로 활용했다. 이에 따라 다양한 형태의 자본주의가 발달했다(Hall & Soskice, 2001). 하지만 다시 변증법적으로 미국, 그리스, 오스트리아—헝가리제국과 바티칸에 대항한 이탈리아, 발칸반도, 라틴아메리카, 아프리카, 아시아 등 세계 각지에서 18세기에 독립전쟁이 시작되었다. 당시 독립운동은 사회주의와 공산주의, 아나키즘 세력이 주도하는 경우가 많았다. 이와 함께 각지에서 계급투쟁도 일어났다. 노동자들은 노동조합과 정당을 통해 스스로 조직화했으며 많은 국가에서 영향력과 권력을 확보했다. 지금까지도 노동자들은 자본가, 보수 세력, 자유주의 세력 등에 의해 법률로 탄압받거나 매수되는 등 힘겨운 투쟁을 계속하고 있다. 그중 꽤 성공을 거둔 최초의 전략은 '테일러주의'였다(Taylor, 1911). 테일러주의는 나중에 '포드주의'에 의해 계승되었다. 노동자계급의 소득 향상과 연계된 극도의 노동분업은 노동조합을 약화시켰다(Braverman, 1974 ; Aglietta & Fernbach, 2001). 이제 포드주의는 '섹스와 쇼핑', 엔터테인먼트와 결합되었다. 이런 현상은 특히 제3세계로 계속 확장되고 있다.

그러나 또 다른 차원의 문제도 있다. '제3세계'에 대한 착취는 초과이윤을 일부 분배해 '부유한 노동자'를 만들어냄으로써(Goldthorpe 외, 1968~1970) 서구의 노동자계급을 타락시키고 있다. 이로 말미암아 노동자계급은 자신이 누리는 약간의 복리를 공산주의 세력이 빼앗아갈 거라는 반공주의 프로파간다에 더욱 민감해졌다.

현대 자본주의는 카를 마르크스가 예견했듯이 생산력을 엄청나게 높여주었다. 그 대가는 제국주의와 식민주의 전쟁 그리고 불평등의 확대였다. 농경사회의 해체는 도시화와 사회적 변화로 이어졌다. 이 과정에서 개인화, 사회의 원자화, 불안정성, 대도시 등이 나타났다.

자본주의가 과학과 기술의 발전을 필요로 하면서 새로운 과학적 노동자계급이 성장했고, 그중 일부는 비판적 지식인이 되었다. 이 역시 변증법적이다. 자본주의적 생산양식의 전 세계적 확장은 인권을 동반했다. 그러나 종교와 선교활동도 그에 못지않았다.[8] 자유시장은 민주주의와 함께 가야 한다는 것이 소위 '워싱턴 컨센서스'다.

지니계수로 측정되는 사회적 격차는 대부분의 국가에서 확대되었다. 부유층은 공산주의와 사회주의 복지정책에 가장 큰 두려움을 갖고 있어 정치인과 미디어(루퍼트 머독 등), 교회, 과학계를 매수하고 있다(Proctor & Schienberg, 2008). 부유층은 일반적으로 우리 사회에서 가장 반공주의 성향이 강한 집단이다. 하지만 조지 오웰의 『1984』에 등장하는 '빅브라더'와 유사하게 '애사심'을 강조하면서 기업을 전체주의적으로 조직하는 전략도 존재한다(Pagès 외, 1979).

20세기 최대의 금융-경제위기는 1929년 '검은 금요일'이었다. 대공황은 좌우 모두의 반자본주의 운동에 힘을 실어주었다. 가장 최근에 발생한 2007~2008년 세계 경제위기도 좌우의 반자본주의 운동을 촉진시켰다. 한쪽에는 월스트리트 점령운동Occupy Wall Street, 다른 한쪽에는 민족적 쇼비니즘과 네오파시즘이 자리하고 있다.

신자유주의

프리드리히 하이에크는 대표적 신자유주의자라고 할 수 있다. 최근에는 그의 제자이자 1976년 노벨경제학상 수상자인 밀턴 프리드먼이 더 널리 알려졌지만 말이다. 다음은 이 책의 주제와 가장 연관성이 높은 내용이다.

나는 독재에 철저히 반대한다. 하지만 이행기에는 독재가 필요할 수도 있다. 때에 따라 어떤 국가에서 일시적으로 일정한 형태의 독재권력이 존재할 필요도 있다. 아마 이해하겠지만, 독재자가 자유주의적으로 통치하는 것도 가능하다. 그리고 민주주의에서 자유주의가 전혀 존재하지 않는 정부가 나타나는 것 역시 가능하다. 나는 개인적으로 자유주의가 없는 민주정부보다 자유주의적 독재자를 선호한다(Hayek, 1981a, D9쪽; Farrant 외, 2012, 521쪽에서 재인용).

1933년 해럴드 라스키Harold Laski는 이렇게 말했다. "자본주의적 민주주의는 유권자들이 선거를 기화로 사회주의에 빠지는 것을 허용하지 않을 것이다."(기외르기 스첼 옮김) 역사적 사례로는 1967~1974년의 그리스 군사 독재 그리고 같은 기간 미국이 이탈리아에 개입해 공산주의 세력의 정부 참여를 저지한 사건이 있다(Teodori, 1998). 과거 공산주의자였던 인물이 2013년 이탈리아 총리로 선출되었다는 사실은 역사의 아이러니다.

현실사회주의가 '조직적 무책임'(Kornai, 1986)이라면 현실자본주의는 무엇인가? "기업의 유일한 사회적 책임은 게임의 규칙을 준수하면서, 다시 말해 속임수나 사기를 활용하지 않고 개방된 자유경쟁에 참여하면서 이윤을 증대시키는 것뿐이다."(밀턴 프리드먼, 『자본주의와 자유』*Capitalism and Freedom*, 시카고대학교출판부, 1962; 넬슨, 2004, 14쪽에서 재인용) 이와 같은 맥락에서 밀턴 프리드먼은 이렇게 말하기도 했다. "사회정의라는 관념은 확정 가능한 내용이 전혀 없는 완전히 공허한 표현이다."(Jorion, 2013 참조, 기외르기 스첼 옮김) 신자유주의는 실천적 의미에서 시장의 '자유'에만 주목하며(Friedman, 2002) 자본주의의 파괴적 힘을 해방시켰다.

현실사회주의

1917년 소련의 성립은 20세기 초 자본주의에 가장 큰 충격이었고 자본주의 국가들은 즉시 1918~1921년 계속된 내전을 통해 소련을 제거하려고 했으나 실패로 끝나고 말았다. 답은 '전시공산주의'였다(Behrendt, 2010). 반동 세력과 파시즘의 위협이 고조되자 소련은 1919년 제3차 공산주의 인터내셔널, 즉 코민테른Komintern을 발족시켰다. 이를 통해 모인 모든 조직은 '공산주의'의 생존과 확장을 위해 함께 싸울 준비가 되어 있었다. 이런 노력이 실패로 돌아가자 코민테른은 1943년에 해산되었다(Kahan, 1990).

간단히 요약하면 소련의 기반은 차르주의와 내셔널리즘, 국가자본주의였다(Linden, 2007). 1896년 독일 사회민주당의 지도자인 빌헬름 리프크네히트Wilhelm Liebknecht는 이렇게 말했다. "우리 독일 사회주의 세력만큼 국가사회주의에 맞서 싸운 세력은 없다. 국가사회주의가 사실 국가자본주의라는 것을 나만큼 명백하게 밝힌 사람도 없다!" 이런 평가는 '일국사회주의' 노선 그리고 소련이 나치즘에 대한 방어를 '대조국전쟁'Great Patriotic War이라고 명명했다는 사실을 통해 확인된다.

소련의 핵무기는 동구권과 서방 사이에 힘의 균형을 수립했고, 이는 1950년대 이후 체제경쟁으로 이어졌다. 소련사의 중심 인물은 이오시프 스탈린이었다(Creuzberger, 2009; Franklin, 1972; Hofmann, 1967; Kaplan, 2006; Marcou, 1988; Souvarine, 2007). 스탈린은 1922~1953년 잔인한 통치를 했으며 '마르크스-레닌주의'라는 개념을 만들어냈다. 소련의 헌법은 거의 완벽했지만 현실은 전혀 그렇지 않았다. 계획경제는 '병영공산주의'라고 불리는 관료주의적 괴물이 되었다(Busgalin & Mayer, 2008). 헝가리의 경제학자 야노시 코르나이는 소련 체제를 '조직적 무책임'(János Kornai, 1986, 1992)이라고 지칭했는데, 이는 분명 소련이 내부로부터 붕괴한 주요 원인이었다.

소련은 독재의 모든 요소를 가지고 있었다. 표현의 자유, 결사의 자유, 언론의 자유, 이동의 자유는 보장되지 않았다. 공산당 최고위 간부들을 포함한 수백만 명이 수용소(굴락gulag)에 수감되었으며 형식적 재판 후 살해되었다. 지도층의 편집증과 다수의 낙인찍기가 소련 체제의 특징이었다. 당의 우위와 위성조직이 모든 필요와 기능을 압도했다. "당은 언제나 옳다!", 즉 어떤 비판도 받을 수 없다는 관념이 지배적이었다.[9] 조지 오웰은 소련 모델을 『1984』의 시나리오로 삼았다.

스탈린이 죽은 뒤 니키타 흐루시초프에 의해 탈스탈린화가 시작되었지만, 스탈린주의는 소련 제국의 붕괴 이후 다시 등장했다.[10] 북한은 스탈 린주의 체제로 규정할 수 있다. 2006년 루이스 카플란Lewis E. Kaplan이 펴낸 『조 스탈린에게 축복을: 자본주의의 구원자』*God Bless You Joe Stalin: The Man Who Saved Capitalism*에서 펼친 주장은 전적으로 옳았다. 미하일 고르바초프는 1985년 급진적 개혁정책인 '글라스노스트'와 '페레스트로 이카'를 시작했지만 시기적으로 너무 늦었다(Manutscharjan, 2009). 소련의 종말은 보리스 옐친Boris Jelzin이 일으키고 서방이 지지한 쿠데타에 의해 1991년 극적으로 찾아왔다(Altrichter, 2009; Brown, 2004, 2010). 카를 마르 크스는 가장 발전한 사회에서만 사회주의 혁명이 성공할 수 있다고 말했 는데, 그의 예측은 옳았던 것으로 보인다(Dutschke, 1974 참조).

좌파 반공주의와 반사회주의, 반스탈린주의, 반교조주의

아나키즘 세력은 처음부터 공산주의에 맞서 싸웠다(Kropotkin, 1968; Fuëg, 2000). 공산주의가 서방에 확산되고 파시즘이 태동하기 전부터 소련 이라는 형태의 공산주의 체제에 대한 내부적 비판이 이루어졌다. 원래 노 동자와 병사의 평의회(소비에트는 평의회를 의미한다)가 혁명을 일으켰는데, 이것이 '프롤레타리아 계급의 독재'로 변형되었다(Pankratowa, 1976). 패배 한 차르주의 세력과 멘셰비키 측에서는 즉각 반대의 목소리가 터져 나왔 고 공산당 내에서도 '배반당한 혁명'에 대해 강력한 반발이 있었다. 『배반 당한 혁명』은 1937년에 레온 트로츠키가 펴낸 책이기도 하다. 트로츠키는 소련 혁명의 지도자였지만 얼마 지나지 않아 스탈린과 갈등을 겪었고, 결 국 소련을 떠나야만 했다. 트로츠키는 1940년 멕시코에서 KGB에 의해 암 살되었지만, 트로츠키주의는 제4인터내셔널의 형태로 살아남았다.

사회주의 국가에서는 부패가 만연했다. 유고슬라비아의 비판적 지 식인 밀로반 질라스Milovan Djilas가 명명한 '노멘클라투라'Nomenklatura (1982)는 엄청난 특권을 누리면서 미국의 '폐쇄적 공동체'gated communities

처럼 제한된 영역에서 생활했다. 헝가리의 사회학자 아그네스 헬러Agnes Heller, 페렌츠 페헤르Ferenc Fehér, 죄르지 마르쿠시György Markus는 '소비에트 방식'을 "필요의 독재와 소외된 일상"이라고 규정했다(1983). 세 사람은 1956년 헝가리혁명이 실패로 돌아간 후 서방으로 망명했다. 1955~1956년에 헝가리 총리를 지낸 언드라시 헤게뒤시András Hegedus 역시 소련 시스템을 강하게 비판했다(1976, 1977). 하지만 가장 급진적인 비판은 "자유는 언제나 타인의 자유를 의미한다!"(1972)는 로자 룩셈부르크Rosa Luxemburg의 구호였다. 이처럼 소련을 비판한 인물들은 권력을 가진 세력으로부터 수정주의자라는 비판을 받았다(Wagenknecht, 1994).

파시즘

파시즘은 역사상 가장 강력한 형태의 반공주의다(Martens, 1993; Nolte, 1963, 1989; Nolte & Furet, 1998).[11] '파시즘' 개념은 1922년 베니토 무솔리니에 의해 만들어졌다. 파시즘의 기반은 인종주의와 외국인 혐오, 특히 반유대주의다. 파시즘은 한편으로 '영원', 즉 '천년제국'을, 다른 한편으로는 '혁명'을 약속하는 모순적 운동이다. 홀로코스트와 유대인 600만 명은 물론 수십만 명의 집시와 정치적 반대파에 대한 대학살을 일으킨 파시즘은 인류 역사상 가장 잔인하고 끔찍한 정치체제였다.

뉴욕 증권거래소가 붕괴한 1927년 '검은 금요일'은 세계적 금융-경제 위기로 이어지며 모든 자본주의 국가에서 수백만 명의 실업자를 낳았다. 이런 비극은 전 세계적으로 파시즘 운동을 강화시켰다(〔표 3〕 참조). 파시즘은 공산주의에 대한 대안을 제공했으며 이로 말미암아 프티부르주아계급의 커다란 지지를 받았고(Franke, 1988) 대자본의 지지도 얻어냈다(Polanyi, 1957). 파시즘의 핵심 요소는 대중의 수동적 참여다(Gorz, 1987). 모두에 대한 증오와 불신이 파시즘 체제의 기반이었다. 한편 '제5열'Fifth column 개념은 스페인 내전 기간에 프랑코로부터 유래했다(Gross, 1977, XV쪽).

추축국Axis powers	기타
• 이탈리아(1922~1943), 파시즘 개념이 처음으로 유래됨 • 독일(1933~1945), 병합된 오스트리아와 점령지, 부역자 포함(다른 장 참조) • 일본(1936~1945)	• 브라질(1937~1945) • 중국(1932~1938; 1941~1996) • 크로아티아(1941~1945) • 핀란드(1929~1932) • 프랑스(1940~1944) • 그리스(1936~1941) • 헝가리(1932~1945) • 노르웨이(1943~1945) • 포르투갈(1932~1974) • 폴란드(1930년대) • 루마니아(1940~1944) • 슬로바키아(1939~1944) • 스페인(1936~1975)

〔표 3〕 파시스트 정권

• 종교	• 반국제주의	• 군사주의
• 내셔널리즘/민족적 쇼비니즘	• 불신	• 우월성 콤플렉스
• 자본주의	• 반계몽주의	• 신God의 국가
• 자유시장경제	• 반지성주의	• 증오
• 기득권	• 반노조	• 가족
• 피해망상	• 반노동자	• 반동성애
• 이단	• 반평화	• 낙태 반대
• 외국인 혐오	• 사회적 권리에 대한 반대	
• 인종주의	• 반인권	

〔표 4〕 보수적·파시즘적 반공주의의 핵심 요소

반공주의는 과거 파시즘적·반동적 권위주의 정권/독재정권이 존재했던 곳, 예를 들어 한국에서 여전히 가장 강력한 힘을 발휘하고 있다. 동시에 반공주의는 역설적으로 공산주의 세력이 거의 존재하지 않는 곳에서도 강력한 영향력을 행사하고 있다(외국인 혐오와 유사).

2차 세계대전은 테헤란회담과 얄타회담, 포츠담회담을 통해 네 개의 연합국 사이에서 이루어진 조율에 따라 파시즘 정권 대부분을 군사적으로 무너뜨렸다. 하지만 파시즘 정권 일부는 살아남았다(스페인과 포르투갈).

그리고 파시즘은 아직도 사라지지 않았다. 2007년 이후 전 세계적 금융-경제위기와 함께 네오파시즘 운동과 정당은 단순히 존재하는 차원을 넘어서서 힘을 얻고 있다. 이는 독일뿐 아니라 이탈리아, 헝가리, 벨기에, 네덜란드, 노르웨이 그리고 다른 유럽 국가들도 대부분 마찬가지다.

반파시즘

파시즘이 있는 곳에는 변증법적 의미에서 반파시즘도 존재한다. 반공주의와 마찬가지로 반파시즘에도 다양한 형태가 존재하는데, 그중 몇 가지 주요 형태만 언급하면 다음과 같다.

- 공산주의
- 사회주의
- 아나키즘
- 자유주의
- 전통적 보수주의
- 일부 종교단체

반공주의와 마찬가지로 반파시즘은 의식의 문제, 즉 파시즘을 하나의 문제로 보느냐 아니면 자신의 가치체계와 삶에 대한 위협으로 보느냐 하는 문제와 연관되어 있다.

학계와 지식인의 역할

근대 세계의 학문과 문화의 근본 원리는 계몽주의Enlightenment다. 하지만 학계와 지식인 모두가 이에 철저한 것은 아니다. 권력과 돈의 유혹이 너무 커서 저항하지 못하는 경우도 많고 순전히 기회주의적인 사람도 있다. 독일계 헝가리인 사회학자 카를 만하임은 지식인을 '부유하는' 계층으로 규정했다(Karl Mannheim, 1936).

계몽주의 시대 이전까지 가치체계는 종교가 지배했다. 하지만 여러 종교와 함께 세계관이 분열하면서 계몽주의가 시작되었다. 그러나 계몽주의는 아직 전 세계적으로 지배적 문화현상이 되지 못하고 있다. 오히려 근본주의가 계몽주의의 진전을 되돌리고 있다(Postman, 1998; Széll, 2001).

학문은 중립적이지도 객관적이지도 않다. 따라서 문화적 헤게모니를 위한 투쟁(Femia, 1982; Gramsci, 2000)은 정치적 투쟁의 일부다. 역사학자들은 1905년 드레퓌스 사건을 현대 '지식인'의 시작으로 본다. 당시 드레퓌스는 좌파에 속했지만 일반적으로 학계는 성직자, 의사, 법률가, 교사 등으로 구성되는 기득권층에 속해 있었다. 사실 1960년대까지 학자들 가운데 대다수는 공공 부문에 고용되어 있었으며, 그에 따라 엄격한 규칙을 준수해야 했다.

냉전이 시작되고 프로파간다, 심리전, 허위사실 유포, 대항 프로파간다가 이루어지면서 학자 대다수가 양측에서 매우 두드러진 역할을 했다. 대표적인 사례가 매카시즘이다. 엘렌 슈레커는 이를 '냉전적 내전'Cold Civil War이라고 표현한다(Schrecker, 1986, 129쪽). 슈테판 크로이츠베르거는 이를 '냉전문화'(Creuzberger, 2008, 38쪽)라고 지칭한다. 미국의 대표적 사회학자 탤컷 파슨스Talcott Parsons 역시 이론을 통해 반공주의에 기여했다. 계급이론에 대한 거부도 공산주의와 마르크스주의적 사고와 방법론에 맞선 지적 투쟁의 일환이었다.

1960년대에는 다원주의가 확산되면서 역사적 타협이 이루어졌다. 다양한 학파가 허용되었으며 교육과 대중, 미디어에서 필요로 하는 경우도 있었다. 이는 다원적 정당체제와 함께 민주주의의 기본 구성요소로 인식된다. 하지만 다원주의는 남용될 수도 있다. 기후변화 논쟁처럼 대자본의 지원을 받는 극소수가 과학계 절대 다수와 동일한 발언권과 대표성을 요구하는 경우가 대표적이다. 로버트 프록터Robert N. Proctor와 론다 쉬빈저 Londa Schiebinger는 이처럼 사실에 대한 부정이 체계적으로 추구되는 현상을 '아그노톨로지'agnotology라고 부른다(Schrecker & Schiebinger, 2008). 물론 우리는 혁명이 언제나 그랬듯이 과학혁명도 소수에 의해 시작되었다는 사실을 기억해야 한다(Kuhn, 1967).

이제 이론과 실천의 문제를 다룰 시점이 되었다. 이론은 계몽주의의 기초이자 세계를 설명하고 더 좋은 곳으로 만들기 위한 지침을 제공해야 한다. 따라서 이론과 실천 사이에는 변증법적 관계가 있다. '사상의 자유'는 민주주의의 또 다른 기본 요소지만 권력장악을 위해 공산주의적 사상을 전파하는 조직적 활동을 벌일 경우에는 보장되지 않는다. 사이언톨로지는 미국에서 사상의 자유를 무제한적으로 누리고 있으며, 미국은 사이언톨로지를 금지하는 유럽 국가들을 '비민주적'이라고 낙인찍고 있다.

미디어와 예술

견해, 미디어, 예술의 자유는 자유사회와 민주주의의 기초다. 미디어는 민주사회의 네 번째 기둥이라고 불리기도 한다. 반공주의에서 문학, 영화, 텔레비전, 예술이 수행한 역할은 지금까지 충분히 다루어지지 않았다. 아쉽게도 이 책 역시 마찬가지지만, 엔터테인먼트 사회에서 이들의 영향력을 절대 과소평가해서는 안 된다.

전체주의

지난 수십 년간 가장 성공적인 반공주의 전략은 '전체주의'totalitarianism
라는 개념이다(Wikipedia, 2013d). 전체주의는 일당지배, 권위주의적 리더
십(총통), 강력한 이데올로기, 모든 자유에 대한 억압, 강제수용소, 정의
의 부재, 집단주의 등 파시즘과 공산주의의 형태와 내용이 동일하다는 의
미를 담고 있다(Széll, 1992a). 이데올로기적 측면에서 조지 오웰은 『1984』
와 『동물농장』을 통해 전체주의 개념의 확산에 크게 기여했다(Széll, 1985).
또한 1932년에 출간된 올더스 헉슬리Aldous Huxley의 『멋진 신세계』는 이
분야의 고전이 되었으며, 거의 모든 언어로 번역되어 수십 개의 판본이 있
다. 독일계 미국인 철학자 한나 아렌트Hannah Arendt의 『전체주의의 기원』
(1951)은 이 논쟁에 가장 큰 영향력을 미쳤다(Friedrich & Brzezinski, 1956:
Friedrich, Curtis & Barber, 1969 참조). 프리드리히 하이에크는 공산주의와
파시즘 모두를 지칭하기 위해 '토털리즘'totalism 개념을 도입했다. 하지만
역사를 뒤돌아보면 전근대사회는 모두 전체주의적이었다. 종교기구와 군
주제는 개인의 모든 자유를 억압했을 뿐 아니라 개인이라는 관념조차 존
재하지 않았다.

현대에 들어와 스테파니 쿠르투아(2003, 2006a, b)와 데이비드 호로비츠
등 공산주의에서 전향한 인물들은 가장 강력한 반공주의자가 되었다. 전
체주의를 비판하는 좌파는 주로 현실사회주의와 파시즘 사이에 질적 차이
가 있다고 주장한다. 현실사회주의는 내부 모순으로 말미암아 스스로 붕
괴되고, 민주적 사회로 평화적으로 이행했다는 것이다(Schmeitzner, 2007:
Traverso, 2001). 이런 주장은 사실이 아닐 수 있다. 스페인과 포르투갈, 그
리스의 파시즘 정권은 1970년대에 민주주의로 체제를 전환한 적이 있기
때문이다. 그러나 소련이 무너진 뒤 러시아를 비롯해 과거 소련에 포함되
었던 국가 대부분은 지금도 권위주의 국가로 남아 있다.

미국

미국은 100년 이상, 특히 파시즘 정권의 몰락 이후 반공주의를 주도했다. 미국의 역할은 이 책에 실린 기외르기 스첼의 글에서 자세히 논의될 것이다.

유럽

유럽에는 47개 국가가 존재하며 폭넓은 다양성을 보유하고 있다. 유럽의 역사와 문화는 실로 다양해서 지난 200년간 유럽 대륙의 반공주의를 개관하는 것은 지면의 한계상 불가능하다. 19세기 모든 국가에서는 사회운동, 노동조합, 공산주의/사회주의 정당이 발생해 자본주의적 착취와 제국주의에 맞서 싸웠다. 따라서 우리는 온갖 종류의 역사적·정치적·문화적 변형을 발견할 수 있다. 소련과 마르크스-레닌주의가 현실사회주의, 즉 국가자본주의와 그에 대한 대항전략으로서 반공주의와 파시즘의 성장에 큰 역할을 했다는 사실은 앞서 논의한 적이 있다(Polanyi, 1944). 2차 세계대전 이후 소련은 바르샤바조약기구와 코메콘COMECON을 통해 위성체계를 확장하고 동유럽과 중부유럽 일부를 확보하고자 했다.

스페인 내전은 1918~1921년 소련 내전 이후 사회주의와 공산주의, 아나키즘 세력과 반공주의 세력이 유럽에서 두 번째로 열전을 벌인 사건이었다. 이번에는 반공주의 세력이 승리를 거두었다. 그들이 1936년에 체결한 반코민테른협정Anti-Komintern-pact 역시 언급되어야 한다.[12] 전간기戰間期 유럽에서는 많은 정권이 반공주의 성향을 띠었는데, 아예 파시즘 정권인 경우도 적지 않았다. 그리고 스페인과 포르투갈에서는 2차 세계대전 이후에도 반공주의 군사독재가 계속되었다. 그리스에서는 미국의 도움으로 1967~1974년 군사독재가 부활했다.

따라서 우리는 이 기간을 국제적·국내적 여건의 변화에 따라 여러 단계로 구분해야 한다. 1948~1989년 철의 장막에 따른 유럽과 독일의 분할은 가장 중요한 구조였다. 두 초강대국과 그 동맹국들이 각각 방위동맹(나토와 바르샤바조약기구)을 통해 대립한 기간은 냉전이라고 불렸다. 이는 한반도에서 일어난 사건과 대비되는 표현이다(Dijk 외, 2008).[13]

1953년 동독, 1956년 헝가리와 폴란드, 1968년 프라하의 봄 그리고 다시 1981년 폴란드에서 일어난 대중봉기 이후 많은 난민이 서방으로 향했고 이로 말미암아 반공주의 프로파간다와 정서가 강화되었다. 여기서 이런 운동들이 장기적으로 볼 때 각국의 민주화에 중요한 과정이었다는 사실을 인정해야 한다. 1975년 소위 헬싱키 프로세스가 시작되면서 유럽의 냉전구조가 천천히 극복되기 시작했다.

동시에 프랑스와 이탈리아에서는 1980년대까지 상당히 강력한 합법 공산주의 정당이 선거에서 최대 2퍼센트까지 득표했다는 사실도 주목해야 한다. 그리고 스페인과 포르투갈, 그리스에서 군사독재가 끝난 이후 각국에서 합법화된 공산주의 정당들은 지금까지도 많은 영향력을 가지고 있다. 그 이유는 이들이 독재에 반대하는 사회운동에서 중요한 부분을 차지하기 때문이다.

1990년 이후 옛 사회주의 국가 상당수에서는 새로운 반공주의 운동과 정당이 생겨났고 대다수의 경우 적어도 일시적으로 집권했다.[14] 사실 유럽 인구의 30퍼센트가량은 외국인 혐오 정서가 강하며 극우파와 반공주의에 친화성을 가진다(ENAR, 2013). 이런 경향은 학생들 사이에서도 마찬가지다(Kassis & Schallié, 2013). 그 이유 중 하나로는 지난 수백 년간 지속된 각국 학계의 보수성을 들 수 있다(Evola, 2008; Montalbano, 1987). 가장 충격적인 반공주의 폭력 사태는 노르웨이에서 아네르스 베링 브레이비크Anders Behring Breivik가 2011년 진보 성향의 청소년 총 77명을 살해한 증오범죄 사건이다(Borchgrevik, 2013; Wikipedia, 2013h). 노르웨이가 세계에서 가장 민주적인 국가라는 사실에 비춰볼 때 이는 더더욱 놀라운 사건이 아닐 수 없다. 하지만 총기난사가 일어났을 당시 극우 세력은 이미 선거에서 유권자 20퍼센트가량의 지지를 얻고 있었다.

그러나 다행히 유럽에는 공산주의와 관련해 긍정적인 부분도 존재한다. 동구권과 서방의 공산주의 세력은 나치 정권과 서유럽의 군사독재를 무너뜨리는 데 결정적 기여를 했다. 수십 년간 공산주의 세력은 역사적 타협의 범위 내에서 유럽 재건에 매우 건설적인 역할을 담당했다. 이탈리아의 작가 조반니노 과레스키Giovannino Guareschi(1908~1968)가 만들어낸 가상의 인물 '돈 카밀로'Don Camillo와 '페포네'Peppone는 이런 관계를 유머러스한 방식으로 보여준다. 이로 말미암아 과레스키의 소설과 이를 바탕으로 한 영화는 유럽 전역에서 큰 성공을 거두었다(Wikipedia, 2013g).

그러나 소련 제국이 붕괴한 이후 유럽의 모든 공산주의 정당은 사실상 사회민주주의 정당으로 탈바꿈했다(유로코뮤니즘). 이런 맥락에서 우리는 공산주의 성향의 노동조합과 프라하에 본부를 둔 세계총연맹World Federation이 2006년 국제자유노동조합총연맹International Confederation of Free Trade Unions과 통합해 국제노동조합총연맹International Trade Union Confederation을 결성할 때까지 어떤 역할을 했는지 논의해야 한다. 유럽노동조합총연맹ETUC에는 1999년 공산주의 성향을 띤 프랑스 노동총동맹CGT이 최대 조직으로 가입할 때까지 언제나 여러 반공주의 노동조합이 가입해 있었다. 변증법에 따라 사회주의와 자본주의 사이에서 '제3의 길'을 모색하는 세 가지 실험적 운동이 있었지만(Wikipedia, 2013e), 지금까지는 성공하지 못했다.

- 1945~1991년 유고슬라비아의 자주관리 사회주의(Széll, 1992b; Tito, 1960).
- 1968년 '프라하의 봄'(Sik, 1976).
- 1998년 이후 카지노자본주의Casino Capitalism를 극복하기 위한 앤서니 기든스의 시도. 기든스는 빌 클린턴과 토니 블레어, 로마노 프로디, 게르하르트 슈뢰더의 지지를 이끌어냈다. 하지만 이 프로젝트는 '규

제되지 않는 자본주의'가 더욱 강했기 때문에 실패로 돌아갔다(Soros, 1998).

"역사학과 사회학의 수렴이론convergence theory에 따르면 자본주의든 공산주의든 모든 산업체제는 기술발전의 결정적 효과로 말미암아 사회적·정치적·경제적 제도 면에서 수렴하게 된다."(Encyclopedia 69.com, 2013) 결국 1970년대에 등장한 수렴이론의 희망은 현실화되지 않았다.

영국

유럽의 맥락에서 영국은 핵심적 반공주의 국가였다. 카를 마르크스와 프리드리히 엥겔스는 탄압을 피해 런던으로 피신했고, 영국에는 상당히 강력한 노동운동이 존재한다. 하지만 영국은 특히 오늘날 금융자본주의의 보루다. 1, 2차 세계대전을 거쳐 지금까지 계속되고 있는 영국과 미국의 공조는 최근의 미 국가안보국 스캔들이 보여주듯 헤게모니 전략의 굳건한 기초다. 또한 윈스턴 처칠 총리는 냉전의 원동력이 된 인물이었다(Ruotsila, 2001, 2005 참조). 정보조사국Information Research Department에는 1945년에서 1953년까지 특수임무가 부여되었다(Defty, 2004).

프랑스

프랑스는 공산주의와 반공주의의 역사에서 굉장히 중요한 국가다. 카를 마르크스를 비롯한 여러 공산주의자와 사회주의자, 아나키스트는 1940년대 파리를 근거지로 삼았다. 19세기 공산주의에서 가장 중요한 사건은 역시 1870~1871년 '파리 코뮌'Paris Commune이었다. 그 당시 독일과 프랑스는 전쟁 중이었지만 잠시 협력해 파리 코뮌에서 수립된 최초의 공산주의 정부를 무너뜨리는 데 더욱 주력했다. 파리 코뮌은 마르크스보다 피에르 조제프 프루동의 연방주의 사상(1969)과 더 긴밀한 연관이 있다. 이 주제와 관련해서 방대한 문헌이 존재하는데, 몇 가지 예가 있다(Guérin, 1966; Haupt, 1979; Lefebvre, 1965; Lissagaray, 1969; Marx, 1871; Marx 외, 1968).

1936~1938년 프랑스에서는 인민전선Popular Front이라는 이름으로 좌파 정부가 집권했다. 정부는 노동자의 요구를 대거 수용했으며 공산주의 세력도 일정한 영향력을 가지고 있었다(Lazar, 2005). 공산주의자 앙리 르페브르Henri Lefebvre는 이미 1938년에 히틀러의 5년 집권이 끔찍한 결과를 낳을 것이라고 예견했다. 프랑스 공산당은 레지스탕스의 핵심 세력이었으며 전후 처음으로 수립된 샤를 드골 정부에 참여했다. 2차 세계대전 이후에는 비교조적·비스탈린주의적 조직과 네트워크가 상당수 생겨났다. 이들은 1968년 5월 봉기에서 많은 역할을 했고 지금까지도 적지 않은 영향력을 갖고 있다. '사회주의인가 야만인가' 그룹은 자체적으로 평론지를 발행했으며, 당시 가장 큰 영향력을 행사했다. 소련 제국이 붕괴하기 이전부터 공산주의 정당과 운동은 이미 심각한 위기에 빠져 있었다(Weisz, 2011).

그러나 냉전은 프랑스에서도 반공주의를 강화시켰다. 특히 프랑스인 수백만 명이 비시 정권 아래에서 나치에 부역했다는 사실을 잊어서는 안 된다(Bloyet & Sauvage, 2005; Lejeune, 2003; Sanders, 1988). 오늘날 극우 세력은 프랑스 반공주의의 핵심이며 30여 년간 '국민전선'으로 활동해왔다(Moch, 1978). 또한 극우 세력은 전체적으로 20퍼센트가량의 지지를 얻고 있다. 2012년 대선 1차 투표에서 여러 좌파 정당은 총 15퍼센트가량을 득표했다. 따라서 반공주의의 공간은 여전히 존재한다.

기타 유럽 국가

지면 한계상 유럽에 속해 있는 다른 45개국의 반공주의를 전부 논의할 수는 없다. 하지만 스위스는 특별히 다룰 만한 사례라고 할 수 있다(Thur, 1937). 스위스는 유럽의 한가운데에 위치한 중립국이자 민주국가다. 완벽한 민주주의의 여러 특성을 모두 가졌지만 민주주의 지수에서는 7위에 머물러 있다. 그러나 반공주의는 과거에도 지금도 여전히 무시할 수 없다(Caillat, 2009).

유럽에는 열 개의 군주제 국가가 존재하며 종교국가라고 할 수 있는 바티칸도 있다. 따라서 유럽 대륙이 완전히 민주적인 것은 아니다. 입헌군주제 역시 국가원수가 선거가 아니라 대물림에 따라 결정되기 때문에 정의상 완전한 민주주의는 아니다.[15] 많은 국가에서 귀족계층의 특권은 대부분 폐지되었지만, 여전히 이들의 영향력은 막강하다. 이들은 상속을 통해 영향력과 부를 대물림하고 있다. 따라서 모든 군주제와 귀족계층은 헌법상 그리고 이해관계상 반공주의 성향을 띤다. 그러므로 공산주의 세력은 기회가 있을 때마다 군주제를 타도하고자 한 것이다.

제3세계

근대 초기 유럽 열강의 제국주의적 팽창 이후 전 세계는 몇몇 국가를 제외하고 식민화되었다(에티오피아, 일본, 조선, 예멘). 그 당시 세계의 분할 문제는 1884~1885년 베를린 콩고회의에서 강대국들에 의해 결정되었다.

제3세계 최초로 선거에 의해 공산주의 정부가 구성된 것은 1950년대 인도 남부의 케랄라 주였다. 케랄라 주에서 공산당은 최근까지 집권했으며, 이 지역은 인도에서 가장 문맹률이 낮고 분쟁이 적다. 얼마 후 인도 최대 도시 콜카타를 주도로 하며 가장 인구가 많은 서벵골 주에서도 공산당 정부가 수립되었다. 제3세계의 공산주의 정권은 식민주의적 지배와 착취에 대한 대항운동을 통해 수립되었다. 허버트 마르쿠제Herbert Marcuse는 인류 해방에 대한 희망을 『제3세계』(1964)에 걸었다. 독립투쟁 과정에서 많은 국가가 소련의 지원을 받으며 사회주의 국가를 선포했다. 세계적으로 많은 반공주의 투쟁이나 분쟁, 전쟁은 이런 국가에서 발생했고 이는 서방에도 널리 알려져 있는 사실이다. 공산주의 세력에 중국을 빼앗긴 것은 반공주의에 큰 타격이었다. 그러나 이제 중국의 중심 이데올로기는 더는 마오주의가 아니라 유교이며, 다른 대부분 국가와 마찬가지로 내셔널리즘을 동반한다(Bell, 2010). '제3의 길'을 추구한 유고슬라비아와 비동맹국가들(1955년 반둥회의 참조)은 국제적 반공주의 논쟁에 많은 영향을 미쳤다.

라틴아메리카 대부분은 19세기에 이미 식민지배에서 해방되었고, 아시아와 아프리카의 해방은 20세기 후반에 찾아왔다. 남반구의 라틴아메리카는 먼로 독트린의 표현대로 미국의 뒷마당으로 간주되었다. 1959년 쿠바를 잃은 것은 이 지역에서 미국이 겪은 최초의 패배였다. 사실 페루와 칠레, 니카라과, 베네수엘라, 그레나다에서 혁명 세력은 사회정의의 확대를 추구했을 뿐 처음부터 공산주의를 표방하지는 않았다. 이들은 미국의 대응전략으로 말미암아 공산주의 세력이 되어 소련의 품에 안겼다. 라틴아메리카에서 아르헨티나와 브라질, 칠레의 군사독재 정권은 미국의 적극적 지원을 받았다. 심지어 피노체트 정권하의 칠레는 신자유주의의 모델이 되기도 했다(Hayek, 1981a, D9쪽; Farrant 외, 2012; Palacios, 2009 참조). 1967년 체 게바라가 볼리비아에서 사망한 것 그리고 대규모의 민주적 참여 실험이 이루어졌던 유엔의 '대중 참여 프로그램' 중단은 반공주의 세력에게 수십 년을 통틀어 아주 큰 성공이었다(1971).

미국에 의한 반혁명은 1960년대에 라틴아메리카와 동아시아에서 시작되었다(Horowitz, 1967). 미국은 프랑스가 1950년대에 인도차이나반도를 잃고 나서 캄보디아, 라오스 그리고 수십 년간 분단 상태에 있던 베트남에 개입했다. 개입의 근거는 도미노 이론, 즉 여러 국가가 하나둘씩 공산주의 세력, 특히 중국의 영향권 내에 떨어지지 않도록 막아야 한다는 것이었다.

크메르루주는 반공주의 개입을 정당화하기 좋은 사례였다. 레드크메르는 1980년대 총인구 800만 명 중 4분의 1을 끔찍하게 학살했다(Becker, 1998; Kiernan, 2004). 이와 같은 원시적 공산주의로의 회귀가 공산주의와 어떤 관련이 있는지는 매우 의심스럽다. 어쨌든 이는 서방과 세계 각국의 반공주의를 강화시켰다. 오늘날 캄보디아와 라오스, 베트남, 미얀마는 다시 자본주의 세계시장에 통합되었다. 미국과 자본주의는 이 지역의 전쟁에서 패배했지만 오히려 전쟁이 끝난 뒤 승리를 거둔 셈이다.

아프리카에서는 포르투갈 식민지였던 앙골라와 모잠비크뿐 아니라 천연자원이 풍부하며 벨기에의 식민지였던 콩고에서도 뜨거운 냉전이 계속되었다. 세계에서 가장 반공주의적이었던 남아프리카공화국 아파르트헤이트 정권이 무너진 것은 미국의 패권에 심각한 타격을 주었지만, 아프리카에서 신식민주의는 프랑스와 영국에 의해 지속되었다(Ferro, 2010).

아라비아반도의 권위주의 국가, 군주제 국가(사우디아라비아 등)는 반공주의의 또 다른 보루이며 대부분 미국의 지원을 받는다. 이들 국가는 미국에 의한 파급 효과라고 할 수 있는 종교적 근본주의를 수출한다. 대표적인 예가 '테러와의 전쟁'이다. 사실 탈레반은 소련에 맞서 싸우면서 CIA의 자금지원을 받은 바 있지만, 지금은 가장 위험한 적이 되었다. 이는 요한 볼프강 폰 괴테의 시 「마법사의 제자」The Sorcerer's Apprentice와 유사하다.

주인님, 스승님, 제 외침을 들어주소서!
아, 저기 스승님께서 오시는구나!
제게는 당신이 필요합니다!
제가 불러낸 유령들로부터
저를 구해주소서!

일본

일본의 반공주의는 2차 세계대전 이전의 코민테른 시기를 제외하면 일반적으로 독일의 반공주의와 직접적 연관이 없다. 나중에 매카시즘만 전파되었을 뿐이다. 오늘날 반공주의의 주요 기반은 과거부터 지금까지 계속되고 있는 중국 그리고 북한과의 영토분쟁이다. 또한 쿠릴열도를 둘러싼 소련과의 갈등도 반공주의를 부채질했으며, 이로 말미암아 지금까지도 평화조약이 체결되지 않고 있다. 1880년대 이후 서구 모델을 모방한 제국주의 식민화와 전쟁은 대만과 한국을 비롯한 동아시아 여러 국가의 병합으로 이어졌으며, 이는 1945년까지 계속되었다.

오랜 고립으로 말미암아 일본인의 50퍼센트는 외국인 혐오 정서가 강하며 극우적 성향도 강하다(Schreiber, 2013). 이는 서구 민주주의 국가들 가운데 가장 높은 수치이며 반공주의의 기반이 된다. 1948~1951년의 미군 점령기에는 일본에서 '공산주의자 숙청'이 일어나 2만 명 이상이 혐의를 받고 해고되었다(Tetsuo & John W. Dower, 2006). 강력한 반공주의 조직들은 지금도 활발히 활동하고 있는데, 상당수가 범죄조직인 야쿠자와 연계되어 있다.

미국의 더글러스 무어 켄릭은 1988년 『공산주의가 작동하는 곳: 일본의 경쟁적 공산주의의 성공』Where Communism Works. The Success of Competitive Communism in Japan을 펴냈다. 그는 이 책에서 일본의 사회구조와 기업이 공산주의적 특징을 가진 벼농사 공동체의 원리를 기반으로 한다고 주장했다(Széll, 2001; Yazawa, 2009 참조). 하지만 이런 요소는 분명 빠르게 사라져가고 있다(Széll & Széll, 2009).

"공산주의자를 물리치라"

2차 세계대전 후 독일에서의 정부·비정부 대공 심리전*

슈테판 크로이츠베르거
독일 로스토크대학교 사학과 교수

역사적 맥락과 문제제시

나는 연방공화국에서 공산주의자들을 세게 몰아붙여야 할 때가 왔다고 생각합니다. 꽤 많은 사람의 눈에는 카를스루에 헌법재판소 재판이 잠든 듯이 보입니다. 드러난 공산주의자, 숨은 공산주의자들에 대항할 일련의 법적 수단과 동력이 분명히 있습니다. 단지 이용되지 않고 있을 뿐이죠. 헌법의 범위 내에서 공산주의자들의 활동을 어떻게든 최대한 어렵게 만들기 위해 모든 것을 다해야 합니다. 개인적으로, 조직적으로 (……). 나는 연방공화국이 공산주의자들에게 확실히 대처하는 것이 다음과 같은 이유에서 옳고, 또 필요하다고 봅니다. 첫째, 연합국 측에 우리가 소련과 업무 관련 대화는 하지만 볼셰비즘과 어떤 관계도 원하지 않는다는 것을 보여줄 수 있습니다. (……) 둘째, 소련 점령지구 독일인들이 (……) 우리가 그들의 독재 지배자들과 친하지 않다는 것을 알게 될 겁니다. 그것은 그들에게 용

---

* 이 장은 한국외국어대학교 통번역대학원의 안인경 교수가 우리말로 옮겼다.

기를 줄 것이며, 만약 통일이 된다면 소련 점령지구 지배자들에게 그들이 우리한테서 특권을 누리지 못할 것임을 분명히 알려줄 겁니다.[1]

미국 주재 북서독 방송 특파원이었던 페터 폰 찬Peter von Zahn은 1955년 10월 10일 당시 건국 초기의 독일연방공화국(서독)이 마주하고 있던 대내외 정치적 도전에 대해 위와 같은 글을 썼다.

찬 기자의 이 글은 그 직전 콘라트 아데나워Konrad Adenauer 서독 연방총리가 모스크바를 방문해 소련과의 외교관계 수립을 완결하고, 대내적으로는 연방헌법재판소의 독일공산당KPD, Kommunistische Partei Deutschlands 금지 결정이 아직 내려지지 않은 서독의 정치적 상황을 배경으로 작성되었다. 그가 내보인 이와 같은 단호한 반공주의적 기본 입장은 그 당시 시대정신에 잘 들어맞는 것이었다.

그럼에도 찬의 표현은 의식적으로 선택한 것이었는데, 이들 표현이 정치적 효과를 발휘할 수 있기를 바랐기 때문이다. 그의 편지는 일반인을 위한 것이 아니라 자신의 형 프리드리히에게 보낸 것이었다. 프리드리히는 1949년 이후 전독일문제부Bundesministerium für gesamtdeutsche Fragen에서 과장으로 근무하고 있었다. 전독일문제부는 심화되는 냉전을 배경으로 서독 정부기구들 가운데 대공방어를 위한 정치적 타격력을 갖춘 조직으로 격상되고 있었다. 전독일문제부의 직원들이 수행하는 국가적 반공주의는 동독 사통당Sozialistische Einheitspartei Deutschlands(사회주의통일당) 정권을 겨냥한 것이었다. 그들은 소위 심리전을 통해 공개적인 선전선동, 은밀한 정보 조작, 이를 통한 동독의 불안정화를 목표로 하는 이데올로기적 대응사업을 수행했다. 또한 '내부 적과의 싸움'도 수행했다. 그것은 당시 미국의 저지·해방 전략에 따라 모스크바와 동베를린이 조종하는 독일공산당이나 공산주의자들과 가까운 서독 내 그룹들의 정치적 잠입을 차단하는 것이었다. 이런 의미에서 당시의 국가적 반공주의는 연방공화국 초기 정치문화를 확고하게 드러내 보여준 일부였다. 다음에서 더 자세히 설명하겠지만, 국가적 반공주의는 여러 가지 관점에서 중요한 대내외적 통합 기능을 가졌다. 동시에 재통일과 통일 민족국가 형성이라는 높은 차원의 정치적 노력을 다양한 조치로써 적절하게 지원하는 목적을 가졌다.

따라서 프리드리히 폰 찬이 동생의 적극적 발언을 감사한 마음으로 받아들인 것은 그리 놀라운 일이 아니었다. 그는 2주일이 지난 1955년 10월 24일 '사랑하는 페터'에게 다음과 같은 답장을 보냈다.

독일 내정에 관한 제안을 담은 네 편지 고맙게 받았다. 내 생각도 네 제안과 똑같다. 화려한 네 저널리즘 언어를 건조한 관료 언어로 바꾸고, 내 부엌 찬장의 매운 겨자를 꺼내어 쳐서 (……) 비망록으로 차관께 보냈다. 차관은 내가 어떻게 그런 생각을 해냈는지 놀라실 거다.[2]

이런 배경을 염두에 두고 이제부터는 다음과 같은 측면을 고찰해보자. 냉전 정치문화의 일부로서 서독 반공주의를 이해하려면 그 기능뿐 아니라 근원까지 알아야 한다. 더 나아가 공산주의와 반공주의가 어떻게 상호작용을 했는지도 밝혀내야 한다. 그런 토대 위에서만 냉전용 국가기구와 민간기구들이 어떤 반공주의 방법을 사용했는지 예시적으로라도 밝힐 수 있다. 그런 다음에야 끝으로 동서갈등의 정치적 일상에서 실천된 반공주의의 영향과 변화에 대한 문제를 다룰 수 있다. 예를 들어 1953년 6월 17일 동독 민중봉기, 1961년 8월 13일 베를린장벽 구축, 1966~1969년 서독의 기민CDU · 기사CSU · 사민SPD 대연정이 어떤 의미에서 분기점이 되었는가? 이처럼 중요한 정치적 사건들은 국가 반공주의와 서독의 정치문화에 어떤 영향을 끼쳤는가?

이들 질문은 그 이전 수십 년과는 다르게, 변화시키고 공들여 분화시킨 공산주의 이미지를 기초로 한 '신동방정책'Neue Ostpolitik에도 적용된다. 신동방정책의 시작은 보통 1969년 가을에 시작된 빌리 브란트Willy Brandt와 발터 셸Walter Scheel이 이끄는 최초의 사민SPD · 자민FDP 연정 때라고 본다. 그러나 국가적 반공주의의 사례를 보면 서독 동방정책의 진짜 시작은 그보다 훨씬 이전임을 알 수 있다.

반공주의, 그 발생과 기능

서독 반공주의의 특징은 다른 서유럽 국가들이나 미국의 반공주의와 달리 여러 근원을 가진다는 것이다. 1차 세계대전과 러시아의 볼셰비키 10월 혁명의 여파 속에서 바이마르공화국의 내정이 불안정하던 시기에 독일인들의 레닌-스탈린주의적 공산주의와 관련된 경험은 독일에 잠복해 있던 반공에 대한 기본적 합의를 강화시켰음이 분명하다. 이런 합의는 1918년 이후 곧 반볼셰비즘으로 변했고 갈수록 반유대적 특성을 띠게 되었다. 심지어는 당시 독일 사민주의 내에서 마르크스주의적 성향을 지닌 진영에도 소련식 공산주의와의 갈등에서 유발된 특수한 경험적 반공주의가 형성되었다. 이런 특수한 사민주의적 반볼셰비즘 형태는 독자적인 정체성을 가졌다. 이 형태는 1933년에도 살아남았고 2차 세계대전 이후에는 냉전구도에서 새롭게 활성화되었다.

이런 기본적 분위기에서 이익을 본 것은 결국 나치 정권이었다. 반공주의는 1933년 1월 30일 아돌프 히틀러가 정권을 장악한 후 나치적 성향의 국가이성國家理性, Staatsräson으로 발전했다. 반공주의는 '합의 도출력이 있는 통합의 이데올로기'로서 새로운 권력자들을 통해 정치적 사상이 다른 자의 박해, 공공 영역의 획일화, 의회민주주의 체제 제거, 반유대주의 정당화에 사용되었다. 국가사회주의자들(나치)은 반공주의가 독일 국민 사이에 광범위하게 뿌리내리고 있던 상황을 이용했다. 나치의 반공 조치들은 민족주의와 보수 진영뿐 아니라 시민·진보 진영, 가톨릭과 개신교에서도 호응을 이끌어냈다.[3]

그러나 독일 반공주의의 큰 특징은 나치 정권이 1941년 6월 22일부터 이데올로기적·인종주의적 동기에 의해 소련과 반反볼셰비즘적 세계관 전쟁을 하던 시점에 형성되었다. 이 전쟁의 목적은 '동쪽 삶의 공간'Lebensraum im Osten 확보와 그 공간의 철저한 '게르만화'였다. 이 전쟁은 반슬라브적 이념전쟁의 성격을 가졌으므로 전례 없이 잔인하고 무자비하게 진행되었다. 전쟁 종료 후 소련군의 "파시즘 야수들의 동굴"[4]로의 입성, 피난과 추방, 나치가 전쟁과 동방점령정책에서 드러낸 극단적인 냉혹성에 대한 복수의 일환으로 벌어진 민간인에 대한 잔인한 공격 등은 많은 독일인이 가지고 있던 기존의 반공주의적 증오심을 증폭시켰다.

1947년 이후 냉전의 시작과 독일 동쪽의 소비에트화는 1949년 독일 분단으로 이어졌다. 독일 반공주의의 관점에서 보면 스탈린이 부추긴 베를린 위기는 특별한 의미를 지닌다. 봉쇄를 통해 서독 주민들을 미국과 멀어지게 하려던 모스크바의 속셈은 성공하지 못했다. 이는 오히려 그때까지 여전히 존재했던 점령 연합군과 주민들 사이의 감정적 균열을 축소시켰다. 서로가 서로를 필요로 한다는 확신이 뚜렷하게 나타나기 시작했던 것이다. 이는 서쪽 진영을 강화시키고 반공에 대한 기본적 합의를 촉진시켰다. 1950년 발발한 한국전쟁도 이런 추세를 강화하는 데 한몫했다.[5]

이제부터는 서독에서 2차 세계대전 후 국가적으로 추진된 반공주의가 어떤 기능을 했는지 생각해보겠다. 대외적 관점에서 보면 전후 반공주의는 연방공화국 초기에 서방 통합을 촉진했다. 이런 맥락에서 서독 연방정부는 냉전 고조기에 특별히 미국에 대해 믿을 만한 파트너십을 과시할 수 있었다. 1949년 전독일문제부를 설치함으로써 독일 분단의 원흉으로 여기던 소련 공산주의에 다양한 방식으로 대항할 수 있는 특별한 부처를 갖게 된 것이다. 따라서 반공주의에는 순수한 대외정책적 성격 이외에 통일을 목적으로 하는 특별한 독일정책적 측면이 있었다.[6]

반공주의는 서독 국내 정치에서도, 특히 전후 약 15년간 중요한 통합 이데올로기이자 과도기의 이데올로기였다. 건국된 지 얼마 안 된 반전제주의적 공동체인 서독은 반공주의의 일체감 형성 기능을 활용했다. 특히 국가의 내적 공고화에 관심을 가졌던 서독 건국 세대는 노동자부터 기업 임원까지, 사민당에서부터 민주적 우파를 넘어 모든 계층과 당파를 초월하는 연결의 끈을 반공주의에서 찾았다. 이렇게 반공주의는 "아직 불안정한 민주주의의 정치적 접합제"[7] 역할을 했다. 반공주의에 대한 전후 서독 사회의 기본적 합의는 무거운 나치 잔재 문제에서도 행동의 여지를 넓혀주었다. 공산주의에 대항하는 반전제주의는 서독의 새로운 국가이성의 일부가 되었으며, 이로써 서독이 서방의 가치공동체에 소속되었다는 것을 과시할 수 있었기 때문이다. 이는 다시 한번 서독을 과거 나치 정권과 차별화시키고 적어도 당분간 나치에 대한 충성이라는 과거의 짐을 부분적으로 더는 데 큰 도움을 주었다.[8] 더 나아가서 반공주의는 과거 나치 정권의 엘리트들을 '연방공화국으로 흡수'하는 데 있어 핵심적인 의미를 가졌다.[9]

공산주의와 반공주의의 상호의존성

1950년대 서독의 국가적 반공주의는 때때로 '동족 간의 냉전' 정도까지 이르렀다. 그러나 법치주의의 관점에서 보면 공산주의자뿐 아니라 평화주의자, 독일정책 관련 '중립주의자' 등 정치적 사상이 다른 사람들을 결코 과민하게 다루지는 않았다.[10] 그럴 수밖에 없었던 중요한 이유로는 동독의 공산주의와 서독의 방어 태도 간의 상호의존성을 꼽을 수 있다. 본 Bonn의 연방정부는 서독 민주주의를 겨냥해 많은 비용과 공을 들인 사통당의 선전활동과 서독 지역에서 활동하는 사통당 위장단체들을 우려 섞인 시선으로 관찰하고 있었다. 특히 1950년과 1951년 소위 '그로테볼Otto Grotewohl 서신'을 통한 제안이 그런 관찰의 대상이었다. 동베를린은 독일 통일에 대한 의심스러운 제안을 통해 서독 사회를 분열시키고 공산주의 주도하에 서독 노동자계급의 단합을 이룸으로써 증오의 대상인 '아데나워 정권'의 붕괴를 추진하려고 했다. 그러나 이런 제안은 오히려 역효과를 낳았다. 본의 정가에서는 민주적인 의원들 간에 이제부터는 공산주의자들에게 단호히 대처해야 한다는 초당적 합의가 형성되었다. 결국 이 모든 것은 독일공산당이 1953년부터 1956년 금지되기까지 서독 연방하원에 진출하지 못하고 사회적으로 소외되는 데 일조했다.[11]

이런 상황과 일반적인 서독의 반공주의는 사통당 독재하의 동독 국내 정치에도 영향이 없지 않았다. 서독 측에서 동독에 대한 선전계몽활동을 펼치는 만큼 동독 정권은 눈에 띄게 정치적 압박을 받았다. 동독 정권은 거의 '정신병적 반제국주의 계급투쟁'에 빠졌다. 그러나 이것은 지배정책적 관점에서는 동독 권력층에 오히려 이득이 되었다. 서독은 반공주의와의 싸움을 통해 한동안 자국의 문제와 결핍으로부터 주민들의 주의를 분산시킬 수 있었고, 이는 동독 체제의 정당성 확보에도 도움이 되었기 때문이다.[12] 그 밖에도 서독의 대對동독활동 역시 동독에서 위협으로 인지되어 동독 정권의 안정화 효과를 가져왔고, 사통당이 국가안전기구와 억압기구 구축 강화를 반反-반공주의 조치로서 정당화하는 데 좋은 구실이 되었다.[13]

반공주의의 주체, 협력의 접점

서독의 반공주의, 특히 국가가 주도한 반공주의의 주요 활동은 매우 신속하게 서독 내 공산주의자들의 국가전복 음모 퇴치 쪽으로 옮겨갔다. 이로써 서독은 '긍정적 헌법수호'라는 구호 아래 동독 내에서의 불안정화 공작보다 훨씬 더 효과적으로 동독의 위협에 대처할 수 있었다. 게다가 그렇게 함으로써 동독 주민들을 위험에 빠뜨릴 필요도 거의 사라지게 되었다. 이런 관점에서 이익을 본 기관으로는 앞서 언급한 전독일문제부를 첫 번째로 꼽을 수 있다. 전독일문제부는 대공방어를 위한 국가의 조정기관으로 인식되었다. 따라서 전독일문제부는 연방헌법수호청Bundesamt für Verfassungsschutz, 연방내무부뿐 아니라 독일연방정보국Bundesnachrichtendienst, 미국 CIA와도 긴밀한 협조체제를 갖췄다.

대공 국가기관 간에는 1951년 3월부터 형식적인 업무 구분이 있었다.

전독일문제부의 일차적 업무는 선전을 통한 방어였다. 이들 세 기관 가운데 연방내무부는 연방공화국의 헌법질서에 대한 공격이 발생할 때 경찰 등에 의한 보호 조치와 각 주정부와의 협력을 관할했다. 연방헌법수호청에만 정보 업무 기능이 부여되지 않았다.[14] 그러나 아직 헌법수호의 내용을 구축하는 단계에 있던 연방공화국 초기에는 이론적으로 합의된 국가적 대공방어 업무 분할이 그다지 정확하게 지켜지지는 않았다. 전체를 아우르는 원칙은 반공주의에 대한 기본적 합의뿐이었다. 기본적 합의는 수단과 방법의 선택을 결정했으며, 서독 지역에서 '공산주의 선동 공작'을 막는 데 필요한 많은 것을 정당화시켜주었다.[15] 이와 관련해 다음에서 더 자세히 설명하겠지만 오직 업무 성공만을 바라본 관련자들은 예를 들어 전독일문제부가 자유민주주의적 기본 질서의 관점에서는 매우 의심스러운 조치들을 실행했다는 점에 대해 대부분 크게 개의치 않았다.

전독일문제부는 아주 초기부터 미국의 모범을 따랐다. 미국은 중앙에서 조정하는 정부 차원의 '심리전'으로 공산주의를 몰아붙이는 데 주력했다. 이런 배경에서 전독일문제부 내 반공 강경파는 1953년부터 공산주의 방어전을 위해 연방공화국 내에 유사한 국가기관을 설립할 것을 촉구했다. 여기서 주도적 역할을 한 사람이 바로 에버트 폰 델링스하우젠Ewert von Dellingshausen이었다. 델링스하우젠은 전독일문제부 I-1과 과장으로 관련 전략개발 책임자였다. 따라서 그는 이미 1952년부터 정치·선전 공세에 대한 반격(롤백) 원칙에 입각해 관련 미국 정보기관들과 긴밀하게 협력해나갔다.[16] 델링스하우젠은 연방정부 내에도 공산주의자들의 잠입을 효과적으로 차단하기 위한 국가적 회의체를 설립해야 한다고 확신했다. 독일공산당이 1953년 서독 연방하원 선거에서 참패한 이후 동독이 선동·불안정화 공작을 강화할 거라는 우려는 그런 확신을 더욱 강화시켰다.[17] 델링스하우젠은 그 기회에 특히 사민당 내 좌익을 겨냥하면서 공산주의자들이 선전하는 '노동자계급의 행동 통일'에 대해 여러 차례 경고했다. 그 밖에도 그는 공산당과 서독 지역에서 활동하는 공산당 위장단체들이 서독 경제와 그 종사자들의 와해·분열을 노린다는 확실한 정보를 가지고 있어 한층 더 자신의 입장이 옳다고 확신했다.[18] 그는 늦춰 잡아도 1955년 소련과의 외교관계 수립 후 본 주재 소련대사관이 대대적으로 공산주의 선전을 벌일 것으로 예상했고, 따라서 정부 내 반공조정센터 설립이 불가피하다고 보았다.[19]

그런 위험의 시나리오 앞에서 전독일문제부는 어려운 부처 간 조율과정의 엔진임을 입증해 보였다. 1960년대 초에 드디어 '국제 공산주의와의 사상적·정치적 대결을 위한 조정위원회'가 설립되었다. 위원회는 연방총리실에 설치되었고 2주일 간격으로 해당 연방 부처와 국가정보기관 대표들이 모여 회의를 했다.[20] 델링스하우젠은 이 위원회의 조직구조에 대한 결정적 의견을 냈는데, 최대 효과를 위해 반공기획·조정과는 다음과 같은 실무 지침을 작성해 준수하도록 해야 한다고 했다.

a) 보유하고 있는 정보를 하위 부서 단독 책임하에 임의적으로 수요자에게 인도할 수 없다.
b) 각 부에서 긴급하다고 표시한 개별 사안에 대한 분석이 이루어져야 한다 (……).
c) 기획·조정위원회는 개별 사안 토의를 위해 정기적으로 회의를 개최한다. 합의가 이루어지지 않을 경우 차관회의, 비상시에는 각의가 결정하도록 한다.[21]

'국제 공산주의와의 사상적·정치적 대결을 위한 조정위원회'가 설립되기 이전에는 전독일문제부에서 동독으로부터의 공산주의 위협에 효과적으로 대처하기 위해 많은 자체적 조치를 취했다. 이를 위해 다양한 대상과 접촉했는데, 특히 쾰른 소재 연방헌법수호청, 풀라흐 소재 연방정보국과 집중적으로 접촉했다. 또한 1952/1953년부터 유지되어온 협력의 틀에서 미국 CIA와의 관계도 활용했다. 초기에는 아직 미국과 동등한 협력관계였다고 말할 수 없었으며, 미국 기관들은 처음에 매우 소극적이었다. 미국은 전독일문제부에 하위 과제를 할당했으며, 미국의 해방정책에 따른 반공공작 수행을 위한 반가운 자금원 정도로 여겼다. 이런 관계는 1953년 이후가 되어서야, 특히 신생 연방공화국과 서방의 관계가 더 돈독해지면서부터 변하기 시작했다. 이제 CIA는 대공투쟁과 동독 불안정화는 무력이 아니라 오직 '정치·심리전'의 원칙에 따라 이루어져야 한다는 전독일문제부의 견해를 적어도 표면적으로는 수용했다. 이런 입장에 결정적 영향을 끼친 것은 1956년 헝가리 봉기 실패였다. 이들 사건의 경험을 통해 미국의 대공산주의 해방정책의 가능성과 한계가 분명히 드러났다.[22]

전독일문제부는 다른 국가기관들이나 하위 관청들과 마찬가지로 단독으로 효과적 대공투쟁을 펼칠 능력이 없었을 것이다. 따라서 자연스러운 동맹자로서 정치에 기여할 민간 반공단체나 대행기관이 필요했을 것이다. 특히 이런 관점에서 전독일문제부의 눈에 들어온 서독 단체들 가운데 '평화와 자유를 위한 민족동맹'VFF, Volksbund für Frieden und Freiheit[23]이 혜택을 받았다. 이 단체는 서독 내에서 가장 큰 영향력을 가진 반공 선전단체였을 뿐 아니라 CIA와도 좋은 관계를 유지하고 있었다. 그 외에도 국내외 반공 관련 분야에서 자리를 잘 잡아가고 있었다. VFF는 전독일문제부의 반공롤백정책의 도구가 될 것을 자청했다.[24] VFF의 정치적 지도부는 나치의 제3제국 시절 제국선전부나 방첩 관련 기관에서 반공정책을 경험한 매우 의심스러운 인물들로 구성되었지만, 이제 공산주의와의 일상적 싸움에서 이기기 위해서는 목적이 모든 수단을 정당화시켰다. 또한 VFF의 주 재정지원자로 나선 전독일문제부도 추정되는 오점에 대해 기꺼이 눈감아주었다.[25] 전독일문제부의 비밀 재정에서 거액의 자금이 계속적으로 VFF로 흘러들어갔다. VFF는 1950년대 중반 전독일문제부로부터 매월 2만 8,000마르크를 지원받았다. 이것이 4년 후에는 월 5만 5,000마르크가 되었다.[26] 따라서 VFF는 냉전 최고조기인 1950년대치고는 예외적으로 튼튼한 재정을 기반으로 서독 지역에서의 대공방어라는 정치적 업무에 전념할 수 있었다.

　냉전시대에 반공 국가기관, 특히 전독일문제부를 성공적으로 뒷받침한 사私기관 가운데는 사민당SPD, 기민당CDU, 자민당FDP의 동독 사무소도 있었다. 소련 점령지구(후에는 동독)의 정치적 획일화에 대항하기 위해 서독 정당들이 설치한 것으로, 서독과 서베를린으로부터 지시를 받은 이들 사무소는 처음에는 정치적 동기에 따른 동독 탈출자들의 상담소 역할을 했다. 바로 이 점이 이들 사무소를 반공계몽과 방어활동에 적합한 도구로 만들었다. 이들은 철의 장막 저편에 광범위하고 우수한 네트워크를 보유하고 있었다. 네트워크는 동독 야권에까지 미치기도 했다. 이런 상황은 두 가지 관점에서 활용되었다. 동독 사무소들은 전독일문제부로부터 대규모 자금 지원을 받아 오랜 기간 풍선을 이용해 선전·계몽 자료를 몰래 동독으로 반입했다. 이런 식으로 동독의 정치체제를 흔들어놓고 서독에 호감을 가진 주민들의 정치적 사기를 높여주고자 했던 것이다. 동시에 동독 사무소 소속의 위장 정보원들은 특히 1950년대 초기 스탈린식 독재 치하 동독 주민들의 생활 형편과 열악한 현실에 대한 내부 정보를 계속 수집했다. 이런 정보는 전독일문제부뿐 아니라 서독에서 서독 내 공산주의 적과 싸우는 비밀정보기관들에도 도움을 주었다.[27]

　국가 대공기관과 '자유법조인 조사위원회'UfJ, Untersuchungsausschuss freiheitlicher Juristen 간 반공협력도 유사한 형태를 띠었다. UfJ와의 협력은 연방공화국 건국 이후 신속하게 이루어졌으며, 1969년까지 지속되었다. UfJ는 전독일문제부로부터 크게 인정받았다. 특히 UfJ가 동독에 대한 반공활동에서 파괴나 태업을 하지 않았다는 점이 높이 평가되었다. UfJ는 철의 장막 반대편에서 일어나는 정치적 불법행위를 철저하게 기록함으로써 동독 지도부에 겁을 주어 정치적 범죄를 예방하는 것을 목표로 했다. 이런 활동은 공개적으로 진행되었으며 통일될 경우 동독 불법 정권의 범죄자들을 형사처벌하겠다는 목표에 기여했다. 여기서 기대할 수 있는 반공의 기능과 효과는 명백했다.[28]

이와 매우 다른 양상을 띤 것은 '반비인도주의 투쟁단'KgU, Kampfgruppe gegen Unmenschlichkeit이었다. 특히 서베를린을 거점으로 동독에 대항한 이 단체는 냉전시대 서독 민간단체들 가운데 가장 호전적인 곳 중 하나였다. KgU는 여러 미국 정보기관의 영향 아래 있었으며, 무력적 방법에 따른 동독의 체제붕괴를 꾀했다. 그러나 크게 논란이 될 만한 방법을 사용하고 계속해서 경솔한 행동으로 인명을 위험에 빠뜨리자 처음 협력에 관심을 보였던 전독일문제부는 신속히 거리를 두었다.[29]

반공주의와 정치문화, 냉전 고조기의 일상

1950/1960년대 냉전 고조기 독일에서 특히 크게 성행했던 일상적 반공주의는 이런 배경에서 어떤 모습으로 나타났을까? 국가 차원에서는 연방공화국 건국 직후부터 이미 분명한 추이가 나타났다. 국가는 공산주의와 공산당의 신생 서독 민주주의 잠식 시도에 먼저 법적·행정적 수단으로 강력하게 대처했다.

전독일문제부와 연방내무부가 중심이 되어 추진함으로써 이루어진 연방정부 각의의 결정은 이미 1950년 9월 19일부터 공공기관에서 공산당및 그 하위 위장단체 소속자들 '청소하기'를 목표로 삼고 있었다. 전독일문제부는 이와 관련한 부처 간 조율과정에서 모든 공공기관 종사자에게 관련 진술을 받자는 요구를 관철시켰다. 진술서 내용은 1945년 5월 8일 이후 어느 시점에도 독일공산당이나 관련 단체에 소속된 적이 없다는 것이었다. 그러자 연방체신부 관계자들 사이에서 이에 대한 우려의 목소리가 있었다. 그들은 광범위한 선행조사 없이 정치적 이유로 직원을 해고하는 것을 원하지 않았다. 전독일문제부의 반공 전문가들은 이런 소극적 태도에 곧바로 강경한 반응을 보였다. 전독일문제부는 시민적 용기와 "연방의 고위 공무원으로서 민주주의를 위해 앞장서는 전사"가 되어야 한다는 공무원 윤리에 호소하면서 부처 간 협의에서 결국 연방체신부 대표자가

주장하는 부당한 의심을 물리치고 의견을 관철했다.[30]

"민주적 기본 질서에 반하는 공공기관 종사자들의 활동"에 대한 결정이 발표되자마자 공개적 토론이 활발히 전개되었다. 이 법령의 법적 효력범위에 대한 논란이 뜨거웠지만, 이 법을 적용할 노동법원은 그런 논란을 별로 대수롭게 여기지 않았다. 그때부터 노동법원은 공산주의 활동에 대해 단순한 의혹도 종종 해고의 이유로 인정했다.[31]

그 후 몇 년간 서독 내 공산주의 활동에 대한 법적 대응은 더욱 강화되었다. 이런 강화작업에서도 전독일문제부는 연방내무부와 함께 항상 주도적 역할을 했다. 국가수호법Staatsschutzgesetz의 형법적 보완이 그런 사례라고 할 수 있다. 1951년 8월부터 이른바 반헌법적 간행물 반입과 유통에 대해 강력하게 대처했다. 이 같은 조치의 배경이 된 것은 무엇보다 사통당과 공산당이 신생 연방공화국에 공산주의 선전선동 자료를 범람시켰다는 사실이다. 이런 상황에서 전독일문제부 대표들은 입법 논의에서 과격하고도 비정통적인 제안을 했다. 다시 말해 즉각적인 우편물 검열과 서독 내 공산주의 선전물 출판에 대한 엄격한 금지령을 요구한 것이다.

나치 정권 이후 5~6년이 지난 시점에 나타난 이런 공격적 제안은 큰 불쾌감을 불러일으켰고 곧이어 비난 여론이 일었다. 그러나 결국 생각의 변화를 가져온 것은 출판금지 제안의 비민주적 성격보다는 오히려 동독이 그런 조치를 선전에 효과적으로 역이용할 것이라는 우려였다.[32]

1951년 최초의 국가수호 법령이 제정됨으로써 동독의 선전출판물을 서독 지역에 보내는 것과 사통당과 공산당의 이념을 따르는 모든 정치적 행위는 불법화되었다. 그러자 동베를린은 신속한 대책을 내놓았다. 즉시 서독으로 외화를 불법 송금하는 방법으로 전환하여 선동자료를 서독에서 출판·유통하도록 한 것이다. 대략 2년이 지난 후 전독일문제부와 연방내무부, 연방체신부는 그런 활동을 또다시 성공적으로 막을 수 있었다.[33] 그런 계기를 제공한 것은 1953년 8월 4일자 제3차 국가수호법 개정이었는데, 이를 통해 동독의 선전에 따른 불안정화 시도를 계속 끊어낼 수 있었다.[34] 1961년 5월에는 형법적 기본 조건이 다시 한번 강화되었다. 소위 '반입금지의 감시에 관한 법'Verbringungsgesetz에 따라 체신 공무원과 관세 공무원은 이때부터 국가를 위협하는 동독 출판물을 국경에서 곧바로 압수할 수 있게 되었다.[35]

물론 국가적 반공주의는 동독의 서독 잠식 노력을 법적·행정적 조치로 막는 데 그치지 않았다. 특히 냉전 고조기에는 민주주의적·법치주의적 관점에서 매우 의심스러운 방법이 계속 확산되었다. 이와 관련해 전독일문제부에서 '심리전'('공산주의 잠입에 대한 정치전략적 방어 업무'라는 일반 명칭에 대응하는 관공서 은어) 책임자였던 에버트 폰 델링스하우젠이 특별히 두각을 나타냈다. 그는 1958년만 해도 공산주의와의 싸움에서 "적이 사용하는 수단을 우리 자신을 위해 이용"하는 것에 적극적으로 찬성했다.[36]

이런 태도는 결코 회색이론은 아니었다. 전독일문제부는 그 이전에 누구보다 많은 실제적 활동을 했고, 이와 관련해서 아주 모호한 민주주의관을 드러냈다. 1951년 이후 전독일문제부가 공공의 통제를 벗어나 정치적으로 신뢰할 만하지 못하다고 추정되는 약 2만 3,000명에 달하는 인물과 단체에 대해 광범위한 비밀정보를 수집한 사업은 법치주의적 관점에서 처음부터 우려를 자아냈다. 전독일문제부는 그와 같은, 흔히 임의적 동기에 의한 광적인 정보수집을 통해 헌법정치적으로 확보되지 않은 미묘한 영역에 발을 들여놓았다. 그리고 헌법수호청이나 냉전시대의 민간단체와 긴밀히 협력하고 있었다. 별다른 조사 없이 그리고 많은 경우 단순한 밀고를 토대로 불확실한 정보를 기관에 제공했고, 심지어는 이를 민간 대행 반공단체가 활용하도록 넘겨주기도 했다.[37]

전독일문제부 반공 전문가들은 서독 국민의 '대공 면역성'을 키우려는 노력에 있어 민주주의적·법치주의적 원칙 아래 관용될 수 있는 범위에 대한 판단력을 자주 잃어버리곤 했다. 예를 들어 1953년에는 연방하원 선거운동에 위장 개입했다. 전독일민족당Gesamtdeutsche Volkspartei과 이 당 소속의 구스타프 하이네만Gustav Heinemann, 헬레네 베셀Helene Wessel 등은 사실 동독 내에서의 공작보다 훨씬 더 안전하게 추진될 수 있었던 서독의 반공롤백정책 정신에 따라 전독일문제부의 대공방어활동에 따른 정치적 목표물이 되었다. 이런 행동의 배경은 연방하원 선거 최초의 5퍼센트 유보조항 도입이었다. 이 조항은 최선의 경우 비호감인 군소정당의 의회 진출을 막을 수 있는 단서를 제공했다. 물론 전독일문제부가 드러내놓고 직접 개입할 수는 없었다. 그래서 이전에도 잘 활용했던 반공단체인 VFF를 이용했다. VFF는 독일정책과 관련해 중립적 진영에 속하고 동독과의 대화를 중시하는 하이네만과 베셀을 향해 반민주주의자이며 공산주의자의 친구라고 공공연하게 원색적 비방을 일삼았다.[38] 이와 유사한 일이 전 제국총리였던 요제프 비르트Joseph Wirth가 이끄는 '독일인동맹'BdD, Bund der Deutschen에서도 일어났다. 1953년 9월 18일 전독일문제부는 비밀리에 선거운동에 적극 개입했으며 연방총리실에 "국민 중 개신교인들을 대상으로 비르트-하이네만 선거동맹에 대한 계몽작업을 (……) 실시"했다고 보고했다.[39]

이런 활동은 예를 들어 무력으로 진압된 1953년 6월 17일 동독 민중봉기나 공산주의 위협의 확대 때문에 나타난 개별적 사례는 아니었다. 이미 1951년에 니더작센 주 주의회 선거와 관련해서도 전독일문제부의 유사한 공작이 있었다는 게 증명되었다.[40] 전독일문제부는 1961년에도 가까운 민간 반공단체의 도움을 받아 함부르크 주의회 선거에 간접적으로 개입했다. 여기서 목표로 삼은 것은 좌익 성향의 '독일평화연합'DFU, Deutsche Friedens Union이었다. 전독일문제부를 위해 일한 활동가들은 그 당시 금지당할 만한 위헌적 행위를 한 적이 없는 이 정당을 와해시키고자 했다. 그들은 예방적 선동조치를 취함으로써 웬만큼 합법적인 다른 방법으로는 공격할 수 없었던 이 야당을 경찰의 손에 들어가도록 만들었다.[41] 이런 배경을 고려하면, 전독일문제부가 1955년 가을에 이미 연방내무부 관계자들로부터 "공산주의 방어에 있어 정신적 획일성이 전제주의적 세계관에 상응하는 방법을 마다하지 않는다"라는 비난을 받은 게 그리 놀랄 일은 아니다. 공산주의 위협의 실제와 그에 대한 인식이 전혀 일치하지 않았다는 사실을 고려하면 그런 비난은 더욱 정당했다.[42]

서독 주민들 사이에 반공주의를 정착시키려는 국가의 노력은 전독일 문제부와 같은 기관에만 압박감을 준 것은 아니었다. 반공주의와 관련해 전독일문제부 못지않게 중요했던 기관은 연방내무부 산하 연방향토봉사원Bundeszentrale für Heimatdienst이었다. 연방향토봉사원은 전독일문제부와 유사하게 출판을 통해 공산주의와 싸웠다. 고유 업무 영역이었던 정치교육 사업을 통해 동독으로부터의 공산주의 잠입 위험에 대한 서독 여론의 의식을 높이기 위해 오피니언 리더들을 교육했다.[43]

그 당시 공산주의를 강력히 저지하기 위한 국가적·행정적 조치는 사회정책 분야에서도 들풀처럼 자라났다. 연방과 주의 나치독재희생자보상법 중 소위 공산주의자 유보조항이 명확한 결정의 근거를 제공했다. 즉 국가사회주의 불법 정권에서 고통당한 것이 증명될지라도 공산주의자인 경우 손쉽게 국가 보상에서 제외되었다.[44] 이런 매우 의심스러운 예방방법을 통해 독일공산당이나 그 동조자들이 서독의 사회복지 자금으로 먹고살지 못하도록 했던 것이다.

당시 연방정부는 의심의 여지없이 가톨릭교회를 반공주의 동맹자로 여기고 있었다. 사회주의와 물질주의적 이데올로기인 공산주의에 대한 가톨릭교회의 강경한 부정적 입장은 19세기까지 거슬러 올라가는 전통이 있었다. 이 전통은 1920년 이후 레닌-스탈린주의적 소련의 반교회정책을 경험하면서 확고해졌다. 이러한 배경에서 볼 때 바티칸이 1949년 7월 1일 공산주의를 적극적·소극적으로 지원했음이 증명된 신자들에게 출교와 성사 제외로써 경고한 것은 당연한 귀결이었다.[45]

가톨릭교회는 특히 국가의 미디어를 통한 반공투쟁을 보완했다. 국가적 차원의 투쟁이 서독이나 서베를린 땅에서 이루어지면 가톨릭 사제들이 전폭적으로 가담했다. 베를린 주교구 미디어 담당관 발터 아돌프Walter Adolph는 특히 베를린장벽 구축 이전 시기에 동베를린과 동독의 공산주의에 대응하기 위해 교회의 대량 출판을 체계적으로 활용했다. 출판을 통한 계몽작업이 서베를린 독자를 대상으로 하는 경우에는 사제적 가르침에서 끝나지 않았다. 오히려 서베를린에 거주하는 가톨릭 신자들의 의회민주주의적 기본 질서에 대한 의식 강화가 요점이었다.[46]

가톨릭교회의 이런 단호함에도 불구하고 가톨릭교회의 반공 행태는 점차 실용주의적 노선을 취하게 되었다. 특히 베를린 주교구의 동베를린 구역과 동독에서 아무리 공산 이데올로기를 반대한다고 해도 일상적인 종교 사역을 경시할 수 없었기 때문이다. 가톨릭교회는 동독 정권과의 무한 갈등을 유발할 수 없었으며 하고 싶지도 않았다. 베를린 주교였던 빌헬름 베스캄Wilhelm Weskamm과 율리우스 되프너Julius Döpfner, 알프레트 벵시Alfred Bengsch는 이런 기본적인 딜레마를 각기 다른 방법으로 해결했다. 벵시 주교는 "교회의 정치참여 배제와 정치적 중립성을 (……) 동독 교회의 사역권에 대한 존중과 일종의 '생태학적 보금자리'에 비유할 수 있는 법적 현 상황 유지"[47]와 맞바꾸었다.

서독의 반공주의는 처음부터 중요한 사회정치적 통합 기능을 가지고 있었으므로 반공주의와 더불어 탈주민이나 추방민, 그들의 이익단체가 일찍이 국가의 관심을 끌었다. 1950년대 반공투쟁에서 중요한 역할을 했음에도 불구하고 단지 추방당한 이력 때문에 그들을 비국가적 반공주의의 주역[48]으로 과대평가하는 것은 적절치 않다. 혹시 그렇다고 해도 그것은 주로 2차 세계대전 말기 동유럽과 남동유럽의 고향에서 추방된 사람들에게 해당되는 것일 뿐 1950년대에 이주한 '이주민'에게는 거의 해당되지 않는다. 나아가서 많은 추방민의 반공주의는 1, 2차 세계대전 중간 시기까지 거슬러 올라간다. 그들은 결코 스탈린의 소련이 그들의 추방에 홀로 책임이 있다고 주장하지 않았으며, 처음에는 서방 승전국도 분명히 비판 대상으로 삼았다. 그들의 비판이 점차 소련을 향한 일방적 책임전가로 변한 것은 "주로 아데나워 정부의 정치적 산물이었고, 아데나워 정부에 협력적이던 추방민 단체 간부들이 점점 더 그런 입장을 대변"[49]했기 때문이다.

그렇다고 해서 추방민 대표들이 그저 무차별적으로 반공주의를 옹호한 것은 아니었다. 반공주의는 많은 사람에게 있어 결코 반슬라브적 민족주의와 동일한 것이 아니라 오히려 그 반대였다. 예를 들어 수데티독일동포협회 대변인인 루돌프 로즈만 폰 아우에Rudolf Lodgman von Aue는 1950년대 초에는 추방된 독일인들과 소련 치하의 슬라브인들이 소련의 패권에 대항해 공동 이익동맹을 구축할 수 있다고 생각했다. 그의 노력은 같은 해 8월 '비스바덴협정' 체결에서 최고조에 달했다. 그는 이 협정에서 망명 정치인이며 런던 '체코민족위원회' 의장이었던 레프 프르할라Lev Prchala 장군과 함께 수데티 독일인들과 체코인들의 공동 고향이 공산지배에서 해방된 후 '평화적인 조정'을 한다는 데 합의했다. 이에 따라 로즈만은 1952년 슈투트가르트에서 열린 '수데티 독일인 대회'에서 그 합의를 언급하며 체코 민족을 향해 수데티 독일인들은 "우리의 귀향에 대한 믿음을 포기하지 않았"으며 "자유인으로서 자유로운 땅으로 돌아가고자" 한다고 선언했다. 그러나 그들은 "복수하는 자가 아니라 싸움과 증오의 한 세기를 종식시키는 자로서 돌아갈 것"이라고 했다.[50] 이렇듯 추방민 대표자들 중에는 조야한 반공주의에 맹목적으로 이용당하지 않고 오히려 추방한 국가의 공산정부와 핍박당하는 국민을 구분하는 사람도 분명 있었다.

효과와 변화, 반공주의 정치문화 관련 주요 사건

이 대목에서 동서 간 분쟁의 일상 속에서 행해진 반공주의의 효과와 변화에 대한 질문이 제기된다. 연방공화국 초기 동베를린에 의해 조종되는 서독 내 공산주의자들을 겨냥한 국가적 방어조치들은 분명 성공을 거두었다. 1956년 공식적인 공산당 금지 이전에도 이미 공산당의 정치적 가치는 눈에 띄게 낮아졌다. 공산당은 1953년 가을 이후 서독 연방의회에 진출하지 못했다. 공산당 지지도는 공업 지역이 있어 서독 연방주들 가운데 전형적인 공산당 아성으로 불리던 노르트라인-베스트팔렌 주에서조차

거침없이 추락했다. 지지도는 1947~1954년 14퍼센트에서 3.8퍼센트까지 떨어졌다.[51]

이 맥락은 세분해서 생각해야 한다. 노르트라인-베스트팔렌 주에서는 집중적인 국가적 방어활동에도 불구하고 기대와는 달리 1950년대 중반까지 지방기업의 종업원평의회Betriebsrat에서 공산당이 강력한 경쟁자인 사민주의를 물리쳤다. 또한 국가적·사회적으로 반공주의를 선전했지만, 이런 노력에도 초기에 노동조합에서 공산주의자들을 철저히 '청소'해내기에는 역부족이었다. 연방은 반공활동 수행에 있어 연방주들의 협력에 의존해야 했지만, 모든 주가 자동적으로 무조건적인 단결력을 보여주지는 않았다. 예를 들어 나치 희생자 보상과 관련해 '공산주의자 유보조항'이 어디서나 일관되게 적용되지는 않았다. 연방정부나 연방주 내무부가 반복해서 채근한 공산주의자들의 집회 및 의사의 자유 제한도 하위 기관들에서 자동적으로 무제한적 지원을 받지는 못했다. 예를 들어 노르트라인-베스트팔렌 주 내무장관이 이미 오래전에 관련 법령을 공포했지만, 부퍼탈에서는 지역 공산당이 1956년까지도 정치활동을 위해 지역 시설을 사용할 수 있었다.

서독에서의 정치적·사회적 반공주의 노력의 효과와 영향력 평가에 제한을 두어야 한다는 점은 다른 분야에서도 나타난다. 예를 들어 서독 국민의 반공주의 의식을 높이는 데 있어 영화와 텔레비전의 효과는 인쇄매체의 효과와는 달랐다. 나치 제3제국 시대의 강력한 정치적·선동적 감시, 2차 세계대전 직후의 궁핍, 연방공화국 건국 후 경제기적의 변화기를 겪은 후 이제 가벼운 오락과 기분전환을 바라던 시청자들에게 반공주의 소재로는 호감을 살 수 없었던 것이다.[52]

여기서 서독의 반공주의가 늦어도 1960년대 초부터 변화를 겪었다는 사실이 드러난다. 그러나 전후 분단시대의 주요 사건들을 살펴보면, 서독에서 통일 직전까지 국경일로 지켰던 1953년 6월 17일 동독 민중봉기 사건이 서독의 반공문화에 지속적으로 영향을 미쳤다는 점이 눈에 띈다. 특히 공산주의에 대한 국가적 방어조치는 그 사건의 영향을 크게 받았다. 이 맥락에서 다시 한번 전독일문제부의 정책이 주목을 받는다. 반공롤백정책은 당시 전독일문제부의 입장에서는 사통당 정권을 겨냥한 집중적·전략적 대동독사업이었다.

특히 1949년 이후 처음 수년간 대동독사업이 때로는 전혀 문제없이 진행되었다. 동독 야권에 광범위한 선전 자료를 제공할 수 있었으며, 전독일문제부 직원들은 연방총리실에서 나온 기존의 금지사항들을 그냥 무시하고 자체적으로 동독 내 저항 세력과 직접 접촉을 시도하거나, 서베를린을 거점으로 삼아 조작된 정보를 유포해 동독의 불안정화를 추구하는 서독 활동 그룹을 지원했다. 이 모든 것은 단기간에 통일을 이룩할 수 있을 것이라는 희망에서 비롯되었다. 그러나 그것은 전독일문제부 대동독사업 담당 직원들의 확신에 따르면 동독 내부 저항의 동시 점화를 전제로 했다. 동독 권부가 1953년 6월 17일 봉기에 대해 야권 엄중 처벌로 대응할 때에야 비로소 그런 생각들은 대부분 쓸모없는 것으로 드러났다.

따라서 전독일문제부에서는 점차 사고의 전환이 일어났다. 그토록 원하는 조국 통일의 날이 멀어질수록 본 정계에서는 동독 내부에 반공적 불안정화를 일으킬 수 있다는 믿음이 갈수록 줄어들었다. 특히 그때부터 동독 주민의 생명을 위협하는 모든 것을 그만두어야 한다는 데 주의를 기울였다. 이렇게 보면 전독일문제부가 왜 이때부터, 예를 들어 이미 언급한 바 있는 CIA가 지원한 '반비인도주의 투쟁단'KgU의 호전적 반공활동과 뚜렷하게 거리를 두기 시작했는지 설명된다. 전독일문제부는 그 이후로 정치적·전략적 대동독사업을 다른 전제하에서 계속하려고 했으며, 사업의 출발점을 서독으로 바꾸었다. 이는 방송에 의한 선전과 계몽 강화, 선전 브로슈어를 바람에 실어 안전하게 동서독 경계선 너머로 보낼 수 있는 풍선작업 등을 통해 실행될 수 있었다.[53] 그러나 대동독사업의 출발점을 서독으로 옮기는 것은 장차 사업 초점을 서독 '내부의 적' 퇴치 강화로 변경하는 것을 의미하기도 했다. 그 당시에는 공산주의의 서독 잠입 차단이 훨씬 덜 위험하기도 하고, 장기적으로는 사통당 정권에 전반적으로 타격을 입히면서 약화시키는 길이라고 생각했기 때문이다.[54]

비판적 성찰과 국가적 반공 방어활동의 변화를 이끌어낸 것 중에는 1961년 8월 13일 베를린장벽 구축도 있었다. 바로 이 사건이 서독 정부의 관련 독일정책에 본질적 변화를 가져왔다. 공산주의에 대한 훨씬 더 세분화된 입장을 특징으로 하는 '신동방정책'은 1969년 이후 빌리 브란트 총리가 이끄는 사민·자민 연정에서 비로소 시작되었다. 그러나 이 정책이 서독과 동유럽 이웃국가들 간의 정치적 관계에 가져올 엄청난 변화는 1961년 베를린장벽 사건을 빼놓고는 생각할 수 없다.

베를린장벽 건설은 서독 정치와 사회 전반에 각성을 불러일으켰다. 늦어도 이때를 기점으로 독일의 통일 문제가 가까운 장래에 정치 의제에 오르지 않을 것이라는 점을 누구나 알 수 있게 되었다. 이런 인식은 당연히 그때까지의 반공 정치문화에 영향을 미쳤다. 그 여파는 대동독사업뿐 아니라 반공 홍보사업에도 큰 영향을 끼쳤다. 전독일문제부는 그때까지 베를린이라는 구멍이 제공한 이점을 활용할 수 없게 되었다. 특히 전독일문제부가 몰래 지원했던 서베를린 신문이 큰 타격을 받았다. 동서 베를린 경계를 넘어 어느 정도 안전하게 접촉이 가능했던 시기에는 서베를린의 자유민주의 신문과 잡지가 획일화된 동독 사통당 매체에 비해 훨씬 더 효과적인 대안이었던 것이다.[55]

동베를린 봉기사건으로 전독일문제부 내에서도 자체 비판적 성찰을 하지 않을 수 없었다. 이런 배경에서 과거 자국민을 대상으로 삼아 일상적으로 펼친 수많은 공산주의와 독일 문제 관련 브로슈어 배포, 교육 행사, 연구 세미나 등을 통해 전달된 것들을 검증하기 시작했다. 전독일문제부와 연관되어 활동한 연설자들의 연설에 대한 솔직한 분석을 살펴보면 적나라한 실상이 드러난다. 모든 것이 그때까지 실행된 전투적 반공주의가 점차 지양되어야 함을 웅변하고 있었다. 다음은 어느 내부 문건의 내용이다.

(……) 그러나 단순한 반공주의 지원은 결코 충분하지 않다고 한다. 어느 민족도 '안티 의식'을 가지고 장기적으로 건설적인 정치적 사고와 행동을 할 수는 없다는 것이다. 공산주의 거부는 오히려 민주적 사회질서와 '독일 연방공화국'이라고 불리는 국가의 서방적 가치에 대한 긍정으로써 이루어 져야 한다고 말한다. 마찬가지로 독일 문제도 국민의 반공주의적 태도 육성 노력으로 축소되어서는 안 된다고 한다. 이는 전독일문제부의 임무가 그런 태도의 육성과 소련 점령지구에 대한 정보 지원으로 끝나는 게 아니라는 것과 같은 이치다. 지금까지 너무 편협하게 일해왔으며, 이미 오래전부터 필요했던 부部 업무의 개념적 확대가 드디어 이루어져야 한다고 말한다. (……)[56]

실제로 그 이후 1960년대에 접어들면서 이런 내용은 단순한 말에 머무르지 않았다. 1961년 이후 그리고 국제적 차원에서는 늦어도 1963년 쿠바 위기 이후 두 강대국 간에 정치적 긴장완화가 시작되자 서독 정부기관들도 그런 추이에서 완전히 벗어날 수는 없었다. 그 이전까지 국가적 반공주의의 전형적 보육소였던 전독일문제부 내에도 이런 시대적 흐름이 비켜가지는 않았다. 그 원인은 특히 전독일문제부의 정치적 지도부였다. 이 영역에서 독일정책의 침체기 이후 자민당을 위해 능력을 발휘하여 인정받으려고 노력했던 인물인 자민당 정치인 에리히 멘데Erich Mende가 1963년 10월 장관으로 취임했다. 그리고 그것은 당시 연방공화국의 정치문화와 반공주의를 변화시키는 첫 번째 효과를 가져왔다.[57]

이때 정확히 '신동방정책'이 시작되었다. 신동방정책은 1963년 1차 베를린 통행협정에서만 나타난 것이 아니다. 베를린 통행협정은 당시 연방정부의 동의와 에리히 멘데 전독일문제부 장관의 지속적 지원이 없었다면 빌리 브란트(사민당) 베를린 시장 혼자서는 결코 성사시킬 수 없는 사안이었다.[58] 통행협정 때문에 서베를린 시민들은 크리스마스 때 동베를린에 사는 친지를 2년 만에 다시 방문할 수 있게 되었는데, 이는 연방정부 내에서

서서히 동독에 대한 태도 변화와 더불어 공산주의에 대한 태도 변화가 나타나기 시작했음을 의미한다.

그때부터 생각의 변화와 반공 정치문화의 변화는 중요한 기폭제들을 통해 촉진되었다. 다른 사람도 아니고 공산주의 방어에서 선전의 창끝이라고 할 수 있는 전독일문제부 장관이 1966년 2월 공개석상에서 그때까지도 서독에 퍼져 있던 상투적 반공 구호와 증오에 분명한 반대 의사를 표명했다. 기민·기사당 내 정통 독일정책 옹호자들로서는 놀랍게도 자민당 소속 멘데 장관이 동독뿐 아니라 공산주의 자체에 대해서까지 이전에 없던 입장을 취한 것이다. 그는 『쾰너 슈타트안차이거』*Kölner Stadt-Anzeiger* 신문과의 인터뷰에서 "중부 독일(동독을 뜻함—옮긴이)에서 (……) 존중받을 만한 일이 많이 일어났다"라고 대담하게 강조했다. 그뿐만이 아니었다. 같은 인터뷰에서 그는 1959년대 반공주의 행태에 대해 분명한 거부를 선언했다. 그는 다음과 같이 직설적으로 말하면서 정치적 터부를 그대로 깨뜨려 버렸다.

> 우리나라의 자유주의 질서가 보호되는 선에서 공산주의자들과의 토론 및 공산주의에 대한 토론은 최대한 보장되어야 한다. 경솔한 경찰국가적 개입으로 말미암아 법치주의에 대한 신뢰가 깨어지고, 발터 울브리히트 Walter Ulbricht 정권에 동독과 그 주민을 연방공화국으로부터 차단시켜야 한다고 주장할 수 있는 근거를 제공하게 되었다.[59]

물론 멘데 장관의 이런 발언이 서독의 자유질서에 대한 근본적인 회의를 나타낸 것은 결코 아니다. 그러나 그는 이 발언을 통해 당시 서독을 변화시킨 정치문화에 담긴 시대정신을 표현했다. 이로 말미암아 특히 좌익 진보 성향의 언론인과 지식인들이 상투적이고 진부한 독일정책을 극복하고 동독에 대해 새로운 길로 나아가고자 하는 입장이 점차 짙어졌다. 다른 한편 멘데가 이 인터뷰를 통해 밝힌 것은 자신이 그 이전 수년간 장관으로서 관철하고자 했던 것과 상통했다. 그의 이런 노력에는 1963년 제1차 베를린 통행협정을 위한 노력, 동독 정치범 석방거래를 위한 노력, 연방내무부의 저항을 이겨내고 관철한 동서독 간 행정접촉의 재개시 등이 있었다. 비록 당시 상황, 특히 기민·기사·자민 연정 내의 정치적 지형이 아직 성숙하지 않아 그가 독일정책 분야에서 시도한 변화들 중 많은 것이 초기 단계에서 그치기는 했지만, 그는 여러 관점에서 의식의 변화를 불러일으켰다. 많은 것을 새로이 생각하고 거리낌 없이 말했다. 그의 사민당 소속 후임 장관은 그가 재임하던 때와는 달라진 정치적 조건하에서 그 못지않게 단호히 정책을 이어나갈 수 있었다.[60]

그래서 서독 반공 정치문화의 변화와 관련한 결정적 전환점과 그 밖의 주요 사건은 후임인 헤르베르트 베너Herbert Wehner(사민당) 장관 때에 이루어졌다. 그는 대연정(기민·기사·사민) 연방정부하에서 1966년 9월부터 전독일문제부 장관직을 수행하며 공산주의에 대항한 싸움과 관련해 근본적 방향 전환을 유도했다. 동시에 그는 동독과의 관계에 대한 새로운 정치적 방향 설정을 이끌어냈다. 그때 이미 구상되었던 것들이 1969년 이후 빌리 브란트의 신동방정책에서 실체를 띠게 되었다.[61]

베너 장관은 전독일문제부에 광범위한 인력과 세대교체가 곧 이루어진다는 점을 이용했다. 그는 장기간 근무했던 직원들을 통해 전독일문제부 정책에 깊은 흔적을 남긴 전투적 반공주의를 눈에 띄게 불식시킬 수 있었다. 새로운 조류가 시작되자 정치적 성격을 의심받은 인물과 단체에 대한 밀고 내용을 비롯해 1950년 이후 체계적으로 구축된 반공 비밀카드 기록이 곧 파기되었다. 베너는 카드 데이터의 존재를 알고는 매우 흥분했다. 자기 자신도 전독일문제부의 철저한 정보수집 열기의 희생자였음을 알게 되었을 때 그의 분노는 걷잡을 수 없었다.

베너가 장관이 되면서 종전의 지원정책도 새로이 검토되었다. 그때까지 사민당과 기민당 동독 사무소의 주도로 실행된 대동독 '풍선 선전' 등과 같은 구시대적 사업은 폐지되었다. 그 밖에도 베너는 수많은 민간 반공기구와 대행단체의 해체를 강력히 추진했으며, 그중 유지할 만한 가치가 있는 것은 전독일문제부와 긴밀한 관계가 있는 영역으로 통합했다. 이런 조치에 가장 큰 타격을 입은 것은 '평화와 자유를 위한 민족동맹'VFF이나 '자유법조인 조사위원회'UfJ처럼 과거에 큰 영향력을 행사하던 단체였다. 그들은 해체되어 1969년 7월 1일 전독일문제부 산하 '연방 전독일문제연구원'BfgA, Bundesanstalt für gesamtdeutsche Aufgaben으로 통합되었다. 이 연구원은 후일 논쟁을 줄이고 독일정책의 객관성에 치중하라는 과제를 부여받았다. 초기 수년 동안 요구된 '정치적 정당성'political correctness의 정도는 우스꽝스럽기까지 할 정도였다. 전독일문제부 직원들은 섣불리 '냉전적 사고방식'으로 해석될 수 있는 동독 관련 출판물이 출간되지 않도록 하기 위해 민망할 정도로 주의해야 했다.

전독일문제부의 새로운 연구지원 방향도 마찬가지였다. 전독일문제부의 새로운 노선을 지원하기 위해 전통적 반공주의 경향의 연구를 모두 탈락시켰을 뿐 아니라 연구를 대민 홍보활동 목적으로 사용하기도 했다. 특히 재정지원을 수단으로 부드러운 압박을 행사해 그때까지 서독 내 동독연구, 독일 연구, 동구 연구에 확산되어 있던 전체주의 콘셉트를 포기하고 체제 내재적 고찰법이라는 애매한 방법을 사용하도록 했다. 그 이후로 동독이나 기타 소련 위성국가들은 그들 국가 자체가 주장하는 바에 따라 평가되어야 했다.[62] 전독일문제부 내 담당자였던 귄터 베첼Günter Wetzel(사민당) 차관이 1969년 2월 28일 이전에 지원받았던 연구자들에게 알린 기본방향은 다음과 같은 사항을 분명히 했다.

연방공화국에서 동구 연구를 하는 학자들에게는 정부의 **동방정책에 대한 지식**이 중요하다(굵은 글씨 강조는 원문을 따른 것임—저자). 이는 그때그때의 정부에 대한 기회주의적 태도를 뜻하는 것이 아니며, 정치 상황과 미래 경향에 대한 객관적 배경 지식이 중요하다는 의미이다. 자유국가에서 학문은 행정부의 조종을 받지 않으나, 학자는 현실 문제를 위해서도 연구를 정

치적 지형과 관련지어야 한다.[63]

따라서 전독일문제부의 후한 지원을 계속 받기 위해 차관이 밝힌 지침과 범위를 어느 정도 따를지는 연구소 소장들의 손에 맡겨졌다.

전독일문제부와 연방정부는 서독이 긴장완화를 실천할 의지가 있으며, 냉전 고조기로부터 내려오는 정치문화 형태를 버릴 용의가 있다는 조짐을 1960년대 후반 다른 정책 분야에서도 드러냈다.[64] 1968년 베너 장관은 대연정 각의에서 서독 내 공산주의 정당의 합헌적 재허가 분위기를 만들어내면서 오랫동안 실천되어온 방식의 반공주의를 물리칠 의지가 있음을 과시했다. 또한 베너 장관은 전독일문제부와 함께 동독과의 신문 교환, 동독 언론 생산물 유통 허용을 내용으로 하는 헌법수호청 개혁에서 엔진 역할을 했다.

베너 장관은 중차대한 독일정책 분야에서 당시 쿠르트 게오르크 키징어Kurt Georg Kiesinger(기민당) 총리를 상대로 비정통적 조치들을 관철시켰다. 그렇게 할 수 있었던 중요한 원인은 그가 일반적으로 사민당 내에서 기민·사민 연정의 보증인으로 통했다는 점이다. 베너는 그런 자격으로 총리와 매우 깊은 신뢰관계를 유지하고 있었다. 따라서 그가 1967년 이른바 '빌리 슈토프Willi Stoph 서신'을 답장도 없이 그대로 거부하지 않도록 정부 수반인 총리를 설득할 수 있었다는 것은 비록 그것이 내독 관계사와 공산 동독에 대한 서독의 태도에서 처음 있는 일이기는 했지만 크게 놀랄 일은 아니었다. 빌리 슈토프 동독 총리는 자신의 제안을 통해 상호관계 정상화, 기존 국경의 보편적 인정, 핵무기 포기, 양독 군비지출 반감 등을 위한 동서독 간의 직접 협상을 이끌어내려고 했다. 이런 미묘한 문제에 대한 답을 위해 베너 장관은 전독일문제부와 더불어 독일정책 관련 전문지식을 제공했다. 그러나 결국 바랐던 독·독 대화는 이루어지지 않았다. 이 문제에 관한 양측의 법적 견해가 여전히 너무 달랐기 때문이다. 비록 슈토프의 제안이 실패했지만, 베너는 긍정적인 측면도 이끌어냈다. 적어도 서독 연방정부가 공산 동독과 건설적인 고위급 접촉을 할 의향이 커졌음이 드러났던 것이다.

이런 배경에서 베너는 약 1년 반 남은 대연정 후기에 실질적 정책의 하위 분야로 초점을 옮겨갔다. 1969년 연방총선 전 이와 관련해 결정적이고도 지속적인 여파를 가져온 변화가 있었다. 전독일문제부는 동베를린과의 비밀협상을 통해 국제법 수면 아래에서 제한적인 내독 교통협정에 합의하는 데 성공했다. 이 협정은 서독 산 칼리 운송을 위해 동독 게르스퉁엔 지역 철도 구간을 재활성화한다는 내용을 담고 있었다. 얼핏 보면 이 협정은 그리 대단해 보이지 않았다. 그러나 연계 사안에서 그 특별한 가치가 곧 드러났다. 즉 논란이 된 문제 두 가지를 즉각 처리하기로 한 것이다. 그 하나는 정체에 빠진 이른바 독·독 우편협상이었다. 동독은 벌써 상당히 오래전부터 서독 우편물의 동독 내 운송과 관련해 동독에 발생하는 추가비용에 대해 서독이 보상금을 지급할 것을 요구했다. 다른 하나는 내독 여객 운송을 수월하게 하고자 하는 것이었다. 양 독일은 기존의 상호인정 유보에도 불구하고 이후 인도주의적 문제 해결을 위한 정부 차원의 공식 대화를 시작할 수 있을 만큼 한동안 서로 가까워졌다. 이와 관련한 일련의 과정은 변화하는 국제정세와는 상관없이 전통적인 반공 방어 태도를 점차 세분화된 시각으로 보고자 하는 연방정부와 전독일문제부의 태도로 말미암아 촉진되었다.

그러나 대연정 말기에 이르러서는 주로 전독일문제부가 추진한 독일정책 조치들의 구체적 실천은 더 이상 대연정의 일이 아니었다. 그러한 조치들을 '신동방정책'의 새로운 기폭제로 활용하고, 이를 구체화하여 확정적 조약을 이끌어내는 것은 빌리 브란트 총리(사민당)와 발터 셸 외무장관(자민당)이 이끄는 차기 정권인 사민·자민 연정의 몫이었다. 이제 새 연정하에서 시대의 변화에 발맞춰 내독부Ministerium für innerdeutsche Beziehungen로 개편된 전독일문제부는 부차적 위치로 내려가게 되었다. 이때부터는 주로 연방총리실과 외무부가 동방정책과 독일정책을 주도하게 되었다.

요약과 맺음말

이렇게 해서 1949년 이래로 실천되었던 국가적 반공주의는 연방공화국 초기 및 그 정치문화와 특별한 관계가 있던 현상으로서 과거 역사의 일부가 되어가고 있었다.[65] 물론 국가적 반공주의는 일차적으로는 국가분단과 냉전이라는 기본 여건, 서독 주민의 정치적·이데올로기적 취약성에 대한 서독 정치지도부의 불안감 등에 대한 표현이자 반응이었다. 그러나 세계대전 이전에 공산주의와의 싸움에서 비롯된 전통도 영향을 끼쳤다.

국가에 의해 조종된 반공투쟁에서 주도권을 잡은 정부 부처들 중에서 전독일문제부가 단연 두각을 나타냈다. 전독일문제부는 특히 1950년대 동서 냉전 고조기에 민간단체의 재정적·사상적 지원에 주력했고, 이는 그들 단체가 실행한 반공주의에도 지속적인 영향을 미쳤다. 이와 관련해 한 가지 분명해진 것이 있다. 전독일문제부의 대공방어는 1953년 6월 17일까지는 동독 내 야권 세력을 사통당 권부에 대항시키는 것이었다. 그러나 이런 식의 사업은 이후 동독 주민들의 삶을 위험에 빠뜨릴 수 없다는 인식으로 말미암아 점차 축소되었고, 전독일문제부와 그 협력 민간단체의 활동 영역은 주로 위험이 훨씬 적은 서독 내 공산주의 퇴치로 전환되었다. 그럼에도 때로는 민주주의적·법치주의적 관점에서 매우 애매한 일들이 벌어지기도 했다.

이 점과 관련해서도 결국 1960년대 말부터 근본적 변화가 나타나기 시작했다고 본다면, 그 원인으로 정치지도자들의 의지 외에 다른 한 가지 상황을 들 수 있다. 그것은 연방공화국이 정치적·경제적으로 안정되어가는 만큼 만족도가 가시적으로 높아진 서독 국민을 대상으로 '심리전'을 통해 공산주의의 유혹과 '정신적 위험'에 대한 '면역력을 키울' 필요가 점차 줄어들었다는 것이다. 이와 동시에, 아니면 늦어도 최소한 1970년대 초부터 세계정세가 동서 간 대결에서 긴장완화 국면으로 넘어간 것도 그런 추세를 강화했다. 그때까지 서독의 국가적 반공주의에 정당한 근거를 제공했던 동독의 대서독활동도 이런 추세에 영향을 받지 않을 수 없었다. 동베를린에서도 점차 패러다임의 전환이 나타나면서 동독의 일차적 목표는 서독 정치체제 전환에서 서독에 의한 동독의 국제법상 인정으로 바뀌었다.[66]

냉전의 국제정치와
서독의 내부화된 반공주의[*]

기외르기 스첼
오스카브뤼크대학교 사회학부 명예교수

2차 세계대전 이후 오늘날까지 서독의 반공주의 정치는 한편으로 1947년 미국에 의해 시작된 냉전과 그 여파로 형성된 국제적 상황, 다른 한편으로 19세기까지 거슬러 올라가는 역사적 뿌리에 큰 영향을 받아왔다 (Adolphi, 2010 ; Deutsche Friedens-Union, 1977). 독일에서 국가사회주의라는 형태로 나타난 파시즘은 사회주의적 아이디어를 투박한 인종주의 이데올로기와 결합하고자 했다는 점에서 분명 독특한 형태의 반공주의라고 할 수 있다. 기독교 운동과 교회 또한 공산주의와 사회주의를 노골적으로 반대하면서도 노동운동의 요구를 일부 수용했다(Jervolino, 2008).[1] 이 글은 아리스토텔레스의 프로네시스Phronesis 개념, 즉 인류의 과제로 '좋은 사회'를 추구하는 지혜에서 볼 수 있는 맥락연계분석context-related analysis을 방법론으로 사용한다(Flyvbjerg, 2001 ; Széll, 1988, 137~165쪽 참조).

---

[*] 이 장은 이세현(영어 국제회의 통역사, sehyon.lee@gmail.com)이 우리말로 옮겼다.

테제

- 독일에서는 역사적 원인으로 말미암아 국가사회주의라는 독특한 형태의 반공주의가 출현했다.
- 독일 반공주의의 특수성은 세계사에서 가장 영향력 있는 공산주의 사상가 카를 마르크스가 독일인이라는 사실에 일부 기인한다.
- 반유대주의와 반공주의는 기묘한 관계를 형성했다.
- 공산주의 세력은 파시즘 극복에 중요한 역할을 했다.
- 1917년 이후 세계 최강대국이 된 미국의 기득권은 20세기 반공주의 정책에 큰 영향을 끼쳤다.
- 유럽이 철의 장막으로 40년 이상 분할되면서 반공주의가 촉발되었다.
- 유럽에서 마르크스주의와 공산주의는 거의 소멸된 상태이며, 따라서 더는 반공주의가 존재한다고 말하기 어렵다.
- 증오와 종교적 근본주의가 득세하는 한 진정한 민주주의는 불가능하다.

독일의 반공주의

- 1945년 이전

근대 공산주의는 카를 마르크스와 프리드리히 엥겔스가 1848년에 발표한 『공산당 선언』과 함께 시작되었다. 물론 머리말에서 언급되듯 인류 역사에는 초기 공산주의, 즉 유토피아라는 경험이 있다. 인류 역사의 가장 처음과 마지막에 공산주의 낙원이 존재한다는 비전은 이후 많은 사람의 마음을 사로잡았다. 다만 인류학계에서는 인류 초기에 낙원과 같은 삶이 존재했다는 마르크스와 엥겔스의 가설을 부정한다. "구 유럽의 모든 세력이 이 유령을 사냥하려고 신성동맹을 맺었다"라는 마르크스와 엥겔스의 예견은 적어도 얼마 동안은 정확했다(Courtois & Backes, 2002).

독일의 경우 저명한 교수이자 '국가학'Staatswissenschaften[2]의 창시자인 로렌츠 폰 슈타인Lorenz von Stein(1815~1890)은 프로이센 정부를 위해 1849년 파리로 가서 사회주의와 공산주의, 아나키즘 운동에 대한 첩보를 수집했다(Quesl, 1989; Stein, 1964; Széll, 1989).[3]

슈타인의 보고서와 '당근과 채찍'을 활용한 대응전략(사회주의 금지와 복지 확대)은 비스마르크의 복지입법과 1878~1890년 계속된 사회민주당 SPD 불법화정책의 기초가 되었다(Wikipedia, 2013d).

19세기 초에 제정된 프로이센의 '공무원법'Beamtengesetze은 지금도 독일에서 유효하며, 이 공무원법은 공무원이 국가뿐 아니라 정부에 특별히 충성해야 한다고 규정한다. 독일은 민주국가들 가운데 공무원의 파업이 금지되어 있는 드문 경우에 속한다. 따라서 이런 법이 효력을 발휘하는 동안 특별한 반공주의 입법이 필요하지 않았다는 점은 그리 놀랍지 않다. 사실 아이러니하게도 1840년대 카를 마르크스는 예나에서 강단에 서려고 했지만 교수가 되지 못했다. 마르크스에 대한 취업제한 조치가 없었다면 아마 현대사는 달라졌을 것이다. 1853년 공산주의자 재판 Kommunistenprozess으로 인해 마르크스는 프랑스로, 나중에는 영국으로 건너갈 수밖에 없었다.

유대인도 1918년까지 취업제한 때문에 공무원이나 군인이 될 수 없었다. 그렇다 보니 유대인은 '어쩔 수 없이' 은행업이나 상업, 교육, 과학, 자유직업에 종사하게 되면서 이들 분야에서 다수를 차지하게 되었다.

사회민주당은 1890년 합법화 이후 3등급 선거제도의 불리함 속에서도 매우 빠르게 제2제국의 최대 정당으로 부상했다. 하지만 좌파가 항상 그렇듯 얼마 안 있어 분열이 발생했다. 분열의 한 형태는 1896~1899년의 소위 '수정주의 논쟁'으로 나타났다. 카를 카우츠키Karl Kautsky와 에두아르트 베른슈타인Eduard Bernstein 사이에 이루어진 이 논쟁의 핵심은 혁명에 의한 권력장악 문제였다(Tudor & Tudor, 1988). 논쟁의 승자는 수정주의 분파였고 이들은 '매국 세력'이라는 낙인을 피하기 위해 1914년 전쟁에 찬성표를 던졌다. 이 표결의 결과 또다시 분열이 발생했다. 1917년 로자 룩셈부르크와 카를 리프크네히트Karl Liebknecht의 주도로 나중에 독일공산당이 되는 독일독립사회민주당USPD이 창당되었다. 하지만 개혁주의 분파는 독일 제국이 1차 세계대전에서 패하자 사회민주당의 필리프 샤이데만Philipp Scheidemann이 1918년 11월 제1공화국을 선포하면서 보상을 받았다. 이때 사회민주당의 지도자 프리드리히 에버트Friedrich Ebert는 독일 역사상 민주적으로 선출된 최초의 대통령이 되었다. 하지만 반민주 세력은 군사적 패배는 물론 전후 체결된 베르사유조약을 받아들이지 않았다. 패전의 원인으로 사회민주당과 공산주의 세력이 내부에서 독일을 약화시켰기 때문이라는 '배후중상론'Dolchstoßlegende이 고개를 들었다. 이는 향후 반공주의와 반사회주의의 토대가 되었다(Liga zum Schutze der Deutschen Kultur, 1920; Stadtler, 1919). 로자 룩셈부르크와 카를 리프크네히트는 1920년에 암살되었다. 히틀러와 카프가 1923년과 1924년에 벌인 쿠데타는 실패로 돌아갔지만, 독일은 점차 내전 상태로 빠져들게 되었다.

1917년 사상 최초로 러시아 본국과 식민지에서 사회주의 체제가 수립되자 서구는 이를 되돌리고자 했으며, 오랫동안 새로운 정부를 인정하지 않았다. 패전국 독일은 일정 기간 반공법을 공식적으로 유지하는 등 모순적인 정책을 펼쳤다(Niedhart, 1983).

1929년 발생한 세계 경제·금융위기는 대량실업으로 이어졌고, 이는 국가사회주의의 성장을 촉진했다. 1933년 국가사회주의독일노동자당 NSDAP은 선거에서 승리해 합법적으로 권력을 장악했다. 나치의 사회적 기반은 몰락한 프티부르주아계급이었다(Anders, 1932; Franke, 1988; 독일반공주의연맹Gesamtverband Deutscher Antikommunistischer Vereinigungen, 1933). 나치의 이데올로기적 기반은 무엇보다도 인종주의와 반유대주의였으나 (Hitler 1923), 반공주의도 기묘하게 혼합되는 경우가 많았다. 유대인은 세계 자본주의의 화신으로 취급되는 동시에 그만큼 위험한 볼셰비즘의 주체로 간주되었다(Chef der Ordnungspolizei, 1941; Ehrt, 1933; Gerrits, 2011;

Goebbels, 1935; NSDAP, 1943, 1944). 히틀러가 스탈린과 1939년에 불가침 조약을 맺고 2년 후 소련을 침공한 것은 이를 통해 설명할 수 있을 것이다 (Pätzold, 1990).

독일공산당이 불법화된 후 1933년 히틀러가 권력을 장악하는 것을 막을 수 있는 세력은 사회민주당뿐이었는데, 나중에 사회민주당은 그 대가를 아주 톡톡히 치러야 했다. 그러나 공산주의 세력과 사회민주주의 세력 사이의 깊은 분열은 분명 파시즘 세력의 유럽 장악을 촉진했다. 공산주의 세력은 사회민주주의 세력이 "계급을 배반했다"고 비난했으며, 사회민주주의 세력은 공산주의 세력을 "사회적 파시스트"라고 비난했다 (Sozialdemokratische Partei Deutschlands ca., 1930).[4]

스페인 내전(1936~1939)에서 나치는 프랑코의 파시즘 세력을 적극 지원하면서 사회주의, 공산주의, 아나키즘 세력이 지원한 공화파 민주정부와 대립했는데 이는 나중에 이루어진 공격의 기초가 되었다.

독일의 사회역사학자 울리히 벨러Ulrich Wehler(1987 ff.)는 프랑스의 사회학자 조르주 귀르비치Georges Gurvitch(1945)가 개념화한 '사회적 심층구조'의 연장선에서 독일 파시즘의 등장을 18세기 이후 후발 산업국이 취한 하향식 '방어적 근대화' 모델로 설명했다. 사실 이는 일본, 한국 등 다른 국가에 대부분 잘 들어맞는다.[5]

- 1945~1949년

2차 세계대전 이후 유럽과 독일의 분할 방법은 테헤란, 얄타, 포츠담 회담을 통해 결정되었다(Wikipedia, 2013h, 1). 소련은 자신의 영향권 내에서 정권을 교체하는 데 성공했다. 유고슬라비아는 독일의 점령에서 해방된 후 독자적인 자주관리 사회주의 노선을 걸었다(Tito, 1960). 그리스에서는 1946~1949년 내전이 벌어졌다. 냉전의 시작을 알리는 마지막 사건은 1948~1949년의 베를린 봉쇄였고, 이와 함께 철의 장막에 의해 유럽과 독일이 분할되었다(Foschepoth, 1985; Loth, 1983).

1945년 5월 8일 제3제국이 끝나자 독일에서는 이것이 패배인가 해방인가에 대해 논쟁이 벌어졌고, 이는 지금까지 계속되고 있다. 뉘른베르크 전범재판에서는 핵심 책임자들만 기소되었다. 아돌프 아이히만을 비롯한 상당수는 경우에 따라 미국의 도움을 받아 도피했다. 1982년까지 나치 전범에 대한 재판은 250여 건에 불과했으며, 대부분 처벌을 면하거나 금방 풀려났다(Hannover & Wallraff, 1982). 예외가 있다면 프리츠 바우어Fritz Bauer에 의해 1965년 시작된 아우슈비츠 재판이었다. 홀로코스트가 존재했다는 사실을 부정하는 행위에 대한 처벌조항은 실제로 거의 적용되지 않지만 지금도 유효하다.

서방 측 연합국이 점령한 세 지역은 냉전이 임박한 상황에서 체계적인 반나치정책을 시행하지 않았다. 우선순위는 공산주의 세력에 대한 투쟁이었다. 사실 나치 당원이었던 사람이 1,200만 명에 달하고 그중 상당수가 주요 직책에 앉아 있던 상황에서 이들을 모두 제거할 수는 없었다. 다만 취업제한 조치가 일부 시행되기는 했다. 재교육은 1946년부터 시작되었고 1947년부터는 반공주의 프로파간다와 연계되었다(Creuzberger, 2008, 459쪽).

경제계 지도층이 전범으로 기소된 사례는 거의 없었다. 서독을 재건하기 위해서는 이들이 꼭 필요했기 때문이다. 전쟁의 여파를 제외하면 경제적·사회적 구조는 근본적으로 변하지 않았다. 허스터Huster 등은 서독에서 구 엘리트와 낡은 질서 그리고 반공주의가 '복원'restoration되었다고 정확히 지적했다(1976). 물론 이러한 복원은 1946~1948년 라인란트팔라티나테 주의회 토론에 대한 호르스트-빌헬름 융Horst-Wilhelm Jung의 연구가 보여주듯 쉽게만 이루어진 것은 아니었다(1976).

소련과 공산주의 세력은 나치 체제를 무너뜨리는 데 중요한 역할을 했다. 국외로 망명하거나 국내에서 은신하던 사회주의자와 공산주의자 상당수가 전후 복귀해 생산조직 재건에 참여했다. 안타깝게도 소련과 프랑스는 독일에 막대한 배상금을 요구했고 독일에 남아 있는 산업 기반의 상당

부분을 자국으로 이전시켰다. 그러나 여기서 역사의 아이러니가 등장한다. 고숙련 인력을 보유한 서독은 이 시기 산업 기반의 해체 덕분에 가장 현대적인 공장을 건설할 수 있었고, 매우 높은 경쟁력을 갖추게 되었던 것이다. 독일이 이룬 경제기적의 상당 부분은 이를 통해 설명할 수 있다(Janossy, 1971).

전후의 긍정적 사건 하나를 꼽으라면 1948년 동독과 서독에서 각각 이루어진 노동조합 통합일 것이다. 그런데 동독에서 오토 그로테볼 Otto Grotewohl의 주도로 사회민주당과 독일공산당이 독일통일사회당으로 합당하는 과정에서 문제와 갈등이 없지는 않았다(Hoffmann 외, 2004; Hoffmann, 2009 참조).

반공주의와 관련해 서독의 정치구조와 사회구조에서 결코 간과할 수 없는 요소는 중부유럽과 동유럽 출신을 포함하여 1,000만 명에 달하는 실향민과 난민이었다. 실향민들은 수백만 회원을 거느린 매우 강력한 조직(실향민협회Vertriebenenverbände)뿐 아니라 정당(실향민연맹BHE)도 결성했고, 선거와 정부에 여러모로 영향력을 행사했다. 이들은 잃어버린 영토의 회복을 주장했는데, 이로 말미암아 1990년 독일이 통일될 때까지 소련과 독일 사이에서는 평화협정이 체결되지 않았다.

- 1949~1953년

결과적으로 1949년 독일연방공화국FRG과 독일민주주의공화국GDR이 별도로 수립되었다(Benz, 1983). 전후 독일인 다수는 '전쟁과 아우슈비츠의 반복은 절대로 안 된다'고 생각했다. 그 결과 서독에서는 일종의 탈정치화가 이루어졌으며 기독민주당CDU과 콘라트 아데나워 총리가 이끄는 보수 세력이 놀랍게도 선거에서 승리하고 14년간 집권했다(Dönhoff, 1963). 아데나워의 선거 구호는 "실험은 안 된다!"Keine Experimente!였다. 이후 수십 년간 '상황에 따른 필연'sachzwang이 정치적 의사결정을 대체했다. 그러나 반공주의는 예외였다(Baier, 1977; Burisch, 1967; Senghaas,

1966).[6] 반공주의는 이데올로기적 기반으로 유지되었기 때문이다(Schütze, 1959).

물론 서독에서는 노동운동의 힘과 철의 장막 반대편에 존재하는 사회주의라는 대안 때문에 일정한 역사적 타협이 이루어져야 했다. 이것이 바로 공동결정제도를 포함하는 '사회적 시장경제'로, 이는 분명 독일 경제성장의 기초가 되었다(Briefs, 1989; Koslowski, 1998). 벨기에와 프랑스, 독일, 이탈리아, 룩셈부르크, 네덜란드 등 나중에 유럽공동체를 결성하는 6개국은 1952년 유럽석탄철강공동체ECSC를 창설했다. ECSC는 독일이 다시 세계대전을 일으키는 것을 방지하기 위해 독일의 중공업을 국제적 통제를 받는 기구에 통합하는 역할을 했다.[7]

서독에서는 헌법 대신에 '자유민주적 기본 질서'를 규정한 '기본법' Fundamental Law이 만들어졌다. 이는 독일 역사상 가장 훌륭한 헌법이었지만 중대한 허점도 일부 존재했다. 서독 헌법은 언론과 사상의 자유를 완전히 보장하는 것을 원칙으로 하는데, 뒤에서 살펴볼 바와 같이 현실에서도 항상 그런 것은 아니다.

그러나 독일에서 다시 민주적 사회를 건설하고자 하는 과정에서 가까운 과거와 오래된 과거의 무게를 간과할 수는 없다. 나치 당원이 1,200만 명에 달했기 때문에 서독의 경찰, 첩보기관, 행정부, 사법부, 교육계, 학계 대부분이 과거 나치 당원이었다는 사실은 그리 놀랍지 않다(Görtemaker & Safferling, 2013). 정도는 약간 덜할지 모르지만 이는 동독에서도 마찬가지였다.

냉전이 시작된 직후 서방의 세 연합국은 서독을 서방에 통합하기로 했다(Creuzberger, 2009). 사실 서독이 나토에 가입한 것은 바르샤바조약기구가 창설되기 전이었다. 경제적 측면에서는 '라인자본주의', '독일 주식회사' 건설이 추진되었다. 동독과의 관계에서는 홀슈타인 독트린(Haus der Geschichte der Bundesrepublik Deutschland, 2013), 즉 동독을 인정하는 국가에 대해서는 외교관계 단절로 보복한다는 정책이 계속되다가 1969년 빌리 브란트 총리가 '동방정책'Ostpolitik을 도입하면서 변화가 시작되었다. 그전까지 동독은 '소련 점령지구' 혹은 'DDR'이라고 불렸다.[8]

동구권은 오스트리아와 핀란드처럼 독일을 중립국화하여 분단을 극복하려는 시도를 두 차례 감행했다(1952년 스탈린의 메모, 1957년 라파츠키 계획Rapacki Plan). 서방은 두 번 다 즉각 거절했다(Roth, 2000). 서방은 냉전에서 승리할 거라고 확신했는데, 이는 1990년에 현실화되었다. 냉전이 이렇게 끝날 것이라는 조짐은 1990년까지 동독 주민 1,800만 명 가운데 약 300만 명이 동독을 떠났다는 사실에서 나타났다('발로 뛰는 투표'voting with their feet). 1990년 이후에는 100만 명이 이주했으며, 50만 명 정도만 동독으로 돌아왔다.

냉전은 무엇보다도 문화적 헤게모니, 즉 관념과 가치관, 이데올로기적 영역을 장악하기 위한 문화투쟁이었다고 할 수 있다(Butterwegge 외, 1991; Gramsci, 2000; Merz, 1987). 헬무트 셸스키Helmut Schelsky(1912~1984)는 지금은 그다지 유명하지 않지만 '평균화된 중산층 사회'Nivellierte Mittel-standsgesellschaft(Braun, 1989)라는 개념을 고안하면서 전후 독일에서 가장 영향력 있는 사회학자가 되었다(1965, 1975; Greffrath, 1976). 다시 한번 '내부의 적'이 표적이 되었다(Bleuel & Engelmann, 1985). 그에 맞서 싸우기 위해 비독일적 요소를 사회에서 '정화'cleansing한다는 목적으로 다양한 자위조직(Creuzberger, 2008, 234쪽)이 생겨났다. 여기서 '정화'는 나치의 용어지만 스탈린주의에서도 발견된다(Creuzberger, 2009; Marcou, 1988).[9] 냉전은 프로파간다 전쟁이기도 했다(Hurwitz, 1966, 1983, 1984, 1990; Schütze, 1959). 단일독일협회KUD, 자유수호위원회KRF(Creuzberger, 2008, 186쪽), 평화와 자유를 위한 민족동맹VFF(Friedel, 2001) 등 대부분 비밀리에 자금지원을 받는 400여 개의 조직이 그 최전선에 있었다.

그러나 이것으로 부족했는지 정치화된 사법적 수단을 통해 위험인물로 간주된 이들이 제거되기도 했다. 1951년 제정된 '국가보호법'과 1953년에 통과된 제3차 개정형법이 대표적인 예다(Brünneck, 1978; Hege, 1983).

"1951~1968년 공산주의자에 대한 재판은 6,688건으로 나치 전범에 대한 재판 999건에 비해 7배나 많았다."(Foschepoth, 2008, 902쪽)

검열 또한 광범위하게 이루어졌다. 하지만 이걸로도 부족했는지 구 엘리트의 복권을 비판하는 사람이나 지배적 정치·사회 세력에 비판적인 세력에 대해서는 "반대쪽으로 넘어가라!", "노동수용소로 보내자!", "감시가 필요하다!"라는 비난이 자주 가해졌다.

공산주의자 또는 공산주의자로 간주된 인물들에 대한 활동은 서독 영토 내로 국한되지 않았다. 동유럽 정권의 불안정화는 공공연한 목표였다. 베를린의 '미국지역라디오'(Kundler, 2002), 뮌헨의 '자유유럽라디오'와 '자유라디오' 등의 기구가 그러한 역할을 담당했다(Cummings, 2010; Holt, 1958; Mickelson, 1983; Puddington, 2000; Urban, 1997). 서독 언론인 게르하르트 뢰벤탈Gerhard Löwenthal은 수십 년간 공영방송에 출연해 모든 형태의 공산주의와 맞서 싸웠다(Gerlof, 1999). 동독에서 같은 역할을 담당한 인물로는 '블랙채널'을 운영하는 카를에두아르트 폰 슈니츨러(1993)가 있었다(Nähle, 2005 참조). 또한 연극 등 예술도 반공주의 프로파간다의 장으로 활용되었다(Hall, 1957).

또 다른 전략은 공산주의 조직에 대한 사찰, 침투 등 비밀활동이었다(Creuzberger, 2008, 452쪽; Stieglitz, 2013). 이러한 활동은 많은 변절자 덕분에 꽤나 성공을 거두었다(Creuzberger, 2008, 466쪽; Utley ca., 1950). 사회민주당의 지도자 헤르베르트 베너는 이상적인 유형이었다(Creuzberger, 2008, 234쪽). 사회민주당은 일찍이 동독의 사회주의 체제를 비판한 바 있었다(1952; Heimerl, 1990 참조). 독일과 미국의 노동조합 역시 적극적으로 나섰다(AFL, 1955; Spaethen, 1962). 이 모든 활동은 '투쟁하는 반공주의'의 일환이었다(Creuzberger, 2008, 538쪽; Kampfbund gegen Unmenschlichkeit, 1950; Kampfgruppe gegen Unmenschlichkeit, 1953). 이는 독일 최초의 민주주의 체제였던 바이마르 공화국이 '투쟁하는 민주주의'의 부재로 인해 무너졌다는 논리로 정당화되었다.

냉전기간에 베를린은 자연스럽게 첩보전의 중심지가 되었다. 정부 차원에서는 나중에 연방내독부Federal Ministry of InnerGerman Relations(1969~1991)가 되는 연방전독부Federal Ministry of AllGerman Affairs(1949~1969) 그리고 연방실향민부Federal Ministry for Displaced Persons(1949~1969)가 대부분의 활동을 주관했다(이 책에 실린 크로이츠베르거의 글: Creuzberger, 2008 참조). 취업제한 조치는 이미 1951년에 다시 도입되었다(Creuzberger, 2008, 448쪽). 또한 블랙리스트 작성은 1954년에 시작되어 개인 2만 명, 조직 3,000개가 그 명단에 올랐다(Creuzberger, 2008, 442쪽). 이러한 반공활동은 동독과 동유럽의 저항운동을 강화했다(예를 들어 1953년 6월 17일 봉기).

- 1954~1961년

서독의 주권은 1955년에야 확립되었다. 지금도 부분적으로 그렇지만 그때까지는 연합국의 통제가 계속되었다. 주권이 확립되면서 재무장이 가능해졌다. 새로 창설된 연방방위군Bundeswehr은 서독의 다른 모든 기관과 마찬가지로 초기에 과거 나치 당원이었던 인물들이 주축을 이루었다. 전쟁을 할 줄 아는 사람이 그들밖에 없었기 때문이다(Schubert, 1983).[10] 독일의 끔찍한 역사 속에서 재무장은 "자유인가 사회주의인가"라는 구호로 정당화되었다. 일부에서는 "죽는 것보다 적색이 낫다!"Lieber rot als tot!라는 구호로 대응했다. 재무장에 반대하는 평화운동은 얼마 지나지 않아 소련에 친화적이라는 낙인을 받으며 탄압받았다(Amann, 2006; Hommes, 1956).[11]

서독에 대해서는 한 가지 역설을 짚고 넘어가야 한다. 서독의 초대 총리 콘라트 아데나워는 1955년 모스크바를 방문해 소련과 외교관계를 수립했다. 이 방문기간에 서독 연방최고법원은 독일공산당의 해산조치를 내렸는데, 이는 1956년부터 시행되었다(Kommunistischer Bund, 1976; LehndorffFelsko & Rische, 1981; Major, 1997 참조). 이러한 조치는 공산당원뿐 아니라 공산주의 사상에 동조하는 것으로 간주된 모든 사람에게 커다란 악영향을 주었다(매카시즘 참조). 예를 들어 2차 세계대전 이후 서독 2국공동통치지구 경제 책임자이자 독일노동조합총연맹DGB 경제학 연구센터 WWI와 저널을 만든 빅토어 아가르츠Viktor Agartz는 공산주의 성향을 가졌다는 이유로 1956년 모든 직책에서 물러나야 했다(이 책에 실린 위르겐 트로일리프의 글; Treulieb, 1982 참조).

그러나 이 글의 주제와 관련하여 이 기간 가장 중요한 사건은 1959년 사회민주당이 마르크스주의 요소를 제거한 고데스베르크 강령을 채택한 것이다(German History Documents, 2013).

- 1961~1966년

2차 세계대전 이후 동서독의 관계와 관련해 독일 역사상 가장 중대한 사건은 1961년 8월 13일 베를린장벽 건설이다. 베를린장벽과 함께 상당 부분 탈정치화되었던 서독 사회에서는 반공주의가 다시 힘을 얻게 되었다(Hannover, 1962; Howard, 1965). 이러한 맥락에서 동독은 독일노동조합총연맹을 냉전의 도구라고 비난했다(Kuhn, 1961).

독일은 경제기적의 전성기를 구가하고 있었다(Janossy, 1971 참조). 동독 난민을 대체하기 위해 국경은 다른 방향으로 개방되었는데, 상대적으로 가난한 남유럽 국가 쪽이었다. 당시 남유럽에서 두 나라는 여전히 군사독재 상태에 있었다(포르투갈과 스페인, 그리스는 1967~1974년). 소위 방문노동자[12] 수백만 명이 이 약속의 땅으로 몰려왔다.

베를린장벽이 건설되기 몇 달 전에 서독 연방의회는 '반입금지감시법' Verbringungsgesetz을 도입해 동독 출판물 수입을 금지시켰다. 이는 일종의 '지식장벽'으로, 오늘날 한국에도 존재한다. 교사를 비롯한 공무원의 사회주의 국가 방문은 엄격히 규제되었다.

전후 최초로 발생한 경제위기는 1966년 기민·기사당 연합과 사회민주당의 첫 번째 대연정으로 이어졌다. 그리고 반공주의적 '비상조치법' Notstandsgesetze이 통과되면서 이 법과 베트남전에 반대하는 시위가 정치·사회·문화의 급진적 전환이 시작되었음을 알렸다.

1968년까지 서독의 대학에서 강의할 수 있었던 마르크스주의자는 볼프강 아벤트로트Wolfgang Abendroth(1906~1985)와 에른스트 블로흐Ernst Bloch(1885~1977) 단 두 명뿐이었다.[13] 그러나 서독에서도 '적'의 이데올로기와 전략을 더욱 잘 이해하기 위한 반공주의의 도구로서 마르크스 연구가 이루어졌다. 또한 대학에서 마르크스는 사상사의 일부로, 다시 말해 더이상 현실에서는 의미가 없는 과거의 사상으로 취급되었다.

- 1967~1969년

1967년 이란 국왕 반대시위 도중에 일어난 대학생 베노 오네소르그 Benno Ohnesorg의 사망(Soukup, 2007)과 1968년 학생운동 지도자 루디 두치케Rudi Dutschke에 대한 공격은 정치를 비롯한 다양한 영역에서 근본적인 변화의 시작을 알리는 사건이었다.[14] 하지만 68혁명은 전 세계적 운동으로 마르크스주의의 재발견에 기여했다. 사실 68혁명은 마오주의적 의미에서는 아니지만 '문화혁명'이었다. 68혁명 이후 청년층 사이에서는 마오주의 등 공산주의 사상과 자주관리와 같은 비교조적 사회주의 사상이 확산되었다. 새로운 공산주의 정당들이 만들어졌으며(Széll, 2009), '원외야당'APO도 형성되었다. 베트남전을 비롯한 미국의 제국주의적 개입은 반미주의를 부채질했다(Schwan, 1999).

이러한 사회운동 중 상당수는 나중에 정치체제 등을 변화시킨 녹색당의 창당 기반이 되었다. 그리고 시민사회가 다시 형성되었다. 반공주의는 일정 기간 힘을 잃었다. 이러한 전환기에 일어난 한 가지 중요한 사건은 1969년 빌리 브란트가 전후 최초로 사회민주당이 배출한 총리로 선출된 것이다. 브란트의 핵심 정책은 '더 많은 민주주의' 그리고 동독에 대한 새로운 접근인 동방정책이었다. 국제적 차원에서 공산주의에 대한 태도가 변화했다. 현실정치Realpolitik가 냉전을 대체하게 된 것이다.

- 1970~1989년

1970년대 일어난 두 차례의 세계 경제위기, 소위 석유위기는 서독의 체제비판 세력에 힘을 실어주었다. 또한 68혁명의 여파와 마오주의의 부분적 영향으로 대학가와 노동운동에서 마르크스주의의 부흥기가 찾아왔다. 기업 관리자들까지 마르크스에 대한 교육을 받았다. 체제비판론이 점점 영향력을 키워가면서 서독에서는 독일공산당DKP이 부활했고, 서독공산주의연맹KBW,[15] 독일공산당-재건조직KPD/AO, 독일공산당-마르크스레닌주의KPD/ML 등 여러 마오주의 정당도 탄생했다. 이와 함께 트로츠키주의와 아나키즘도 부흥기를 맞았다. 1970년대에는 브레멘과 카셀, 올덴버그, 오스나브뤼크 등에서 새로운 '적색' 대학이 설립되었다. 다양한 비판적 평론지와 학술지, 신문도 생겨났다. 이러한 신좌파운동의 상당 부분은 '현실사회주의'와 분명히 거리를 두었으며, 스스로를 '민주적 사회주의 세력' 또는 '비교조적 좌파'라고 불렀다.

그러나 반공주의 세력이 볼 때 이러한 운동은 전부 다를 것이 없었다(이 책의 머리말 참조). 신좌파운동의 발전에 대한 보수 세력의 반응으로 1972년 사회민주당·자유민주당 연정 아래서 소위 '반급진파 명령'Radikalenerlass이라는 형태로 새로운 취업제한 조치가 등장했다(Dammann & Siemantel, 1987; Keil, 1979). 원칙적으로는 좌파와 우파 모두에 존재하는 '극단주의 세력'이 표적이 되어야 했지만 실제로는 대부분 좌파만 그들의 표적이 되었다. 그 당시 극우 세력은 경찰과 첩보기관, 사법부 내에서 일정한 공감을 얻고 있었기 때문이다. 이러한 경향은 지금까지도 계속되고 있다(Foschepoth, 2012).

가장 흥미로운 사례는 저명한 마르크스주의 경제학자 에른스트 만델Ernest Mandel에 대한 탄압이다. 만델은 서독은 물론이고 당시 연합국의 통치를 받고 있던 서베를린에도 들어가지 못해 베를린 자유대학에서 열린 박사논문 심사에 출석하지 못했으며, 1970년대 초 오스카브뤼크대학교의 교수 임용도 허용되지 않았다(Dokumentation zum Fall Ernest Mandel, 1973).

독일 학계의 90퍼센트는 보수 성향이며('독일대학교수협회'로 조직되어 있음) 교수진을 임용할 때는 합의에 의해 결정하기 때문에 사실 학계에서는 별도의 취업제한 조치가 굳이 필요하지 않다. 그럼에도 1970년에는 학문 자유협회라는 반공주의 조직이 만들어졌다. 이 조직은 1,400여 명을 블랙 리스트에 올리고 공개적으로 비난하는 활동을 벌였다. 하지만 이보다 더 심각한 것은 '머릿속의 가위', 즉 자기검열의 영향이었다. 결국 교수진에서 (사회과학과 인문학에 한해) 다원주의가 인정되어야 한다는 역사적 타협이 이루어졌다.

동서독은 1972년 유엔에 동반 가입하면서 새로운 교류의 시대를 열었다. 대세는 '평화적 공존' 또는 '화해를 통한 변화'였다. 1975년부터 시작된 헬싱키 프로세스는 동서독 간의 화해를 실질적으로 진전시켰고 장기적으로 소련 체제의 붕괴에 분명히 기여했다. 이로부터 10년 뒤 고르바초프는 글라스노스트/페레스트로이카 정책을 실시했다. 동방정책의 공로를 인정받아 노벨평화상을 수상한 빌리 브란트 총리는 1974년 동독에서 파견한 간첩 기욤Guillaume 사건으로 사임했다. 이로 인해 햇볕정책의 시대적 분위기가 크게 가라앉았으며, 동서독 간의 군비경쟁이 다시 시작되었다.

당시 서독의 반공주의는 크게 세 부류로 나눌 수 있다.

첫째, 자유주의적 반공주의: 공산주의는 비과학적·이데올로기적이며 서독은 '이데올로기에서 자유롭다'고 보는 입장이다. 대표적 인물은 1974년 빌리 브란트의 뒤를 이어 사회민주당 출신 총리가 된 헬무트 슈미트다. 슈미트 총리는 '비판적 합리주의', 즉 탈이데올로기의 이데올로기를 내세웠다.[16] 그는 자신을 서독의 CEO라고 생각했다. 이러한 접근법의 철학적 기반은 주로 1938년 오스트리아에서 런던으로 피신한 칼 라이문트 포퍼Karl Raimund Popper(1902~1994)였다.[17] 포퍼의 사상은 대부분의 대학에서 강의 주제가 되었으며 지금까지도 20세기 가장 영향력 있는 철학자로 남아 있다(1949년, 1957년, 1990년에 출간된 포퍼의 가장 중요한 저작 참조).

둘째, 신자유주의적·보수주의적 반공주의: 프리드리히 하이에크, 밀턴 프리드먼이 대표적 인물이며 대처와 레이건, 콜 정부 밑에서 1970년대 말부터 시작된 신보수주의 혁명으로 지배적인 위치를 차지하게 되었다(Dittmar, 1979).[18]

셋째, 좌파 내부의 반공주의: 교조적 마르크스-레닌주의 모델을 비판하는 입장이다(Abendroth, 1978; Doerry, 1980; Glotz, 1984; Graf, 1984; Papcke, 1978). 노벨문학상 수상자 하인리히 뵐도 이 논쟁에 참여했다(Böll, Kopelew & Vormweg, 1982). 반공주의 논쟁은 서독과 동독의 마르크스주의자들로부터 큰 반향을 일으켰다(Akademie für Gesellschaftswissenschaften beim ZK der SED und Institut für Gesellschaftswissenschaften beim ZK der KPdSU, 1981; Dlubek 외, 1982; Dymschiz, 1977; Schulze, 1979; Weiss, 1976).

그 당시의 반공주의를 이해하기 위해서는 테러리즘, 특히 1970년대 말 소위 적군파RAF의 테러리즘이라는 안타까운 기억을 떠올려야 한다.[19] 적군파는 우루과이의 투파마로스Tupamaros 등 제3세계 혁명운동의 영향을 받은 것으로, 유사한 조직으로는 프랑스와 이탈리아의 붉은 세포Red Cells 등이 있었다.[20] 적군파 멤버들은 공산주의자라기보다 아나키스트에 훨씬 가까웠지만 반공주의 정서와 활동을 부채질했다.

또 다른 주요 사건으로는 1983년 독일 역사상 최대의 평화운동을 촉발한 나토 이중결정NATO Double Track Decision(Wikipedia, 2013j)이 있었다. 당시 평화운동 역시 공산주의 세력이 주도한다는 비난을 받았다. 또한 당시 평화운동에 적극 참여했던 녹색당은 1956년 독일공산당 해산의 논리와 유사하게 자유민주적 기본 질서에 반한다는 이유로 위헌적이라는 일부 법학자의 비판을 받았다.

이데올로기적 차원에서는 1980년대 중반 소위 역사학계 논쟁이 중심에 있었다. 역사학자 에른스트 놀테는 나중에 1990년대 반공주의의 기수로 손꼽히는 인물로, 홀로코스트가 하나만 존재하는 것이 아니라고 주장했다. 그가 보기에는 공산주의도 홀로코스트만큼 사악한 것이었다(Nolte, 1985, 1989).[21] 몸젠, 벨러, 하버마스 등 저명한 역사학자와 사회과학자들이 공개적으로 이런 논쟁에 참여했으며 논쟁은 아직 끝나지 않았다(Piper, 1987 ; Wikipedia, 2013r ; Sünker, 2006 참조).

1989년 11월 베를린장벽의 붕괴는 적어도 유럽에서 냉전을 종식시켰고, 인류의 역사뿐 아니라 반공주의를 가장 근본적으로 변화시켰다.

- 1990년~현재

1990년 10월 3일 동독과 서독이 통일되었다. 사실 동독이 서독으로 통합되었다고 하는 것이 좀더 정확한 표현일 것이다. 마침내 2차 세계대전에서 승전한 네 연합국과의 평화조약이 체결될 수 있었으며, 거의 완전한 주권이 확립되었다. 소련은 중립국화된 통일 독일을 만들겠다는 욕망을 관철시키지 못했다. 이렇게 반공주의가 냉전에서 승리를 거두었다. 1992년 일본계 미국인 프랜시스 후쿠야마는 '역사의 종언'을 선언했다.

동독에서는 경제뿐 아니라 초·중·고등학교와 대학을 포함해 공공서비스가 해체되기 시작했고 무엇보다도 동독 첩보기관 국가안전부Stasi가 해체되었다. 그리고 연방국가안전부기록보존소BStU라는 특수 조직이 창설되었다.[22] 통일사회당이나 첩보기관의 책임자, 이와 연관된 이들은 모두 감시 대상이 되었고, 취업제한 조치가 시행되었다. 이러한 조치가 1945년 이후 나치 출신들에 대한 조치보다 훨씬 더 가혹하다는 비판에 대해서는 "그때와 같은 실수를 반복해서는 안 된다"라는 반론이 제기되었다.

그러나 동독 통일사회당의 200만 당원이 완전히 사라진 것은 아니었다. 다만 통일사회당의 위성조직 회원은 2012년 기준 7만 명으로 감소했고 계속 줄어드는 추세다. 통일사회당은 이미 1989년 12월 당명을 통일사회당-민주사회당SED-PDS으로 변경했으며 1990년 2월 '통일사회당'을 당명에서 빼고 민주사회당으로 이름을 바꿨다. 2005년 7월에는 좌파당민주사회당으로 다시 당명을 바꿨으며, 2007년 서독의 '노동과 사회정의를 위한 선거대안'WASG과 합당하면서 좌파당Die Linke이 되었다.

좌파당의 사라 바겐크네흐트 부대표가 이끄는 급진파 '공산주의 강령'

은 많은 관심과 격렬한 논쟁을 불러일으키고 있다. 좌파당은 '항의정당'이라고 볼 수 있으며, 독일에서 제3당이 되었으나 지지기반은 대부분 구동독 지역에 집중되어 있다. 선거에서는 과거 사회민주당만을 대상으로 했던 소위 '붉은 양말Red Socks 캠페인'이 계속되었다. 이러한 공격과 함께 사회민주당과 녹색당 내의 반공주의 성향으로 인해 2005년에 가능했던 사회민주당-녹색당-좌파당 연정은 결국 성사되지 못했다. 또한 좌우 양쪽의 '극단주의 세력' 모두를 감시해야 할 첩보기관은 좌파당과 좌파당 의원 3분의 1에 대한 감시에 주력하고 있다(Wikipedia, 2013q; Link, 1996; Gossweiler, 2005; Wagenknecht, 1994 참조).[23]

이데올로기적 차원에서는 한때 마오주의자였던 프랑스의 스테파니 쿠르투아가 공산주의에 대해 세계적으로 가장 널리 확산된 일반적 비판을 내놓았다(Aly, 2008; Löw, 1999; Seitenbecher, 2013 참조). 쿠르투아는 다른 학자들과 함께 1998년과 2004년 두 차례에 걸쳐 『공산주의 블랙북』을 펴냈다. 책은 나중에 대통령이 되는 요아힘 가우크Joachim Gauck 덕분에 독일에서 큰 성공을 거두었다(1998, 1999). 이런 비판에 대한 반응으로는 『자본주의 블랙북』(Suret-Canale, 2002), 『식민주의 블랙북』(Ferro, 2010) 등이 있다(자세한 내용은 이 책의 머리말을 참조하라).

논쟁은 이 책이 보여주듯이 서구 곳곳에서 계속되고 있다(AG Antifa Pankow, 2012; Bundeszentrale für politische Bildung 외, 2011; Faulenbach, 2008; Füssl, 2002; Greiner, 2011; Körner, 2003; Korte, 2008, 2010; Latzo n.d., (O.J.); Möller, 1999; Niederhut, 2011; Wippermann, 2012 참조).

미국[24]

20세기의 국제정세는 무엇보다도 미국에 따라 결정되었다. 미국은 스스로 자유를 수호하는 세계의 경찰이라고 인식하며 모든 형태의 개입을 정당화한다(Sachs, 1992). 일각에서는 미국을 '제국'이라 부르기도 한다

(Hardt & Negri, 2000). 10월 혁명 이후 공산주의는 미국의 주적으로 간주되었다. 공산주의에 대한 전쟁에서는 모든 수단이 허용되는데, 군사적 개입을 통한 정권교체 전략도 이에 포함된다(Schrecker, 1986, 178쪽). '악의 제국'(1983년 3월 8일 플로리다 주 올란도 전미복음주의협회 행사에서 로널드 레이건이 한 연설), '아마겟돈'(Lang n.d.), '악의 축'(2002년 1월 29일 조지 W. 부시의 연두교서)[25] 등은 최후의 대결을 예고했다. 미국의 반공주의에 대한 문헌은 아주 풍부한데 그중 몇 개만 언급하면 다음과 같다(Barranger, 2008; Bristol 외, 1969[26]; Buckingham, 1988; Ceplair, 2011; Doody, 2005; Group, 1979; Haynes, 1987; Heale, 1990; Kimmage, 2009; Steinberg, 1979). "빅브라더가 당신을 지켜보고 있다!"는 1948년 조지 오웰이 스탈린주의와 파시즘에 반대하며 사용한 표현이지만, 신기술 발전에 따른 오늘날의 현실을 그 어느 때보다 잘 드러내고 있다(미 국가안보국).

반공주의 활동이 시작된 것은 소비에트혁명이 일어난 직후였다. 존 에드거 후버John Edgar Hoover(1895~1972)는 1935년부터 사망할 때까지 세계 최대의 경찰조직 FBI 국장으로 재직했으며, 1919~1920년에 적색공포Red Scare 캠페인을 시작했다(Schmidt, 2000). 후버는 FBI의 전신인 BI 국장 경력까지 포함하면 거의 50년 동안 반공주의 전략과 실행을 주도했다(Schrecker, 1986, 257쪽). 정부, 특히 뉴딜정책도 반공주의의 대상이 되었다. FBI는 루스벨트, 트루먼, 클린턴, 오바마 등 종종 사회주의자라는 공격을 받는 자국 대통령들을 상대로도 첩보를 수집했다(Fried, 2001). 또한 FBI는 나치 독일과 마찬가지로 반공주의와 반유대주의를 교묘하게 결합시키기도 했다.

미국의 반공주의에서 가장 눈에 띄는 사람은 조지프 매카시Joseph McCarthy[27]로, 그의 이름을 딴 매카시즘이라는 개념까지 생겨났다(Alwood, 2007; Anderson & May, 1953; Aptheker, 1962; Emmons, 2010; Evans, 2009; Fried, 1990; Friedman, 2007; Kahn, 1950, 1954; Rovere, 1959; Schrecker, 2001; Sorenson, 1980; Wikipedia, 2013i). 매카시즘은 단지 미국만이 아니라 미

국의 동맹국까지 확산되었다. 매카시는 하원이 아니라 상원 행정운영 위원회Government Operations Committee의 상설 조사소위원회Permanent Subcommittee on Investigations 위원장이었다(Wikipedia, 2013). 하원 비미국적행위조사위원회The House Un-American Activities Committee[28]는 이미 1938년에 만들어졌으며, 그 전신이라 할 수 있는 조직은 1918년부터 존재했다. 1939년 통과된 해치법Hatch Act은 나치를 대상으로 했지만, 나치 독일과의 전쟁 중에도 엄격하게 집행되지는 않았다.[29] 매카시즘은 법률체계 외부에 존재하는 특수한 사법제도로 소련의 전략과 유사하며, 다양한 차원에서 다양한 기구에 존재했던 반공주의 전략 가운데 빙산의 일각일 뿐이다(Friedman, 2007). 입증에 대한 책임은 공격받는 측이 져야 했으며, 심지어 수정헌법 제5조라는 헌법적 권리를 행사하는 것이 해고 사유가 되었다. 반공주의에 동조하는 애국인사(Schrecker, 2002, 15쪽)와 과거 공산주의자였던 전향자(Schrecker, 1986, 165쪽)는 증언자로 활용되었고, 청문회는 종교재판의 형태를 띠었다. 국가이성Raison d'État이 기본적 인권과 시민권을 압도했다. 또한 변호사들은 탄압에 대한 두려움으로 피해자 지원에 나서지 않았다(Schrecker, 1986, 143쪽). 1953년 『이단, 예스-음모, 노』Heresy, yes-Conspiracy, no를 펴낸 시드니 혹Sidney Hook은 반공주의 마녀사냥에서 가장 큰 영향력을 행사한 인물이었다(Phelps, 1997 참조). 매카시 청문회에서는 간첩으로 의심되었던 201명 중 단 한 명에 대한 혐의만 인정되었다. 실제 처벌받은 사람은 극소수였지만 공산주의자로 몰린 외국인에 대한 국외추방은 상당히 폭넓게 이루어졌다. 그중 상당수는 스스로 캐나다나 이스라엘 등으로 건너갔다. 그렇지 않은 사람들은 여권을 발급받지 못했다.[30]

적국의 국적을 보유하고 있거나 과거에 보유했던 시민들이 수용소에 수감되었던 2차 세계대전 기간을 제외하면 강제수용소나 강제노동은 존재하지 않았다. 그러나 자기검열과 낙인찍기, 감시 등 파급효과는 훨씬 더 심각했다. 어쩌면 이것이 진짜 목표였을지도 모른다. 이처럼 반공주의가 대중을 상대로 널리 횡행한 이유는 무엇이었을까? 정치인들은 자신의 인지도를 높이고 싶어 했다. 리처드 닉슨 대통령의 커리어는 매카시즘과 긴밀히 연관되어 있는데, 닉슨과 매카시는 둘 다 비극적인 결말을 맞았다(Alwood, 2007; Creuzberger, 2008, 440쪽). 어떻게 하면 대중의 주목을 받을 수 있을까? 가장 좋은 방법은 예술의 자유를 존중하지 않고 할리우드 텐, 피트 시거, 찰리 채플린, 베르톨트 브레히트 등 여러 유명인을 비난하는 것이었다(Gladchuk, 2007; Muscio, 1982). 이때 취해진 전략은 좌파적 또는 진보적인 것으로 간주되는 모든 것을 비미국적이라고 비난하는 것이었다. "우리나라 먼저!"라는 사고가 지배하는 쇼비니즘 국가에서 '국제주의' 성향이라는 단어는 곧 낙인이었다. 따라서 프리메이슨도 주목을 받게 되었다.

선거에서 민주당이 공화당에 패배할지 모른다는 두려움 때문에 1947년에 발의하고 찬성한 스미스법Smith Act은 일종의 경찰과 같은 사고방식 Gedankenpolizei을 형성했다. 독서습관과 주변 인물까지 감시대상이 되었다. 공공도서관에서는 비미국적 도서가 '청소'되었고 일부는 불태워지기도 했다. 가장 큰 문제는 안보상의 위협이었으며, 이는 지금도 마찬가지다. 요즘도 서부팽창시대의 트라우마가 남아 있는 것일까? 미국은 반공주의의 보루인 전미총기협회NRA와 함께 세계에서 무기 소지율이 가장 높은 나라다. 범죄와 폭력사건 발생률은 서구에서 가장 높다.[31]

그러나 반공주의 마녀사냥에 적극적으로 나선 인물들은 개인뿐 아니라 정치적 반대 세력도 표적으로 삼았다. 상대를 단순히 경쟁자가 아니라 완전히 제거해야 할 대상으로 인식한 것이다(이런 예로 '티파티'Tea Party의 활동을 들 수 있다). 이러한 사고방식은 인종주의와 근본주의, 반공주의, 이슬람 혐오, 증오가 자랄 수 있는 비옥한 토양이 되어주었다. 우리는 이 대목에서 존 F. 케네디와 로버트 케네디, 마틴 루서 킹, 존 레논 등의 암살을 떠올리게 된다. 미국인의 80퍼센트는 보수적이며 30퍼센트는 반동적 reactionary이다. 이는 다른 OECD 국가들과 비교했을 때 매우 높은 수치다. 흑백 논리가 널리 퍼져 있어서 인종분리 철폐를 주장하는 인물들은 공산주의자라는 의심을 받았다(Lang, 2009 ; Schrecker, 1986, 242쪽). 반체제 인사들은 미친 사람 취급을 받았고 그들의 가족은 여러 가지 압력에 시달려야 했다. 이 역시 소련 내부의 억압적 정치와 유사한 부분이다(Perucci, 2012 ; Schrecker 1986, 263, 287쪽).

반공주의의 맥락에서 또 다른 주요 사건은 1949년 중국이 공산주의 세력에 넘어간 것이었다. 보수 세력은 희생양을 찾아 나섰다. 태평양관계연구소Institute for Pacific Relations 회원들은 반역죄로 몰려 기소되었다. 마거릿 보베리Margaret Boveri는 '중국 음모론'을 제기했다(1960, 128~143쪽). 하지만 결국 그것은 '인민에 대한 음모'plot against the people가 아니었던가(Kahn, 1950). 또 다른 표적은 핵무기 개발 프로그램 내부의 간첩 또는 간첩으로 의심되는 인물들이었다. 오펜하이머 등의 사건은 낙인찍기와 이중적 윤리, 국가적 히스테리를 잘 보여주는 사건으로 알려져 있다(Pais, 2006). 미국과 소련이 2차 세계대전 중 동맹국이었다는 사실을 고려할 때 당시의 주장은 이상하기 그지없다. 하지만 당시의 동맹은 일시적인 전술로 치부되었다.

냉전[32]이 시작되자 반공주의는 또다시 전면에 그 모습을 드러냈다(Harper, 2011 ; Hoffmann, 2010 ; Knapp, 1983 ; Leffler, 2007 ; Leffler & Westad, 2010 ; Miscamble, 2007 ; Westad, 2005).[33] 수많은 동맹국으로 소련과 중국을 봉쇄하고 포위하는 것이 목표로 설정되었다(NATO, SEATO 등 ; Rabe, 2012 참조). 존 F. 덜레스는 1952년 '해방의 정치'Politics of Liberation를 개시했는데, 동맹국의 민주적 원칙에 대해 이중적 기준이 적용되었다(Loth, 1983, 158쪽). 캐럴스파이어 보고서Carroll-Speier Report는 상당히 유용했다(Creuzberger, 2008, 201쪽). 군사원조와 우익반군 지원 프로그램, 예를 들어 카멜롯 프로젝트the Project Camelot는 중요한 요소였다(Horowitz, 1967).

베트남전쟁(1965~1975)은 한국전쟁(1950~1953) 이후 일어난 가장 길고 치열한 전쟁이 되었다. 먼로 독트린은 19세기 말 이후 라틴아메리카에 대한 모든 개입을 정당화했다. 고 제임스 윌리엄 풀브라이트 상원의원은

1965년 도미니카공화국 개입 이후 이런 태도를 자신의 책제목이기도 한 '오만한 권력'The Arrogance of Power(1970)이라고 표현했다. 쿠바 미사일 위기와 이후 쿠바를 둘러싼 끊임없는 갈등은 지금까지도 반공주의의 자양분이 되고 있다. 하지만 미국이 공산주의와 맞서기 위해 아프가니스탄 문제에 개입하면서 탈레반을 지원한 것은 괴테의 시 「마법사의 제자」를 떠올리게 한다(머리말 참조).

미국은 공산주의에 맞서 기업의 자유를 수호하고 있다. 하지만 국내에서 결사의 자유는 어떠한가? 미국에서는 사회복지를 포함해 사회적·집단적 권리가 거의 보장되지 않는다. 버락 오바마 대통령처럼 사회복지적 요소를 소극적으로 도입하려는 인물은 사회주의자나 반역자로 몰린다. 반공주의는 노동운동과 노동조합 역시 표적으로 삼는다(Levenstein, 1981; Schrecker, 2001, 13쪽). 그리고 1886년 5월 1일 헤이마켓 사건Haymarket Affair 이후 '무노조' 기업이라는 오래된 전통도 존재한다. 반공주의 세력은 양대 노총인 미국노동자협회AFL와 산업별노동조합회의CIO의 사이를 갈라놓는 데 성공했으며, AFL은 반공주의 투쟁에 활용되었다(Cochran, 1977). 이것이 미국의 노동운동이 오랫동안 분열되고 지금까지도 매우 취약한 이유다. 반공주의 투쟁에는 미국재향군인회American Legion, 미 상공회의소 등 다양한 시민사회단체도 참여했다. 이들 단체로 공산주의에 맞서기 위해 만들어진 사이언톨로지도 빼놓을 수 없다(Caberta, 2007; Reitman, 2011). 미국공보원 진실 캠페인USIS Campaign of Truth도 마찬가지다(Knapp, 1983, 229쪽).

놀라운 점은 미국에서 여러 권위주의 국가에서와 달리 미국공산당이 불법화된 적이 없다는 사실이다. 그리고 미국 내에서는 로젠버그 사건과 KKK의 피해자들을 제외하면[34] 반공주의로 말미암아 학살이 발생하지도 않았다. 하지만 국외에서는 이로 인해 수백만 명이 사망했다.

조르주 귀르비치의 의미에서 미국의 심층구조는 무엇일까? 미국 사회와 가치체계의 근원은 메이플라워호가 아메리카 해안에 도착한 1623년으로 거슬러 올라간다. 당시 청교도단Pilgrim Fathers은 '신의 국가'를 수립하고자 했는데, 이는 상당히 전체주의적 체제였다. 종교의 엄격한 해석은 마녀사냥으로 이어졌으며 반계몽주의의 기초를 세웠다. 나중에는 가톨릭 교회도 이에 동참했다(McNamara, 2005). 미국은 현재 서구에서 가장 종교적인 사회다. 그래서 독일 작가 마가렛 보베리는 미국을 '민주-신정주의' demo-theocracy(1960, 18쪽)라고 불렀다. 공산주의자가 가장 크게 비난받는 것은 무신론자 혹은 적그리스도라는 공격을 받을 때다. 이는 반다윈주의와 창조론 붐의 원인이기도 하다. 미국은 다른 국가들과 마찬가지로 역설적인 사회다. 외부와 내부의 적, 마약 등에 대해서는 강력한 국가지만,[35] 사회적 보호 그리고 조직범죄와 일반범죄에 대해서는 취약한 국가다. 가히 '보수적 무정부 상태'conservative anarchy라고 할 만하다.

그러나 모든 것을 이데올로기로 설명하는 것은 지나친 단순화일지도 모른다. 이데올로기 외에 훨씬 실질적이고 물질적인 기득권이 걸려 있기 때문이다. 폴 배런Paul Baron과 폴 스위지Paul Sweezy는 미국의 정치를 설명하기 위해 군산복합체military-industrial complex라는 개념을 도입했다 (1967). 이는 드와이트 아이젠하워 대통령의 관점과도 일맥상통한다. 공적 복지가 부족하기 때문에 시민들은 각자의 복지를 알아서 챙겨야 한다. 그리고 자본주의 사회에서 주주가 되는 것보다 좋은 것이 어디 있는가? 미국인 가운데 약 60퍼센트는 주식을 소유하고 있으며, 이를 통해 대자본과 그 이해관계에 연결되어 있다. 미국이 서구에서 가장 불평등한 사회인 것은 아마도 이런 구조 때문일 것이다(2011년 미국의 지니계수는 0.477이다). 미국의 이데올로기적 기반은 신자유주의가 되었다(Friedman, 1962).

이론적으로 미국은 매우 민주적인 사회다. 판사, 학교 이사회, 보안관 등은 모두 선출직으로 일종의 자주관리체제라고 할 수 있다. 하지만 투표율은 서구에서 가장 낮다. 그런데 반공주의와 관련해 지방정부와 주정부 차원에서는 연방정부보다 더욱 급진적인 성향이 나타나는 경우가 많다. 이미 1835년 프랑스의 법률가이자 정치가 알렉시스 드 토크빌은 『미국의 민주주의』에서 다수의 폭정에 대해 말한 적이 있다.[36] 미국 민주주의의 질은 낮은 편에 속한다. 『이코노미스트』(2013)에 따르면 미국은 민주주의 순위Democracy Ranking에서 한국에 뒤진 21위에 머물렀다.

미국의 사회학자 버트럼 그로스Bertram Gross는 1977년 『친근한 파시즘: 미국 권력의 새로운 얼굴』*Friendly Fascism: The New Face of Power in America*이라는 의미심장한 제목의 책을 펴내면서 "온화한 전체주의Benign totalitarianism"(『월스트리트 저널』), "눈물 없는 파시즘", "인간의 얼굴을 한 파시즘"(XIX) 등을 인용했다. 그로스의 주장은 침묵하는 다수의 수동적 참여와 순응주의(Boveri, 1960, 19쪽: Gorz, 1987) 그리고 이들이 다른 나라에 대한 착취를 기초로 일정한 복리를 얻을 수 있다면 다소 권위주의적 통치를 받아들일 준비가 되어 있다는 사실을 근거로 한다(Hardt & Negri, 2000). 이와 유사하게 조지프 버렐은 이런 현상을 '공화주의 파시즘'Republican Fascism(2008)이라고 불렀다. 수정헌법 제1조, 즉 표현의 자유에 의해 홀로코스트를 부정하는 것이 허용된다는 사실도 이런 주장의 근거가 된다. 아마도 이런 이유에서 과거 나치 당원이었던 인물 상당수가 미국으로 피신했을 것이며, 이들에 대한 추방은 단 한 차례도 이루어지지 않았다. 리처드 브레네먼Richard Brenneman은 이런 맥락에서 "미국은 유엔의 반나치 조치에 반하는 유일한 국가"라는 사실을 지적했다(2013).[37]

반공주의의 최대 격전지는 학계였고 지금도 마찬가지다. 핵심 문제는 공산주의적 주장을 학문적 자유의 이름으로 어디까지 보호할 수 있느냐 하는 것이다(Schrecker, 1986).[38] 미국의 경우 학문적 자유를 보장하는 것은 정년이 보장되는 교수직으로, 이와 함께 전미대학교수협회(2013) 또는 1919년에 설립된 전미시민적자유연합ACLU을 통해 일정한 보호가 이루어진다. 블랙리스트 작성은 상당히 초기부터 이루어졌다. '레드 채널'Red Channels에는 151명의 이름이 올랐다. 알렌졸 캠페인Allenzoll campaign은 '교육계의 공산주의자'Red-ucators 색출에 나섰다(Schrecker, 1986, 265쪽). 가장 널리 알려진 피해자로는 엔젤라 데이비스Angela Davis가 있다(Davis, 1990: Wikipedia, 2013).

미국 학계의 90퍼센트는 교수 임용제도의 특성상 보수적이다(Bourdieu & Passeron, 1977). 보수 성향의 엘리트, 금융계 인사, 기업 대표, 동문 등으로 구성되는 사립대학의 이사회는 임용과정을 효과적으로 통제한다(Schrecker, 1986, 243쪽).[39] 물론 주립대학의 경우 이론상 상대적으로 자유를 누리지만 선거, 특히 재선을 둘러싼 정치적 이해관계가 임용 결정기구에 강한 압력을 행사한다. 따라서 미국의 대학들은 다소 권위주의적이며 과거와 마찬가지로 앞으로도 반공주의의 적극적 도구가 될 것이다.

1960년대 말과 1970년대 초의 짧은 대립기를 거쳐 보수주의가 부활하면서 대학가에서도 검열이 재개되었다. 새로운 21세기 반공주의의 물결, 일종의 '신매카시즘'이 시작되었다. 대표적 인물은 한때 마오주의자였다가 전향한 데이비드 호로위츠David Horowitz다(2003, 2006, 2007, 2009, 2012). 이는 '캠퍼스의 검열자'를 다룬 『검열 지수』Index on Censorship 2012년 9월호(40주년 특집판)에 잘 나타나 있다. 최근 존 케리 국무장관은 "미국에서는 자신이 원한다면 어리석을 권리가 보장된다"고 말했다(2013년 2월 26일 베를린).[40] 미국 학자 프록터와 쉬빈저는 이런 행동을 설명하기 위해 '아그노톨로지'Agnotology라는 새로운 학문 분야를 만들었다(2008).

요약하면 미국은 1945년 이후 유럽 공산주의에 대한 냉전을 제외하고는 전쟁에서 완전히 승리한 적이 없다. 존 에드거 후버와 조지프 매카시는 이런 의미에서 군대보다 성공적이었다.[41] 이미 1906년 독일의 사회과학자 베르너 좀바르트Werner Sombart는 이런 질문을 한 바 있다. "왜 미국에는 사회주의가 존재하지 않는가?" 이제 이에 대한 답은 더욱 분명해졌으리라 생각한다.

동독의 서방정책과
서독의 일상적 반공주의[*]

디르크 호프만

뮌헨─베를린 현대사연구소 연구위원, 포츠담대학교 겸임교수

구서독의 반공주의에 대해 논하려면 서독에 대한 구동독의 이른바 서방정책을 빼놓을 수 없다. 동독의 사통당(사회주의통일당SED, Sozialistische Einheitspartei Deutschlands) 지도부는 서방정책사업에서 서독 내 여러 동맹 파트너에 기댈 수 있었는데, 첫째로 그들 스스로 조종했으며 1956년 서독 헌법재판소에 의해 금지된 독일공산당이 있었다. 동독 정부는 서독의 국내 정치에 영향을 끼치기 위해 아무것도 아끼지 않았으나, 거둔 효과는 미미하기 그지없었다. 사통당이 주장한 서독 자본주의와 국가질서의 위기는 일어나지 않았다. 다른 한편으로 이러한 동독의 침투 노력은 서독 지도자들이 서독 사회에 잠재하는 반공주의를 부추기고 공산주의자와 중립주의자, 그 밖의 '제3의 길' 옹호자들에 대한 반대 작업을 펼치고 그들에게 정치적 낙인을 찍는 데 이용되었다. 즉 동독의 서방정책과 서독의 반공주의는 모두 동서 대결구도에서 정치적 적의 배제와 자국 사회체제의 안정을

[*] 이 장은 한국외국어대학교 통번역대학원의 안인경 교수가 우리말로 옮겼다.

위한 것이었다.

1950년대와 1960년대 초기 냉전은 철의 장막 양편의 여론을 유리하게 이끌려는 싸움이기도 했다. 1949년 두 개의 독일 국가가 건국된 이후 동독과 서독 정부는 각각 독일 전체 대표권을 주장했다. 독점적 대표권과 깊은 관계가 있던 것은 자석이론으로, 서독뿐 아니라 동독 정부도 이를 주장했다. 쿠르트 슈마허Kurt Schumacher(사민당), 콘라트 아데나워(기민당), 오토 그로테볼(사통당) 등 동서독 고위 정치인들은 1946/1947년부터 이미 자국 경제·정치체제의 우월성을 확신했다. 시기에 따라서는 상대국 국민의 동감을 얻고자 선교사와도 같은 열성으로 노력을 쏟아부었다. 비록 1961년 베를린장벽 구축 때까지 '발로 뛰는 투표'Abstimmung mit den Füßen(선거투표가 아닌 행동을 통해 의견을 드러내는 것을 말함—옮긴이)를 통해 동독이 자국 국민에게조차 자석효과를 발휘할 수 없었다는 사실이 분명히 드러났지만, 동독의 독일정책과 서방정책은 선동 소음으로 치부해버릴 문제는 아니다.

동독의 서방정책—사업기구, 도구, 정치적 파급력

동독의 서방정책은 '본Bonn의 보복주의와 군사주의'에 대한 적대적 이미지에 기초를 두고 있었다. 따라서 동독은 서독과 다름을 명확히 하고, 서독의 국내 정치에 영향을 끼치는 것을 목표로 했다. 사통당은 이를 위해 독자적 기관을 설립하고 이를 계속 확대해나갔다. 그러나 이른바 '대서독 기구'는 수행한 조치들의 실패와 비효율성으로 말미암아 그 구조가 개편되었다. 지도적 사업기구들은 일차적으로 사통당 내 주무 부서들이었다. 그리고 여기에 블록당과 대중단체들, 정부 부처들(특히 국가안전부(=슈타지))도 관련되어 있었다. 1960년대 초까지는 서독 사민당SPD과 독일노총연맹DGB(=독일노총)이 동독 정부의 주요 사업대상이었지만, 그 이후에는 기민CDU·기사당CSU도 표적이 되었다. 사통당 내에서 대서독사업은 오랫동안 과거 공산당의 영역이었다. 1960년대 말에 들어서야 비로소 당 기구와 국가기관 내 각 부서 직원들의 고정적 배치가 시작되었다. 서방정책의 도구는 서독 내에 있는 동맹 파트너의 재정적 지원, 전단과 기타 선동 자료 배포, 동독 정부가 정치적 목적을 위해 도구화할 수 있다고 믿었던 서독 인사들과의 접촉 등이었다. 아래에서는 동독의 서방정책 활동 중 서독 정치인들의 직접적 반응 그리고 때로는 서방 연합국의 직접적 반응을 불러일으켰던 사업 중 몇 가지 예를 소개하겠다. 사통당 정치인들의 서독 여행, 인민회의운동Volkskongressbewegung, 1951년 '그로테볼Grotewohl 서신' 등이다.

1945년 가을, 양 독일 노동자 정당의 통합을 위한 독일공산당의 통합운동은 지역에 따라서는 서독 노동자들에게서도 호응을 얻고 있었으며, 그런 분위기 속에서 동독 정치인들의 서독 여행이 이루어졌다.[1] 그러나 곧 동독과 서독 사민주의 정치지도자들, 즉 쿠르트 슈마허와 오토 그로테볼 간의 경쟁적 갈등이 표면화되었다. 동독 사민당 중앙위원회 의장이었던 그로테볼이 1945년 11월 17일 열흘 예정으로 미국 점령지구 방문길에 오르자 슈마허는 의심의 눈길을 보냈다. 두 사람은 그때로부터 한 달 전 하노버 근처 베니히젠에서 열린 회의에서 각자 요구사항을 밝힌 바 있었다. 비록 그로테볼이 서독 프랑크푸르트와 슈투트가르트, 뮌헨, 레겐스부르크를 방문하면서 부분적으로 따뜻한 환대를 받았으나 정치적 성과는 미미했다. 구스타프 다렌도르프Gustav Dahrendorf(사민당)는 여행 보고서에서 슈마허의 간섭 시도를 지적하면서, 그런 간섭이 여행이 성공을 거두지 못한 간접적 이유라고 주장했다.[2]

1946년 4월 동독의 공산당과 사민당이 사통당으로 강제 통합된 이후에는 이런 여행의 내용과 기능이 바뀌었다. 사통당이 소련 점령지구에서 이룩했다고 주장했던 노동자계급의 통일에 대해 서독 지역에서 공격적으로 선전하는 것이 주된 목표가 되었기 때문이다. 이를 위한 상황은 처음에는 그리 나쁘지 않았다. 빌헬름 크노테Wilhelm Knothe 대大 헤센지구 의장과 같은 서독 사민당 정치인들이 '전全 독일적 당 통합'을 위해 대화의 끈을 유지하려고 했기 때문이다.[3] 동독과 서독을 포괄하는 전독일 사민당을 옹호하는 사람의 수가 크게 감소했음에도 사통당 지도부는 서독 지역의 그 같은 기대를 이용할 수 있다고 믿었다. 그리고 서독 사민당과 서독 공산당의 연합을 위해 노력했다.

강제 통합 3개월 후 사통당 공동의장 2인은 서방 점령지구를 방문했다. 계획은 영국 점령지구에서 공개 행사를 열어 서독 주민들에게 서독 내 양 정당의 연합 필요성을 확신시키는 것이었다. 영국 당국은 입국허가에 에센과 쾰른, 뒤셀도르프, 브라운슈바이크에서 열리는 행사를 공산당 명의로 개최해야 한다는 조건을 달았는데, 이는 선전효과를 크게 약화시켰다.[4] 이들 4개 도시의 행사에서 그로테볼은 공산당과의 연합을 역설했고, 슈마허가 전독일 사민당의 구성을 막아 결과적으로 국가통일을 위태롭게 만들었다고 비난했다.[5] 물론 서독 사민당은 동독의 이런 꾸준한 노력을 모르지 않았다. 서독 사민당은 사통당 최고지도부를 향한 비판적 질문이 담긴 전단을 인쇄하고 브라운슈바이크에서 맞불 행사를 열었으며, 여기에 사민당 출신 알프레트 쿠벨Alfred Kubel 주총리가 등장했다. 이후 동독 정치인들의 서독 방문도 영국 점령지구 당국의 방해로 실패했다. 그러나 공식적 금지를 피할 길이 있었다. 예컨대 빌헬름 픽Wilhelm Pieck과 그로테볼은 잘츠기터 소재의 구 '헤르만괴링사' 방문 중 그곳 종업원평의회Betriebsrat를 답방 형식으로 소련 점령지구에 초청했다. 서독에서 공산당 설립에 참여했으며 후에 동독 대외 비밀정보국을 구축한 리하르트 슈탈만Richard Stahlmann은 결국 서독 대표단이 불법적으로 국경을 넘어 입국하도록 하고 동베를린 '통일의 집'에서 픽과 만나도록 했다.[6]

그로테볼과 픽은 전후 보상 문제뿐 아니라 독일과의 평화조약 작성을 논의했던 모스크바 외무장관회의[7]를 배경으로 1947년 3월 또다시 서독 방문길에 올랐다. 이번에는 미국 점령지구였다. 이들은 공개 행사(특히 '슈투트가르트 알트호프 운트 슐테 서커스장'에는 7,000명의 관중이 모였음)에 참석해 3개 서방 연합군 점령지구 내 노동자 정당의 통합 필요성을 역설했다. 사민당 지도부는 이러한 선전 공세에 의혹에 찬 시선을 보냈으며, 사민당 정치인들과의 공식회동을 막기 위해 노력했다. 사민당 소속의 발터 콜프Walter Kolb 프랑크푸르트 시장은 사통당 두 공동의장을 프랑크푸르트 시청에 초대한 것에 대해 사민당 당집행위에서 에리히 올렌하우어Erich Ollenhauer의 강한 비난을 들어야 했다.[8] 동베를린은 슈마허에 의해 추진된, 동독의 제안에 대한 타협 없는 거부를 약간 완화시키는 데 성공했음이 분명했다. 방문이 구체적 성과를 거두지는 못했음에도 사통당 지도부는 여러 날에 걸친 미국 점령지구 방문을 선전에 활용하려고 했으며, 이를 위해 3월 18일 국제 기자회견을 열었다. 그러나 기자들은 서독 내 사통당 구축뿐 아니라 소련 점령지구 내 사민당 재허가에도 관심을 쏟았다.[9]

그 후로 영미 군정청이 입국허가를 내주지 않아 사통당은 더 이상 서방 점령지구에 고위급 대표단을 보낼 수 없었다. 프랑스 점령지구 방문은 시도조차 하지 않았다. 비록 그로테볼이 적절한 시기에 초청을 받기는 했지만, 1947년 4월 도르트문트에 예정대로 설 수 없었다. 그래서 그로테볼과 픽은 라디오를 통해 서독 주민들에게 그들의 독일정책에 대해 호소할 수밖에 없었다.[10] 이 시기에 모스크바 외무장관회의의 실패 징조가 나타나고 있었으므로, 라디오 방송은 외교적 실패의 책임을 서방에 돌리려는 선전선동의 일부로 해석될 수 있다. 3개 연합국 군정청이 사통당 대표단의 입국을 계속 불허했으므로,[11] 사통당은 결국 점령지구 간 경계선을 넘어갈 수 없었고, 따라서 공개 행사를 통한 영향력 행사가 불가능하게 되었다.

1947년 6월 초 '뮌헨 주총리회의' 참석은 서독 지역 공식 방문의 하이라이트였다. 여기에는 사통당 대표단이 아닌, 소련 점령지구 5개 주를 이끄는 주총리들이 참여했다. 물론 이들 주총리 5명 중 4명이 사통당 당원이었다.[12] 한스 에하르트Hans Ehard(기사당) 바이에른 주총리의 제안으로 이루어진 이 회의에서는 열악한 경제와 식량 상황 해결을 위한 조치를 점령국에 제안할 예정이었다. 그뿐 아니라 전全독일의 제안을 통해 꽉 막힌 4개

연합국 간 대화의 물꼬를 트고자 했다. 그러나 이 회의 개최를 발표한 지 얼마 되지 않아 동독과 서독이 이 회의에 거는 기대가 서로 다르다는 사실 이 드러났다. 결국 회의 안건에 대한 합의는 끝까지 이루어지지 못했다. 서 독 주총리들은 식량보급 문제에 대해서만 논의하고자 한 반면, 동독 주총 리들은 독일의 정치적 미래에 대해 논의하자고 요구했다. 회의 시작 48시 간 전까지도 동독 고위 정치인들의 참여는 불투명했다. 결국 소련 점령지 구 주총리들이 나타나기는 했지만, 그들은 소련 군정청 및 사통당 지도부 와 입을 맞춘 자신들의 요구를 반복했다. 6월 5일 열린 예비회의에서 서독 대표들은 자신들의 견해를 고수하면서 동독 측의 제안을 거부했다. 그러 자 동독 대표단은 짐을 챙겨 그대로 돌아가고 말았다.

회의가 진행되던 도중 실패 책임 소재에 대한 논쟁이 벌어졌다. 서독 언론은 동독 주총리들과 사통당에 책임이 있다고 주장했다. 함부르크의 뉴스 잡지 『슈피겔』Spiegel은 동베를린에서의 기자회견을 근거로 사통당 소속 주총리들이 뮌헨에 도착하기 전 이미 공식 거부성명서 초안을 주머 니에 가지고 있었다고 주장했다.[13] 주간지 『차이트』Die Zeit는 동독 주총리 들이 "일사불란한 집단"으로 등장했으며, 자신들의 요구를 관철하기 위해 "모스크바 회의에서는 소련, 독일에서는 사통당이 주장한 내용을 그대로 답습했다"고 주장했다.[14] 반면 동독 정부가 조종하는 동독 언론의 시각은 전혀 달랐다. 그로테볼은 라디오로 중계된 연설에서 공식 입장을 대변하 면서 "실패"의 책임을 서독 측에 돌렸다.[15] 『새 독일』Neues Deutschland 신 문의 렉스 엔데Lex Ende 편집국장은 사설을 통해 사민당 소속의 주총리들 이 뮌헨에서 "슈마허 박사의 거룩한 영으로 깨달음을 얻었다"고 비아냥거 렸다.[16] 양독 고위 지도자 회의를 통해 4개 점령국 간 대화의 물꼬를 트고 자 했던 희망은 이루어지지 못했다. 뮌헨 주총리회의는 결국 '전全독일'을 향한 정치적 미래를 열지 못하고 오히려 독일 분단의 상징이 되고 말았다.

막혀버린 독일정책의 길을 트기 위해 사통당 지도부는 1947년 말 '통 일과 정의로운 평화를 위한 독일 인민회의'Deutscher Volkskongress für

Einheit und gerechten Frieden를 동베를린에서 열기로 결정했다. 여기에는 결정적으로 세 가지 이유가 작용했다. 첫째는 런던 외무장관회의에서 소련의 입장을 지원하는 것이었다. 둘째는 소련 점령지구 내에서 2개 시민 정당의 영향력을 계속 제한하는 것이었다. 셋째로 이 인민회의운동은 슈마허가 이끄는 서독 사민당의 거부 태도에 대한 대응이었다. 사통당은 어떤 형식으로든 사민당 내에서 협력 그룹을 이끌어내는 데 실패해 그들의 접근 노력이 전혀 쓸모없는 것이었음을 인정하지 않을 수 없었다. 비록 사통당 지도부가 1948년 초 입국금지에 대해 재차 항의하기는 했지만, 사통당과 공산당 공조체의 운명은 이미 결정되었다. 전독일 정당법에 관한 연합국관리위원회Alliierter Kontrollrat에서 협상이 결렬됨으로써 독일 전체를 묶는 끈을 만들고자 한 것은 불가능하게 되었다. 서독 정당들은 사통당의 독일정책 선先제안과 관련한 접점을 더 이상 만들려고 하지 않았다. 사통당 지도부 인사들에 대한 서방 점령지구 입국금지가 계속되었으므로 동베를린 정부는 서독 여론에 접근하기 위한 새로운 방법을 고민해야 했다.

사통당 지도부는 인민회의운동과 연관해 새로운 선전방법을 도입했다. 그것은 국민 여론조사였다. 여론조사는 모스크바의 지침에 따랐다.[17] 1947년 9월 말 소련 외무장관 몰로토프Molotow는 서독의 연방주의 체제 계획을 좌절시키기 위해 국민투표를 거론했다. 그러나 상황은 당연히 그들에게 불리했다. 1947년 11월 25일부터 12월 15일까지 열린 런던 외무장관회의에서는 3개 서방 연합국과 소련 간의 상반된 입장이 드러났다. 논란이 되었던 문제는 정부 구성과 소련 측의 배상요구였다. 런던에 독일인으로 구성된 대표단을 파견조차 하지 못한 사통당 지도부 내에는 체념이 확산되었다. 비록 프랑스가 미국과 영국의 점령지구로 구성된 통합경제 지역Bizone의 확대를 막아내긴 했지만, 1948년 2월 런던에서 3개 연합국과 베네룩스 3국이 참석하는 6개국 회의가 열렸다. 이 회의의 주요 결과는 서독의 마셜플랜 참여, 루르 지역 관리당국 설치, 연합국 점령지구인 서부에 대한 건국 권고였다.

인민회의운동은 서쪽의 건국을 더 이상 막을 수 없었다. 동쪽의 선전 선동은 뚜렷한 정치적 실패에 개의치 않고 그대로 계속되었다. 동베를린은 전 독일 여론 앞에서 또다시 서쪽에 책임을 전가하려고 했다. 동쪽과 서쪽에서 실시될 국민 여론조사는 국가통일에 대한 모든 독일인의 공통된 희망을 보여주고, 서쪽 주민들이 서쪽만의 건국을 반대한다고 암시하는 것을 목적으로 했다. 2차 인민회의에서 결정된 독일 통일 관련 국민투표 실시에 관한 국민청원(발의)은 1948년 5월 23일과 6월 13일 사이에 1,300만 표를 얻었는데, 그중 100만 표가 영국 점령지구에서 나온 것이었다.[18] 미국과 프랑스 점령지구에서는 국민청원 실시가 허가되지 않았다. 니더작센 주와 슐레스비히-홀슈타인 주에서만 1948년 3월 초 인민회의운동 행사가 열릴 수 있었다. 그러나 이 시기에는 그런 국민 여론조사를 지시하거나 실행할 수 있는 연합국 당국이 존재하지 않았기 때문에 이 행사는 여러모로 실패할 수밖에 없었다. 3월 20일 소련 대표들이 철수함으로써 연합국관리위원회는 사실상 업무를 종료했다. 그럼에도 사통당은 독일 통일 관련 국민청원을 고집했다. 이를 위해 '독일 인민위원회'Deutscher Volksrat 내에 동베를린과 서쪽 지역 대표자 및 동조자들 간의 연락을 조직할 이른바 '서부 업무공동체'Arbeitsgemeinschaft West를 구성했다.[19] 그러나 서방 3개 점령국의 금지정책 때문에 대중적인 효과를 거둘 수 있는 거창한 활동은 할 수 없었다. 그러는 동안 사통당 지도부 내에서도 우선순위가 점차 변했다. 4차 독일 인민회의 이후 1948년 8월 3일 동베를린에서 작성한 헌법 지침을 선전하기 위한 대대적 언론 캠페인을 또다시 실시했지만, 이 캠페인은 이미 경제 2개년계획과 관련해 조작된 공공토론의 그늘에 묻혀버리고 말았다. 이와 관련된 관심은 점점 더 소련 점령지구 내에 계획경제 체제를 세우는 쪽으로 쏠렸다.

사통당은 서쪽의 동맹 파트너로서 사민당과 노조뿐 아니라 시민사회도 겨냥했다. 여기에다 민족·보수파 중 아데나워 비판자들도 끌어들이려고 했다. 본에서 헌법 제정작업이 진행되면서 1948년 가을부터 인민회의

운동의 실패가 뚜렷해지자 사통당은 4개 점령지구 내에서 영향력을 얻기 위한 새로운 방법을 찾는 데 열을 올렸다. 서독 내 모든 정치 세력과 그룹을 끌어들이기 위해 결국 독일민주주의공화국(동독) 건국과 관련하여 모스크바와 긴밀한 대화를 거치며 민족전선Nationale Front을 구성했다. 알려진 것처럼, 이때 스탈린은 자신이 전쟁 이전에 썼던 정책을 활용할 수 있었다. 그러나 정치지도자들은 1949년 말, 1950년 초부터 독일연방공화국(서독)에서 전개된 동조자를 모집하기 위한 노력이 동독 자체 내의 상황 전개와 긴밀한 관계에 있다는 것을 의식하고 있었다. 사통당의 독일정책 행동반경은 점점 더 동독 내부의 정치 상황과 야심 찬 경제계획 성공 여부의 영향을 받았다. 동베를린은 자기들의 자석이론을 실현하고 민주주의의 결핍을 감추기 위해 어떤 비용도 아끼지 않았다. 사통당 지도부가 서독과의 선전전쟁에서 이기기 위해 쓴 많은 물적·인적 비용이 이에 대한 설명이 될 수 있을 것이다. 초기 서독은 '건국위기'(역사학자 한스 귄터 호커츠Hans Günter Hockerts의 개념으로, 건국 시기에 있었던 사회적 위기를 일컫는다—옮긴이)를 겪고 있었으므로, 동베를린에서 선택한 방법이 유망해 보였다. 1950년 5월부터 7월까지 월평균 약 40만 부의 브로슈어, 전단지, 신문, 잡지 등이 주로 개별 우편물로 동독에서 서독으로 배달되었다.[20] 8월에는 그것의 두 배, 9월과 10월에는 각각 약 100만 부였다. 헤르베르트 베너는 1951년 2월 서독 연방하원 전독일위원회에서 이를 "종이 공격"[21]이라고 했으며, 이에 비해 "의욕 없는 서독 언론"을 비판했다. 이때 서독은 동독에 대한 종이 공격을 이미 중지한 후였다.[22]

사통당이 선언한 독일 통일의 목표는 적어도 1950년 초까지는 빈 구호가 아니었다. 동베를린은 대대적 캠페인을 통해 독일의 미래에 관한 연합국 간 대화에 영향을 끼치고자 노력했다. 더 나아가 사통당 지도부는 이미 가시화되고 있던 서독의 서방 통합을 막고자 노력했다. 이를 이루고자 선택한 독일정책적 방법들은 적절한 것처럼 보였다. 사통당은 인민의회 Volkskammer 선거 6주 후에 새로운 작업을 시작했다. 그로테볼 동독 총리가 1950년 11월 30일 서독 아데나워 총리에게 보낸 이른바 '그로테볼 서신'[23]은 같은 수의 양국 대표가 참여하는 전독일구성위원회Gesamtdeutscher Konstituierender Rat의 설립을 제안하는 내용을 담았다. 이 위원회가 전독일 정부의 구성을 준비하도록 하자는 것이었다. 동독 정부 수반이었던 그로테볼 총리는 9월 중순 뉴욕에서 열린 서방 3개 승전국 외무장관회의에 대응해 10월 20~21일 프라하에서 열린 소련과 동구 동맹국들의 회의에서 나온 안을 활용했다. 즉 그로테볼 서신은 소련의 총체적 전략에 꼭 들어맞는 것이었다.[24] 이 공개 서신은 소련이 발의하고, 울브리히트 당시 사통당 서기가 쓴 것이었다. 그로테볼은 이 서신에서 널리 퍼진 평화와 통일에 대한 갈망을 영리하게 활용해 자신을 대다수 독일인의 대변자로 연출했다.

비록 이번에도 동독이 성공하지 못했지만, 본 정부 내에 많은 불안을 불러일으키는 성과를 얻었다. 루돌프 아우크슈타인Rudolf Augstein은 『슈피겔』을 통해 그로테볼이 정부와 야당에 내민 손을 잡고 그의 제안에 응할 것을 촉구했다.[25] 각료들 사이에서는 사통당의 진짜 의도에 대한 추측이 무성했는데, 프란츠 블뤼허Franz Blücher(자민당) 부총리는 동베를린과 쿠르트 슈마허 사민당 대표 사이에 밀약된 게임일 거라고 추측했다. 하지만 야코프 카이저Jakob Kaiser(기민당) 전독일문제부 장관은 공개 서신을 소련이 펼치는 선전활동의 일환으로 보았다.[26] 서독이 참여하는 서방 방위공동체 구축을 지연시킨 승전 4개국 회담으로의 회귀를 우려했던 아데나워 총리는 처음에 야당인 사민당 지도자와 회담을 갖고자 했다. 그는 내각에서 연합국 고위위원회와 신속히 논의하고 해결해야 한다는 결정을 이끌어낼 수 있었다. 아데나워는 페터스베르크에 주재하는 서방 3개 점령국 대표들에 대한 독점적 접촉권이 있었으므로 각료들한테 크게 신경 쓰지 않고 대화를 자신의 의도대로 이끌어갈 수 있었다. 아데나워 자신이 원했던 서방 점령국과의 긴밀한 협조를 얻어냈으므로 그의 계산은 맞아떨어졌다고 할 수 있다.

그러나 아데나워 총리는 사민당 대표의 지원 사격도 받았다. 슈마허 사민당 대표는 거리낌 없이 다음과 같이 말했다. "이 사안을 제대로 보려면 그로테볼 서신이라는 것이 전혀 없다고 봐야 한다. 단지 소련 대외정책상의 편지 공작이 있을 뿐이다. 서신에 서명된 이름이 마이어, 뮐러, 슐체 등 어느 흔한 독일 이름이어도 상관없다. 하지만 러시아 이름을 써놓는 것이 더 정직하고 좋은 방법이었을 것이다."[27] 슈마허 대표는 그로테볼 총리의 제안을 단번에 거부했다. 그로테볼 서신은 독일의 이익이 아닌 소련의 이익을 일차적으로 추구한다는 것이었다. 또한 그는 "독일인들이 정치적 소련인이 되도록 요구받고 있다"고 말했다. 연방하원 사민당 원내 교섭단체는 사민당 대표의 노선을 지지했고, 심지어는 어떤 경우든 사통당 정권에 대한 인정을 피하기 위해 공개적 반응을 내기로 결정했다.[28] 이 시기에 기민·기사당과 사민당은 독일정책에서 아직 같은 입장을 취하고 있었다. 아데나워 총리는 1951년 1월 15일 기자회견을 통해 사통당 지도부에 회답했다. 그는 자세한 내용은 언급하지 않은 채 동독의 자유선거, 동독 주민의 정치적 자유, 병영인민경찰Kasernierte Volkspolizei(동독 인민군의 전신—옮긴이)의 해체를 요구했다. 그는 동베를린의 제안에 전혀 개의치 않는 모습을 보였다.

1950년 11월 초 그로테볼 서신의 인기몰이를 위한 후속조치를 결의한 사통당 정치국은 본에서 일어난 혼란을 흡족한 시선으로 바라보았다. 사통당 지도부는 서독 연방정부 각료들이 비밀협의를 위해 동베를린 정부 관계자와 접촉할 것이라고 생각했던 게 분명하다.[29] 그로테볼은 『새 독일』 신문에서 서독은 외무부가 없어 동독과 직접 대화할 수 없다는 서독 정부의 형식적 근거를 비판함으로써 아데나워에 대한 압박 수위를 높여 가려고 했다. 동시에 네덜란드 기자와의 인터뷰에서 서독의 입장에 대해 이해를 보인 외무장관 게오르크 데르팅어Georg Dertinger를 불러들였다.[30] 그로테볼은 모든 각료에게 이 문제와 관련해 공개 발언을 하지 말라고 지시했다. 발언을 금지해 동독의 당정 지도부가 정치적으로 하나인 것처럼 보이도록 하려는 의도였다. 또한 요하네스 디크만Johannes Dieckmann 동독 인민의회Volkskammer 의장은 헤르만 엘러스Hermann Ehlers(기민당) 서독 연방하원 의장에게 서신을 보내 그로테볼 서신을 지원했다.[31] 사통당은 그들이 하는 일에 대한 확신을 가지고 있었다. 그래서 픽은 카를호르스트에서 열린 회담 후 그의 노트에 "연방하원이 거부하지 못할 것이다"라고 기록했다.[32]

그로테볼 서신은 서독 연방정부와 서독 여론을 향한 것이었다. 서독 정부의 거부 입장이 드러나자 사통부 지도부는 서독 주민들을 통해 서독 정부를 압박하는 데 힘을 모았다. 사실 성공 가능성이 그렇게 낮은 것도 아니었다. 알렌스바하 여론조사연구소가 1950년 12월 실시한 조사에 따르면 아데나워 총리가 그로테볼의 제안에 응해야 하느냐는 질문에 설문 대상자의 49퍼센트가 '그렇다', 27퍼센트가 '아니다', 14퍼센트가 '모르겠다'라고 대답했으며, 10퍼센트는 답하지 않았다.[33] 픽과 그로테볼, 울브리히트는 전후 서독에 널리 퍼진 '나 없이'라는 말로 대변된 비참여 경향을 이용하고 평화주의 카드를 쓰려고 했던 것이다. 하나의 계기가 된 것은 외무장관회의 의제를 준비하기 위해 1951년 3월 중순 파리에서 열린 4개 승전국 정부 고위대표 회담이었다. 동독은 "독일인을 하나의 테이블로"라는 인민의회의 요구를 내세워 새로운 독일정책적 공격을 시작했고, 국민 여론조사 실시를 요구했다.[34] 이렇게 함으로써 허울뿐인 동독 의회의 초당적 단결을 과시함과 동시에 이 같은 요구가 소련의 숨은 공작이라는 서독의 입장에 대응하고자 한 것이다.

본의 대답이 명명백백했음에도 동베를린은 고삐를 늦추지 않았다. 사통당 지도부는 먼저 자유선거를 실시하라는 서독 정부의 요구에 대한 거부 태도를 수정했다. 이제 선거권과 선거방법이 독·독 토론의 중심에 놓이게 된 것이다. 사통당 중앙위원회ZK가 1951년 9월 1일 사민당과 독일공산당의 당원 및 간부들에게 보낸 공개 서신을 통해 사민당 하부와 지도부 사이에 말뚝을 박을 새로운 캠페인이 시작되었다.[35] 공격의 초점은 슈마허 사민당 대표와 1951년 2월 16일 한스 뵈클러Hans Böckler 위원장 사후에 독일노동조합총연맹 위원장이 된 크리스티안 페테Christian Fette였다. 그로테볼은 9월 15일 인민의회에서 서독 정부에 독일 통일을 위한 대화를 새로운 방식으로 요청했다. 그로테볼 총리는 더 이상 전독일평의회 Gesamtdeutscher Rat 구성을 고집하지 않고 좀더 온건한 목소리를 냈다.[36] 인민의회는 1950년 말부터 1952년 초까지 특히 그로테볼이 사통당 지도부의 독일정책적 공격을 위한 도구로 삼은 기관이었다.

동독 그로테볼 총리의 이 같은 공격적 제안은 서독 연정 내에 큰 논란을 불러일으켰다. 아데나워 총리는 자민당이 일사불란하게 자신을 지지한다고 생각한 반면, 야코프 카이저와 프란츠 요제프 슈트라우스Franz Josef Strauß(기사당)는 동독의 제안에 대한 화답의 뜻을 내비쳤다.[37] 아데나워 총리는 9월 27일 자유선거 실시를 위한 14개 원칙을 발표함으로써 그로테볼의 제안을 드러내놓고 거부하지는 않으면서도 동베를린 정부가 넘어야 할 새로운 장애물을 내세웠다.[38] 아데나워 총리는 구체적으로 유엔의 통제하에 국제위원회를 구성해 전독일 선거를 감시하도록 하자고 제안했다. 이로써 공은 다시 동독으로 넘어갔다. 그로테볼은 10월 10일 동독 정부 성명에서 서독의 제안에 대해 한마디도 언급하지 않았다. 그 대신 동독 지도부의 기본적인 대화 용의 표명을 반복했으며, 협상은 동등한 토대에서 이루어져야 한다고 강조했다.[39] 독일정책상의 제안은 점점 더 난타전이 되어갔는데, 그 목적은 가시화되어가고 있던 대화 실패의 책임을 전 독일 여론 앞에서 상대방에게 전가하는 것이었다.

1951년 9월 15일 그로테볼 총리의 인민의회 연설에 앞서 사통당 지도부는 자신들의 독일정책 노선을 지원해줄 서독의 유명인사를 물색했고, 상당히 빨리 찾아낸 듯 보였다. 마르틴 니묄러Martin Niemöller를 섭외함으로써 아데나워의 내정에 대한 최고의 비판가를 얻은 것처럼 보였다. 니묄러와의 대담이 7월 16일 동독 총리 집무실에서 열리는 것으로 예정되었다. 울브리히트와 픽, 그로테볼을 중심으로 한 사통당 최고위 지도부는 특히 개신교형제평의회Bruderrat der Evangelischen Kirche가 정부 비판적인 진정서 작성을 계획하고 있다는 이유에서 상황의 호전을 예감했다. 동시에 사통당은 서독에서 사민주의 옹호자들을 한데 묶을 '사민주의 행동' Sozialdemokratischen Aktion 설립에 착수했다.[40] 사민당은 1952년에야 비로소 가면을 쓴 이 공산당 조직을 법원의 결정을 통해 금지시킬 수 있었다.

얼핏 보기에는 동베를린의 공격적 제안이 본에서 실패하지 않은 것 같았다. 서독 연방정부와 연방하원이 그 문제를 집중적으로 논의했던 것이다. 분단 독일에서의 여론 선도를 둘러싼 싸움에서 사통당은 짧은 기간 유리한 위치에 있었다. 그러나 서독 연방하원에서 여야는 동독의 요구에 대한 평가에 의견일치를 보았다. 즉 독일정책과 관련해 1952년 초 스탈린 구상서를 계기로 깨어지기 전까지 여야 간 합의가 있었던 것이다. 그런데 자세히 살펴보면 사통당 지도부는 선전 공세를 펼치면서 좌초를 겪었다. 그와 같은 공격적 태도는 한동안 서독 정부와 야당 간의 협력을 단단하게 만들었다. 그뿐 아니라 서독 사민당 분열 책략도 실패했다. 슈마허는 사통당 지도부에 대한 분명한 노선을 고수했고, 사민당이 이 문제에서 자신을 지지한다는 것을 알고 있었다. 그 후 픽과 그로테볼, 울브리히트는 공개적 홍보활동을 통해 서독 주민과 언론에 영향을 미치는 데 주력했다. 그러나 사통당의 이런 태도에는 늘 제약이 따랐다. 첫째로, 사통당은 그들의 궁핍화이론을 고수했다. 둘째로, 아데나워 정부가 서독 주민들에 의해 무너질 것이라고 굳게 확신했다.

서독의 일상적 반공주의—기업, 보상, 정치교육, 영화와 텔레비전, 소포

동독의 다양한 대서독활동은 서독 연방정부 이하 모든 정부와 행정기관들의 반응을 불러일으켰을 뿐 아니라,[41] 특히 1950년대와 1960년대 서독의 사회와 문화 발전에 지속적으로 영향을 끼쳤다. 여기서 고려해야 할 점은 반공주의가 1945년 이후 서독에서 시작된 것이 아니라는 점이다. 주지하다시피 반공주의의 뿌리는 그보다 훨씬 이전인 바이마르공화국까지 거슬러 올라가며, 심지어는 비스마르크 시대로까지 보기도 한다. 이번 장에서는 연방공화국 초기 반공주의의 범위를 시사할 수 있는 사회정치적 분야들을 선별해 살펴보겠다.[42] 또한 반공주의의 침투 깊이, 모순, 한계에 대한 문제도 짚어볼 것이다.

새로 출발한 연방공화국 정치지도자들의 태도는 연방공화국 민주주의 기본 질서에 대한 서독 주민들의 충성도를 확신하지 못하고 있음을 드러내 보여주었다. 그런 불신은 노조의 태도에서도 나타났다. 공산주의자들이 노조 지도부에 영향을 미치고, 그로써 산업 노동자들에게도 영향을 끼칠 수 있다는 우려가 널리 퍼졌다. 결국 노조들은 공산주의자인 간부들을 몰아내고 그들의 활동을 범죄화하는 데 크게 기여했다. 따라서 기업 차원의 반공주의는 아주 빨리 특별한 역동성을 나타냈다.[43] 그러나 동시에 연방공화국 초기 서독 공산당과 그 추종자들에게는 여전히 후퇴할 땅이 있었다는 점도 빠르게 드러났다. 따라서 공산주의 경향을 가진 종업원평의회들은 1950년 중반까지도 사민주의 세력과의 경쟁에서 버틸 수 있었다.[44] 이는 무엇보다 서독 사회가 결코 전체적으로 반공주의적 "공포증"[45]을 앓지 않았다는 사실과 관계가 있다. 오히려 공산주의자들이 사통당 정책에 거리를 두는 한 지역 차원에서는 그들에게 참여 기회가 제공되었다. 공산주의자들을 대하는 이런 실용주의적 태도는 지금까지 정치와 행정, 사회 실제에 집중되었던 연구의 시각을 넓히며, 공산주의자 배제과정의 다층성과 모호성을 강조한다. 1951년 초 민주정당들 사이에 광범위한 반공 조치 실시에 대한 합의가 있었지만, 세부 문제에 대해서는 처음부터 논란이 있었다. 이런 맥락에서 서독의 연방주의는 "극단주의로 향하는 역동성에 대한 반대 추"[46]임을 증명했다. 각 연방주 사이에 공산주의 관련 단체들을 어떻게 할 것인가에 대해 의견이 갈렸기 때문이다. 그 밖에도 개별적 결정이나 규정이 법원의 검토에서 실격되었다. 행정법원들은 의사와 집회의 기본권 침해라고 판단하면서 여러 연방주의 반공주의 노선에 몇 번씩 제동을 걸었다. 1956년 공산당이 금지되고, 그 결과 공산당의 위협에 대한 의식이 약해지면서 반공주의에 관한 의견일치는 점차 사라졌다. 그 이후 서독에서 공산주의자에 대한 입장은 다원주의적 관점에서 논쟁적으로 토론되었다.[47]

서독에서는 공산당 최고위 간부뿐 아니라 덜 유명한 공산주의자들한테도 경우에 따라 나치 피해에 대한 배상을 해주지 않았다. 그 법적 근거는 1953년 발효된 연방배상법Bundesergänzungsgesetz으로, 이 법은 "자유민주주의적 기본 질서에 대항하는"[48] 신청자는 배상청구권이 없다고 규정했다. 3년 후 연방보상법Bundesentschädigungsgesetz은 이 조항을 더 상세화해 1949년 5월 23일 서독 기본법 발효 이후로 시기를 명시했다. 보상 관련 입법[49]이 처음에는 주로 나치 피해자들을 상정했으므로 공산주의자인 나치 피해자와 비공산주의자인 나치 피해자 간의 비율도 자연스럽게 달라졌다. 이는 설립 초기에 초당파적이었던 나치정권피해자협회Vereinigung der Verfolgten des Nazi-Regimes의 회원 추이에서 확인할 수 있다. 특히 동독에서 탈출한 법조인, 공무원의 모임인 쾨니히슈타인회Königsteiner Kreis는 나치 피해자들에 대한 보상금 지급 방식에 항의해 문이 닳도록 연방정부를 방문하더니, 결국 보상신청자격 규정이 강화되었다. 이처럼 서독의 보상입법은 1949년 8월자 미국 점령지구 배상법에는 없던 '공산주의자 유보조항'을 도입했고, 이는 1956년 이후 보상 실시에 큰 영향을 미쳤다. 그러나 분쟁이 일어난 경우 그에 대한 결정은 서독 법원이 내렸으며, 이때 당해자의 "단순한 입당과 특별한 활동"[50]을 구분해야 했다. 그런데 초기에는 법원의 결정이 상당히 다른 경우도 많았다. 1961년이 되어서야 연방헌법재판소가 1956년 공산당 공식 금지 이전의 공산당 활동은 위헌이 아니라고 결정함으로써 명확한 기준이 제시되었다. 비록 주 또는 연방을 총괄하는 통계는 없지만, 보리스 슈페르놀Boris Spernol에 따르면, 보상절차에는 "일반적으로 배분 정의의 문제가 내재적으로 존재"[51]했다. 그러므로 공산주의자를 특정해 배제한다는 의미에서의 차별방식을 증명하는 데는 한계가 있다. 그러나 이 사례는 국가와 사회의 인사들이 "반공주의에 과열되어 서로를 부추겼"[52]고, 공산주의자들을 보상에서 제외시키기 위해 적대적 이미지를 만들어냈음을 분명하게 보여준다.

국가 차원 반공주의의 중요한 도구 중 하나로 정치교육politische Bildung 이 있었다. 정치교육에서는 정치적 동기에 의한 반공주의와 학술연구가 구분되어야 했다. 반공주의와 학술 간의 긴장관계를 보여주는 좋은 예는 연방향토봉사원Bundeszentrale für Heimatdienst의 역사와 연방향토봉사원 산하 동방학부Ostkolleg의 설립과정이다.[53] 연방향토봉사원은 처음에는 1차 세계대전 말기에 설립되어 독일의 전쟁 목적을 위해 국민을 동원하는 데 이용되었던 제국향토봉사원Reichszentrale für Heimatdienst의 전통과 수상한 관계에 있었다. 그러나 정치교육은 1945년 이후 민주주의 구축을 지원하고 국가사회주의(나치)와 공산주의 독재에 따른 민주주의 위협에 대해 계몽하는 새로운 과제를 갖게 되었다. 서독 연방정부는 '공보부'를 만들어 연방향토봉사원을 통합시키려던 원래의 계획을 폐기하고, 이를 연방내무부에 편입시켰다. 연방향토봉사원 초기에는 나치 과거 문제에 대한 논의와 민주의식 육성이 우선적 과제였으며, 공산주의 문제는 전독일문제부가 관장했다. 두 기관의 관계는 "상호 불신과 반감"[54]으로 점철되었다. 연방향토봉사원의 1954년 총예산은 314만 마르크였는데, 그중 141만 마르크가 인쇄물 발간을 위해 사용되었다.[55] 연방향토봉사원은 초기부터 많은 부수를 인쇄한 발간물 2종(『정치교육 정보』Informationen zur politischen Bildung, 『정치와 현대사에서』Aus Politik und Zeitgeschichte)을 보유해 큰 영향력을 행사할 수 있었다.

1950년대 중반 냉전이 심화되면서 1953년 6월 17일 민중봉기 진압을 통해 독재국가적 성격과 정당성 결여를 뚜렷하게 드러낸 동독에 대한 선긋기와 대공방어가 연방향토봉사원이 다루는 핵심 주제가 되었고, 1963년에는 연방정치교육원Bundeszentrale für politische Bildung으로 개칭되었다. 공산당 금지 절차가 진행되던 무렵에는 『정치와 현대사에서』에 독일 공산주의를 다루는 글들이 실렸다. 뤼디거 토마스Rüdiger Thomas는 이런 글들이 1956년과 1957년에 비교적 많이 실린 이유를 연방내무부가 연방향토 봉사원에 "강력하게 (……) 발의"[56]했기 때문이라고 했다. 한스 리터 폰 렉스Hans Ritter von Lex(기사당) 차관이 연방정부의 공산당 금지 절차와 관련해 전문 심사위원으로 세웠던 요제프 M. 보헨스키Joseph M. Bochenski는 1957년 말 설립된 동방학부의 성격을 설계하는 데도 참여해 큰 역할을 했다. 보헨스키의 전문심사보고서는 공산당 금지 절차가 진행되던 중에 이미 『정치와 현대사에서』에 게재되었으며,[57] 그는 1958년 게르하르트 니마이어Gerhart Niemeyer와 공동으로 세계적으로 유명한 공산주의 연구자 15인의 글을 모은 『세계 공산주의 개론』Handbuch des Weltkommunismus을 출간했다. 물론 동방학부 설립 이전의 역사는 1945년 이전에 유행한 반공주의적 견해를 가진 연방내무부 소속의 공무원들에 따라 정해졌다. 동방학부 이사회에는 나치의 인종정책에 "깊이" 연루되었던 사람이 한 명 있었다.[58]

연방정부에 제출한 보헨스키의 전문보고서가 『정치와 현대사에서』에 발표되던 때에 『의회』Das Parlament(1952~2000년 연방정치교육원이 발행한 정치신문으로, 2001년부터 연방하원이 발행함—옮긴이)에는 연방헌법재판소의 공산당 금지 판결문 일부와 몇 가지 정치적 견해가 게재되었다. 이 신문의 부록에서 연방헌법수호청 내 공산주의 전문가인 귄터 놀라우Günter Nollau는 보헨스키의 글을 직접 거론하지는 않으면서 "국가적으로 바람직한 활용"을 강조했다. "학술활동과 광범위한 홍보를 통해 공산주의 이데올로기에 대한 독일 국민의 면역성을 키워야"[59] 한다고 했다. 공산당 금지 후 연방향토봉사원의 발간물이 정당정치적 균형을 보였는데, 이는 예를 들어 사민당 동독 사무소 관계자들이 쓴 글이 『정치와 현대사에서』에 실린 사실을 통해 알 수 있다. 이런 사실에서 초당적 반공 합의를 장기적으로 유지하려는 노력을 읽을 수 있다. 나아가 『정치와 현대사에서』의 편집부는 동독 정치의 추이를 알리기 위해 사통당 중앙위원회 회의록을 발췌해 주해와 함께 싣기 시작했다.[60]

주지하는 바와 같이 냉전은 민족 중심으로 구성된 사회들을 분단시키거나 분열시키기도 하는 체제 간 싸움이었다. 이 다층적 프로세스의 분석은 대중매체를 연구하지 않고서는 완전할 수가 없다. 대중매체에 동서갈등을 둘러싼 싸움이 표현되어 있기 때문이다. 라디오와 영화, 텔레비전은 "정치적 전투수단"이었을 뿐 아니라 "사회적·문화적 현실"의 창출자였다.[61] 다시 말해 대중매체는 이런 갈등연구를 위한 중요한 자료 출처이기도 하지만, 다른 한편으로는 독자적 행동 주체로 파악되어야 한다. 사실 대중매체는 이미 바이마르공화국 시절부터 독일의 사회·문화 발전에 큰 영향을 끼쳐왔다. 또한 일찍이 정치적 영향력도 발휘하기 시작했다. 이미 1차 세계대전 중 영화산업의 중앙집중이 시작되었다. 물론 대중매체의 도구화는 나치 독재 시절에 이르러 첫 번째 정점에 이르렀다. 분단 독일의 정치지도자들은 동서갈등 속에서 대중매체에 영향을 행사하는 데 관심을 보였다. 예를 들어 1948년과 1949년에 일어났던 1차 베를린 위기 중 격렬하게 일어났던 선전공방의 목표는 결국 전 독일에서 여론을 선도하고, 유럽 분단의 책임을 상대에게 전가하는 것이었다. 철의 장막시대에 가장 중요한 매체 중 하나는 국경에 구애받지 않는 특징을 가진 라디오였다.

영상매체인 영화와 텔레비전은 반공주의 시대정신을 피해가는 듯 보였지만, 사실은 그렇지 않았다. 1950년대와 1960년대에는 서독 영화에 공산주의와의 직접적인 대결은 나타나지 않았다. 그러나 그것은 아데나워 시대에 정치적 주제를 영화 주제로 삼으면 비즈니스가 위험해진다는 점과 관련이 있다.[62] 일반적인 정치 외면 현상은 전쟁 중 그리고 전쟁 직후의 궁핍에 대한 서독 사회의 반응이었으며, 따라서 연방공화국 초기 영화 장르 발전에 영향을 끼쳤다. 위험성 회피가 그 시대의 특징이었다. 서독 영화가 동독이나 공산주의 이데올로기를 거의 다루지 않은 것은 서독 정부의 상응하는 조치 때문이었다기보다는 전후 서독 영화관이 일반적으로 그런 주제를 반기지 않았기 때문이다. 동독과 서독 간 국경을 넘는 탈출 등을 주제로 다룬 소수의 영화는 저예산 영화였으며, 아웃사이더들에 의해 제작되었다. 서독 영화사들이 경제적 기준에 따라 움직이기는 했으나, 국가가 영향력을 행사할 수 있는 가능성은 물론 존재했다. 연방내무부는 독일 감사신탁주식회사Deutsche Revisions- und Treuhand AG를 통해 연방채무보증을 발행했기 때문에 감독이나 제작자가 공산주의와 가깝다는 소문이 들릴 경우 영화에 대한 재정지원을 막을 수 있었다. 그 밖에도 연방은 '부처 간 동서영화문제위원회'Interministerieller Ausschuss für Ost/West-Filmfragen를 통해 동구권으로부터의 영화 수입에 영향력을 행사할 수 있었다. 1953~1966년 약 3,200편의 영화가 심사되었고, 그중 130편은 수입 허가를 받지 못했다.[63]

영화사학자들의 견해에 따르면 공산주의나 동독을 다룬 영화의 대부분이 유사한 경향을 보였다. 동독은 감옥으로 표현되고, 따라서 탈출이 불가피한 결과로 표현되었다. 자세히 관찰해보면 적어도 1961년 베를린장벽 구축 이후 독일 분단은 영화보다 텔레비전 드라마에서 훨씬 더 자주 나타났다. 이런 변화는 반공주의 의미의 쇠퇴와 함께 나타난 1960년대 정치적 패러다임의 변화, 즉 부상하는 긴장완화정책과 관계가 있다. 텔레비전에서 방영되는 오락용 드라마는 일차적으로 드라마 이론적 관점에서 제작되었기 때문에 드라마를 통해 정치적 야심을 관철하는 것은 시간이 흐르면서 점점 더 어려워졌다. 텔레비전은 투박한 반공주의에 대해 비교적 강한 면역성을 보였다. 1960년대에 이미 "자율적 매체 논리"[64]가 힘을 얻었다. 그에 따르면 영화나 텔레비전 드라마의 성공 여부를 결정하는 기준은 폭넓은 시청자층의 수요였다. 다른 국가기관들은 영화나 텔레비전 드라마 제작과 관련해 배후에서 활동한 반면, 전독일문제부는 오랫동안 다큐영화 제작 주문자로 나섰다.

체제 간 경쟁은 소비정책에서도 나타났다. 1940년대 말까지 거의 모든 점령지구에서 있었던 식품 공급 위기로 식료품과 기호품은 "정치선전의 매체"[65]가 되었다. 미국의 제품커뮤니케이션 전문가들은 2차 세계대전 중 이미 나치 독재 이후 독일의 미래를 연구하고 있었다. 미국은 1918년 이후 굶주리는 유럽에 보내는 소포에다 "민주주의에 관한 생각"[66]을 함께 담아 보내는 일을 하지 못했다는 인식에서 출발해 이제는 미래 소비제품과 함께 "정치적 이념"을 전달하고자 했다. 이런 생각은 냉전시대의 체제경쟁에서 큰 의미를 갖게 되었다. 이 사례를 통해 1945년 이후 서독의 '미국화'는 식료품 소포Care-Pakete가 중요한 역할을 차지하는 상호 교환과정이었음을 분명히 알 수 있다. 이 맥락에서 미국의 광고산업주들은 유럽, 특히 독일의 정신세계 교체 프로그램을 지원하는 것이 자신들의 과제임을 알고 있었다. 이 전략은 범대서양 파트너십의 탄생에만 기여한 것이 아니라 소련의 도전에 대한 대응에도 도움을 주었다. 제품을 통해 긍정적 이미지뿐 아니라 적대적 이미지도 전달할 수 있었기 때문에 식료품과 기호품은 "반공 선전의 무기"[67]로 사용되기도 했다. 독일 분단 후 서독에서 동독으로 간 소포들은 "체계 경계를 넘어서는 사회적 교환의 주요 플랫폼"[68]이었고, 따라서 동독에서 반향을 불러일으켰다.

아이젠하워 대통령은 1953년 6월 17일 동독 민중봉기 직후 동독 정부에 대규모 식료품 공급을 제안했다. 대대적 선전을 동반한 이 식료품 공급은 워싱턴이 의도적으로 선택한 전략이었다. 동독의 식료품 결핍이 주민들의 항의를 초래하고 사통당 정권을 흔들어놓았던 것이다. 2주 만에 7,193만 톤에 달하는 식료품을 담은 290만 개의 소포가 동독에 도착했다. 물품의 가치는 1,000만 마르크 정도였다.[69] 그러나 동독은 1950년대와 1960년대의 이른바 소포전쟁의 와중에도 서방 소포의 도전을 주저하지 않고 받아들였다. 그리하여 '노동자와 농민의 국가'에서 전후 10년에 걸쳐 나타난 공급 문제는 개의치 않고, 2개의 서방 소포에 1.5개의 동독 소포로 대응했다. 1965년에만 2,200만 개의 소포[70]가 동독에서 서독으로 전달되었다. 동독 주민 수가 1,700만 명이라는 점을 고려하면 서독 언론이 말한 것처럼 괄목할 만한 결과였다. 많은 동독 발신자는 "체면 지키기"에 가치를 두어, 자신들이 "받는 자일뿐 아니라 주는 자"처럼 보이기를 바랐기 때문이다.[71] 비록 결국 서독이 "식료품 전선"[72]에서 승리하기는 했지만, 1949년 양독일이 건국될 당시에는 이 싸움의 결말을 전혀 예측할 수 없었다. 따라서 동독과 서독 간 소포 교역은 "비대칭적 관계"[73]였으며, 그 의미는 현재까지도 영향을 미치고 있다.

요약

서독의 반공주의와 사통당의 대서독사업은 부분적으로는 상호관계가 있었다. 서독과 동독 모두 처음부터 자국 사회체제를 안정시키고 정치적 적의 신뢰도를 떨어뜨리고자 노력했다. 독점적 대표권 주장과 상대 비인정 원칙에 따라 각 정부의 행동이 결정되었다. 서독의 반공주의는 냉전 여건하에서 새로 피어날 수 있었다. 말하자면 반공주의는 서독의 국가이성이 되었고, 공산당 추종자들을 배척하는 데 기여했다. 반면 사통당은 서독 국가를 '보복주의적'이라 낙인찍고, 서독의 반공주의를 동독 내 정적을 박해하고 제거하는 데 이용했다. 두 현상 모두 통합 기능과 폐쇄 기능이 있었다. 반공주의와 대서독사업은 분단 독일에서 특히 1950년대와 1960년대 정치문화에 지속적으로 영향을 미쳤다. 그러나 사회 일상에서는 서독 반공주의의 한계와 모순 그리고 제한된 파급력도 드러났다. 예를 들어 서독의 연방제도는 특정 위장 공산단체가 금지되어야 한다고 생각하느냐는 질문에 연방주에 따라 다른 대답이 나오는 결과를 가져왔다. 그 밖에도 법치국가인 서독은 의사와 집회의 자유를 제한하는 명령들을 폐지함으로써 반공조치를 제한했다. 나아가 지자체와 기업 차원의 강경 반공 노선은 많은 경우 관철되지 못했다. 공산주의자들을 보상에서 제외하려는 시도 역시 다 성공하지는 못했다. 하지만 영화와 텔레비전 속의 반공주의는 인쇄매체와 달리 별다른 역할을 하지 못했다. 1961년 베를린장벽 구축과 1963년 아데나워 임기 이후에야 비로소 반공주의가 서독의 정치문화에 미치는 영향이 눈에 띄게 줄었다. 그렇다고 해서 완전히 사라진 것은 아니었다. 세계 양대 강국의 긴장완화정책과 함께 양 독일의 어려운 관계도 서서히 정상화되었다.

서독의 반공주의와 사민당 및 노조의 정책에 대한 영향

1957년 노조운동가 빅토어 아가르츠의 간첩죄 재판을 예로*

위르겐 트로일리프
비아드리나유럽대학교 강사

1. 들어가는 말

이 글에서는 노조운동가이며 사민주의자였던 빅토어 아가르츠Viktor Agartz에 대한 1957년 간첩죄 재판의 예를 통해 냉전이 서독의 국내 정치, 특히 독일 사민당과 노조의 정책에 미친 영향을 살펴보고자 한다.

빅토어 아가르츠는 전후 독일의 노조운동과 사민주의에서 가장 주목할 만한 지식인들 가운데 한 사람이었다. 그는 18세가 되던 생일에 사민당SPD에 입당했다. 쾰른 노동자대학 강사이자 식료품 판매를 위한 노동자운동 자치단체인 소비자조합의 집행위원이었던 그는 1936년 나치의 '국가사회주의독일노동자당'NSDAP(나치당)과 산하 노동자조직인 '독일노동전선' Deutsche Arbeitsfront 가입을 거부했다는 이유로 나치에 의해 해고되었다.

빅토어 아가르츠는 1946년 당시 사민당SPD 대표였던 쿠르트 슈마허의 추천으로 영국 군정청에 의해 영국점령지구경제위원회Wirtschaftsrat der

---

*   이 장은 한국외국어대학교 통번역대학원의 안인경 교수가 우리말로 옮겼다.

britischen Zone(1947년 영미 점령지구 중앙경제관청으로 개편—옮긴이) 사무총장에 임명되었다. 이 직위는 전쟁 직후 연합국 점령규약하에서 독일인이 오를 수 있는 최고의 정치직이었다. 서방 연합국이 아가르츠를 임명한 것은 그가 전문적 능력을 갖췄을 뿐 아니라 나치당에 가입하지 않고 히틀러의 파시즘 정권에 대한 저항을 지원한 소수 경제학자들 중 한 사람이었기 때문이다. 그는 1947년 건강상의 이유로 사임했다.

빅토어 아가르츠는 서독의 독일노동조합총연맹DGB(이하 '독일노총')과 사민당이 재창립할 때 경제정책 기본 원칙에 관한 발표를 했다. 독일노총 위원장 한스 뵈클러Hans Böckler는 1948년 그를 노조 산하 경제학연구소 WWI 소장에 임명했다. 아가르츠는 1951년 한스 뵈클러 위원장의 사망과 1952년 쿠르트 슈마허 사민당 대표의 사망으로 가장 중요한 지원자들을 잃었으며, 그 후 정치적으로 고립되었다. 그의 고립은 앞서 언급한 단체들이 마르크스주의적 입장에 작별을 고한 것과도 관련이 있었다. 결국 아가르츠는 1955년 경제학연구소를 떠났다.

1957년 상황과 관련해서는 서독에서 냉전의 영향이 컸던 제3대 연방하원 총선이 실시되었다는 점을 언급할 필요가 있다. 1956년 연방헌법재판소는 콘라트 아데나워 정부의 청구를 받아들여 독일공산당KPD을 금지시켰다. 당시 야당이었던 사민당은 공산당 금지 청구를 지원하라는 아데나워의 요구를 거부한 적이 있다.

1957년 9월 선거에서 기민당CDU과 기사당CSU은 콘라트 아데나워 연방총리하에 연방하원 의석의 절대 과반수를 차지했다. 아데나워는 선거운동 중 사민당이 공산주의자들에 대해 분명하게 선을 긋지 않고 있으며, 사민당 헤르베르트 베너 의원은 2차 세계대전 이전에 공산당 당원이었고, 나치 정권 때는 모스크바에 망명해 있었다고 비난했다. 베너의 공산당 전력에 관한 토론이 선거운동 내내 여론에 오르내렸고, 이로 말미암아 사민당은 수세에 몰렸다.

이런 상황에서 1957년 3월 26일 빅토어 아가르츠가 쾰른에서 체포되었고, 연방검찰은 1957년 9월 28일 그를 간첩죄로 기소했다.

2. 아가르츠 사건

1) 연방검찰의 구속영장과 공소장

빅토어 아가르츠는 1957년 3월 26일 쾰른에서 체포되었다. 연방대법원 수사판사의 구속영장은 다음과 같은 점을 적시했다.

그(빅토어 아가르츠)는 1956년과 1957년 쾰른과 연방공화국(서독), 그 밖의 장소와 동베를린에서 금지된 독일공산당 활동을 계속한 혐의를 받고 있는 경제학연구회사Gesellschaft für wirtschaftswissenschaftliche Forschung mbH의 사장으로서 위와 같은 행위를 통해

1. 수괴로서 그 목표와 활동이 헌법적 질서에 반하는 단체의 목적을 지원하고,
2. 형법 제88조상의 헌법적 원칙을 제거, 무력화 또는 파괴시키려는 목적이 있는 조치들을 야기하거나 지원하려는 의도를 가지고 1951년 8월 30일자 형법개정법의 장소적 적용 범위 밖에 있는 정당, 단체, 기관이나 이들을 위해 일하는 인물들과 관계를 유지하고,
3. 고의적으로 연방헌법재판소의 결정에 위배되는 행위를 한 혐의(형법 제90a조, 제100d조 제2항, 제73조, 연방헌법재판소법 제42조, 제47조에 의한 범죄)가 있다.[1]

피의자를 미결구금未決拘禁할 필요성의 사유로는, 첫째, 아가르츠는 소련 점령지구 관청과 관계를 맺고 있어 형사절차를 회피할 우려가 있다는 점(형사소송법 제112조 제2항),[2] 둘째, 피의자가 증거를 인멸하거나 증인 또는 다른 피의자에게 영향력을 행사할 위험이 있다는 점(형사소송법 제112조 제1항 제2문)을 들었다.[3]

1957년 9월 28일 막스 귀데Max Güde 연방검찰 총장은 카를스루에 소재 연방헌법재판소에 빅토어 아가르츠를 기소했고, 공소장은 총 69쪽에 달했다.[4] 아가르츠에게는 다음 혐의가 적용되었다.

독일연방공화국의 존립과 안전을 해하고 형법 제88조상의 헌법적 기본원칙을 제거 또는 전복할 목적을 갖는 활동을 지원하고자 제1차 형법개정법의 장소적 적용 범위 밖에 있는 정당과 단체 그리고 그 정당이나 단체를 위해 활동했던 인물들과 관계를 맺은 (……).[5]

공소 사실은 다음과 같이 적시했다.

피고인 아가르츠 박사는 1955년 가을 동독의 자유독일노조총연맹FDGB(이하 '자유독일노총')과 독일사회주의통일당SED(이하 사통당) 간부들과 관계를 맺었으며, 그들과 정치잡지에 대한 계획을 논의했고, 그들로부터 그 잡지에 대한 재정지원을 약속받았다. 그 잡지는 피고인 아가르츠 박사가 피고인 루트 루트비히Ruth Ludwig와 공동으로 발행회사 역할을 한 '경제학연구회사'를 설립한 후 1956년 3월에 『경제·사회과학통신』 Korrespondenz für Wirtschafts- und Sozialwissenschaften(WISO)으로 발행되었다. 피고인 아가르츠 박사는 1956년 4월부터 1957년 3월까지 자유독일노총의 주선으로 사통당으로부터 『경제·사회과학통신』을 위한 자금 총 13만 마르크를 받았다. 그는 『경제·사회과학통신』에 실린 글들로써 연방공화국의 자유민주적 기본 질서를 겨냥한 동독 자유독일노총과 그 배후인 사통당의 선동을 지원했다. 피고인 구스타프 빌란트Gustav Wieland와 루트비히는 유통을 담당했다. 빌란트는 그 외에도 광고 담당자로 활동했으며, 위장된 형태로 사통당의 지원 자금을 전달했다. 피고인들은 소련 점령지구 측의 주문자 및 자금지원자와의 이 같은 협력의 목적을 알고 있었다. 그들은 사통당이나 자유독일노총 간부들과의 개인적 대화를 통해 관계를

더욱 돈독히 했다(형법 제100d조 제2항, 제101조, 제86조, 제49조에 의한 죄).[6]

공소장의 제목은 "예비조사의 주요 결과"이며, 다음과 같은 장으로 구성되어 있다.

A. 사전 배경
  (1) 피고인의 개인적 형편
  (2) 피고인 아가르츠 박사의 독일노동조합총연맹DGB 활동
B. 피고인과 소련 점령지구와의 관계
C. 『경제·사회과학통신』의 목적
D. 피고인과 소련 점령지구와의 관계에 대한 기타 확인사항
E. 피고인의 진술과 증거 평가
F. 법적 평가

2) 사전 배경
- 피고인의 개인적 형편
피고인의 개인적 형편에 관한 장은 그의 이력을 포함하는데, 거기에 다음과 같은 구절이 있다.

피고인은 가정에서부터 사회주의 사상과 노동자운동 문제와 친숙해 있었다. 대학 시절에는 사회주의 학생 그룹에 참여했다. 만 18세에는 사민당의 당원이 되었다. 1933년 5월 정치적 이유로 소비자조합 직책에서 해임되었다. 그 후 공인회계사 시험을 보았고, '라인-베스트팔렌 감사·신탁주식회사'에서 근무했다. 1945년에는 사민당 동료들의 권고를 받아들여 영국 점령지구 중앙경제관청Zentralamt für Wirtschaft in der Britischen Zone 청장이 되었다. 이 청장직은 영미 점령지구로 개편될 때 신병을 이유로 사퇴했다. 그는 그 시점까지 사민당 중앙지도부 위원이었으며, 1946년 사민당

창당 전당대회에서 경제정책 기본 원칙에 대한 발표를 했다. 건강을 회복한 후 1948년 독일노총 산하 경제학연구소WWI의 소장직을 맡았다.[7]

– 피고인 아가르츠 박사의 독일노총 활동

독일노총 활동과 관련해 아가르츠는 1955년 12월 31일까지 경제학연구소 소장직을 수행했다. 처음에는 혼자서, 1954년 1월 1일부터는 글라이체Gleitze 교수, 포트호프Potthoff 박사와 공동으로 수행했다고 밝히고 있다. 또한 증인으로 재판에 참여한 피르커Pirker와 호른Horn 박사도 경제학연구소의 직원이었다고 언급했다. 경제학연구소와 관련한 아가르츠의 역할에 대해서는 다음과 같은 구절이 있다.

피고인은 노조활동의 토대가 되는 개괄적 경제이론 연구라는 주어진 업무에 그치지 않고, 독일노총이 자신의 이론에 맞는 정책을 펼치도록 하기 위해 부단히 노력했다. 이를 위해 글과 연설로써 폭넓은 여론에 호소했다. 1949년 이후의 정치·사회·경제 추이는 그의 날카로운 비판 대상이었고, 따라서 그의 적들은 그를 사민당과 독일노총 내 좌익의 대표자로 보았다.[8]

연방검찰은 그의 출판물 중 '일반적 관심을 받는 정치적 주제'를 다룬 다음에 나온 세 가지 출판물을 언급했다.

* Sozialistische Wirtschaftspolitik(Schriftreihe 'Volk und Zeit', 1946) (사회주의적 경제정책, 1946, 민족과 시대 시리즈)[9]
* Zum Problem des Betriebsverfassungsrechts(Handbuch der Betriebsverfassung, 1953, Bund-Verlag, 43~51쪽(경영조직법 문제에 관하여. 경영조직법 개요, 1953, 분트출판사, 43~51쪽.)
* Gewerkschaftliche Grundsätze in christlicher Schau(Gewerkschaftliche Monatshefte, Mai 1955, S. 274 ff.) (기독교적 관점에서 본 노조의

기본 원칙, 월간노조, 1955년 5월, 274쪽 이하)[10]

공소장은 "이 재판에 의미가 있는"[11] 것으로 아가르츠의 다음 글을 들고 있다. "Zur Situation der Gewerkschaften im liberal-kapitalistischen Staat"(Gewerkschaftliche Monatshefte, August 1952, S. 464 ff.) (진보자본주의 국가에서의 노조 상황에 대해, 월간노조, 1952년 8월, 464쪽 이하). 공소장은 이 글이 피고인이 레클링하우젠에서 한 발표 내용이며, 피고인은 나중에 이 글의 내용이 국가에 대한 자신의 기본 입장이라고 말했다고 주장한다. 원고 측은 이 글의 내용을 증거 제시에서 다루었다. 더 나아가 공소장은 아가르츠가 1954년 10월 8일 프랑크푸르트에서 열린 제3차 독일노총 총회에서 발표하여 "아가르츠 박사와 그의 경향을 광범위한 정치 토론의 대상으로 만든"[12] 발제문을 언급한다. 경제와 임금정책에 대한 그의 발제문은 기존의 경제 상황, "그의 주장에 따르면 비민주적인 연방공화국의 정치 상황과 정부의 몇 가지 기본적 정책 결정"[13]에 대해 부분적으로 신랄하게 비판하고 있다고 적시했다. 원고 측은 아가르츠의 발표 내용이 노총 총회의 박수를 받았음을 인정했다.

3) 『경제 · 사회과학통신』의 목적

연방검찰의 공소장 가운데 『경제 · 사회과학통신』의 목적에 관한 부분은 동독 사통당과 자유독일노총이 『경제 · 사회과학통신』에 자금을 지원한 것은 자신들의 정치적 목적에 유용했기 때문이라는 주장으로 시작한다. 물론 『경제 · 사회과학통신』이 드러내놓고 명확하게 "공산주의적 목표"를 선전한 것은 아니지만, "그 내용이 연방공화국 노동자들을 겨냥한 선전과 대부분 일치하며 동독 자유독일노총의 파괴와 침투 경향에 기여하기에 적합하다"[14]고 했다. 공소장은 피고인들이 자금지원자의 목적 그리고 그들의 정치적 목적과 관련한 『경제 · 사회과학통신』의 의미를 명확히 알고 있었다고 주장했다.

4) 동독 사통당과 자유독일노총의 목적

공소장은 사통당이 추구하는 목적에 관해서는 연방대법원이 이미 수많은 재판에서 확언한 바 있다고 지적했다. 원고는 독일노동자위원회 Deutsches Arbeiterkomitee 간부들에 대한 1955년 3월 9일 판결(형사재판 제1심 160/52)과 사회주의 행동에 대한 1956년 6월 4일 판결(형사재판 제1심 160/52)을 지적했다. 그리고 이들 판결로부터 다음과 같은 것이 추론된다고 주장했다. "독일민주주의공화국DDR(동독)은 소련의 모범을 따르는 전체주의적 성격의 국가다. 이 국가와 사회를 지도하고 조종하는 세력은 사통당이며, 사통당은 이른바 대중조직(예를 들어 자유독일노총도 이런 조직임)과 블록 체계에 몰아넣은 다른 정당들을 통치에 이용한다. '인민의회' Volkskammer라는 명칭으로 존재하는 의회는 사통당 지도부에서 내린 결정을 실행할 뿐이다. 인민의회 선거명부는 하나뿐이므로 선거는 진정한 선거라고 할 수 없다. 야당조직은 어차피 불가하다. 국가권력은 계급투쟁 정신에 입각해 사통당에 의해 대표되는 '일하는 대중'을 위해 '부르주아'를 억압하는 데 투입된다. 그러나 노동자계급이라고 해도 사통당의 노선에 반하는 의견을 피력할 합법적 방법은 없다. 동독에서는 연방공화국에서 헌법으로 보장되는 기본권이 법치주의적 보장대상과 마찬가지로 보장되지 않기 때문이다."[15]

이미 앞에서 언급한 절차에서 밝혔고 다음에서도 밝히고 있듯이, 공소장은 사통당과 자유독일노총은 "소련 점령지구에서 실현한 그들의 기본적 정치관을 연방공화국에서도 실현하기 위해 연방공화국에서도 대중적 기초를 구축하고자 노력했으며, 이를 위해 모든 독일인의 소원인 통일과 개별적인 일상정치적 목표들을 시발점으로 이용했다"[16]라고 적시했다. 선전은 뚜렷한 목적의식을 가지고 연방공화국의 정치적·국법적 상황을 비하하는 반면 소련 체제를 찬양했다고 주장하기도 했다. 이는 1956년 8월 17일 이후 금지된 공산당뿐 아니라 "연방공화국 내에서—최종 목표를 감춘 채—대중을 공산주의 지도자들이 원하는 방향으로 이끄는 것을 임무로 하는 위장단체를 통해서도 이루어지고 있다"[17]라고 했다. 그들의 선동이 특히 "사회학적으로 노동자계층에(연방대법원 판결 형사재판 제1심 160/52 참조), 정치적으로 사민주의에 속하는(연방대법원 판결 형사재판 제1심 49/50 참조)"[18] 사람들을 목표로 하고 있으며, 자유독일노총도 소련 점령지구 내에서 이런 목적을 위해 활동하고 있다고 했다. 이에 대해서는 다음과 같은 점을 주장할 수 있다고 했다. 자유독일노총은 소련 점령지구의 노조 조직이었다. 1955년 6월 규약에 따르면 각 산별노조와 노조들은 자유독일노총의 하위 기구일 뿐이며, 노조원 조합비에 대한 처분권까지 가진 연방집행위원회의 지시를 받는다. 연방집행위원회 위원장은 사통당 중앙위원회ZK 위원인 헤르베르트 바른케Herbert Warnke다. 자유독일노총은 조직적으로는 사통당과 별개지만, "내적"으로는 소련 점령지구의 다른 모든 대중조직과 마찬가지로 사통당에 종속되어 있다. 공동의 이데올로기적 토대는 마르크스-레닌주의이며, 자유독일노총은 이런 토대 위에서 사통당이 주장하는 노동자계급 정당으로서의 지도적 역할을 인정했다. 인민의회 내 자유독일노총 원내교섭단체 대표는 연방집행위원회 사무총장인 루돌프 키르히너Rudolf Kirchner였고, 그는 이 재판에서 피고인들에 대해 자유독일노총을 대표하는 자로 그리고 "자금지원자"로 등장했다. 자유독일노총의 이른바 대서독사업도 사통당의 지시에 따라 이루어진 것이었다. 키르히너가 소장으로 있는 노조단일화사무소Büro für Gewerkschaftseinheit는 자유독일노총 규약상의 임무를 하도록 되어 있었다.

"애국주의 세력의 연합인 행동단위Aktionseinheit를 통해 새로운 민주적 국민운동의 대중적 기초가 되는 노동자계급을 통일하는 것과 이를 위한 사통당과 민족전선의 목표를 확실하게 모범으로 인정하고 있다. 선동의 목적은 서독 노동자들을 기본법상의 자유민주적 기본 질서로부터 이반시키고 소련 점령지구의 체제를 선호하도록 만드는 것이다. 개별 논점은 아래서 설명할 것이다. (……) 선동의 주된 수단은 전달과 토론용으로 명시된 브로슈어와 전단이다.[19]

또한 공소장은 다음과 같은 내용을 담았다.

자체 대표단 파견을 통한 선동이나 자유독일노총이 그 참여자 수를 총 15만 명으로 제시한 서독 노동자 대표단 영접을 통한 선동이 늘고 있다. 그 목적은 참가자들이 추후 연방공화국에서 선동가로 활동하도록 하는 것이었다. 노조단일화 사무소는 소련 점령지구에서 열리는 참가자 교육의 지침이 되는 특별한 브로슈어를 제작했다. 1955년 6월에 열린 자유독일노총 제4차 총회에도 서독의 노조 간부들이 참석했다. 자유독일노총은 이른바 전독일노동자회의Gesamtdeutsche Arbeiterkonferenz에 큰 의미를 부여했다. 전독일노동자회의는 1954년 봄과 가을 라이프치히 박람회 기간에 열렸다. 이 두 회의에서 서독 간부들과 "토론"을 벌였으며, 사통당 노선에 완벽히 들어맞는 "결의"가 이루어졌다. 발터 울브리히트Walter Ulbricht는 이 두 회의에서 발표를 하고 서독 대표자들을 환영하고 토론에도 참여했다. 전독일노동자회의 이외에도 소위 전독일회의Gesamtdeutsche Beratung가 열렸다. 1956년 11월 동독 에어푸르트에서 열린 이 회의에서 키르히너는 발표를 했으며, 서독 독일노총 제4차 총회 결과들에 대해 비판적으로 고찰했다. 1956년 2월에는 바른케와 키르히너가 참여한 가운데 동독 자유독일노총 연방집행위원회와 서독 독일노총 간부 30명 간의 "동지적 의견 교환"이 이루어졌다. 조합원의 어떤 접촉이나 총회 참석에도 찬성하지 않는 서독의 독일노총은 자유독일노총으로부터 여러 차례 협력을 요구받았다. 서독 참가자들의 토론 발언 내용이 출판되었음에도 그들의 이름은 공개되지 않았다. 그들의 발언 내용을 보면 알 수 있듯이, 그들은 "의심할 여지없이 공산주의자들로, 그들은 오로지 연방공화국의 모든 노동자가 지지 정당과 관계없이 자유독일노총 간부들과 똑같은 사상을 가지고 있다는 듯한 인상을 일깨우기 위해 협력하는 것이다."[20] 연방공화국 사민당의 당원이었다고 주장한 상임위원회 대변인은 "서독 노동자단체의 회원 900명이 참석함으로써 사민당과 독일노총의 체면을 살렸다"라고 말했다.[21]

연방검찰은 자유독일노총의 선동 내용을 밝히기 위해 이 단체의 브로슈어와 전단 그리고 자유독일노총과 사통당 간부들의 발언을 제시했는데, 이를 연방검찰 측의 해석과 함께 소개하겠다. 여기서 연방검찰은 개별 주제에 대한 논의에서 이미 언급한 바 있는 경향이 드러난다고 주장했다.

"그러나 개별 논점들은 피고인 아가르츠 박사가 『경제·사회과학통신』에 게재한 글에 나오는 논점과 똑같다는 점에서도 시사하는 바가 크다.[22]

공소장에는 다음과 같은 구절도 있다.

"자유독일노총은 연방공화국과 그 헌법질서를 마르크스-레닌주의적 의미에서의 계급국가로 칭하며, 연방공화국은 민주주의를 실현할 능력이 없다고 선전한다. 권력은 오로지 군국주의적 관료주의 국가를 건설하고 제국주의적 목적을 추구하려는 독점자본가와 대지주, 군국주의자들의 손에 있다고 한다. 다수, 즉 노동자계급은 권리가 없고 억압을 당하는데, 기본법에 따른 공산당 금지가 그것을 보여주는 예라고 한다. 따라서 이것은 단지 대중을 속이기 위한 거짓 민주주의이며, 점점 더 독재화된다고 한다. 연방하원 내 반동적 다수가 인민에 대항해 지배하는 것이며, 150명의 백만장자가 1,700만 임금노동자에 대해 독재를 행사하는 것이라고 한다. 연방하원은 전 독일을 대표할 정당한 자격이 없을 뿐 아니라 독일의 절반을 대표할 자격도 없다고 한다. 이런 상황에서 자유선거 운운하는 것은 환상일 뿐이라고 한다. 파리조약이 유효하고, 영미 기지와 서독 군대가 존재하는 가운데 실시하는 선거는 자유의 관점에서 볼 때 히틀러 치하 선거와 견줄 만한 것이라고 한다. 서독 연방정부는 헌법에 위배되는 공산당 금지를 강행함으로써 파시즘적 방법의 길에 들어섰다고 한다."[23]

또한 공소장에 따르면 자유독일노총은 다음과 같은 주장을 한다. 서독 국가와 관련해 초당파성을 운운하는 것은 옳지 않다. 이에 상응하는 사민당과 독일노총 내 "우파" 지도자들의 견해는 환상일 뿐이다. 자신들은 국가의 충성된 국민이고자 하는 서독 노조 지도자들의 입장을 단호히 거부한다. 연방하원 내의 노동자 대표들이 본Bonn에 세워진 국가를 자신들의 국가로 인정하는 한 노동자들의 진정한 이익을 대변할 수 없다. 여러 기회를 통해 "이 체제에 한 명도, 한 푼도 주지 말라"는 아우구스트 베벨August Bebel의 말을 상기하라고 한다.[24] 그리고 이 맥락에서 "우파" 지도자들이 독점자본가들에게 매수되었다고 비난한다. 노동자계급이 지배하는 곳에만 진정한 민주주의가 있으며, 노동자계급에게 권력이 있는 사회주의 독일이 최종 목표다. 따라서 부르주아의 독재에 프롤레타리아의 독재로 맞서야 하는데, 연방공화국(서독)의 정치에 우려를 표명하거나 헌법소원을 하는 것만으로는 충분하지 않다. 진지한 조치와 효과적인 행동, 적극적 투쟁을 해야 하며 투쟁 없이도 해낼 수 있다고 생각하는 것은 환상이다. 게다가 협상을 해서도 안 되고, 파업을 통해 이룩한 큰 성공 사례들을 명확하게 상기해야 한다. 다른 방법으로는 군국주의를 쓰러뜨릴 수 없고, 국가기구에서 파시즘과 군국주의 세력을 떨쳐버릴 수 없다. 그러므로 "말에서 행동으로, 항의에서 투쟁으로 전환해야 할 때가 왔다."[25]

그리고 "소위 독일민주주의공화국(동독)"이 연방공화국의 모범으로 제시된다. 노동자계급이 가야 할 길 및 목적과 관련해서는 독일민주주의공화국이 "국가적·사회적 투쟁의 최대 성과이자 힘의 중심"으로 칭해진다.[26]

공소장에는 다음과 같은 내용도 있다.

노동자계급은 독일민주주의공화국(동독) 내에서 가장 위대하고 진보적인 세력으로, 일하는 농민들과 함께 독점 권력을 깨뜨렸다. 민주주의의 최고 형태, 즉 소수에 대한 다수의 독재가 독일민주주의공화국에서 실현되었다. 민주주의라는 단어는 선전 전반에 걸쳐 이 의미에서만 사용된다. 민족과 사회의 해방을 위한 투쟁은 노동자계급을 통해서만 성공적으로 수행될 수 있다. 따라서 통일은 독일민주주의공화국의 역사적 과제다. 통일 문제의 평화적·민주적 해결은 독일민주주의공화국과 함께할 때만 가능하다. 민족적 투쟁과 계급투쟁은 뗄 수 없는 관계다. 독일민주주의공화국이 가는 길은 국가·경제·사회의 새로운 질서를 이룩할 수 있는 유일한 길이다. 독일민주주의공화국이 소련 및 기타 사회주의 국가들과 동맹을 맺는 것은 평화를 보장하는 일이다. "이 평화 진영은 아데나워 정권이 우매하게 주장하는 것 같은 위험을 발산하지 않는다."[27] 따라서 평화 진영 국가들을 비방으로부터 보호해야 한다.

5) 『경제·사회과학통신』의 내용

연방검찰은 공소장 가운데 이 부분에서 『경제·사회과학통신』의 내용, 즉 게재된 글들을 다루고 있다. 이는 공소장에서 중요한 부분이며, 정치적으로도 가장 흥미롭다. 다음은 도입부의 내용이다.

"『경제·사회과학통신』의 내용이 보여주듯, 피고인 아가르츠 박사는 자유독일노총의 목적을 알고 있었으며, 이 잡지를 통해 의식적으로 그 목적 달성을 지원했다. 『경제·사회과학통신』은 경제적·사회적·사회학적 문제뿐 아니라 정치적 문제도 다루었다. 『경제·사회과학통신』은 일관된 마르크스주의를 대변한다고 주장했으며, 그런 토대 위에서 서독 노조와 사민당을 향해 마르크스주의 이론에서 벗어났다고 신랄하게 비판한다. 『경제·사회과학통신』이 마르크스주의적 기본 입장에서 기인한다고 주장하는 요구사항을 이 소송 절차와 관련해 의미 있는 범위 내에서 다음에 기술하겠다."[28]

독일연방공화국과 그 헌법질서에 관한 『경제·사회과학통신』의 입장은 특히 서독 노조의 정책과 관련한 요구사항에서 드러난다고 한다.

"종종 '보호령' 또는 '본을 중심으로 한 부분국가'라고 불리는 연방공화국은 적대적 계급에 의해 지배되며 내부 계급투쟁이 불가피한 계급국가로 간주된다. 연방공화국의 헌법상 체제는 단지 진보적·시민적 성향의 '형식적' 민주주의이며 유리한 기초를 구성하므로 지켜져야 하기는 하지만 '사회적'·'발전적' 민주주의로 계발되어야 한다고 한다. 선거와 의회의 표결을 국민 의지의 표현으로 인정하지 않으며, 심지어는 국민 의사의 위조라고 한다. 연방공화국의 사법을 계급사법이라고 칭하며, 공산주의식 어휘들로 수식한다("제1차 형법개정법 규범의 임의적 적용", "반볼셰비키적 히스테리", "민주주의 파괴", "당파적 사법하에서 법적 보호를 받지 못하는 자", "자유독일청년단

FDJ 간부 감금" 등)."[29]

공소장은 『경제·사회과학통신』이 어떤 방법으로 일하는지는 게재된 여러 글이 인용문을 임의적으로 발췌·조합한 것을 보면 알 수 있다고 한다. 공소장에 기재된 약 반쪽 분량의 인용문은 『경제·사회과학통신』에 게재된 아홉 편이나 되는 개별 기고문에서 나온 것으로, 이들 글의 제목은 다음과 같다.

- Warum wir aufrüsten sollen(군비증강 필요성에 관해)[30]
- Nachwort zum IV. DGB-Kongress-Parlament der Unentschlossenheit (제4차 독일노총 총회 후기―우유부단한 의회)[31]
- Zum gewerkschaftlichen Aktionsprogramm(노조 행동강령에 관해)[32]
- Die gewerkschaftlichen Monatshefte zum Hamburger Kongress (함부르크 총회에 즈음한 『월간노조』)[33]
- Über das Verhältnis von Staat und Gesellschaft und das Wesen des bürgerlichen Staates(국가와 사회 간 관계와 시민국가의 본질에 관해)[34]
- Aufhebung der Wiederbewaffnung?(재무장의 해제?)[35]
- Herrschaft der Verbände(단체들의 지배)[36]
- Arbeitsrecht bricht Verfassungsrecht(노동법이 헌법을 깨뜨리다)[37]
- Die bedrohte Koalitionsfreiheit(위협받는 단결권)[38]

공소장에는 다음과 같은 내용도 있다.

노조는 이 나라를 자신의 나라로 보는 것에 대해 경고를 받는다. 평화로운 공존, 사회주의적 대중노조와 시민적 의회민주주의 간의 협력은 불가능하다고 한다. "하나의 질서는 필연적으로 다른 질서에 자리를 내어줄 수밖에 없다. 복고적 시민민주주의의 극복은 사회주의적 노조운동가들에게 공포의 대상이 아니라 투쟁의 목표다 (……)." "자본주의적 이익 그룹들은 시민

계급의 정치적 권력의 경제적 토대가 사라져야만, 즉 민주주의가 사회 전체의 질서가 되어야만 정치적으로 중립화될 수 있다. 그러나 여기서 민주주의는 울리히 로마르Ulrich Lohmar가 말하는 추상적 민주주의가 아니고, 인민이 노동자계급인 민주주의다."[39]

그리고 공소장은 『경제·사회과학통신』의 내용이 독일노총과 사민당 지도부가 진보적·자본주의적 국가의 본질에 대한 명확한 개념을 갖고 있지 않기 때문에 계급의 적을 지원하며 형식적 민주주의의 굴레에서 벗어나지 못한다는 비난으로 귀결된다고 적시한다. 또한 사민당은 때로 민주주의적 자유에 대한 "합법적" 제한에 동조하며,[40] 노동자계급과 그 대표자들에게 정치적 발전과 그 결과를 의식시키고 독일노총에 그 정치적 역할을 돌려줄 능력이 없다고 한다고 지적한다.[41] "시민·의회 민주주의를 성물聖物로 만든 것은 원초적 반공주의에 대한 신앙고백과 마찬가지로"[42] 어리석다고 한다. 슐레스비히-홀슈타인 주 내 파업에 대한 분석은 금속노조에 대한 강한 비판을 담고 있는데, 다음과 같은 말로 끝맺었다고 한다.

"슐레스비히-홀슈타인 주에서 중요한 것은 물질적 이득이 아니었다. 민주주의에서의 사회적 평등이 문제였다. 자본주의에서는 평등한 권리도, 평등한 사회적 평가도, 민주주의도 불가능하다는 것을 임금노동자들이 이해할 수 있을까?"[43]

국가적 영역에서 사민당 인사들의 활동에 대해서는 다음과 같이 비판한다고 기록했다.

여러 주에서 사민당 소속 내무장관들이 사실상 공산당 금지를 실행했다. 이대로라면, 만약 노조에 대한 경찰의 조치가 불가피한 것으로 간주되는 경우가 발생하면 내무장관들은 역시 같은 방식으로 행동해야 할 것이다. 진보적 자본주의 국가의 본질에 대한 사고가 이처럼 불명확하기 때문에 (……) 그들은 이 국가를 '우리 국가', 이 헌법을 '우리 민주주의'라고 보는

것이다.[44]

6) 재판 경과

필자는 연방검찰청이 서류 열람을 허가하지 않아서 재판 경과를 체계적으로 정리할 수 없어 변호인의 서류에 있는 메모와 언론 보도에 의존해야 했다.

그 대신 재판과 관련된 중요한 세 사람, 즉 연방대법원 재판에서 구스타프 하이네만 박사와 함께 빅토어 아가르츠의 변호를 맡았던 디터 포서 Diether Posser 박사,[45] 볼프강 아벤트로트Wolfgang Abendroth 교수,[46] 테오 피르커Theo Pirker 교수[47]를 인터뷰했다. 아벤트로트와 피르커는 아가르츠가 발행인이었던 『경제·사회과학통신』에 투고한 적이 있고, 재판이 진행되는 동안 증인으로서 중요한 역할을 했다. 아벤트로트는 이 간행물의 자유 동인同人이었다. 피르커는 아가르츠의 경제학연구소에서 일하다가 1955년 아가르츠가 경제학연구소를 떠나기 직전에 해고되었고, 이어서 아가르츠와 함께 『경제·사회과학통신』에서 일했다.

아가르츠는 1957년 3월 26일 쾰른에서 체포되어 1957년 5월 8일까지 미결구금되었으며, 1957년 11월 25일 카를스루에 소재 연방대법원에서 간첩죄에 대한 재판을 받게 되었다. 이 재판은 1957년 12월 13일 증거 부족으로 무죄판결로 끝났다. 주목할 점은 연방대법원 수사판사의 1957년 3월 26일자 구속영장상의 구속 사유가 형법 제90a조(국가위험죄), 제100d조(간첩죄), 제73조(상상적 경합Idealkonkurrenz), 연방헌법재판소법 제42조, 제47조(연방헌법재판소법의 법 규정 관련)라는 점이다. 이들 조항은 좌파를 공격하기 위한 선전에서는 핵심적 역할을 했지만, 1957년 9월 28일자 연방검찰 공소장에는 "오직" 형법 제100조 제2항(간첩음모죄)만이 범죄 구성요건으로 나타나 있다.

냉전과 관련해 1957년 서독에서 일어난 중요한 사건들 가운데 하나는 9월 28일 제3대 연방하원 선거에서 기민·기사당이 의석의 절대 과반수를 차지한 것이다. 한 정당이 절대 과반수 의석 획득에 성공한 것은 연방공화국 역사에서 이때가 최초이자 유일한 경우다. 필자의 견해로는 이 사건은 "실험은 안 된다"라는 슬로건을 내세웠던 콘라트 아데나워 총리의 정치적 대성공에 대한 명백한 증거이기는 하지만, 그 당시 냉전이 최고조에 달해 있었고, 그렇게 된 데는 아데나워가 국내 정치에 대해 사민당과 노조와 벌인 논쟁이 크게 작용했다.

아가르츠는 공소장에 대한 진술을 하기 전에 자기 인생의 주요 단계를 다음과 같이 밝혔다.

- 1897년 11월 15일 렘샤이트에서 사민주의 추종자인 금속노동자의 아들로 태어남
- 18번째 생일인 1915년 11월 15일 사민당에 입당함
- 같은 해에 입대해 서부전선에서 복무함
- 1919년 당시 연방 전독일문제부 장관인 에른스트 레머Ernst Lemmer, 후일 기민당 소속 내무장관이며 현 사민당의 하원 의원이고 진행 중인 재판의 변호인인 구스타프 하이네만과 함께 마르부르크대학교에서 국민경제학 공부를 시작함
- 레머, 하이네만과 함께 공산주의자들과도 협력하는 공화학생연맹에 가입함
- 1925년부터 쾰른 소비자조합 이사, 쾰른 노동자대학 강사를 지냄
- 1933년 나치의 권력장악 후 국가사회주의독일노동자당(나치)과 독일노동전선Deutsche Arbeitsfront 가입 거부로 말미암아 노동자대학 강사직에서 해고됨
- 1935년 독일노동전선이 소비자조합을 인수한 후 1933년 노동자대학 해고 때와 마찬가지로 정치적 이유로 소비자조합에서 해고됨
- 1946년 5월 사민당 하노버 전당대회에서 경제정책 기본 원칙에 관해 발제함

- 1946~1947년 민덴 소재 영국 점령지구 중앙경제관청(1947년 영미 점령 지구 중앙경제관청으로 개편) 사무총장에 취임함
- 1948년 5월 19일 독일노총 한스 뵈클러 위원장에 의해 노총 산하 경제학연구소 소장으로 임명됨
- 1950년대 중반까지 대부분의 노조 총회에서 경제정책 기본 원칙에 관한 발표를 했고, 1954년 프랑크푸르트에서 열린 독일노총 연방총회에서도 발표했는데 팽창적 임금정책expansive Lohnpolitik에 관한 이론으로 큰 박수를 받음
- 1955년 12월 12일 독일노총 연방집행위원회가 연말 해고를 통보했는데, 그 이전인 1955년 11월 16일 함께 일하던 테오 피르커가 해고됨
- 독일노총 연방집행위원회에 의해 경제학연구소에서 해고됨

아가르츠는 연방대법원 법정에서 『경제·사회과학통신』 창간과 관련해 자신이 세웠던 계획을 설명했다. 그는 『경제·사회과학통신』을 발족시키기 위해 그 자신의 재산과 작고한 그의 아내가 남긴 재산에서 10만 마르크를 출자했다. 그때쯤 후고 파울Hugo Paul이 그를 방문하기 위해 동독에서 왔다. 후고 파울은 그와 마찬가지로 렘샤이트 출신 노동자의 아들이고 독일공산당 당원이었으며, 카를 아르놀트Karl Arnold(기민당) 주지사와 구스타프 하이네만(당시 기민당 소속) 법무장관이 이끌던 노르트라인-베스트팔렌 주 정부의 노동부장관(1946~1948)이었다. 파울은 그 당시 독일공산당과 서독 독일노총 사이의 연결점 역할을 했다. 사민당과 공산당, 기민당 간의 관계는 좋았으며, 이는 단일통합노조에 긍정적 영향을 미쳤다. 아가르츠는 민덴에 있던 중앙경제관청의 청장으로서 파울과 원만히 협력했으며, 파울은 1949~1953년 독일공산당 소속 연방하원 의원이었다. 그와 파울은 당시 파울이 몸담고 있던 동독 자유독일노총이 『경제·사회과학통신』을 일괄 구독(1만 마르크에 월 2,000부)할 것에 합의했다. 그는 경제학연구회사를 창설했고, 거기서 그의 주도하에 매월 『경제·사회과학통신』이 발

행되었다.

증인 테오 피르커와 볼프강 아벤트로트의 진술은 일차적으로 『경제·사회과학통신』에 게재된 글의 저자들에 관한 것이었다. 두 사람은 게재된 글들 가운데 아가르츠 자신이 쓴 것은 소수이고, 그는 주로 『경제·사회과학통신』의 발간과 재정 관련 일을 했다고 증언했다. 여기에 실린 글들은 마르크스주의에 토대를 둔 학술적 분석이었고, 정치적으로 독립적인 저자들이 쓴 것이었다고 했다.

디터 포서는 1978년 12월 28일 인터뷰에서 재판에서의 전환점과 그 이후로 가능해졌던 무죄판결에 대해 다음과 같이 말했다.

"재판의 전환점은 아마도 아가르츠가―물론 증인 진술과 변호인의 도움을 받아―자신이 정말 독자적으로 사고하는 사회주의자이며, 따라서 스스로 옳다고 생각하지 않는 것을 타인의 구속에 의해 하지는 않는다는 점을 재판부에 분명히 피력했던 점일 것이다. 그는 『경제·사회과학통신』에 실린 글들은 그 자신과 피르커 등처럼 오랫동안 알고 지낸 친구들의 생각이라고 말했다. 아벤트로트 등은 이렇게 말했다. '그것은 우리의 견해이며 마르크스주의자들, 즉 소련이나 동독에 대해 그 어떤 종속적 관계도 없는 사회주의자들의 견해다.' 아가르츠는 이렇게 말했다.

만약 내가 그들에게서 돈을 받았다고 비난한다면 이렇게 말하겠다. 돈을 받았지만 그것은 일괄 구독료였다. 그들은 나한테 그에 상응하는 가치, 즉 그 금액으로 살 수 있는 일정 부수를 내 재량으로 이곳에서 배포하도록 맡겼으나 잡지 내용은 내 견해였다. 그러니까 동독은 내 견해를 널리 알리는 데 나를 도와준 셈이다. 하지만 나는 스스로 옳지 않다고 여기는 일에 그들과 타협한 적이 없으며, 그들은 내게 어떤 조건도 내걸지 않았다. 나는 동독 정부가 이를 통해 자체적 목적을 추구했음을 부정하지 않는다(아가르츠는 이치에 맞게 말했다). 그렇다. 그들은 마르크스주의적 사상을 연방공화국에 퍼뜨리려는 목적이 있었다. 하지만 나는 결코 우리 기본법에 반하는 어떤 전술적 입장을 취한 적이 없음을 밝히는 바다. 나는 기본법이 매우 좋다고 생각한다. 기본법을 제한하려는 시도는 막아야 한다. 기본법은 독일 역사의 행복한 시점에 우리 헌법이 되었다. 기본법은 그 탄생 경위가 좀 우스웠다고 할지라도 훌륭한 헌법이다. 나는 이 기본법 위에 굳건히 두 발을 딛고 서 있으며, 이 기본법을 조금씩 제한하고자 하는 반동적 시도를 막고 있으며, 사통당과도 갈등이 있다. 나는 공산주의자가 아니다. 나는 공산주의가 잘못된 길을 가고 있다고 생각한다. (……)[48]

그리고 나는 구스타프 하이네만이 판사들에게—우리가 함께 판사실에 있는 5인의 판사에게 갔으므로 법정 밖에서—연방공화국 개신교회가 당시 독일개신교협회EKD 소속 동독 교회들에 얼마나 많은 돈을 주었는지 말씀드린 것이 중요한 역할을 했다고 생각한다. 그것과 비교하면 사통당 또는 사통당의 인지하에 자유독일노총이 내게 준 돈은 아주 적은 금액으로, 그것의 몇 퍼센트도 안 되는 액수였다. 소송이 진행되는 동안 독일개신교협회 평의회 회의에 참석하기도 했던 하이네만은 이에 대해 법정에서 공개적으로 말할 수 없으므로, 그런 돈을 받는 것은 안 된다고 일반화해버리는 것이 무엇을 의미하는지에 대한 판단은 그냥 판사들의 양심에 맡기겠으며, 중요한 것은 그 돈을 주는 목적이라고 말했다. 동독 지도부는 독일개신교협회가 그런 돈을 받는 것을 항상 허가했을 것이며, 그것도 전 기간에 걸쳐 허가했을 것이라고 말했다. 수백만 마르크가 서독에서 동독 교회로 바로 흘러들어갔기 때문에 동독 지도부는 이 사실을 물론 알고 있었으며, 그가 판사들에게 여기서 말하는 것을 당시 전독일문제부 에른스트 레머 장관과도 이야기했고, 장관은 판사들에게 장관의 이름으로 이 사실을 알려 고려하도록 할 전권을 자기에게 주었다고 말했다."

1957년 아가르츠에 대한 공소장에 서명했던 막스 귀데 전 연방검찰총장은 1978년 5월 23일 라슈타트에서 열린 '구스타프 하이네만 인권·평화운동'Gustav HeinemannInitiative für Menschenrechte und Frieden 창립식에서 자신은 원칙적인 우파 정치적 문제들에 대해 하이네만과 견해가 같다고 말한 뒤에 아가르츠 재판과 관련한 자신의 역할을 다음과 같이 밝혔다.

처음 만났을 때 이와 관련한 우리의 견해는 대체로 일치했다. 그것은 아가르츠 재판 때였다. 하이네만의 젊은 시절 친구인 아가르츠는 독일노총의 좌파 경제이론가인데, 동베를린에 있는 친한 이들과 협상해 그곳에서 돈을 받아 자신이 발간하는 경제잡지의 자금으로 사용했다. 그는 이 같은 동독과의 관계 때문에 기소되었다. 하이네만이 그의 변호인이었고, 나는 검찰총장으로서 원고였다. 하이네만과 나는 긴 대화 끝에 결정적인 것은 재판부에서 아가르츠가 추구한 목적을 무엇으로 보느냐 하는 것이므로, 아가르츠가 유죄판결을 받을 수도 있겠다는 데 의견을 같이했다. 그러나 우리는 유죄판결이 법률적으로 꼭 필요한 것은 아니며, 법정책적 관점에서 바람직하지 않다는 데도 의견이 일치했다. 아가르츠는 공산주의자가 아니었고, 그의 경제정책과 관련된 노력을 통해 공산주의식 전복에 기여하고자 한 것은 분명 아니었기 때문이다. 그가 유죄판결을 받았다면 그것은 혐의형이 되었을 것이다. 교회활동가로서 동독 교회와 다양한 관계를 맺고 있던 하이네만은 자신의 활동에 대한 여러 가지 의혹이 그 자신과 친구들에게 향하고 있다는 것을 느끼고 있었다. 하지만 내 관점에서 아가르츠에 대한 유죄판결은 바람직하지 않았다. 만약 유죄판결이 났다면 분단 독일에서 국경을 초월하는 다양한 인간관계가 단순히 내면적 태도에 대한 판정을 토대로 평가되는 것인데, 이는 이후에 혐의형을 내리기 위한 판례가 될 수 있었을 것이기 때문이다. 법의 저울은 인간 내면의 정확한 측정을 맡기기에는 이 시대의 격동 속에서 너무 부정확해져 있었다.[49]

3. 아가르츠 사건에 대한 반응

1) 시민적 언론의 반응

서독 신문들의 제목과 내용을 보면 연방대법원 수사판사의 구속영장에 의한 아가르츠 구속에 대해 일제히 찬성의 목소리를 낸 것이 눈에 띈다. 대부분의 신문이 마치 정부나 법원 기관지인 것 같다. 연방고등검사와 연방대법원의 설명이 아무런 비판 없이 전달되었을 뿐 아니라 특정한 형사죄 추정에 대한 공식 설명이 일부 언론에서는 이미 확인된 사실인 것처럼 보도되었다. 법치국가에서 매우 중시되는 무죄추정의 원칙은 그 어디에서도 찾을 수 없었다. 『빌트』BILD-Zeitung는 "판코Pankow, 서독 정치인에게 금전 공여. 아가르츠 박사 쾰른에서 체포"라고 보도해 사건 내용이 이미 확정된 듯했다. 신문 『프랑크푸르터 알게마이네』Frankfurter Allgemeine Zeitung는 "빅토어 아가르츠 중대 혐의로 구속. 노조 경제이론가 동독에서 지속적 자금지원을 받다"[50]라고 보도했다.

아가르츠에게 유리한 변호인단의 설명은 극소수의 언론사에서만 보도되었다. 『쥐트도이체 차이퉁』Süddeutsche Zeitung은 "연방법원 빅토어 아가르츠 구속시키다. 전 독일노총 경제이론가인 그는 동베를린에서 자금을 지원받았다고 한다"[51]라고 보도해 제목에서 객관적 보도의 의지를 보여주었다. 『쥐트도이체 차이퉁』은 변호인 측의 입장까지 보도한 소수의 신문들 가운데 하나로 "변호인 측은 정기 구독료라고 주장한다"라고 보도했다. 또한 같은 날 실린 또 다른 기사에서는 노조 내 비주류와 독일노총 지도부 간 논쟁에 헌법수호청이 연루된 것, 즉 테오 피르커와 발터 호른의 경제학 연구소 해고 그리고 정치적 이유에 따른 아가르츠 사임으로 나타난 아가르츠 중심의 그룹과 노조 지도부 간 갈등의 정치적 배경에 대해서도 보도했다.

시민·진보 성향의 매체가 아가르츠 체포를 아가르츠와 그의 정치적 입장에 대한 반대 선전에 이용했다면, 보수·반동 세력은 빅토어 아가르츠에 대한 명예살인을 노조와 사민당 또는 노조와 사민당 조직 내의 특정 파와 연결시킬 기회로 삼았다. 『프랑크푸르터 알게마이네』는 "더러운 손"[52]이라는 제하의 기사에서 빅토어 아가르츠라는 인물과 관련해 "1945년 이후 서독에서 공직과 명예를 얻은 이들 중 정치적으로 가장 모호한 경우"라고 하면서 아가르츠의 정치적 입장을 "서독 민주주의와 경제·사회 질서에 대한 거친 전투 선언"이라고 비난했다. 하지만 그런 비난에 대한 근거는 제시하지 않았다. 이런 분류 방식과 비난의 이면에 있는 세계관은 헌법 현실을 근본적으로 비난하는 자는 민주주의의 적이라고 주장하는 연방검찰총장의 세계관과 같은 것이었다.

『디 벨트』*Die WELT*는 "아가르츠 사건—마지막 장?"[53]이라는 제하의 기사에서 『프랑크푸르터 알게마이네』와 비슷한 목소리를 냈다. 빅토어 아가르츠에 대해 "이 모호한 인물의 이상한 경력과 관련해 이제 마지막 장을 위한 커튼이 올라간다"라고 했다. 모호성의 근거로는 아가르츠와 독일노총 간의 견해 차이를 들고 있다. 경제학연구소에서 아가르츠와 함께 일한 피르커와 호른이 『디 안데레 차이퉁』*Die Andere Zeitung*을 통해 피력한 독일노총 정책에 대한 비판을 단일통합노조 반대를 위한 일격으로 평가했다. 그러나 단일통합노조에 진짜 타격을 가한 것은 좌파 사회주의 계열을 독일노총 지도부에서 배제시킨 후 단일통합노조에서까지 제거하려는 보수 논객과 독일노총 간부들의 시도였다.

『비스바덴 소식』*Wiesbadener Kurier*은 파시즘적 언어를 사용했다. 이 신문은 "세균"[54]이라는 제하의 기사에서 "동쪽에서는 숙청이 폭력 시스템의 일환이고, 서쪽에서는 병적 증상이 건강한 발전으로 회귀하는 과정에서 저절로 사라진다"라고 했다. 이 기사는 특히 아가르츠가 주장하는 노조 정책인 팽창적 임금정책을 공격하고, 계급투쟁을 신랄하게 비난했다. 그러나 『비스바덴 소식』과 그 독자들이 무엇을 계급투쟁이라고 생각하는지는 알 길이 없다.

『뤼네부르거 하이데 지방신문』*Die Landeszeitung für die Lüneburger*

Heide[55]은 아가르츠 체포를 "위로부터의 계급투쟁"을 발전시키는 데 이용했다.

"쾰른 독일산업연구소 프리츠 아를트Fritz Arlt 박사는 어제 아가르츠 사건과 관련해 뤼네부르크 현 내 약 300명의 기업인과 손님이 모인 가운데 야망에 찬 선동가들이 단체 내부에 존재하는 권력을 오용함으로써 생길 수 있는 위험을 지적했다."

독일노총이 "적절한 시기"에 아가르츠와 작별한 것은 "영리하고 현명한" 결정이었다고 평가했다. 이 신문이 프리츠 아를트 박사의 발표문에서 인용한 내용은 노조가 앞으로 전체 사회질서의 한 축으로서 그 면모를 더욱 강화해야 한다는 것이었다.

"앞으로 노조는 단순한 이익단체를 넘어 더욱 크고 포괄적인 책임을 맡아야 한다."

"사회에서 논쟁이 되고 있는 문제에 대한 합의 없이는 사회적 자치가 장기적으로 가능하지 않다."

『산업소식』*Industriekurier*[56]은 아가르츠가 1954년 프랑크푸르트 독일노총 총회에서 기업의 사회화를 위해 노력했을 뿐 아니라 "이른바 팽창적 임금정책"의 개요를 발표했음을 상기시켰다. 비록 아가르츠가 독일노총에서 실패했으나 독일노총은 그가 구상하고 그의 계획경제적·사회주의적 견해가 포함되어 있는 기본 강령을 아직 버리지 못하고 있음을 지적했다.

이와 유사한 견해가 『독일경제신문』*Deutsche Zeitung und Wirtschaftszeitung*의 사설에도 실렸다. "아가르츠의 궤도에서"[57]라는 제하의 이 사설은 아가르츠 사건을 통해 명예를 훼손당했다는 노조의 불평은 정당하지 못하다고 주장했다. 예를 들면 노조 신문인 『노동세계』*Welt der Arbeit*는 "아가르츠가 구상한 노조 행동강령에 대한 신뢰도가 이미 실추된 것으로 보기"를 거부했다는 것이다. "그러나 아가르츠가 1953년 12월에 발표한 논문 「팽창적 임금정책」과 기타 사회적 성격의 발언은 뉘른베르크 금속노조 지도자 오토 브레너Otto Brenner의 최근 연설과 곧바로 연결된"다고 했다. 이 사설의 필자는 적극적 임금정책으로써 노조의 행동강령을 실현하자는 브레너의 요구가 아가르츠의 입장과 같다고 보았다. 사설 마지막에서는 정치적으로 나아가야 할 길을 다음과 같이 간단명료하게 요약했다.

"독일노총은 아가르츠 개인과 거리를 두었다. 그러나 결정적인 것은 노조가 그의 사상과도 거리를 두는 것이 얼마나 가능한가 하는 것이다."

기사당 기관지인 『바이에른 소식』*Bayernkurier*은 "혼돈을 예비하는 자. 아가르츠 사건, 직업적 혁명가들의 작업방식을 확실히 보여주다"[58]라는 제하의 기사에서 연방검찰의 공소 사실보다 훨씬 더 나아가는 비판을 했다. 원고인 검찰은 아가르츠가 『경제·사회과학통신』을 통해 동독 사통당의 목표를 지원한다고 주장한 반면, 『바이에른 소식』의 기사는 아가르츠에 대해 다음과 같이 썼다.

"과거에도 현재에도 미래에도 중요한 것은 그가 노조와 정계, 독일 종교계의 좌파 인사들처럼 객관적으로 세계 공산주의 목표 달성에 유익한 태도를 취한다는 것이다."

이 기사는 사민당과 노조 지도부가 아가르츠와 그의 노조 및 정치 관련 입장에 대해 확실하게 선을 긋지 않는다고 비난했다. 단일통합노조를 논박하고, 기독 계열 노조가 분리되어 나올 수 있다고 으름장을 놓았다. 이 기사는 단일통합노조를 위한다는 명분하에 이런 주장을 하고 있는데, 여기서 단일통합노조라고 한 것은 좌파 사회주의자와 공산주의자들을 제외한 사민기독 계열의 정파노조를 의미한다.

『라이니셔 메르쿠어』*Rheinischer Merkur*는 "독일노총 이론가에서 자유독일노총 간첩으로. 아가르츠 박사의 이력과 활동"[59]이라는 제하의 사설에서 『바이에른 소식』과 마찬가지로 연출된 정치 스캔들을 이용해 정치적 목적을 추구했다. 다시 말해 노조의 특정 기본 입장을 공격했다. 이 사설은 아가르츠의 노조전략에 대해 다음과 같이 썼다.

"그의 팽창적 임금정책은 독일연방공화국의 경제정책을 무너뜨리고, 그 폐허 위에 사회주의 계획·강제 경제를 세우려는 것이다."

다음에 제시할 외국 신문들의 기사는 독일 신문에서는 보이지 않는 아가르츠 사건의 특정 측면을 다루었다는 점에서 흥미롭다. 오스트리아 빈의 『보헨프레세』*Wochenpresse*는 "빅토어 아가르츠와 볼프강 하리히 Wolfgang Harich. 언더그라운드의 사상가들"[60]이라는 제목의 기사에서 두명의 저명한 마르크스주의 사상가가 각각 다른 편 독일의 조직과 관계를 맺고 있다는 죄목으로 법정에 선 것은 분단된 독일 문제의 증후군이라고했다. 그러면서 두 사람의 제거를 각 정부의 이해관계에 따른 것으로 해석했다.

"소련 점령지구의 권력가들은 하리히처럼 지성과 열정으로 말미암아 서독과 연결되어 있는 이론가들을 개별적으로 제거하고자 한 것인 반면, 서독 연방정부는 선거전략적으로 유리한 시점에 야당인 사민당 및 사민당과 연결된 노조조직의 민주주의적 성격에 의문부호를 달려는 것이었다."

『보헨프레세』는 직전에 사민당 정치인 헤르베르트 베너를 "공산당 간첩"이라고 몰아가며 그의 평판을 떨어뜨리려는 시도가 있었음을 상기시켜 주었다. 또한 서독 신문들은 빅토어 아가르츠에 대해서도 지배욕이 강하고 괴짜이며 매수가 가능하다고 비방했는데, 『보헨프레세』는 다음과 같이 썼다.

하리히와 아가르츠는 공통점이 많다.
- 두 사람은 지난 수년간 자신들의 단체에 세계관과 관련한 탄약을 제공했다.
- 두 사람은 날카로운 분석력과 정치적 야망을 소유한 이론가다.
- 따라서 두 사람은 그들 단체의 직업 정치인들보다 지적인 면에서나 토론 기술에서 우월하다.

스위스 취리히의 『디 타트』*Die Tat*의 기사는 "아가르츠 사건"[61]이라는 객관적 제목으로 먼저 아가르츠에 대한 모든 공소사실을 밝혔다. 이 신문은 앞서 언급한 서독 신문들과 달리 정치적 형법 또는 1951년 1차 형법개정법에 대해 다음과 같은 정보를 실었다.

"냉전 최고조기에 새로 도입된 독일 형법의 해당 조항은 전복행위 혐의자가 가차 없는 법정의 손에서 벗어날 기회를 별로 주지 않는다."

이 기사는 또다시 이런 조항들의 법적 질에 대해 다음과 같이 썼다.

"그러나 그들 조항은 부분적으로 매우 포괄적이어서, 직무상 그것들을 적용해야 하는 사법부의 대표적 인물들조차 정밀화 필요성을 주장하며 의회가 필요한 개혁을 결의할 때까지 그들 조항을 오히려 피고인에게 유리한 방향으로 해석할 용의가 있다고 한다."

시민사회 언론이라고 지칭되는 신문들 가운데 정치적 형법 또는 아가르츠를 둘러싼 갈등의 정치적 배경을 다룬 서독의 정기간행물은 『슈피겔』과 『자유언론』*Freie Presse* 뿐이었다. 『슈피겔』은 "빅토어 아가르츠 사건. 헬름슈타트에서의 간주곡"[62] 이라는 제목의 기사에서 아가르츠의 학술과 정치활동에 대해 비방적 어투를 쓰지 않았으며, 아가르츠가 모스크바 강연여행을 마친 뒤 모스크바 주재 독일대사관 직원이 아가르츠에게 했던 말을 다음과 같이 인용했다.

"우리는 당신이 오신 것을 매우 감사하게 생각합니다. 당신만큼 소련 사람들과 잘 이야기할 수 있는 사람은 없기 때문입니다. 곧 또 오십시오."

『슈피겔』은 사민당과 독일노총이 서둘러 아가르츠에게 거리를 둔 것을 비판적으로 논했다.

"아가르츠 문제와 관련해 아직 아무것도 증명되지 않았음에도 사민당과 독일노총은 미결구금된 아가르츠에게 서둘러 거리를 두었다. 그들의 이론가였던 아가르츠의 경제와 사회정책 콘셉트에 오늘날까지 크게 의존하고 있는 독일노총이 가장 먼저 연방위원장 리히터의 입을 통해 선을 그었다."

끝으로 『슈피겔』은 아가르츠가 체포된 지 사흘이 지난 뒤에도 변호인단은 구속영장을 열람할 수 없었고, 따라서 그가 구체적으로 어떤 규정을 위반했는지도 알 수 없다고 비판했다. 『슈피겔』은 형법 제100조의 규정을 본문 그대로 인용하기 전 '모델 재판'인 아가르츠 사건의 원칙적 의미에 대한 포서 박사의 평가를 전했다.

"형법 제100e조 본문에 따라 연방공화국 국민이 동독에서 일하는 정치 간부와 접촉한 것 자체를 국가위험죄로 볼 수 있는지 (……)."

독일 노동자운동 초기에 창간된 사민 계열 신문이며, (필자의 견해에 따르면) 후에 사민당의 잘못된 언론정책으로 희생제물이 된 빌레펠트의 『자유언론』은 기사의 제목을 "여비서도 구속. 아가르츠, 공산당 자금 전달자 역할 의혹. 하이네만이 변호 맡음"[63]이라고 달았다. 『자유언론』은 대부분의 시민적 언론처럼 연방검찰의 견해를 그대로 수용하지 않고, 공식 발표에 의문을 제기했다.

"서독 지하에서 활동하는 공산주의자들이 왜 하필 노출된 아가르츠 박사를 통해 비밀 공작금을 전달했다는 것인가 하는 의문을 본Bonn의 전문가들이 제기한다."

또한 언론이 미리 유죄선고를 내리는 방식도 비판했다.

"그리고 하이네만 전 연방내무장관이나 그의 동료 포서 박사처럼 흠잡을 데 없는 인물들이 아가르츠의 변호를 맡았고, 언론에서는 혐의를 이미 증명된 범죄행위인 듯 보도하고 있다는 것도 사실이다. (……) 아가르츠 사건의 경우에도 스스로 판결을 내리지 말고 검찰과 판사가 판결을 내릴 때까지 기다려야 한다."

끝으로 『자유언론』은 (서독 일간신문 중에서는 유일하게) 구속에 즈음해서 벌어진 아가르츠에 대한 부정적 정치선전이 추구하는 정치적 방향을 분석했다.

"아가르츠 사건을 다룬 적지 않은 신문과 잡지는 팽창적 임금정책의 증오스러운 주창자를 사냥하고, 그가 소속되어 있던 단체들에 조직적으로 해를 입혀야 한다고 주장하는 듯한 인상을 준다. 소수의 사람만이 아가르츠가 어쨌든 1947년 민덴 소재 영미 점령지구 중앙경제관청 청장으로서 굶주림과 산업시설 해체를 막기 위해 자신의 건강을 바쳐가며 헌신적 투쟁을 펼친 사실을 기억하고 있다."

2) 사민당과 노조의 반응

- 사민당의 반응

사민당의 첫 번째 반응은 1957년 3월 28일자 『프랑크푸르터 룬트샤우』*Frankfurter Rundschau*[64]와 『프랑크푸르터 알게마이네』[65]에서 볼 수 있다. 『프랑크푸르터 룬트샤우』는 사민당 에리히 올렌하우어Erich Ollenhauer 대표가 생일을 맞아 사민당 간부들과 만났으며, 아가르츠 구속 소식에 대해 협의한 후 다음과 같이 발표하도록 했다고 보도했다.

"아가르츠 박사가 지난 수년간 취한 정치적·개인적 태도는 그와 사민당 사이를 점점 더 멀어지게 했고, 이미 상당 기간 전부터 그 자신의 적극적 참여를 불가능하게 만들었다. 사민당은 사법 절차가 끝나면 최종 입장을 발표할 것이다."

1957년 3월 28일자 『슈피겔』 기사는 "사민당 내에서 정보를 아는 측"은 수개월 전 아가르츠가 소련 경제학자 회의에 참석했다는 이유로 그를 크게 불신하고 있었다고 보도했다. 일주일 후 사민당 기관지 『앞으로』 *Vorwärts*[66]에 실린 "의사의 자유에 손대지 마라! 아가르츠 사건—위험한 정치투쟁 방법"이라는 제하의 기사 또한 빅토어 아가르츠라는 인물에 거리를 두고 있지만, 그의 명예를 훼손하는 비난에 대해서는 분명히 보호하는 입장을 취했다.

"(……) 우리는 그 정도의 자아의식과 지적 명성을 가진 인물이 우리 민주국가에 대항하기 위해 자기 자신을 공산당 비밀 첩보원 자리에 넘겨주는 것은 불가능하다고 본다. 최근까지도 그는 언제나 사회주의의 인도주의적 관심사들을 신봉했다."

이 기사를 쓴 파울 마이어Paul Mayer는 오히려 벌어진 선전 공세의 이면에 숨어 있는 정치적 세력과 이해관계에 대한 분석을 시도했다. 마이어는 아가르츠에 대한 비방은 사민당 소속 연방하원 의원 헤르베르트 베너에 대한 인신공격과 유사하다고 보았다. 그 밖에도 그는 다음과 같이 썼다.

"지금 사법 절차가 시작되는 것은 선거전략이라는 의혹을 불식시키기에는 눈에 너무 띈다."

"아데나워 밑의 언론이 탐욕스러운 사냥개처럼 아가르츠 사건에 달려들어 곧바로 한 목소리를 내며 사민당 사건으로 둔갑시키려고 한 것은 분명 우연이 아니다."

마이어는 『경제·사회과학통신』에 대한 동독 자유독일노총의 금전적 지원과 관련된 상황에 대해서는 그 같은 보조금 수령은 정치적 도덕성을 의심케 하기는 하지만, 그렇다고 해서 그것이 가벌적 행위는 아니라고 주장했다.

마이어는 사법기관에 의한 의사의 자유 제한에 대해서도 경고했다.

"의사의 자유는 기본권으로 우리 민주헌법이 모든 국민에게 보장하는 것이며, 결코 내란죄나 간첩죄 구성요건을 임의적으로 조작해서 무의미한 것으로 만들어서는 안 된다."

"공산주의자들의 선전활동에 있어, 서방에서는 정치적 지배권력의 입장이 위협받는 지점에서 다른 생각을 가진 사람들의 자유가 끝난다는 구체적 단서보다 더 반가운 일은 없을 것이다."

- 노조의 반응

아가르츠 체포 후 독일노총도 사민당과 마찬가지로 모든 방법을 동원해 선긋기에 나섰다. 1959년 3월 28일자 『프랑크푸르터 룬트샤우』는 당시 독일노총 위원장인 빌리 리히터Willi Richter의 발언을 다음과 같이 인용했다.

"아가르츠 박사는 독일노총과 더는 아무런 관계도 없다고 밝혔다. 그가 과거 독일노총 산하 경제학연구소에서 일할 때는 지금 그가 받고 있는 혐의와 같은 의혹을 가질 만한 어떤 이유도 없었다고 했다. 그러나 아가르츠는 이미 그 당시에도 성격적으로 약간 불안정했으며, 그것이 그가 독일노총에서 물러나게 된 이유라고 말했다."

독일노총 신문 『노동세계』Die Welt der Arbeit[67]에 실린 "실패한 아가르츠 박사의 시도. 놀라운 사건에 필요한 고찰"이라는 제하의 기사는 시민적 언론 내 보수반동 계열의 비방선전과 철저히 궤를 같이하고 있다. 차이가 있다면 "단지" 빅토어 아가르츠라는 인물만 비난할 뿐 그 비난을 독일노총과 사민당에 대한 공세와 연결시키지 않았다는 것이다. 이 기사를 쓴 오토 슈톨츠Otto Stolz는 공소사실의 배경을 묻는 말은 단 한마디도 쓰지 않았다. 서독 사법부의 행동방식이 적법하다는 근거로 든 것은 동독이 독재국가라는 점이었다. 그는 볼프강 하리히에 대한 동독 사법부의 행동방식과 10년 징역형 판결을 기술하고 나서 아가르츠 사건에 대해 다음과 같이 썼다.

"반면에 아가르츠 박사는 미결구금되었고, 그의 변호인은 기자회견을 할 수 있다. 그러나 볼프강 하리히의 변호인은 재판 절차가 시작되기 이틀 전에 감찰을 당해 변호 수행이 불가능하게 되었다. 아가르츠에 대한 절차의 법치성과 공개성은 의심의 여지가 없으며, 이것은 언론이 방해를 받지 않고 보도할 수 있다는 점이 크게 기여하고 있다."

슈톨츠는 연방공화국의 정치적 형법 자체와 사법기관에 따른 그 운용에 대해 다음과 같이 보도했다.

"민주주의 국가라고 하더라도 모든 국가의 형법상 내란죄와 간첩죄 조항에는 여러 결함이 있다. 그러나 한 가지 중요한 사실은 의심의 여지가 없다. 즉 독일연방공화국 형법은 하리히와 공동 피고인들의 사건에 내려진, 테러와도 같은 판결을 내릴 여지가 조금도 없다는 것이다."

슈톨츠는 아가르츠 사건과 관련한 독일노총 지도부의 태도에 대한 동독 언론의 비판을 다음과 같이 평가했다.

"[그들은] 아가르츠 사건을 이용해 독일노총과 산별노조 간부들을 일반 노조원들과 떼어놓기 위해 노력했다."

슈톨츠는 아가르츠를 둘러싼 갈등과 관련해 독일노총 연방집행위원회가 교묘하게 빠져나간 것에 대한 동독의 공세에 대해 다음과 같이 썼다.

"그것은 '아데나워에 맹종'부터 '독일노총 내 우향 획일화 정치인', '부르주아 앞에서 비겁하게 물러나기' 등에 이르는 어휘의 재사용이라는 특징밖에 없는 방식으로 이루어지고 있다."

독일노총 칼럼니스트인 슈톨츠는 결론적으로 독일노총의 아가르츠 사건 관련 정책에 대한 반동 세력의 비판과 공산주의자들의 비판 간에 유사성이 있다고 믿었다.

"노조는 사통당처럼 노조의 행동강령을 아가르츠 박사와 동일시함으로써 행동강령에 먹칠하려는 세력에 대해서도 단호히 대항해야 한다."

끝으로 슈톨츠는 아가르츠 사건이 선거용 자료로도, 노조 비판용 논거로도 "부적합"하다면서 그 이유를 다음과 같이 제시했다.

"그것은 우리 민주주의 내의 법사상에 해로울 것이기 때문이다."

앞선 기사는 1957년 5월 4일자 『앞으로』에 게재한 버전이다. 이를 『노동세계』에 게재한 버전과 비교해보면 『노동세계』 버전은 동독과 서독의 갈등 또는 냉전에 전적으로 고착되어 서독 내 정치적 관계에 대한 비판적 시선이 전혀 없음을 알 수 있다. 기본권인 의사의 자유와 정치적 형법 간의 관계를 문제시하지 않고, 반아가르츠 선전의 정치적 성격에 대한 식견이 전혀 없으며, 국가적·행정적 조치에 대한 비판의식도 전혀 없다. 『노동세계』에 게재한 버전에서 또 하나 눈에 띄는 점은 아가르츠가 과거 독일노총에서 한 일을 한마디도 언급하지 않았다는 점인데, 아가르츠에 대한 긍정적인 언급이나 인간적인 면모에 관한 언급은 더더욱 없었다. 이런 관점에서는 독일노총 신문인 『노동세계』의 기사가 가십 신문인 『빌트』보다 더 심했다. 『빌트』는 반아가르츠 선전과 궤를 같이하지만, 그래도 독자들을 잠시라도 생각하게 만드는 두 가지 측면을 언급했다. 『빌트』는 아가르츠에 대해 이렇게 썼다.

"그는 전후 궁핍 시기에 배급 식량으로 살 수 있다는 본보기를 보이려고 했다. 그는 그 시기에 치아를 거의 잃었다. 이 소식을 들은 미국 측이 그에게 특별분 우유를 주려고 했다. 그러나 아가르츠는 이를 단호하게 거절했다."

"그의 이름은 특히 이른바 팽창적 임금이론(더 많은 임금을 통한 더 많은 매

152

출), 기초원료산업(석탄과 철광)에서 노동자의 경영참여권을 얻기 위한 독일 노총의 투쟁, 주당 40시간 근로와 임금 완전 보전 관철을 위한 투쟁 등과 연관되어 있다."[68]

- 좌파 사회주의자들의 반응

좌파 사민주의자와 트로츠키주의자들이 발간한 사회과학 잡지인『사회주의 정치』SOPO, Sozialistische Politik는 1957년 5월호에 좌파 사민주의자이자 마르부르크대학교 국법 교수인 볼프강 아벤트로트의 긴 글을 실었다. 아벤트로트는 "의사의 자유를 위한 투쟁―진보적 민주주의냐, 전제주의적 행정국가냐?"[69]라는 제하의 글에서 시민자본주의 사회에서 사회주의자와 마르크스주의자의 의사와 조직의 자유라는 근본적인 문제를 다루었다. 아벤트로트는 이 글에서 독일공산당 금지도 언급했다. 그에 따르면 "스탈린주의적 독일공산당"은 연방정부가 금지신청을 했을 때 이미 오래 전 대중적 영향력을 상실한 상태였으므로 금지신청 동기가 될 수 있는 것은 다음과 같은 것밖에 없었다.

"연방정부와 지배계급은 공산당 금지 재판을 통해 자유로운 의사표현의 권리(기본법 제5조)를 비스마르크의 사회주의자진압법Sozialistengesetz의 원칙으로 대체하려 했다."

아벤트로트는 연방대법원이 1차 형법개정법을 근거로 내린 판결들과 평화주의자 카를 폰 오시츠키Carl von Ossietzky에 대한 간첩죄 유죄판결과 같은 바이마르공화국 법원의 판결들을 비교했다. 아벤트로트는 한 진보적 법조인 그룹의 정치적 형사사법 희생자 사면을 위한 노력에 대해 보고하면서 다음과 같이 썼다.

"연방하원 선거 준비가 한창인 지금 과거 국가사회주의독일노동자당(나치) 당원이었던 연방내무장관 게르하르트 슈뢰더Gerhard Schröder가 역시 전 국가사회주의독일노동자당 당원이었던 연방법무장관 한스-요아힘 메르카츠HansJoachim-Merkatz와 손잡고 반격을 펼쳐 승리했다. 슈뢰더 장관은 감히 사면발의위원회 위원들을 스탈린주의자로 의심했다. 연방정부의 전제적 노선을 따르지 않는 사람은 원하든 원하지 않든 연방정부의 선전을 통해 정신적 스탈린 추종자로 분류되어 언제든지 사법기관의 손안에 들어갈 수 있게 되었다."

아벤트로트는 사민당 소속 연방하원 의원 베너에 대한 선전 공세를 "사민주의의 지도자"들 가운데 "마르크스주의적 전통과 명확한 사고"를 통해 "독일 노동자운동의 투쟁정신을 되살릴 단초"를 만들어낼 수 있는 인물들을 헐뜯고 고립시키려는 시도라고 분석했다. 아벤트로트는 과거 나치당원이었던 연방내무장관이 베너 의원과 관련해 한동안 독일공산당에서 반 히틀러 투쟁을 했다고 비난하는 건 이상하다고 지적했다. 아벤트로트는 "낮은 이론 수준, 약한 정신, 독일노총과 사민당 지도부 내 어떤 그룹들의 단결 부족이 (……) 반혁명 세력이 이런 술수를 쓰도록 부추겼다"고 했다. 이는 "공로가 있고 훌륭한 노동자운동 선각자들이 서독 내 반동 세력에 대항해 싸우는 데 있어 지도적 스탈린주의 그룹과의 동맹을 고려하게 만드는 위험을 야기했다."

"유감스럽게도 현실에서는 울브리히트 정권이 서독 헌법의 민주적 요소를 넘어서려는 아데나워의 시도에 가장 좋은 지원 사격수가 되었다."

아벤트로트는 자신이 "서독 노동자운동에서 의심할 여지없이 가장 중요한 경제이론가"로 손꼽은 빅토어 아가르츠의 구속은 이 맥락에서 "독일 노동자운동에서 마르크스주의적 사고와 계급투쟁 정신을 불법화시키려는 또 하나의 시도"라고 주장했다. 아벤트로트는 베너 사건과 아가르츠 사건에 대한 연방고등검사의 비판과 관련해 사민당 기관지 『앞으로』에 실린 기사들에서 저항의 단초들을 발견했다. 그러나 그것들은 체계화되고 강화되어야 한다고 했다. 아벤트로트는 사민주의가 "계급의 적이 내세운 이데올로기적·조직적 공격에 직면해" 중산층을 흡수하고 다수를 끌어들이기 위해 양보함으로써 자신들의 계급적 기초를 파괴하고, 양보를 통해 얻고자 하는 것과 반대되는 것을 받을 위험에 처해 있다고 보았다.

결론적으로 아벤트로트는 사민당과 노조에 연방정부의 권위주의적 노선에 대항해 자유와 민주주의를 방어하고, 사법부에 의한 기본법 왜곡을 막으며, "그로써 동시에 울브리히트가 자신의 전제주의적 테러를 지키기 위해 거짓 논거를 펼치지 못하게 하라"고 요구했다. 그에 따르면 전제주의적 사실 왜곡에 대항해 서독 민주주의를 지키는 것은 곧 독일 통일을 위한 투쟁이었다.

4. 아가르츠의 시각에서 본 재판의 의미

재판의 결과, 즉 아가르츠에 대한 무죄판결을 평가하려면 먼저 그 결과를 순수한 사법적·형법적 차원에서 평가해봐야 하는데, 그런 차원에서는 긍정적 평가를 내릴 수 있다. 무죄판결을 받은 아가르츠뿐 아니라 서독 사법의 상태와 관련해서도 긍정적 평가를 내릴 수 있다. 판결을 놓고 본다면, 이런 긍정적 평가는 시민·진보 진영, 사민주의·좌파 사회주의 진영 모두에 해당된다. 연방대법원 형사 제3부의 이 판결은 (간첩죄로 기소된 아가르츠에 대한 연방검찰의 공소장과는 달리) 명백히 독일 사법 역사의 오점은 아니다.

그러나 아가르츠 재판과 관련해 쉽게 잊히거나 일부러 잊어버리려고 하는 다른 문제가 있다. 그것은 재판이 있었다는 단순한 사실과 재판의 객관적 기능을 결정짓는 재판의 효과에 대한 문제다.

이외에도 또 따져봐야 할 것은 아가르츠가 체포되고 미결구금되었다는 사실, 간첩죄 기소, 연방대법원 재판이 아가르츠 개인과 서독 사회에 무엇을 의미하는가 하는 것이다.

일간지 『디 벨트』는 무죄판결 후 다음과 같은 문제를 지적했다.

"빅토어 아가르츠는 카를스루에 연방대법원을 자유의 몸으로 떠나지만, 정치적으로는 죽은 몸으로 떠난다."[70]

그의 변호인 포서는 무죄판결이 인간 아가르츠에게 갖는 의미를 이렇게 말했다.

"무죄판결은 아가르츠 개인에게 결코 그가 과거에 가졌던 중요한 위치로의 복귀를 뜻하는 것이 아니다. 재판 결과는 그가 동독에서 일괄 구독료를 받은 것이 결코 처벌대상이 아니라는 것이지만, 사람들에게는 '그 사람이 동독에서 돈을 받았어'가 결정적으로 뇌리에 남게 되었다. 무엇을 위해 돈을 받았는지는 전혀 중요하지 않았다. 그의 생각은 사람들(여론)에게 전혀 중요하지 않았다. 아가르츠는 완전히 고립되었다. 그리고 그 상태는 그대로 유지되었다."[71]

피르커는 경과에 대해 다음과 같이 말했다.

"아가르츠는 재판을 통해 자신이 순교자로 인식되고, 독일노총과 산하노조들이 그를 위대한 지도자로 받아들일 거라고 믿었다. 그러나 그들은 나타나지도 않았다. 그들은 자신을 보호하기 위해 숨었다. (……) 간부들은 아가르츠가 동독에서 돈을 받은 것을 나쁘게 해석했다. 아가르츠는 순식간에 신뢰를 잃었다. 우리는 노조 내에서 분파조직을 만들기 직전까지 갔다."[72]

이후 빅토어 아가르츠의 삶에서는 다음과 같은 일들이 있었다. 아가르츠는 재판 종결 후 다시 『경제·사회과학통신』을 발간했다. 이 잡지의 재정은 정기 구독자들의 구독료와 총 8,000부 중 3,000부를 공식적으로 구입하는 동독학술원Akademie der Wissenschaften의 일괄 구독료로 충당되었다. 이를 위한 금융거래는 공식 지불거래 통로를 통해 이루어졌다. 『경제·사회과학통신』에 게재된 논문에는 각 저자의 이름을 명기했다. 아가르츠는 1958년 2월 26일 동베를린 소재 베를린홈볼트대학교 명예박사학위 수여식에서 "전후 서독 자본주의 체제의 발전과 현시점에서의 사회주의적 과제"라는 제목의 강연을 했다.[73]

아가르츠는 1958년 1월부터 6월까지 『배반당하고 버림받다』Verraten und Verkauft의 저자 헤르만 셰퍼Hermann Schäfer와 연락을 주고받다.[74] 아가르츠는 저널리스트인 셰퍼에게 참고되는 것을 말해주고, 그의 질문에 답해주고, 원고의 일부를 읽어주었다.[75] 『쾰니셰 룬트샤우』Kölnische

Rundschau 1958년 12월 19일자 기사는 아가르츠가 "계속된 해당書黨 행위"로 말미암아 사민당에서 제명되었다고 보도했다. 1959년 2월 3일 독일노총 연방집행위원회는 아가르츠가 그때쯤 출판이 완료된 『배반당하고 버림받다』에 협력한 점을 들어 독일노총에서 제명하기로 결의했다.[76] 또한 동독학술원은 1961년 5월 『경제·사회과학통신』의 일괄 구독을 해지했다. 『슈피겔』에 따르면 해지의 이유는 이 잡지에 동독 노동법을 비판한 글이 실렸기 때문이라고 했다. 아가르츠는 동독학술원의 해지 조치를 『경제·사회과학통신』의 "재정에 치명적인 일격"이라고 말했다.[77] 아가르츠는 1962년 '노동조합의 사회학'이라는 제목의 책을 쓰기로 하고 루흐터한트 출판사와 계약을 맺었다. 그는 노년을 쾰른 근처 벤스베르크에 있는 자기 집에 은둔한 채 지냈는데, 가끔 경제 문제와 노조의 추이에 대한 강연을 하기도 했다. 이 시기에 사회주의독일대학생연맹Sozialistischer Deutscher Studentenbund 으로부터 뮌스터대학교에서 강연을 해달라고 초청받기도 했다. 아가르츠는 1964년 12월 19일 벤스베르크에서 사망했다.

필자는 1950년대 말 서독의 국내 정치 상황에서 아가르츠 재판이 갖는 의미를 찾는 작업을 하던 중 1962년 구스타프 하이네만의 다음과 같은 인용문을 보게 되었다. 구스타프 하이네만은 형사변호사 하인리히 하노버Heinrich Hannover의 책 『자유·민주 법치국가에서 일어나는 야권에 대한 정치적 명예훼손』Politische Diffamierung der Opposition im freiheitlich-demokratischen Rechtsstaat의 권두언에서 다음과 같이 말했다.

11년 전 트루먼이 미국 국민을 염두에 두고 했던 우려를 저자가 우리 독일과 관련해 갖는 것에 나도 동감한다. 트루먼은 이렇게 말했다. "비방꾼들은 우리 중 아무도 공산주의자라는 소리를 들을까 봐 무서워 감히 자기들에 대항해 일어서지 못할 만큼 우리를 히스테리컬하게 만들려 하고 있다. (······) 만약 나쁜 일을 저지르지 않은 한 명의 미국인이 두려움 때문에 침묵을 강요당한다면, 그때는 모든 미국인이 위험에 처해 있는 것이다."[78]

반공주의와
정당체제의 왜곡

강명세
세종연구소 수석연구위원

이 글의 목적은 반공주의 이념이 한국 정치, 특히 정당체제에 끼친 영향을 분석하는 것이다. 반공주의는 보수 세력의 이념으로 한국에서 정치적 선호preferences를 결정하는 데 결정적 역할을 해왔다. 반공주의가 세찬 도전에도 불구하고 지속될 수 있었던 것은 보수 세력뿐 아니라 중도의 지지를 얻었기 때문이다. 반공주의는 이념이며, 이념은 선호의 반영이다. 나는 반공주의가 정치적 선호라고 보며 정치적 선호의 변화를 분석하기 위해 일반적 모델에 대한 논의에서 시작하고자 한다. 반공주의가 한국 정치에 어떤 영향을 주는지 살펴보려는 것이다. 반공주의는 국가보안법의 명칭으로 제도화되었다. 그것은 분단국가 한국에서 보수 대 진보의 대립을 규정하는 핵심적 균열 라인이다. 국가형성기에 나타난 보안법은 이후 한국의 정치적 대립구도를 형성하는 데 결정적 역할을 했다. 한국전쟁 이후 유신을 포함한 독재와 권위주의 체제가 뿌리를 내리면서 반공주의는 스스로를 더욱 강고하게 만들었다. 그리고 2004년 반공주의는 진보 세력의 도전을 물리친 후 여전히 보수 세력을 결집시키는 초점 역할을 하고 있다.

이 글의 순서는 다음과 같다. 첫째는 반공주의가 어떻게 자기강화적으로 발전했는지를 서술한다. 둘째, 선호의 형성이라는 이론적 관점을 통해 반공주의의 재해석을 제시한다. 셋째, 지배이념으로서의 반공주의가 어떤 정치적 결과를 낳았는지를 분석한다. 반공주의는 보수 세력이 결집하는 것을 돕는 등대 역할을 했다. 넷째, 반공주의가 언제 어떻게 약화될 수 있는지를 검토한다.

1. 반공주의의 역사적 자기강화self-enforcing

반공주의는 이념이며, 반공법 또는 국가보안법은 이념을 실행하는 제도다. 내 관심은 반공주의 이념을 실현하는 반공법 제도가 어떻게 역사적 역할을 하는지에 대한 것이다. 최근 폭발적 관심을 끌고 있는 제도는 인간 행위를 규제함으로써 상호행동에 중대한 영향을 미친다.[1] 제도의 중요성을 재발견하는 이유는 1980년대 이후 지속된 경제적 고통에 대한 실망에서 비롯된다. 실망은 왜 기존 제도가 변화하는 환경에 적응하지 못하는지 의문으로 향했다. 의문은 다시 제도를 생산하는 이념과 결과를 분석하도록 유도했다. 변화를 도모하는 사회집단은 이념을 통해 집합행동collective behavior을 한다. 이념은 "정부, 정당 또는 행위자를 결속시키는 접착제로서 공공의 지지를 이끌어내고 제도가 낳는 정책 결과를 평가하는 표준을 제공한다."(Sanders, 2008, 42쪽)

반공주의의 모태제도에 해당하는 국가보안법은 정부 수립 직후인 1948년 12월 1일 공포되었다. 이후 반공주의는 한국에서 보수와 중도를 잇는 가교 역할을 함으로써 보수 세력이 장기집권하는 데 기여했다. 일단 만들어진 반공주의는 스스로를 더욱 강화하는 경로를 걸어왔다. 한반도 냉전구도하에서 반공주의 이념을 통제할 만한 아무런 장치가 존재하지 않았다. 자기강화가 가능했던 것은 과정의존적 성격에 있다. 보안법이 엄연히 실정법으로 존재하는 이상 반공을 거스르는 정치적 반대 세력은 불법

단체이므로 반공주의에 이의를 제기하는 정치 세력이 부재하기 때문이다. 권위주의 시대 내내 반공주의는 비민주적 통치를 정당화하는 기제 역할을 했다. 반공주의가 법적으로 공식화된 것은 1961년 이후다. 4·19혁명 이후 장면 정부가 반공법을 시도했으나 저항에 부딪혀 포기했다는 사실에서 알 수 있듯 한국 정치의 주류는 여야를 떠나 반공주의에 의존해왔다. 5·16군 사정변 직후 '군사혁명위원회'는 6개항의 성명에서 "반공을 국시의 제일 의"로 삼는다고 발표했다. 박정희 군사정부는 1961년 7월 13일 반공법을 제정해 공산 계열의 정치활동을 엄금했다. 유신독재체제에서는 반정부활동을 규제하는 데 이용되었다. 인혁당과 남민전, 민청학련 사건 등은 바로 국가보안법 위반을 이유로 반독재운동을 억압한 대표적 사례이며, 이후 대법원은 무죄를 선고하는 동시에 희생자에 대한 국가배상을 명령했다.

1980년 전두환 군사정부는 반공법을 더욱 강압적으로 적용하고 영역과 범위를 확대하기 위해 현재의 국가보안법을 제정했다.[2] 보안법의 절대적 존재는 1986년 유성환 의원이 제기한 소위 '통일 국시 발언'에서 여실히 드러났다. 유성환은 당시 야당이던 신민당 의원으로서 총리를 상대로 한 대정부 질문에서 반공이 국시가 아니라 통일이 국시여야 한다는 발언을 함으로써 일대 파란을 일으켰다. 전두환 권위주의 정부는 유성환의 발언에 초강경 태도로 대처했다. 여당인 민자당이 체포동의안을 단독으로 가결함으로써 유성환 의원은 국회의원에게 허용된 불체포특권과 면책특권도 무시된 채 구속되었다.[3] 1987년 민주화 이후에도 보안법은 간헐적 비판과 저항의 대상이었으나 요지부동이었다. 1998년 김대중 정부는 극우 자민련과 연합해 민주화 이후 진보 세력으로서는 처음으로 집권에 성공했으나 감히 국보법 문제를 정면으로 거론할 형편이 아니었다. 진보 세력이 국보법을 폐지하려고 시도한 것은 김대중 정부를 계승한 노무현 정부에 와서야 가능했다. 2004년 17대 총선에서 여당이 과반 의석을 얻었다. 노무현 대통령과 여당은 반공 헤게모니에 도전했지만 이를 폐기하기에는 역부족이었다. 당시 야당이던 한나라당은 노무현 정부의 개혁 시도를 국론

분열주의라고 비판하며 완강하게 저항했다.[4] 노무현 정부가 시도했던 국보법 폐지는 역설적으로 보수 세력이 합세하는 구심점을 제공했다.

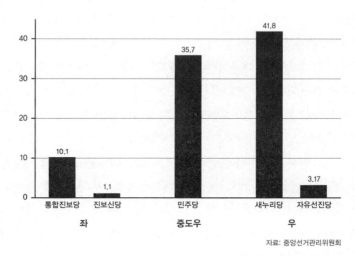

[그림 1] 2012년 총선 결과와 정책 정당 지지도(%)

이처럼 반공주의 또는 보안법은 한국 정치에서 운신 가능한 폭을 정의해오고 있다. 반공주의가 헤게모니 이념으로 작동하게 된 배경은 분단과 한국전쟁이다. 한국전쟁이 보여주듯 북한의 존재로 공산주의는 궤멸해야 할 적으로 인식되었다. 북한의 현실적 공산주의가 위협으로 존재하는 이상 남한에서 일체의 공산주의 이념이나 운동은 인정되지 않았다. 학교나 사업장에서 반공은 하나의 신화로 존재했다. 정치적으로는 반쪽 지형만이 가능했다. 사회주의 또는 사회민주주의 정당은 투표자의 선택지에서 사실상 존재하지 않았다. 선거에서는 중도부터 극우까지의 정당만이 경쟁할 수 있다. 반쪽의 지형은 자유민주주의가 신봉하는 선택의 자유를 부정하는 것이다. 선택을 허용하는 경쟁의 자유는 최소한의 민주주의의 기초이며, 민주화 지수를 규정한다(Lijphart, 2012; Przworski 외, 1996).

반공법은 한국전쟁으로 비화되었던 세계적 냉전에서 시작되었고, 한반도에서 여전히 남북이 대립하는 냉전 상황에서 유지되고 있다. 북한이 존재하는 한 선택의 자유는 허락되지 않을 것이다. 냉전구도에서 만들어진 반공주의는 부지불식간에 한국 사회의 지배이념으로 자리 잡았다. 지배 이념이 헤게모니를 장악하는 까닭은 현상유지를 선호하는 다수에게 안정적 질서를 제공하기 때문이다. 그렇다면 지배 이념은 언제 새로운 대안 이념으로 교체되는가? 그것이 가능할 것인가? 이 같은 문제에 대해 나는 역사적 변화를 합리적 선택이론의 관점에서 해석하려고 시도한 역사적 제도이론의 프레임을 차용하고자 한다.[5] 배리 와인개스트Barry Weingast가 제시한 프레임은 반공주의가 변화하려면 두 가지가 필요하다고 제시한다. 첫째, 변화를 선호하는 개혁집단이 존재해야 한다. 반공주의를 새로운 이념으로 개혁하려는 기업가적 지도부가 현상유지를 선호하는 사회의 다수를 설득해야 한다. 둘째, 정치적 지지기반이 존재해야 한다. 정치적 중추 세력이 개혁에 동의해 새로운 이념을 지지해야 한다. 나아가 불확실성의 세계에서 개혁가가 제시한 새로운 질서가 설득력을 얻으려면 새로운 이념이 옳다는 증거가 필요하다. 그렇다면 어떤 조건에서 정치적 중추가 개혁에 동참할 것인가? 첫째, 새로운 이념에 대한 신념을 흔들 정도의 증거가 있어야 한다. 사회를 유지하는 원칙은 기본 질서를 바꾸는 정도로 막대한 영향력을 갖는다는 점에서 신념 변화가 전제되어야 한다. 새로운 증거가 제시되지 않는 한 반공주의의 기성 이념에 대한 신념은 바뀌지 않을 것이다. 반공주의의 구조에 해당하는 분단을 대신하는 통일은 가장 확실한 증거가 될 것이다.

2. 정치적 선호의 형성과 결과

　반공주의는 역사적으로 형성된 정치적 선호가 응집된 결과다. 반공주의 제도가 지속된다는 것은 정치적 안정, 즉 균형을 형성한다는 점을 뜻한다. 다시 말해 반공주의 제도는 다수의 행위자가 선호하는 결과다. 이처럼 반공주의를 정치적 균형으로 가정한다면 그 가정은 다시 두 가지 조건에 들어맞아야 한다. 첫째, 제도는 특정 행위자에 의해 변경 가능해야 한다. 둘째, 왜 특정 행위자가 현상을 변경하지 않으려 하는지를 밝혀야 한다. 이 두 가지 조건이 결합하면 앞에서 말한 자기강화적 제도가 탄생하고 유지된다. 또한 행위자는 결과에 대해 선호도를 갖는다. 한편 결과는 행위자가 선택한 행위의 결과다. 결과에 대한 선호는 행위에 대한 선호를 유발한다induced preferences. 제도에 대한 선호도 마찬가지다. 지역구 의원이 정치적 선택을 할 때는 두 가지 상황에 처하게 된다. 하나는 지역구 투표인의 선호가 분명하게 드러났을 경우 중위투표자의 위치를 선택한다. 다른 하나는 정치인은 지역구의 관심이 크지 않은 사안이나 정책에 대해서는 비교적 자율적이다. 어떤 경우든 정치인의 선택에 중요한 기준은 지역구 투표자의 선호다.

선호의 변화를 만드는 기제는 다양하다. 한 연구는 미국 연방의회 의원들이 미국 민권운동의 변화에 어떻게 동참하게 되었는지에 주목하고, 이 문제를 풀기 위해 선호의 변화에 대한 이론을 제시했다(Brady 등, 2005, 71~72쪽). 이들은 선호를 몇 가지로 범주화했다. 첫째는 순수한 선호다. 정치인이 개인적 선호의 변화를 계기로 민권운동법의 통과에 적극 가담하는 경우다. 둘째, 선호의 변화를 허용한 기제는 현역 의원의 교체다. 정치인의 은퇴 또는 낙선으로 새로운 정치인이 다른 선호를 표출하는 경우다. 셋째, 지역구의 지리적 변화다. 정치인은 지역구가 물리적으로 바뀌게 되면 새로운 지역구 환경에 적응해야만 한다. 넷째, 동일한 선거구에서 과거와는 다른 연대 세력의 구축이 필요하면 이에 필요한 새로운 정책 선호를 개발할 필요성이 발생한다. 다섯째, 정치적 야심은 정치인에게 좀더 고위직으로 진출하는 데 필요한 의제에 과거와는 다른 정향을 갖게 한다. 여섯째, 표결이나 행위가 쉽게 관찰될 경우 정치인은 특정 정책과 관련 지역구의 여론에 맞추려고 한다. 일곱째, 지도부의 선호 변화는 일반 정치인의 선호 변화를 가져올 수 있다. 동질화의 수준이 증가할수록 지도부의 영향력은 일반 의원의 선호에 더 강력한 영향을 준다. 마지막으로 의제의 기제가 작동한다. 즉 법안 개정과 새로운 제안의 혁신이나 상이한 규칙의 변화 등으로 말미암아 발생하는 전략적 선호의 변화는 법 제정과정에서 선호를 바꾸는 계기가 된다.

경제학은 연구 영역을 좁게 확정하기 위해 흔히들 선호를 외적으로 주어진 것이라고 가정했다. 그런데 최근 선호를 내생적인 것, 즉 선호가 역사적 산물이라는 점을 강조하려는 흐름이 등장했다. 선호와 정치적 선택의 관계에 대해 데이비드 브래디David Brady 등은 경제학이 흔히 가정하는 고정적 외생성을 비판한 후 내생적 성격을 강조한다. 선호는 외부로부터 주어지지 않으며 내생적endogenous인데, 두 가지 점에서 그렇다. 첫째, 선호는 신념을 바탕으로 만들어진다(Brady, Ferejohn and Pope, 2005, 67쪽). 최근 한국 사회에 불어닥친 적색 포도주에 대한 선호는 적색 와인이 건강에 좋다는 정보를 얻고 나서 나타난 선호다. 대선에서 새누리당이나 민주당 후보를 지지하는 것은 그 후보가 대통령에 당선되었을 때 예상하는 정책적 차이를 믿기 때문이다. 선택의 결과에 대한 믿음이 그 같은 선호를 하도록 유도한다. 둘째, 선호는 논쟁과 논의의 과정에서 바뀔 수 있다는 점에서 전략적 특성을 갖는다. 아직 자신이 특별한 선호를 갖지 않았다면 다른 참가자와 논쟁하는 동안 바뀔 수 있다. 미국의 1896년 민주당 예비선거에서 대의원 다수가 통화제에 대해서는 분명 은본위제를 강력히 선호했지만 후보에 대한 특별한 사전 지지는 없었다. 그러나 후보 경선과정에서 대의원의 선호가 형성되어 은본위제 주장을 웅변한 윌리엄 J. 브라이언 William Jennings Bryan이 예상을 뒤엎고 후보로 선출되었다(Bensel, 2005).

이제 앞서 논의한 선호이론을 바탕으로 반공주의가 어떻게 진화했는지 살펴보자. 반공주의는 민주화 이후 끊임없는 논란이 있어왔음에도 아직도 변함없이 유지되고 있다는 점에서 정치적 균형이다. 다수의 행위자가 원하면 반공주의를 철폐하고 대안을 수립할 수 있으나 그렇게 하지 않는다. 대안이 자신의 이해와 배치하기 때문이다. "반공이 국시일 수 없다" 는 유성환 의원의 말은 국회에서 공식 제기되었다는 점에서 많은 논란을 낳았다. 보안법 철폐나 개정에 대한 논의가 없지는 않았다. 자타가 '진보적'이라고 평가하는 노무현 정부에서는 대통령이 보안법 개폐에 적극적 관심을 가지고 추진했으나 성공하지 못했다. 반공주의 제도가 지속되는 것은 공산주의가 사유재산이나 개인의 자유를 침해하며 개인의 창의적 잠재력을 부정하는 것으로 믿어지기 때문에 저소득층 역시 반공주의를 지배 이념으로 받아들인다. 저소득층 부모는 현재 경제적으로 취약하지만 자식 세대는 시장의 자유활동을 통해 신분이동이 가능하다고 믿기 때문에 반공주의를 용인하는 것이다.

3. 반공주의의 정치적 결과: 정당체제의 이념적 편중

반공주의는 보수주의의 이념으로 보수 세력이 정치적 헤게모니를 장악하는 데 지주 역할을 한다. 반공주의는 보수 세력의 등대 같은 역할을 하는 동시에 배제의 정치에 기여했다. 가능한 한 많은 부분을 포용하는 정치가 포섭의 정치라면 특정 이익이나 사회 세력을 철저히 격리하는 정치는 배제의 정치다. 반공주의는 공산주의 이념에 동조하는 것 자체를 거부한다. 반공주의가 한국 정치에 끼친 영향력을 파악하려면 반공주의라는 이념적 선호가 왜 바뀌기 어려운지를 설명해야 하는데, 사회적 선호 형성의 이론은 유용한 출발점을 제공한다. 반공주의는 선호가 역사적 과정을 거치면서 고착된 현상이다. 경험에 따르면 선호는 외적으로 주어진 고정 불변의 것이 아니라 역사적 계기를 통해 변화하는 내생적 과정의 산물이다. 역사적 계기가 조성되거나 기업가적 정치인이 등장하면 선호의 일대 반전이 가능하다. 선호가 가치에 대한 좋고 싫음을 뜻한다면 가치관이 바뀔 경우 선호가 변화되기 때문이다.

이 같은 가치관의 변화에 주목한 연구는 경제의 형태가 바뀌면, 예를 들어 산업사회에서 서비스 경제로 이동하면 산업사회에서 흥하던 물질적 문화는 해체되고 그것을 대신해 탈물질적 문화가 지배한다는 주장을 제기한 바 있다. 즉 경제적 발전은 가치관의 변화를 초래할 수 있다. 로널드 D. 잉글하트Ronald D. Inglehart는 이 변화를 '조용한 혁명'silent revolution으로 명명했다. 가치관의 변화를 가정하는 이론은 전통적으로 계급의 등장과 이를 통한 혁명적 변화를 예고한 이론이 역사적 현실과 들어맞지 않는 것에 대한 설명이다. 이러한 이론에 따르면 반공주의 가치관은 한국의 지속적인 거대한 경제적 변화를 경험하면서 바뀌어야 한다.

그러나 한국에서 반공주의 가치관의 '조용한 혁명'은 도래하지 않았다. 역으로 반공주의는 자기강화를 거듭해 여전히 지도적 이념으로 존재한다. 잉글하트는 네 가지 효과를 통해 가치관의 변화를 분석했다. 시기와 세대, 생애주기, 교육 등이 가치관의 변화를 유발한다는 것이다. 첫째, 물가가 안정적이고 완전고용의 고도성장으로 특징되는 풍요의 시기가 오면 인간은 비물질적 가치를 추구한다. 한국전쟁 이후의 역사적 조건으로 반공주의가 뿌리를 내렸고 고도성장으로 가치관의 변화가 발생할 수 있으나 그렇지는 않다. 둘째, 풍요의 시기에 정치적 사회화를 받은 세대는 그렇지 않은 세대에 비해 비물질적 가치관을 가지며, 이는 나중에 경제조건이 나빠져도 유지된다. 잠재적으로 부모 세대의 노력으로 경제적 고통을 경험해보지 못한 세대는 부모 세대에 비해 반공주의에 덜 민감하다. 셋째, 생애주기 효과는 젊은 사람이 비물질적 가치에 쉽게 동조한다는 점이다. 가족부양이나 질병에 대한 걱정이 없는 젊은 세대는 비물질적이다. 젊은 세대 효과를 반공주의와 관련지으면 노인층에 비해 반공주의 문제를 정체성의 시각에서 보지 않을 것이다. 넷째, 교육 효과는 교육을 많이 받은 사람이 덜 받은 사람에 비해 탈물질적post-material이라고 본다. 고학력층은 저학력층에 비해 사회갈등적 쟁점에 관용적이다. 위의 네 가지 요소를 반공주의의 지속성 여부에 적용하면 생애주기, 교육 효과와 세대 효과는 비교적 타당한 것으로 예측되지만 실제로 반공주의는 진보 세력이 폐기 또는 개정하려는 움직임이 있어왔음에도 온존하고 있다.

반공주의는 북한과 동전의 양면을 구성한다. 반공주의는 분단이라는 현실적 조건을 기반으로 만들어졌기 때문에 북한의 존재가 사라지지 않는 한 그 역시 사라지지 않을 것이다. 반공주의는 폐기되는 것이 아니라 역으로 과정의존적 산물이라는 점에서 자기강화적이다. 반공국가는 한국전쟁을 거쳐 뿌리를 내렸고 독재와 권위주의 시기에 정치적으로 더욱 강화되었다. 반공주의는 그 자체로서 정치적 도전 세력을 허용하지 않기 때문에 이의를 제기하는 세력이 없다. 반공주의를 철폐하려는 정치적 기업가는 진보 세력이다. 그러나 반공주의는 진보의 성장을 금지하며, 이는 한국에서 사회당이 존재하지 않는 이유다. 노동시장에서도 노조의 역할과 위상이 취약하기 때문에 정치세력화하기가 불가능하다(강명세, 2014). 정치시장에 반공주의에 저항하고 반대할 정당이 존재하지 않는 조건에서 반공주의는 보수 세력의 상징적 기초를 형성한다. 보수 세력은 반공주의를 통해 권위주의 체제를 유지했으며, 민주화 이후에도 반공주의를 포기하지 않았다. 어느 집단도 유리한 이념과 제도를 포기하지 않는다. 불가피한 상황으로 포기하지 않으면 안 되는 조건이 아닌 이상 지배 이념은 약화되지 않는다.

반공주의는 한국 정치, 특히 정당정치의 스펙트럼을 반으로 절단해 중간부터 좌측의 공간을 폐쇄했다. 독일과 달리 반공주의는 바로 정치적 균열이 형성되는 시점에서 형성되었기 때문에 한국에서 처음으로 등장하는 정당의 성격을 규정하는 결과를 낳았다. 독일은 19세기 말 근대화 과정에서 강력한 노동운동을 경험했다. 사회주의 정당은 비록 합법화되지는 않았지만 독일의 보수 세력에게는 커다란 도전 세력이었다. 비스마르크는 바로 급속하게 성장하는 사회주의 세력의 도전에 대적하기 위해 보수의 결집을 호소했다. 그러나 한국은 근대화 이전에 국가가 형성되었기 때문에 사회당의 지지기반이 존재하지 않았다. 원초적 싹은 해방 정국 아래 국가형성을 둘러싼 대립에서 패배함으로써 합법적 존재가 될 수 없었다. 분단과 한국전쟁은 사회주의 계열 정당의 앞날에 결정적 역할을 했다. 김대

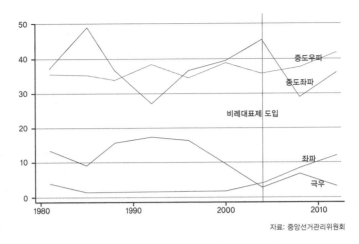

자료: 중앙선거관리위원회

[그림 2] 이념 스펙트럼별 정당 지지도(%), 1971~2012년

중의 예가 보여주듯 반공주의는 자유주의적 경향에 대해서도 결코 관대하지 않았다.

반공주의는 좌우 스펙트럼에서 좌의 반쪽을 잠가버림으로써 산업사회의 정치에서 보편화된 좌우대립의 구도를 불가능하게 만들었다. 이념의 잠금 효과는 사회주의 계열의 정당이 성장하지 못하게 만들었다. 1987년의 민주화 역시 지배 이념에 대한 신뢰를 흔들지 못했다. 이행기의 민주화의 동학動學은 변화의 질과 속도를 결정한다.[6] 민주화 과정이 권위주의 세력과의 합의에 따른 것인 만큼 민주화 세력은 반공주의 개혁을 성사시키지 못했다. 그로써 암묵적으로 정치적 중간 세력이 반공주의를 지지하는 결과를 낳았다.

반공주의가 끼친 반사회주의 정당 효과는 민주화 이후에도 지속되었다.[7] 161쪽의 〔그림 1〕은 2012년 총선에서 각 정당이 얻은 지지율을 정책 정향별 범주에 따라 정리한 것이다. 여기서의 지지는 1인 2표에서 후보에 대한 지지가 아니라 정당에 대한 지지를 표시하는 득표를 말한다. 새누리당은 정당지지도에서 가장 높은 41.8퍼센트의 지지를 얻었고 민주당은

35.7퍼센트로 2위를 기록했다. 한편 한국의 정치 지형상 극우정당에 해당하는 자유선진당은 3.17퍼센트의 지지를 획득했다. 통합진보당은 10.1퍼센트의 지지를 얻은 반면 탈당해서 독자 세력화한 진보신당은 1.1퍼센트의 지지를 얻는 데 그쳤다. 사회주의 계열의 두 정당에 대한 지지는 11퍼센트로 제3당의 지위를 갖는다. 이도 그나마 비례대표제도의 효과다. 지역구에서는 5석을 넘지 못했다. 모든 의석을 비례대표로 한다면 30석 가까운 중견 정당이 될 수 있는 잠재력을 가졌으며, 좌파 정당이 민주당과 연합하면 과반 의석 이상으로 연합정부를 세울 수 있다.

〔그림 2〕는 역대 총선에서 사회주의 계열 정당이 얻은 지지를 표시한 것이다. 역대 총선에서 극우정당과 우익정당은 언제나 과반 이상 혹은 그에 근접한 지지를 얻었다. 그리고 중도우파 혹은 중도정당은 30~40퍼센트를 오락가락한다. 반면 좌파 정당은 1인 2표 정당명부식 제도가 도입되기 전까지는 5퍼센트의 지지를 확보하는 데도 실패했다.

보안법은 냉전시대 북한의 위협으로부터 영토와 국민을 보호한다는 명분으로 만들어졌으나, 세계적 냉전이 해체된 이후에도 변함없이 남아 한국 정치의 보폭을 규정해왔다. 논리는 북한의 존재다. 한반도에는 여전히 냉전이 지배하고 있다. 보안법은 반공 강화의 명분하에 정치적 반대 세력의 정치활동에 필요한 자유를 억압하는 데 이용되었다. OECD 회원국 가운데 사회주의 계열의 정당이 정치적으로 무기력한 나라는 한국뿐이라는 사실은 좌익정당 등 정치적 반대 세력의 억압에서 비롯된 것임을 시사한다. 보안법으로 말미암아 사회주의 계열의 정당이 존립하는 것 자체가 불가능한 것이다.

한국 정치사에서 '가장 진보적인' 정부로 평가받는 노무현 정부도 국보법 철폐를 시도했으나 성공하지 못했다. 2004년 9월 5일 노무현 대통령은 국보법 폐지의 뜻을 선언했다. 그러나 오히려 섣부른 국보법 폐지 입장은 보수 세력에게 정체성의 상징성을 통해 대결집하는 의도치 않은 결과를 낳았다. 또한 국보법 처리를 두고 열린우리당 내부적으로도 분열이 일

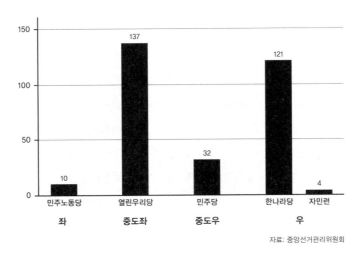

[그림 3] 2004년 17대 총선 결과와 의석 배분

자료: 중앙선거관리위원회

어나 국회 통과는 불가능했다. 노 대통령의 발언은 보수 대 진보의 균열을 극명하게 보여주었다. 열린우리당은 즉각 찬성의 뜻을 보인 반면 한나라당은 국가정체성의 폐기라며 극렬히 반발했다. 이런 대치는 반공이 얼마나 첨예한 문제인가를 다시 한번 증명한 것으로, 그 문제의 해결이 심상치 않을 것임을 예고했다. 보수 세력은 한국전쟁 이후 국보법을 국가정체성의 상징으로 설정했으며, 진보 세력에게는 냉전시대의 유산이자 정치적 억압의 도구로 인식되었다. 간단히 말해 국보법은 보수와 진보를 가늠하는 정체성이다. 정체성의 정치에서 타협은 설 자리가 별로 없다. 상징의 대결에서 수는 결정적 역할을 하지 못한다. 노무현 대통령이 창당한 열린우리당은 17대 총선에서 152석을 얻어 이미 과반수를 넘어섰다. 반공주의가 약화되려면 중도가 이에 찬성표를 던져야 한다. 그런데 중도의 입장에서 보면 국보법은 한국전쟁의 참혹상을 다시 떠올리게 한다는 점에서 폐지에 부정적 감정을 갖게 한다.

한나라당은 122석으로 제2당의 지위로 몰락했다. 그러나 좋은 정치적 조건에도 불구하고 보안법 폐지는 국회를 통과하지 못했다. 타협이 불가능했기에 개정입법 또한 성사되지 못했다. 그렇다면 왜 진보 세력은 대통령직은 물론이고 국회 과반수 의석의 제1당을 차지했음에도 보안법 폐지에 실패했을까? 기존의 반공 이념은 사회 속에 강고하게 자리 잡아 기성 질서의 한 축을 담당하고 있어, 이에 도전하는 새로운 이념은 중간 세력의 동의를 얻어야 새로운 질서를 창출할 수 있다. 역사적 변화의 여부는 대부분 중간에 속한 온건 세력의 동조 여부에 달려 있다.

이 같은 질문에 답하는 데 있어 선호의 변화를 가능케 하는 기제가 무엇인가에 대한 논의가 필요하다. 와인개스트는 이념의 변화가 역사적으로 어떻게 가능했는지를 분석하기 위해 설득의 모델을 제시했는데, 이는 반공주의 지배구조의 존재를 설명하는 데 효과적이다. 설득의 모델은 네 개 부분으로 구성된다.

첫째, 새로운 변화가 사실인 가능성(π)을 가정한다. 불확실성이 상존하는 현실에서 새로운 변화는 실패할 잠재적 위험을 안고 있다. 중간의 입장에서 보면 새로운 변화가 진실을 담고 있을 가능성은 그리 높지 않다. 기성 질서는 여전히 안정적 틀을 제공하며 커다란 불편함이나 불이익이 없다. 새로운 질서의 추구 세력은 자신의 목표가 정당하고 좀더 커다란 공공재를 창출한다는 점을 대중에게 설득해야 한다. 대중의 동조가 성패를 결정하는 관건이다.

둘째, 중간층이 변화를 수용할 가능성이다. 중간층이 낡은 구조로부터 이탈해 새로운 변화에 동조할 가능성을 π^*라고 하자. 변화는 $\pi^* < \pi$일 때 발생한다.

셋째, 중간층의 참여를 불러오는 것은 중대한 사건의 발생이다. 이때 역사적 사건은 중간층을 설득할 정도로 분명하게 새로운 변화의 정당성을 옹호하는 계기를 제공해야 한다. 대규모 논쟁의 발생은 문제의 중요성을 부각시키는 데 기여하며, 이를 계기로 π^*가 하락한다. 심각한 논의의 확산은 이제까지 관망하던 중간집단의 참여를 촉진하는 계기가 된다. 이 계기를 적극 활용해 자신의 자산으로 만들려는 정치적 기업가정신이 발동하는 단계에 속한다. 넷째, 정치적 변화는 비연속적이다. 중대한 역사적 변화는 눈에 보이지 않고 서서히 변화하는 것이 아니라 중대국면critical junctures에서 만들어진다. $\pi > \pi^*$ 국면에서 중간집단은 급진적 변화에 동의하며 새로운 질서가 태동한다. 그 반면 새로운 질서가 진실일 가능성이 낮다면 중간집단의 동조 가능성이 높지 않고, 따라서 변화는 일어나지 않는다.

다음은 이 네 가지 구성요소를 활용해 반공주의의 지배와 그에 대한 도전을 재해석한 것이다.

구조 변화는 새로운 질서를 창출하려는 변화의 시작이다. 17대 총선에서 열린우리당의 과반 의석 확보 등 진보 세력의 정치적 승리는 구조 변화에 해당한다. 구조 변화가 아니었다면 노무현 정부는 국보법 폐지를 상상할 수조차 없었을 것이다. 국보법은 그 논쟁과정이 보여주듯 한국의 정치질서를 떠받치는 중요 기둥의 하나다. 이런 기성 질서에 대한 도전은 일반적 조건과 상황에서는 불가능하다. 열린우리당의 개혁입법 드라이브가 시동하기 전 개혁이 성공할 거라고 믿는 사람은 매우 드물었다. 다시 말해 π는 아주 낮은 확률이었다. 노무현과 열린우리당은 국보법 폐지를 추동하려 함으로써 보수질서에 대신해 진보적 체제를 도입하려 했던 정치적 기업가였다.

반공질서의 폐지 또는 완화에 성공하지 못한 것은 국보법의 피해를 결정적으로 전달해줄 수 있는 대단위 사건이 없었던 탓이 크다. 도전 세력은 국보법이 낳았던 과거의 폐해를 거론했다. 그러나 과거의 정치적 사건이 정치적 억압으로 작동했다는 것은 새로운 사실도 아니고 많은 사람의 공감을 불러일으키지도 못했다. 역사적 희생의 재발굴에는 과거사위원회 등 이미 다른 입법이나 조직이 존재했기 때문에 국보법과는 유기적 관련을 맺기 어려웠다. 변화론자의 주장을 받아들일 만한 현실적 사례가 없었기 때문에 사회적 분위기를 환기하는 데는 성공했지만 동조 세력을 넓히지는 못했다. π^*가 상승하지 못했던 것이다. 낮은 확률의 π^*에서 노무현 대통령은 변화의 의지를 스스로 거둬들였다. 기업가적 정치인의 몰락이었다. 결국 비연속적 변화는 일어나지 않았고 국보법은 여전히 보수와 진보의 정체성을 가르는 제도로 남아 있다. 남북의 잦은 군사적 대립은 중간 세력에게 반공주의 폐지에 해당하는 현상타파보다 반공주의의 유지라는 현상유지에 더 집착하게 만든다. 2010년 11월 북한의 연평도 포격은 남한의 반공주의 헤게모니를 더욱 강고하게 만드는 데 기여했다.

4. 결론: 반공주의는 어떻게 약화될 수 있는가

이 글은 이념이 현상유지의 접착제라는 관점을 통해 반공주의가 어떻게 한국 사회의 현상유지에 기여해왔는가를 이해하려고 했다. 이념이 현상유지를 떠받치는 역할을 하려면 현상유지를 선호하는 집단이 강력한 사회적 세력으로 존재함을 전제로 한다. 반대로 현상타파를 선호하는 집단이 세력을 결집할 능력이 부족하면 도전해도 성공하기가 어렵다. 한국 사회의 보수적 접착제는 반공주의이며, 그 구체적 실현은 국가보안법 제도다. 한국 사회에 지배적 이념으로 뿌리내린 반공주의는 정치적 유산인 동시에 정치적 도구다. 반공주의가 몇 차례의 도전에도 불구하고 현상유지 되는 까닭은 현상유지를 선호하는 보수 세력이 집권하기 때문이다. 보수 세력은 북한의 도전에 맞서 반공주의를 제시하면서 국내적으로는 대통령제와 소선거구제를 통해 권력을 재생산하는 데 성공해왔다.[8] 반공주의는 지역주의가 그런 것처럼 투표와 소득의 불일치에 기여한다. 저소득층이 자신의 이해를 대표하는 정당을 지지하기 어렵게 만드는 것이다. 현행 선거제도와 다른 제도하에서 선택이 주어진다면 누가, 어느 정당이 집권하느냐는 크게 달라진다. 중위투표자는 판세를 결정하는 역할을 한다. 중간층은 지금과 같은 다수제 제도에서는 양당 가운데 어느 하나를 선택할 수밖에 없다. 중간을 대표하는 정당은 존립할 수 없고 양당 중 하나로 수렴된다. 한편 비례대표제 선거제도하에서 각각의 사회집단은 자신이 지지하는 정당에 투표하고, 그 결과 다당제가 만들어진다. 중산층은 중산층을 대표하는 정당을 지지한다. 선거가 끝난 후 각 정당은 연합정부 구성을 놓고 흥정한다. 비례대표제하에서는 유럽의 역사가 보여주듯 흔히 중도–좌파 연정이 더 흔하게 발생한다. 이처럼 비례대표제에서는 진보 세력이 정부에 참여하고 집권할 가능성이 높아진다. 그러나 현행 다수제에서는 중간 정당은 존재하지 않으며 양대 정당 중 한 정당을 선택해야 한다. 중위투표자는 보수정당을 선택하기가 쉽다. 적어도 진보정당이 집권하면 중간층에 과세할 가능성이 있지만, 보수정부는 과세하지 않을 것이기 때문이다. 실제로 정당명부식 비례대표제는 소수 정당에 유리하게 작용해왔다. 2004년 4월 15일 제17대 총선에서 처음으로 1인 2표의 비례대표제가 실시되면서 좌파 계열 정당의 지지는 꾸준히 증가하고 있다. 이전까지는 개인 후보에 대한 지지가 후보의 정당 지지로 동일시되어 전국구 의석이 배분되었으나 대법원은 2001년 7월 19일 이를 헌법이 보장한 직접선거와 어긋나는 위헌이라고 결정했다. 반공주의는 구조적으로 통일 이후에 결정적으로 사라질 테지만 분단 상황에서도 선거제도를 어느 것으로 하느냐에 따라 약화될 수 있다.

한국의 지배집단과 반공주의

김동춘
성공회대학교 사회과학부 교수

1. 서론: 한국 반공주의의 특징

한반도에서 반공주의는 일제강점기, 특히 중일전쟁 이후의 전시체제 하에서 주로 유래했지만 주로 1948년 전후 남한에서 본격적으로 형성되어 한국전쟁을 계기로 강화되었다. 그리고 이 반공주의는 한국 단독정부와 남한 국가지배 세력의 집단적인 가치와 이데올로기를 집약한 것이고, 실정법으로는 국가보안법 등에 의해 지탱되고 있으며, 제도적으로는 국정원과 기무사 등 국가조직과 공안검찰, 경찰 내의 대공수사과, 정보과, 보안과 등과 이들의 활동을 뒷받침해주는 각종 임시기구나 규정에 의해 지속된다.[1] 결국 한국에서 반공주의는 한국 지배집단의 이데올로기 정책을 집약한 것이며, 따라서 반공주의는 분단된 한국의 국가정체성과 외교와 국내 정치의 기본 원칙, 지배집단의 논리와 심리 그리고 정치적 갈등과 저항운동의 기원을 설명해주는 시금석이다.

반공주의는 냉전기에 미국을 비롯한 자유주의 서방 진영에 속했던 나라에서 공통적으로 나타났기 때문에 한국에서만 나타난 현상이라고 볼 수 없다. 미국과 유럽에서는 자유주의자, 파시스트, 사회민주주의자 등 다양한 집단에서 다양한 형태의 반공주의가 나타났지만 한국에서는 주로 국가 이데올로기, 우익의 체제 이데올로기로만 존재했다.[2] 특히 분단전쟁을 거친 한국에서의 반공주의는 다른 어떤 서방, 제3세계 진영의 국가보다도 내부의 적을 절멸시킨다는 전체주의 성격을 갖고 있다. 이는 국가나 사회의 미래지향적 정체성을 집약한 게 아니라 '적'인 내부의 반체제 인사, 외부의 적인 북한의 실질적 위협과의 대립 속에서 자신의 정체성을 역으로 규정하고 있다는 특징을 갖는다. 그리고 그것이 행사되는 방식에서는 대단히 공격적이고 폭력적인 양상을 지니게 된다. 냉전기에 대다수 서방 국가의 반공주의는 자유주의와 자유민주주의 이념의 하위 범주로 존재하는 경향이 있지만, 한국의 경우 1986년 '국시 논쟁'에서 나타났듯이 헌법적 가치를 넘어서는 사실상 국가의 최고 이데올로기로 되어 있을뿐더러 심지어는 실정법의 적용을 넘어서는 초헌법적·종교적 가치로까지 올라서 있다.[3] 반공주의의 종교화는 온 국민에게 반공주의자인가 아닌가를 스스로 고백하고 내면을 검증하도록 만드는 일종의 문화적 강압으로 존재하게 된다.

특히 한국 반공주의는 '주기적이고 만성적인 적색공포Red Scare', 편집증paranoid 혹은 반공주의 히스테리anticommunist hysteria의 형태로 나타나기도 했다. 즉 미국에서 러시아혁명 직후 1920년 전후로 나타났던 적색공포, 1950~1954년 나타났던 매카시즘과 마찬가지로 북한 공산주의 세력이 국가를 전복시킬 거라는 전제하에 국내에서는 스파이나 '반역자'가 '암약'한다는 대대적 정치선동과 공포 분위기 조성 그리고 간첩 색출작업과 좌익 낙인찍기, 지목된 사람들에 대한 고문과 투옥 등이 공공연하게 자행되었다.[4] 자유민주주의의 헌법적 원칙이 지켜진 미국이나 서유럽에서는 반공주의 히스테리가 냉전 초기에 일시적으로 나타났는데, 폭력이 없진 않았으나 집단학살로 연결되지는 않았다. 그러나 한국에서는 1948년 제주 4·3사건이나 여순사건, 한국전쟁 전후나 1980년 5·18민주화운동 당시처럼 국가폭력과 대량학살로 연결되기도 했고, 지배 세력이 정치적 위

176

기에 몰릴 때마다 수시로 반복되었다. 특히 냉전보수 세력이 위기에 처한 1987년 민주화, 지구적 탈냉전 이후에는 주요 임명직 공직자의 과거 발언을 문제 삼는 색깔 시비 등 히스테리적 양상으로 주로 등장했다. 즉 민주화운동 이후 억압적 국가기구가 이완되면서 노동운동과 각종 사회운동이 등장하고 진보정당이 등장하자 담론의 영역에서 반공주의는 과거보다 오히려 더 기승을 부렸다.

남북한이 정치군사적으로 분단된 한국에서 반공주의는 주로 반북反北주의와 같은 의미를 갖고 있다. 그리고 단일한 인종과 종교, 문화의 전통을 가진 한국에서 반공주의는 서구 여러 나라에서 극우 세력이 견지한 인종주의의 대체물, 즉 유사인종주의의 측면을 갖고 있다.[5] 즉 실제 북한에서 남파되었다가 체포된 공작원, 남한 내의 **체제비판적이거나 급진적 인사**들은 전근대 시절의 반역자처럼 지목당해 사람이 아니라 괴물이나 살인자, 악마, 간첩 등의 이미지로 표상되기도 했다. 그래서 이들을 수십 년 동안 투옥·유폐하는 처벌이나 감옥 안팎에서 이들과 그 가족에 대한 폭력행사와 고문도 사실상 용인되었다. 20세기 후반기를 거쳐 21세기에 이르는 동안 반공주의가 이처럼 장기간 억압적으로 행사되고 국가의 초헌법적 이념으로 군림한 나라는 세계에서 오직 한국밖에 없을 것이다.

물론 반공주의가 단일한 국가 이데올로기로 그리고 편집증 혹은 히스테리적 양상으로 이렇게 오랫동안 지속된 이유는 한국전쟁과 그 전후 지금까지 지속된 남북한의 분단과 냉전일 것이다. 북한과 전쟁을 벌이고 북한과의 적대 상태가 이처럼 오래 이어지지 않았다면 이런 적색 히스테리는 **지속**되지 않았을 가능성이 크다. 그러나 이데올로기로서 반공주의는 반드시 그것을 퍼트리고 이용하는 정치 세력, 그 세력을 지지하거나 그런 이데올로기를 받아들이는 국민이 있기 때문에 행사되고 확산되는 법이다. 특히 적색공포, 히스테리적 형태로 그 이데올로기를 확산시키는 정치 세력의 조건과 심리야말로 그 이데올로기 성격을 이해하는 데 매우 중요하다. 그 이데올로기의 담지자擔智者인 지배 세력의 정치경제적 존재 조건과 문화, 기억, 심리야말로 이데올로기 이해에서 가장 중요한 점이다. 그래서 한국 반공주의의 성격을 이해하려면 한국 정부 수립 후 한국전쟁 전후의 지배 세력을 구성한 여러 세력과 흐름에 대한 이해가 필수적이다.

이 글에서는 한국 반공주의의 이런 성격을 설명하기 위해 반공주의의 담지자들, 즉 초기 반공주의를 표방한 세력이 누구인지 살펴보고, 그들의 어떤 사회적 조건과 경험이 이런 공격적 반공주의를 견지하게 되었는지 살펴보겠다.

2. 반공주의의 조건으로서 냉전과 분단, 한국전쟁

일제강점기의 독립운동 진영은 1917년 러시아혁명에 고무되어 사회 주의와 공산주의에 경도되었고, 이들과 온건민족주의 또는 기독교 인사 간의 갈등이 20세기 한반도에서 반공주의 형성의 기원을 이루고 있다.[6] 해방 후에도 사회주의, 민족통일을 지향한 세력과 남한 단독정부 수립을 표방한 정치 세력 간의 갈등이 반공주의 형성의 가장 중요한 기반이 되었다. 그러나 전후 미국에서의 적색공포가 독일의 철의 장막, 중국의 사회주의 혁명, 소련의 핵개발 등 국제적인 차원에서의 공산주의 공세에서 조성되었듯 한국에서의 반공주의는 1948년 제주 4·3사건, 여순사건과 같은 사실상의 내전 그리고 곧이어 3년 동안의 한국전쟁에 의해 결정적으로 강화되었다.

제주 4·3사건과 여순사건은 신생 이승만 정부를 거의 공황 상태에 빠트리고 말았다. 여순사건을 수습하는 과정에서 한국 군대는 숙군肅軍을 단행하면서 반공주의를 공식 이념으로 채택해 군인들에게 주입했다. 정부 수립 초기에 군은 주로 민족과 국가의 이념을 강조했으나 여순사건 이후에는 반공을 군대의 기본 정신으로 삼았다. 그리고 군대 내에 정보국과 정훈국을 설치했다. 원래 주한미군사고문단은 군의 정치적 중립을 이유로 한국군 내에 정치국을 설치하는 데 반대했지만, 한국군은 정훈국으로 명칭을 변경해 설치했다.[7] 여순사건 직후인 1948년 12월 1일 한민당과 이승만 세력이 주도하던 당시 국회는 반공주의를 법으로 집약한 국가보안법을 통과시켰다.

독일 등 서유럽과 달리 일본과 동북아시아에서의 냉전체제는 일본 전범재판인 도쿄재판이 형식화된 데서 전형적으로 드러났듯이, 구제국주의 파시즘 세력의 청산을 좌절시켰다. 그래서 일본과 한국에서는 민주주의의 외피 속에서 과거의 전쟁범죄자, 파시즘 세력이 다시 권력층에 진입하게 되었다. 물론 2차 세계대전 이전 독일과 일본의 파시즘 체제가 극단적 반공주의에 기초해 있었고, 2차 세계대전 이후 미국은 동아시아에서 반공기지를 건설하기 위해 과거 일본의 전쟁범죄자들을 다시 기용하고 새 체제의 기둥으로 삼은 셈이다.[8]

즉 20세기 각국의 파시즘은 대체로 사회주의 혁명에 대한 부르주아 세력의 두려움을 집약하고 있다.[9] 특히 반공주의는 공산주의자들이 무엇을 하든 그것에 무조건 반대하겠다는 부정적 결단이며, 그것에 대한 두려움의 표현이다. 1945년 이전의 일본 제국주의 파시즘 또한 강한 적색공포에 기초했다. 일본 제국주의의 정치적 기반인 천황제는 공산주의를 용납할 수 없는 반역사상으로 간주했으며, 그것이 치안유지법에 집약되어 있다.[10] 따라서 일제 식민지 정책에 반대하는 일본인이나 조선인은 공산주의자 혐의를 받았다. 그러나 당시 조선인들의 입장에서 볼 때 일제 식민지 체제에 저항하는 것은 그 어떤 경우에도 민족 구성원으로서 도덕적 정당성을 가질 수 있었기에 좌우합작이 계속 시도되었고, 식민지하에서는 반공주의가 전면화되기 어려웠다.

1946년 초 신탁통치 반대운동 이후 우파 그리고 정부 수립 후 이승만을 비롯한 한국의 지배 엘리트들은 소련을 새로운 제국주의 국가로 보고, 북한을 공산독재가 주민을 노예로 부리는 국가로 보았다. 즉 당시의 반공주의는 특정한 국가나 정당의 정책과 이념을 지칭하는 개념이 아니라 미국과 소련을 어떻게 바라볼 것인지 그 문제를 둘러싸고 주로 정립되었으며, 양측 모두가 민족주의 담론을 사용하고 있다는 것이 그 특징이었다.

결국 일제 파시즘에 부역했던 친일 경력의 엘리트들은 해방 이후 미군정의 반공주의 정책에 편승해 반공주의의 이름으로 북한과 사회주의를 소련의 사주를 받는 '반민족 세력'으로 공식 규정했다.

냉전체제는 만성적인 전쟁(준비)체제다. 냉전도 전쟁이므로 국가가 주도해 적으로 분류된 집단에 만성적인 폭력을 행사하는 체제이며, 더 나아가 집단학살과 마찬가지로 적의 완전한 제거, 즉 적으로 분류된 집단과 정치공동체를 '절멸'annihilation시키는 것을 의도하는 극단주의 체제였다.[11] 그것의 목표는 공포심 제거, 즉 공산주의와의 전쟁에서 승리해 안전을 확보하는 것이며, 그 전쟁은 공산주의가 사라질 때까지 계속되는 것이었다. 다른 전쟁과 마찬가지로 냉전 역시 적은 외부와 내부에 동시에 존재한다. 외부의 적은 소련이나 사회주의 진영이었고, 적에 대한 악성 루머가 떠돌면서 내부의 적은 국가 내부의 공산주의 또는 반공주의 반대 세력 일반, 더 나아가 그들에게 협력하는 사람에게로 확대되었다.[12] 냉전기 전쟁의 두 참모부 미국과 소련은 전쟁국가였고, 두 국가 내의 정치적 반대 세력도 외부의 적으로 취급되었다. 스탈린 지배하에서 정치적 숙청과 학살, 미국의 매카시즘하에서 좌익 사냥이 그런 사례였다.

그런데 한반도는 트루먼 독트린 선언, 즉 국제적 냉전이 본격화되기 이전에 이미 체제이념을 달리하는 미·소의 분할점령에 의해 분단되었고,[13] 곧이어 남한은 내전 상태에 있었으며, 냉전 초기 단계인 1950년부터 3년간 내전과 국제전을 겪었다. 이는 서방 진영의 사람들에게는 1947년 이후 형성되었던 공산주의에 대한 두려움과 공포가 한발 앞서 존재했다는 것을 의미하며, 냉전이 전면전으로 발화하자 한반도에서 반공주의는 극단적인 수준에까지 이르게 되었다.

지구적 냉전의 최전선이자 한국전쟁이라는 열전을 경험했던 한국은 20세기 세계 여러 나라 중 가장 심각한 전쟁 피해를 입었을 뿐 아니라 1953년 정전협정 이후에도 여전히 유사 전쟁 상황을 겪고 있다. 그래서 대만과 함께 사실상 내전이 지속되었으며, 반공주의라는 냉전적 극단주의가 가장 심각한 곳이었다. 그리고 이 극단주의가 폭력적 정치질서와 '멸공'滅共이라는 일상적 언술로 표현된 예가 바로 1972년의 유신체제였다.

3. 한국의 지배집단과 반공주의의 여러 조건

1) 계급이익, 생존 논리로서 반공주의

일제 말기에 고위관리, 경찰, 군장교로서 식민지 체제의 기둥 역할을 했거나 지식인으로서 적극적인 친일활동을 했던 조선인들은 해방 후 수 개월 동안 위축되어 있었다. 전자의 경우 대체로 권력지향적이거나 기술 관료의 위치에 있던 사람들로, 자신의 능력이나 기술을 인정해주고 보상 해주는 정치 세력이 있으면 어느 쪽이든 그쪽에 협력할 준비를 하고 있었 다. 해방 직후 신탁통치에 대한 찬반 논란을 계기로 좌우대립이 격화되고 미군정이 수도청장인 장택상을 통해 일제강점기 경찰 간부를 지낸 경력을 가진 사람들을 대거 기용하면서 이들은 또다시 권력층에 진출할 수 있게 되었다. 그 당시 공산주의 세력은 이들 친일 경력자에 대해 가장 비판적이 었다. 그래서 이들은 "그들을 '매국노'라고 공격한 공산당과의 혈전에 결 사적 힘을 발휘했다."[14]

이들은 아직 미군정이 좌우합작 등을 통해 중간파 지도자 주도로 정 부를 수립하려는 정책을 갖고 있던 1946년 무렵에도 이미 확고한 반공주 의 노선을 견지했다. 장택상과 조병옥 등 경찰력을 장악한 이들은 애초부 터 절대적으로 이승만을 지지했으며, 스스로를 태양(이승만)의 주위를 도 는 위성(장택상)으로 비유했다.[15] 이들은 해방 후 좌파들의 공격에서 자신 의 기득권과 입지를 보호해주는 이승만에게 절대적으로 의존했으며, 반공 을 이념으로 하는 단독정부 수립에 정치적 생명을 걸었다.[16] 이들은 자신 의 입지를 공격하는 공산주의를 무조건 적대시했는데, 그 정도가 히스테 리에 가까운 수준이었다.

특히 과거 일제에 부역했던 사람들에게 그런 경향이 가장 심하게 나타났다. 일제 헌병 하사관 출신의 김종원이나 수사기관 출신 김창룡이 "공산주의의 씨를 말려야 한다"는 생각으로 반공주의의 선봉에 나선 것은 이런 자기보호 심리의 표현이었다.

해방 직후 한민당을 이끌던 김성수와 백관수, 김병로, 장덕수, 김준연, 장택상 등은 대체로 국내의 지주나 사업가, 중산층, 언론인, 교육자 출신으로 이들은 적극적인 항일운동을 펼치지 않았다. 대부분이 타협적인 노선을 걸었던 사람들로 이들은 '절대 사유재산제'에 대해서는 반대했지만, 사유재산 폐지를 주장하는 공산주의 세력과 맞서지 않을 수 없었다. 그렇다 보니 자신들의 이런 계급적 지위 때문에 애초부터 강한 반공산주의 입장을 취하게 되었다.

사실 8·15해방 직후 한민당이 서둘러 창당된 사실 자체도 미군정에 대한 대응 측면과 좌파 계열이 주도한 건국준비위원회나 인민위원회 설립 등 국가건설까지 시도하는 것에 대한 위기의식과 응전에서 비롯된 것이다. 즉 한민당은 출발부터 "좌익 세력에 대항하는 정당이었다."[17] 지도부 70명의 이력을 살펴보면 대부분 전문대 졸업 이상의 학력을 가졌으며 그중 일본 유학파가 47퍼센트, 미국 유학파가 27퍼센트였다.[18] 이들의 출신은 지주나 자본가, 기업경영자, 사회단체 간부였고, 교사나 변호사, 의사 등 자유업 종사자가 75퍼센트에 달했다. 그래서 엘리트 전문가 중심이었다. 이들 가운데 적극적으로 일제에 저항한 사람은 거의 없었고, 일제에 협력하지 않은 사람이 일부 포함되어 있기는 했으나 대다수는 일제에 협력했던 사람이었다. 한민당 주도 세력은 좌익을 견제한다는 명분하에 일제 협력자들을 끌어들였던 것이다. 즉 그들의 계급적 이해가 당시의 민족감정보다 중요했다는 이야기가 된다.

특히 한민당을 재정적으로 지원한 이들은 전국 각 지역의 기업가와 지주였다. 이들은 자신의 재산 박탈을 위협하는 사회주의와 공산주의 노선을 무조건 거부할 계급적 이유가 있었다. 미군정은 이들을 지역정치에 복귀시키는 역할을 했다. 한민당은 유상몰수 유상분배의 토지개혁정책을 폈는데, 무상몰수는 사유재산제도를 근본적으로 부인하는 것이기 때문에 반대한다고 건의했다. 이것은 지주의 이익을 대변하던 한민당으로서는 당연한 주장이었다. 한민당은 분단된 한반도 문제의 해결을 위해 대화를 통한 남북협상이나 긴장완화를 추구하려고 노력하지 않았으며, 공산주의자들과는 대화가 필요치 않다는 견해를 끝까지 고수했다.[19] 즉 심지연이 말한 것처럼 "한민당이 이 땅의 정치문화에 끼친 가장 큰 영향은 반공주의였다." 애초부터 독자적 노선과 지도력을 갖지 못한 채 인민공화국과의 투쟁, 신탁통치 반대 등 부정적 이념과 노선을 표방했던 한민당의 노선은 지금까지 국가의 공식 노선이 되어온 것이다. 한민당의 노선은 일제에 협력했거나 저항을 포기했던 엘리트의 현실적 인식, 지주들의 계급이익과 생존의 논리를 집약한 것이었다.

일제하에서 군과 경찰, 관료로 식민지 파시즘 통치에 적극 부역했던 사람들에 대한 처벌 여론은 해방 직후 높아졌지만 미군정의 정책, 국제적 냉전체제의 고착과정에서 이들은 처벌은커녕 다시 요직에 기용되었다. 그러나 1949년 1월 반민특위가 수립되고 이들에 대한 처벌, 공직추방 논의가 재개되자 이들은 또다시 위협을 느꼈다.[20] 그 법이 그대로 시행될 경우 군과 경찰의 수뇌부 상당수는 그 직책을 상실할 수밖에 없었다. 그런데 그 시기는 여순사건 직후 군대 내의 좌익계 군인들을 색출하던 때였다. 이승만 대통령은 "반공투쟁이 격렬할 때 이들의 기술이 필요하므로 장공속죄 將功贖罪(장차 공을 세워 죄를 면하게 함)토록 하라"고 명령했다. 이승만의 공격으로 반민특위가 무력화되자 군은 '국회 프락치 사건'을 일으켜 역공을 폈다. 군은 대한민국을 수호한다는 명분하에 국가보안법을 반대하던 소장파 국회위원을 체포하고 반민특위를 무력화시켰다. 당시 헌병대와 육군 본부 정보국이 이 수사에 적극적으로 나선 이유는 이들 조직의 지휘부 상당수가 친일파로 처벌될 인물이었기 때문이다.[21] 이후 군은 애초에 표방했던 정치적 중립의 약속을 저버리고 반공을 내부 이념으로 정착시켰다.

2) 정치 노선과 사상으로서 반공주의—자유주의와 기독교, 파시즘
- 자유민주주의와 사회민주주의

일제강점기하에서 문화민족주의와 '실력양성론', 민주주의, 근대 민권 사상을 신봉한 무리의 지식인은 무장 독립투쟁보다는 교육이나 언론을 통해 자주독립 국가를 건설해야 한다고 생각했다. 이들은 주로 일본이나 미국, 영국 등에서 유학한 엘리트였다. 일본에서 유학한 김성수와 송진우, 미국에서 유학한 장덕수 등 동아일보 계열과 김준연, 김병로 등을 포함한 집단을 우선 거론할 수 있다. 그리고 해방 이후 귀국한 이기붕과 허정, 임영신, 장석윤, 조병옥, 장택상 등은 미국 유학파로 이승만의 측근 역할을 수행했다. 이들은 대체로 지주나 중산층 출신으로 미국·영국식 민주주의와 합리주의를 경험했다. 그리고 미국 유학의 경험을 통해 식민지 시기부터 개인의 완성이 국가의 목적이라는 개인주의 가치관을 갖게 되었다. "공산주의와 같은 만병통치격인 일개 이데올로기의 유물변증법으로는 현하 인간지옥 같은 사회로부터 돌변하여 지상낙원은 건설할 수 없는 것이며, 그러므로 사회진보의 원리는 개조에 있는 것으로 혁명은 마땅히 부정되어야 한다"[22]는 반공산주의적인 태도를 자연스럽게 갖게 되었던 것이다.

비록 미국식 자유주의의 세례를 받았다고는 하지만, 미국 유학 경험을 가진 온건한 민족주의자나 기독교 지도자들은 당시 일반적인 한국민에 비해 서구적 생활방식에 익숙한 합리적인 사람들이었다.[23] 그리고 대체로 부유한 가정적 배경을 가졌기 때문에 귀족적 사고나 부르주아 사고를 가졌다. 8·15해방 직후 이들은 자본주의 체제와 자유민주주의를 옹호하면서 사회주의와 북한 체제에 비판적이기는 했으나 정치권에서 사회주의의 요소를 완전히 배제해야 한다는 극단적 반공주의 사상을 견지하지는 않았다. 이들은 일제 말기에 적극적으로 항일운동을 하지는 않았지만, 그렇다고 해서 노골적인 친일활동도 하지 않았다. 무엇보다도 이들 가운데 대부분이 해외에 체류했기 때문에 국내 지식인들에 비해 좋은 이미지를 유지할 수 있었다. 이들은 해방 직후 거의 한민당으로 결집했다. 이들이 주도한 한민당의 최초 강령을 보면 근로대중의 복지증진을 기한다는 내용도 있었고, '주요 산업의 국영'에 대한 내용도 있었지만 사회주의를 배격한다는 식의 강령이나 정책은 없었다.

한편 미국 유학파는 아니었지만 일제하에 한반도나 중국에서 일하며 애초부터 반사회주의나 자유주의·민족주의 노선을 견지했던 일군의 정치 지도자와 지식인도 존재했다. 송진우와 신익희 등이 그랬다. 이들은 신간회 등 일제강점기에 사회주의 계열의 독립운동가들과 다양한 연합전선의 경험을 나누면서 반사회주의의 입장을 애초부터 견지했던 사람들로, 해방 후에는 임시정부 중심의 민족 단일전선 구축 노선을 견지했다. 그러나 송진우처럼 정치적으로 암살당하거나 신익희처럼 이승만 정부에 들어간 경우도 있었다.

한국의 자유주의, 자유민주주의를 지향하는 지식인들은 식민지 시기부터 전제군주나 일제식민지 통치에 대한 저항 속에서 자유민주주의의 사상을 체화했다기보다는 항일운동 진영 공산주의자들과의 갈등과 대결 속에서 그들에 대한 비판의식과 거부감으로 말미암아 자신의 정치적 입지를 갖게 되었는데, 특히 해방 후에는 공산당과 가장 직접적인 반작용으로 그렇게 되었다.[24] 온건한 사회주의, 사회민주주의를 지향한 지식인들 가운데 해방 후 박헌영 주도의 조선공산당과 북한의 김일성 노선에 거부감을 갖고 남한의 단독정부 수립에 합류했거나 북한에서 월남한 사람들도 있었다. 초기 사회부장관을 지낸 전진한이나 전향한 조봉암, 이후 혁신운동을 한 서상일과 장건상, 북한에서 월남한 이동화 등은 약간의 사상적 차이는 있지만 모두 사회민주주의 또는 민주사회주의에 공명하면서도 현실로 존재하는 공산주의 정치 세력에 대해서는 매우 비판적인 입장을 견지한 사람들이었다.

이들은 반공적 사회민주주의자로 분류할 수 있는데, 한반도가 분단되면서 남한 내에서 이들의 정치적 입지는 매우 좁아졌고 거의 아무런 역할을 할 수 없었다. 만약 한국전쟁이 일어나지 않았다면 이들도 시드니 혹

Sydney Hook과 같은 미국의 좌파 반공주의자나 독일의 사회민주당 계열 지식인들처럼 그 나름대로의 정치사회적 역할을 할 수 있었을지도 모른다.

- 기독교

미군정은 기독교를 반공주의 강화에 적극적으로 활용했는데, 이는 지구적 차원에서 미국이 제3세계 기독교 전파를 반공주의 정권 강화에 적극 활용한 것의 연장선상에 있다. 이것은 무신론을 배격하고 기독교를 전파하려는 교회의 이해와 미국의 국가 이해가 일치했기에 가능했다. 맥아더 역시 일본의 민주화를 일본의 기독교화로 이해했고, 한국에서도 같은 정책을 폈다.

한국 개신교에서 반공주의적 내용을 갖게 된 것은 1920년대부터였다. 이 무렵 러시아혁명이 일어났고, 식민지 독립운동 진영에서 사회주의 세력의 영향력이 확대되며, 사회주의자들이 반기독교 입장을 취하면서 개신교나 천주교의 반사회주의 성향이 애초부터 굳어졌다. 특히 미국에서 온 개신교 선교사들은 근본주의 신앙을 갖고 있었기 때문에 기독교 사회주의나 사회참여적 경향이 자리 잡을 여지가 거의 없었다.[25] 1932년 9월 예수교연합공의회 제9회 총회에서 발표된 12개조의 사회 신조에서는 "일체의 유물교육, 유물사상, 계급투쟁, 혁명적 수단에 의한 사회개조와 반동적 탄압에 반대한다"는 문구를 삽입해 반공주의를 거의 교리 수준으로 끌어올렸다.[26] 이들 외에 대부분의 기독교 지도자도 신앙적 이유로 반공주의의 입장을 취했는데, 이들 가운데 상당수는 이후 친일의 길로 들어서기도 했다.

해방 후 신탁통치 문제를 둘러싸고 좌우대립이 본격화되었는데 이 시기에 반탁운동, 즉 우익운동의 대중적 기반은 개신교였다. 이후 개신교와 공산주의 정치 세력 간에 충돌이 격화되고,[27] 개신교 신자들이 이승만 세력으로 집결하고 북한에서 개신교도들이 월남하면서 개신교와 교회는 공격적인 반공주의의 근거지로 그 성격이 더욱 강해지기 시작했다. 북한 지역에서도 3·1운동 기념식은 공산당 주도와 기독교 주도로 이분화되었고,

행사 이후에는 양측이 충돌했다. 특히 대다수의 목회자가 신사참배에 응한 전력이 있어 공산주의자들은 이들을 '민족반역자'라고 공격했다. 1946년 이후 월남자들의 경우 다수가 기독교 인사였는데, 이들의 계층적인 기반은 중·상류층이 많았다.[28]

앞서 언급한 것처럼 당시의 개신교 지도자들은 소련을 제국주의로 보고, 남한의 사회주의자들을 소련 식민정책의 하수인이 된 반민족 세력으로 간주했다. 그리고 자신들을 '민족' 진영 혹은 '자유' 진영이라고 불렀으며, 미국발 냉전 이데올로기를 적극적으로 내면화했다.[29] 여기서 민족 또는 민족주의의 반대로 정의되는 사건이 일어났다. 일제하에서 신사참배를 했던 한국 개신교 지도자들이 이제 반공의 이름으로 '민족'의 대표자가 되었던 것이다. 한국전쟁을 거치면서 '사탄론'이 등장하고 종말론이 도입되었으며 급기야 반공은 구원사상과도 결합되었다. 반공주의는 공산주의 체제를 절대악으로 규정하는 경향이 있어 기독교 신앙의 선악구도와 친화력을 갖게 되었다. 즉 반공주의는 단순한 공산주의 비판이 아니라 극도의 적대감, 절멸해도 좋을 체제로 보는 경향이 있는데, 이는 신을 부정하는 공산주의에 대해 기독교인들이 사탄에 대한 이미지나 관념과 유사하게 보았기 때문이다.[30] 그래서 한국 기독교인들은 분단된 반공국가의 수립을 역사적 사명으로까지 받아들였다.[31]

기독교가 반공투쟁에서 큰 역할을 함으로써 한국전쟁 때 거제도의 포로수용소나 길거리의 검문에서 기독교 교인 증명서는 일종의 신원보증서 역할을 했다. 그리고 이승만 정권은 기독교에 군종제도, 크리스마스 휴일 지정 등의 특혜를 주었는데, 이런 특혜적 조치나 조건은 대공심리전에서도 개신교가 큰 역할을 하는 조건이 되었다.

가톨릭 또한 한국에서 반공주의 강화에 큰 역할을 했다. 스페인에서 파시스트가 '준동'할 때 가톨릭과 성공회 성직자들이 환호성을 올렸다는 기록이 있을 정도로 가톨릭은 파시즘 등장에 일정 부분 기여했다.[32] 당시 한국 가톨릭 지도자인 노기남 주교는 한국 정계에 진출할 인물을 추천해

달라는 미군정 하지Hodge의 요청을 받아들여 60명을 천거했다. 그리고 매주 일요일 명동성당에서 미군 대상의 미사를 집전하기도 했다. 그는 신자들에게 순교정신을 갖고 반공투쟁에 나서줄 것을 요구했으며, 유물공산주의자들이 한국 적화운동을 공공연하게 언급하기 때문에 "한국의 완전한 민주국가 건설을 위해 적화마수의 공세를 분쇄해야 한다"고 주장했다.[33] 이후 미군정으로부터 『경향신문』의 창간 발행을 인수받았으며, 『경향신문』은 반공지로서의 입장을 표방했다. 그는 당시 만주와 베이징의 사례를 들면서 공산주의가 한국을 지배하면 종교의 자유가 사라질 거라고 했다. 한국전쟁이 발발하자 당시 프랑스에 체류하던 그는 그것이 남침임을 강조하면서 공산주의와는 무조건 싸워 박멸해야 한다는 생각을 표명했다. 한국 가톨릭은 한국전쟁을 그리스도에 대항하는 전쟁, 신앙의 자유를 수호하기 위한 십자군 전쟁으로 보았다.[34]

한국전쟁 직후 크게 교세를 떨친 여러 신흥 기독교 유파도 대부분 강한 반공주의에 기초했으며, 교리는 종말론적 구원론에 기초했다. 그중 대표적인 종교가 문선명의 통일교다. 통일교는 한국 반공주의의 상징이며 그 첨병을 자임했다. 개신교의 반공주의는 동시에 반소·친미주의를 의미했다. 개신교는 언제나 미국과의 일체감을 강조했으며 미국을 구세주 같은 존재로 보았다. 개신교는 공산주의를 악마화해 한국 반공체제의 버팀목 역할을 했다. 게다가 개신교 지도자들은 국제무대까지 나가 공산주의는 '세계적인 제국주의'이며 이들과 공존할 수 없다고 주장해 외국의 기독교인들을 놀라게 하기도 했다.[35]

- 보수주의, 파시즘 사상

일제하에서부터 원래 유교적 가치관, 민족주의 정서를 가진 사람들은 사회주의에 비판적인 입장을 취했다. 특히 민족공동체를 인류의 가장 보편적인 삶의 단위로 보는 좁은 의미의 민족주의 사상은 사회주의나 공산주의에 비판적일 수밖에 없었다. 중국에서 활동했던 임시정부, 이후 한독당 계열의 독립운동가들이 이 범주에 속했다. 이들과 함께하면서도 일제하 좌우통합에 매우 비판적이었던 조소앙의 경우도 공산주의는 노동계급의 연대를 위해 민족을 부정한다는 점에서 강한 반공주의의 입장에 서 있었다.[36] 임시정부나 한독당의 반공주의 사고는 해방 이후 그대로 연결되었다. 이들은 해방 후 좌파들을 소련의 조종을 받아서 움직이는 매국노라고 생각했다.[37]

한편 해방 정국에서 극우민족주의 또는 파시즘적 사고를 가진 지도자도 있었다. 이범석과 안호상이 대표적이었는데, 이는 이후 이승만이 표방한 일민주의로 집약되었다. 이들은 자유주의, 의회민주주의, 개인주의를 비판하고 민족과 핏줄을 강조한다는 점에서 독일의 나치즘과 가장 가까운 모습을 보여주었다.[38] 안호상은 초기 히틀러가 주장한 것처럼 자본주의와 민주주의에도 비판적이었다. 이들 극우정치가, 사상가는 국가유기체론과 '영도자론'을 내세우기도 했는데, 이 점에서 그들의 민족주의는 동양식 가족주의와도 결합되어 있다. 그래서 이들은 전통적 가치인 도의나 윤리도 강조했다. 이들은 자본주의자, 공산주의자 모두 돈 숭배주의자이며 실현방법에 차이가 있을 따름이라고 강조해 히틀러의 반자본주의·반사회주의, 일본의 군국주의자들을 떠올리게 했다.[39]

이들 극우민족주의 사상가는 말로는 자본주의를 비판하지만, 실제로 자본주의의 소유관계를 비판하거나 노동조합을 옹호하는 행동을 하기보다는 어용화하거나 파업을 부정했다. 오히려 모든 사람을 자영업자, 소소유자로 만든다는 사상을 견지하고 있었다. 따라서 이들이 내세운 반자본주의 주장은 실제 '수사'rhetoric에 가까운 것이었으며, 노동·농민 세력이나 중·하류층을 포섭하려는 정치적 전략이었다는 비판을 받을 수 있다.[40] 이범석은 "족속과 족속의 투쟁에서 우수한 족속은 생성 발전했고, 실패한 족속은 전락 쇠멸했다"는 식의 전형적인 제국주의를 나타내는 약육강식의 논리, 다원식 진화론의 사고를 견지했다.[41] 또한 그는 나치를 연상시키는 극단적인 민족주의 사고를 견지했다. 그러나 히틀러의 나치즘이 극우민족주의에 기초해 있었던 데 반해 이들의 파시즘적 사고는 민족주의와 거리가 멀었다. 남한의 단독정부 수립을 지지했으며, 민족을 배반한 친일파 청산 실패를 비판하지 않았다. 결국 그들의 민족주의는 전통적·문화적 민족주의에 지나지 않았으며, 정치적으로는 오히려 민족주의에 반하는 입장을 취했다. 이들의 파시즘적 정치사상을 집약한 이승만의 일민주의는 주한미군 철수로 말미암아 생기는 안보의 공백을 메우고 반공체제를 본격적으로 형성해나가려는 이승만의 정치전략과 결합되었다.[42]

4. 한국전쟁과 반공주의의 성격 변화—히스테리로서 반공주의

8·15해방 이후 한국 반공주의는 초기부터 단순한 정치 노선이나 이데올로기가 아니라 레드콤플렉스, 즉 성격과 행동을 통해 드러난 신경증 neurosis의 양상을 보이기 시작했다. 콤플렉스는 개인이나 집단이 갖고 있는 어떤 무의식, 의식의 부정적인 이미지의 덩어리 때문에 다른 부분을 제대로 생각하지 못하고 그것에 과도하게 집착해 그것을 벗어나려고 하는 정신적 태도를 지칭한다. 레드콤플렉스는 공산주의, 사회주의에 대한 공포감과 모멸감이 교차하는 정신 상태다. 현대 한국에서 공산주의, 사회주의는 단지 정치이념을 지칭하는 것이 아니라 북한이라는 정치적 실체와 겹쳐져 있다. 그래서 한국에서의 레드콤플렉스는 북한 또는 그들에 동조하는 남한 내의 좌익 정치가, 지식인들의 힘을 과대평가하거나 그들에 대해 왜곡된 이미지를 갖고 과도한 공포감과 모멸감을 갖는 상태를 지칭한다. 그래서 레드콤플렉스를 가진 사람에게 북한 또는 좌익과 관련된 것은 무조건 없애야 한다는 사고나 행동 그리고 북한의 침략에 따른 위기를 해결해준 미국에 대한 절대적 의존심리로 연결된다. 한국전쟁 전후의 학살과 폭력행사는 이런 반공 히스테리적 태도의 귀결이다.

해방 정국에서 친일 경력을 가진 경찰과 군인, 관료들이 히스테리적 반공주의를 견지한 가장 중요한 동기는 바로 일제하의 친일 콤플렉스 때

문이다. 우선 친일인사들은 그들이 민족을 배신했다는 도덕적 비판 외에
도 일본 제국주의의 폭력적 지배, 인근 국가 침략에 동조했다는 죄과를 갖
고 있으며 본인들이 그것을 의식하고 있었다. 그래서 지푸라기라도 있으
면 잡고, 자신의 행위를 정당화하려는 가능성이 있었다. 이때 반공주의는
가장 좋은 방패막이였으며 자신의 입지를 위협하는 정적을 공격할 수 있
는 무기이기도 했다. 이들은 정치적으로 '민족'을 배반했으면서도 반공·
반소주의 논리로 공산주의자들이 소련의 꼭두각시인 반민족 세력이라고
거꾸로 공격하기에 이르렀다. 미국과 이승만은 이들에게 그런 무기를 제
공해준 가장 든든한 후원자였다. 따라서 이들은 거의 맹목적으로 미국과
이승만을 추종하기에 이르렀다. 이 경우 반공주의는 내재적 가치, 정책적
이상에 기반을 둔 것이 아니라 콤플렉스, 자기보존, 공포감, 지위 유지를
바탕에 깔고 있다.

　　북한에서 월남한 지식인들이 공산주의에 대해 가진 이미지는 북한 사
회주의 치하에서의 탄압 경험에서 생겨난 것이다. 북한은 두려움의 대상
이지만 동시에 비하와 모멸의 대상이기도 했다. 이들이 가진 레드콤플렉
스는 공산주의 위협에 대한 과장되고 왜곡된 신경증적인 징후로, 공포심
을 포함하고 있다. 그래서 이것은 집단 정신병의 일종이라고 볼 수 있다.[43]
자신이 입은 피해의식 때문에 상대방의 힘을 과대 포장하거나 공포심을
갖는 태도를 보여주기 때문이다. 특히 친일 지주 출신의 월남자와 기독교
인들한테서 이런 태도가 가장 전형적으로 나타났다. 자신의 재산을 박탈
당한 것에 대한 분노, 그것을 빼앗은 세력에 대한 공포와 악마화 등이 반
공주의에 복합되어 있다. 이들이 행동을 통해 보여준 공격성과 폭력성은
이들의 박탈감과 콤플렉스, 과도한 위기의식의 산물인 셈이다.

　　개신교 신앙은 피난처에 대한 강력한 욕망과 연결되어 있다. 피난자의
심리는 권력에 의존적이고 타자를 배제하는 이기주의에 바탕을 둔다. 월
남자들은 기본적으로 피난한 존재다. 북한에 대해 느끼는 거부감, 고향과
재산 상실에 대한 박탈감은 그대로 견지되었다. 즉 가진 자들이면서도 박

탈당했다고 생각하며, 언제나 불안하고 위협을 느낀다. 피난의 심리는 안과 밖을 구분하고 내부에서도 끊임없이 타자를 만들어낸다.[44]

이런 집단 정신질환적 신경증적인 반공주의를 견지한 사람들이 권력을 갖거나 경찰 등 국가기구나 언론을 움직일 수 있는 위치에 서게 되면 법과 정책의 집행에서 매우 비이성적인 행태가 나타나게 된다. 즉 반대파를 공격하고 제거하기 위해 '발작적인' 매카시즘을 사회에 만연시키거나 폭력기구를 과도하게 활용하는 것이다. 한국전쟁 이후 지금까지 지배집단이 자신이 위기에 처했을 때마다 사용해온 색깔 시비, 간첩조작, 고문과 학살 등이 그 대표적인 예다. 분단과 전쟁체제하에서 정신분열증적인 반공주의는 일시적인 히스테리에 그치는 것이 아니라 고착되는 경향이 있다.[45] 그것은 주체와 내면성의 상실이다. 그러므로 한국에서 반공주의는 언제나 대미의존적 사고와 함께 존재했다.[46]

3년 동안의 한국전쟁을 거치면서 반공주의는 곧 집단적 폭력의 형태로 표출되었다. 그것은 에리히 프롬이 말하는 종교적인 강박신경증 양상을 띠게 되었다.[47] 한국전쟁 당시 북한 인민군 지배체제를 겪고 나서 한국의 보통 사람들이 갖게 된 반공주의는 일종의 체험적 지식 또는 문화 사회 심리로서 대중의 마음에 자리 잡게 되었다.[48] 그리고 1950년대 이후 학생들은 교육을 통해 공산주의에 대한 혐오감과 거부감을 갖게 되었다.

서구의 우익 세력이 견지하는 인종주의와 마찬가지로 한국의 반공주의도 우월한 위치에 있는 집단이나 조직이 법과 권력의 힘을 바탕으로 열등한 위치에 있는 집단을 차별하거나 고통을 가하거나 심지어는 집단살해까지 할 수 있다고 여긴다. 히스테리적 반공주의하에서는 국가권력이나 언론이 특정 세력이나 개인에게 공산주의라는 딱지를 붙이면 사회 구성원들은 그들에게 어떤 폭력을 가해도 용납될 수 있다는 분위기가 조성되었다. 이런 경우 딱지를 붙이는 사람은 자신이 애국자라는 착각에 빠지게 된다. 이 점에서 정신병리적 반공주의는 극단적 나르시시즘이다. 자신을 세상의 중심으로 착각하며 상대를 모두 적으로 간주하기 때문이다.[49] 편견 속에서 세상을 바라보고 자신의 불안 때문에 상대방의 힘을 과대 포장해 그 고착된 상태에서 세상을 바라보게 된다.

5. 한국 반공주의의 지속적 성격과 그 담지자

한국의 반공주의는 공산주의를 막기 위한 이중 삼중의 잠금장치를 해야 안심하고, 모든 사람을 반공주의자에게 충성을 맹세하도록 압박한다. 그것은 한국의 법과 제도, 이데올로기, 관행, 정책에 집약되어 있다. 물론 반공주의 자체가 전체주의는 아니지만 전체주의로 나아갈 수 있는 자원이 될 수 있다. 조지 케넌George Kennan이 말한 것처럼 냉전체제는 자유주의자들의 마음속에 잠재되어 있던 전제주의가 전면적으로 등장한 것이다.[50] 과거 독일 파시즘도 인종주의라는 퇴영적 사상에 기초하고 있지만, 한국의 반공주의는 자유주의라는 그 출발의 사상적 내용을 거의 삭제해버렸다. 한국 반공주의자들이 주로 거론하는 '자유', '민주' 담론의 실제 내용은 반공, 반북 또는 친미일 뿐 자유주의나 사회민주주의 등 어떤 일관된 정치 노선이나 정책적 내용을 갖고 있지 않다. 이 점에서 한국의 반공주의는 무사상, 무이념이다. 그것은 민족을 내세우기는 하지만 실제 정책과 행동에서는 민족주의와 거리가 있고, 오히려 민족주의를 탄압하는 논리였다. 자유주의, 민족주의의 이념이나 가치관은 모두 수사에 불과할 뿐 실제로 정책과 행동에 일관되게 표현되지 않는다.

이런 공격적이고 피해망상증적인 반공주의의 선봉대는 바로 지주와 친일 지식인이 주도했던 한민당이었다. 조병옥이 말했듯이 한민당은 "건국준비위원회와 인민공화국을 제거하는 일을 자신의 첫 사업으로 했다"라고 말할 정도로 공격적인 반공주의를 표방했다.[51] 앞서 언급한 것처럼 한민당에 속해 있기는 했지만 일제 시기부터 민족주의·자유주의·반사회주의 정치적 이념을 견지했던 사람들은 계급이익, 자기보존의 절실함 때문에 반공주의자가 된 사람들과는 거리가 있었다. 그리고 이들은 각자 나름대로 사상적·실천적 일관성을 가진 반공주의자가 될 가능성이 있었다. 고하古下 송진우 정도의 인물, 조병옥과 같은 이승만을 지지하는 미국 유학파 출신의 기독교인들 그리고 일부 민족주의자와 자유주의자가 그랬다. 그러나 송진우의 암살은 한민당에게 지주계급, 친일 세력의 정당이라는 성격을 강화시켰고 이후 일방적인 이승만 추종 노선을 걷게 했다. 미군정의 진주로 이미 그런 조건이 만들어지기는 했지만 남한에서 좌우갈등이 그렇게 극렬하지 않았다면, 남북한이 이데올로기적으로 분단되지 않았다면 이들은 그처럼 맹목적인 반공주의자가 되지는 않았을 것이다.

이상에서 언급한 자기보존의 논리, 계급이익으로서의 반공주의만 제외한다면 나머지 반공주의의 모든 사상적·이념적 사회적 특징은 1950년대 이승만의 말과 행동에 집약되어 있다고 볼 수 있다. 이승만은 기독교인이며 자유주의를 익힌 미국 유학파이고 월남자는 아니었지만 북한 출신이었기 때문이다. 이승만의 반공주의는 가부장적이고 친미적이었으며 극단적이었다. 해방 직후 그는 좌파 세력의 힘이 클 때는 "우리는 공산당을 반대하는 것이 아니라 그들의 매국주의를 반대하는 것이다"라고 했다가, 나중에 가서는 "빨갱이는 무조건 포살해야 한다"는 생각을 갖게 되었다. 물론 북의 위협과 전쟁 등 상황 요인이 그의 생각을 변화시켰다고 말할 수도 있지만, 그의 반공주의는 전형적인 정치적 논리, 정적을 공격하기 위한 수사의 성격을 가졌다.

이승만의 반공주의는 국가 혹은 민족 중심의 논리라기보다는 냉전체제하에서 미국이 표방했던 국제정치의 외교 노선 논리를 그대로 답습하고 내면화한 것이었다. 그러나 이승만의 북진통일론은 미국의 현상유지론과 충돌하는 점이 있어서 미국을 일방적으로 추종하기보다는 자신과 당시 남한 지배집단의 이익을 집약한 것이었다. 소련 제국주의의 침략에 맞서 남한을 구한 미국은 구세주가 되었고, 한국은 반공전선 수호의 역사적 사명감을 갖는 존재로까지 부각되었다. 이것은 기독교 반공주의의 시각이었고, 이승만과 대한민국의 시각이기도 했다. 해방 후 한국 개신교 지도자들이 그러했듯 그것은 미국이 주도하던 지구적인 냉전체제와 한반도의 분단 체제에 가장 적극적으로 적응하는 행동이었다.

이후 5·16쿠데타 세력, 특히 그 지도자인 박정희의 반공주의, "형식에 그친 반공주의를 실질화한다"는 '5·16군사혁명 공약'의 구호는 이후에 본격화될 경제성장주의와 반노조주의를 집약하고 있었다. 박정희의 반공주의는 변화된 냉전질서에 적응하는 것이었으며, 그것은 미국이 제3세계에 적용한 자본주의 경제개발과 근대화 논리를 달리 표현한 것이었다. 박정희의 반공주의는 이승만 정권이 견지하던 부정의 논리로써 반공주의의 내용을 채우기 위한 것이었지만, 그 역시 이승만 정권과 마찬가지로 어떤 정치적 이념이나 가치, 즉 자유나 민주에 대한 심도 있는 철학적·정책적 내용을 포함하고 있지는 않았다.

6. 맺음말

반공이 헌법 이상의 실질적·정치적 힘을 갖게 된 1950년대 이후 한국 정치사는 '반공주의 대 반공주의'로 요약할 수 있다. 즉 공산주의, 사회주의는 물론 사회민주주의조차도 좌익으로 공격을 받는 정치 지형 아래서 오직 반공주의를 지지하는 세력만으로 정치질서가 재편되었다. 그러나 지금까지 여야 정치 세력 간의 반공주의에는 약간의 차이가 있었다. 한국전쟁을 거치면서 앞에서 분류한 정치적 이념과 사상으로서의 반공주의는 크게 약화되었고, 주로 생존 논리와 계급이익으로서의 반공주의가 강화되어 히스테리적 반공주의가 훨씬 압도하게 되었다. 이승만과 박정희 시절 집권 여당의 태도에 그런 반공주의가 집약되어 있었다. 집권 세력과 마찬가지로 보수적 노선을 걸은 야당에서는 일부 정치 노선으로서 반공주의, 즉 자유주의와 민족주의의 입장을 취한 경우가 있었고 일부 여당과 사실상 동일한 입지, 즉 계급이익으로서의 반공주의를 견지했던 사람들이 일부 포함되어 있었다. 그러나 반공주의라는 정치 지형 위에서 여야의 경쟁은 언제나 강한 반공주의를 표방한 여당에 유리하게 전개되었다. 그래서 언제나 야당은 집권 여당의 부패와 실수에 편승해 반사적 이익만 노리고 스스로 집권 능력을 갖지 못하는 불구의 정당이 되었다.

1950년대 이후 여당과 야당의 구분 그리고 1960년대 이후 한국의 야당은 여당과 마찬가지로 반공주의에 뿌리를 두고 있으나, 반공주의 내에서 자유민주주의 가치에 대한 상대적 비중 부여, 반공주의의 히스테리적 요소에 대한 거리감에 따라 구분되었다. 즉 이데올로기나 정책에서는 사실상 동일했으나 반공주의와 자유민주주의의 관계 설정 혹은 반공주의에 대한 강조점 정도에 따라 여야가 구분되는 현상이 나타난 셈이다.

결국 일제하에서나 해방 정국에서 정치적 이념 혹은 사상으로서 반공의 입장에 섰던 사람들, 특히 자유주의, 사회민주주의나 보수주의 입장을 견지했던 지식인들의 초기 노선은 이승만과 자유당의 비이성적인 강경 극우반공주의와는 분명히 성격을 달리했다. 전자는 조선의 공산주의자들에 대해 비판적이기는 했지만, 독립운동에서의 공적을 인정했으며 그들이 정치 세력의 한 부분을 차지해야 한다는 데 이견이 없었다. 한반도의 특수한 정치적 상황 때문에 1945년 이후 독일과 달리 이들의 정치적 입지는 매우 좁았다. 그것은 한국에서 사회민주주의자들이 설 수 있는 기반이 협애한 점을 설명해준다.

그러나 초기 한민당과 이후 이승만의 반공주의, 즉 이익과 생존을 위해 반공이라는 상징에 집착했던 사람들은 달랐다. 그들은 공산주의뿐 아니라 자유주의자들에게도 색깔을 씌웠으며, 공산주의는 물론이고 사회주의와 민족주의 노선을 걷는 사람까지도 '적'으로 간주했다. 전쟁 기간이나 유신 시절에는 탄압과 '절멸'의 대상으로 보았다. 지금까지 지속되는 한국의 히스테리적 반공주의는 바로 일제 식민지 지배의 미청산, 전쟁, 분단으로 오직 자기보존, 권력유지, 계급이익 유지에만 집착한 지배집단이 한국의 지배계급에서 헤게모니를 장악한 결과라고 볼 수 있다. 그것은 군사독재, 파시즘, 전체주의를 지탱하는 논리로서 기능했다.

역사 교과서 논쟁과 반공주의

김정인

춘천교육대학교 사회과교육과 교수

1. 머리말

탈냉전시대에도 여전히 냉전의 산물로 남아 있는 분단국에서 과거의 힘은 참으로 크게 느껴진다. 그 과거의 재구성을 놓고 벌어지는 역사 논쟁도 실로 치열하다. 그야말로 역사 내전이라고 불릴 만하다. 논쟁의 전선을 가르는 준거는 이념이다. 그 이념의 스펙트럼은 단순하다. 보수와 진보 또는 우파와 좌파로 분명하게 양분되어 그 사이의 중도는 설 자리가 거의 없다. 역사 논쟁의 싸움터는 역사 교과서다. 즉 한국의 역사 내전은 지금 역사 교과서 논쟁의 형태를 띠며 전개되고 있다.

역사 교과서 논쟁이 유독 한국에서만 일어난 일은 아니다. 독일에서는 1969년 서독 역사상 처음으로 사회민주주의자인 구스타프 하이네만이 대통령, 빌리 브란트가 수상에 선출된 이래 강력한 과거 청산이 추진되면서 역사 논쟁이 전개되었다. 그 절정은 1986~1987년에 벌어진 '역사가 논쟁'이었다. 여기에는 많은 역사가가 참여했지만, 학문적 차원의 토론보다는 진영 논리에 입각한 정치투쟁의 양상을 보이는 경우가 더 흔했다고 한다. 좌파 자유주의 역사가들은 나치 독재와 유대인 대학살에 대한 지속적인 속죄의 노력을 거듭 강조했다. 그러나 보수 역사가는 이처럼 독일을 상처받은 민족으로 만드는 자학사관이 극복되어야 한다고 반박했다. 서독이 패전 이후 40년간 눈부신 성장을 이루었으므로 더는 불행의 역사만을 강조하지 말자는 것이다.[1]

미국과 영국에서는 1980년대에 레이건 정부와 영국의 대처 정부에서 역사 교과서가 좌파적 성향의 자학사관에 입각해 있다면서 애국주의 사관을 주문하며 역사 교과서 논쟁을 야기했다.[2] 미국에서는 1990년대 부시 정부가, 영국에서는 최근 보수당 출신의 총리 캐머런이 애국주의 사관을 재차 제기했으나 역사학계의 반발로 별다른 성과를 거두지 못했다. 일본에서는 1990년대부터 우익 정치인과 학자들의 주도 아래 기존의 역사교육이 자학사관에 입각했다고 비판하며 일본의 과거사를 미화하려는 움직임이 가시화되었다. 그리고 2000년대에 들어와 후쇼사에서 우익사관을 담은 중학교 교과서를 발간해 한국을 비롯한 주변국의 거센 반발에 부딪히기도 했다.[3]

한국에서 역사 교과서 논쟁이 본격화된 것은 2000년대에 들어와서다. 논쟁의 도발자는 신우익, 즉 뉴라이트였다. 역사 교과서 논쟁은 뉴라이트 등장과 성장의 절대 동력이었다. 뉴라이트도 역사 교과서, 특히 고등학교에서 가르치고 있는 한국 근현대사 교과서가 자학사관의 입장에서 "우리 삶의 터전인 대한민국이 얼마나 소중하게 태어난 나라인지, 그 나라가 지난 60년간 건국사에서 무엇을 성취했는지를 진지하게 다루지 않는다"[4]라고 비판했다. 이것만 보면 독일과 미국, 영국, 일본 등의 역사 교과서 논쟁과 유사해 보인다. 하지만 한국의 역사 교과서 논쟁을 꼼꼼히 살펴보면, 분단국으로서 냉전의 유산을 극복하지 못한 채 가히 문화 내전이라고 불릴 만큼 어느 나라의 역사 교과서 논쟁보다 치열하게 전개되는 특징을 보인다는 것을 감지할 수 있다.[5]

뉴라이트는 한국 근현대사 교과서가 친북·좌파적이고 반시장적인 민중사관에 입각해 서술되었다고 비판했다. 좌파·친북·반시장적이라는 비판은 결국 뉴라이트 자신은 우파·반북·친자본의 반공주의적 관점에 서 있다는 것을 의미한다. 이로 말미암아 뉴라이트는 '뉴'라는 접두사에도 불구하고 올드라이트와 차별성이 없다는 비판을 받기도 한다. 그렇게 역사 교과서 논쟁에서 반공주의는 우파 진영의 강력한 무기 역할을 하고 있다.

뉴라이트에 맞서는 역사 교과서 논쟁의 한 축은 역사학계다(역사교육계 포함). 역사학계 내에서 전선이 형성되지 않고, 역사학계의 '안' 대 '밖'(뉴라이트)이 서로 논쟁하는 현상도 한국 역사 교과서 논쟁의 특징 중 하나라고 할 수 있다. 뉴라이트 진영은 주로 정치학자와 사회학자, 경제학자 등과 같은 사회과학계 학자와 정치사회운동가들로 구성되어 있다. 역사학계에서는 몇몇의 서양사학자가 활동하는 정도다. 역사학계가 한국 사학계를 중심으로 비교적 강한 결속력을 갖고 뉴라이트에 대응하는 것은 역사 교과서 논쟁이 학문적 공론장이 아닌 정쟁의 장에서 전개되는 것에 대한 우려와 반발이 크기 때문이다.

뉴라이트에 대한 역사학계 비판의 초점은 식민지 근대화론에 입각해 친일을 미화하고 미국 중심의 국제질서를 받아들이며 북한을 부정하는 반민족주의적 입장에 서 있다는 것이다. 이는 곧 역사학계가 민족주의의 입장에서 뉴라이트를 비판하고 있다는 것을 의미한다. 이처럼 반공주의적 공세에 민족주의의 잣대로 응수하는 방식은 한국 사회의 이념 논쟁에서 항상 보수와 진보가 취한 상호비판의 '형국'과 크게 다르지 않은 양상이라고 할 수 있다. 보수는 진보에 대해 친공·친북 세력이라 비판하고,[6] 진보는 보수를 향해 반민족 세력이라 비판하는 이념 지형이 역사 교과서 논쟁에서도 그대로 반복되고 있는 셈이다.

이 글에서는 이런 역사학계의 민족주의적인 대응을 뉴라이트의 반공주의에 견주어 반反-반공주의라 정의하고자 한다. 반공·반북의 반대말은 분명 친공·친북이다. 그런데 뉴라이트가 한국 근현대사 교과서를 대외적으로는 친북적이라며 정치 공세를 벌이면서도 실제 분석에서는 북한에 중립적이고 우호적이며 비판을 회피하고 있다는 정도의 언급[7]에 그친 것에 서도 드러나듯, 역사학계가 곧 친북·종북이라는 등식은 '주장'이지 현실이라고 볼 수 없다. 하지만 역사학계가 뉴라이트를 비롯한 기득권을 가진 보수 세력의 반공주의에 반대하는 반-반공주의 입장에 서 있는 것은 분명하다. 여기서 말하는 반-반공주의는 사대주의·성장주의와 결합한 반공주의에 대한 반대를 의미하는 것으로,[8] 민족주의 가치를 전면에 내세운 안티테제를 의미한다.

이런 안목에서 이 글은 우선 뉴라이트와 역사학계의 역사 교과서 논쟁을 반공주의 대 반-반공주의 전선으로 나눠 살펴보고자 한다. 또한 분단국 한국에서 북한사 교육은 언제나 뜨거운 쟁점일 수밖에 없으므로, 역사 교과서 논쟁에서 북한사는 어떤 쟁점을 형성하는지 짚어보고자 한다. 마지막으로 이런 역사 교과서 논쟁의 연장선상에서 교학사의 한국사 교과서를 둘러싸고 전개된 '역사전쟁 2013'의 반공주의 대 민족주의 갈등을 간략하게 정리하고자 한다.

2. 역사 교과서 논쟁의 전선: 반공주의 대 반-반공주의

1) 교과서포럼의 '금성 교과서' 비판

2000년대에 들어 김대중 정부에 이어 노무현 정부가 추진한 과거사 청산 작업은 보수·우파 세력을 긴장시켰다. 친일 문제, 한국전쟁 전후 민간인 학살 문제 그리고 권위주의 정권 시기의 조작 의혹이 제기되는 각종 인권침해 사건 등을 중심으로 진행될 과거사 청산작업에 대해 보수·우파의 기득권 세력은 자신들의 정체성 또는 헤게모니에 심각한 손상을 입을 것이라고 우려했다.[9] 이때 뉴라이트가 등장했고 기존의 보수·우파, 즉 올드라이트로부터 대대적인 환영을 받았다.[10]

이렇게 뉴라이트가 보수·우파 세력의 구원투수로 등장해 2004년 11월에 결성한 자유주의연대는 창립선언문에서 과거사 청산작업을 "국민적 예지를 모아 선진국 건설에 일로매진해야 할 이 무한경쟁의 시대에 자학사관을 퍼뜨리며 지배 세력 교체와 기존 질서 해체를 위한 과거와의 전쟁에 자신의 명운을 걸고 있다'라고 비판했다. 그리고 자학사관에 물든 현행 교과서의 대안을 만든다며 2005년 1월에 교과서포럼을 결성했다. 교과서포럼은 출범과 동시에 50퍼센트 이상의 점유율을 갖고 있던 금성출판사 한국 근현대사 교과서(이하 금성 교과서)에 비판의 칼날을 들이댔다. 한국 근현대사 교과서를 표적으로 뉴라이트를 앞세운 보수·우파 연합 세력의 공격이 시작된 것이다.

교과서포럼은 금성 교과서에는 건국과 산업화, 민주화를 이룬 우리의 상상력, 근면함, 창의력, 열정이 통째로 빠져 있으며 오직 독재와 항쟁, 자본주의의 참담한 모순만 있고 민중의 눈물과 아쉬움, 회한만 넘쳐나는 동시에 북한에 대해서는 최소한의 중립과 최대한의 우호라는 잣대로 서술되어 있다고 강도 높게 비판했다. 금성 교과서의 구절을 인용하며 구체적으로 지적한 비판 내용은 크게 네 가지로 나뉜다. 이를 통해 역사 교과서 논쟁의 초기에 뉴라이트를 통해 어떤 쟁점들이 형성되었는지를 살펴볼 수 있다.[11]

교과서포럼은 가장 먼저 금성 교과서가 건국과정에서 정통성을 대한민국이 아닌 북한에 두고 있다고 비판했다. 정통성의 기준을 친일파 청산 여부에 두고 건국과정에서 대한민국은 친일파를 척결하지 못했지만, 북한은 친일파 척결을 통해 정통성을 확립했다고 기술하고 있다는 것이다. 그 근거로 제시한 금성 교과서의 구절은 다음과 같다.

민족을 배신하고 자신의 이익만을 누리던 친일파를 단죄하는 일은 무엇보다 시급한 문제 (……) 이승만 정부는 친일파의 처벌에 소극적 (……) 노골적인 방해에 나섰다. (……) 민족정신에 토대를 둔 새로운 나라의 출발은 수포로 돌아갔다. (……) 친일파를 제대로 청산하지 못한 과오는 우리 현대사를 옥죄는 굴레가 되었다.[12]

북한은 '민주개혁'이라는 이름 아래 식민 지배를 청산하고 사회체제를 바꾸는 일련의 정책을 시행했다. 친일파를 숙청하는 한편 (……) 토지개혁을 실시 (……).[13]

살펴보았듯이 실제로 금성 교과서가 북한에 정통성이 있다고 서술하지 않았으므로 교과서포럼의 주장은 사실이 아니라 해석에 해당된다. 즉 교과서포럼은 금성 교과서가 친일파를 단죄하는 일은 민족정신에 토대해 새로운 나라를 출발시키는 데 있어 시급한 문제로 보면서, 이승만 정부는 이에 실패하고 북한은 성공했다고 서술한 것을 곧 북한에 민족적 정통성을 부여하는 거라고 해석했다.

교과서포럼의 금성 교과서에 대한 첫 번째 비판에서 양자 간 역사인식의 차이가 확연하게 드러난다. 금성 교과서에서는 친일파 청산이라는 민족주의적 실천을 해방 후 가장 시급히 해결해야 할 과제로 꼽았지만, 교과서포럼은 이에 동의하지 않았다. 그 차이를 더욱 확연히 가르는 데는 정통성이라는 근본주의적 성질을 지닌 잣대가 활용된다. 교과서포럼은 민족주의적 역사인식은 곧 남북 모두가 아닌 북한에만 정통성을 부여하는 거라고 해석한다. 즉 교과서포럼에 민족주의는 곧 친북을 의미하므로 그들이 중시하는 대한민국 정통성은 민족주의의 안이 아닌 밖에 위치할 수밖에 없다. 반북주의를 포함하는 반공주의가 민족주의와 늘 상극을 이루며 갈등해온 사회 이념 지형이 역사 교과서 논쟁에서도 그대로 반복되고 있는 것이다.

둘째, 교과서포럼은 금성 교과서가 6·25전쟁 서술에 있어 내전설의 입장에서 북한의 책임을 희석시키고 있다고 비판했다. 다음에 서술한 내용처럼 남북 간의 작은 전쟁, 즉 국지전이 6·25라는 큰 전쟁으로 이어진 데 불과하다고 보았다는 것이다.

38도선 곳곳에서 국군과 북한군 간에 크고 작은 충돌이 쉴 새 없이 일어나고 있었다. 이러한 전투는 곧이어 벌어질 본격적인 전쟁의 전주곡이었다. (……) 남북 정부는 서로 상대방이 불법 도발을 하였다고 주장하였다. 대포, 비행기까지 동원된 대규모 전투가 벌어지기도 했다.[14]

금성 교과서의 6·25전쟁 기술에 대한 교과서포럼을 비롯한 뉴라이트의 비판은 특히 전쟁 발발 원인과 관련해 일찍부터 제기되어왔다. 금성 교과서에 대한 뉴라이트의 비판이 6·25전쟁 발발에 관련된 기술에서부터 발원했다고 해도 과언이 아니다. 위에서 제시한 것처럼 금성 교과서는 뉴라이트로부터 내전설의 입장에서 "남과 북에 이념과 체제를 달리하는 두 정부가 들어서서 물리적 충돌을 거듭하다가 결국 전면적인 전쟁으로까지 번졌다"는 수정주의적 관점을 취하고 있다는 비판을 받았다.[15] 또한 6·25전쟁 발발과정에서 소련과 중국의 역할에 대해 제대로 서술하지 않았다는 비판도 받았다. 즉 스탈린은 중국 공산혁명이 성공하고 소련이 핵을 보유하게 된 상황의 변동을 맞아 중국과 협조해 미국의 봉쇄망을 분쇄하여 냉전에서 결정적 승기를 잡을 목적으로 전쟁을 승인하고 기획했음이 이미 밝혀졌음에도, 금성 교과서는 내전설과 유인설의 수정주의적 입장을 취함으로써 학생들을 6·25전쟁이 미국과 혁명적인 한국 민중 사이에 벌어진 반제국주의 민족해방전쟁이라는 결론으로 유도하고 있다는 것이다.[16] 이처럼 금성 교과서의 6·25전쟁 인식이 북한의 6·25전쟁 인식과 같다는 주장은 금성 교과서가 "소련은 북한의 군사력 강화와 전쟁 준비를 도왔다. 내전에서 승리를 거두고 정부를 세운 중국 또한 조선인 의용군을 북한에 편입시킴으로써 북한군을 지원했다"라고 서술하고 있어 왜곡에 가까운 비판이라고 할 수 있다.[17] 금성 교과서에는 김일성이 소련을 비밀리에 방문해 전쟁을 일으키는 것에 대한 스탈린의 동의를 이끌어내고 이어 베이징을 방문해 마오쩌둥의 전쟁 찬성과 미국 참전 시 중국군 파병을 의논했다는 사실도 서술되어 있다.[18]

이처럼 교과서포럼이 엄연히 기술된 사실을 외면하면서까지 6·25전쟁 관련 부분을 가장 먼저, 가장 공세적으로 비판하고 나온 이유는 무엇일 까? 반공주의는 6·25전쟁을 계기로 확장 증폭되어 오늘날에 이르기까지 보수 세력의 굳건한 이념적 구심체 역할을 하고 있다. 6·25전쟁에 대한 인식이 반공주의의 가장 중요한 보루인 셈이다. 교과서포럼을 포함하는 뉴라이트는 출발부터 금성 교과서의 6·25전쟁 기술 문제를 들고 나와 적 극적인 비판을 제기함으로써 보수·우파의 이념적 연대에 기반을 둔 전폭 적인 지지를 이끌어내는 데 성공했다. 때론 기존의 반공주의와 선을 긋기 도 하면서 '뉴'라이트를 지향하는 일부 세력도 존재했지만,[19] 그들의 정치 적·사회적 진출과 성공은 정작 반공주의 기반 위에서 가능했음을 역사 교 과서 논쟁을 통해 확인할 수 있다.

셋째, 교과서포럼은 금성 교과서가 이승만과 박정희의 독재는 부정적 으로 서술한 반면에 김일성과 김정일의 독재에 대해서는 중립적으로 서술 했다고 비판했다. 이승만과 박정희의 독재는 오로지 장기집권과 권력에 대한 의지를 불사른 독재였던 반면에 김일성의 독재는 사회주의 가꾸기를 위한 독재로 대중적 지지를 받고 있다고 보았다는 것이다. 그 예로 제시한 것들은 다음과 같다.

> 이승만 정부는 장기집권을 모색하였다. 이로 인해 독재정치와 부정부패를 불러일으켰고 (……) 박정희는 3선 개헌과 10월 유신을 통해 장기집권과 권력의 강화를 꾀하였으나 민주화를 요구하는 국민의 거센 반발을 받았 다.[20]

> 위기에 처한 박정희 정부는 (……) 정치적 안정이 중요하다는 구실을 내 세워 강압적인 통치에 나섰다. (……) 초법적인 비상대권을 부여하였다. (……) 영구 집권이 가능하였다. (……) 한국적 민주주의라는 이름 아래 (……) 독재체제로 나아간 것이 유신체제였다.[21]

> 사회주의 헌법은 김일성의 유일지도체계를 명확히 하였다. (……) 국가주
> 석제를 도입하고 김일성을 주석에 추대하였다. 주석에 절대적인 지위를
> 부여함으로써 수령의 유일한 영도체계를 확립 (……).[22]

> 김일성이 사망하자 자연히 북한의 권력은 김정일에게 돌아왔다. 김정일은
> 이후 3년 동안 공식적인 직책을 이어받지 않은 채 생전 김일성의 교시에
> 따라 정치를 하는 이른바 유훈통치를 시행하였다.[23]

이처럼 교과서포럼은 금성 교과서가 이승만과 박정희 그리고 김일성
과 김정일 모두 독재정치를 실시했음에도 이승만과 박정희의 독재에는 매
서운 비판의 칼날을 겨누면서도 김일성과 김정일의 독재는 상대주의적이
고 중립적으로 기술하게 된 역사인식상의 형평성을 문제 삼았다. 남북의
독재체제에 대한 서술과 비교를 통해 금성 교과서의 민족주의 역사인식은
곧 친북적 역사인식이라는 문제제기에서 한 걸음 더 나아가 사회주의 가
치를 추구하는 좌파라는 점을 입증하고자 했다. 친북에 좌파라는 틀을 덧
씌워 친북·좌파의 입장을 반영한 금성 교과서는 '위험한 교과서'라며 수정
을 제기한 교과서포럼의 전략은 보수 세력의 반공주의적 정서를 자극함으
로써 역사 교과서 논쟁에서 보수적 대중의 지지기반을 확보할 수 있었다.

넷째, 교과서포럼은 금성 교과서가 한국의 경제개발을 부정적으로 서
술한 반면에 북한 경제의 낙후성에 대해서는 호의적으로 기술하고 있다
며 비판했다. 다음 서술처럼 한국의 경제성장은 그 성과에도 불구하고 대
외의존도 심화, 재벌 등 독점자본 산출 등 세계 경제사상 유례를 찾아보기
어려운 부작용을 초래했다고 비판하면서 북한의 경제실패는 사회주의 계
획경제라는 태생적 한계가 아니라 과도한 국방비의 수요 때문이라고 서술
했다는 것이다.

> 외형적으로 눈부시게 발전하였다. (……) 그러나 더욱 외국에 의존 (……)

외국 자본을 더 많이 도입해야만 했다. (……) 외채도 급속하게 늘어났다. (……) 1960년대 말 위기를 맞이하였다.[24]

재벌 하면 우리에게 가장 먼저 떠오르는 말은 문어발일 것이다. (……) 실제로 대기업의 계열 기업 수는 수십 개에 달하며 문어발은 8개에 지나지 않으니 문어발이라는 표현만으로는 충분하지 않은 셈이다. (……) 특혜조치에 힘입은 것 (……) 일가친척에 의한 족벌 경영 (……) 세계 경제사상 유례를 찾기 어려울 것 (……).[25]

힘겨운 국방비 지출로 경제에 투자할 자본의 확보가 어려웠고 에너지와 사회간접시설의 부족은 경제발전에 커다란 장애가 되었다. 북한은 이러한 경제적 문제들을 해결하기 위해 군대를 건설현장에 투입하고 남한에 대해 지속적으로 군비 축소를 제의하였다.[26]

덧붙여 다음과 같이 남한에서 전개한 대중동원운동으로서의 새마을운동에 대한 부정적 서술과 북한의 천리마운동에 대한 긍정적 평가를 대비한 점도 문제시했다.

겉으로는 민간의 자발적인 운동이었으나 실제로는 정부가 주도하였다. 그리고 '잘살기 위해서는 어떠한 희생이나 대가를 치르는 것도 받아들여야 한다'는 정신자세를 강조하였다. (……) 농촌의 겉모양을 바꾸는 데 치중하였다.[27]

대중의 열정을 끌어내기 위해 시행된 천리마운동은 1950년대 후반과 1960년대 전반에 걸쳐 사회주의 경제건설에 커다란 역할을 한 것으로 평가되고 있다.[28]

앞서 살펴본 남북 공히 존재했던 독재체제에 대한 비판에서는 인식의 형평성을 제기했다면, 네 번째 비판에서는 한국의 경제성장과 북한의 경제실패라는 극명한 '진실'에 대해서조차 금성 교과서의 기술이 편향되었다는 점을 지적하고 있다. 친북·좌파 교과서라는 낙인은 이렇게 '가치 전도된 교과서'라는 비판을 통해 완성된다.

이상에서 교과서포럼이 등장 초기에 금성 교과서를 향해 제기한 비판의 쟁점을 살펴보았다. 이후 금성 교과서에 대한 뉴라이트의 비판은 초기 문제제기와 크게 다르지 않았다. 위의 네 가지 쟁점을 관통하는 공통점은 금성 교과서의 북한사 인식과 기술을 집중 비판한 데 있다. 교과서포럼은 북한의 과거와 현재를 부정하기 위해 친일파 청산의 가치를 폄하하고, 6·25전쟁에 대한 기술은 왜곡을 감수하면서까지 비판하고, 남한의 독재와 산업화조차 북한에 대한 금성 교과서의 기술을 비판하기 위해 동원하고 있다. 그런 뉴라이트의 눈으로 볼 때 금성 교과서는 북한의 민중운동사와 기본적으로 다를 바 없이 민족주의와 자주의 이념에 입각해 서술되어 있는 불온한 교과서다. 그래서 뉴라이트는 금성 교과서에 단도직입적으로 극단적인 질문을 던진다. 대한민국을 택할 것인가? 북한을 택할 것인가?[29]

이처럼 역사 교과서 논쟁에서 드러난 강고한 반북주의는 여전히 권력적 지위를 누리고 있는 반공주의의 '현재형'이라고 할 수 있다. 또한 분단국 한국에서 반공주의가 민족주의와 동거하기 어렵고 줄곧 갈등할 수밖에 없는 현실이 역사 교과서 논쟁에도 고스란히 드러난 것이라고 하겠다.

2) 역사학계의 '뉴라이트 교과서' 비판

북한의 인권 상황이나 독재체제를 무조건 옹호해서도 안 되지만 대한민국이 장기적으로 평화로운 민주국가로 발전하려면 북한이라는 불편한 존재가 우리 역사의 동반자임을 부정해서도 안 된다. 평화로 가는 불편한 동반자임을 인정하고 대한민국의 미래를 모색해야 한다.[30]

교과서포럼이 금성 교과서가 친북·좌파 교과서라고 비판한 것에 대한 역사학계의 응답이 잘 집약된 주장이다. 북한의 반민주적인 독재 현실을 옹호한다며 친북적이라고 하는 교과서포럼의 주장에 동조할 수 없으며 북한을 동반자로 인식하는 민족주의는 남한이 평화로운 민주주의 국가로 발전하기 위해서라도 반드시 필요한 가치라는 주장이다. 이처럼 민족주의적인 역사교육을 지향하고자 하지만, 교과서포럼을 비롯한 뉴라이트가 반공주의 잣대로 여기에 굳이 친북이라는 낙인을 찍는 데 대해 역사학계는 민족주의를 전면에 내세우며 반-반공주의로 대응했다.

먼저 역사학계는 뉴라이트 교과서가 식민지근대화론에 입각해 서술되었다고 비판했다. 식민지근대화론은 '오늘날 한국 현대문명의 제도적 기초가 일제의 식민지 통치과정에서 닦였음을 강조하는' 시각으로, 식민지 시기가 새로운 근대문명의 학습기, 근대문명의 제도적 확립기였다고 파악하는 논리다. 뉴라이트 교과서도 식민지근대화론적인 시각에서 식민지 시기 일제의 수탈정책을 강조하기보다는 오히려 큰 경제성장이 있었으며 철도와 도로, 항만 등이 건설되고 교육과 위생, 의료 부문에서도 큰 발전이 있었던 시기라는 점을 강조하고 있다는 것이다. 역사학계 비판의 초점은 이는 근대화=진보라는 시각에서 식민지배를 옹호하는 것으로 당시의 근대화가 과연 한국 국민을 위한 것이었는지를 살피는 주체적 관점이 누락되어 있다는 것이다.[31]

역사학계는 이런 식민지근대화론의 입장에서 보면 독립운동은 그다지 의미가 없는 것으로 폄하되기 마련인데, 뉴라이트 교과서에서도 "해외 독립운동은 여러 분파로 나뉘어 서로 갈등했다"라고만 서술해 독립운동 세력 간의 광범위한 연대는 누락한 채 분열과 갈등을 강조하고 있음을 비판했다.[32]

일제강점기와 관련해 역사학계가 가장 강도 높게 비판하는 것은 뉴라이트 교과서가 한국 국민 대부분이 일제에 협력했다고 서술함으로써 모든 조선 민중이 일제 협력자였으니 모두가 죄인 아니면 모두가 무죄라는 식으로 몰아가 친일을 희석화하거나 미화시킨다는 점이다. 역사학계는 일제 말기에 많은 한국 국민이 점차 독립의 희망을 잃어가면서 "일제의 침략 전쟁에 협력하면 이제까지의 차별에서 벗어날 것으로 기대했다"[33]는 서술은 이광수를 비롯한 친일 민족반역자들이 해방 이후 늘어놓은 변명을 그대로 옮겨놓은 것에 불과하다고 비판했다.[34]

역사학계가 보기에 이런 친일 미화가 가능한 것은 뉴라이트 교과서가 "청일전쟁 이전에는 중국이 동아시아 질서의 중심이었고, 그 이후에는 일본이 동아시아의 중심이 되었으며, 해방 이후에는 미국을 중심으로 세계 질서가 재편되었다"는 사대주의적 역사인식에 기반을 두고 있기 때문이다.[35] 이처럼 역사학계는 뉴라이트 교과서가 일제강점기와 관련해 민족주의에 반하는 서술로 일관하고 있다는 점을 집중적으로 비판했다.

해방 이후 현대사와 관련해 역사학계는 뉴라이트 교과서에서 이승만과 박정희의 독재체제를 적극적이고 긍정적으로 평가한 부분을 들어 독재를 미화했다고 비판했다. 이승만과 박정희를 각각 건국과 부국의 아버지로 추앙하려는 움직임은 뉴라이트의 태동과 함께 가시화되어 이제는 이승만의 동상이 세워지고 박정희 기념관이 만들어지는 데까지 이르고 있다.

그런데 역사학계는 뉴라이트 교과서가 이승만을 미화하는 이유가 그가 사회주의화의 길을 막고 자본주의화의 길을 걷도록 한 점에 있다고 본다. 이승만의 모든 오류를 이 사실로 덮을 수 있다고 생각한다는 것이다. 해방 이후 현대사 부분에서 뉴라이트 교과서의 반공주의가 더욱 노골적으로 드러나고 있음을 알 수 있다. 그런데 교과서포럼이 건국과정에서 이승만의 역할을 강조하는 논리는 일본 우익들의 식민지 정당화 논리와 흡사하다고 한다. 일본 우익은 대한제국이 러시아의 식민지가 되었다면 사회주의의 길로 들어섰을 것이니, 차라리 일본의 식민지가 되는 게 훨씬 나았다고 주장한다는 것이다.[36]

무엇보다 역사학계는 뉴라이트 교과서가 다음과 같이 이승만의 반공주의가 오늘의 대한민국을 건국하게 만들었다고 서술해 반공주의를 독재의 과오를 덮는 전가의 보도로 내세우고 있는 점을 비판했다.

반민특위 활동이 좀더 활발했더라면 하는 아쉬움이 남을 수밖에 없는 중
대 이유는 당시 대한민국은 공산주의 세력의 거센 도전을 맞아 사실상 내
전과 같은 상태에 놓여 있었으며, 친일파의 대규모 청산을 집요하게 요구
함으로써 일반 민중의 정치적 지지를 획득하고자 했던 것이 공산주의 세
력이었다는 사실과 결코 무관하지 않다. 당시 대한민국의 건국 세력은 친
일파 청산보다 공산주의 세력의 도전을 막아내는 일에 우선할 수밖에 없
었다. 교과서의 서술은 대한민국의 건국을 둘러싼 엄중했던 제약 조건을
전혀 고려하고 있지 않은 몰역사성을 특징으로 하고 있다.[37]

이처럼 공산주의 세력을 막아내기 위해 어쩔 수 없이 친일파 청산을
제대로 할 수 없었다는 논리가 역사학계의 강력한 비판대상이 되었다. 이
논리대로라면 친일파 청산을 제대로 했다면 대한민국이 유지되지 못하고
공산주의자들의 손에 넘어갈 수 있는 위험에 처하게 되었다는 주장으로
이어질 수 있기 때문이다. 이는 해방 정국에서 친일파 청산을 강력히 주장
하면 곧 공산주의에 동조하는 것으로 치부될 수 있고, 반공을 내세우면 어
떤 행위든 정당화되고 합리화될 수 있다는 주장에 다름 아니다.

뉴라이트 교과서의 박정희에 대한 미화의 초점은 공산화 저지보다는
산업화 성공을 이끈 국가지도자였음을 강조한 데 있다. 역사학계는 폭압
적 독재체제를 선포한 10월 유신을 뉴라이트 교과서가 "자신에게 집중된
행정국가의 역량을 총동원해 자주국방과 중화학공업화를 강력하게 추진
했다"라며 산업화를 근거로 미화한다고 비판했다.[38]

이런 역사학계의 박정희 미화에 대한 비판은 뉴라이트 교과서가 민주
화를 위해 많은 사람이 피 흘린 사실은 물론 경제발전을 위해 희생당한 수
많은 민중의 역사에 관심이 없다는 비판으로 이어진다. 뉴라이트 교과서
의 관심은 오로지 대한민국의 탄생과 그 이후의 경제발전에 집중되어 있

다는 것이다. 또한 뉴라이트는 경제발전을 가능하게 한 역사의 주역으로 박정희는 물론 많은 기업인을 재평가해야 한다고 주장하는데,[39] 이는 곧 개발독재를 정당화하고 노동자의 역할에 대한 정당한 평가를 누락하는 결과를 낳는다고 비판했다.

박정희 미화가 산업화에 대한 적극적 평가에서 근거한다는 것은 뉴라이트 교과서가 자본주의 시장경제를 절대선으로 본다는 것을 의미한다. 이 관점에서 보면 일제강점기 자본주의 시장경제의 형성은 해방 후 대한민국 발전의 밑바탕이 된다. 역사학계는 이런 인식에서 식민지 미화론이 등장하고 친일 진상 규명이나 과거 청산은 불필요하다는 논리가 자연스럽게 나오는 것이라고 본다. 또한 이런 인식에 기반을 둔 이상 제국주의의 침략적 속성과 그로 말미암아 희생된 많은 민중을 역사에서 잊히게 만든다고 비판했다.[40] 이런 비판은 역사학계 스스로는 산업화 과정에서 지도자 엘리트 계급보다는 다수인 노동자의 역할에 주목하고, 일제강점기를 부와 권력과 명예를 누린 친일파보다는 식민통치에 의해 억압당하고 희생당한 민중의 시각에서 파악하고자 하는 역사인식에 입각하고 있음을 말해준다.

그렇다면 뉴라이트 교과서의 북한사 기술을 역사학계는 어떻게 비판하고 있을까? 먼저 유달리 헌법정신 수호를 강조하는 뉴라이트 교과서가 38선 또는 정전선 이북 지역까지를 대한민국의 영토로 규정하는 헌법 규정에도 불구하고 북한이 사회주의 체제를 선택했다는 이유만으로 대한민국사의 보론으로 치부한 점을 지적했다.[41] 또한 민족주의적 안목에서 뉴라이트 교과서가 분단 책임을 일방적으로 북한에 전가시키고 흡수통일을 당연한 것으로 주장한다고 비판했다. 이상에서 살펴본 역사학계의 뉴라이트 교과서에 대한 비판의 핵심을 집약하면 다음과 같다.

교과서포럼의 주장은 우리 사회에서 갈등을 증폭시키고 학생들의 비판적 사고능력을 떨어뜨릴 개연성이 아주 높은 위험한 역사인식이다. 그들은 인정하지 않을 수도 있지만, 일본의 식민지 지배를 미화하고 친일파에게 역사적 정당성을 부여하려 하고 있다. 그들에게서 일본의 역사 왜곡 행위에 대한 비판적 언행을 기대하는 것은 불가능에 가깝다. 그들은 국제 협력과 자주를 대립시키며 국제 협력이라는 이름으로 외세를 추종하는 세력이기 때문이다. 또한 영웅사관과 엘리트주의에 기대면서 독재를 옹호하고 대중적인 민주화운동의 역사를 무시 홀대할 뿐 아니라, 민주화를 외친 사람들에 대한 탄압조차 불가피한 것으로 치부하는 인권의식의 부재를 드러내고 있다. 더 심각한 것은 국가사를 써야 한다는 명분을 내세우며 반통일적인 역사인식을 서슴없이 드러내는 이도 있다는 점이다. 드디어 우리 사회에도 분단을 공공연히 주장하고 당연시하는 집단이 등장한 것이다.[42]

역사학계가 일관되게 민족주의적 잣대로 뉴라이트 교과서를 비판하고 있음을 알 수 있다. 반면 뉴라이트 교과서의 '대한민국 성립의 역사적 의의' 항목에 드러난 반공주의는 깊고도 확고하다.

지난 60년간 세계사는 개인의 자유와 재산권을 존중하고, 그것을 국가체제의 기본 원리로 채택한 자유민주주의와 시장경제의 체제가 인간의 물질적 복지와 정신적 행복을 증진하는 올바른 방향이었음을 보여주었다. 모두가 골고루 잘산다는 공산주의 이상은 자유와 합리적 이기심이라는 인간의 본성에 맞지 않았다. 계급, 당, 국가를 우선하는 전체주의 관료제적 지배체제하에서 개인의 자유로운 정신과 창의성은 억압되었으며, 결과적으로 모두가 빈곤해지고 말았다. 공산주의 체제는 1980년대 이후 소련, 중국과 같은 주요 공산주의 국가들이 시장경제체제로 전환함에 따라 해체되고 말았다. 그러나 북한은 아직도 공산주의 체제를 고수하고 있으며, 그에 따라 정치적 억압과 경제적 빈곤이 계속되고 있다.[43]

그런데 역사학계가 뉴라이트 교과서의 핵심 논리를 반공주의라 통칭해 그 자체를 비판한 경우는 거의 없다. 자신들을 친북주의라 비판하는 뉴라이트를 향해 친북주의가 아님을 적극적으로 증빙하려 하지도 않는다. 다만 뉴라이트가 반민족주의적 논리에 입각했다는 점을 일관되게 비판할 뿐이다. 이렇게 반공주의에 대응하는 반-반공주의로서의 민족주의가 무기로 활용되는 것이 한국 역사 교과서 논쟁의 특징이라고 할 수 있다.

3. 역사 교과서 논쟁에서의 북한사 서술 비교

뉴라이트에게 반공주의는 신성불가침한 신념의 영역이다. 해방 직후부터 보수가 반공과 반북이라는 밖으로부터의 안티테제로만 자신의 정체성을 구성해오던 습속은 뉴라이트가 등장한 오늘날까지도 여전히 건재하다. 대한민국을 둘러싼 정치적·경제적·사회적·문화적 환경이 북한과 그 추종 세력인 친북(종북)·좌익에 의해 좌지우지되고 있다고 보는 매카시즘적 인식이 답습되고 있다. 뉴라이트 교과서 곳곳에도 대한민국의 정치사가 주체적인 발전을 한 것이 아니라 '북한 때문에 ~했다'는 식의 서술이 등장하고 있다.

그러나 교과서포럼이 반공주의적 입장에서 가장 문제시하는 것은 금성 교과서의 북한사 서술 부분이다. 실제로 뉴라이트 교과서와 금성 교과서는 북한사의 서술 형식에서부터 큰 차이를 보인다. 금성 교과서는 민족주의적 입장에서 4단원 '현대사회의 발전' 3장에 '북한의 변화와 평화통일의 과제'로 포함해 서술하고 있다. 반면 뉴라이트 교과서는 마지막 부분에 보론으로 '북한 현대사'를 별도로 다룬다. 대한민국사는 아닌 것이다. 그렇다고 뉴라이트 교과서가 북한에 대해 일방적인 비판으로 일관한 것은 아니며, 금성 교과서가 북한을 옹호해 서술했다고 보기도 어렵다.

그렇다면 민족주의적 색채가 도드라져 '친북' 시비를 불러일으킨 금성 교과서 그리고 반공주의 일색의 뉴라이트 교과서에서 북한사는 어떤 모습으로 그려졌을까. 이에 대한 분석은 뉴라이트 교과서의 반공주의적 서술과 금성 교과서의 민족주의적 서술의 '진상'을 엿볼 수 있는 기회를 제공할 것이다. 여기서는 반공주의적인 뉴라이트 교과서의 '보론—북한 현대사' 흐름에 맞춰 금성 교과서를 상호 비교하는 방식을 취하고자 한다.

먼저 남북 분단의 원인에 대한 분석이 다르다. 뉴라이트 교과서는 "소련은 이미 1945년 9월 20일경에 북한에 단독정부를 수립할 결심을 굳혔다"[44]라고 하며 소련의 도움을 받은 김일성을 중심으로 하는 공산 세력이 북한을 장악한 것이 분단의 주된 원인이라고 파악했다. 반면 금성 교과서는 우리 힘으로 일본을 물리치지 못해 통일민족국가를 건설하는 데 주도권을 잡지 못하면서 강대국의 이해관계나 정책에 휘둘리게 된 것이 분단의 원인이 되었다고 본다. 반공주의적인 원인 진단과 민족주의적인 원인 진단의 차이가 확연히 드러나는 대목이다.

한편 뉴라이트 교과서는 "북한의 소련 군정은 공산주의 이외의 다른 정치 세력을 용납하지 않았으며 (……) 정부 수립 후 김일성은 남한을 무력으로 통일할 계획을 추진하였다"[45]라고 하여 북한의 전체주의적 분위기와 남침 계획을 강조하면서도 북한에서의 친일파 숙청이나 남북협상 등과 같은 민족주의적 동향에 대해서는 언급하지 않았다. 반면 금성 교과서는 두 가지 사실 모두를 언급하고 있다.

둘째, 1950년대 북한사와 관련해 뉴라이트 교과서는 북한의 중공업우선정책이 당내는 물론 다른 공산주의 국가의 만류에도 김일성이 독단적으로 추진했음을 서술하고 있다. 반면 금성 교과서는 "정책의 중심은 중공업을 발전시키는 데 두었다"[46]라고만 기술해 반대 의견이 있었음은 언급하지 않고 있다. 천리마운동의 경우에는 뉴라이트 교과서가 소련의 스타하노프운동의 모방이라는 점을 언급한 반면, 금성 교과서는 김일성의 제안으로 시작되었다고 서술하고 있다. 뉴라이트 교과서가 김일성의 독재와 소련 위성국으로서의 성향을 강조하려고 한 반면에 금성 교과서는 북한의 독자노선에 주목했음을 엿볼 수 있는 대목이다.

셋째, 1960년대 북한사에서는 북한의 남한에 대한 무력도발에 대해 뉴라이트 교과서는 "1968년 북한은 청와대 기습사건, 푸에블로호 납치사건,

울진·삼척 무장공비 침투사건을 감행하였다"[47]라고 하여 연도와 사건을 나열한 반면, 금성 교과서는 1960년대 후반 여러 차례 무력 도발이 있었다고만 서술하고 있다. 주체사상의 대두와 관련해 뉴라이트 교과서는 '변질'된 사상이라고 해석하며 "사회 전반에 걸쳐 통제가 극심해지고, 정치범 수용소가 급격히 확대되고, 수용소 내의 통제가 강화된 것도 이때부터다"라고 비판했다. 반면 금성 교과서는 "1960년대 후반에 들어서는 주체사상을 유일사상으로 체계화하는 작업이 추진되었다. 1967년에는 주체사상을 정부의 공식 정책으로 채택하고 혁명 전통을 체계화하는 작업을 본격화하였다"[48]라고 서술해 관련 사실만 나열하는 방식을 취하고 있다.

넷째, 1970년대·1980년대 북한사와 관련해서는 우선 3대 혁명운동에 대해 뉴라이트 교과서는 김정일의 권력 승계와 밀접한 연관이 있다고 서술한다. 금성 교과서는 이 운동을 통해 떠오른 혁명 2세대가 김정일 체제를 뒷받침하는 중요한 정치적 기반이 되었다고 서술한다. 뉴라이트 교과서가 개인적 권력 승계에 초점을 맞춘 반면에 금성 교과서는 지지기반의 형성과 함께 권력 승계가 이루어졌음을 강조하고 있다. 또한 뉴라이트 교과서는 김일성의 후계자 자리를 놓고 1960년대 말부터 권력투쟁이 벌어졌다고 서술하고 있지만, 금성 교과서는 권력투쟁을 언급하지 않고 김정일이 후계자로서 자리를 잡아갔다고만 기술하고 있다. 한편 뉴라이트 교과서는 김정일에 대해 "북한은 김정일이 백두산 밀영에서 태어났다고 선전하고 있으나, 이는 사실이 아니다"[49]라고 비판하며 북한 주민 300만 명이 아사한 책임도 그에게 돌리고 있다.

두 교과서는 북한 경제위기의 원인에 대해서도 달리 설명한다. 금성 교과서는 경제위기의 원인을 기술적인 요인과 경제정책적 요인에서 찾고 있다. 그러나 뉴라이트 교과서는 김일성-김정일의 독재체제 강화가 경제위기의 원인이라고 기술했다.

1970년대 후반부터 (……) 철저한 계획경제와 지나친 자립경제정책은 경제발전을 더디게 하였다. 더구나 힘겨운 국방비 지출로 경제에 투자할 자본의 확보가 어려웠고 에너지와 사회간접시설의 부족은 경제발전에 커다란 장애가 되었다.[50]

1970년대 중반 이후 김일성 김정일의 유일독재체제가 강화됨에 따라 모든 방면에서 침체하기 시작하였다.[51]

수령체제에 관한 서술에서 두 교과서의 차이는 더욱 확연히 드러난다. 금성 교과서에는 우상화라는 표현이 등장하지 않지만, 뉴라이트 교과서는 '수령 유일체제와 가계 우상화'라는 소제목하에 세뇌, 종교적인 신앙과 같은 단어를 구사하며 수령 유일체제가 극에 달했다고 비판하며, 김 부자만이 아니라 일가의 영웅화도 진행되고 있음을 강조한다.

이처럼 금성 교과서는 1950년대 이후 북한사를 중립적인 차원에서 서술하면서도 북한 또는 사회주의권 내 갈등은 거의 언급하지 않은 데 비해, 뉴라이트 교과서는 후계 세습체제를 혹독하게 비판하며 반북주의적인 성향을 분명히 드러내고 있다. 이런 뉴라이트 입장에서 볼 때, 금성 교과서처럼 북한을 비판하지 않고 객관적인 사실만을 나열하는 역사적 서술은 북한을 옹호하는 것으로 비춰질 수밖에 없다.

다섯째, 1990년대 북한사와 관련해 뉴라이트 교과서는 공산주의가 무너지는 국제환경에 따라 북한의 경제난이 심해졌다고 보고 이로 말미암아 찾아온 환경파괴, 식량 부족, 대규모 기근과 아사 등의 위기에 초점을 맞춰 서술하고 있다. 반면 금성 교과서는 국제환경의 변화로 말미암아 북한이 변화를 모색하고 있다며 북한이 펼친 새로운 국내외 정책을 서술하고 있다. 뉴라이트 교과서는 2000년대 북한을 '현대 세계의 문명사회와 동떨어진 신정체제 국가'로 비판하고 '선군정치와 핵개발', '이어지는 탈북 행렬', '국가 주도의 범죄활동', '무너지는 수령체제' 등의 소제목하에서 그야말로 북한의 '악행'을 적나라하게 고발하고 있다. 나아가 뉴라이트 교과서는 이런 범죄국가 북한은 곧 무너질 것이라고 예상한다.

> 어버이 수령만 믿던 수백만의 사람이 굶어 죽은 후 이러한 신뢰는 근본적
> 으로 흔들리기 시작했다. (……) 현재 북한 체제를 떠받치는 유일한 힘은
> 선군정치의 폭력이다. 이러한 폭력국가는 장기적으로 존속할 수 없다. 북
> 한 체제의 불안정은 한반도만이 아니라 동북아 전체의 평화에 심각한 위
> 협 요소가 되고 있다.[52]

이처럼 북한의 오늘을 뉴라이트 교과서는 붕괴의 시각에서, 금성 교
과서는 변화의 시각에서 바라본다. 두 교과서는 이 부분의 북한사 서술에
서 가장 큰 차이를 보이고 있다. 뉴라이트 교과서의 경우 일관되게 반북
주의·반공주의적 입장에서 북한사를 서술한다. 교과서임에도 부정적 가
치 판단이 들어 있는 개념과 용어가 노골적으로 사용되고 있다는 점에서
북한에 대한 적대감이 여실히 드러난다. 반면 일본의 식민지배와 해방 이
후 독재체제와 경제성장을 서술할 때는 비판적인 역사인식을 보인 금성
교과서의 북한사 서술은 맥락적 설명이 생략된 채 중립적인 사실 나열로
일관되어 있다. 이와 같이 역사학계의 민족주의적 역사인식에서 발원한
북한사 인식과 서술에 대해 뉴라이트는 "북한 수령체제가 변종이기는 하
나 언젠가는 다시 합쳐져야 할 민족이므로 비난을 삼가려는 예의 바른 태
도"에 근거한 것이라고 비판했다.[53]

역사 교과서 논쟁에서의 북한사 서술을 살펴보면, 뉴라이트 교과서와
금성 교과서 모두 각각 반공주의와 민족주의 역사인식에 들어맞는 사실을
중점적으로 서술하고, 이에 반하는 사실은 적게 서술하거나 서술하지 않
는 방식을 취했음을 알 수 있다. 그만큼 두 교과서의 북한사 인식은 반공
주의와 반–반공주의 전선을 형성할 만큼 그 차이가 크고 깊다고 하겠다.

4. '역사전쟁 2013', 반공주의 대 민족주의

'역사전쟁 2013'은 2013년 교학사 한국사 교과서 검정 파동이 불러온 역사 교과서 논쟁을 말한다. 2013년 8월 30일 8종의 고등학교 한국사 교과서가 교육부의 최종 검정에 합격했다. 여기에는 뉴라이트 계열의 교학사 한국사 교과서가 포함되어 있었다. 그런데 교학사 교과서는 관점을 문제 삼기에 앞서 수많은 오류가 발견됨으로써 부실한 교과서가 정치적 검정을 통과했다는 비판의 포화에 직면해야 했다. 이후 몇 달에 걸쳐 역사학계는 물론 시민사회 등이 나서서 교학사 교과서의 부실을 지적하고 친일독재 미화를 비판했다. 이에 맞서 교학사 필자와 뉴라이트는 교학사 교과서를 제외한 7종을 친북·좌파적 편향의 교과서라며 공격했다. 교육부가 8종에 대한 수정 명령을 내리는 등 편법을 동원해 교학사 교과서를 철저히 비호하면서 역사전쟁은 더욱 뜨겁게 달아올랐다. 하지만 결과는 교학사 교과서가 0퍼센트대의 채택률을 기록하는 참패로 끝났다.

이 '역사전쟁 2013'에서도 반공주의 대 반-반공주의(민족주의)가 논란의 한복판에서 대립전선을 형성했다. 교학사 교과서에 대한 역사학계의 비판은 주로 친일파에 대한 서술에 집중되었다. 일단 양적으로 교학사 교과서를 제외한 나머지 7종의 교과서는 친일파에 대해 많은 분량을 할애했으나, 교학사의 경우 친일의 실상을 거의 다루지 않았다는 것이다. 그나마 다룬 경우에도 치명적인 문제를 안고 있다는 것이 역사학계의 지적이다. 교과서 곳곳에서 해방 이후 현재에 이르기까지 친일파와 그 후손이나 추종 세력이 내놓은 각종 '친일의 변'을 동원해 친일파에게 면죄부를 주고 더 나아가 현양顯揚해야 한다고 강변한다는 것이다. 친일의 변은 일제의 핍박 때문에 어쩔 수 없이 협력한 것일 뿐 자발적으로는 친일을 하지 않았다는 논리를 말한다. 교학사 교과서에는 일제하에 살았던 사람들은 정도의 차이는 있지만 모두 일제에 협력했다는 전민족공범론도 등장한다. 이에 대한 역사학계의 비판은 실로 격렬했다. "거짓에 기초해 친일행위에 면죄부를 주려고 하는 데서 더 나아가 친일파의 공적을 인정해야 한다고 강변하는 뉴라이트의 교과서는 학생들의 건전한 의식을 심각하게 위협하는 독버섯과도 같다"[54]는 것이다.

뉴라이트는 역사학계의 이런 친일 프레임적 비판에 공격적으로 대응했다. 역사학계의 잠재의식이 아직도 일본의 식민지 상태에 머물러 있다는 것이다. 그래서 자신들의 뇌리에 박힌 악마 일본상과 조금이라도 상이한 맥락의 서술을 만나면 용수철처럼 튀어 올라 거칠게 욕설을 퍼부어댄다는 것이다. 나아가 역사학계의 식민지적 지성 상태가 지난 60년간 조금도 개선되지 않았으며, 보기에 따라서는 점점 심해진다고 응수했다.

주목할 것은 교학사 교과서가 '친일=반공=애국, 반일=용공=매국'이라는 해방 직후 친일파 논리의 부활을 꾀하고 있다는 지적이다. 실제로 교학사 교과서의 필자 중 한 명인 권희영이 한국 사회가 지나치게 친일 대 반일의 구도에 사로잡혀 있다고 비판하면서 교과서를 반일의 시각에서 쓰는 것은 좌편향이라고 주장하기도 했다.[55] 친일 '파'라는 비판에 반일(민족주의)=좌파라는 뉴라이트적 인식으로 맞선 것이다.

뉴라이트 역시 교학사 1종 대 나머지 7종의 대립구도를 만들어내면서 7종의 한국사 교과서의 좌편향 문제는 여전해서 대한민국에는 부정적이고 북한 체제에는 호의적인 서술이 주종을 이룬다고 비판했다. 한 걸음 더 나아가 역사학계의 민족주의를 정면으로 비판했다. "민중사학자들이 역사적 사실을 의도적으로 왜곡하는 경향까지 보이면서 대한민국의 정통성을 부정하는 극단적 행태를 보이는 것은 그들이 '맹목적 민족주의'의 사슬에 속박되어 있기 때문"[56]이라는 것이다. 바로 이 친북 성향의 맹목적 민족주의에 대한 맹신을 끊을 때 역사교육이 정상화된다는 것이다.[57]

이처럼 뉴라이트가 이제는 역사학계의 공격 무기인 친일 프레임은 물론 역사인식의 지렛대인 민족주의에 대해서도 공세적으로 대응하는 것은 친일 프레임만큼 대중성을 확보하고 있는 친북 프레임에 근거한 자신감에서 비롯된 것이라고 할 수 있다. 식민사학의 청산이라는 학문적 과거 청산과 함께 친일 청산이라는 민족 차원의 과거 청산에 큰 의미를 부여해왔던 역사학계는 이제껏 민족주의의 자장 안에서 북한이라는 반쪽을 품고 가는 역사를 모색해왔다. 그런데 최근 북한의 과거와 현재에 대한 비판의식이 높아지는 가운데, 역사의 뒤안길로 사라지고 있던 반공주의가 반북주의의 이름으로 대중성을 얻어가고 있다. 이 '급변'한 사태가 바로 뉴라이트에게 반공의 이름으로 민족주의를 공격하게 만든 것이다. 그러므로 '역사전쟁 2013'에서 교학사 교과서로 상징되는 뉴라이트가 패배했지만, 지금 정말 위기에 처한 것은 역사학계라고 할 수 있을 것이다.

5. 맺음말

반공주의를 강조하는 뉴라이트와 반-반공주의로서의 민족주의를 절대시하는 역사학계 간의 역사 교과서 논쟁이 상호 역사인식 공유를 위한 역사 대화로 전환할 가능성은 현재로서는 거의 없다고 하겠다. 이런 답답한 현실에서 양자 간 역사 대화의 물꼬를 틀 만한, 즉 반공주의와 민족주의의 가교 역할을 할 수 있는 보편 가치로 새삼 민주주의에 주목하게 된다. 실제 뉴라이트 교과서, 교학사 교과서는 물론 금성 교과서를 비롯한 역사 교과서 모두가 민주주의의 발전을 높게 평가하고 민주화운동에 대해서는 긍정적으로 서술하고 있다. 즉 뉴라이트의 '반공민주주의'와 역사학계의 '민족민주주의'는 반공주의 대 민족주의의 대립전선을 형성하고 있기는 하지만, 민주주의라는 교집합을 갖추고 있기도 하다. 하지만 현재 뉴라이트는 민주주의보다 자유주의를 자신들의 이념으로 전면에 내세우려하고 있으며, 역사학계는 뉴라이트가 말하는 민주주의와 자유주의의 진정성을 신뢰하지 않는다. 아직은 대화가 난망하다. 과거가 짐이 아니라 힘이 되도록 역사 교과서 논쟁이 공동체에 대한 애정과 신뢰를 높이는 데 기여할 길이 보이지 않는다.[58]

역사 교과서와 관련한 논쟁이 역사 대화로 전환되지 못하는 것은 논쟁에 정치권력과 언론이 개입하면서 과잉정치화되어 학문적 공론장에서 제대로 된 논쟁을 펼치지 못하도록 만드는 정치적·사회적 환경의 탓도 크다. 그 환경의 저변에 자리한 분단 현실이 결국 이념을 가르고 세력을 가르고 역사 교과서 논쟁의 공론장을 정치화시키는 한, 반공주의와 민족주의 간의 상쟁은 이념과 세력 갈등의 형태를 띠며 지속될 수밖에 없을 것이다.

반공주의와 화해·협력의 분단극복정책

김대중의 햇볕정책과 빌리 브란트의 동방정책에 대한 비교

노명환
한국외국어대학교 사학과 교수

1. 머리말

대한민국(남한)과 독일연방공화국(서독)에서의 반공주의와 분단극복정책의 상호관계를 김대중의 햇볕정책과 빌리 브란트의 동방정책을 통해 살펴보고자 한다. 그런데 김대중의 햇볕정책과 빌리 브란트의 동방정책은 남한과 서독이라는 서로 다른 국가사회적 토양에서 구상되고 추진되었다. 그 서로 다른 토양을 구성하는 주요 인자들 가운데 하나가 반공주의의 차이였다. 이 반공주의의 차이점을 구체적으로 파악하려면 우리는 남한과 서독의 반공주의 내재화와 그 특징을 체계적으로 인지할 필요가 있다. 이런 뜻에서 이 글은 남한과 서독의 반공주의 내재화 과정과 그 성격을 살펴보고, 김대중과 빌리 브란트의 반공주의와 분단극복정책을 비교적 차원에서 조명하겠다.

제목이 표현하고 있는 반공주의와 화해·협력의 분단극복정책은 일반의 시각으로 보면 서로 모순되는 두 개념의 조합으로 나타날 수 있다. 특히 남한의 역사적인 상황과 현재 상황에서 반공주의는 많은 부분 분단의

저편, 북한에 대한 적대성을 상징한다. 따라서 이 두 개념은 분명히 모순의 조합이다. 그런데 여기서 필자는 반공주의 개념 그리고 그 이해방식과 관련해 현실적으로 존재하는 폭넓은 스펙트럼에 주목할 필요성을 제기하고자 한다. 예를 들어 반공주의는 공산주의의 멸절을 추구하는 극단의 입장에서부터 공산주의와의 공존 필요성을 인정하면서 공산주의를 반대하는 입장에 이르기까지 긴 스펙트럼의 다양한 의미를 내포한다. 이를 페르디낭 드 소쉬르Ferdinand de Saussure의 기호학을 빌려 설명한다면 반공주의라는 용어의 '기표'the signifier와 앞서 말한 폭넓은 스펙트럼의 다양한 '기의'the signified들이 합쳐져 반공주의 개념의 '기호'the sign들을 이룬다고 할 수 있다.[1] 즉 이런 현실에서 반공주의를 어느 한·특정 개념으로 고정시키면서 상호 소통하려고 할 때 많은 오해와 문제를 일으킬 수 있는데, 실제적으로 그런 현상이 많이 나타난다. 반공주의라는 기호가 갖는 다양한 기의의 넓은 스펙트럼을 면밀히 이해하는 것은 이분법적으로 적과 동지를 나누기 위한 냉전의 반공주의 정체성 구성방식, 즉 이분법적이고 대자적인 정체성 구성방식을 극복하는 길이 될 것이다.

반공주의의 그런 넓은 스펙트럼 중에서 김대중과 빌리 브란트의 반공주의도 각각 한 자리를 차지하고 있다. 필자가 보기에 이 글에서 설명하듯 김대중과 빌리 브란트의 반공주의는 자유, 민주주의, 평화, 인권, 다양성 존중 등의 가치를 표상하는 특징을 가진다. 이런 반공주의는 무조건적으로 공산주의의 멸절을 주장하는 또는 그와 유사한 반공주의와 크게 차별화되는 성격을 보여준다. 이들은 이런 의미의 반공주의를 추구하면서 화해·협력의 분단극복을 실현하고자 했다. 이러한 측면에서 이 글의 제목은 반공주의와 화해·협력의 분단극복이라는 두 개념을 순리적으로 연계한다고 할 수 있다.

김대중과 브란트가 자유, 민주주의, 평화, 인권, 다양성 존중 등의 가치들을 추구하는 반공주의 입장에 섰다는 것은 공산주의 이론에서 이런 가치들을 저해할 수 있는 측면을 보았다고 할 수 있다. 이들은 실질적으로 현실공산주의, 예를 들어 소련과 동유럽, 북한 등의 사회가 전체주의totalitarianism 체제로서 위의 가치들을 구조적으로 저해·억압해오고 있다고 인식했다. 이들은 이 지역으로 앞서 열거한 가치들이 화해·협력을 통해 전파되고, 동시에 이 지역에서 자생적으로 실현되도록 해야 한다고 보았다. 그리하여 이 지역을 변화시켜야 한다고 생각했다. 이를 위해 자신의 지역이 먼저 민주주의를 정착시키고 심화·확대해야 한다고 생각했다. 이것이 냉전에 임하는 이들의 입장이었으며, 냉전 속에서 분단된 조국의 상황을 극복하는 길이라고 보았다. 이런 관점에서 김대중의 햇볕정책과 빌리 브란트의 동방정책의 본질을 이해하고자 한다.

2. 냉전 그리고 남한과 서독에서 반공주의의 내재화

1) 냉전과 반공주의의 성격

냉전의 단초가 된 미국과 소련의 관계 속에서 미국 프랭클린 루스벨트Franklin Roosevelt 대통령은 소련과 화해·협력 정책을 통해 전후 소련의 체제를 자본주의 체제로 바꿔 '하나의 세계정책'one world policy을 실현하려고 했다. 그는 화해·협력 정책을 통해 소련 사회를 바꿈으로써 자신의 반공주의를 실현하려고 했다.[2] 또한 소련과의 신뢰관계를 중시했고, 소련의 입장을 존중하는 데 역점을 두었다. 그는 소련과 화해·협력을 통해 공산주의권 국가들을 자본주의 세계로 전환시키고자 한 반공주의자였다고 할 수 있겠다.[3]

그런데 1945년 4월 12일 루스벨트의 사망으로 부통령이던 해리 트루먼Harry S. Truman이 대통령이 되었다. 트루먼 행정부는 소련과 화해·협력 정책을 통한 '하나의 세계정책'을 포기하고 대결을 지향하는 강경정책인 '두 개의 세계정책'two world policy을 추진했다.[4] 소련에 대한 미국의 이런 대응전략이 1947년의 트루먼 독트린 그리고 마셜플랜Marshall Plan 정책[5]으로 구체화되어 나타났다. 그것은 루스벨트의 정책과 대비되는 소련에 대한 봉쇄containment를 목표로 하는 냉전의 반공주의 정책이라고 말할 수 있겠다.

이런 강경정책은 소련이 동유럽 국가들에서의 붉은 군대red army와 비밀경찰KGB을 동원한 공산화정책을 펴고, 전후 독일 문제 해결을 놓고 대립관계가 형성되는 등 종합적으로 작용해 대두되었다. 트루먼이 제시한 '두 개의 세계정책'의 목표와 추진 방법에는 이분법적으로 적과 동지를 가르는 반공주의 이념이 깊숙이 자리 잡게 되었다. 이로써 냉전시대의 반공주의는 공산주의에 대항한 이론적 논쟁보다는 미국과 소련이 전후 질서를 놓고 대립하는 가운데 미국의 전략적 수단의 성격을 띠게 되었다. 즉 이론적인 측면에서 공산주의를 극복하기 위한 사상적 기반으로서 반공주의라기보다 공산주의 현실 세력권을 대표하는 소련과의 대결이라는 관점에서, 즉 이분법적 적과 동지의 관점에서 반공주의의 의미가 크게 자리 잡았다. 그러면서 서방권의 단결을 위한 공통분모적 기제mechanism의 역할을 수행했다. 거꾸로 소련은 그들의 독재체제와 제국주의적 팽창정책의 명분을 자본주의 국가들과의 대결에서 찾았다.

'두 개의 세계정책'의 실시는 본격적인 냉전의 시작을 의미했다. 이 과정에서 한 국가가 두 개의 세계에 속하는 경우 그 국가들은 분단되었다. 특히 한국과 독일이 그랬다.[6] 이런 국가들에서는 민족국가의 정체성이 약화되고 이념의 정체성이 크게 대두하면서 커다란 혼란을 겪게 되었다. 남한과 서독에는 미국의 점령정책이 시행되었으며, 세계적인 봉쇄정책 차원에서 반공주의 내재화가 시작되었다. 그런데 남한과 서독이 갖는 역사적·구조적 차이만큼 그 내재화 과정은 다르게 나타났다.

2) 남한과 서독에서의 반공주의 내재화
- 남한에서의 반공주의 내재화와 특징

1945년 8월 한국이 일본의 식민지배로부터 해방되면서 북한에는 소련 군정, 남한에는 미군정이 실시되었다. 미군정의 가장 중요한 과제는 한국의 탈식민화 과정을 돕고 세계적 봉쇄정책을 실현하는 방향에서 남한의 위치를 정립하는 것이었다. 냉전의 진전과 함께 한국은 남과 북으로 분단이 고착되어갔으며 대한민국(남한)의 건국과 조선민주주의인민공화국(북한) 건국은 그 귀결점이었다. 냉전의 세계체제에서 볼 때 대한민국(남한)은 세계적 봉쇄정책의 방파제 역할을 수행하는 위치에 서게 되었다. 이런 국제적 상황에서 한국은 탈식민화를 완전히 달성해 민족국가를 재건하고 민족의 정체성을 확립하는 데 국력을 모으기보다 남과 북으로 갈라져서 냉전의 대결적 이념 정체성을 주요 현안으로 만들었다. 앞서 말한 바와 같이 냉전시대의 대두는 민족국가의 정체성에서 이념의 정체성으로 정체성 단위의 강조점이 변화되는 시기였는데, 한국의 상황에서 첨예하게 일어났다. 이런 상황은 탈식민화의 민족적 과제가 제대로 실현되지 못하고 분단된 남과 북이 각각 민족의 정체성을 약화시키면서 이념의 정체성에 따라 냉전의 세계체제로 급속히 편입되어가는 것을 의미했다. 그리고 민족국가 정체성과 이념의 정체성이 혼재한 상태로 분단이 고착되어가는 것을 뜻했다. 이는 일본 제국주의에 의한 지배시대를 제대로 청산하고 새롭게 민족국가를 건설하는 역사적 과정이 순조로울 수 없음을 의미했다. 이런 상황 속에서 남한에서는 반공주의의 내재화가 진행되었다. 이 과정은 식민지 시대의 일제 협력 세력이 해방 후에도 계속 남한(대한민국) 사회의 주도 세력으로 남는 배경이 되었다. 반공주의가 주요 이슈가 되면서 일제 협력 세력이 반공의 투사로 자리 잡는 현상도 일어났다. 여기에 북한의 침략에 의해 발발한 한국전쟁은 남한의 반공주의 내재화에 결정적 영향을 미쳤다. 민족의 정체성을 저버린 냉전의 이념 정체성에 따른 처참하고 잔인한 상호 살육의 한국전쟁은 남한의 한국 국민들에게 엄청난 충격을 안겨주었다.

냉전시대의 반공주의 내재화 과정은 공산주의의 본질적인 문제점이 무엇인지, 어디에 초점이 맞춰져야 하는지에 대한 냉정하고 치열한 인식론적 성찰과정을 생략하도록 만들었다. 그리하여 감정적이고 정서적인 측면이 강하게 작용했다. 반공주의가 안보적 보장의 필요성과 직접 연계되는 측면이 크게 강조되었다. 여기에는 한국 국민들이 뒤에 나오는 독일인들의 경우와 다르게 역사적으로 이런 체제이념에 노출된 경험이 적다는 사실 또한 작용했다.

이런 배경에서 반공주의가 국내 정치적으로 독재체제의 명분으로 악용되는 측면이 있었다. 또한 본질적으로 북한의 실상이 남한의 경직된 대결적 반공주의의 정서와 명분을 강화시켰다. 특히 북한의 자유와 민주주의가 없는 독재정치, 공포정치, 기아 상황, 개인숭배, 권력의 세습 등이 그렇게 작용했다.

이 과정에서 냉전의 대결적 반공주의는 남한 사회에서 주요 가치체계로 자리 잡았다. 이를 부르디외P. Bourdieu의 개념을 빌려 표현한다면 냉전의 반공주의는 남한에서 일종의 아비투스habitus로 자리 잡게 되었다.[7] 냉전시대에 내재화된 반공주의의 이분법적인 적과 동지를 가르는 정체성의 근간은 공산주의 사회가 붕괴된 이후에도 북한에 대한 대자적 정체성의 원천으로 기능하고 있는 것이다.

- 서독에서 반공주의 내재화와 특징

1945년 5월 무조건 항복을 통해 나치 독일이 무너지고 미국과 소련, 영국, 프랑스의 4개국 군정이 실시되었다. 냉전의 진행과 함께 미국과 영국, 프랑스의 3개 점령 지역은 독일연방공화국(서독)으로 건국되고 소련 점령 지역은 독일민주주의공화국(동독)으로 건국되면서 독일은 동서로 분단되었다. 미국은 세계적인 봉쇄정책의 차원에서 얼마 전까지 미국의 주적이던 독일의 일부분을 재건하는 데 결정적 역할을 했다. 따라서 독일연방공화국(서독)의 건국 자체가 냉전의 반공주의와 깊숙이 연계되었고, 이 과정은 서독에서 냉전의 반공주의 내재화와 깊은 관련을 가지게 되었다.

그런데 전후 서독에서 미국의 정책은 반공주의 내재화에만 놓여 있지 않았다. 탈나치화를 위한 '독일인 재교육정책're-educational policy 또한 중요한 과제였다.[8] 미국은 독일의 나치 지배하에서 일어났던 현상이 재현되지 않도록 독일이 민주시민사회로 발전해나가는 데 깊은 관심을 가졌다. 이런 재교육정책의 필요성은 앞에서 설명한 남한에서의 미군정 정책과 큰 차이를 드러내게 만든 역사구조적 맥락이다.

서독인들은 스스로 나치 체제를 반성하면서 민주주의, 특히 다원주의의 가치를 존중하는 사회 실현에 대한 강한 의지를 가졌다. 이런 변화를 위해 특히 68혁명이 커다란 분수령으로 작용했다.

서독인들은 나치 체제의 원동력이 맹목적이고 극단적인 민족주의·인종주의와 함께 반공주의였음을 각성했다. 그래서 나치에 대한 경험과 전후 탈脫나치화 노력은 서독인들한테 냉전의 반공주의를 신중하고 분별력 있게 판단하면서 받아들이도록 하는 데 큰 작용을 했다. 즉 냉전에 따른 분단의 한편인 서독인들은 냉전의 반공주의를 다원주의 원리 속에서 받아들이고자 했다. 그들은 냉전의 분단과 대치 상황에서 반공주의가 중요하다고 보았지만 감정보다 논리에 의거한 반공주의를 추구하고자 했다. 독일인들은 앞서 설명한 한국 국민들의 경우와 비교했을 때 이미 19세기 산업혁명의 시기부터 바이마르 시기를 거치면서 자유주의와 자본주의, 민주주의, 사회주의, 공산주의 등 서로 충돌하는 이념 문제들에 대해 많은 역사적 경험을 쌓아두었다. 이런 터전에 나치가 민족주의, 반유대주의의 인종주의와 함께 반공주의를 그들의 전체주의 체제 명분으로 삼았던 것은 그들의 이념 경험을 더욱 깊게 했다. 이들 경험은 전후에 서독인들이 이념 문제에 감정적인 대응을 자제하도록 하는 데 기여했다. 이런 측면에서 그들은 냉전의 반공주의를 다원주의 원리 속에서 받아들일 수 있었다. 특히 반공주의가 서독 내에서 민족주의, 국가주의와 쉽게 결합되는 현상은 나타나기 어려웠다. 이와 반대로 서독은 탈나치화의 일환으로 민족주의 반성과 함께 서유럽 통합과 유럽 통합에 적극적이었다. 반공주의가 분단된 국가의 민족이나 국가주의와 결합될 때, 즉 반공이 민족과 국가를 위한 길이라는 논리가 분단국가에서 가능해질 때 분단된 두 편 사이의 증오와 대결이 민족주의라는 정당성 속에서 극단으로 치달을 수 있었다. 하지만 서독은 이런 극단의 상황을 피할 수 있었다.

이런 배경에서 서독은 냉전기에 분단이라는 현실에 놓여 있었지만 다원주의를 중시했고 반공주의가 전 사회의 가치체계, 즉 아비투스의 핵심으로 자리 잡게 하지 않았다. 그러나 탈나치화를 방해하는 측면에서 반공주의가 어느 정도 역할을 했다. 냉전의 심화와 반공의 필요성 때문에 탈나치화가 철저하지 않게 이루어진 측면을 지적할 수 있겠다. 그럼에도 전체적으로 볼 때 국민 개개인들의 반성에 힘입어 탈나치화가 시대정신 차원에서 깊숙이 이루어졌다고 하겠다. 이를 계기로 서독인들은 냉전시대 반공주의 이념의 공세에 쉽게 휘둘리지 않는 어느 정도 성숙한 의식의 토양을 갖게 되었다. 그들은 자유와 다원주의 가치를 중시하는 민주주의 사회 실현을 통해 이러한 가치를 갖추지 못한 공산주의 사회로부터의 위협을 막고자 했다. 이런 민주주의는 반공의 수단이었으며, 반공의 정당성은 민주주의 사회를 선호하고 실현하려는 의지에 있었다. 그와 함께 독일은 동서독 간에 내전을 겪지 않았다. 자유와 민주주의 체제가 아니었던 동독의 독재체제에 큰 문제의식을 가지면서도 앞서 설명한 남한과 다르게 서독에서는 경직된 감정의 기초가 되는 냉전의 반공주의 내재화를 피할 수 있었다. 이는 이미 설명한 남한과 비교되는 서독의 냉전반공주의 내재화의 특징들 가운데 하나라고 하겠다.

3. 김대중과 빌리 브란트의 반공주의와 분단극복정책

1) 김대중의 반공주의와 햇볕정책
- 김대중의 반공주의

김대중은 일제로부터 해방된 이후의 현대사에서 반공주의 의식을 갖게 되는 다양한 경험을 하게 된다. 그는 해방 이후 신민당에 몸담았다가 공산주의에 문제의식을 갖고 탈퇴했다.[9] 또한 한국전쟁을 통해 공산주의의 실체에 깊은 문제의식을 가지게 되었음을 여러 곳에서 진술했다. 그는 공산당에 체포되어 목포형무소에서 죽음 직전에 탈출하기도 했다.[10] "남한 사람들이 공산당을 알고 정말 반공의식을 갖게 된 것은 6·25동란 때문입니다."[11]

김대중은 공산주의에 대한 이론적 차원의 비판을 여러 곳에서 시대를 넘어 일관되게 개진하면서 자신의 반공주의 입장을 분명히 했다. 다음과 같은 그의 진술은 이에 대한 대표적 사례다.

"공산주의의 가장 잘못된 점은 첫째로 무엇보다도 다수를 위해서 소수가 희생되어도 좋다는 그들의 철학입니다. 이상사회는 모든 사람이 주인으로서 존중받고 자아를 실현할 수 있는 사회라고 했습니다. 그런데 공산주의는 노동자를 위해서 나머지 사람들은 희생해도 좋다는 것입니다. 그 희생 중에는 생명의 희생까지 포함됩니다. 여기서부터 잘못되었지요. 철학적 집단주의의 논리입니다."[12]

이는 앞서 설명한 반공주의의 핵심 논리로서 프롤레타리아 독재론의 근본적인 문제점을 지적한 것이라고 할 수 있다. 이어서 그는 공산주의 사회가 자유로운 의사소통이 허용되지 않는 독재체제의 비민주사회라는 점을 강하게 비판했다. 또한 이런 독재체제에서 사람들의 천부인권이 상실된다는 점을 지적했다. 북한이나 소련 같은 나라가 바로 이런 폐해를 보여주는 예라고 말했다.

"둘째로 공산주의는 비판을 허용하지 않습니다. 불완전한 인간이 하는 일을 완전한 인간이 한 일로 전제하고 비판을 못 하게 합니다. 그래서 모든 인간의 자아가 원천적으로 상실되고 말지요. 비판이 봉쇄되고 독재자가 찬양을 받으면 의식적이건 무의식적이건 잘못된 판단이 나옵니다. 그리고 오판이 나오면 무고한 사람들이나 선한 사람들이 자꾸 희생됩니다. 독재는 그것이 좌익독재건 우익독재건 악입니다. 그것은 신이 아닌 인간을 신으로 만들고, 인간의 인간으로서 최고 가치인 자아를 질식시켜버리기 때문입니다. 비판을 허용하지 않는 제도는 어떤 말로도 정당화될 수 없는 반인간적인 것입니다. 이북을 봐도 알 수 있고 스탈린 치하의 러시아를 보아도 알 수 있습니다. 인권은 하늘이 준 것으로 누구도 빼앗을 수 없는 것인데, 공산주의는 이것을 쉽게 빼앗아버립니다."[13]

김대중은 공산주의가 물질적 평등을 위해 자유의 가치를 희생시키는 문제점을 다음과 같이 지적했다.

"셋째로, 공산주의가 빵을 위해 자유를 희생시키는 것도 문제입니다. 인간은 누구를 막론하고, 낫 놓고 기역 자도 모르는 사람도 내가 행복하려면 자유도 있고 빵도 있어야 된다고 생각합니다. 그것이 인간의 본성입니다. 그러면 물질과 정신을 대등한 입장에서 존중해야지, 어느 하나만 존중한다는 것은 잘못입니다. (……) 그러나 마르크스의 공산주의에는 오직 냉혹한 물질의 논리뿐이었습니다. 유물사관·유물론·유물철학 등을 보면 알 수 있듯이 오직 물질이 모든 것을 결정합니다. 물질적 평등을 위해서는 인간성의 유린도 독재도 서슴지 않습니다. (……) 이와 같이 공산주의는 철학적 기본 바탕부터 잘못이며 인간의 본성에 반하는 것입니다."[14]

그는 공산주의 이론의 장점을 자본주의의 보완 관점에서 다음과 같이 인정했다.

"유물변증법의 철학이라든지, 유물사관의 역사관이라든지, 자본주의의 모순을 정확하게 지적한 점이라든지, 공산주의의 학문적 기여를 우리는 인정해야 합니다. 그러나 그것은 어디까지나 자본주의의 단점을 보완하는 점에 있어서입니다."[15]

그러면서 김대중은 자본주의가 공산주의의 도전을 받아들여 끊임없이 자체 변화되어왔음을 강조했다. "그래서 재미있는 것은, 자본주의는 이런 공산주의의 도전을 받아들여 자체 모순을 제거하기 위해 자꾸 자기 변혁을 해냈다는 것입니다. 수정자본주의의 방향으로 말입니다."[16] 이에 반해 공산주의는 자기변혁을 할 수 있는 구조를 가지고 있지 않음을 다음과 같이 지적했다. 여기서 그 구조는 민주주의의 결여를 말한다. 그는 이것이 동구 지역의 현실공산주의가 망한 근본 이유라고 보았다.

"공산주의는 자기변혁을 하지 않았습니다. 여기에 문제가 있는데, 왜 그렇게 되었느냐 하면 한쪽은 정치적 민주주의를 수용했고 한쪽은 이를 수용하지 않았기 때문입니다. 정치적 민주주의를 수용하면 체제는 여론의 비판을 받게 됩니다. 대중으로부터 피드백을 받는 것이지요. 대중의 피드백을 받으면 잘못된 점을 고쳐야 하지요. 고치지 않으면 다음 선거에서 떨어져요. 이와 같이 체제가 시대에 따라 국민의 뜻에 따라 자꾸 변해가서 자본주의는 사회보장제도를 실시한다든가 자본 소유를 대중화한다든가 경영을 전문경영인에게 맡긴다든가 하여 사회주의적 요소까지 다 수용하게 되어 과거의 초기 자본주의는 거의 사라졌습니다. 그런데 공산주의는 그걸 안 하다가 망한 것이지요. 여론의 비판을 용인하지 않으니까 피드백이 안 되고, 중앙집권적 관료독재가 형성되어 다수의 이름을 사칭하면서 소수의 당료가 다수를 지배하고 통제하고 탄압하게 된 것이지요. 이런 반인간적이고 부패한 체제 속에서 노동자의 협력을 얻지 못한 공산주의 경제는 붕괴할 수밖에 없었습니다. 빵을 내건 공산주의 사회는 자유는 물론 빵까지 빼앗겨버린 것이지요. 이런 면에 있어서 공산주의 몰락은 필연적이었습니다."[17]

이런 진술을 통해 볼 때 김대중은 분명히 실제의 경험을 통해서나 이론적으로 강력한 반공주의자였다. 그러면 이런 철저한 반공주의자가 어떻게 해서 용공주의자라는 정치·사회적 불신을 받으면서 그 많은 박해를 받아야 했는가? 그러면서도 또한 그는 어떻게 그 많은 지지자들에 의해 뛰어난 지도자로 평가받는 정치가의 삶을 살 수 있었을까? 그것은 그의 반공주의가 앞서 설명한 냉전시대의 아我와 타他를 구별하는 정체성의 메커니즘으로서 전투적 반공주의와 크게 달랐기 때문으로 보인다. 민주주의를 제대로 정착시킴으로써 북한과 세계의 공산주의를 극복할 수 있다고 본 것이다. 즉 그는 반공주의의 수단으로서 가장 중요한 것을 민주주의 실현으로 설정했다. 그에 따르면 반공은 민주주의 실현을 수단으로 할 때 달성될 수 있으며, 민주주의 실현을 위해 반공이 추구되어야 했다. 민주주의 실현과 반공은 상호 목적과 수단의 관계를 이루고 있었다. 다시 말해 김대중에게 진정한 반공주의는 자유와 민주주의, 인권, 다원주의 가치를 만개하도록 해서 공산주의를 극복하는 것을 뜻했다. 그런데 그의 이런 관점과 정치 노선은 반공을 위해 민주주의를 억압할 수 있다는 명분과 함께 독재를 실시하는 정권 세력과 정면으로 충돌했다. 바로 이런 정치적 현실에서 그는 정적들에 의해 용공주의자로 몰렸다. 특히 박정희의 유신, 전두환의 독재체제로 이어지는 시대에 그의 민주화 투쟁과 활동은 공산주의자 또는 용공주의자라는 '낙인을 찍게' 만들었다. 그런데 실제 김대중의 사상은 반공주의와 다른 대척점의 공산주의나 용공주의에 있는 것이 아니라 강력한 반공주의에 있었다.

이렇듯 한국 사회에서 반공주의와 용공주의가 대립하는 것이 아니라 서로 다른 인식과 전략의 반공주의가 대립하고 있는 측면을 우리는 분명히 알아둘 필요가 있다.

– 김대중의 반공주의와 햇볕정책

그러면 강력한 반공주의자인 김대중은 왜 공산주의 북한과 화해·협력을 통해 통일을 이루고자 몰두했으며, 햇볕정책을 계발해 추진했는가? 그는 그것이 진정 공산주의를 극복하고 북한의 체제와 사회를 바꿔 통일을 이루는 길이라고 생각했다. 다른 한편으로 이념의 문제와는 별도로 하나의 민족이라는 관점에서 통일을 이루어야 한다고 보았다. 그러면서 그는 점점 열린 민족주의, 초민족주의의 가치를 인식하면서 동아시아공동체, 유라시아공동체 등의 구상과 함께 민족통일을 추구했다.[18] 이를 위해 남한의 민주화가 선결되어야 한다고 보았으며, 동시에 남한 내의 모든 세력이 진정한 화해를 해야 한다고 보았다. 그래서 그는 여러 기회를 통해 이 점을 강조했다. 예를 들어 김대중은 진정한 반공은 남쪽 내부의 화해와 민주주의 발전에 있다고 보았다. 1980년 9월 소위 김대중 내란음모사건으로 사형을 구형받고 난 뒤 최후 진술에서 그는 다음과 같이 말했다.

"나는 10·26 이후 무엇보다도 국가안보, 경제안정, 민주 회복이 중요하다고 생각했으며 (……). 나는 일관되게 정치 보복 없는 국민 화해를 주장했으며 이런 의미에서 (……) 나의 납치사건에 관련된 사람들을 용서하겠다고 말했습니다. 이 나라에는 분명히 전 대통령을 중심으로 한 유신 세력이 있는 반면, 민주주의를 지향하는 다수의 민주주의 세력이 존재하고 있습니다. 그 어느 한쪽 세력도 다른 세력을 억누르고서는 이 나라를 이끌고 갈 수 없다고 나는 확신합니다. 우리 국민은 이미 민주주의를 해야 하고 또 할 수 있는 능력을 갖고 있습니다."[19]

김대중은 최후 진술의 끝부분에서 자신의 처형을 받아들이면서 동료인 공동 피고들에게 화해의 중요성을 강조하는 다음의 유언을 남겼다.

"내 판단으로 머지않아 1980년대에는 민주주의가 회복될 것입니다. 나는 그걸 확실히 믿고 있습니다. 그때가 되거든 먼저 죽어간 나를 위해서든, 또 다른 누구를 위해서든 정치적 보복이 이 땅에서 다시는 행해지지 않도록 부탁하고 싶습니다. 이것이야말로 내 마지막 남은 소망이기도 하고 또 하느님의 이름으로 하는 내 마지막 유언입니다."[20]

이런 내적인 화해와 발전을 기반으로 김대중은 공산주의 북한과 화해·협력의 길을 열고 북한에 자유와 민주주의 인권, 시장경제의 개념을 전파하고자 했다. 이를 위해서는 궁극적으로 대한민국이 성숙한 민주사회가 되어야 했다. 그가 주창한 '선先민주 후後통일' 구호는 이를 잘 대변해준다. 이런 점에서 그는 뒤에서 설명할 빌리 브란트와 많은 유사성을 보여준다.[21] 그런데 그의 반공주의 통일전략은 일방적으로 북한을 와해시키고 흡수하는 반공주의 통일전략과는 확연히 달랐다. 그는 이 통일과정이 점진적·단계적으로 이루어져야 한다고 주장하면서 평화공존·평화교류·평화통일의 3원칙 가운데서 남북연합, 연방, 완전통일의 3단계로 이어지는 통일방안을 제시했다.[22] 이 과정을 남과 북의 변증법적 통일 속에서 내다보았다. 그는 현실적으로 그리고 궁극적으로 자유와 민주주의, 인권, 다원주의, 경제적 번영, 시장경제, 사회복지제도로 수렴될 수밖에 없다고 보았으며, 그렇게 되리라고 확신했다. 이 과정에서 북한의 오판에 따른 도발을 저지할 수 있는 강력한 국방력과 안보태세는 필수 전제조건이었다. 이런 차원에서 그는 통일 이후까지 미군의 주둔을 강력히 주창했다. 그러나 그 것은 공산주의 북한의 침략을 저지하기 위한 것이지 그 군사력 자체가 공산주의 세계나 북한과 대결하기 위한 것이 아니었다. 즉 그는 강력한 국방력을 공산주의를 저지하기 위해 갖춰야 하는 것으로 보았을 뿐 대결하며 경쟁하기 위한 것으로 보지 않았다. 대결과 경쟁은 자유와 민주주의, 인권, 시장경제, 경제적 번영, 우수한 사회복지 등의 차원에서 이루어져야 했다. 그의 이런 신념과 정책은 서독의 상황, 특히 다음에서 설명할 빌리 브란트의 것과 많은 유사성을 보인다. 그의 햇볕정책은 바로 이런 의미의 반공주의 통일정책을 의미했다.

김대중은 통일로의 3단계 과정에서, 특히 1단계인 남북연합 단계를 중요시했는데, 다음과 같이 설명하면서 그 의미를 강조했다. "제1단계 목표는 남북 간의 확고한 평화체제의 확립, 남북에 대한 4대국의 교차승인交叉承認, 남북의 유엔 가입 등이 될 것입니다. 그러기 위해서는 남한에서의 민주정치와 국민경제의 튼튼한 발전을 통해서 북한이나 중·소 양국으로 하여금 평화적 공존 외에는 방법이 없다는 것을 실감하게 만들어야 합니다. 남한 내의 진정한 단합과 번영이야말로 전쟁 억제와 평화에의 길이라는 것은 아무리 강조해도 과함이 없다 할 것입니다."[23]

김대중은 통일로의 도정에서 이 1단계가 함축하는 변증법적 통일의 성격과 그 파급효과로 시장경제제도의 확대 그리고 정보화시대의 공유와 자유의 확대를 다음과 같이 내다보았다. "국가연합체제하에서는 배우고 싶으면 배우고, 배우고 싶지 않으면 안 배울 수 있는 것입니다. 그러나 교류를 많이 하다 보면 자연히 남과 북이 서로 상대방의 장점을 배우게 될 것입니다. 특히 북한은 남한과 외국의 투자를 받아들이려면 시장경제의 원리를 받아들여야 합니다. 그러다 보면 정치적 자유도 차츰 허용하게 됩니다. 정보화시대인 오늘날 정보의 자유로운 흐름을 허용하지 않고서는 경제발전도 기술개발도 일어나지 않습니다."[24]

김대중의 햇볕정책은 2008년부터 시작된 이명박 정부에 의해 거부되고 단절되었다. 이는 다음에서 설명하는 브란트의 동방정책이 그의 반대당인 기독민주연합이 1982년 집권했을 때 계승된 것과 큰 대조를 이룬다. 그 차이의 한 측면을 사회적·문화적 토양의 차이에 따른 반공주의의 차이에서 보고자 한다.

2) 빌리 브란트의 반공주의와 동방정책
- 빌리 브란트의 반공주의

1913년 뤼베크Lübeck에서 태어난 빌리 브란트는 일찍이 독일의 사회민주당 청년 당원이 되었다. 그러나 그는 좀더 진보적인 정치활동을 수행하기 위해 '사회주의노동자당'SAP의 창립 멤버로 가입했다. 나치가 집권하자 노르웨이로 망명해 사회주의노동자당의 기관지 기자로서 활동했다. 1936년 스페인 내전에 참여하여 좌파 사이에 전쟁이 치러지는 것을 목격했다. 이는 소련 코민테른의 지시에 따라 발생한 사건으로, 스페인 좌파들의 독자적인 노선을 막기 위한 것이었다. 이 사건을 지켜보면서 브란트는 큰 충격을 받았으며, 이것이 소련 공산주의 정권의 제국주의적 정책에 의한 것이라고 판단했다.[25] 1939년 8월 히틀러와 스탈린은 비밀리에 부전조약을 체결해 각각의 통치체제를 상호 인정하고 각자의 '세력권'sphere of influence을 양분해 갖고자 했다. 이를 통해 스탈린은 나치의 오스트리아와 체코슬로바키아 점령을 인정하고 폴란드를 분할해 차지했다. 이 사건을 지켜보며 브란트는 또다시 큰 충격을 받았다. 그가 보기에 소련의 공산주의는 약소국의 평화와 자유, 독립을 짓밟는 것이었다. 그리고 전 세계의 노동자운동을 파탄에 빠뜨리는 것이었다. 그는 이런 상황이 발생한 것은 소련이 평화와 자유, 인권을 저버리고 제국주의적 길을 가는 데서 기인한다고 보았다.[26] 이 사건은 그의 반공주의 강화에 결정적 역할을 했다. 당시 그는 여러 기고문을 통해 "사회주의는 자유와 민주주의에 기초해야 한다"[27]라고 강조했다. 그는 급진적인 사회주의 운동에 큰 회의감을 느껴 독일 사회주의노동자당 활동을 그만두고 다시 독일 사민당으로 복귀했다.[28] 2차 세계대전 후 서독에서 그는 반공주의 노선을 강화하면서 사민당의 지도자로 그리고 서독 전체의 지도자로 성장했다. 그는 자유에 대한 특정 계급의 독점적 지위를 주장하는 이념에 대해 경고하곤 했다. 또한 프롤레타리아 계급의 독재이론을 이 같은 논리에서 부정했다. 예를 들어 그는 1987년의 사민당 당수직을 사임하면서 행한 고별사에서 다음과 같이 선언했다. "자유에 대한 독점권을 주장하는 것은 반역사적이고 민주적이지 않은 것이다."[29] 종합적인 관점에서 그는 자유와 시장경제, 기업가의 자율성을 강조했다. 그러면서 거버넌스 체제가 사회민주주의의 핵심 요소이며 궁극적으로 공동체 구성원의 공동결정이 가장 본질적인 특징이라고 강조하곤 했다. 예를 들어 위와 같은 연설에서 그는 다음과 같이 상술했다.

"우리가 자유의 개념을 공허하지 않게 하려면 자유의 개념은 의회민주주의가 더욱 심화되는 방향으로 확대되어야 한다. 자유의 개념은 국가기구들에서뿐 아니라 각 지역과 기업에서 구체성을 띠어야 한다. 경제 실체의 민주화를 통해, 물질적 진보에 대한 사회적 인본주의적 통제를 통해, (지역)공동체 자치를 통해, 사회민주주의 반성적 발전의 심화를 통해, 그들 기관들의 발전을 통해, (……) 우리의 미래는 관료주의의 비대나 기구들의 세력에 놓여서는 안 된다. 그것은 일하는 사람과 소비자, 공동체 시민의 공동결정에 놓여야 한다."[30]

그는 자유에 기초한 공동체 공동결정권의 가치를 강조하고, 이를 사회적 민주주의의 핵심으로 설정했다.

브란트는 소련 점령지구의 베를린에서 강압적으로 사민당이 공산당에 통합되어 사회주의통일당이 창당된 것에 몹시 분개했다.[31] 그는 전후 서베를린에서 사민당 지도자로 활약하면서 소련 점령지구의 공산당 세력이 소련의 지시에 따라 독일공산당과 사민당을 합당해 사회주의통일당을 만들려는 시도를 적극 저지했으며, 이런 시도가 적어도 서베를린에서는 불가능하도록 만드는 데 크게 기여했다. 이 과정에서 당시 서베를린 사민당 지도자 에른스트 로이터Ernst Reuter의 신뢰를 얻었고, 그와 매우 긴밀한 관계를 형성할 수 있었다.[32] 로이터도 강한 반공주의 노선의 사민당 지도자였다. 그는 현실의 공산주의 체제가 전체주의 사회라는 측면에서 그가 싸웠던 나치 체제와 매우 유사한 점을 가졌다는 데 근본적인 문제의식을 제기했다.

브란트는 베를린을 무엇보다도 자유와 민주주의를 결한 공산주의의 위협에서 지켜야 한다고 주장했다. "베를린은 자유를 향유할 수 있어야 한다"Berlin bleibt frei[33]는 그의 핵심 모토였다. 그는 독일이 나치 유산을 일소하고 공산주의의 위협으로부터 자유롭고, 평화와 민주주의 속에서 유럽 그리고 세계와 함께 살려면 독일 사람들이 새롭게 태어나야 한다고 생각했다. 즉 강대국 지향의 독일인 정체성이 아니라 평화와 민주주의를 사랑하는 사람들의 독일을 다시 만들어야 한다고 주장했다.

1948년의 베를린 봉쇄사건, 1953년의 동베를린 봉기와 소련에 의한 진압, 1956년의 헝가리 사태와 소련의 주도에 따른 '잔인한' 진압, 1961년 소련의 지시에 따른 동독의 베를린장벽 설치, 1968년의 체코 사태 등은 계속해서 그의 반소련·반공주의 노선을 더욱 강화시켰다. 이런 상황에서도 브란트는 반공의 방법이 평화 정착, 다원주의Pluralismus에 기초한 대화, 상호이해, 자유와 민주주의의 확대에 의거해야 한다는 점을 거듭 강조했다. 그는 1957~1966년 서베를린 시장으로 재임하면서 이런 반공주의로 분단극복을 실현하기 위한 계획을 구상하고 그 길을 닦았다.

– 빌리 브란트의 화해·협력의 분단극복정책으로서 동방정책

빌리 브란트가 반공주의에 기초한 통일정책을 구상하고 추진했음은 그가 서베를린에서 사민당 지도부로 자리 잡아가던 1954년의 다음과 같은 언급에서 분명히 알 수 있다. "확실히 아직은 반공주의 정책이 민주주의 정책을 의미하지는 않는다. 그러나 어떤 경우에도 통독정책Gesamtdeutsche Politik은 반공주의 정책을 의미한다. 민주적 사회주의라는 제3의 길을 간다고 해도 그것은 소련에 대한 소극적인 접근을 의미하는 것이 아니라 비소련 세계와의 연대를 의미한다."[34]

　브란트는 미국의 매카시 현상에 큰 우려를 나타내면서도 공산주의 사회와 이들 국가의 외교정책에 대한 좀더 근본적인 문제점과 불신을 다음과 같이 피력했다. "우리는 이런 관점 때문에 우리가 미국 프락치라고 공격하는 것에 전혀 개의치 않는다. 물론 미국에서 나타나고 있는 매카시라는 이름과 연계된 서방의 타락상Entartung을 단연코 반대한다. 그러나 우리는 '공산주의의 고통을 주는 사람', '고문자'Peiniger와 '시체훼손자'들과의 투쟁을 더욱 강력하게 수행할 것이다. '바늘로 찌르기 정책'Politik der Nadelstiche과 같은 것들이 바로 베를린의 눈앞에 서 있다. 동독Pankow이 우호적 제스처를 취하고, 우리가 소련과의 외교적 관계를 정상화하려고 노력할 때 우리는 새로운 속임수에 직면하게 될 것이다."[35]

　그러나 브란트는 반공주의가 공산주의 사회와 사람들을 증오하고 그 증오를 통해 서방 세계가 단결하는 현상을 단호히 반대하고 경고했다. "민주적 정당들은 반공주의에서 공통점을 가졌다. 외교에서 흑백 논리가 반영되고 있다. 국내 정치에서 적과 동지의 관계만 강조하는 등 단순 논리가 판을 치고 있다."[36] 그는 1959년 사민당이 고데스베르크 강령Bad Godesberger Programm을 채택하는 데 주도적 역할을 했다. 이 강령은 베른슈타인이 19세기 말에 이끌어낸 수정주의 노선이 다시 한번 커다란 질적 차이를 보이면서 수정된 결과였다. 원래 마르크스주의 이론가였던 베른슈타인은 마르크스주의를 비판하면서 '민주적 사회주의'Demokratischer Sozialismus를 주창했다.[37] 자본주의에 대한 좀더 긍정적인 평가를 하면서 자유와 민주주의를 강조했다. 그는 사회주의는 민주주의를 필요로 하며 민주주의는 사회주의여야 한다는 점을 강조했다. 그러면서 근본에 있어 수정마르크스주의자로 남았다. 그런데 브란트가 적극적으로 참여해 작성된 고데스베르크 강령은 마르크스주의와 완전한 결별을 보여주었다. 이 강령에서 마르크스주의는 언급도 되지 않았다. 사적 소유가 완전히 인정되었고, 자본주의 쪽에서 진행되는 수정자본주의 노선과 접목해 들어갔다. 이 강령은 자본주의를 인정하면서 분배의 정의에 초점을 맞췄다. 이런 시스템의 작동을 위해 브란트는 민주주의의 심화와 확대를 가장 중요한 정치 과제로 꼽았다. 그는 동독과의 우호적 관계를 증진시키면서 이 시스템이 동독의 시스템과 변증법적으로 수렴되어가기를 희망했다. 그런데 그는 결과에서 이 수렴이 자유와 민주주의의 가치를 동독에 전파하고, 동독을 변화시키는 것Transformation에 귀착되리라고 예견했다.[38] 그는 특히 1961년 소련의 지시로 동독에 의해 베를린장벽이 설치되고 나서 이런 관점을 더욱 강화시켰다. 그는 기존의 '통일 독일'Gesamtdeutschland 개념을 화해와 협력에 기초한 '내독관계'Innerdeutsche Beziehungen의 증진이라는 개념으로 바꾸기 시작했다. 이는 그가 투칭Tutzing에서 행한 연설에서도 명백히 나타났다.[39]

브란트는 1969년 서독 수상이 되었을 때 서독 내의 민주주의 심화를 외치면서Mehr Demokratie wagen 동방정책의 실시를 예고했다.[40] 그의 이런 정책적 원칙으로 말미암아 브란트의 사민당은 기업인들의 이해나 정치철학과 깊이 연계된 자유민주당Freie Demokratische Partei과 연정을 맺을 수 있었다.

브란트는 동독을 국가로 인정하고 (국제법상이 아닌 정치적 차원에서) 전후의 새로운 국경선인 오더-나이제 강을 인정하고자 했다. 이런 정책을 추구하는 것은 독일의 영구분단정책이라는 비판과 공산권에 영구히 영토를 떼어준다는 거센 비판을 불러올 수도 있어 민족주의 관점에서 그리고 반공주의 측면에서도 매우 어려운 일이었다. 그러나 그는 인정할 것은 인정하고 화해·협력에 기초해 교류를 해야지 적대적 반공주의만 추구하면 평화를 보장할 길이 없고 분단극복을 달성할 수 없다고 강조했다.[41] 그에 따르면 진정한 반공주의는 공산주의를 반대하고 적대의식을 키우면서 단절시키는 데 있는 것이 아니라 평화와 자유, 민주주의, 인권, 다양성의 존중, 분배의 정의를 좀더 적극적으로 실현하는 것이며, 교류와 협력을 통해 이들 가치를 동독으로 전파하고, 이를 통해 동독을 변화시키는 것이었다. 이런 교류와 협력을 통해 서독도 더욱 민주주의 국가로 변할 수 있다고 본 것이다. 그는 독일의 민족주의, 나치의 과거 유산을 철저히 극복하기 위해 유럽 통합을 지향하는 차원에서 서유럽 통합에 일찍부터 찬성했다. 그는 일찍이 1954년 사민당 당론을 거스르고 서독의 나토NATO 가입에 찬성했다.[42] 그러면서 늘 유럽 전체의 통합이라는 지향점을 놓치지 않았다. 이를 위해 독일의 철저한 과거 청산을 통해 진정한 유럽의 화해를 이루고자 했는데, 1970년 12월 폴란드에서 수상의 몸으로 무릎을 꿇고 독일의 과거를 사죄했던 것도 같은 맥락이었다. 브란트는 학교 교재들이 자유롭게 이념의 문제, 동과 서의 관계를 다루도록 정책적으로 여건을 만드는 데 큰 관심을 보였다.[43] 여기서 그가 가장 크게 역점을 두었던 것은 다원주의의 원리가 교육의 근간으로 자리 잡게 하는 것이었다. 이들 정책은 그의 반공주의에 기초한 동방정책을 추진해가는 데 주요 원칙으로 작용했다.

1982년 기민당이 정권을 잡았을 때 사민당의 동방정책을 계승했는데, 앞서 설명한 반공주의 정책에서 기본적인 합의가 자리 잡고 있었다. 동방정책이 서독 내부를 설득할 수 있었던 것이다. 물론 브란트의 반공주의와 기민당의 반공주의에는 큰 차이가 있었다. 그럼에도 앞서 서독 냉전의 반공주의 내재화 과정에서 살펴보았듯이 서독은 기본적인 합의가 가능한 토양을 갖추고 있었다. 그들은 무엇보다도 전후 다원주의 사회를 성공적으로 발전시켜오고 있었다. 이런 서독 내 다원주의 토양과 서로 다른 정체 세력 간의 기본적인 합의는 독일 통일의 밑거름이 되어주었다.

4. 맺음말

지금까지 서술했듯 햇볕정책과 동방정책은 각각 남북관계와 동서독관계에서 반공주의에 기초한 분단극복정책의 한 형태라고 볼 수 있다. 사람들이 빌리 브란트의 동방정책은 성공하고 김대중의 햇볕정책은 빛을 보지 못했다고 평가할 때 필자는 그 원인을 햇볕정책 자체에서 찾을 것이 아니라 그 정책이 실시된 토양에서 찾아야 한다고 본다. 서독의 경우와 비교해보았을 때 그 토양의 문제는 다원주의를 결한 반공주의의 문제라고 할 수 있다. 우리는 이런 토양의 조건에 대해 근원적인 성찰을 필요로 하며 다원주의에 기초한 진정한 의미의 반공주의, 즉 자유와 정치적·사회적 민주주의, 인권보장을 실현해야 할 것이다. 물론 북한은 동독과 많은 면에서 다르다. 북한은 동독과 다르게 권력 세습이 이루어지는 독재체제로 폐쇄되어 있고, 인권과 사회 및 경제 상황이 매우 열악하다는 비난을 받고 있다. 어느 시점부터는 핵무기도 개발해왔다. 그러나 그럴수록 이 글에서 상술된 더욱 진정한 반공주의 자세가 북한을 변화시킬 수 있다고 본다.

이런 측면에서 우리는 반공주의에 대해 좀더 깊이 성찰해봐야 한다. 우리 사회는 반공주의가 무엇을 의미하고, 왜 추구하고, 어떻게 실행해야 하는지를 좀더 정확하게 검토하고 설정할 필요가 있다. 왜냐하면 반공주의가 단순히 공산주의를 적대하는 것 자체에 머물러서는 의도와 달리 사회적 역기능을 유발하기 때문이다. 반공주의가 사회 내적 비민주성과 부조리를 정당화하고 은폐하며 자유와 민주주의를 억압하는 수단으로 작용한다면 그것은 그 본질과 거리가 먼 불행한 상황의 원인이 될 것이다.

서독이 독일 통일을 이룰 수 있었던 원동력은 서독인들이 동독의 공산주의를 미워하는 강력함에 기초했던 것이 아니라 서독 사회가 다원성의 가치 속에서 자유와 정치적·사회적 민주주의, 인권을 진지하게 추구한 데 있었다. 독일 통일이 한국의 모델이 될 수 없다는 지적은 일면 적실한 타당성이 있으나, 분단극복에서 서로 다른 토양으로 작용하는 사회적·문화적 조건에 대한 비교연구의 가치를 그냥 지나쳐서는 안 될 것이다.

2000년대 한국 개신교 보수주의자들의 정치활동과 반공주의*

류대영

한동대학교 글로벌리더십 학부 교수

1. 들어가는 말

2004년 삼일절, 서울시청 광장에서 군중집회가 개최되었다. '반핵·반김정일 국권수호국민대책협의회' 주최로 열린 '친북좌익척결·부패추방 3·1절 국민대회'(이하 국민대회)였다. 이 국민대회에 모인 사람들은 이념적으로 드러나게 보수적인 성향을 가진 이들이었다. 참가자들은 결의문을 통해 "자유민주주의가 무책임한 친북좌익 세력들에 의해 흔들리고 있다"고 진단한 후 '민주·개혁의 탈'을 쓰고 나라의 기초와 안보를 위협하는 행동을 중단하라고 소위 '친북좌익, 반미 세력'에게 촉구했다.¹ 김정일로 대표되는 북한 그리고 어떤 식으로든 북한에 전향적인 태도를 취하는 사람들은 '친북좌익' 세력에 해당되어 척결대상이었다. 흥미로운 것은 이 집회

---

* 이 글은 저자의 기존 연구인 다음 글을 바탕으로 작성되었다. "한국 기독교 뉴라이트의 이념과 세계관", 『종교문화비평』, 2009; "2000년대 한국 개신교 보수주의자들의 친미반공주의 이해", 『경제와 사회』, 2004.

를 주도한 사람들이 종교인, 특히 개신교인이었다는 사실이다. 국민대회에는 한국기독교총연합회(이하 한기총) 소속 교역자들이 대거 참여했고, 광장에 모인 참가자들 가운데 많은 사람이 그들의 권유를 받고 온 개신교인이었다. 1989년 창립되어 한국의 보수적 개신교계를 대표해온 한기총이 보수 진영의 정치적 '역습'에서 중요한 역할을 하기 시작한 것이다.[2]

한국의 보수 진영이 갑자기 결집해 반정부적 대중행동에 나서기 시작한 것은 김대중 정부 말기부터였다. 그러나 보수 진영의 역습이 본격화된 것은 노무현 정부 시대였다. 노무현 정부가 출범하고 약 2년이 지난 2004년 말부터 2005년 초까지 몇 개월 사이에 약 30개의 우파 성향 시민단체가 우후죽순처럼 생겨났다. 김대중 정부 시절부터 시작된 우파의 결집이 노무현 정부가 들어선 직후 크게 강화되면서 나타난 현상이었다. 이전의 시민단체와 달리 이들이 공통적으로 문제 삼은 것은 정부의 '좌파' 이데올로기였다. 친북좌파인 노무현 정부가 대한민국의 정통성과 헌법을 해치고, 자유시장경제를 허물어뜨리고 있다는 것이 그들 주장의 요지였다. 『동아일보』와 『조선일보』 등 보수 언론은 이들 우파 성향 시민단체의 발흥을 크게 다루기 시작했다. 2004년 11월 초 『동아일보』는 기획기사를 통해 "한국판 '뉴라이트'"라는 이름을 그들에게 붙여주었다.[3] 이때부터 우파 시민단체들은 뉴라이트라는 이름으로 통칭되기 시작했다. 시간이 지나면서 뉴라이트 활동은 점점 더 활발해졌다. 많은 단체가 새로 만들어졌으며, 기존의 단체들이 합종연횡合從連衡하여 조직을 키워나갔다. 『월간조선』은 2005년 9월 호에서 뉴라이트와 함께 도래한 '우파의 르네상스'가 '보수주의 회생의 발판'을 마련했다고 분석했다.[4]

한국 뉴라이트 운동은 처음에는 지식인과 전문인, 직능인 중심으로 전개되었다. 그러다가 운동의 논리와 정책적 대안이 어느 정도 만들어진 2005년 말 이후로는 시민운동의 차원으로 확대되었다. 그리고 일부 보수적 개신교계가 뉴라이트에 본격적으로 합류해 뉴라이트 운동 대중화의 주역으로 등장했다. 보수적 개신교인들은 과거 권위주의 정권 아래서 정교

분리의 원칙을 내세우며 정권에 순응하거나 협조했다. 그러나 뉴라이트 운동에 가담한 개신교인들은 오랜 정치적 순응주의를 버리고 정권에 대항하는 행동에 나섰다. 개신교 단체인 한기총이 재향군인회나 각종 전우회 등 여러 이념적 극우보수파와 행동을 같이하기 시작한 이유는 무엇일까? 이 글은 2000년대 들어서 개신교의 보수 진영이 정치적 극우파의 이념적 '역습'에 동참하게 된 이유와 그들 이념의 세계관적 특징이 무엇인지를 해석하려고 시도한다. 이를 위해 개신교의 신학적 보수주의가 정치적·사회적 보수주의와 어떤 연관이 있는지, 같은 보수적 개신교인들 가운데서도 최근 반공·친미를 외치며 행동에 나선 사람들이 그런 행동을 하지 않는 사람들과 어떻게 구별되는지, 그들이 그렇게 행동하게 된 배경과 그들이 가진 반공주의의 특징이 무엇인지를 분석하려고 한다.

2. 신학적 보수성과 사회정치적 보수성의 상관관계

'보수성'이라는 용어를 정의하는 일은 생각보다 복잡하고 어렵다. 국어사전적 의미에서 본다면 보수保守는 오래된 무엇인가를 소중히 여겨 그대로 지키고 유지한다는 뜻이다. 이런 의미에서 본다면 보수는 무엇보다 '변화'와 상충되는 개념이다. 보수주의자들은 일반적으로 변화에 거부감을 느낀다. 그들은 변화 그 자체를 진보로 평가하는 것이 진보주의라고 생각한다.[5] 보수주의자들에 따르면 어떤 것을 평가하는 기준은 변화나 진보가 아니라 그것이 옳은 것인가가 되어야 한다. 그들에게 옳은 것의 준거準據는 과거에 형성되었으며, 그 옛 준거는 옳기 때문에 오늘날에도 '보수'되어야 한다.

오늘날 세계 기독교, 특히 영미 개신교(그리고 한국처럼 직접적 영향권에 있는 곳)에서 신학적 보수주의를 일컫는 대명사로 사용되는 용어가 '복음주의'evangelicalism다. 그런데 이 복음주의라는 용어도 대단히 넓고 복잡한 신학적·교회정치적·사회학적·역사적 현상을 포괄하기 때문에 간단하게 정의한다는 것이 거의 불가능하다.[6] 단적으로 말하면 복음주의라는 넓은 범주 한쪽 극단에는 2,000년 기독교 역사와 정체성 전체를 성경의 문자적 무오성無汚性(inerrancy), 예수의 신성神性과 동정녀 탄생, 육체적 부활과 재림 등 네댓 가지 간단한 원칙으로 압축시킨 후 그것의 수용 여부로 신앙을 판단하려는 근본주의fundamentalism가 자리 잡고 있다. 그런가 하면 근본주의자들의 입장에서라면 분명히 잘못된 길을 가고 있거나, 아예 기독교인이 아니라고 해야 할 사회참여를 위한 방법론으로 사회주의와 마르크스주의를 수용하는(또는 그렇다고 비난받는) 소위 '복음주의 좌파'evangelical left도 있다.[7]

복음주의라는 이름으로 통칭되는 현대 개신교의 신학적 보수주의가 이렇게 다양한 신학적 입장을 포괄하는 이유는 그것이 다양한 역사와 신학을 가진 집단의 혼합물이기 때문이다. 복음주의의 복잡한 역사와 신학이 만들어낸 여러 요인이 친소親疎관계로 얽혀 복음주의 속에는 근본주의부터 복음주의 좌파에 이르는 넓은 이념적 스펙트럼이 존재하는 것이다.

이유나 절차가 어찌 되었든지 우리는 이렇게 이질적이고 다양하게 구성된 보수적 개신교 집단을 여전히 복음주의와 같은 단순한 범주 속에 묶어 생각하고 있다. 그렇다면 이런 일반화를 가능하게 해주는 공유된 신학적 '보수성'은 무엇인가? 기독교 역사가들이 대체적으로 도달한 공감대에 따르면 복음주의자들을 느슨하게라도 묶어주는 끈은 그들이 성경에 부여하는 절대적 권위인 듯하다. 다시 말해 그들은 성경의 권위에 '변화'가 오는 것을 받아들일 수 없는 것이다. 물론 복음주의자들 가운데서도 극우파라고 할 수 있는 근본주의자들처럼 성경이 기록된 문자 그대로 완전무흠하다고 생각하는 사람의 수는 제한되어 있다. 그러나 모든 복음주의자는 성경의 해석학적 개연성이 허락하는 범위, 다시 말해 그것을 넘어서면 성경 그 자체의 권위가 도전받는 어떤 경계선을 결코 넘어서지 않으려고 한다. 이런 사실은 복음주의적 여성주의를 '성경적'biblical 여성주의라고 부르는 데서 단적으로 드러난다. 즉 여성주의적 주장을 하되 성경의 권위에 도전하지 않는 범위에서 여성주의적으로 재해석할 수 있는 것들을 찾아내자는 것이다.

　성경이라는 오래된 한 권의 책에 부여된 불변하는 권위는 복음주의자들이 받아들일 수 있는 현재적 변화의 범위를 절대적으로 제한시킬 수 있는 힘을 가지고 있다. 그런데 같은 보수적 개신교권 내에 속해 있으면서 어떤 사람들은 '공산주의 척결을 위한 십자군'을 결성하고, 어떤 사람들은 그것을 매우 못마땅하게 여긴다.[8] 스스로를 복음주의라는 범주에 포함시키는『복음과 상황』,『뉴스앤조이』와 같은 개신교 언론은 모두冒頭의 국민대회가 보여준 반공주의 그리고 그런 집회에 참석하는 개신교인들에게 비판적이다. 이런 차이는 보수적 개신교인들 사이에서도 이념적 우파와 친밀도가 유난히 높은 사람들이 있음을 보여준다.

　이 글에서 관심을 가지는 것은 오늘날 우리나라 보수적 개신교의 일부에서 신학적 보수성이 사회적·정치적 보수성과 연결되어 표출되는 현상이다. 그런데 사회적·정치적 보수성에 대해서도 그 근원이나 내용과 관련해 앞에서 신학적 보수주의를 두고 이야기한 것과 비슷한 논의를 전개할 수 있을 것 같다. 그러나 이에 대한 학문적 천착穿鑿은 그 분야 전문가들에게 맡겨두기로 하겠다.[9] 다만 이 글의 논지를 위해 사회적·정치적 보수주의자들이 도대체 무엇을 지키고 유지하려는 것인지 정리하려고 한다.

　앞선 논의에서 보수주의를 무엇인가 변화시키지 않고 지키려는 태도 혹은 '변화'에 대한 거부감이라고 정의했다. 그런 의미에서 볼 때 사회적·정치적 보수성은 사회적·정치적 변화에 대한 반발로 이해할 수 있겠다. 1998년에 출범한 김대중 정부는 해방 이후 처음으로 야당이 정권을 잡고 만든 정부였다. 그리고 노무현 정부는 그 연장선상에서 탄생했다. 이 두 정부는 이전의 반공주의적 우파 정부와 확연하게 다른 정책을 추진했으며, 그 결과 사회와 사람들의 생각에 많은 변화를 불러왔다. 이 시기에 일어난 변화들 가운데 대표적인 것이 탈냉전화, 민주화, 다원화였다. 북한에 대한 전향적인 태도를 바탕으로 한 남북 화해와 통일, 개인과 집단적 삶의 다양성에 대한 인정, 정치·경제를 포괄한 사회 전체의 비권위주의적·평등주의적 방향으로의 재편 등이 그 시기에 일어났다. 따라서 그 같은 사회적·정치적 변화에 반대하는 것을 두고 정치적·사회적 보수주의라고 부를 수 있겠다. 탈냉전화·민주화·다원화는 각기 다른 차원의 변화를 나타내지만 서로 연결되어 있다. 따라서 탈냉전화에 반대하는 사람들이 민주화와 다원화에 대해서도 대체로 권위주의적이고 전통적인 태도를 취하는 것은 그리 놀랄 일이 아니다.[10] 한국 사회의 여러 가지 변화에 사람들이 보이는 태도 사이에는 일정한 상호연관성이 있다.

정치적 보수주의자들은 김대중-노무현 정부 때 일어난 변화에 '반격'을 가함으로써 자신들이 고수하고자 하는 것들을 지키고 싶어 한다. 그들이 그런 행동에 나서지 않을 수 없게 만든 가장 큰 변화는 탈냉전이 진행되는 데 따른 반공주의의 약화 그리고 남한을 만들어주었고 공산주의의 침략에서 지켜준다고 생각하는 미국에 대한 반감의 확산인 듯하다. 반공과 친미라는 보수주의자들의 핵심적 가치관과 관련된 사회 변화는 그들의 근본적인 세계관을 위협했고, 거기에 적극적으로 대응하지 않을 수 없도록 만들었던 것이다. 변화의 반대쪽 끝에 보수가 놓여 있음을 생각해보면 탈냉전적 변화에 대한 그들의 대응이 결국 반공주의와 친미주의를 지키려는 노력으로 나타날 수밖에 없음을 이해할 수 있다.

이 글의 관심은 신학적 보수성과 사회적·정치적 보수성의 연관성이다. 앞서 언급된 서울시청 광장에서의 국민대회는 이 둘 사이에 논리적·실질적 공감대가 존재한다는 점을 보여준다. 결론적으로 말해 두 진영이 묶어준 것은 반공주의라는 이념적 공감대인 듯하다. 미국의 사례를 살펴본다면 개신교 보수주의는 1920~1930년대에 출발할 때부터 반공주의적 입장을 가졌으나 미국의 개신교 보수주의자들 가운데 이념적 극우파가 되어 자신들의 반공주의를 적극적으로 펼친 사람들은 대체로 근본주의자였다.[11] 그런데 우리나라에서도 2000년대 우파의 '역습'과 근본주의 사이에는 상당히 긴밀한 관계가 있는 것으로 보인다. 따라서 우리나라 개신교가 가진 반공주의적-근본주의적 성격을 역사적으로 살펴볼 필요가 있다.

3. 한국 개신교 반공주의의 이력과 2000년대 상황

우리나라 개신교의 반공주의는 1920년대에 마르크스주의가 국내로 유입되면서 시작되었다. 당시 개신교는 반종교운동의 일환으로 반기독교운동을 펼친 사회주의의 도전에 어떤 식으로든 반응해야 할 상황이었다. 마르크스주의를 접한 개신교인들 가운데는 민중에 적극적인 관심을 가지게 되었거나, 소수지만 사회주의를 받아들인 사람도 있었다. 그러나 대부분의 한국 개신교인은 마르크스주의에 시종일관 적대적이었다. 여기에는 크게 두 가지 요인이 작용한 것으로 보인다. 먼저 선교사들이 보였던 마르크스주의에 대한 반감을 들 수 있다. 대체로 영미권의 중산층 출신이던 당시 선교사들은 북미와 유럽 중산층의 자본주의적-시장경제적 가치관을 공유하고 있었다. 더구나 선교사들은 어렸을 적부터 중산층 주류 교회에서 자란 사람들로, 무신론과 유물론에 대한 영미권 주류 개신교의 뿌리 깊은 반감을 가지고 있었다. 선교사들이 여전히 한국 개신교의 신학을 지배하는 상황에서 선교사들의 이 같은 반공주의는 한국 개신교인들의 신학적 세계관에 깊은 영향을 끼쳤음이 틀림없다.

또 다른 요인은 마르크스주의를 체제 위협적 요소로 여겨 철저하게 탄압하고 반공을 교육했던 일본의 정책이다. 1차 세계대전 이후 군사적·경제적으로 세계 3위권의 강국이 된 일본은 서구 열강과 경쟁하며 제국주의적 팽창을 도모하던 강력한 자본주의 국가였다. 특히 1930년대부터 만주와 대륙 침략에 나서면서 일본은 극우국가주의가 지배하는 파시즘 국가가 되었다. 그런데 1920년대 중반 이후에 식민지 한국에서는 마르크스주의에 영향을 받은 민족-민중운동이 활발하게 일어났다. 암태도 소작쟁의(1923~1924)나 원산 총파업(1929)으로 대표되는 수많은 일제강점기 농민운동과 노동운동은 대부분 마르크스주의 운동가들이 주도한 것으로, 한편으로는 민중운동이었지만 또 한편으로는 강력한 민족운동이기도 했다. 따라서 일본은 특히 한국에서 강력한 반공주의 정책을 펼쳤는데, 각 교회도 여기에 협조하도록 요구했다.

일본 식민지배자들과 선교사들은 한편으로는 갈등하면서 또 한편으로는 서로 협조하는 관계였다. 그런데 반공주의는 양쪽의 이해관계가 정확하게 일치하는 지점 가운데 하나였다. 대표적인 예가 미국 북장로교 선교사 조지 매큔George S. McCune과 총독 사이토 마코토齋藤實의 관계였다. 1905년 매큔은 한국에 선교사로 왔다가 아들의 병 때문에 선교사직을 포기하고 미국으로 되돌아갔다. 그러나 그는 1920년 다시 한국에 선교사로 부임했다. 매큔이 다시 돌아온 직접적 계기는 사이토가 보낸 편지였다. 매큔은 미국에 돌아간 뒤 사우스다코타 주의 휴런Huron 대학의 학장으로 일하면서 활발하게 반공주의 운동을 벌였다. 그 사실을 알게 된 사이토가 당시 한국 국민들 사이에서 유행하던 마르크스주의 운동에 대항하기 위해 매큔의 영향력이 유용하다고 여겨 그를 초청했던 것이다.[12] 매큔은 선천의 신성학교, 평양의 숭실학교와 숭실전문학교 등에서 교육자로 일하면서 적어도 반공교육과 관련해서는 총독부 정책에 적극 협조했음이 틀림없다.

일제강점기 내내 한국 개신교인 절대 다수가 견지하던 반공주의는 해방공간과 6·25전쟁을 통해 교인들이 마르크스주의와 직접 충돌하면서 극단적으로 강화되었다. 일본의 반공정책 때문에 일제강점기에 좌파 진영과 크게 충돌할 일이 없었던 교회는 해방 직후 북쪽을 장악해가던 마르크스주의 세력과 충돌했다. 일제에 순응하고 자본주의적·비민중적이었던 북의 교회는 반봉건·반제국주의를 표방한 북한 정권의 주도 세력인 마르크스주의자들과 충돌하지 않을 수 없었다.[13] 사회주의 정권 성립을 수용한 개신교인도 상당수 있었다. 그러나 교회지도자들 대부분은 마르크스주의와 기독교를 조화시킬 수 없었고, 미국과 자본주의가 지배하는 남쪽으로의 '대탈출'을 감행했다. 한경직을 비롯해 이렇게 남쪽으로 내려온 지도자들은 반공주의를 신학화하여 북의 사회주의 정권을 종말론적 적그리스도

라고 단정했다.[14]

　남한에서 좌우익 사이에 이념적 갈등이 심각할 때 절대다수의 개신교인은 이념적·정서적으로 가까운 미군정과 이승만이 주도한 남한의 단독정부 수립을 지지했다. 김구와 김규식, 김재준처럼 개신교 지도자들 가운데도 통일정부를 주창한 사람이 일부 있긴 했지만 보수우익 세력에 의해 살해당하거나 용공분자로 몰렸다. 김창준 같은 일부 기독교 사회주의자는 북쪽을 택했다. 결국 해방공간의 정치적 분단과정에서 교회도 이념적 지향성에 따라 남과 북으로 양분되었다. 남쪽으로 내려온 개신교인들을 중심으로 철저하게 반공적이고 친미국적인 사람들이 주도한 남한 교회는 남한에서도 반공과 친미를 대표하는 집단이 되었다.[15] 그들은 북한 정부를 적대시했으며, 북한 정부가 기독교를 멸절시켰다고 여겨 북한의 친사회주의적 기독교인을 기독교인으로 인정하지 않았다.

　남한의 개신교인들은 미군정과 이승만을 지지하면서 특혜에 가까운 여러 가지 혜택을 누렸다. 선교사와 미국 유학의 영향을 받은 교회지도자들 대부분은 미국을 해방 후 국가 건립의 전형으로 삼을 정도로 친미국적이었다. 사회주의 정권을 피해 남쪽으로 내려온 보수적인 한경직이나 사회주의까지 포용한 통일정부를 생각한 진보적 김재준이나 친미국적이기는 마찬가지였다. 월남한 서북 지역의 인사들이 중추적인 역할을 담당했던 이승만 정부는 철저한 반공주의를 견지했다. 반공주의를 종말론 신학과 연결시킨 일부 교회지도자들은 6·25전쟁 이전부터 '북진통일'을 주장해 반공·멸공의 선봉에 섰으며, 전쟁 중에는 휴전을 끝까지 반대했다.[16]

　6·25전쟁은 남한과 북한 사람들에게 각각 공산주의와 미국(및 기독교)에 대해 좀처럼 극복하기 어려운 증오심을 남겼다. 정치적·이념적으로뿐만 아니라 심정적으로도 분단이 고착된 것이다. 전쟁 후 김재준이 공산주의에 대한 동정심을 '망상'이라고 단정한 것은 이런 변화를 극명하게 보여준다.[17] 전쟁을 거치면서 남한의 기독교인들은 신학적 진보와 보수를 불문하고 모두 철저한 반공주의자가 된 셈이다. 미국은 6·25전쟁에서 한편으

로는 전쟁을 주도하고 또 한편으로는 교회를 통해 대대적인 구호활동을 전개했다. 이에 따라 한국 개신교의 친미주의는 더욱 강화되었으며, 반공주의와 친미주의는 동전의 양면처럼 불가분의 관계에 놓이게 되었다.

휴전으로 말미암아 북진통일의 기회를 놓친 남한의 개신교회는 전쟁 이후 공산주의와 공존할 수 없다는 점을 부각하는 데 주력함으로써 평화통일, 남북교류와 화해를 위한 여러 가지 노력을 공격하고 방해했다. 상대적으로 진보적인 교단들의 연합체로서 군사독재기 동안 민주화운동을 주도했던 한국기독교교회협의회KNCC도 반공주의에 관한 한 예외가 아니었다. 예를 들어 KNCC는 한국 정부의 베트남전쟁 파병과 전쟁 수행을 반공주의에 입각해 적극 지지하고, 세계교회협의회WCC와 해외의 한국 기독교인들과 교류하려는 북한 기독교인들의 노력을 방해했다.[18] 이것은 신학적 진보와 보수를 막론하고 반공주의가 남한 개신교 전체에 얼마나 깊이 뿌리내렸는지를 드러낸 사례다. 김재준과 문익환, 장준하 등 이 시기의 반독재 운동가들도 기본적으로 반공주의적이기는 마찬가지였다. 대표적인 참여신학인 민중신학은 '반공주의 신학'이라는 비판을 받았다. 남한의 개신교인 사이에서 북한에 대한 전향적인 입장이 등장한 것은 1980년 광주민주화운동 이후였다.

광주민주화운동은 남한 개신교계의 획일적 반공주의에 균열이 발생한 계기가 되었다. 우리 현대사의 중요한 문제들이 근본적으로 분단 상황에서 기인한다는 인식이 진보적 개신교인들 사이에서 확산되면서 분단체제를 유지하는 힘, 특히 미국에 대한 저항이 표면화되었다. 민주화운동은 자연스럽게 통일운동으로 연결되었으며, 그것은 필연적으로 반공주의-친미주의와의 대결로 나타났다. 그러나 군사독재 기간 내내 침묵을 지키던 보수적 개신교회는 광주민주화운동 이후 활발하게 전개된 미국에 대한 재평가와 탈냉전으로의 변화에도 동참하지 않았다. 여전히 냉전의 틀에 익숙한 그들은 그것을 유지해주는 친미·반공주의 가치관을 견지했다. 6·25전쟁 이후 2000년대에 이르기까지 보수적 개신교인들이 어떤 정치적 발언을 하기 위해 자발적으로 길거리에 나선 예는 거의 없었다. 그렇다면 일부 보수 성향을 가진 교회 구성원에게 시청 앞에 모여 성조기를 흔들며 소위 친북좌익 세력에 대해 "마귀들과 싸울지라"를 찬송하며 전의戰意를 불태우게 만든 것은 무엇일까?

보수적 개신교인들이 정치적으로 적극성을 띠게 되는 일은 일정한 외부적 조건이 맞아떨어졌을 때 일어난다. 먼저 보수주의자들의 세계관이 심각하게 위협받는 상황이 조성되어야 한다. 미국의 경우 보수적 개신교회는 자본주의적 지배질서에 적응하면서 발달했으며 교인들은 권위에 순종적이다. 이런 경향은 모든 문제를 개인적 차원으로 환원하려는 보수적 개신교 특유의 신학적 경향과 합쳐져 정치적·사회적 문제에 대한 무관심이나 침묵으로 연결된다. 보수적 개신교인들은 자신들이 옳다고 생각하는 과거의 준거에 집착하기 때문에 변화하는 사회 속에서 소외감을 느끼는데 익숙하다. 그러나 사회가 점점 그들이 원하지 않는 방향으로 변해가고, 잘못된 방향으로 접어든 사회가 자신들의 가치관을 근본적으로 위협한다고 느끼게 되는 지경에 이른다.[19] 이 시점이 되면 보수주의자들은 사회를 바꿔야 한다는 생각을 하게 된다. 그들의 입장에서 본다면 변해야 할 대상은 옳은 것을 지키고 있는 자신들이 아니라 옳지 않은 방향으로 나아가는 세상이다.[20]

그러나 사회경제적 질서와 권위에 순응하는 데 익숙한 보수적 개신교인들은 사회적 변화가 자신들의 신앙적 세계관에 위협적이라고 느끼는 것만으로는 현실정치에 뛰어들지 않는다. 그들이 행동에 나서는 것은 언제나 몇몇 영향력 있는 지도자들의 동기부여와 선동에 의해서다. 보수 교회의 대중적 지도자들은 정치적·사회적 힘의 향방을 대단히 민감하게 감지하는 경향이 있다고 한다. 미국 근본주의 지도자들의 정치적 행동을 연구한 어느 역사가는 그들이 어떤 '힘의 공백'power vacuum을 감지했을 때 그것을 채우는 데 재미를 느낀다고 했다.[21] 미국에서 1970년대 기독교 우파 운동이 등장해 보수적 개신교인 다수가 정치적으로 활기를 띠게 된 것은 위기의식과 힘의 공백이라는 두 가지 조건이 충족되었을 때 나타난 현상이다. 공립학교에서의 단체기도 금지(1961), 낙태 합법화(1973) 등의 대법원 판결은 보수적 개신교인들에게 세속적 자유주의가 미국의 도덕적 기초를 뿌리까지 흔들고 있다는 위기감을 불러일으켰다. 게다가 대부분의 미국인이 미래의 물결이라고 믿었던 근대성이 가져온 여러 가지 변화가 이혼율 급증, 전통적 가정의 붕괴, 포르노의 범람, 마약과 알코올 중독의 증가 등으로 연결되면서 근대성이 가졌던 도덕적 권위가 흔들렸고 '힘의 공백' 상태가 도래했다. 그러자 기독교 우파 지도자들이 이 위기감과 힘의 공백을 이용해 보수적 개신교인들을 결집하고 정치적 행동에 나섰던 것이다.

김대중–노무현 정부 시절 우리나라 보수 교회 가운데 일부가 정치적 극우파와 손잡고 반공과 친미를 외친 현상도 이런 맥락에서 이해해야 할 것이다. 1970년대부터 1980년대 후반까지 민주화 항쟁기에 적극적으로 참여했던 진보적 개신교인들은 한동안 사회참여에 관해 일종의 도덕적 독점을 했다. 그 투쟁의 시기에 침묵을 지켰던 보수 교회는 어떤 신학적 논리로 설명해도 떳떳하지 않은 난처한 입장이 되고 말았다. 1980년대 말 이후 보수 교회의 일각에서 사회문제에 참여하기 시작한 것은 스스로 떳떳하지 못함에 대한 반성이기도 했고, 진보적 교회의 도덕적 독점에 대한 반응이기도 했다. 그런데 1980년대 후반(구체적으로는 1987년 '6월 항쟁' 이후) 이래로 민주화 시기에 접어들면서 진보 세력이 독점하던 혁명적 투쟁의 시기가 끝나고 시민운동에 의한 소위 개량주의적 개혁의 시대가 도래했다.[22] 사회참여적 복음주의자들은 1990년대의 시민운동에 적극적으로 참여했다. 개량적 시민운동의 확대는 한편으로 진보 세력의 도덕적 독점을 급격하게 와해시켰지만, 또 한편으로는 해방 이후 가장 진보적인 두 정권의 탄생으로 이어졌다.

세계적 탈냉전 기류를 반영한 김대중 정부의 '햇볕정책'은 광주민주화운동 이후 지속되어온 미국에 대한 재평가와 맞물려 우리나라 보수주의적 세계관의 근간인 반공주의와 친미주의를 위기에 빠뜨렸다. 이에 분노한 극우 세력의 일부가 단편적인 행동에 나섰지만, 개신교 보수주의자들은 일단 침묵을 지켰다. 그런데 그들의 기대와 달리 김대중 정부에 이어 노무현 정부가 등장했다. 개혁 성향의 정권이 이어지자 보수주의자들이 반격에 나섰고, 2004년에는 대통령이 국회에서 탄핵 소추되는 건국 이후 초유의 사건이 벌어지는 등 큰 정치적 혼란이 일어났다. 이런 상황은 그동안 행동의 기회를 엿보던 보수적 개신교인들에게 결정적으로 힘의 공백을 제공한 듯하다. 김대중 정부 이래로 정권을 차지해온 소위 개혁 세력은 몇 가지 상징적인 사건을 만들어낸 것 이외에 실질적으로 탈냉전, 민주화, 다원화의 변화를 공고히 하지 못했다.[23] 게다가 두 정권의 핵심이 개입된 여러 부패 사건은 그 규모에서 과거 권위주의적 정권이 저지른 것들과 비교할 수 없을지 몰라도, 스스로의 구호와 국민의 높아진 기대를 저버리는 것이어서 정권의 도덕성에 큰 상처를 입혔다. 개혁지향적 세력이 정권은 잡았지만 보수·수구 세력이 정치, 관료집단, 언론, 자본의 '냉전반공주의적 구조' 속에서 여전히 힘을 발휘하고 있는 형국은 누구도 주도적인 힘을 발휘하지 못하는 힘의 공백 상태를 낳았던 것이다.

4. 보수적 개신교인들의 반공주의 이해

1) 국가주의와 위기의식

한국의 보수적 개신교인들이 정치적 행동에 나선 것은 김대중-노무현 '좌파' 정권의 등장으로 나라가 위기에 빠졌다는 위기감을 느끼는 가운데 힘의 공백 상태가 발생했기 때문이다. 표방하거나 추구하는 긍정적인 종교적 가치가 무엇인지에 상관없이 그들의 현실적 행동은 자신들의 핵심적 가치인 대한민국이라는 국가에 위협이 되는 실질적 또는 상정된 위협에 대한 공격에 집중되어 있다. 정치적 행동에 나선 보수적 개신교인들이 지키고자 하는 중심적 가치는 대한민국 그 자체인 것이다. 그런데 그들이 생각하는 대한민국은 반공주의적 우파 공화국이다. 따라서 반공주의 그리고 그와 연결된 각종 가치관이 흔들리는 현상은 곧 국가정체성에 위기가 왔다는 것으로 해석되었던 것이다. 한국의 뉴라이트 단체들은 이런 위기의식에 기초해 조직되었다.

한국에서 뉴라이트 대중조직이 아직 탄생하지 않았을 때인 2004년 11월에 기독교사회책임은 나라가 '과거 어느 때보다 어려운 상황'에 처해 있다는 인식을 가지고 나라와 민족을 살리기 위해 출범했다.[24] 그로부터 약 1년후 한국기독교개혁운동은 한국이 '갈 길을 잃고 혼미를 거듭하고' 있는 상황을 개탄하며 자유주의연대, 교과서포럼 등 다른 단체와 함께 뉴라이트 네트워크의 창립에 가담했다.[25] 뉴라이트 전국연합도 한국의 상황을 매우비관적으로 파악했다는 점에서 다르지 않았다. 2005년 9월 발표한 발기취지문에 따르면, 당시 한국은 '총체적 위기'에 빠져 "해방 정국을 능가하는 갈등과 혼란"을 겪고 있었다.[26] 뉴라이트 전국연합 산하기관인 뉴라이트 기독교연합은 2007년 7월의 창립선언문을 통해 한국 사회가 "전반적으로 푯대를 잃어버린 것처럼 총체적 위기 상황"에 놓여 있다고 개탄했다. 한국 사회가 헌법의 정체성을 포함해 정치와 경제, 교육, 문화 등 모든 분야에서 위기 상황이라는 것이다.[27]

정부와 사회의 '좌파'적 가치에 대한 뉴라이트의 반격이 거세지는 상황에서, 개신교 보수주의자들 가운데 지도력과 조직력을 갖추고 가장 적극적으로 여기에 가담한 집단은 한국 기독교 뉴라이트라고 통칭되었다. 기독교 뉴라이트가 볼 때 좌파 정권은 정치와 경제, 사회, 문화 등 모든 영역에서 대한민국의 기본적인 가치관을 훼손하고 있었다. 특히 그들은 자유방임적 시장경제의 붕괴를 염려했다. 좌파 정부가 '부에 대한 혐오'를 바탕으로 반反시장, 반反기업, 반反자유주의, 반反세계화 정책을 펼쳐 대한민국의 전통인 시장경제를 파괴시켰다고 공격했다.[28] 또한 자유로운 시장경제를 불신하는 좌파의 경제적 이데올로기가 김대중-노무현 정부 동안 각종의 반기업적 규제, 교육평준화정책, 전교조 합법화, 친노동정책, 농업 포퓰리즘 등의 정책을 실현시켰다는 것이다.[29] 한국 기독교 뉴라이트는 이런 좌파적 정책이 국가의 '선진화'를 방해한다고 여긴 채 그것을 철폐하고 친시장적 정책을 실현시키기 위해 애썼다.

기독교 뉴라이트는 좌파가 대한민국의 정통성과 정체성 그 자체를 크게 훼손시키고 있다고 생각한다. 그동안 좌파가 '좌편향 역사관' 또는 '자학사관'自虐史觀에 따라 자랑스러운 한국의 역사를 '오욕의 역사'로 만들었다는 것이다.[30] 한국 기독교 뉴라이트는 좌파 역사가 왜곡시킨 대한민국의 본모습을 되찾기 위해 그들의 역사관과 세계관에 따라 또 다른 '상상의 공동체'를 만들어내려고 노력했다.[31] 그들이 생각하는 대한민국은 건국 세력과 근대화 세력의 주도로 만들어지고 발전해온 우파 공화국으로, 좌파인 김대중-노무현 정부가 들어서기까지 '성공의 역사'를 이루어온 국가였다. 대한민국은 남한 단독정부 수립이라는 이승만의 '현실주의적 선택'과 '민주적 선거과정을 거쳐' 탄생한 '어떤 정통성의 흠'도 없는 나라라는 것이다. 그들은 분단과 6·25전쟁의 책임은 전적으로 소련과 김일성에게 있으며 한국과 미국의 작전수행 중 민간인 '오인 사격'이 있었지만 인민군의 민간인 납치와 학살에 비할 바가 아니라고 믿었다. 또한 그들은 박정희 정권하에서 이루어진 빠르고 성공적인 근대화는 권위주의적 정치체제라는 '조건하에서' 가능했다고 주장한다. 근대화를 이루는 과정에서 발생한 부의 불균형과 권위주의 정치, 인권의 제한과 탄압은 산업화과정에서 세계 어느 나라에서나 "일반적으로 불가피하게 나타나는 부작용과 희생"일 뿐이라는 것이다.[32]

기독교 뉴라이트가 지적한 위기 상황을 종합하면 경제성장이 추락했고, 이념·세대·지역 간 갈등의 골이 깊어졌으며, 헌법과 법치주의가 흔들리고, 한국의 역사적 정통성과 정체성이 공격받고 있었다. 그리고 그들은 정부의 좌파적 가치관이 모든 문제의 근본 원인이라고 보았다. 예를 들어 기독교 뉴라이트가 주도하던 뉴라이트 전국연합은 한국이 '표류와 혼돈의 위기'에 직면한 첫째 이유로 당시 노무현 정부의 좌파적 가치를 꼽았다.[33] 자신들이 지지해 당선된 이명박 정부가 들어선 2008년 이후에도 기독교 뉴라이트의 걱정은 줄어들지 않았다. 보수적 개신교인들이 가졌던 위기의 식은 이데올로기에 기초한 것이었다. 따라서 이명박 정부가 보수적 정권이기는 해도 스스로 '실용주의'를 표방했다는 점에서 정권이 바뀐 후에도 그들의 위기의식이 사라지지 않았을 가능성을 충분히 이해할 수 있다.

한국 기독교 뉴라이트는 이명박 정부가 들어선 이후에도 위기 상황이 계속되는 것은 좌파가 여전히 대한민국을 장악하기 위해 음모를 꾸미고 있기 때문이라고 해석했다. 18대 총선에서 원내 진출을 이루지 못한 기독당의 대표 전광훈은 당 조직 재건을 발표하면서 좌파들이 "사회 각층에 스며들어 대한민국을 통째로 망치려 한다"고 경고했다. 그리고 "나라와 민족을 구원하기 위해 다시 활동을 시작하겠다"고 밝혔다.[34] 비슷한 맥락에서 선진화시민행동은 정권이 바뀐 이후에도 여전히 '강력하게 포진'하고 있는 '반反대한민국 세력'을 위기의 근원으로 꼽았다. 선진화시민행동은 광우병 관련 촛불집회야말로 정권교체 이후 '좌파'가 '선진화'를 가로막고 나라를 위태롭게 하는 사건이라고 단정 지었다.[35] 이 단체의 대표인 서경석은 친북좌파 세력으로 전교조, 민노총, 한총련, 전농 등을 구체적으로 거론하며 그들 수십만 명이 "대한민국을 흔들고 자유민주주의 체제를 위협하고 있다"고 주장했다.[36]

노무현 정부의 좌파적 가치관을 위기의 원인으로 보았던 뉴라이트 전국연합은 애국 우파의 자성, 혁신 그리고 대연합을 통해 '자유주의적 가치관'을 확산시키고 한국의 '선진화를 저해하는 세력 및 가치와 맞서는' 일이 필요하다고 보았다.[37] 그런데 한국의 기독교 뉴라이트가 말하는 자유주의가 진정한 의미에서 자유주의라고 불릴 만한 것인지는 생각해볼 필요가 있다. 그들이 뜻하는 자유주의는 정부의 개입과 규제가 최소화된 자유로운 시장경제를 옹호한다는 차원, 즉 경제적 차원으로 제한되어 있다.[38] 그러나 자유주의의 중요한 구성요소인 정치-문화-사상의 자유주의는 개인의 자유와 권리를 중시하고 그 조건으로서 양심과 삶의 방식에 관한 개인의 선택을 철저히 보장하려고 한다. 사상과 종교, 예술의 자유를 중시할 뿐 아니라 성性, 낙태, 도박, 술, 중독성 물질 등과 관련해 정부의 개입을 최소화시키려는 것이다. 한국의 뉴라이트는 자신들이 추구하는 자유주의의 한 요소로서 자유민주주의를 말한다. 하지만 그들이 지향하는 자유민주주의가 '반대한민국' 세력이나 '좌파'들의 사상과 활동에 대해서도 자유를 보장해주기를 원하는 것 같지는 않다. 한국 뉴라이트는 경제적인 면에서 자유주의를 추구하지만, 문화와 사상에서는 전체주의적-국가주의적 요소가 짙어 보인다.

2) 이원론과 친미주의

정치적 행동에 나서는 보수적 개신교인들의 세계관은 독특한 이원론에 기초하고 있는 것 같다. 정치적 문제에 대한 무관심과 비참여를 특징으로 하는 미국의 개신교 보수주의자들이 냉전기에 반공투사로 나선 현상을 연구한 어느 학자는 그들에게 어떤 특정한 형태의 사고방식이 있음을 밝혀냈다. 1950년대 초 매카시즘의 광기 속에서 가공架空의 공산주의자들을 색출하기 위한 마녀사냥에 앞장섰던 근본주의 지도자 칼 매킨타이어 Carl McIntire를 비롯한 미국의 기독교 반공투사들이 마니교적Manichean 선악이원론에 빠져 있었다는 것이다.[39] 빛(또는 선)과 어둠(또는 악)에 관한 급진적 이원론을 가르치는 마니교 우주관에 따르면 우주는 빛과 어둠이라는 대등한 두 세력의 싸움터이며, 역사는 신적인 힘을 가진 악의 세력이 세상을 차지하려고 꾸민 '음모'의 연속이다.[40] 이런 관점을 가진 보수적 개신교인들은 역사를 하나님과 사탄, 즉 선과 악 사이의 지속적 투쟁과정으로 파악하며 자신들은 언제나 선의 편에 서 있다고 확신한다. 정치적 행동에 나섰던 미국의 보수적 개신교인들이 자신들의 행동을 '도덕적'(즉 선하다)이라고 여기는 반면 반대파는 '정치적'(즉 악하다)이라고 판단한 이유가 여기에 있다.[41]

마니교적 선악이원론에 확신을 부여한 것은 상식철학Scottish Common Sense Philosophy에 근거한 사실주의적realist 인식론이었다. 상식철학은 인간 인식의 정확성과 인간 지식의 확실성을 가르쳤다.[42] 즉 상식철학자들은 모든 인간은 객관적 사실, 도덕이나 종교적 믿음의 원칙 등을 특별한 증명 없이도 직관적으로 확신할 수 있다고 보았으며, 그런 증명이 필요 없는 원칙을 상식이라고 불렀다. 상식철학은 그레섬 메이첸J. Gresham Machen 등 미국의 보수적 신학자들에게 큰 영향을 끼쳤으며 근본주의·복음주의 신학의 근간으로 자리 잡았다.[43] 마니교적 이원론은 상식철학과 만나 상승효과를 일으켰는데, 상식철학의 인식론은 어떤 것이 서로 상치되는 구조(선과 악, 구원받은 자와 그렇지 않은 자, 성과 속, 진리와 거짓) 속에 등장했을 때 그것이 그 이원론적 구조 어느 편에 속하는지 분명히 알 수 있게 해주었다. 이 이원론적 세계관과 상식철학적 인식론에 자신들이 점점 미국 사회의 주류에서 밀려나고 있다는 현실적인 위기감까지 더해져 근본주의적 반공투사들의 심성이 형성되었던 것이다.[44]

마니교적 선악이원론은 오늘날의 미국 기독교 우파에서도 쉽게 발견된다. 미국 기독교 우파 이론가들은 서구의 역사를 이원론적으로 나눠 선과 악의 대결구도로 파악한다. 예를 들어 기독교 우파의 '공식적 지식인'official intellectual이라는 평가를 받는 근본주의 신학자 프랜시스 쉐퍼 Francis Schaeffer는 서양문화사를 그리스-로마 사상에서 출발한 인본주의와 기독교가 가르친 신본주의의 대결과정으로 보았다. 인본주의적인 요소가 '원래'original 성경적 기독교의 진리를 타락시켰으며 계몽주의와 공산주의, 세속적 인본주의secular humanism로 이어지며 타락한 문화예술을 통해 현대인의 생각과 삶을 파멸로 몰아가고 있다는 것이다.[45] 기독교 우파는 전지전능하고 선한 신의 존재를 믿는다. 그러나 그들의 우주관 속에서 악의 세력은 신에게 도전하고, 여전히 세계를 지배할 만큼 강력한 힘을 가졌다. 따라서 그들의 유일신론은 고백적이지만, 그들의 이원론은 경험적이다. 마니교에서와 마찬가지로 기독교 우파 지지자들은 세계를 선한 영역과 악한 영역으로 명백하게 양분하며 선과 악을 감별하는 데 어떤 주저함도 없다. 그들에게 세상에 있는 모든 것은 선과 악, 빛과 어둠, 진리와 비진리 둘 가운데 하나이며 그 중간은 존재하지 않는다. 성경과 기독교, 하나님, 미국으로 대표되는 신본주의는 선하고 밝은 세계이며 이성과 세속, 인간 그리고 '비미국적'un-American인 것과 연결된 인본주의는 악하고 어두운 세계다.[46]

매킨타이어, 쉐퍼 등 미국 근본주의 지도자와 이론가들은 6·25전쟁 후 한국 개신교, 특히 장로교에 근본주의가 자리 잡는 데 직접적인 영향을 끼쳤다. 근본주의가 남한 개신교의 주류로 자리 잡은 것은 두 가지 근본주의적 세력이 결합된 결과였다. 해방 이전 한국 개신교는 전체적으로 매우 보수적이었는데, 그 본거지는 근본주의적 장로교 선교사들이 장악하고 있던 평양을 중심으로 한 서북 지역이었다.[47] 평양은 세계적으로 손꼽히는 큰 선교부로 해방 이전까지 한국 장로교의 신학과 교육, 교회 정치를 주도하며 개신교 전체에 근본주의적 영향을 끼쳤다. 해방공간과 6·25전쟁 기간 북한 지역을 장악했던 마르크스주의 세력과 충돌한 이 서북 지역의 근본주의 세력은 대거 남한으로 탈출했다. 그리고 결국 그들은 남한 개신교의 주력으로 성장했다.

한편 해방 이후에는 근본주의적 성향의 선교사들이 활발하게 활동했다. 해방 이전 남한 지역에 큰 영향을 끼쳤던 장로교 서울 선교부의 지도자들은 신학적으로 개방적인 선교사들이었다. 그들은 선교학교, 신사참배 등과 관련해 심한 갈등을 빚을 정도로 평양 지역의 근본주의 선교사들과 다른 신학을 가지고 있었다. 그러나 북장로교를 비롯해 미국의 주류 개신교는 2차 세계대전 이후 해외선교에 대한 열정이 급격하게 식어버렸다. 비기독교 문화에 대한 이해가 커졌고, 선교사를 양성하던 과거와 같은 보수적 신학이 더는 주류 개신교를 지배하지 않았다. 따라서 해방 이후 한국으로 새롭게 파송되어온 선교사들은 대체로 여전히 보수적 신학을 가진 사람이거나 근본주의적 성향의 교단에서 파송된 사람들이었다. 특히 6·25전쟁 이후에는 칼 매킨타이어를 대표로 하는 미국의 근본주의 지도자들이 한국의 각 개신교단에 선교사 또는 자본을 보내 영향력을 확대했다. 그들은 교단 내에 신학적 갈등을 일으키고, 근본주의적 성향을 가진 사람들이 교단을 분리해 새로운 교단을 세우도록 도왔다. 이로써 북한 지역에서 남하한 한국 개신교 근본주의 본류와 새로운 미국 근본주의의 영향이 합쳐져 큰 영향을 끼치면서 6·25전쟁 이후 남한의 개신교는 전체적으로 강한 근본주의적 성향을 가지게 되었다. 그리고 근본주의 신학이 가진 특유의 이원론은 냉전기의 한국에서 강력한 반공주의와 결합되었다.

한국의 근본주의적 개신교인들은 인적 교류와 신학 수입을 통해 미국 근본주의로부터 지속적인 영향을 받았다. 한국의 기독교 뉴라이트 운동도 그런 맥락에서 나왔다고 할 수 있다. 이처럼 미국 근본주의로부터 직접적인 영향을 받게 된 한국 기독교 뉴라이트의 언어 속에서 이념화된 마니교적 선악이원론의 흔적을 찾는 일은 그리 어렵지 않다. 기독교 뉴라이트는 자신들을 애국 진영, 애국우파, 선진화 세력, 건강한 시민 세력 등으로 부르는 반면, 공격대상을 반대한민국 세력, 반선진화 세력, 친북좌파라고 공격했다. 한국 기독교 뉴라이트는 '신정국가' 건설부터 '중도 통합'에 이르기까지 다양한 정치적 지향을 가진 집단으로 구성되었다. 그러나 그들 모두의 세계관 속에서 악의 세력은 좌파로 통칭되는 어떤 집단이다. 이 좌파는 모든 정치적·사회적 악의 근원으로, 한국을 위기 상황으로 몰아가고 있는 원흉이다.

미국 기독교 우파와 비교할 때 한국 기독교 뉴라이트의 선악이원론에서 두드러진 특징은 악이 좀더 분명하게 좌파 이데올로기의 모습을 하고 있다는 점이다. 앞서 언급된 시청 앞 광장에서의 국민대회가 열리기 전 서울의 한 교회에서 개최된 '공산독재 종식·민족복음화 3·1절 목회자 금식기도 대성회'에 참석한 목회자들과 신도들이 행한 발언은 이런 가치관을 잘 드러내 보여준다. 설교를 맡은 어떤 목사는 "공산주의는 기독교의 제1의 적"이며 "21세기의 사단이요 적그리스도"라고 분명히 선언했다. 그러자 특강에 나선 한 장로가 2002년 월드컵 당시 한국이 '붉은 악마의 조종'을 받았다는 음모론을 들고 나왔다. 그때 사람들이 입고 다닌 붉은 옷에는

'빨갱이가 되자'Be the Reds라고 쓰여 있었으며, 그때 불러들인 '빨갱이'들이 지금 온 나라를 휘젓고 다닌다는 논리였다.[48]

한국 기독교 뉴라이트의 관심을 자세히 살펴보면, 그들의 관심이 미국 기독교 우파보다 훨씬 더 정치적·경제적 문제에 편중되어 있음을 알 수 있다. 미국 기독교 우파와 달리 한국의 기독교 뉴라이트는 사회적·윤리적 문제에 공개적인 입장을 거의 표명하지 않는다는 특징을 보인다. 부패와 타락을 이야기하더라도 항상 정치·경제와 연관된 범위 내에서 언급한다. 미국에서 기독교 우파에게 대단히 중요한 관심거리가 되고 있는 낙태나 동성애, 안락사, 줄기세포 연구, 음란물 등 사회적·윤리적 주제에 대해서는 좀처럼 발언을 하지 않는다. 이는 무엇보다 한국의 기독교 뉴라이트가 이데올로기적 위기의식 위에서 형성되었고, 그 관심이 이데올로기적 문제에 집중되어 있기 때문에 발생한 현상이다.

위의 기도회에서 나온 발언들 가운데 특히 흥미로운 것은 공산주의, 즉 사탄과의 싸움에서 미국이 주도적 역할을 담당하고 있다는 미국의 기독교 극우파가 했을 법한 주장이다. 앞서 언급한 장로는 미국의 세계관이 기독교 세계관과 일치하기 때문에 그런 나라를 반대하는 것은 '배신'이요, '망덕'이라고 했다. 그는 분단은 재앙이 아니라 축복이며(이 대목에서 기도회에 참석한 2,000여 청중의 박수가 나왔다고 함), 세계 역사를 주도하는 미국을 '돕는 배필'이 되는 것이 하나님이 한국 국민에게 원하시는 거라고 말했다. 창세기에 따르면 신은 남자를 위해 그를 '돕는 배필'로 여자를 만들었다(창세기 2장 18절). 창세기적 용어인 돕는 배필을 사용함으로써 이 장로는 한편으로는 미국을 한국보다 더 우위에 놓으려 했고, 또 한편으로는 두 나라의 관계를 부부관계처럼 긴밀한 것으로 묘사하려고 했다. 마지막으로 그는 사탄이 한미동맹을 가장 두려워하기 때문에 사탄이 반미를 강조한다고 말하며 한미동맹과 반미에 종말론적인 의미를 부여했다. 집회의 마지막에 기도회를 이끈 목사는 반공을 위해 하나님께서 '보초'로 세워준 미국을 위해 기도하자고 인도했다.[49] 기도회가 끝난 뒤 참가자들은 대거 시청 앞 광장으로 향했다.

한국 보수적 개신교의 반공주의가 언제나 미국이라는 나라와 연결되는 것은 일차적으로 앞서 살펴본 한국 개신교 반공주의의 역사적 전개과정과 연결되어 있다. 그러나 거기에는 또 다른 이유가 있어 보이는데, 그것은 한국의 보수적 개신교 지도자들 다수가 세계 구원을 위한 미국의 섭리적 사명을 믿기 때문이다. 냉전기에 극단적인 반공투쟁의 전선에 나섰던 미국의 보수적 개신교인들은 세계 종말이 임박한 가운데 자기 나라를 장악하려는 공산주의자들의 '음모'가 있다고 믿었다. 그들은 그런 음모를 꾸미는 공산주의야말로 종말에 등장할 적그리스도이고, 세상을 구하기 위해 신으로부터 선택된 미국은 공산주의와 운명을 건 싸움을 해야 한다고 믿었다.[50] 이런 사고방식은 미국의 운명적 조력자라는 일종의 소중화주의적 선민의식의 형태로 한국의 개신교 반공주의에서 나타났다.[51] 한국의 개신교 반공주의자들에게 미국은 악의 세력인 공산주의와 싸우는 거룩한 싸움의 주력이며 한국은 그 동맹군이다. 따라서 그들의 이원론적 세계관에 따르면 반미는 곧 친북과 동의어며 어떤 식으로든 한미동맹을 해치는 일은 북한을 편드는 행위로 대한민국의 국익에 배치되는 것이다.

5. 나오는 말

앞서 보수적 개신교인들의 반공주의를 이해하는 중요한 단서로 마니교적 이원론을 들었다. 이원론적 세계관은 세상을 매우 단순화시켜 바라보도록 요구한다. 세상에는 선과 악, 빛과 어둠만 존재할 뿐이다. 인간의 행동과 의도, 말과 뜻, 현상과 본질, 사물의 이미지와 실체 그리고 상상과 현실 사이에 인간이 실측實測하거나 충분히 인지할 수 없는 아득한 거리가 존재할 수 있다는 사실은 고민의 대상이 아니다. 그들의 이원론적 세계관은 세상을 찬찬히 이해하는 데 유용하기보다는 화급한 전투를 위해 필요한 무기와도 같다. 상식철학과 결합된 그들의 이원론은 우군과 적군을 명

264

확히 구별하도록 하며 적군을 악의 세력이라고 쉽게 판단하도록 만든다. 따라서 마니교적 이원론은 공산주의 또는 좌파라는 말이 많은 사람에게 즉각적인 공포감과 적개심을 일으키는 분위기에서 한국 기독교 뉴라이트 지도자들이 아군을 결집하고 전선을 확대하는 데 대단히 효과적이다. 마니교적 이원론이 보수적 개신교인들의 독점물은 아니지만 친북좌파와의 전쟁에 나선 그들이 느끼는 위기감이 왜 그렇게 절박하고, 적에 대한 분노가 왜 그렇게 맹렬하며, 전투에 임하는 그들의 자세가 왜 그처럼 결연한지 이해할 수 있게 해준다.

개신교 보수주의자들의 정치적 행동은 이원론과 같은 신학적-세계관적 이유로만 설명될 수는 없다. 한국 보수 개신교는 미국의 복음주의 교회와 마찬가지로 정치적 권위에 순종하고 자본주의 시장경제에 최적화된 종교다.[52] 따라서 그들의 정치적 행동은 정치적·경제적 요인과 긴밀하게 연결될 수밖에 없다. 이런 점에서 주목한 것이 힘의 공백이었다. 김대중-노무현 정부 때 한국 사회에서 나타난 현상 가운데 하나는 보수 진영이나 진보 진영 모두 자신들이 공격받고 있으며 위기에 처해 있다고 믿는 이상한 상황이었다. 진보 진영은 군사독재 시절부터 줄곧 받아온 피해의식을 정권을 차지한 이후에도 계속 가지고 있었으며 보수 진영은 진보주의자들이 집권하면서 그동안 자신들이 구축해온 자본주의적 가치와 구조, 기득권이 공격받고 있다고 느꼈다. 이런 상호 피해의식은 아마 누구도 실질적 주도권을 잡지 못한 전환기, 힘의 공백 상황에서 나왔을 것이다. 개신교 보수파의 분노와 위기의식도 근본적으로 이런 피해의식에서 출발했다. 보수적 기독교인들이 정치적 힘 앞에 순종하는 오랜 관습이 있음을 생각할 때, 2000년대 초반 개신교 보수주의자들의 정치적 행동은 그 같은 힘의 공백이 있었기에 가능했을 것이다.

이명박 정부가 들어서면서 한국 사회는 다시 이전의 반공주의적 전통으로 회귀했다. 이명박 정부 초기에는 여전히 한국 사회에 자리 잡고 있는 친북좌파에 대한 걱정의 목소리가 높았다. 그러나 이명박 정부는 이데올로기적으로 그보다 더 보수적인 박근혜 정부로 이어졌다. 이것은 적어도 정치적으로는 앞서 말한 힘의 공백이 메워졌음을 알려준다. 반공주의 정부 아래서 개신교 보수주의자들이 김대중-노무현 정부 때처럼 위기감을 느끼는 일은 없을 것이다. 따라서 그들이 그 시절처럼 활발하게 행동에 나서는 일도 없을 것이다. 그들이 하고자 하는 일은 반공주의적 정부가 나서서 해줄 것이기 때문이다.

이전에도 그랬지만 앞으로 분단구조는 개신교 보수주의자들의 반공주의에 양분을 공급해줄 것이다. 북한에서는 김정은이 아버지 김정일로부터 정권을 물려받았다. 앞으로 그가 어떤 변화를 모색할지 모르지만, 할아버지 김일성 때부터 견지해온 사회주의를 포기하지는 못할 것이 확실하다. 이에 따라 남북한 간의 이념적 긴장도는 크게 높아졌다. 김대중-노무현 정부 때 흔들렸던 분단구조가 다시 공고화된 것이다. 분단구조와 이에 기초한 자본주의-반공주의 체제와 가치관이 흔들리지 않는 한, 다시 말해 또다시 힘의 공백상태가 발생하지 않는 한 개신교 보수주의자들은 정치세력화를 할 수 있는 용기나 동력을 얻기 어려울 것이다.

1960년대
반공 이데올로기의 진화

박태균
서울대학교 국제대학원 교수

1. 1950년대 반공주의의 특징

1) 지배담론에서의 반공주의

'멸공'과 '북진통일'은 1950년대 반공 이데올로기를 대표하는 두 가지 슬로건이었다(서중석, 1995, 109쪽). '멸공'은 공산주의를 한반도에서 완전히 박멸destroy하겠다는 것이고, '북진통일'은 군대를 동원해 북한으로 올라가 통일을 이룩하겠다는 것이다. 이 두 가지 슬로건은 사상적 이데올로기를 바탕에 깔고 있었던 것이 아니라 공산주의를 반대하기 위한 가장 명확하면서도 단순한 내용을 담고 있었다. 현실적으로 냉전체제가 존재하는 상황에서 1950년대 멸공은 공산주의와는 공존할 수 없다는 논리를 담고 있었는데, 여기에는 한국전쟁 시기 형성된 공산주의에 대한 적대적 반응이 작동했던 것이다.

이승만 정부의 '북진통일' 주장이 단지 수사rhetoric였는지, 아니면 실제로 실행할 의도를 가진 정책이었는지에 대해서는 논란이 있다. 그러나 잘 알려진 것처럼 이승만 대통령이 친구인 올리버에게 보내는 편지, 1949년

10월 7일 UP 부사장 존스와의 기자회견 등을 봤을 때 처음에는 실제로 그런 의도가 있었으며, 이는 1953년 정전협정을 전후한 시기까지 계속되었던 것으로 보인다(대통령기록관, 2012, 73~76쪽, 115~120쪽).[1] 물론 이런 의도가 미국의 반대로 말미암아 현실화되기 어려운 상황이 되자 실지(개성과 옹진반도 등 전쟁 전 38선 이남이었던 지역) 회복이라고 하는 또 다른 논리를 내세우기도 하면서(대통령기록관, 359~362쪽) 북진통일의 내용에서는 일정한 변화를 보이지만, 북진통일론은 이승만 정부 내내 변하지 않은 가장 강력한 반공 이데올로기였다.

이승만 정부의 이런 반공주의는 두 가지를 배경으로 하고 있었다. 하나는 1945년 12월부터 시작된 반탁운동(신탁통치에 반대하는 운동)이었다. 주지하듯 반탁운동은 1945년 12월 모스크바에서 결정된 '조선 문제에 관한 3상회의 결정서'에 대한 반대운동이었다(정용욱, 2003). 반탁운동은 '소련이 신탁통치를 추진'했다는 주장과 맞물리면서 반공운동과도 맞물렸으며, 이는 다시 소련의 지배에 반대하는 민족운동으로 규정되었다. 즉 반탁운동을 했던 인사들은 '반탁=반공=민족운동'이라는 등식을 성립시켰으며 반탁운동 인사들이 주도했던 대한민국 정부의 수립은 북한을 괴뢰정권으로 규정하고, 반공을 국시로 하는 체제를 만들어냈다. 따라서 공산주의에 반대하는 것은 곧 민족주의 운동으로 인식되었다.

다른 하나는 한국전쟁이다. 한국전쟁은 공산주의자들을 '악'으로 규정할 수밖에 없는 상황을 만들었다. 이는 기본적으로 전쟁을 먼저 시작한 것은 북한이었기 때문에 그 일차적 책임은 북한 정권에 있었다. 그러나 전쟁에 따른 피해는 어느 일방에 의한 것이 아니라 전쟁과정에서 무차별적으로 나타났다. 그럼에도 모든 피해는 소련의 조종을 받은 북한과 중국의 공산주의자들에 의해 발생한 것으로 규정되었다. 이로 말미암아 정전협정 직후에 '반공'은 더는 설명이 필요 없는 너무나 당연한 사회규범이 되었다.

물론 이승만 정부의 반공 이데올로기가 처음부터 그렇게 단순했던 건 아니다. 1948년 대한민국 정부 수립 직후 이승만 정부는 '일민주의'一民主

義라는 통치이념을 발표했다. 당시 교육부장관이던 안호상과 양우정에 의해 작성된 이 이념은 공산주의에 대항하기 위해 민족의 일체성을 강조하는 것이었으며(후지이 다케시, 2008, 121쪽) 모든 부문에서의 평등을 강조하면서 자본주의를 비판하는 내용까지 포함하고 있었다(서중석, 2005). 이런 일민주의는 1930년을 전후한 시기 일본에서 천왕제를 인정한다면 자본주의 비판을 허용하겠다고 주장했던 일부 사상검사의 논리와 유사한 것이었다(후지이 다케시, 2008, 121쪽). 즉 반공주의를 위해서는 자본주의의 기본적 원리마저도 비판할 수 있다는 것이었다.

그러나 일민주의는 광범위한 대중적 지지를 받지 못한 채 한국전쟁 기간에 사라졌고, 그 대신 '북진통일'과 '멸공'만 남게 되었다. 여기에 '민족'과 '국가'가 중요한 이념적 배경으로 남게 되었다. 이는 결국 반공주의는 곧 민족주의와 국가주의이며, 시민들을 국민으로 통합하기 위한 혈연주의적·전체주의적 사고에 기초하고 있음을 의미한다. 즉 1950년대 반공주의에서는 근대적 개인의 자유에 기반을 둔 자발성보다는 집단 구성원으로서의 개인이 더 중요했다는 사실을 의미한다(이하나, 2012, 122쪽). 이런 기조는 1950년대에도 계속되었으며 미국식 자유민주주의를 수용하면서도 그 내용은 반反자유주의와 전체주의로 채워져 있었음을 의미한다(김진기, 2005, 161쪽).

이후 이승만 정부의 반공주의는 특별한 이념적 특징을 갖지 못했다. 멸공과 북진통일은 다른 설명이 필요없는 규범이 되었고, 그 외의 주장은 용납되지 않았다. 제2야당인 진보당의 평화통일론은 '용공'이라는 평가를 받았고, 결국 해체되는 결과를 가져왔다. 진보당의 평화통일론은 3년간 전쟁에 지친 대중의 지지를 받았고, 이는 1956년 제3대 대통령 선거에서 진보당 대통령 후보 조봉암에 대한 높은 지지도를 통해 증명되었다. 그러나 1950년대 지배담론으로서의 무조건적 반공이념은 대중적 지지와 관계없이 1959년 대통령 후보이자 대한민국 초대 농림부장관이었던 조봉암을 처형시키고 진보당을 해체시키는 데 결정적 역할을 했다. 이렇게 1950년대 반공주의가 작동하는 과정에서 진보당의 경제정책이 이승만 정부 초기 일민주의의 내용과 유사하다는 사실은 어떤 보호막도 될 수 없었다.

2) 저항담론에서의 반공주의

1950년대 지배담론으로서 반공 이데올로기는 민족과 국가 중심의 사상 위에서 단순하면서도 절대적인 위력을 가졌지만, 지배담론에 반대하는 저항담론에서도 작동하고 있었다. 이는 진보당의 예에서 보는 것처럼 반공 이데올로기를 제외하면 다른 담론이 존재할 수 없었기 때문이다.

그럼에도 저항담론과 지배담론 사이에는 중요한 차이가 있었다. 즉 저항담론으로서의 반공 이데올로기는 자유주의와 민주주의 이념 위에 서 있었다. 물론 이승만 정부와 당시 여당인 자유당이 자유민주주의를 내세우지 않았던 것은 아니다. 1959년의 자유당 강령을 보면 '자유민주주의의 육성 발전'을 5개 항목 중 제1항목으로 내세우고 있다(후지이 다케시, 2008, 139쪽).

그러나 주지하듯 한국전쟁 이후 1954년의 사사오입 개헌, 1956년에 실시된 대통령 선거를 거치면서 이승만 정부와 자유당의 자유민주주의는 한갓 슬로건에 지나지 않았다는 것을 보여준다. 또한 1956년 대통령 선거에서 정권교체를 희망하는 대중적 인식이 광범위하게 나타났음에도 1958년 이후 더는 민주주의를 바랄 수 없는 상황이 되고 말았다. 1958년 총선거를 앞둔 상황에서 발생한 진보당 사건, 같은 해 12월의 24보안법 파동, 1959년 경향신문 폐간 사건 등은 이를 잘 보여주는 예라고 할 수 있다. 그리고 1960년의 3·15 정부통령 선거는 민주주의가 작동하지 않고 있음을 보여주는 정점에 위치했다.

이런 상황에서 대항담론이 보여준 반공 이데올로기의 이념적 기반은 민주주의였다(최병건, 1958: 강남희, 1959: 이상 이하나, 2012, 214쪽에서 재인용). 1953년 이후 『사상계』의 논조는 이런 사실을 잘 보여준다. 1955년 1월 『사상계』는 편집위원회를 구성했는데, 여기서 결정된 편집 방침은 통일과 민주사상, 경제발전, 문화창조, 민족적 자존심 등 다섯 가지였다(김건우, 2010, 61쪽).

이 편집 방침은 『사상계』 1955년 8월호 권두언의 '사상계 헌장'에서도 재확인되었다. 이 헌장에서 사상계의 대표였던 장준하는 '자유·평등·번영의 민주사회 건설'을 강조했다.[2] 그리고 여기서 '민주주의'는 반공의 가장 핵심적인 내용이었다.

그래서 1950년대 『사상계』에는 공산주의와 민주주의에 대한 많은 글이 실렸다. 예를 들어 '민주주의론: 소련식 민주주의와 우리의 민주주의'(1953년 6월호), '민주주의론'(1953년 7월호), '민주주의론'(1953년 9월호), '소련 외교와 이데오로기'(1954년 2월호) 등이 그 대표적 예라고 할 수 있으며 미국 외교위원회에서 발행하는 『포린 어페어스』Foreign Affairs에 논문이 10회, 미국 중앙정보국에서 발행하던 『공산주의의 문제들』Problems of Communism에 실린 글도 네 차례에 걸쳐 번역 게재되었다(권보드래, 2011, 254쪽).

이런 『사상계』의 반공 이데올로기로서 민주주의 담론은 1950년대 중반 이후 이승만 정부에 대한 저항담론으로도 작동하게 된다. 전쟁 시기에 문교부의 지원 아래 활동했던 장준하도 점차 저항 지식인의 상징이 되었다. 사회적 부패는 더 심화되고 이승만 정부의 전체주의적인 모습이 노골적으로 강화되어가고 있었기 때문이다. 백성을 위하는 것이 곧 민주주의이며, 백성을 위하는 것이 공산주의에 대항해 사회를 안정시킬 수 있는 가장 중요한 무기가 될 수 있다는 다음 글은 이 점을 잘 보여준다.

> 우리나라는 민주국가다. 그러므로 이 나라의 주인은 이 백성이어야 한다. 가난하고 헐벗고 굶주렸다 한들, 못나고 어리석고 보잘것없다 한들, 이 나라의 주인은 이들이니 이들은 주인으로서의 대접을 받아야 한다. 전시에 생명을 아껴 해외로 도피도 안 했고 일제의 앞잡이도 아니었다. 미국이나 중국에 망명한 일도 없다. 또 위기를 생각하여 해외에 재산을 도피시켜놓

고 도망하려는 자들도 아니다. 오직 묵묵히 이 땅을 지키는 자들이다. 괴뢰의 침략을 생명으로 막은 이들이다. 이 백성들이 먹고 사는 식량과 필수품을 공급하는 이들이다. (……) 백성이 잘살아야 나라가 강해진다. 국민생활의 안정을 꾀하는 일만이 나라를 안정시키는 일이다(장준하, 1958, 16쪽).

아울러 주요한은 『사상계』를 통해 이승만 정부의 '북진통일론'이 현실적이지도 못하고 국제정치적으로도 실익이 없는 주장이라며 정면으로 비판했다.

> 우리 정부의 대공정책은 북진통일 한마디로써 요약될 수 있는데 이에 대하여 여러 가지의 비판이 있을 수 있다.
> 첫째로 그것이 가능한가 하는 의문이 있다. 단독북진론이 한동안 국시처럼 되었으나 그 비현실성이 점차로 인식되었을 뿐 아니라 우방 측의 요망도 있고 해서 최근에는 단독북진론은 자취를 감추고 UN군에 의한 북진 또는 UN의 양해 및 후원 밑의 북진론이 점차로 대두하게 되었다. (……)
> 둘째로 북진통일론은 민족적 정서에 맞는가 하는 점이 있다. 우리가 싸워서 없애야 할 상대방은 공산당이요, 그것이 극히 소수분자이지만 만약 무력으로 통일을 시험한다 하면 실지로 동족끼리 살육을 한다는 문제에 부닥친다. (……)
> 셋째로 정치적으로 유리한가 생각해볼 만하다. (……) 공산 측은 휴전 이래로 맹렬한 평화 공세를 취해왔다. 그것이 기만이요 가면임은 두말할 것 없겠지마는 이 가면적인 정치 공세를 대항하는 우리 정부의 정책은 너무나 빈곤하다고 볼 수밖에 없다. (……) (주요한, 1958, 155~159쪽)

그런데 한 가지 주목해야 할 점은 장준하가 강조한 반공 이데올로기로서 민주주의는 서구식 자유주의, 개인주의와 결합하는 것이 아니라 민족주의와 결합하고 있다는 점이다. 이는 장준하의 글을 통해 '자주'와 '자립'

으로 나타났다.

> 이제 우리는 여기에서 9·28이 남기고 간 몇 가지 생생한 교훈을 상기치
> 않을 수 없다. 그 첫째는 자립 없는 통일을 바랄 수 없다는 점이요, 그
> 둘째는 자주성 없는 통일 기도는 더욱더 큰 비극을 자아낸다는 것이다.
> (……)
> 자주는 자력에서 시작된다. 자주하는 범위는 자력에 정비례한다. 국민이 가
> 진 역량이 강해짐은 이 국민의 자주역량이 자람을 의미한다. 강한 자주역량
> 을 가졌을 때 우리의 기망冀望을 풀 수 있으리라(장준하, 1958, 16~17쪽).

민주주의가 중요하지만, 자주와 자립이 없다면 반공이 불가능하다는
것이다. 즉 외부 세력에 대한 의존도가 높아지면 제대로 된 반공역량을 육
성하기 어렵다는 것이다. 1950년대 미국의 원조에 의존했던 한국 사회의
현실을 비판하는 것인 동시에 반공 이데올로기의 중요한 축으로서 민족주
의가 작동했다는 것을 보여준다. 이 점에서 지배담론과 저항담론은 서로
만나고 있었다.

저항담론에서 이데올로기의 또 다른 축은 진보당을 중심으로 하는 소
위 혁신 세력이 담당했는데, 이들은 공산독재와 자본독재를 모두 반대한
다는 입장이었다(박태균, 1995). 이들은 진정한 민주주의는 북한의 공산주
의자들에 대한 반대와 함께 남한의 이승만 정부에 대한 반대를 통해 이
룩될 수 있다고 보았다. 사회경제적 입장에서 보았을 때 진보당의 입장은
『사상계』와 일정한 차이가 있었지만, 대항담론의 입장에서 민주주의를 중
심으로 한 반공 이데올로기를 내세우고 있었다는 점과 함께 평화통일론을
강조하면서 민족주의적 입장을 갖고 있었다는 점에서 공통점을 보인다.

그러나 막상 저항담론 속의 반공 이데올로기로서 '민주주의' 이념은
그 실체가 없었다. 막연하게 미국식 민주주의 제도와 이념이라는 틀을 넘
어서서 그 구체적인 내용을 만들어내지 못했다. 따라서 민주주의를 요구

하는 담론이 권위주의적 정부의 몰락을 가져올 수는 있었지만, 강력한 반공 이데올로기로서는 제대로 작동하지 못하는 동시에 새로운 사회질서를 만들어낼 수 있는 내용적 틀도 갖추지 못했다. 그 결과 4·19혁명 이후 '반공'을 둘러싼 논란이 나타날 수밖에 없었다(후지이 다케시, 2011).

2. 1960년대 반공주의의 변용: 근대화론의 확산

1) 로스토의 근대화론

1950년대의 반공 이데올로기가 이념 면에서 단순한 내용으로 구성되어 있었다면, 1960년대에는 경제적 관점과 근대화론의 관점에서 반공 이데올로기의 재구성이 이루어졌다. 물론 경제성장에 기반을 둔 반공 이데올로기가 1950년대에 존재하지 않았던 것은 아니다. 위에서 인용한 장준하의 권두언이나 『사상계』의 편집 방침에서 '경제성장'을 통한 '안정'이 반공의 중요한 기반이 될 거라는 논리가 보인다. 그러나 이러한 논리가 민족주의의 틀 안에 갇혀 있었기 때문에 경제성장이 반공 이데올로기의 중요한 수단이 되기보다는 반공을 위한 여러 가지 조건 중 하나로서 인식될 뿐이었다.

이렇게 본다면 1960년대 이후에는 경제성장과 근대화 자체가 반공 이데올로기의 핵심적 내용과 이론이 된다는 점에서 1950년대와 차별화된다. 그리고 이러한 변화의 중심에는 월트 W. 로스토Walt W. Rostow를 비롯한 서구 경제학자들의 근대화이론의 확산이 자리 잡고 있었다.

로스토의 가장 대표적인 저작은 *The Stages of Economic Growth*였다(Rostow, 1960). 이 책의 부제는 '비공산당 선언'non-Communist Manifesto이었다. 로스토는 자본주의 성장사에 대한 분석을 통해 마르크스가 주장했던 생산관계의 모든 단계, 즉 자본주의가 가장 발전한 단계에서 공산주의로 이행할 수밖에 없다는 명제를 비판하고자 한 것이다. 따라서 가장 발전한 자본주의 국가가 나아갈 길은 공산주의 체제가 아니라 자본주의 자체의 가장 높은 단계, 즉 대량소비 단계로 나아간다고 본 것이다. 이 책은 1961년 『경제성장의 제 단계』(이상구·강명규 공역, 법문사)라는 제목으로 한국에서 번역 출간되었다.

로스토의 『경제성장의 제 단계』는 경제사적 분석을 통해 공산주의 이론을 비판하면서 자본주의 내에서의 대안을 마련하고자 한 것으로, 정교하고 포괄적인 반공 이데올로기적 성격을 갖고 있었다. 로스토는 개발도상국에 대한 경제개발 원조의 필요성을 주장하면서, 이를 통해 경제성장이 반공의 가장 중요한 수단이 될 거라고 주장했다. 경제개발 원조를 통한 개발도상국의 발전은 자유세계에서 공산주의에 대항하는 자신감을 가질 수 있는 심리적 봉쇄의 역할을 할 것이며, 궁극적으로 자본주의 경제질서의 번영을 가져다줄 수 있다고 보았던 것이다. 특히 분단국가인 한국과 대만은 미국의 아시아정책에서 '전시장'show window으로서의 의미를 가질 수 있었다(Rostow, 1955, 29~30쪽).

로스토가 개발도상국의 발전을 통해 좀더 효율적인 봉쇄정책을 실행할 수 있다고 보았던 것은 케넌의 대외정책 아이디어를 반영한 1940년대 후반 부흥원조의 논리와 동일한 것이었다. 즉 개발도상국의 발전은 선진국들의 상품시장 확대를 가져올 것이며 이것은 "미국뿐 아니라 유럽이나 일본 같은 산업화된 국가들이 계속 발전할 수 있는 국제적인 경제활동의 환경을 창출"할 거라고 주장했다. '환경'의 창출을 위해서는 개발도상국이 경제개발을 통해 외국과 단절되지 않은 경제구조를 만들어야 한다. 결국 개발도상국은 외자를 이용한 불균형 성장과 수출주도형 산업화를 채택해야 하며, 이 점은 그의 '경제발전 5단계설'을 통해 잘 나타난다(Rostow, 1960, 93~100쪽).

그런데 문제는 개발도상국이 로스토가 제안한 경제개발 원조를 받는다고 해서 경제성장을 달성할 수 있는지 여부였다. 로스토는 그 가능성이 충분히 있다고 보았다. 그는 식민지를 경험하면서 자본주의 질서가 이식되었으며, 다른 한편으로 제국주의에 대항하는 강력한 민족주의가 형성되었다는 점이 그 조건이 될 수 있다고 보았다(Rostow, 1960, 62쪽, 72쪽, 95쪽). 그리고 이미 형성된 민족주의는 경제개발계획의 실행에서 사회통합을 위한 공감대를 형성할 수 있다는 것이 로스토의 생각이었다.

이런 사회적 공감대의 형성은 그의 경제성장 3단계 중 개발도상국이 직면하고 있었던 2단계, 즉 선행조건 충족의 단계에서 도약 단계로 나아갈 수 있는 결정적 조건이 될 수 있다고 보았다. 게다가 1960년대 이전 미국 정부 그리고 학계의 일반적인 분석과 달리 개발도상국의 민족주의는 경제성장뿐 아니라 반공에서도 중요한 역할을 할 수 있으며, 이는 공산주의자들의 음모에 대한 대응이 될 수 있다고 판단했다(Rostow, 1960a, 439쪽; 로스토 지음, 김영록 옮김, 1966, 114쪽, 126~127쪽).[3]

로스토의 근대화론은 미국 내 개발도상국 전문가들의 새로운 인식과 함께 제기되어 그 영향력이 상당했다. 1950년대를 통해 로스토 그리고 에드윈 O. 라이샤워Edwin O. Reischauer, 로버트 A. 스칼라피노Robert A. Scalapino 교수 등을 비롯해 1950년대의 대학 부설 연구소들이 이런 경향을 대표했다(Scalapino, 1960/1961; Scalapino & Lee, 1961; Reischauer, 1960). 스칼라피노의 공산주의 연구는 한국을 포함하는 것이었고, 그의 연구는 한국에도 소개되었다. 또한 제3세계의 정치체제를 서구 정치에 그대로 대입하지 말고 문화적 상대주의 입장에서 바라봐야 한다는 1960년대의 루시엔 W. 파이Lucien W. Pye와 새뮤얼 헌팅턴Samuel Huntington의 연구 역시 1950년대 개발도상국의 특수성에 대한 연구의 연장선상에서 이해할 수 있다(Pye, 1966; Huntington, 1968).

여기서 민족주의 문제와 더불어 또 하나 주목해야 할 점은 민주주의 개념의 상대화가 이루어졌다는 것이다. 즉 1950년대까지 미국식의 민주주의 가치관이 반공을 위해 절대화되었지만, 1960년대 근대화론에서는 민주주의가 보편적으로 강조될 수 없다는 점이 부각되었다. 즉 개발도상국의 특수성을 이해해야 한다는 것이다. 또한 제3세계에서는 민주주의보다 경제성장을 더 강조할 필요가 있다는 주장도 나왔다. 즉 개발도상국에서는 민주화보다는 경제성장에 대한 열망이 더 강하기 때문에 미국식 민주주의의 이식을 우선적으로 강조해서는 안 된다는 것이다(Rostow, 1955, 14~15쪽; Rostow, 1968, 115쪽). 이는 다른 한편으로 반공 이데올로기의 중요한 기제가 민주주의로부터 경제성장 문제로 전환되었다는 것을 의미하기도 했다.

로스토를 중심으로 한 이런 근대화론은 1961년 시작된 케네디 행정부의 중요한 정책이 되었다. 이들 학자는 케네디 행정부의 대외정책 분야에서 중요한 역할을 했다. 케네디 대통령은 1960년대를 발전의 연대 Developmental Decade로 규정했고, 로스토를 비롯한 학자들의 대외원조이론을 적극적으로 수용했다. 1963년 군사정부의 민정이양을 둘러싼 한미간의 갈등을 고려한다면, 로스토의 이론이 모두 받아들여지지 않았다는 것을 알 수 있다. 그러나 대외원조의 효율성을 높이기 위해 로스토를 비롯한 전문가의 의견은 케네디 행정부의 새로운 대외원조기구인 미국국제개발처USAID의 기본 원칙으로 수용되었다.

로스토의 경우 케네디 사후 존슨 행정부에서 더 중요한 역할을 했다. 케네디 행정부에서는 주로 국무부에서 활동했지만, 존슨 행정부 때는 대통령의 측근으로 개발도상국에 대한 정책에 깊숙이 관여했다. 그는 대통령 특별안보 보좌관직을 수행하면서 동시에 라틴아메리카에 대한 경제개발 원조를 위해 새롭게 조직된 '진보를 위한 동맹'Alliance for Progress의 책임자도 겸임했다.

이처럼 1960년대를 통해 미국의 개발도상국 정책은 근대화론의 기조에 따라 움직였다. 이 중 가장 핵심적으로 활동하면서 근대화론을 주장한 로스토의 영향력은 『경제성장의 제 단계』로부터 나타나는 학문적이고 사상적인 것이었을 뿐 아니라 정치적인 것이기도 했다. 그의 주장은 미국의 개발도상국에 대한 원조정책 문서에 그대로 반영되었다. 미국의 동맹국들 가운데 개발도상국의 발전 정도를 그의 5단계에 근거해 구분하고, 그 구분에 근거해 개발도상국에 대한 원조를 재구성했던 것이다. 아울러 이런 방식이 공산주의에 대한 봉쇄정책에 가장 효율적으로 작동할 거라는 점이 미국 정부 내에서 공감대를 형성하게 되었다.

2) 한국에서 새로운 근대화론의 확산

경제개발계획을 통한 경제성장의 필요성에 대한 주장은 1950년대부터 있어왔다. 서구에서 나온 경제개발론 또는 경제개발계획에 대한 책들이 국내에 번역 소개되기 시작한 것이다. 국내에서 활동한 경제학자들은 일본의 번역서를 통해 서구의 경제이론을 접했다. 사회적 문제를 포함해 경제개발계획을 입안하기 위한 방법을 서술한 W. A. 루이스W. A. Lewis나 J. 틴버겐J. Tinbergen의 책이 번역되었고(Lewis, 1958; Tinbergen, 1958; Nurkse, 1957; Klein, 1956; Keyens, 1959; Myrdal, 1960; 한국은행조사부, 1956), 균형성장론을 주장한 R. 넉스R. Nurkse, 경제적 민족주의를 주장한 G. 미르달 G. Myrdal, 자본주의 경제체제하에서 정부의 개입이론을 주장한 케인스 Keynes, 개발도상국에서 사회개혁의 중요성을 강조한 유엔의 책들이 번역발간되었다. 경제학자들과 경제관료들의 해외 연수, 경제개발계획 관련 회의 참여도 경제개발계획의 필요성을 확산시키는 데 중요한 역할을 했다.

경제개발계획을 통해 경제성장을 해야 한다는 공감대가 형성된 것은 사실이지만, 이것이 곧 반공 이데올로기의 중요한 수단으로 경제성장이 연결된 건 아니었다. 경제성장과 반공 이데올로기의 연결은 1960년 이후에야 나타나기 시작했다. 로스토의 '비공산당 선언'이 처음으로 소개된 것은 『사상계』와 『서울신문』을 통해서였다.[4]

『사상계』는 1960년 1월(78~81호)부터 로스토의 글을 연재하기 시작했다. 이 글은 1959년 8월 15일 『이코노미스트』The Economist에 게재되었던 "Rowtow on Growth: Non-Communist Manifesto"를 「비공산주의 선언: 경제발전단계설」로 번역해 세 차례에 걸쳐 연재한 것이다(곽준혁, 2010).[5] 이 글에서는 경제성장의 단계만을 언급한 것이 아니라 경제성장을 위해 새로운 지도층이 등장함으로써 사회적 개혁이 필요하다는 점이 강조되었다. 이런 상황에서 로스토의 책이 1961년 번역되었던 것이다.

로스토의 이론은 4·19혁명 이후 장면 정부의 출범으로 널리 확산되었다. 아이젠하워 행정부는 장면 정부가 출범한 직후 로스토의 이론이 한국 사회에 적용되어야 할 필요성을 강조했다. 이완범 교수에 따르면 1960년 8월 12일 국무부 극동담당 차관보 파슨스는 "한국이 '로스토식 도약 단계' the stage labeled by Rostow the 'take-off point'로 전환하도록 지도해야 하며, 이를 통해 공산주의 경쟁자들의 영향력이 커지지 않도록 해야 한다"는 입장을 내놓았다(이완범, 1999).

로스토 방식의 경제성장을 통해 반공의 목표를 달성해야 한다는 인식이 확산되면서 장면 정부는 미국 랜드연구소Rand Corporation의 찰스 울프 Charles Wolf, Jr. 박사를 고문으로 임명했고, 경제제일주의를 가장 최우선 정책으로 채택했다. 경제성장을 제1의 목표로 삼아 경제개발계획의 입안을 추진했으며, 부흥부를 건설부로 개편하고 국토건설단을 만들어 『사상계』를 주도한 장준하를 단장으로 임명했다.

장면 정부의 경제개발계획 방식이 로스토의 주장을 그대로 따른 것은 아니지만, 울프 박사의 글을 통해 보면 로스토가 주장했던 불균형성장론의 방식이 채택되었다. 당시에는 불균형성장론보다 균형성장론이 사회적으로 더 광범위한 지지를 받고 있는 상황이었지만, 울프 박사는 로스토와 마찬가지로 불균형성장론을 지지하는 입장이었다(Wolf, 1961 ; Hirschman, 1961). 울프의 이런 견해는 태완선 부흥부장관에게 전달되었으며, 1961년 케네디 행정부가 출범한 이후 조직된 한국 문제에 관한 긴급임무팀Presidential Task Force on Korea이 대한정책 문서를 만드는 과정에서도 울프 박사의 보고서가 채택되었다.[6]

이렇게 민주당 정부를 거치면서 점차 경제성장이 반공 이데올로기를 위한 가장 중요한 길이라는 정서가 확산되기 시작했다. 그리고 이런 정서는 5·16쿠데타 이후에도 계속되었다. 기존의 멸공과 북진통일이라는 단순한 성격의 반공 이데올로기가 아니라 경제성장을 통해 시장경제가 공산주의 경제체제보다 더 우월하다는 것을 자각함으로써 공산주의를 이길 수 있다는 인식이 퍼져나가기 시작했다(김건우, 2009). 이것이 곧 '승공'勝共으로 전환되는 중요한 계기가 되기도 했다.

이와 함께 로스토의 '도약'take-off이론은 한국 사회에서 경제성장의 아이콘이 되었다. 1965년 한국을 방문한 로스토는 서울대학교에서 강연을 가졌으며 여기서 한국 경제가 이미 도약 단계에 들어섰다고 규정했다. 그의 이런 주장은 인구에 회자되었고, 그가 만든 이론은 고등학교의 정치경제 교과서에 소개되었다. 그리고 한국 사회에서 매년 가장 중요한 이슈가 되는 대학입시 문제에 로스토의 도약이론은 단골 문제로 등장했다. 이제 한국 사회에서 로스토의 이론은 반공 이데올로기의 핵심적인 내용이 되었다.

3. 1960년대 반공 이데올로기의 내용과 특징

1) 근대화를 통한 반공 이데올로기

5·16쿠데타로 출범한 군사정부와 박정희 정부의 제1목표는 '반공'이었다. 이는 쿠데타 직후의 혁명공약에서도 잘 드러났다. 6개조의 혁명공약 중 제1항이 "반공을 국시의 제일의로 삼고 지금까지 형식과 구호에만 그쳤던 반공의 태세를 재정비 강화함으로써 외침의 위기에 대비"한다는 것이었다. 그리고 이를 위해 군사정부가 실시한 정책에 대해 『5·16 군사혁명사』의 '서문'에 보면 다음과 같이 밝히고 있다.

혁명 당시부터 오늘에 이르기까지 혁명정부는 누적된 구악의 산물인 부패와 부정 그리고 반민주적 폐습을 발본색원하고 온 국민의 염원이며 생명체인 자유민주주의를 수호 확립하기 위하여 반공체제의 재강화와 시급한 민생고를 해결하며 국가자립경제의 원대한 기틀을 마련하고자 허다한 난관을 무릅쓰고 전례 없는 과감한 시책을 통하여 의욕적인 경제개발5개년

계획을 강력히 추진시키고 버림받았던 농어촌에 생생한 재활의 길을 열어주는 한편 정치, 경제, 사회, 문화의 모든 영역에 걸쳐 성실한 노력과 실천력으로써 타율적인 민족의식을 바로잡고 자율정신에 입각한 국민도의를 앙양시켜 과거 어느 정부보다도 진취적이며 과단성 있는 일대개혁을 단행해온 것이다(국가재건최고회의한국군사혁명사편찬위원회, 1963).

즉 자유민주주의를 확립하고, 경제성장을 추진하며, 민족의식을 바로잡음으로써 반공의 기치를 높인다는 것이었다. 이것은 1960년대 한국 정부의 반공 이데올로기가 가진 세 가지 측면을 잘 보여준다.

이 중에서도 1960년대 반공 캐치프레이즈의 핵심은 '승공'으로, 혁명공약에서 밝힌 것처럼 "절망과 기아선상에서 허덕이는 민생고를 시급히 해결하고 민족의 숙원인 국토통일을 위하여 공산주의와 대결할 수 있는 실력배양에 전력을 집중"함으로써 공산주의와의 경쟁에서 승리해야 한다는 것이다. 이전까지의 멸공이 모든 적을 파괴해야 한다는 의미였다면, 승공은 경제건설을 통해 공산주의 사회보다 더 나은 사회를 실현함으로써 경쟁에서 적을 이기자고 하는 근대화론과의 결합을 의미하는 것이었다.

4·19혁명 이후 민주당 정부에서 경제제일주의를 채택했고, 이런 노선은 5·16쿠데타 이후 군사정부, 박정희 정부까지 계속되었다. 민주당 정부의 경제정책이 승공이라는 반공 이데올로기까지 나아가지 못했던 데 반해 군사정부와 박정희 정부의 정책은 좀더 적극적이었다. 박정희는 1962년에 집필한 『우리 민족의 나갈 길』에서 한국 사회는 절대빈곤과 무질서로 말미암아 '누란의 위기'에 처했으며, '자유사회의 존립을 위해서는 국민의 생존권을 옹호할 수 있는 경제자립 없이는 불가능'하다고 주장했다. 그리고 공산주의에 이기기 위해서는 '한강변의 기적'을 이룩해야 하며 이것이 곧 '승공의 길'이라고 규정했다.

아울러 박정희는 로스토가 주장한 사회개혁의 필요성과 유사한 주장을 했다. 즉 사회 근대화를 통한 승공은 인간개조와 사회개조를 통해 달성될 수 있다고 했는데, 이는 재건국민운동본부의 조직을 통해 나타났다. 물론 이런 그의 문제의식과 재건국민운동이 군사정부 초기부터 작동한 것은 아니었다. 1961년에 시작된 재건국민운동은 결국 실패했지만, 박정희는 1차 경제개발계획의 목표가 성공적으로 달성되고 2차 경제개발계획이 시작된 직후 제2경제론을 통해 인간개조와 사상개조의 문제를 들고 나왔다. 여기서 제2경제는 '물질적 측면에서의 성장을 뒷받침할 정신적 측면'의 문제였다(박태균, 2005).

『5·16 군사혁명사』도 '국민성'을 고쳐야 한다는 점을 중요하게 지적했다. 한국 국민들이 갖고 있는 고질적인 문제로 '전통적인 아첨 근성과 사대적 사고방식'을 규정하고 이에 대한 '인간개조'가 이루어져야 한다는 점을 강조했다.[7] 즉 그는 "이 혁명은 정신적으로는 주체의식의 확립혁명이며, 사회적으로는 근대화 혁명이요, 경제적으로는 산업혁명인 동시에 민족의 중흥 창업혁명이며, 구각의 재건혁명이자 인간개조, 즉 국민개혁 혁명인 것"이라고 주장했다(박정희, 1963, 27쪽).

여기서 국민성을 바꿔야 한다는 주장의 근저에는 대중을 '대부분이 힘없고 무지'하다는 인식 속에서 나온 것으로, 이는 무지한 대중을 엘리트가 이끌어야 할 필요성으로 연결되었다. 이는 다시 군부가 나설 수밖에 없는 이유로 연결되었고 "정치로부터 초연한 위치에서 일사분란 역량을 성실히 연마하여온 군부는 민주주의의 왜곡된 수용과 정당정치의 실패에서 연유한 혼탁한 정치현상에 오염이 적은 조직체로서 국민의 신망이 점차 상승하고 있었던" 군인 엘리트가 '무지한 국민 대중'을 이끌어나가야 한다는 점을 역설했다.

그리고 이런 군인 엘리트 주도의 무지한 국민에 대한 통치를 위해 민주주의보다는 효율성이 더 강조되었다. 공산주의에 대항하기 위해 자유주의와 민주주의가 중요하기는 하지만, 이제 이런 주장 속에서 민주주의는 경제성장보다는 중요하지 않은 위치가 되었다. 전술한 것처럼 로스토도 경제성장이 시급한 개발도상국에서 미국식 민주주의를 강조하기보다는 경제성장이 더 중요한 강조점이 되어야 한다고 주장했으며, 이것이 민족주의를 '반공'의 방향으로 추동할 수 있는 힘이 될 수 있다고 주장했다. 박정희도 『우리 민족의 나갈 길』을 통해 조선시대의 당쟁이 결국 조선을 망하도록 하는 길이 되었다는 점을 강조했고, 『국가와 혁명과 나』에서는 '우리의 당파 상쟁'이 '세계에서도 드물 만큼 소아병적이고 혼잡한 것'이라고 규정했다. 이는 정치에서의 논쟁은 비효율적이기 때문에 불필요하고 또한 민주주의가 비효율적이라는 것으로 연결될 수 있었다. 이런 논리는 경제성장을 통해 승공에 이르는 길에 민주주의가 부정적으로 작동할 수 있다는 주장의 근거가 되었다.

민주주의에 대한 이런 부정적 평가는 『국가와 혁명과 나』에서도 그대로 드러났다. 박정희는 1963년 선거에 대해 민족주의로부터 유리되어 있는 "'가식의 민주주의 사상'과 우리 방식의 이념에 바탕을 둔 자유민주주의 사상의 대결"이라고 표현했다. 그의 이런 주장은 같은 책에서 언급하고 있는 미국의 대한정책과 미국식 제도에 대한 비판적 인식과 궤를 같이하는 것이지만, 경제성장을 위해서는 1950년대에 강조되었던 미국식 민주주의가 적합하지 않을 거라는 그의 인식이 깔려 있었다.

우리는 어디까지나 우리가 지향하는 자유민주주의 체제의 확립을 위해 현존 아세아 사회에 내재하고 있는 고유의 반민주적 요소를 인정하는데도 누구보다도 솔직해야 된다는 것을 나는 믿는다. (……) 아세아에 있어서는 국민대중의 생활조건을 개선하려는 시도와 노력이 효과를 거두기 위해서는 말할 것도 없이 대개 비민주적인 비상수단을 쓰지 않으면 아니 되기 때문에 정부가 서구에서 말하는 민중의 정부가 되기에는 거의 불가능에 가깝다. 또 한편 현재 아세아의 국민대중은 정부가 전체주의의 이름 아래서 강압적인 의무를 부여하는 것을 두려워하는 이상으로 기아와 빈곤을 더욱더 두려워하고 있다는 것은 또한 부인할 수 없는 사실이다. (……) 비참할 정도로 절박하고도 어려운 많은 문제를 짊어지고 있고 또한 그것을 즉

각적으로 처리하지 않으면 안 될 아세아에 있어서는 자유민주주의의 길은 사실상 형극의 길이 아닐 수 없다(박정희, 1962, 223~224쪽).

박정희의 이런 논리는 로스토가 주장했던 것과 일맥상통했다. 아시아 개발도상국이 해야 할 가장 시급한 과제를 해결하려면 자유민주주의의 길은 사실상 불가능한 것이며, 민주주의는 기아와 절망에 시달리는 국민에게 '빛 좋은 개살구'에 지나지 않는다는 것이다.

2) 근대화론과 민족주의·민주주의의 충돌

박정희의 이러한 논리는 1961년을 전후한 시기 『사상계』의 주장과 크게 다르지 않았다. 『사상계』도 근대화의 필요성, 사회개조의 필요성을 강하게 주장했다. 로스토의 글을 번역 게재한 것도 이런 이유였으며, 1961년 5·16쿠데타 직후에 쿠데타 세력에 긍정적 견해를 제시한 것도 이런 이유 때문이었던 것으로 보인다. 쿠데타 직후인 1961년 6월호의 권두언에서 장준하는 5·16쿠데타를 '혁명'으로 지칭하면서 '일체의 구악'을 뿌리 뽑고, '누 백 년의 사회악과 퇴폐한 습성, 원시적 빈곤이 엉클어져 있는' 한국 사회를 근대화시키기 위한 혁명이라고 규정했다.

『사상계』의 이런 입장은 다른 지식인들의 생각과도 크게 다르지 않았을 것으로 보이며, 따라서 쿠데타 직후 이에 대한 사회적 반대 움직임이 없었던 것은 이런 이유였을 가능성이 크다. 당시 지식인들은 박정희를 중심으로 하는 쿠데타가 4·19혁명의 민주주의 이념에 반하는 것이 아니라 4·19혁명의 정신을 계승하면서 당시 진보적 지식인들이 동경하고 있던 비동맹 민족주의의 성격을 갖고 있는 나세르의 쿠데타와 유사하게 인식했을 가능성이 크다. 박정희와 쿠데타 세력들은 5·16쿠데타를 민족혁명으로 규정했다.

누천년의 후진성을 극복하고 매우 단축된 기간 내에 산업혁명과 현대화한 도정을 끝내려면 정치적 민족주의를 경제적·사회적 민족주의의 차원에까지 끌어올리고 단순한 민족의식을 민족적 사회의식으로 지향시키지 않으면 안 된다(장준하, 1964, 27쪽).

이런 인식은 박정희가 스스로 인정하고 있듯 미국식 또는 서구식 가치관과 문명에 대한 비판적 태도 때문이었을 것으로 판단된다(이상록, 2007, 229~230쪽). 앞서 말했듯 『사상계』를 주도한 인물들, 특히 장준하는 강한 반공 민족주의적 성향을 갖고 있었다. 이는 일제강점기 이래 김구의 임시정부 노선과 궤를 같이하는 것이었다. 장준하는 근대화와 정신적 계몽이 필요하다는 점을 강조하면서 그 방식과 가치관이 한국 특유의 민족성에 기초해 이루어져야 할 필요성을 제기했다.

1964년 한일협정 반대운동 전까지 장준하의 서구식 근대화에 대한 입장은 박정희에 비해 상대적으로 덜 비판적이었다. 그는 서구적인 것을 모두 배격하는 것이 아니라 '미국인의 관용, 독일인의 근면'과 같은 덕목은 배워야 한다고 주장했다(장준하, 1961). 그럼에도 한국의 근대화에 한국적인 것이 필요하며 '자주'적 또는 '자립'적 구조를 만들어야 할 필요성이 강조되었다. 특히 '자주' 또는 '자립'과 관련해서 1950년대의 경제원조에 기반을 둔 부패한 사회적 구조는 사회적 안정과 반공을 위해 필수적인 것이었다.

그런데 문제는 이런 민족적이고 자주와 자립을 주장할 당시 정부와 지식인들의 근대화론이 케네디 행정부 대외정책의 근간이 되고 있었던 로스토의 근대화론과 서로 부딪치고 있었다는 점이다. 로스토는 개발도상국에서 반공을 위해 근대화를 해야 하고 이를 위해 미국이 도와주어야 한다고 주장했는데, 이는 단지 개발도상국만을 위한 게 아니라 미국을 비롯한 선진국의 지속적인 경제번영을 위해서도 반드시 필요하다고 주장했다. 그리고 이를 위해 개발도상국의 경제정책이 무역과 자본에서 높은 해외의존도를 갖도록 구조화해야만 했는데, 이는 개발도상국들이 경제성장을 이룩한 이후 미국 중심의 제1세계로부터 이탈하지 않도록 해야 했기 때문이다.

그러나 군사정부나 『사상계』의 생각은 그렇지 않았다. 특히 군사정부는 1962년 제1차 경제개발5개년 계획이나 통화개혁을 통해 자립적 또는 자주적 경제체제를 만들고자 했다. 물론 군사정부의 이런 계획은 미국의 압력으로 실패했고, 이로써 군사정부는 1963년 1년 동안 미국과 협의하면서 새로 수정된 계획을 만들어야만 했다. 이것이 곧 1964년 초에 발표된 '보완계획'이다.

로스토의 이런 근대화론에 대해 박정희 정부에 적극 참여했던 인사들은 비판적 인식을 갖고 있었다. 특히 박희범의 글에는 이런 점이 잘 드러나 있다. 그는 로스토의 이론이 "오히려 외래 선진국의 침략이 더욱 발전을 촉진시키거나 개선시키는 역할을 한다"고 주장했다(박희범, 1968, 298쪽). 로스토가 주장하는 '선행조건의 충족'은 영국을 제외하고는 외생적 요인에 의해 나타나는 것이므로 국내 자본보다는 외국 자본의 이익에 봉사할 뿐이라는 것이었다. 결국 로스토는 '선진자본주의를 대변하는 이론가'이며 "반공산당 선언이라는 부제를 붙일 만큼 방법론상 혁신을 가져왔음에도 제국주의론을 대변하거나 옹호"한 것일 뿐이라고 주장했다(박희범, 1968, 304쪽). 이는 로스토의 불균형성장론과 높은 해외의존도 등이 '내포적 공업화'(홍석률, 1999; 박태균, 2007)를 위한 인위적 보호책과 충돌하고 있으며 '주체성 없는 외자 도입의 위험성'을 안고 있다고 본 것이다(박태균, 2007, 324~326쪽).

박정희 정부가 부딪친 또 다른 벽은 1964년 한일관계 정상화를 앞두고 광범위하게 전개된 한일협정 반대운동이었다. 박정희 정부는 빠르고 효율적인 경제성장을 위해서는 1950년대를 통해 경제부흥에 성공한 일본과의 관계 정상화가 필요하다고 판단했다. 이 점에서는 『사상계』를 비롯한 거의 모든 지식인이 동일한 생각을 갖고 있었으며, 미국 정부 역시 한국에 대한 자신들의 부담을 줄이기 위해 1951년 샌프란시스코 회의 직후부터 한일관계의 정상화를 강력하게 추진했다. 미국의 입장에서 볼 때 한일관계 정상화는 동북아시아에서 미국 동맹국들 사이의 협조를 통해 반공

전선을 강화·확대한다는 의미도 갖고 있었다.

그러나 박정희 정부의 조급한 협상 처리는 지식인들의 반대에 부딪혔다. 근대화를 위해서는 한일관계의 정상화가 필요하지만, 그 내용과 추진 방식에서 식민지 경험의 트라우마를 건드린 것이다. 특히 '청구권' 자금이라는 용어, 청구권 자금의 액수 그리고 1945년 이전 한일 간에 맺어진 조약 등에 대한 한국 정부의 처리 방식으로 말미암아 일본과의 협상에서 대등하거나 보상을 위해 그 이상의 관계를 희망하던 한국 사회와 한국의 지식인들은 이에 반대하는 거대한 물결을 형성했다. 이후 이들은 박정희 정부를 비판하면서 군사정부와 박정희 정부가 내걸었던 '민족적 민주주의'에 사망선고를 내렸다. '민족적 민주주의의 장례식'은 바로 이런 의미를 갖고 있었다.

물론 그렇다고 해서 박정희 정부가 민족주의적 노선을 완전히 버린 것은 아니었지만, 한일협정 체결과정은 민족주의적 측면에서 보면 박정희 정부에 치명타가 되었다. 이렇게 군사정부와 박정희 정부 그리고 『사상계』의 지식인들 사이에서 '근대화'를 통한 반공이라는 목표를 달성하겠다는 목표가 유사했음에도 1964년부터 둘 사이에서는 본격적으로 균열이 나타나기 시작했다.[8]

여기에 더해 '민주주의'에 대한 문제는 양자 간 균열의 또 다른 중요한 문제가 되었다. 민주주의 문제는 근대화를 통한 반공에서 군사정부와 유사한 문제의식을 가진 장준하가 군사정부에 대해 적극적 비판으로 전환하는 중요한 계기로 작용했다. 장준하는 1962년 중반부터 군사정부의 정책에 민주주의 요소가 빠져 있다는 점을 강력하게 비판하기 시작했다(장준하, 1962). 게다가 함석헌은 5·16쿠데타 직후부터 군인이 혁명을 해서는 안 되며 민중이 혁명의 주체가 되어야 한다고 주장했는데, 『사상계』는 1961년 7월호에 그의 글(「5·16을 어떻게 볼까?」)을 가감 없이 게재했다. 그리고 이런 경향은 1960년대 후반으로 갈수록 더욱 강하게 나타났다(이상록, 2007, 232~233쪽).[9]

결국 1960년대 반공 이데올로기로서의 근대화론은 그 출발점에서 지배담론과 저항담론 양자로부터 모두 지지를 받았다. 그러나 1950년대부터 계속되었던 반공 이데올로기의 주요 요소였던 민족주의와 민주주의라는 두 가지 측면에서부터 반공 이데올로기의 균열이 나타나기 시작했다. 이는 한편으로 근대화와 경제성장을 축으로 한 새로운 성격의 강력한 반공 이데올로기를 가능케 하면서, 다른 한편으로 1970년대 반공 이데올로기 내부의 균열을 암시하는 것이기도 했다. 이런 균열 속에서 지배담론은 유신이라는 극단적 반공체제를 만들어갔던 반면, 저항담론 측은 극단적 반공체제를 내부에서 붕괴시키는 역할을 했다.

4. 결론

1948년 대한민국 정부가 수립된 이후 남한에서는 반공 이데올로기가 가장 중요한 통치 이데올로기가 되었다. 반공 이데올로기는 현재에 이르기까지 대한민국 사회의 가장 중요한 이념이며, '국시'國是로 규정되었다. 국시는 국가 안의 모든 일에서 그 옳고 그름을 판단하는 기준이다.

1950년대 반공 이데올로기의 논리는 단순했다. 멸공과 북진통일이라는 논리는 무력으로 공산주의를 제압해야 한다는 것이었다. 이런 단순한 논리의 반공 이데올로기가 사회적으로 수용될 수 있었던 것은 한국전쟁 직후라는 특수한 상황 때문이었다. 물론 이런 지배담론의 반공 이데올로기에 대해 저항담론에서는 민주주의와 민족주의를 통해 지배담론에 저항하면서 저항담론 내부의 반공 이데올로기를 만들었다.

1960년대의 반공 이데올로기는 1950년대에 비해 진화한 모습을 보였다. 그리고 여기에는 1960년 초부터 본격적으로 국내에 소개되기 시작한 로스토의 근대화론이 있었다. 경제성장을 통해 개발도상국에서 공산주의의 확산을 막아야 한다는 로스토의 근대화론은 미국 정부 내에서뿐만 아니라 한국 내에서도 급속히 확산되었다. 박정희 정부뿐 아니라 지식인들 사이에서도 로스토의 근대화론은 반공을 위한 가장 중요한 이론적 근거가 되었다.

이처럼 근대화론에 근거한 반공 이데올로기하에서 군사정부와 박정희 정부는 경제성장뿐 아니라 사회적·문화적 계몽운동을 추진했다. 국민재건운동은 이런 인간개조와 사회개조를 내세운 군사정부의 야심찬 캠페인이었다. 비록 이 운동은 실패했지만, 박정희 정부의 근대화론에 바탕을 둔 반공 이데올로기가 일제강점기의 문화계몽운동뿐 아니라 로스토의 근대화론과 유사성을 갖고 있다는 점을 잘 보여준다.

그러나 1960년대 근대화론을 중심으로 한 반공 이데올로기는 그 내부에서부터 균열이 나타나기 시작했다. 먼저 박정희 정부 내에서 로스토의 경제정책 이론에 대한 비판이 제기되었다. 아울러 박정희 정부의 소위 '굴욕적' 한일협정 체결과 전체주의적 성향은 지식인들 사이에서 박정희 정부의 반공 이데올로기에 대한 저항을 불러왔다. 이들은 반공 이데올로기의 또 다른 축이었던 민주주의와 민족주의의 측면에서 박정희 정부의 근대화론에 저항할 수밖에 없었다.

박정희 정부도 강한 민족주의적 성향을 갖고 있었지만, 민주주의에 대해서는 지식인들과 다른 생각을 갖고 있었다. 특히 로스토와 박정희의 근대화론은 경제성장을 위해서는 민주주의의 과제를 뒤로 미룰 수 있다는 입장을 갖고 있었다. 그러나 지식인들은 반공 이데올로기의 근간으로서 민주주의적 가치를 포기하지 않았다. 결국 이들 지식인과 박정희 정부 사이의 갈등은 1970년대 강력한 유신체제와 이에 대항하는 강력한 반유신운동 사이의 충돌을 가져왔다. 이 충돌은 반공 이데올로기 내에서 발생했다는 점에서 한국적 상황의 특수성을 보여주는 것이라고 하겠다.

한국 반공주의의 궤적

신광영

중앙대학교 사회학과 교수

1. 머리말

　냉전의 산물로 태어난 반공주의는 정치적 반대자들과 진보적 정치활동에 대한 정부의 억압을 정당화시키는 헤게모니적인 이데올로기로, 한국 정치와 사회에 지대한 역할을 해왔다. 군사정권은 국가보안법을 이용해 정권에 대한 비판을 막고 사회주의 정당들을 정치 영역에서 배제시켜 사회적 균열에 기초한 근대적인 정당정치의 발전을 가로막았다(최장집, 2002; Cumings, 1997). 반공법과 국가보안법, 정보기관은 1970년대와 1980년대 군사정권을 유지하는 핵심 3대 요소였다. 이 중에서 국가보안법은 세 개의 억압적 요소 가운데 중심 요소였고, 정치적 반대 세력에 대한 무자비한 탄압과 경찰·군에 의한 인권 탄압을 정당화하는 기능을 했다. 20세기 말 공산주의 체제의 붕괴 이후에도 새로운 반공주의가 민주주의의 발전을 가로막는 강력한 이데올로기로 작동하고 있다.

　그러나 한국의 반공주의는 국내 정치와 국제정치의 변화에 따라 여러 단계를 거치면서 진화해왔다. 반공주의는 2차 세계대전 직후 새로운 미소

갈등에 기초한 냉전체제 형성과 함께 시작되었다. 한반도 38선 이남을 점령한 미군정은 한국에서 일제 식민지 지배에 앞장선 조선인들을 숙청하지 않고 그들을 미군정하에서 경찰과 행정요원으로 채용했다. 미국과 소련의 갈등이 심화되면서 반공주의는 미군정에 반대하는 세력과 집단을 제거하기 위한 미군정의 지배적 이념이 되었다. 일본 제국주의 지배의 수족이었던 사람들이 해방된 조선에서 공산주의 세력을 탄압하는 역할을 주도하게 되었다.

한국전쟁 후 반공주의는 다른 모든 정치적 이념을 압도하는 지배적인 정치이념이 되었다. 민간독재와 군사독재는 지속적으로 반공주의 이념과 감정을 동원했다. 그 결과 한국전쟁 이후 반공주의는 모든 정치적 논쟁과 정치적 비판을 억압하는 가장 중요한 이념적 원리가 되었다. 더 나아가 반공주의는 자기검열과 정치적 담론에 대한 불신을 강화해 일반 대중의 정치의식과 심리를 형성하는 역할을 담당했다. 그리하여 군사정권은 시민권과 정치적 자유를 억압하는 것을 정당화하기 위해 반공주의를 활용했다 (Choi, 1993, 21~24쪽).

이 글은 국내 정치와 국제정치의 변화 속에서 한국의 반공주의가 어떤 내용을 가지고 어떻게 변해왔는지를 다루고자 한다. 대중의 심리적 차원과 정치적 동원으로서의 반공주의에 초점을 맞춰 반공주의의 성격이 어떻게 변해왔는지 그리고 민주화 이후에도 지속적으로 나타나고 있는 반공주의의 효과를 분석한다. 반공주의와 북한이 가하는 위협과의 접합이 국가기구뿐 아니라 시민사회에 의해서도 만들어졌다. 뿌리 깊은 반공주의는 북한을 '악의 축'으로 간주하면서 더욱 강화되었다. 비록 대중에게 반공주의는 애매모호하지만, 탈냉전시대에 반공주의는 복지와 시장에 관한 담론에도 큰 영향을 미치고 있다. 보수정권이 반공주의를 북한의 위협을 강조하고 정치적 반대를 약화시키기 위해 활용하지만, 반공주의는 21세기 한국 사회에서 갈등적인 개념이나 이데올로기가 되었다.

2. 한국 반공주의의 기원

1945년 8월 15일 일본 천황이 연합국에 무조건적인 항복을 선언하면서 한반도에서는 일시적인 권력 공백이 생겼다. 미국은 2차 세계대전 기간에 전후 일본 점령계획을 세웠지만, 한반도에 대한 구체적 계획은 세우지 않았다. 일본에서는 맥아더 장군이 이끄는 연합군사령부가 일본 점령 이후 일본 사회의 탈군사화정책을 광범위하게 추진했다. 그러나 한국에서는 아무런 점령계획도 없이 오키나와에 머물던 24군단을 중심으로 미군정이 조직되었다. 원래 24군단은 오키나와에서 일본 군대를 궤멸시키고 그곳을 점령한 뒤 계속 일본에 머물도록 예정되어 있었는데, 아무런 준비도 없이 명령을 받고 9월 8일 한국으로 이동했다. 한국에 가장 가까이 주둔하고 있던 군대라는 이유로 한국에 파견 명령을 받았기 때문에 한국에 대한 어떤 사전 정보도 없는 상태였다.

미 육군 24군단은 위도 38도선 이남으로 이동해 남한을 점령했고 위도 38도선 이북은 소련군이 점령했다. 미국과 소련에 의한 한반도 분할점령은 오랫동안 지속되고 있는 반공주의의 시작을 의미했다. 공산주의 국가들과 자본주의 국가들 사이의 갈등이 심화되면서 한반도는 1948~1992년 미국과 소련의 군사적 갈등의 최전선이 되었다.

한국에서 초기 반공주의는 여러 가지 요인이 복합적으로 상호작용해 만들어진 산물이었다. 남한 국내 정치와 미군정의 역할, 미국 내에서 반공주의의 등장, 1945년 이후 미국과 소련의 갈등 심화가 복합적으로 작용하면서 한국에서 반공주의가 형성되었다. 해방 후 미군정기에 국내 정치는 남한 내 반공주의의 시작이었다. 남한 내 반공주의는 일제강점기 일본의 조선 지배에 동조했던 조선 엘리트에 의해 주도되었다. 일본을 점령한 연합군사령부SCAP는 군대, 기업과 관료를 포함한 전범을 처단하면서 군국주의적 제도와 정책을 제거하기 위한 대대적인 개혁을 시도했다(Cohen, 1987; Gordon ed., 1993). 적어도 연합군사령부에 의해 '역코스'가 시도되기

전인 1947년까지 탈군국주의화와 민주화는 전후 일본을 점령한 연합군사령부의 주된 정책이었다(Hanneman, 2013, 84~98쪽). 소련의 위협에 대응하기 위해 연합군사령부가 주요 경제집단과 정치집단을 부활시키면서 개혁이 도외시되고 일본의 구세력을 강화시키는 '역코스'가 전개되기 전까지 교육계와 재계, 정계, 군대에서 광범위한 개혁이 연합군사령부 주도로 진행되었다. 대조적으로 미군정은 남한 내에서 일본의 조선 지배에 앞장선 집단과 엘리트들을 처단하지 않았다(이준식, 2010). 미군정은 조선총독부에서 근무했던 조선 사람들을 미군정의 행정요원으로 채용했다. 미군정은 남한에 대해 정보를 갖고 있지 못했기에 일본을 위해 일한 조선인들은 처단되지 않았고 오히려 해방된 조선을 지배하는 미군정청에서 주요 자리를 유지할 수 있었다. 바뀐 것은 그들의 소속이 조선총독부에서 미군정청으로 바뀐 것뿐이었다. 그것은 매국노의 처단을 기대했던 많은 조선인의 바람을 저버리는 것이었다. 매국노들이 권력으로 복귀한 것은 1946년 조선 민중에게 분노와 저항을 불러일으켰다. 그러나 지배 엘리트와 미군정은 지역의 시위를 소련과 북한의 사주를 받은 공산주의자 봉기로 간주했다(Cumings, 1981 ; Moon, 2005, 23~44쪽).

미국 내의 정치 변화 또한 일본뿐 아니라 남한의 전후 정책에도 강하게 영향을 미쳤다. 프랭클린 루스벨트를 계승한 해리 트루먼은 소련의 팽창을 저지하기 위한 트루먼 독트린을 선언했다. 그것은 2차 세계대전 전쟁 기간에 형성되었던 미국과 소련의 동맹관계에서 전후 평화 시기에 적대적 관계로의 급격한 전환을 보여준다. 조지 케넌의 소련 봉쇄정책은 서유럽뿐 아니라 동아시아에서도 실행되었다. 따라서 일본의 연합군사령부 정책도 탈군국주의화와 민주화에서 아시아 지역에서 소련의 영향력을 봉쇄하기 위해 일본을 반공기지로 재구축하는 정책으로 근본적 전환이 이루어졌다(Cumings, 1988, 247쪽). 이로 말미암아 전쟁 책임에서 자유롭지 않았던 일본 대기업과 제국주의 사회 엘리트들을 부활시키는 정책 변화가 이루어졌다. 개혁기 연합군사령부의 주요 간부나 자문단 가운데 뉴딜 자유주의자가 많았고(다케마에竹前, 1988, 93~96쪽), 조지 케넌은 이들이 공산주의자와 연루되었다고 의심하기도 했다(Cohen, 1987, 93~96쪽). 이런 상황에서 그 자리는 보수적인 인물로 대체되었다. 그리하여 연합군사령부에 의해 이른바 일본 전후사에서 '역코스'라고 불리는 개혁의 중단과 동시에 보수화가 시작되었다(Cuming, 1993, 34~63쪽).

1948년 8월 15일 남한에서는 미군정 3년 후 남한 단독정부가 수립되었다. 첫 번째로 수립된 정권은 1948년 국가보안법을 도입했다. 그것은 공산주의자들의 활동에 도움을 주거나 북한에 유리한 활동을 금지해 국가안보를 강화하는 것을 목적으로 한 법이었다. 불법적인 활동에는 반국가활동, 공산주의 이념 전파, 공산주의 조직 결성 등이 포함되었다(염기호 외, 1999; 김민배, 1998). 국가보안법은 이승만 정권에 의해 정치적 반대 세력을 탄압하기 위한 도구로 사용되기도 했다. 예를 들어 이승만은 1956년 대통령 선거에서 많은 지지를 받아 정치적 경쟁자로 등장한 진보당의 조봉암을 제거했다. 조봉암이 군사적 침략에 의한 북진통일을 내세운 이승만과는 전혀 다른 평화통일정책을 제시했기 때문이다. 조봉암은 국가보안법 위반으로 체포되었고 절차도 제대로 밟지 않은 채 재판 즉시 처형되었다. 이처럼 이승만은 많은 반정부 인사를 국가보안법 위반으로 처형했다.

이승만 대통령이 대학생들이 주도한 1960년 4·19혁명으로 대통령에서 축출되었을 때 국가보안법은 완전히 폐지되었다. 이승만 독재에 대한 대학생들의 저항으로 대통령이 하와이로 망명하면서 이승만 정권이 무너지자 국가보안법도 폐기되었다. 그러나 두 달 후 인권을 침해하는 조항을 빼거나 수정한 후 국가보안법이 다시 제정되었다. 또 다른 대폭적인 수정은 1991년에야 이루어졌다. 1989년부터 동유럽 공산주의 정권들이 무너지면서 냉전체제가 변하기 시작하자 국가보안법의 수정이 이루어졌다. 핵심적인 수정사항은 국가보안법이 정부를 전복하기 위한 조직이나 단체에 한정된다는 것이었다. 이전엔 그런 활동을 알고 신고하지 않은 경우에도 처벌이 되었지만, 수정된 국가보안법에 의해서는 처벌받지 않게 되었다.

반공법은 남한 내 반공주의의 또 다른 제도적 요소를 이루고 있었다. 1961년 5·16쿠데타로 정권을 장악한 군부는 군사정권을 만들고 곧바로 반공법을 도입했다. 군사정권은 반공을 국시로 내세우면서 공산주의 조직과 연계되어 있거나 영향을 받은 반대운동을 탄압하기 시작했다. 반공법은 공산주의에 대한 칭찬이나 선동도 불법으로 규정했다. 또한 반공법은 이 법을 위반한 사람을 알고 있지만 경찰에 신고하지 않은 사람도 처벌받도록 만들었다.

그러나 반공법은 여러 차례 수정되었다. 국가보안법과 중첩되었고 국제관계의 변화로 1980년 12월 31일에 폐기되었다. 미국과 중국의 수교가 반공법의 이념적 핵심을 혼란스럽게 만들었다. 반공법에 따르면 적국인 중국과 우방인 미국이 국교를 맺은 사건은 군사정권에도 큰 충격을 안겨주었다. 또한 1975년 미국의 베트남 철수도 군사정권을 당황스럽게 만들었다. 이에 군사정권은 반대운동을 탄압하고 이념적 도전을 억압하기 위해 이데올로기적인 통제를 강화했다. 비밀경찰과 정보기관에 의한 공포정치가 강화되었던 것이다. 그러나 반공법은 궁극적으로 박정희 대통령이 중앙정보부장에게 살해된 후 등장한 신군부의 주도로 폐기되었다. 폐기된 주된 이유는 반공법과 국가보안법이 중복되기 때문이었는데, 반공법의 일부 조항은 국가보안법으로 이전되었다.

3. 민주화와 세계화, 반공주의

민주화가 가져온 핵심적 변화 가운데 하나는 권위주의적인 제도와 규칙에 대한 더 조직적인 반대 세력의 도전이다. 1987년 여름 오랜 민주화 투쟁이 군사정권의 종식을 가져왔지만, 선거만으로 쉽게 뿌리 뽑을 수 없는 권위주의적 제도와 규범들이 똬리를 틀고 있었다. 헌법 개정, 정치지도자 선출과 인권에 대한 제약 조항 폐지 같은 분명히 드러난 권위주의 제도의 변화가 있었지만, 권위주의 유산은 국가기구와 시민사회 내의 문화와 활동에 각인된 상태였다. 그러므로 민주주의로의 이행은 민주주의적인 게임의 규칙을 도입하는 것뿐 아니라 권력자들과 대중이 민주적 가치와 태도를 지니도록 하는 것을 포함시켜야 한다.

그러나 협상에 따른 민주화라는 민주화과정의 특징과 함께 1987년 대통령 선거에서 군 출신 노태우가 승리해 권위주의적 국가기구를 개혁하거나 타파하는 것 자체가 갈등적 과정이 되었다. 오랜 기간에 걸쳐 민주화 투쟁이 강력하고도 전투적으로 이루어졌지만, 야당은 정치권 밖의 반정부 정치인들과 거리에서 군사정권과 싸운 사람들을 제도적으로 충분히 대변하지 못했다. 결과적으로 협상에 따른 민주화 이행이 급진적 요구를 배제시키면서 권위주의 세력이 제도개혁과 관련된 협상에서 전면적인 개혁을 좌절시켜 '제한적 민주화'가 이루어졌다(최장집, 1997; Shin, 2012).

게다가 야당 지도자였던 김영삼과 김대중 사이에 후보 단일화가 이루어지지 못해 노태우 후보가 어부지리로 당선되면서 민주화가 집권 권위주의 블록에 미치는 충격이 최소화되었다. 권위주의 유산을 청산하기 위한 수많은 대규모 시위에도 불구하고 그것은 권위주의 정권과 도전 세력 간 힘의 균형 변화에 영향을 받는 갈등적 영역이었다. 1987년 대통령 선거에서 집권 여당의 승리로 권위주의 정권이 유지된 것은 민주화 개혁을 지연시키고 보수 세력을 재생시키는 데 기여했다. 또한 한국에서의 민주화 이행은 국가보안법의 존속으로 귀결되었다(김민배, 1998; Kim, 2011, 5장).

보수 세력이 국가보안법을 존속시키는 데 성공했지만, 그것을 폐지시키거나 개정하려는 시도가 지속적으로 있어왔다. 반공주의를 제도화시킨 법이 정치적 반대 세력과 사회운동을 탄압하는 수단이 되었기 때문에 시민사회 단체들은 계속해서 그것을 폐지하거나 적어도 개정하려고 시도했다. 그러나 검찰과 경찰, 정보기관에서 공안을 담당하는 억압적인 국가기구는 유지되었다.

민주적 정당들이 집권했을 때 국가보안법은 뜨거운 정치적 쟁점이 되었다. 보수정당들이 강력하게 반발하면서 국가보안법을 둘러싼 이념갈등이 첨예하게 부각되었다. 더욱이 보수 언론매체, 교회와 군사정권이 만든 사회단체들이 국가보안법 폐지에 강력히 반대하면서 민간 정부 밑에서도 국가보안법이 유지되었다(Kim, 2011, 5장). 개혁적인 새천년민주당과 보수적인 자유민주연합의 연정 성격을 띤 김대중 정권 내에서 국가보안법을 둘러싸고 두 정당 간에 분열이 발생해 국가보안법을 둘러싼 '남-남 갈등'으로 확대되었다. 보수적인 한나라당과 연정에 참여한 자유민주연합이 연대해 국가보안법 폐지에 반대했다. 자유민주연합은 김대중 정권에 연정 파트너로 참여했지만, 총선에서 보수적인 유권자들의 지지를 받아 의석을 확대하고자 했다. 보수적인 정치 세력은 국가보안법이 대한민국의 근간이고 정권교체 이후에도 유지되어야 한다고 주장했다.

국가보안법을 둘러싼 가장 큰 대립은 노무현 정권에서 발생했다(Kim, 2011, 154~156쪽). 이미 1990년 진보적인 활동가들이 헌법재판소에 국가보안법의 위헌심판을 청구해 국가보안법을 폐지하려는 시도가 있었으나, 헌법재판소는 국가보안법의 주된 목적이 자유민주주의를 지키기 위한 것으로 헌법에 부합한다고 판결을 내렸다. 2004년 검찰이 독일 뮌스터대학에서 교수로 재직하고 있는 송두율 교수를 국가보안법 위반으로 구속하자 국가보안법 철폐를 위한 또 다른 운동이 전개되었다. 결국 송 교수는 국가보안법 위반으로 7년 감옥형을 선고받았다. 2004년 송 교수의 구속 사태는 국가보안법을 가장 갈등적인 정치적·이념적 이유로 만들었다. 이렇듯 국가보안법을 둘러싼 남남갈등이 심각한 수준에 이르렀다.

송두율 교수 사태를 둘러싼 논쟁은 국가보안법 폐지를 위한 진보 세력의 단합을 가져왔을 뿐 아니라 보수 세력을 뭉치게 하는 데도 기여했다. 2002년 대통령 선거에서 연이은 패배가 보수적인 정치 세력과 사회 세력을 뭉치게 만들었고, 궁극적으로 2005년 뉴라이트 전국연합의 결성으로 귀결되었다. 뉴라이트 전국연합은 다양한 보수 사회단체로 구성된 민간 조직으로서 정치권의 보수정당에 호응하는 시민사회 내의 보수단체로 기능했다. 보수정당은 시민사회 내에 보수적이고 반동적인 사회단체를 조직하는 데 성공했고, 이 조직에서 개신교 목사들이 핵심적 역할을 담당했다.[1] 교회지도자들은 국가보안법을 개정하려는 시도를 북한을 이롭게 하는 의심스러운 행위라고 비난했다. 그리하여 뉴라이트 전국연합은 집권 여당과 민주 세력이 국가보안법을 개정하려는 시도에 격렬히 반대했다. 국가보안법 개정에 대한 반대가 치열했고 지역구에서 국가보안법 개정에 대한 지지가 높지 않아서 집권 여당의 국회의원들은 개정안을 지지하기를 꺼렸다. 2005년 여당과 야당이 국가보안법 개정의 필요성에 합의하고 개정을 제출했지만, 회기 내 구체적인 내용에서 합의안을 이끌어내지 못해 국가보안법 개정은 실패로 돌아갔다.

독재정치의 유산인 국가보안법은 민주정권하에서도 여러 차례 개정이 시도되었으나 여전히 유지되고 있다. 앰네스티 인터내셔널은 국가보안법이 '표현과 결사의 자유'를 제약하고 특히 제7조가 시민권과 정치적 자유를 억압하는 데 남용되었다고 보고했다.[2] 그리하여 국가보안법에 담겨진 반공주의 이데올로기는 지금까지 유지되고 있다.

4. 반공주의의 재구성

일상생활 속의 반공주의는 냉전체제 붕괴와 냉전체제 이후 국제관계의 변화로 말미암아 도전을 받으면서 새롭게 재구성되고 있다. 1970년대 미국과 중국의 국교정상화는 군사정권이 정보를 통제함으로써 국내에 미치는 영향은 적었지만, 중국·소련과 한국의 국교정상화는 보수 세력에 큰 충격을 안겨주었다. 그럼에도 1968년 이래 최초의 대통령 선거에서 승리한 육군 장성 출신의 노태우 대통령이 중국과 소련과의 국교정상화를 도모했기 때문에 그나마 그에 대한 저항이 크지 않았다. 중국과 소련은 한국전쟁에서 북한을 지원한 나라들이었기 때문에 적국으로 분류되어 있었다. 게다가 중국은 아직까지 '중국공산당'에 의해 통치되는 나라다.

노태우 대통령의 '북방정책'으로 촉발된 혼란은 반공주의를 이념적인 차원에서 현실정치로 전환하면서 해결되었다. 즉 반공주의가 반북을 뜻하는 동시에 제한적으로 해석될 수 있었다. 반공주의는 북한을 위험하고 예측 불가능한 국가로 규정함으로써 북한에 대한 반대에 초점을 맞췄다. 북한의 위협에서 한국을 보호하는 것이 정부의 가장 중요한 책임임을 함의하고 있었다. 북한이 불량국가the rogue state로 그려지면서 반공주의는 반북주의로 해석되게 되었다. 그리하여 탈냉전시대에 선과 악의 이분법적인 대립이 남한과 북한의 대립으로 확장되었다.

그러나 다른 이념적인 담론의 공간에 애매모호한 공간이 존재한다. 국제관계라는 측면에서는 이데올로기로서의 공산주의와 현실로 존재하는 공산주의 국가 간의 구분이 존재한다. 반공주의는 다른 경제적 변화, 정치적 이데올로기와 접합되어 있었다. 특히 자본가 조직은 비시장적 관점 또는 지향을 공산주의와 등치시키고자 했다. 무엇보다 비시장적 관점은 국가 중심적인 복지체제와 국가의 시장 규제를 포함한다. 전국경제인연합회(전경련)가 만든 연구기관인 한국경제연구원은 자유로운 시장에 대한 정부 규제는 공산주의나 사회주의의 변종이라고 선전했다. 이 조직은 생산과 분배에서 세금과 복지정책을 통한 개입을 공산주의와 사회주의의 망령으로 간주했다. 특히 냉전체제하에서 성장한 보수적 언론들은 자유시장에 대한 비판을 사회주의나 공산주의 이데올로기 옹호로 보았다. 때로 유럽 사회민주주의를 공산주의의 일종으로 보도하기도 했다.

그럼에도 2012년 대통령 선거에서 등장한 복지담론은 공산주의와 사회민주주의를 구분하지 못하는 일반의 인식에 변화를 가져왔다. 그러나 계속해서 공산주의와 반공주의에 관한 담론의 장은 국제정치와 국내 정치의 변화에 따라 자주 바뀌어왔다. 남한에서 정당들은 이념적 균열에 기초해 만들어지지 않았기 때문에 정치적 갈등은 민중주의적 선동과 이념적 동원 수준에서 나타났다. 정치적 상대를 공산주의자나 친북주의자라고 부르는 것은 다양한 수준에서 이루어지는 선거 경쟁과정에서 흔하게 나타났다. 북한에 의한 간헐적인 군사적 도발과 핵실험은 남한 대중의 의식 속에 북한의 위협을 각인시키는 데 기여했다. 그리하여 보수정당은 북한을 무모하고 예측할 수 없는 불량국가로 그리면서, 북한의 위협을 능수능란하게 정치에 활용했다. 결국 북한의 위협은 지난 30여 년 동안 보수정권의 존속에 큰 도움이 되었다. 이렇듯 북한 정권과 남한의 보수정당 사이에 '적대적 공생관계'가 형성되어 있다.

5. 결론

반공주의는 나라마다 매우 다양한 양상을 지닌다. 한국의 반공주의는 조선이 일본의 제국주의적 지배에서 해방된 직후 냉전체제와 더불어 형성되었다. 미국의 압도적인 영향력 아래 민간독재나 군사독재의 형태로 반공주의 정권이 형성되고 유지되었다. 독재정권은 시민권을 제약하는 것을 정당화하기 위해 공산주의자들의 위협을 활용했다. 한반도의 북쪽이 소련과 공산정권에 의해 점령되었기 때문에 국가안보는 곧 반공주의와 동일한 것으로 간주되었다.

1948년 이래 국가보안법은 반공주의의 제도적 골간을 이루었다. 국가보안법에 덧붙여 군사정권은 반공법을 도입했다. 그 후 국가보안법과 반공법이 중복되는 부분이 많아서 1980년 국가보안법으로 통일되었다. 앰네스티 인터내셔널이 비판하는 것처럼 국가보안법은 여러 차례 개정되었지만 여전히 유지되고 있으며 국민의 기본권을 제약하고 있다.

그러나 국제관계의 변화와 냉전체제의 몰락은 1992년 보수적인 정부가 중국 그리고 소련과 국교정상화를 한 이래 반공주의에 관한 혼란을 낳으면서 반공주의의 이념적 공간에 변화를 가져왔다. 국가 관료가 국가보안법을 해석하고 적용하고 있지만, 민주화와 함께 국가 관료의 담론 권력에 대한 도전이 이루어지고 있다.

남한에 대한 북한의 위협과 함께 반공주의는 다양한 국가기구와 비국가기구를 통해 교육되고 내면화되었다. 일상적인 반공주의everyday communism가 국내 정치와 국제정치의 변화와 함께 형성되고 변형되고 있다. 국가보안법의 적용이 군사정권 시절만큼 흔하게 이루어지지 않고 반공주의가 과거만큼 그렇게 강하지는 않지만, 북한의 여러 차례 도발로 국가보안법은 선거 때마다 정치적 담론에 효과적으로 영향을 미치고 있다. 반공주의의 의미는 이제 반북주의에 한정되어 있다.

그럼에도 권위주의하에서 다양한 이념에 대한 정치적 담론이 발달하지 못한 한국에서는 이념적 담론에 애매모호한 영역이 있다. 그리하여 반공주의는 복지와 교육에 관한 담론처럼 다른 담론들을 쉽게 끌어들일 수 있다. 복지국가에 대한 비판은 반공주의가 반복지국가 담론과 접합되어 만들어진 공산주의 비판에 의존하고 있다. 교육에 대한 국가 규제를 비판하는 논의 또한 공산주의 정권에서 교육의 비효율성을 언급하고 있다. 이처럼 반공주의는 쉽게 다른 이데올로기들과 접합되기도 한다. 이는 다음 세대에게는 위험한 발전일 수 있다.

한국의 반공주의와
노동운동

반공주의의 내면화와 노동운동의 사회적 고립

유범상
한국방송통신대학교 사회과학대학 행정학과 교수

1. 레드콤플렉스 속에 갇힌 노동운동

2014년 서울시 공무원 간첩사건과 2015년 통합진보당의 해산사건은 여전히 한국이 반공주의에 기반을 둔 사회임을 보여준다. 반공주의는 1945년 해방 직후 더 멀게는 일제강점기부터 한국 사회를 지배해온 감시탑이다. 이 감시탑은 검열과 억압, 배제의 규율을 지속한 결과 시민들이 스스로 반공주의 팬옵티콘panopticon의 포로가 되었다. 이 팬옵티콘에 규율된 시민들은 결국 레드콤플렉스라는 집단적 정신질환을 앓고 있다. 원래 '레드콤플렉스'는 공산주의의 위협에 대한 과장되고 왜곡된 공포심과 그 공포심을 근거로 인권 탄압을 정당화하고 권력 비판을 억압하는 현상을 의미한다(강준만, 2000, 7쪽). 그런데 사회주의권의 붕괴 이후에도 레드콤플렉스 현상은 한국에서 여전히 지속되고 있다. 이는 말 그대로 공산주의를 반대한다는 의미보다는 북한을 혐오하는 반북주의로 변형되어 종북주의 담론으로 재생산되고 있다.

이처럼 북한과 주사파라는 실체가 존재하는 상황에서 레드콤플렉스

302

와 빨갱이라는 담론은 한국 사회가 집단적인 광기 상태에 빠져 있음을 보여준다. 이 같은 '빨갱이'에 대한 두려움과 공포로 상징되는 레드콤플렉스는 반대파를 감시할 뿐 아니라 사회 전체를 상호 감시하도록 규율했다는 점에서 가장 효과적인 통치 기술이라고 할 수 있다. 이런 점에서 조희연은 이 사회를 반공규율사회로 표현했다(조희연, 2005).

　　노동운동은 반공규율사회의 직접적인 피해자다. '노동운동＝빨갱이'라는 등식이 남한 사회에 작동해왔기 때문이다. 이것은 분단체제와 전쟁이라는 역사적 경험을 배경으로 내면화된 국민의 레드콤플렉스에 기대어 노동운동을 자유민주주의에 반할 뿐 아니라 '적을 이롭게 하는 자들', 즉 '종북 세력'으로 규정한다. 따라서 노동운동은 애초부터 반공주의 규율장치, 즉 경찰기구 내 공안팀과 국가보안법 등의 표적이 되었고 치안과 공안의 차원에서 다뤄져왔다. 이런 상황에서 노동운동은 노동자와 시민으로부터 고립되었다. 노동운동은 국가보안법에 가로막혀 정치운동이나 사회연대 활동에 제약을 받았다. 그 결과 공장 내에서 임금인상과 노동조건 개선 등 경제적 실리나 추구하는 이익집단이 되도록 강제되었다.

　　이 글은 반공주의가 한국 사회에 레드콤플렉스라는 집단적 정신질병을 만들었고, 이 질병이 노동운동에 어떤 영향을 미쳤는가 하는 질문에 답하려는 목적을 갖고 있다. 이것은 1987년 민주화와 노동자대투쟁을 분기점으로 이전과 그 이후 어떻게 변했는지를 살펴보고, 이를 통해 남한 사회에서 반공주의는 정치행위자로서 노동자계급의 성격을 결정하는 핵심 이데올로기였으며 여전히 영향력을 갖고 있다는 것을 보여주고자 한다(조희연, 2005, 143쪽). 이를 위해 우선 국민과 노동자들이 어떻게 반공주의를 체화했는지를 살펴보려고 한다.

2. 반공규율사회: 학습과 내면화를 통한 산업전사의 탄생

　　푸코의 지식-권력론에 따르면, 지식은 그 자체로 권력이자 권력의 의도를 대변하고 있다. 지식은 교육을 통해 전수되며 이 교육이 공식적으로 이루어지는 대표적인 장소가 학교다. 따라서 교육은 중립적일 수 없다 (Zinn, 2008). 학교와 교육은 누군가의 이야기를 설파하는 곳이고 행위이기 때문이다. 반공규율화된 사회에서 학교는 "장래 노동자들의 머리와 몸에 반공주의와 국가주의를 심는 중요한 공간이었다."(한홍구, 2006, 250쪽) 따라서 분단 이후 지금까지 학교에서 반공교육이 지속되었고, 그 결과 대한민국 국민 대부분은 '빨갱이'라고 하면 몸이 빨갛고 머리에 뿔이 난 괴물이 떠오르는 어린 시절을 보냈다. 학교는 이승복 어린이가 "나는 공산당이 싫어요"를 외치며 무장공비에게 저항하다가 처참하게 죽었다고 가르쳤다. 당시 교과서는 반공규율사회의 자화상이었다. 1975년에 제작된 고등학교의 일반사회, 정치경제 교과서는 이를 잘 보여준다.

> 북한 공산집단은 인간을 도구화하여 주민의 생활은 아랑곳없이 공산체제의 구축에만 광분하고 있다. 우리의 전통적인 가족제도나 사회제도를 파괴하여 민족사의 정통성을 모독하고 있다(1975년판, 4~6쪽; 김영수, 2006, 449쪽에서 재인용).

과거의 아동청소년은 이 교과서의 지도에 따라 인도되었다. 그런데 이 신화는 1987년 민주화 이후 깨지기 시작했다. 예를 들어 한 소설가가 1989년 북한을 방문한 이후 쓴 책의 제목이 『사람이 살고 있었네』였다. 이것은 북한 땅에도 우리와 같은 '사람이 살고 있다'는 것을 확인해준 것이었다. 그 이후 남북정상회담과 남북교류가 활성화되었다. 그렇다면 오늘날 북한에 대한 태도는 어떻게 변했을까? 서울의 한 초등학교 학생들은 절반 이상이 통일을 지지하지 않았고 북한을 '거지 떼'로 인식하고 있다 (『한겨레21』 157호, 1997년 5월 15일자). 괴물은 이제 '거지 떼'로 변했다. 이처럼 북한은 여전히 적화야욕을 품은 위험한 존재로서 경계와 증오의 대상인 동시에 헐벗고 피폐한 동정과 무시의 대상이 되었다. 한국의 교육은 현재 이 양가적인 측면에서 북한을 형상화하고 있다(강준만, 2000, 5~6쪽).

주적을 북한으로 규정하고 있는 한국 군대는 반공주의와 반북주의를 내면화하는 또 다른 핵심적 장소다. 군대는 애국주의와 국가주의 그리고 인간의 기본적인 예절을 배우는 곳으로 각인되어 있다. 즉 한국 사회는 "군대 갔다 오면 사람 된다"는 말이 상식으로 통하고 군의 경험이 남성성의 상징이 되고 있다. 1957년 처음 제정되어 군인들의 필수 암송대상인 〈군인의 길〉은 박정희 정권 때 새롭게 다듬어졌다.

나는 영광스러운 대한민국 군인이다. / 나의 길은 충성에 있다. / (……) / 나의 길은 통일에 있다. 기필코 공산 적을 쳐부순다. / 나의 길은 군율에 있다. (……) 나의 길은 단결에 있다.

이러한 '국가에 대한 맹목적인 충성', '필승', '통일', '반공', '군율', '예절과 책임', '단결', '복종' 등 군대에서 배운 가치들은 이들이 공장으로 이동하면서 자연스럽게 시민사회의 지배의식이 된다(한홍구, 2006, 252~253쪽).

〈군인의 길〉을 암송하고 체화한 사람들은 군대에서 사회 속으로 들어간다. 공장노동자들에 대한 병영적 노동통제는 군대의 사회화를 의미한다. 공장노동자들은 자연스럽게 산업전사라는 말을 받아들이고 공장의 군대적 규율에 순응한다. 산업전사로 호명된 노동자들은 근면성과 가족·국가를 위한 희생을 애국적 행위로 이해했다. 이처럼 노동자들은 공장에서 경제성장을 위한 헌신이 승공의 전투라고 배웠다. 그 결과, 그들은 장시간 노동과 병영적 노동통제를 애국심과 반공주의의 맥락에서 받아들였다. 예를 들어 공장새마을운동은 노동자들에 대한 적극적인 규율의 한 가지 방법이었다.[1] 이처럼 국가의 새마을운동은 공장새마을운동으로 일터에서 지속되었다.

공장새마을운동은 국가에 의해 위로부터 강제되었지만, 경영자는 이를 수동적으로 수행한 것이 아니라 경영혁신운동으로서 적극적으로 전개했으며, 당시 한국노총체제하의 노동조합은 이에 동조하여 공장새마을운동이라는 이름으로 진행되는 경영혁신운동의 하위 파트너로서의 역할을 했다(장상철, 2006, 174쪽).

직장새마을운동은 노동자들을 산업전사로 만드는 데 기여했다. 이 과정에서 이들은 멸공구국, 국론통일의 의식을 체화했다(김영수, 2006, 453쪽).

이상에서 보듯 노동자들은 학교와 군대, 공장을 거치면서 반공규율사회 속으로 점차적으로 들어섰고 어느 순간 그 세계를 숙명론적인 것으로 받아들였다. 이처럼 반공규율사회는 "해방공간의 정치적·계급적 투쟁 및 한국전쟁의 경험을 통해서 남한 사회에 정착하게 된 독특한 '극우공동체'적 상황, 나아가 반공논리가 의사합의적인 논리가 되어 민중들을 통제하고 규율하게 되는 조건"을 형성했다(조희연, 2005, 143~144쪽). 이 사회 속에서 공장은 노동자들을 반공규율된 산업전사로 훈육했다. 공장의 작업장 곳곳에 반공포스터를 부착했고, 자본에 대한 저항은 곧 국가에 대한 저항이며 이는 친북적 행위로 치부되었다(조희연, 2005, 149~150쪽). 반공규율사회 속에서 내면화된 반공의식 때문에 국민들은 노동운동을 포함한 계급운동에 대한 부정적 태도를 취했고 이것은 사회운동을 위축시켰다. 이로 말미암아 노동운동의 사상적·이념적 기반은 더욱 제약되었다. 더 나아가 이 반공주의는 노동운동뿐 아니라 여타 계층의 사회운동에도 큰 영향을 미쳤다(김영수, 2006, 450쪽). 그렇다면 반공규율사회 속에서 노동운동은 어떻게 반공주의를 만났고 반공주의에 의해 규정당해왔는가? 이것을 다음에서 살펴보고자 한다.

3. 반공적 노동조합주의: 탄생과 대결

1) 탄생: 노동운동과 반공주의의 만남

노동운동과 반공주의의 본격적인 만남은 광복된 해부터 한국전쟁 종결까지 8년 동안에 이루어졌다. 이 만남의 주역은 일부 민족주의자들과 우익 진영이었다. 이들은 이미 노동현장을 장악하고 있었던 좌파 성향의 조선노동조합전국평의회(이하 전평)에 두려움을 느끼고 있었다. 북한을 공산주의자들이 장악한 상황에서 전평이 공장에 대한 영향력을 확대해나가자 이들은 소위 '대한민국 노동자'를 만드는 일이 시급하다는 것을 깨달았다. 이것은 미국의 이해관계와 맞아떨어졌다. 당시 미군정은 물리력과 행정권을 쥐고 있었다는 점에서 노동정치의 주도적인 행위자로서, 이들은 '실리적 노동조합주의'를 표방하는 '건전한' 노동조합을 육성하고자 했다.

> 노동조합이란 본래 노동자가 노동조건의 유지, 개선, 기타 노동자의 지위 향상을 도모할 목적으로 조직되는 단체 또는 그 연합을 말하고, 정치운동을 하는 단체나 그 연합은 그 명칭 여하를 불문하고 노조로 인정할 수 없으므로 (……) (남조선과도정부 노동부 편, 『노동관계법법령집』, 한국노총, 2002, 241쪽 재인용).

이상의 언급에서 볼 때 미국이 생각하는 건강한 노동조합은 단체협상과 단체교섭을 주로 하는 기업 울타리 내의 이익집단을 의미했다. 이 맥락에서 미군정은 전평을 염두에 두고 노조의 정치활동을 금지했다. 이승만 정부 또한 전평에 경도된 노동조합을 '순진무구한 노동자들의 방황'으로 단정하고 현재 '공산도배의 도구'로 이용되고 있다고 보았다(이정은, 2008, 154쪽). 이들은 위로부터 노동조합을 조직하고자 했고 그 결과 대한독립촉성노동총연맹(이하 대한노총)이 탄생했다. 대한노총은 대한독립촉성전국청년총연맹(이하 독청)에 기반을 두고 있었는데, 독청은 이승만의 지원을 받는 우익 청년조직이었다. 이 조직은 전평의 파업을 접하면서 이에 대응할 조직을 만들기로 결의했다. 이처럼 독청 내에 노동부를 신설하고 노동조합에 침투한 결과 탄생한 것이 대한노총이었다(1946년 3월 10일)(한국노총, 2002). 이렇게 볼 때 대한노총이야말로 노동자들이 작업터와 멀리 떨어진 곳에서 정치적 필요에 따라 만들어진 정치조직이었다.

대한노총의 목표와 전략은 반공주의였고 전평 타도에 있었다. 즉 대한노총은 "해방 직후 좌익 노동조직 전평의 확대 강화를 저지하고, 반공투쟁의 일익을 담당하기 위해" 조직된 것이다(한국노총, 2002, 287쪽). 이처럼 대한노총과 반공주의와의 만남은 당시의 정치적 상황에서 자연스러운 과정이었다. 이들 노동조합은 신탁통치에 대한 전평의 찬탁 선언과 총파업 전술이라는 상황에 대응하는 과정에서 자신의 이념적 지반을 더욱 공고히 하면서 급속하게 성장할 수 있었다.

반공주의에 기반을 둔 지배 세력은 노동자를 산업전사로 만들고자 했다. '일하면서 조국을 지키는' 노동자라는 표준을 만들고 노동자들에게 이런 노동자상을 강요했다. 따라서 노동자들은 극심한 저임금 속에서도 반공투쟁을 위한 기금 모금에 앞장서고 각종 반공대회에 일순위로 동원되었다.

오직 힘의 증강만이 공산 괴뢰집단의 기반에서 신음하는 동포를 구출하고 민족의 숙원을 이룩할 수 있다. (……) 그러므로 총칼을 들지 않은 사원 여러분은 후방 산업전사의 한 사람으로서 우리의 국력을 부강히 하는 데 힘을 기울여야 한다(이중재 경전 사장, 『노동』, 1957년 1월).

산업전사 이미지는 1950년대 중반부터 좀더 본격화되다가 1960년대를 거치면서 완성된다. 이는 노동절과 노총대회, '노동 강조 기간' 등의 특정 시기와 '산업전사 반공웅변대회'와 같은 행사를 통해 이루어졌다. 그만큼 '산업전사' 담론이 노동자를 '대한민국 국민'으로 정착시키고 노동시키기 위한 정부의 필요 정도에 비례해 이용 빈도가 달라졌으며, 특히 전시생산 증가라는 급박한 사정에 의해 더욱 추동되었음을 알 수 있다(이정은, 2008, 156~157쪽). 1960년대 박정희 정부의 근대화를 거치면서 노동자들은 이제 '승공의 역군'일 뿐 아니라 '근대화의 역군'으로도 호명되었다(조희연, 2005, 147쪽).

이상에서 보듯 반공적 노동조합주의는 노동조합으로서의 요건을 갖췄다고 보기 어려웠다. 이것은 반공주의의 민간부대였던 대한노총이 내건 정치적 입장이자 슬로건이라고 할 수 있기 때문이다. 또한 대한노총은 반공 세력에 종속되어 있었다. 예를 들어 "대한노총의 1946년 4월에서 7월까지 운영자금은 '전평'보다 3.5배 이상이 많은 5,700여만 원이었지만 그 전부가 이승만, 안재홍 등의 기부금이었고 조합원과 노동자들의 부담은 한 푼도 없었다. 즉 대한노총은 극우 정치 세력에 매수당한 '노동자단체'"(안태정, 2002)였고 반공적 노동조합주의는 이들의 성격과 목적, 지향을 가장 잘 드러내는 담론이라고 할 수 있다.

이런 현상은 한국노총으로 계승되었다. 한국노총은 '반공적 노동조합주의'의 입장을 유지했다. 이것은 지배권력의 공안적 관점에서 노동운동을 보았다는 것을 의미한다. 한국노총 위원장 배상호의 연설은 이런 사실을 잘 보여준다(1974년 1월 19일).

〔도시산업선교회와 같은〕 불순분자의 조직침투 행위에 대해서 전체 조직력을 총동원하여 지난날 전평을 타도한 그 기개로써 단호히 분쇄할 것을 이 자리에 모인 동지들은 물론 60만 조직노동자와 함께 굳건히 다짐한다(민중석, 1989, 46쪽 재인용).[2]

대한노총에서 탄생한 한국노총은 1960~1970년대 정부의 반공주의 정책을 충실히 이행했다. 예를 들어 5·16쿠데타를 혁명이라 찬양했고 "1971년 말의 국가비상사태 선언 및 국가보위법 발동, 1972년의 10월 유신 이후 가해진 노동관계법 개정에 대해 순응하고 지지했고 유신체제가 표방한 노사협조주의를 그대로 수행하여 경제투쟁에 대해서도 소극적인 자세로 되었다."(한국기독교교회협의회, 1984, 233쪽) 이처럼 한국노총은 반공주의에서 자신의 정체성을 찾았다.

이상에서 보듯이 1960년대까지 한국의 반공적 노동조합주의인 주류 노동조합은 진보적 노동운동을 빨갱이로 낙인찍어 반공주의의 칼로 억압하는 일에 몰두했다. 따라서 주류 노동조합의 활동은 노동운동이라기보다는 체제수호운동이라고 평가할 수 있다. 즉 반공적 노동조합주의는 해방 직후 사회주의에 기반을 둔 전평에 대한 투쟁에서 생겨났다. 이 입장은 대한노총이나 이후 한국노총에 대항하는 노동운동을 빨갱이로 규정하고 탄압했다. 따라서 한국에서 정권에 비판적인 노동운동은 모두 빨갱이가 될 수밖에 없는 운명을 갖고 있었다.

2) 민주노조운동의 성장과 반공주의의 공격

반공주의는 1940년대 전평을 제압하고 1960년대와 1970년대 독재 정권의 이데올로기로서 노동자들을 효과적으로 순응시키는 역할을 해왔다. 하지만 1970년대 경공업의 여성노동자들을 중심으로 소위 '민주노조운동'이 일어났다. 비록 수도권 지역 소수의 단위사업장에서 나타난 현상이었지만, 이것은 박정희가 주도한 유신독재의 정당성에 의문을 제기했고 박정희 정권을 무너뜨리는 중요한 하나의 계기가 되었다. 이 상황에서 반공주의는 어떻게 이들을 다루었는지를 살펴보고자 한다.

1970년대 민주노조운동은 주로 여공들이 중심이 되어 이끌었는데, 비인간적인 노동조건과 임금에 대한 저항운동이었다. 동일방직과 컨트롤데이터 노조, 원풍모방, YH노동조합의 파업 등이 대표적인 사례다. 하지만 반공주의는 이러한 노동자들의 기본적인 생존권적 요구를 체제비판 또는 사회주의적 지향으로 받아들였다. 따라서 정부는 민주노조운동을 탄압하고 이 운동의 배후를 문제 삼았다. 당시 민주노조운동에 영향을 준 단체는 도시산업선교회와 가톨릭노동청년회, 일명 지오세(또는 JOC) 등의 종교단체였다. 이들 조직은 종교적인 인도주의 관점에서 노동 문제에 접근했지만 이들에 대한 탄압의 논리는 반공주의였다. 한 가지 예로 공안경찰은 다음과 같이 언급했다.

미국의 산업선교회 목사도 공산주의자들이다. 따라서 한국의 산업선교회도 공산주의 단체이고, 많은 산업선교 목사가 긴급조치에 걸려 15년형을 받았다. 또한 산업선교회 뻿지를 보면 이북 공산당 마크 같지 않으냐? '우리 승리하리라'라는 노래는 공산주의 노래다(권진관, 2006, 225쪽).

이렇게 해서 도시산업선교회는 빨갱이가 되었다. 군사정권은 산업선교회를 적극적으로 지원한 세계교회협의회WCC와 아시아기독교협의회CCA 그리고 외국인 선교사들을 '빨갱이'로 몰았다. 1970년대 후반에 와서 도시산업선교는 곧 도산이고 도산은 곧 공산주의라고 하는 악선전으로 얼룩지게 된다. 한편 1980년에 통과된 '제3자 개입 금지' 조항이 노동쟁의조정법에 추가되면서 산업선교회의 활동은 더 큰 제약을 받게 되었다(권진관, 2006, 224쪽).

그런데 도시산업선교회는 자신들은 종교단체일 뿐이며 반공주의자라고 주장했다. 예를 들어 이러한 주장은 「문공부장관께 드리는 건의문」(1976년 10월)에 잘 나타나 있다.

가난하고 눌리고 소외당한 사람들을 위해 우리 기독교 선교단체들은 이런 신학의 이론에서 새로운 선교 방법을 배워서 유물론적이며 무신론적인 공산주의 마수를 가장 효과적으로 저지하는 데 이바지하고 있습니다. 사람을 "사람답게 살도록" 하는 것이 공산주의를 이기는 첩경이라면 바로 우리는 그런 일에 신앙적인 열성을 지금 바치고 있는 것입니다(한국기독교교회협의회, 1984, 278~279쪽 재인용).

이상의 관점에서 볼 때 개인적인 편차는 있을 수 있지만 도시산업선교회는 신앙 차원에서 노동운동에 간여했던 것으로 보인다. 이들의 세례를 받은 1970년대 민주노조운동은 빨갱이로 몰렸지만, 사실 당시 민주노조운동은 공산주의 운동과 거리가 멀었다. 이런 점에서 볼 때 이것은 정부의 오판이거나 비판 세력을 잠재우기 위한 빌미였다. 그 당시 노동운동은 주로 생존권과 기본권에 대한 인간주의적인 저항이었기 때문이다.

이 같은 1970년대 여공 중심의 민주노조운동은 1980년대 대공장의 남성노동자들로 이어졌다. 1987년 민주항쟁과 7~9월의 노동자대투쟁을 거치면서 민주노조운동은 반공주의에 기반을 둔 한국노총과 다른 독자적인 조직을 건설하기 시작했다. 제조업 중심의 노동조합이 모여 만든 1990년 전국노동조합협의회(전노협)가 창립되었고(1990년 1월 22일), 이런 흐름은 1995년 민주노총의 창립으로 이어졌다.

1980년 민주노조운동이 1970년대와 달랐던 점은 1980년 광주민주화운동을 거치면서 개인이 아니라 계급에 기반을 둔 운동을 모색했다는 점과 학생 출신의 노동자들이 의식적으로 노동운동을 전개했다는 점이다. 따라서 1980년대 노동운동은 생존권과 인권의 성격을 넘어 변혁적인 성격을 띠고 있었다. 이런 점에서 민주노조운동은 필연적으로 반공주의와 대립할 수밖에 없었다.

1980년 광주민주화운동의 경험에서 마르크스주의를 공부했던 학생 출신 노동자들은 노동운동을 계급적인 운동으로 이해했다. 이런 점에서 1970년대 민주노조운동과 달리 1980년대 민주노조운동은 반공주의와 근본적으로 대립관계에 있었다. 예를 들어 1990년에 창립한 민주노총의 전신인 전노협은 '노동해방'과 '평등세상 앞당기는 전노협'을 기치로 내걸었다. 이 조직의 주동 세력은 이것을 사회주의의 완곡한 표현으로 보았다. 즉 노동해방은 다의적인 뜻을 갖고 있었지만, 그중 계급혁명과 착취구조의 철폐를 담고 있었기 때문이다. 학생 출신의 노동운동가들은 마르크스주의를 읽고 이것을 실현하는 것을 노동운동으로 보았다. 이런 점에서 민주노총의 활동가들은 전투적 노동조합주의, 변혁적 노동조합주의를 추구했다고 볼 수 있다.

반공주의의 입장에서 볼 때 전노협은 적군이었다. 반공주의는 1980년대 민주노조운동을 공산주의자와 동일한 것으로 이해했다. 당시 민주노조운동 파괴에 앞장섰던 제임스 리(본명 이윤섭)는 민주노조를 다음과 같이 정의했다.

민주노조란 혁명적 노동운동이 지어낸 선전·선동 구호이고 혁명운동의 전위조직을 뜻하는 것이다. 계급의식을 갖고 정치사상투쟁을 하도록 만드는 혁명의 최일선 부대란 것이다(이윤섭, 1993, 216쪽).

이상에서 보듯이 1980년대 민주노조운동은 반공주의자의 시각으로 볼 때 확실히 종북주의, 마르크스주의, 체제전복 세력이었다. 따라서 반공주의는 법적·제도적·이데올로기적 수단을 통해 전노협을 탄압했다. 1988~1995년 구속된 노동자가 1,877명이었다. 여기서 주목할 만한 점은 초기에는 노동자들에게 집회와 시위법, 공무방해법, 국가보안법 등이 적용되었지만 점차 노동법 체계로 노동자들을 구속했다는 점이다(김진균, 2008, 43쪽). 이것은 정부가 1995년을 넘어서면서 노동운동을 공안과 정치적 관점에서 벗어나 바라보기 시작했다는 것을 보여준다. 하지만 본질적으로 노동운동에 참여한 노동자들은 여전히 불온 세력으로 취급되었다.

한편 한국노총은 1970년대를 지나면서 점차 반공주의 관점을 전제하면서도 실리적 노동조합주의로 바뀌어갔다. 특히 1980년대 민주화를 거치면서 한국노총은 민주노조운동의 도전과 민주화의 시대적 흐름 그리고 권력으로부터 어느 정도 자율성이 주어지면서 내부 비판에 직면했다. 그 결과 자신의 이념적 정체성을 명확히 할 필요가 있었다. 이 과정에서 한국노총은 실리적 노동조합주의로 나아갔다. 이제 노동운동 내에서 반공주의를 전선으로 하는 대결은 점차 퇴색되었다.

4. 반공주의와 노동운동의 작별?: 신자유주의의 등장과 반공주의의 쇠퇴

신자유주의 등장 이전까지 반공주의는 분명히 노동운동을 억압하는 시선이었고 무기였다. 이때 소위 민주노조운동은 공안 세력뿐 아니라 반공주의 노동조합과 대결했다. 즉 반공주의를 기치로 하는 한국노총은 좌익의 지원을 받는 전평뿐 아니라 변혁적·진보적 노동조합주의를 지향하는 전노협, 민주노총과 대립했다. 이런 점에서 한국의 노동운동은 반공주의의 망령에 시달림을 당해왔다. 그런데 1997년 노동자대투쟁 이후 더는 반공주의가 영향력을 미치지 못하는 듯 보인다. 그 이유는 몇 가지로 제시될 수 있다.

무엇보다도 상황의 변화다. 신자유주의는 노동운동의 입지를 약화시켰다. 1997년 노동법 개정에서 노동조합의 권리를 얻은 측면이 있지만 궁극적으로 노동시장의 유연화와 고용불안정으로 말미암아 노동운동은 일자리 지키기 등의 공장 내 문제들을 주로 다루었고, 더 이상 정치적 문제에 신경을 쓸 여력도 없었다. 조합원들의 욕구가 기업 내 고용과 근로조건에 고정되어 있었기 때문이다.

이런 상황에서 반공주의는 적을 잃어버렸다. 노동운동이 더는 변혁적 노선을 표방하지 않았기 때문이다. 민주노조운동의 전통에 서 있던 전노협의 노선이 전투적 노동조합주의로 규정되듯 노동운동은 내부에 변혁적·혁명적 목표를 분명히 갖고 있었다. 하지만 경제위기를 거치면서 이 운동은 개혁적 노동조합주의 또는 실리적 노동조합주의로 변해갔다. 노동시장 유연화와 고용안정 문제가 부각되면서 노동운동은 노동조건이나 조합원들의 일자리 지키기에 나설 수밖에 없었다. 따라서 노동자들은 이념형보다는 점차 실리형의 지도부를 선호하게 되었다.

노동운동이 반공주의에서 자유로워진 또 다른 이유는 노동운동 내 주사파의 영향력이 점차 약화되었기 때문이다. 노동운동은 통상 현장파, 중앙파, 국민파의 세 정파가 존재한다고 평가되어왔다. 이때 국민파의 일부가 자주, 민주, 통일을 주장하는 민족해방파다(유범상, 2005). 이 민족해방파 중에 주체사상을 지지하는 세력을 NL 주사파라고 하는데, 이 세력이 노동운동 내 영향력을 잃어가고 있다. 그 이유에 대한 다양한 해석이 가능하지만, 정부가 이 세력을 집중적으로 공격한 것도 한 가지 원인이다. 예를 들어 최근에 경찰은 민주노동자전국회의(이하 전국회의)의 조직원을 국가보안법상의 찬양 고무 혐의로 구속했다(『민중의 소리』, 2011년 5월 13일자). 전국회의는 2001년에 설립된 NL 주사파의 조직으로 알려져 있다. 이처럼 주사파의 사회적 격리현상은 곳곳에서 목격된다. 정의당의 전신인 진보신당이 PD라면 통합진보당의 주류는 현재 NL 계열이다. 그런데 진보 진영은 2014년 지방자치단체장 선거에서 좌파 연합을 논의하면서 통합진보당을 배제했다. 이에 대해 이 모임에 참여했던 활동가는 다음과 같이 언급한다.

통진당과 연대를 이야기하는 사람이 하나도 없다. 따라서 통진당을 배제했다. 그런데도 사람들은 이상하게 생각하지 않는다(인터뷰 A).

이처럼 진보 진영 내에서도 NL 주사파에 비판적 입장을 견지하고 있다. 이런 상황에서 이들의 영향력은 급속히 약화되고 있다. 이처럼 현재 반공주의는 진보 진영을 공격하는 무기로 그리 효과적으로 보이지 않는다. 반공주의가 노동운동을 공격하는 영향력을 크게 갖지 않는 또 다른 이유는 북한에 대한 태도 변화다. 그동안 노동운동과 조합원들이 종북주의자는 아닐지라도 북한에 대한 비판적인 입장을 갖고 있지는 않았다. 그런데 노동운동 활동가 내부에서도 더는 북한에 대한 따뜻한 시선을 찾기가 어렵다.

종북주의자에 대한 비판이 점증하고 있다. 북한을 조선 왕조에 비교한다. 노동운동 주류는 북한을 비판한다. 그들은 가난하고, 못살고, 염치없고, 한심하고, 불쌍하고 부자 세습의 왕조로 본다. 한마디로 북에 대해 우호적인 태도보다는 멸시하는 입장이 되었다(인터뷰 B).

이런 관점을 형성하는 데 결정적 역할을 한 것은 북한 자체의 모습이 기도 하지만 내란음모 혐의로 2013년 입건되어 구속된 이석기 의원 사건 과 이와 연동해 진행된 통합진보당 해산사건도 큰 영향력을 주었던 것으로 평가된다. 이런 상황에서 시민들 사이에 레드콤플렉스가 크게 약화된 것으로 보인다. 실제 반공주의 또는 반북주의가 여전히 한국 사회를 규정하는 힘이기는 하지만 빨갱이에 대한 두려움은 크게 약화되었다. 예를 들어 최근 사회주의를 표방하는 '해방실천연대'가 사회주의 깃발을 들고 공개 집회에 참여하지만, 사람들은 이것을 크게 개의치 않을 뿐 아니라 공안 세력도 크게 문제 삼지 않을 정도다.

이런 상황에서 지배 세력은 노동운동에 대한 공격이 반공주의보다는 또 다른 관점이 필요하다는 것을 깨달았다. 그것은 경제위기의 주범이거나 이기주의자다. 경제위기의 주범이라는 담론은 파업이나 고임금, 일자리 지키기 등 노동운동의 행위가 경제위기를 조장한다는 것을 내포한다. 이기주의자라는 담론은 대기업 정규직 중심의 노동조합이 자신들의 이익만을 추구하거나 경제위기를 외면하고 자신들의 임금 인상을 주장한다는 내용을 담고 있다(유범상, 2009). 이런 점에서 반공주의라는 담론은 지배계급의 입장에서도 큰 효용성이 없는 것으로 판단된다. 따라서 노동운동에 대한 전략 변경이 불가피하고, 이는 반공주의의 퇴색을 의미한다.

5. 반공주의의 그림자와 새로운 상상

앞서 살펴보았듯이 반공주의는 더는 노동운동을 규정하는 틀이 아닌 것처럼 보인다. 하지만 보수 세력에게 반공주의는 여전히 유효한 틀로 자리 잡고 있다. 예를 들어 이재교·김혜준의 『거꾸로 가는 민주노총』(2007)과 윤기설의 『제5의 권력』(2006)은 현재 노동운동을 빨갱이로 분석하고 있다. 이들은 전교조와 민주노총을 '대한민국의 선진화를 가로막는 5적'에 속한다고 보며 민주노총을 종북주의자로 비판한다.

많은 사람들은 민노총의 정체를 잘 모른다. 그저 좀 과격한 노동단체로만 알고 있다. 하지만 민노총의 행태와 정체를 자세히 들여다보면 노동단체로서의 순수성을 의심하지 않을 수 없다. 친북, 정확하게 말하면 친김정일적인 정치운동단체로 보일 뿐이다. 그렇지 않고서야 김정일 정권에게는 도움이 되고 자신의 조합원들에게는 손해가 될 일만 골라가면서 할 리가 없지 않은가(이재교·김혜준, 2007, 7쪽).

이처럼 이들은 빨간 조끼, 친북단체, 투쟁만능주의, 혁명적 노동운동, 계급혁명 등의 단어를 써가면서 민주노총을 원색적으로 공격한다. 그러나 이런 입장은 이제 보수 세력 내에서도 소수파로 전락했다. 그렇다면 반공주의는 사라진 것일까?

외형적으로 반공주의는 사라진 것처럼 보인다. 하지만 그 그림자는 매우 짙게 드리워져 있다. 첫 번째는 두려움이다. 두려움은 '노동운동=빨갱이'라는 망령이 깊은 의식에서 여전히 작동하고 있기 때문이다. 이 두려움은 반공규율사회 속에서 노동운동을 하거나 노동조합에 가입하는 것 자체가 빨갱이로 낙인찍힐지 모른다는 것에서 출발한다. 한국 역사에서 반공에 의한 '협박'은 아주 일상적이었다. 그것은 노동운동가뿐 아니라 가족까지 동원했다. 1970년대에 노동조합에 가입했다가 회사에서 해고된 노동자에게 보낸 한 편지는 해고의 이유가 빨갱이였기 때문이라고 적고 있을 정도다. 이처럼 반공주의의 공격은 노동운동에 대한 두려움으로 귀결되었다.

이 두려움은 한번 빨갱이로 낙인찍히면 사회와 가족으로부터 배제된 것을 체화한 데서 비롯된다. 이처럼 반공주의에 대한 혐오와 두려움은 북한에 동조하고 국가 전복을 꿈꾸었다는 명분으로 정당이 해산된 통합진보당 사건과 이석기 의원 구속 사건에 대한 사회적 묵인에서 반공주의자의 그림자와 직면하게 된다.

반공주의 그림자는 또한 노동운동에서 가장 중요한 생명인 계급성을 거세하는 데 기여했다. 즉 반공주의는 노동운동이 끊임없이 탈계급화될 것을 강요했다. 반공주의와 반북주의는 남한 사회의 노동자계급이 스스로를 저항적·정치적·급진적 주체로 구성할 수 있는 의식적·이데올로기적·정치적·문화적 공간을 제약했다. 반공주의는 노동자들이 계급으로 자본과 국가에 저항하기보다는 국민으로 민족과 국가 속에 통합될 것을 요구했다. 이런 점에서 반공주의는 탈계급적이고 반노동운동적인 것이다(조희연, 2005, 145쪽). 반공주의는 노자협조를 이끌었다. 해방 이후부터 강조되었던 '노자협조'는 계급갈등 자체를 부정함은 물론이고 자본주의적 계급관계도 거부했다. 이 관점에서 보면 '진정한 노자협조'는 노동력을 상품시하는 계급적 사고관을 벗어버리고 국민 전체가 '일대 노동공동체'로서 기업가와 노동자가 생산협동체가 되는 것이었다. 이 속에서 노동자의 적은 자본가가 아니었다(이정은, 2008, 158쪽). 이승만의 일민주의와 대한노총의 '만민이 갈망하는 균등사회'는 반공주의를 내면화한 것이다. 공돌이와 공순이는 노자협조에 가장 잘 들어맞는 이름이었다.

> "불과 200여 년 전까지만 해도 노비나 농노, 직공은 있었지만 노동자라 불리는 사람은 없었다"는 톰슨의 말을 상기한다면, 불과 30년 전까지만 해도 한국에는 종업원, 사원, '공순이'와 '공돌이'가 존재했지 '노동자계급'이 존재했던 것은 아니었다(조희연, 2005, 168쪽).

이제 노동자들은 '승공의 역군'과 산업전사, 근로자가 되었다. 탈계급화된 노동자는 더 이상 자본주의를 문제 삼지 말아야 한다. 국가와 자본은 노동자계급을 시민화하고 국민화하는 것을 통해 노동자계급의 탈주체화를 도모했다(조희연, 2005, 153쪽).

반공주의는 이 과정을 통해 노동운동의 이념성을 탈각시켰다. 현재 노동운동은 변혁적 또는 혁명적 노동조합주의가 약화되었다. 반공주의의 눈으로 노동운동을 공격하는 것이 약화된 이유는 반공주의의 소기의 목적, 즉 계급성과 변혁성을 거세하는 데 어느 정도 성공했기 때문이다. 이것은 반공주의가 노동운동의 테두리를 만드는 데 성공했다는 것을 의미한다. 또한 노동운동이 이 테두리를 벗어나는 순간 반공주의가 언제든지 작동할 수 있다는 것을 보여준다. 이런 점에서 노동운동에서 반공주의가 사라진 것이 아니라 감시하고 있다고 봐야 한다.

반공주의의 그림자는 토론의 부재로 나타난다. "냉전반공주의를 헤게모니로 한 정치경쟁의 지형은 광범위한 이념적 스펙트럼을 갖는 정치경쟁을 불가능하게 하고 협애한 흑백논리적 양자택일로 정치를 축소"시켰다(최장집, 2003, 64~65쪽). 토론은 차이성과 다양성에 대한 상호인정에서 시작된다. 하지만 기형적인 이념 지형은 흑백논리와 진위 구별에만 관심이 있을 뿐이다. 반공주의의 효과는 반북주의를 양산하는 것은 물론 일체의 "이성적 토론을 완전히 '압도하는 감각'the sense of overriding"을 가지고 있었으며 "일체의 사회적 가치들을 초월하는 것"으로서 "가치 판단에 일체의 사실 판단을 종속시키는 상태"를 만들었고 "분단의식의 과잉사회화" oversocialization를 조장했다(권혁범, 1999, 49쪽). 이처럼 남한 사회에서 반공주의는 억압적이고 불평등한 질서를 정당화하고 보호하며 그것을 재생산하는 효과적인 언술적 도구였다. 그것은 '애국', '국가안보', '친북좌익 세력 척결' 등 국가주의적 동원의 정치적 상징으로서뿐만 아니라 일상적으로 가동되는 '감시와 처벌'을 위한 회로판의 재료로 성적·계층적·지역적 불평등에 대한 사회적 저항과 갈등을 은폐·봉쇄하며 지배 엘리트의 이익 보장구조를 재생산하는 생활양식적 신념체계의 일부로 기능해왔다(권혁범, 1999, 74~75쪽). 이것은 상상력의 부재로 이어졌다.

'레드콤플렉스'가 위력을 발휘하는 사회에서는 결코 창의성과 진취성을 기대할 수 없다. 머리와 가슴 한구석에 절대적인 성역과 금기를 만들어놓고서, 다른 구석에서 창의성과 진취성을 보여달라고 요구할 수는 없는 일이다. 우리 머리와 가슴은 그렇게 편리하게 작동하게끔 만들어져 있지 않다(강준만, 2000, 9쪽).

이상에서 살펴본 것처럼 한국의 이념 지형은 반공주의에 의해 주조되었다. 반공주의라는 거대한 벽 앞에서 계급의식은 질식당하고 노동운동은 정치 영역에서 탈주체화되었다. 그 결과, 빨갱이가 된다는 두려움 속에서 노동자들은 근로자가 되었다. 이런 점에서 반공주의는 사라진 것처럼 보이지만 여전히 한국 사회를 규정하고 있다. 따라서 반공규율사회를 그대로 놓아두고 노동운동과 한국 사회가 변화의 기반을 만들 수 있을까?

　　이 시점에서 왜소증에 걸린 노동운동은 정밀한 자기진단을 해야 한다. 노동운동이 정치적 차원이 아니라 경제적 측면에서 규정되고 있으며, 사회정책이나 경제정책의 주체가 아니라 임금단체교섭에 몰두하는 이익집단으로 축소된 것은 반공주의가 모는 길로 들어섰기 때문이다. 반공주의는 여전히 이 길에서 노동운동이 비켜나는지 감시하는 파수꾼으로 존재하고 있다. 이처럼 분명한 것은 그 왜소증이 반공주의와 그 조력자들한테서 기인한다는 사실이다.

　　이런 점에서 반공주의는 사라진 것이 아니라 제러미 벤담의 팬옵티콘처럼 내면화해서 존재하는 것이다. 따라서 노동운동의 타깃은 반공주의이고, 반공주의와 그 협력자들이 만든 반공규율사회라는 것을 들춰내는 섬세한 지혜가 필요하다. 반공주의가 쳐놓은 울타리 때문에 노동운동은 정규직 대기업이라는 섬 속에 갇혀 임금과 기업복지의 현안에만 몰두하고 있다는 사실을 인식해야 한다. 이처럼 한국 사회와 노동운동은 반공주의의 짙은 그림자 속에 있다. 이것을 제대로 인식한다면 노동운동은 반공주의, 반공주의로 규율화된 사회, 반공주의로 세례를 받은 시민과 조합원에 정면으로 맞서야 한다. 노동운동이 계급운동이 되고 사회정책의 주체가 되려면 반공주의의 그림자를 걷어내고 그 테두리 밖으로 나가야 한다. 이것이야말로 노동운동을 새로운 상상으로 이끌어갈 것이기 때문이다.

한국의 반공주의와 친미주의

냉전기 반공·친미 일색 → 1980년대 반미 등장 → 탈냉전기 반북·친미

이완범
한국학중앙연구원 사회과학부 교수

1. 머리말

이 연구는 '남한 반공주의의 형성과 그 진화과정'을 '미국과의 관계'를 중심으로 고찰하려는 시도다.

우선 개념부터 정의하면 반공주의는 '공산주의를 반대하는 정치이념'이다. 반공주의자 가운데 대다수는 공산주의의 변증법적 유물론과 유물사관을 비판한다. 자본주의자는 공산주의의 공유재산 제도를 비판하며, 아나키스트들은 공산주의의 중앙집권적 권력화와 당에 의존한 일당제 체제를 비판한다. 그 외 공산주의를 비판하는 우익 정파는 민족주의, 파시스트, 인종주의와 같은 민족주의 성향을 띤 정파와 신자유주의 등이 있다.

우익 또는 보수주의자들은 대부분 반공주의자지만 세 가지 사상은 물론 다르다. 일제강점기에 형성된 한국 우익은 태평양전쟁 때는 '반미'를 내세웠다. 한편 한국의 반공주의는 미국의 영향 아래 좀더 융성하게 되었다. 한국은 1945년 미군정 이래 반공국가로 자리 잡아 현재까지 그 위상을 거의 유지하고 있다.

냉전 시기에 친미주의와 반공주의는 동전의 양면과 같았다.[1] 그러므로 친미를 중심으로 냉전 시기 한국 반공주의를 조망하는 것이 가능하다. 1980년 5월 광주민주화운동 이전 한국에서는 반공과 친미는 거의 동의어로 사용되었다. 또한 냉전 시기의 반공주의가 탈냉전기에 진화했다. 탈냉전기에 오히려 공산주의가 몰락하고 반공 진영이 승리했으므로 한국 반공주의가 강화되었다는 시각도 있지만, 이는 강화가 아니라 민주화된 시대적 상황에 맞추다 보니 수정된 것이며 그 구호는 거의 사라졌다고 판단된다. 탈냉전시대에 세계적으로는 공산주의 국가가 대부분 몰락했으므로 반공주의자가 반대할 대상은 거의 소멸되었다. 따라서 소련연방이 몰락한 1991년 이후 세계적으로 반공주의는 거의 자취를 감추거나 그 구호가 '보수주의'로 바뀌었으며 자유민주주의라는 간판을 바꿔 달았다.[2] 한국에서도 반공이라는 구호가 공식적으로는 거의 자취를 감췄다. 탈냉전시대에는 반공을 구호로 내세우는 인사들이 시대에 뒤떨어진 냉전 수구 세력으로 치부되기도 했다. 중국이라는 공산당 지배 국가와 제1의 교역 파트너가 된 상황에서 반공을 외치는 게 어울리지 않았던 것이다. 탈냉전기에 한국의 반공은 반종북 캠페인으로 진화되었다. 이는 마지막 분단국가이며 냉전의 섬인 한반도의 현실을 반영한 것으로, 글로벌한 관점에서 보면 역시 시대착오적인 사상 검증이며 헌법에 보장된 기본권인 '사상의 자유'를 침해하는 것이었다. 아직도 '증거 없는 용공 음해'인 매카시즘[3]에 의해 정적을 단죄함으로써 반공주의는 오히려 강화되었고 진화되었다는 평가도 있다.

광주민주화운동 이전인 1970년대까지만 해도 반미는 용공 또는 친공과 동일시되어 논의조차 금기시되었다. 그러나 광주민주화운동은 미국에 대한 국민의 친미일색적인 인식을 바꿔놓은 역사적 계기가 되었다. 따라서 한국의 친미와 반공주의 역사는 광주민주화운동 이전과 이후로 구분해서 고찰할 수 있다.

2. 광주민주화운동 이전 냉전시대의 반공주의와 친미주의

대한민국은 미국이 세운 나라다. 현행 헌법 전문에는 상하이 대한민국 임시정부의 법통을 대한민국이 계승했다고 하지만, 실제로 대한민국이 계승한 것은 임시정부라기보다는 임시정부를 부인한 미군정이었다. 미군정은 대한민국 정부 수립 이전에 관료기구를 만들고 한국군을 만들었으며 국립 서울대학교를 만드는 등 대한민국을 만들었다. 대한민국 탄생에서 미국이 '산파'였다고 하는 것은 미국의 역할을 과소평가한 것이다. 조력자가 아니라 체제를 직접 만들어준 '창조자'였던 것이다. 미군정 3년의 결과 미국은 한반도 남쪽에 친미적 국가를 세웠다. 미국의 자유주의자들은 반공주의자 이승만을 처음부터 지지하지는 않았다. 처음에는 이승만보다 중도적인 김규식이나 여운형, 서재필 등을 내세우려고 했지만 여의치가 않았다. 결국 미국 보수주의자들이 지지했던 이승만이 미국의 선택을 받았다.

19세기 이래로 한국에 들어왔던 미국 출신의 기독교 선교사들에 의해 이식된 한국 기독교는 한국 친미주의의 든든한 기반을 제공했다. 또한 미국 유학을 경험했던 인사들이 한국의 지배 엘리트 집단을 형성하게 되자 친미주의는 더욱 강고해졌다.

무엇보다도 1950년 한국전쟁이 발발한 후 미국이 공산화의 위기 상황에서 한국을 구해주었다는 은인의식이 대한민국의 공식 담론으로 확고하게 자리 잡으면서 신화화되었기 때문에 한국의 반공·친미주의는 더욱 강화되었다. 6·25전쟁에서 위기에 놓인 한국 정부를 구원한 것도 미국이요, 주한미군을 통해 북의 '남침 위협'에서 한국을 지켜준 것도 미국이었다. 정치나 군사뿐 아니라 경제와 문화, 교육, 종교에 이르기까지 미국이 한국에 미친 영향은 심대했다.

1970년대까지만 하더라도 한국 국민들의 머릿속에는 미국을 6·25전쟁에 참전한 혈맹으로 바라보는 인식이 지배적이었다. 따라서 한국 국민들의 대미인식은 세계 어느 다른 나라에서도 찾기 어려울 정도로 우호적이었다. 1960년 4·19혁명이 진행될 당시 시위군중이 흥분에 못 이겨 서대문에 위치한 이기붕 부통령의 집을 무차별적으로 부술 때 성조기가 나오자 그 와중에도 신주 모시듯 모셨다고 한다. 마치 현재 북한이 김일성 부자의 사진을 신주 모시듯 하는 것에 비견될 정도라고나 할까? 이렇듯 친미주의는 하나의 신앙이 되었으며 반미는 공산주의자들의 신앙으로, 양분법상의 극단으로 여겨져 금기시되었던 것이다. 따라서 미국을 조금이라도 비판하면 용공분자로 규제받았으며 친북분자로 의심받던 시절이 있었다.

한국에게 있어 미국은 1950년 한국전쟁과 1960년대 베트남전쟁에서 함께 싸운 혈맹이었으며, 한미관계는 특수관계였다. 따라서 대한민국에서 1980년 5월 광주민주화운동을 겪기 전까지 친미·반공의 전열은 흐트러지지 않았다.[4] 반미를 주장할 수 있었던 남한의 좌익 세력은 1946년부터 일찍이 북으로 넘어가기 시작했으며 1950년 전쟁 전후로도 월북했다. 따라서 남한의 좌익은 1948년 남북 정부 수립 이후부터 지하에서 활동할 수밖에 없었기 때문에 그 세력이 약화되었으며, 반공주의적 정부에 의해 반공법과 국가보안법으로 규제된 탓에 시간이 갈수록 더 약화되었다.

이런 와중에도 1950년대 말 시인 김수영에 의해 반미적 맹아가 싹텄다. 이어 1965년에 작가 남정현이 소설 『분지』를 통해 반미주의를 패러디의 형태로 보여주었으나, 그해 7월 국가보안법 위반 혐의로 체포되는 등[5] 박정희 시대에 들어서면서 반미주의는 수면 아래로 가라앉았다. 즉 1960~1970년대 이래 자생적 공산주의자들이 출현하기도 했지만 강고한 반공체제에 의해 체제 밖으로 밀려나 도태되고 말았다.

좀더 구체적으로 6·25전쟁 이후 미군의 한국 국민 린치사건이 빈번하게 일어나자 한미행정협정 체결 문제가 쟁점이 되었다. 1950년 7월 12일 임시수도 대전에서 한국 정부와 주한 미국 대사 간에 서신 교환을 통해 '재한 미국 군대의 관할권에 관한 한미협정', 이른바 '대전협정'이 맺어졌다. 그러나 주한미군의 재판관할권을 미국 군법회의가 가진다고 규정해 불평등하다는 지적을 받았으나 10여 년 동안 공격적 문제제기가 금기시되었다. 1962년 6월 6일 고려대학생 3,000여 명이 '한미행정협정촉진궐기대회'를 열고 평화적 시위를 벌였다. 그러나 이들은 반미·반정부 행위가 아니라고 주장했으며 '대정부對政府 멧세지'에서 "미국은 자유와 민주주의의 선봉이며 심볼이다"라고까지 말해야 했다.[6] 이렇듯 반미적 의제를 반미가 아니라고 포장해야 하는 상황이었다. 1963년에도 한미행정협정 촉구시위가 이어졌으나 역시 반미를 전면에 내세우지는 못했다. 대전협정의 불평등성을 제거하고 그 내용 면에서 1951년 '나토NATO 협정'으로 접근하기 위해 1966년 7월 9일 서울에서 새로운 군대지위협정을 체결했다. 이 협정의 정식 명칭은 '대한민국과 아메리카합중국 간의 상호방위조약 제4조에 의한 시설과 구역 및 대한민국에서의 합중국 군대의 지위에 관한 협정'이다. 이를 일컬어 한미행정협정이라고 했다. 이 협정 또한 불평등하다는 지적을 받아 개정운동이 일어났으나 역시 반미구호를 전면에 내세우지는 못했다.

1976년 10월 15일 한국의 대미對美 로비스트 박동선朴東宣의 활동이 『워싱턴포스트』 1면 톱기사를 장식하더니,[7] 24일에는 더 구체적으로 "한국 정부의 기관요원 박동선이 1970년대에 연간 50만 내지 100만 달러 상당의 뇌물로 90여 명의 의원과 공직자를 매수했다"고 10면에 걸쳐 폭로함으로써 코리아게이트가 촉발되었다. 당시 한국 정부는 코리아게이트의 실체는 물론 그 관련성도 전면 부인했다. 1976년 10월 26일 한국 정부가 박동선은 한국과 무관하다는 내용의 성명서를 발표하자 『워싱턴포스트』는 미 CIA가 코리아게이트 단서를 잡은 것은 전자장치로 청와대를 도청했기 때문이라는 기사를 10월 27일에 내보냈다.[8] 추리가 아닌 사실에 기반을 둔 물증(도청 기록)이 있다는 논리로 압박하려는 의도였다.

1977년 6월 21일 미 CIA의 청와대 도청사실이 다시 보도되자[9] 최규하 국무총리는 6월 22일 대한민국 국회의 대정부 질의에 대한 답변에서 "청와대 도청 보도가 새로운 보도는 아니나 주권에 관계되는 중대 문제이기 때문에 즉각 주미대사에게 진상을 알아보도록 지시하는 한편, 박동진 외무장관은 주한 미 대사에게 진상을 밝혀줄 것을 요구, 사실이 아니라는 분명한 답변을 들었다"고 말했다.[10]

그러나 앞선 답변에 나타난 강력한 항의 분위기는 국내용이며 실제로 미국에 그처럼 항의할 수는 없었다. 리처드 스나이더 주한 미국 대사가 1976년 11월 본국으로 타전한 비밀전문 내용에 따르면, 박동진 외무장관이 스나이더 대사를 불러 "제발 미국 정부가 청와대 도청설이 사실이 아니라고 공식적으로 부인해달라"며 애원했다고 한다. 박 장관은 "박 대통령이 어려운 상황에 처했고 두려워하고 있다"라고도 전했다.[11] 주권국가의 대통령으로서 항의는커녕 미국을 자극하지 않고 그냥 덮으려고만 했다. 이렇게 미국 정부가 공식적으로는 시인하지 않고 부인하자 한국 국민은 직접 대응하지 않았다.

그러나 1978년 4월 3일 방송된 포터 전 주한 미국 대사의 미 CBS 텔레비전과의 특별회견에서 포터는 한국으로 부임했던 1967년 이미 청와대에 도청장치가 설치되어 있었고, 자신은 그 기능을 발휘하지 못하도록 했다고 밝혔다.[12] 이렇게 미 정부가 공식 부인한 사실을 전직 주한 미국 대사가 확인하자 한미관계는 급격히 냉각되었다. 『경향신문』의 최석채 회장은 한국이 "양키 고 홈" 소리가 없는 유일한 나라라면서 "주권마저 깔보일 것인가"라고 선동했다. 또한 최 회장은 김동조 전 주미대사의 미 의회 증언 요구에 대항해 포터 전 주한 미국 대사의 한국 의회 증언을 요구해야 한다고 맞불을 놓았다.[13] 그 당시 『경향신문』은 정부가 통제하던 대표적인 어용 신문이었다. 이전까지는 미국을 자극하거나 국민을 자극하지 않으려고 도청 문제를 쉬쉬하면서 미국 정부가 부인해달라고 사정해 가까스로 봉인했던 한국 정부가 포터 발언으로 도청이 부인할 수 없는 사실로 드러나자 이를 계기로 이용했다. 박동진 외무장관은 4월 4일 스턴 주한 미 대리대사를 불러 만약 청와대 도청이 사실이라면 중대한 주권침해라고 항의했는데, 스턴은 1977년 8월 터너 CIA 국장이 이미 사실이 아니라고 부인하는 등 미 국무부 고위층이 매번 사실이 아니라고 확인했으며 이번에도 사실이 아니라고 말했다.[14] 또한 4월 6일 스나이더 대사는 구두해명을 통해 도청설을 공식 부인했다.[15]

그럼에도 한국 정부는 전과 달리 그냥 봉합하지 않고 이를 고의적으로 확대하려고 했는데 당시 한미관계의 갈등이 전면전으로 비화될 조짐이 보였다. 즉 반미적 방향으로 국면을 전환해 박정희의 '자주국방' 추구 합리화 도구로 이용하려고 했던 것이다. 또한 코리아게이트에서 밀린 한국 정부가 김동조 대사의 미국 의회 증언을 막으려고 청와대 도청 이슈를 이용하려 했다고도 할 수 있다.

4월 10~14일까지 상이군경회, 고등학교, 대학교, 각종 사회단체 등이 미국 CIA의 청와대 도청에 항의하는 데모를 했다.[16] 특히 대한상이군경회 (회장 최태호)는 4월 11일 오전 10시 여의도 중앙원호회관에서 1978년 정기총회를 열고 미국 기관의 청와대 도청을 규탄한 직후,[17] 오후에는 최 회장이 미 대사관을 찾아가 토머스 스턴 대리대사를 만나 미국의 청와대 도청 사실을 밝히라고 요구했다.[18] 내정개입에 반대하는 일종의 반미시위였으나[19] 관제데모의 성격이 짙었다. 그러나 스나이더 대사가 4월 14일 청와대 도청설을 공식적으로 부인하는 미 정부의 입장을 외무부장관에게 서면으로 전달하자 대한민국 외무부는 성의 있는 해명으로 간주해[20] 봉합하기 시작했다. 『경향신문』의 송태호 기자는 해설에서 이전의 청와대 도청설은 언론에 의한 것이었지만, 포터의 도청 시인은 책임 있는 인물의 직접적 시인이라 차원이 다르다고 주장했다.[21] 그러나 포터의 시인 이후 한국 정부의 대응방식이 매우 강경했다는 것은 단순히 책임 있는 당국자였기 때문만이 아니라 한국 정부가 코리아게이트 등 미국의 집요한 압력으로 수세에 몰린 국면을 전환할 수 있는 호기라고 판단한 측면이 작용했다고 할 수 있다. 이는 민간에 의한 자발적 반미 의제 설정이 아니라 한미관계의 주도권 싸움을 위해 이용한 일종의 사이비 관제 반미였다고 할 수 있다.

1945년 광복 이후부터 1998년 김대중 정부 출범 전까지 대한민국의 지배 세력은 보수주의 세력이었기 때문에 그 반공주의 기반은 확고했다고 할 수 있다. 지배계급의 사상으로서 신보수주의는 반공과 경제성장제일주의, 안보 이데올로기가 기반이었으며 박정희 대통령 집권 이후 민족주의가 또 다른 기반이 되었다. 반공(과 친미)은 미군정기와 이승만 정부 때 이식되었으며, 경제성장제일주의는 장면 정부 이래 국정의 첫 번째 과제로서 박정희 정부 시절에 특히 강조되었다. 안보 이데올로기는 대한민국 정부 수립 60여 년 동안 일관되게 주입되었으며 박정희, 전두환, 노태우의 이른바 군사정부 시절에 더 심화되었다.

윤민재 박사에 따르면 한국 사회의 보수주의는 세계 냉전질서 속에서 외부로부터 강하게 규정된 정치적 흐름을 성찰 없이 수용하면서 권력 획득과 유지를 위해 편의적으로 이념을 만들어내는 경향이 많았다고 평가했다. 비판 세력이 부재한 가운데 보수 세력은 반공(반북)과 친미의 구도 속에서만 보수주의 이념을 파악했고, 그것을 벗어난 사고방식과 행위는 반민족·반민주적인 매우 위험한 것으로 취급했다는 것이다.[22]

3. 광주민주화운동과 미국

1) 방관에서 묵인으로의 어쩔 수 없는 미국의 전환

1980년 5월 광주시위 소식을 접한 미국은 무엇을 해야 할지 난감한 데다가 힘의 한계를 잘 알고 있었으므로 계속 주시하면서도 대응을 자제하는 등 힘겹게 무시할 수밖에 없었다. 시민군이나 신군부 양측 모두는 미국이 자신들의 편에서 좀더 확실하게 대응하기를 바랐지만 미국은 이러지도 저러지도 못했다. 신군부를 지지했다가 시민군의 반미주의가 격화되고 최악의 경우에는 지역갈등이 전국적으로 확대되어 북의 침공을 초래할지도 모를 일이었다. 반대로 전두환의 편이 아니라고 공개적으로 선언하고 역逆쿠데타를 유발했다가 후임자가 더 좋은 대안이 아니거나 계속 권력투쟁이 확산되면 역시 북의 침공을 불러올 가능성이 있었다. 어느 한쪽 편을 든다면 북의 침공이 우려되었다. 따라서 당시와 같이 극도로 변화무쌍한 시기에는 관망하며 조금이라도 더 안정되기를 기다리는 것이 최선이라고 생각했던 것이다.

당시 주한 미국 대사 글라이스틴은 "많은 국민이 광주 비극에 분노하고 있음은 틀림없지만 새로운 권력자들에 도전하려는 사람은 없었다. 한국 사회의 중도 온건계층은 사라지고 없었다the moderate center in Korea had been eroded"라고 회고했다.[23] 반정부 세력들은 공개적으로 비판적이었지만 행동에 옮기지는 못했음에 비해 군은 법과 질서, 사회기강이 필요하다는 점에서 비교적 단결된 모습을 보였다. 또한 전부는 아니지만 많은 기업인도 같은 견해를 피력하거나 최소한 정치적 자유가 뒷걸음치는 것에 큰 우려는 나타내지 않았다고 평가했다.

만약 한국 국민들이 신군부 지도자들에 대해 광주에서와 같은 강력한 저항운동을 계속 전국적으로 펼쳤다면 한국의 안보와 대미경제 의존 문제 등의 이슈로 전두환 정부를 압박할 수 있었을 것이다. 역사에서 가정은 부질없는 짓이지만 만약 1960년 4·19혁명 때처럼 서울을 중심으로 전국적인 유혈투쟁이 벌어졌다면 미국이 개입했을 가능성도 있다. 그러나 광주항쟁과 같은 저항운동은 적어도 중심부에서는 재발되지 않았고 정치 불안이 수습 국면으로 접어들자 미국은 기존 정책을 크게 변화시키지 않고 관망·방관하면서 전두환 정부를 묵인하는 수순을 밟아갔음은 후술하는 바와 같다. 글라이스틴은 회고록에서(서울을 중심으로—인용자) '한국 국민들의 대대적 저항'major opposition from the Korean people이 있었다면 미국이 더 영향력을 발휘했을 것임을 시사했다.[24] 이는 신군부에 대한 저항의 원천이 일부 학생과 반체제인사, 광주시민 외에 더 광범위하게 서울까지 퍼져 혁명적 분위기가 만연했던 4·19혁명의 상황처럼 되었다면 미국은 이에 부분적으로나마 호응해 전두환을 지지하지 않으면서 대안을 모색해 무질서를 제어했을 거라는 암시였다. 그러나 이는 전두환 독재를 지지했던 자신의 행동을 합리화하고 그 책임을 서울 시민에게 전가시키고자 한 뜻이 숨어 있는 회고라고도 할 수 있다.

미국은 광주시위가 민주주의를 요구하는 전국적 운동으로 번지는 것을 우려했다. 광주에서 일어난 시위는 민주화운동이라기보다는 김대중의 체포에 대한 항의와 지역주의를 기반으로 하는 국지적 폭동 수준이라고 판단해 전두환을 묵인했는데, 만약 서울을 중심으로 전국에 확산되었다면 4·19 당시 이승만에 대한 지지를 철회했던 것처럼 전두환에 대한 묵인을 철회했을 가능성이 있었다. 미국은 광주시위에 대해 한국 정부와 신군부에 항의하고 자제를 요구하기보다는 법과 질서의 회복을 통한 안정에 최우선순위를 두고 신군부의 진압작전을 묵인했다. 신군부로서도 만약 대규모의 시위가 전국으로 확산되면 자신들도 위험할 수 있다고 생각해 이의 확산은 막아야 했다.

1980년대 내내 비등하던 미국 책임론과 반미주의에 맞서 1989년 미국무부는 백서White Paper를 발간했으며 당시 주한 미국 대사 글라이스틴의 기자회견(1985년 6월과 1987년 초)으로 대응했다. 당시 미 국무부 동아시아 태평양 담당 차관보였던 리처드 홀브룩Richard Holbrooke은 "광주학살에 미국이 한국 장성들과 적극적으로 공모했을 것이라는 의심은 솔직히 기상천외의 엉뚱한 생각이다. 이러한 공모행위는 우리 미국이 추구해왔던 모든 정치적 가치에 배치될 뿐 아니라 역겨운 짓이다. 전두환이 특전사를 광주에 투입한다는 정보에 접했을 때 미국은 그 사태를 중지시키기 위하여 모든 노력을 다했다"라고 하면서 미국은 법적·외교적 책임은 물론 도덕적 책임도 없다고 변명했다. 미국은 특전사에 대한 어떤 관할권도, 광주 이동에 대한 사전 정보도 갖고 있지 않았다는 것이다. 또한 학생 데모에 대항했던 경찰을 지원하기 위해 군대를 동원한다는 정책에 미국은 경악했으며 존 위컴은 공수부대가 초기에 행한 잔혹한 조치를 모르고 있었다는 것이다. 그리고 후술하는 바와 같이 20사단의 광주 투입을 승인한 것은 질서회복을 위한 조치이며 공수부대의 재투입으로 인한 초기 과잉진압을 막기 위한 불가피한 조치이고 인명살상을 최소화하기 위한 조치였다고 평가했다. 광주에서 시민군이 무장했던 배경에는 공수부대의 과잉진압이 있으며, 이를 인지하지 못했던 미국은 전혀 책임이 없고 시민군을 진압하는 국가권력의 정당한 절차를 시행하는 데 인명살상의 최소화를 강조했으므로 문제가 없다는 것이었다. 같은 맥락에서 미국은 이 사태의 처음부터 끝까지 배후에서 평화적 해결을 촉구했으므로 광주의 비극에 어떠한 도덕적 책무도 없다는 것이다. 또한 글라이스틴은 반미주의는 한국군 내의 몇몇 인사들(일부 민족주의적 소장파—인용자)이 한국 국민의 분노를 미국에 전가하려는 의도로 유포한 '거짓 정보'disinformation 때문이었다고 주장했다.[25] 2000년 4월 5·18광주민중항쟁 기념 심포지엄에 연설자로 참석했던 글라이스틴은 "미국은 신군부가 저지른 잔인한 행동의 공모자이자 무력했다는 비난이 있으나 공모라는 주장은 근거가 없으며 무력했다는 것은 부분적으로 맞다"라고 말했다.[26]

위컴과 글라이스틴은 위기 상황에서 신군부의 발호를 막지 못한 책임은 미국에 있는 것이 아니라 한국 국민의 수동적 자세, 지도층의 리더십 부재, 사회분열 등 한국 내부에 있다고 주장했다는 것이다.

2) 미국이 한국 민주주의를 수호해줄 것이라고 믿었던 한국 국민

1980년 5월 21일 특전사 부대가 광주 외곽으로 철수했을 무렵 미국 정부는 사태가 극도로 심각하다는 사실을 깨달았다. 이에 한국 정부가 미국 정부에 북한이 한국에서의 불안한 상황을 이용하지 못하게 저지시키는 일에 협력해달라고 요청하자 미국은 이에 대응해 5월 21일 북한의 대남 도발활동이 있는지 감시하기 위해 두 대의 E-3A 공중조기경보 통제기(E-3A: early warning-3A, 7월 파견 예정이었다)를 오키나와에 조기 파견했다. 또한 주한미군에 '데프콘 3' 발동, 위컴 한미연합사 사령관 귀임, 동중국해에 있던 항공모함 키티호크의 한국 방향 항진 등 주요 미 해군 함정들을 한반도 근해로 파견했다.[27] 미국 시간으로 1980년 5월 22일 필리핀 북부 수빅 Subic 만에 정박해 있던 항공모함 코럴시Coral Sea가 북한의 남침을 우려해 동해로 이동할 것을 고위정책검토위원회PRC, Policy Review Committee(미 백

악관 내 국가안보회의National Security Council가 주관하는 〔고위〕정책검토위원회)가 결정했다.[28] 5월 23일 오키나와 기지에 도착한 E-3A는 1만 미터 상공에서 사방 400킬로미터까지 관망할 수 있는 레이더를 갖추고 북한의 군사적인 움직임을 주시했다. 5월 24일 항공모함 미드웨이도 요코스카 항에서 한국 해역으로 항진했다. 이렇게 실제적인 무력시위로 북한의 모험을 차단했던 것이다.

항모 등의 발진 소식을 들은 많은 한국 국민은 미국이 한국을 지켜준다고 믿었다. 5월 21일 광주에서 군부대가 철수해 시민들이 광주를 접수한 저녁 이후 "미국이 광주시민군을 지원하기 위해 부산항에 항공모함을 파견했으니 시민군 승리가 눈앞에 있다"는 내용의 대자보가 걸리기도 했다. 실제로 5월 25일 부산항에 미군 함대가 도착했으나 광주의 시민군은 진압되었으므로 후일 유언비어로 판명되었다.[29] 그런데 미국이 민주주의를 외치는 시민들을 후원하지 않고 결국 독재권력을 지지했다고 판단한 한국 국민은 배신감을 느꼈다. 미국에 대한 배신감은 반미주의의 토양이 되었다. 이렇게 형성된 반미적 한국 국민들은 미군 파견이 대북 견제용이 아니라 광주의 신군부 작전을 엄호하려는 것이었다고 후일 오해했으며, 미국이 전두환을 적극적으로 지지했고 광주학살의 배후에 미국이 있다고 주장하는 근거가 되었다.[30] 이런 반미적 인식으로의 전환은 1980년 6월에 기록된 문건 「광주 시민 의거의 진상」에서 아래와 같이 맹아적 형태로 처음 등장했다.

이제 우리는 미국을 보는 눈이 달라져야 한다. 우리가 미국을 참으로 오랫동안 혈맹의 우방으로 생각해왔고 신뢰해왔다. (……) 그런데 이번 광주사건을 비롯한 10·26 이후 일련의 미국 태도에 대하여 우리는 종전과 같은 눈으로 계속 바라볼 수 없게 되었다. 한미 협의하에 실시되는 국군의 작전이 어떻게 동족을 살육하는 데 이용되었으며, 미국은 이에 동의할 수 있었을까. (……) 한국의 민주화와 인권옹호가 미국의 국가이익에 우선할 수

없다는 미국의 기본 입장이 분명하게 드러난 이상 우리는 미국을 새로운 눈으로 주시해야 한다.[31]

1988년 대한민국 국회 보고서에 따르면 광주항쟁 진압군이 항공모함 미드웨이를 비롯한 미국 함대가 한국 해역에 도달할 때까지 사흘을 기다렸다가 광주로 진입했다고 주장했다.[32] 한편 미국의 북한에 대한 강력한 견제는 북한이 혼란스러운 상황을 악용할 수 없게 만드는 중요한 요인이었다. 5월 22일경 판문점에서 만난 남북은 광주 문제에 대한 의견을 교환했는데, 대화의 주도권은 북이 가졌지만 대화는 지속되었다. 그러면서 북은 계속 개입하지 않을 것이라고 말했다.[33]

1980년 5월 광주는 대한민국 운동의 모든 것을 바꿔놓은 역사적 계기가 되었다. 전 세계에서 유일하게 '양키 고 홈'이 없는 나라,[34] '반미의 무풍지대'였던 한국에도 반미의 바람이 불기 시작했다.[35] 1960년 4·19혁명 이후 이승만의 4·26하야 배후에 미국이 있었다는 소문이 퍼져 당시 한국 국민들은 미국을 민주주의의 옹호자로 인식했다. 4월 26일 이승만을 만난 뒤 경무대에서 나오는 매카나기 주한 미국 대사에게 시위군중이 갈채를 보내는 등 미국에 대단히 호의적이었다. 따라서 한국 국민들은 1980년 5월에도 미국이 민주주의를 도울 것이라고 기대했다. 이런 기대와 달리 미국은 광주 시민 대신에 전두환을 묵인했다. 전두환이 최규하를 끌어내리고 대통령 자리에 오르려고 할 무렵인 1980년 8월 8일 주한미군사령관 위컴은 미국 기자들과 만난 자리에서 "한국민의 국민성은 들쥐와 같아서 누가 지도자가 되건 그 지도자를 따라갈 것이며 한국민에게는 민주주의가 적합하지 않다"라는 망언을 했다. 이로써 한국 국민은 미국에 가졌던 선린의식이 문제가 있음을 확인하게 되었다.[36] 1980년 5·18광주민주화운동을 전후한 시기 전두환의 배후에 미국이 있었다는 소문이 돌면서 반미주의가 급속도로 퍼져나갔다.

4. 광주민주화운동 이후 반미의 등장과 반공·친미 일변도의 약화

1980년 5월 광주민주화운동을 거치면서 미국이 한국 민주화를 지원하기보다 독재정권 연장을 묵인 내지는 지원하고 있다고 한국의 지식인들이 문제제기를 하기 시작했고, 그때까지만 하더라도 소수의 지식인층과 학생층을 중심으로 논의되었던 한미관계에 대한 비판적 문제제기가 2000년대는 광범위하게 확산되었다. 1980년 이후 '반미' 구호가 등장하면서 '반미주의'도 자연스럽게 출현했던 것이다. 그런데 반미주의에는 여러 분파가 있다. 반미주의는 '미국에 반대하는 다양한 사상'을 포괄하므로 몇 마디 말로 정의하기가 쉽지 않다. 이강로 교수는 "미국에 대해 우호적인 제한적 비판이 아닌, 국가로서의 미국과 미국을 대표하는 정책과 문화, 가치, 이념에 대해 적대적으로 반대하는 감정, 의사 또는 행위 등을 의미한다"라고 정의했다.[37]

1) 광주 미문화원 화재사건

광주민주화운동의 유혈진압 이후 1980년 9월 1일 통일주체국민회의는 간선에 따라 제11대 대통령에 전두환을 당선시켰고, 같은 해 10월 27일 '간선에 의한 임기 7년 단임제 대통령제'를 골자로 한 제5공화국 헌법이 제정되었다.

한국군의 작전통제권을 갖고 있는 미군이 왜 전두환의 반란과 광주 진압을 저지하지 않았는지에 대해 주로 대학생들이 의문을 제기했다. 미국이 한반도의 허리를 갈라놓은 분단과 미군정 시기에 대해서도 관심을 가졌다. 그러나 광주민주화운동을 겪은 청년학생들과 진보적 지식인들은 이런 역사와 사회과학적 질문에 대한 탐구에만 몰두해 있지는 않았다. 일부 청년은 자신들이 고통스럽게 깨달은 문제의식을 전체 국민과 함께하기 위한 행동에 나섰다. 그 행동은 미국이 1980년 5월 이미 실체를 드러냈던 광주에서 시작되었다.

1980년 12월 9일 밤 전라남도 광주 미문화원 2층 옥상에서 화재가 발생했다. 다행히 인명피해 없이 20여 분 만에 불을 끌 수 있었다. 그러나 단순한 전기누전으로 생각했던 화재가 조사과정에서 지붕을 뜯고 불을 놓은 흔적이 발견되자 반전이 일어났다. 당국은 5·18광주민주화운동 당시 시민군으로 활동한 정순철 등 청년들의 방화였음을 밝혔다. 이들은 재판에 회부되었고 극심한 통제를 받던 당시의 언론은 화재 사실만 간단히 보도했을 뿐 화재 원인은 자세히 보도하지 않았다. 대부분 이런 일이 있었는지도 모른 채 사건은 잊혔다. 소방차가 화재는 진압할 수 있었지만, 한국민들의 마음에 일기 시작한 불길은 뒤를 이어 발화되었다.[38]

그리고 1981년 3월 3일 제5공화국 대통령(12대 대통령)으로 전두환이 취임했다.

2) 부산 미문화원 방화사건

광주 미문화원 화재사건이 있은 지 15개월 후인 1982년 3월 18일 부산 미문화원 방화사건이 일어났다. 이번에는 밤에 빈 사무실이 잠깐 타다 만 것이 아니었다. 휘발유의 폭발성에 대한 지식이 없던 불을 놓은 학생들조차 깜짝 놀랄 정도로 불은 삽시간에 연건평 600여 평의 3층 건물 전체로 번졌고, 그 와중에 도서실에서 공부하던 대학생 한 명이 숨지는 비극이 일어났다. 부산고신대생들이 '5·18광주민주화운동' 당시 유혈진압과 독재정권을 비호한 미국의 책임을 물어 방화했던 것이다. 반미를 정면으로 표방한 부산 미문화원 방화사건은 한국의 민주화운동으로서는 감당하기 어려운 충격이었다.

아주 오랫동안 반미는 반정부의 차원을 넘어선 반국가적 범죄행위였다. 반미가 얼마나 금기시되었느냐 하면 광주 미문화원 사건 관련자들이 자신들의 행동을 "대등하고 올바른 한·미 관계를 수립하기 위한 충정"에서 나온 반미가 아닌 '친미'라고 주장했어야 할 정도였다.[39] 그런데 이제 반미를 내놓고 표방하며 방화까지 하게 된 것이다. 대낮에 사람까지 죽은 사건이다 보니 전두환 정부도 광주 미문화원 사건처럼 은폐하고 넘어갈 수가 없었다. 세상이 발칵 뒤집혔다. 정부는 이 사건을 '불순분자'의 소행이라 단정했고, 즉각 "방화범들은 사상적으로 좌경화돼 있거나 북한과 매우 깊이 연루돼 있는 불순분자들이다"라고 보도되었다. 그리고 한 달쯤 뒤 『중앙일보』는 1982년 4월 18일자 사설을 통해 "반공과 친미는 헌법 이상의 국민적 합의라고 단언할 수 있다"라고 밝혔다.[40] 친미와 반공은 우리가 사수하려는 '헌법'보다 상위였던 것이다.

처음 이런 일을 겪은 대한민국 정부는 미국에 대해 어떻게 대응해야 할지 몰라 전전긍긍했지만, 국민을 향해서는 방화범들과 그들의 행위를 거세게 비난했다. 이에 비해 세계 도처에서 반미투쟁을 겪고 있던 미국은 오히려 차분했다. 미 국무부는 "방화사건이 한국민 전체의 대미 분위기를 대표하는 것은 아니다"라는 우아한 말로 넘어갔다. 다만 『뉴욕타임스』는 위컴의 들쥐 발언이나 워커 대사의 한국 반체제 인사들에 대한 '버릇없는 자식들' 발언 등을 볼 때 한국에 대해 미국을 대표하는 고위인사들이 광주민주화운동의 핵심을 이해하지 못하고 있다는 점을 비판하면서 이렇게 지적했다. "그러나 양 국민 사이의 가장 큰 손실은 미국이 민주주의의 싹을 키울 것이라는 희망에 종지부를 찍었다는 점이다. 이제는 악의 보답만이 남아 있을 뿐이다."[41]

3) 서울 미문화원 점거농성

이제 전국의 미문화원이 운동권 학생들의 타깃이 되었다. 부산 미문화원 방화사건 때 검찰은 광주를 전혀 언급하지 않으면서 이 운동이 '조직적인 좌경 테러'라고 규정했다. 그러나 피고인들은 "광주가 아니었다면 자신들은 이 자리에 서 있지 않았을 것이다"라고 하면서 "방화의 목적이 반공만 내세우면 어떤 정권이라도 지지해온 미국에 대한 국민적 경고"라고 밝혔다.[42] 하지만 반공·친미의 결합을 지적했던 이런 논쟁은 전혀 보도되지 않았다.

1985년 5월 23일 서울 시내 5개 대학생 90여 명은 시청 옆의 미문화원 건물을 점거하고 농성을 벌이기 시작했다. 학생들은 꼬박 사흘간 서울 미문화원에 머무르면서 5·18광주민주화운동을 비호한 미국에 책임을 물었다. 5·18광주민주화운동에 대한 미국 책임론이 이전 미문화원 사건처럼 묻히지 못하고 언론에 보도될 수밖에 없었다. 이로 인해 일부 한국 국민은 "광주가 진압되는 과정에서 과연 미국은 책임이 없을까"라는 질문을 던지게 되었다. 학생운동이나 재야운동에서 미국 문제와 민주화 문제가 중요 이슈로 거론되어 많은 논쟁이 이루어졌다. 민주화와 반미운동이 극에 달했던 것이다.

4) 아직은 국시보다 더 높았던 반공의 위상

민주화 세력은 40년간 강고하게 지속되어온 반공·친미의 고리를 끊고 전가의 보도로 간주되던 반공주의의 성역을 넘어서려 했다. 이제 "반공은 국시 이상의 것이다"라는 주장은 토론의 대상이 될 정도로 반공·친미의 기반이 와해되는 조짐을 보였다. 반미주의가 출현했지만 반공주의는 정치사상의 지배적 위치에서 내려가지는 않았다. 남북대화가 단속적으로 이어지면서 반공이라는 대북 적대적 구호가 점차 내려가기 시작했다. 또한 『국민윤리』(『도덕』이라는 교과명이 1963년부터 국민윤리로 변경되어 교수되기 시작함) 교과서[43]에서 반공의 내용은 1980년대에 점차 약화되는 듯했지만 반공이 국시에서 사라지리라는 생각은 아직 시기상조였다. 1986년 10월 14일 제12대 정기국회가 열리는 날 대구 출신의 신한민주당 유성환 의원은 오후에 있을 자신의 본회의 대정부 질문 원고를 미리 출입 기자들에게 돌렸다. 그 속에 "우리나라 국시는 반공보다 통일이어야 한다"라는 구절이 있었다. 반공을 국시로 하면 올림픽에 동구공산권 국가가 참가하겠느냐는 뜻에서 개진된 주장이었다. 통일이나 민족이라는 용어는 공산주의나 자본주의보다 위에 있어야 한다고 국회 본회의장에서 주장한 것이다.

당시 집권당인 민주정의당(약칭 민정당)은 이를 정치쟁점화했다. 민정당은 경호권을 발동해 야당 의원들을 따돌린 채 유성환 의원 체포동의안을 만장일치로 가결시켰고 공안 당국은 유 의원을 체포했다. '사전 배포한 원고 내용이 보안법 위반'이라는 이유였다. 국시 논쟁을 벌이면서 반공에 시비를 건 유 의원을 빨갱이로 몰아세운 것이다. 이는 국회의원이 회기 중 원내 발언으로 구속된 첫 번째 사례가 되었다. 그는 1심에서 국가보안법 위반 혐의로 징역 1년에 자격정지 1년을 선고받았다.

이승만에 의해 수립된 대한민국은 친미반공국가였다. 또한 박정희는 1961년 5·16쿠데타 당시 군사혁명위원회 혁명공약에서 "반공을 국시로 한다"고 표방했다. 반공이 국시가 아니라고 해도 처벌되지 않는 것은 1987년 6월 항쟁과 1990년대 초 탈냉전의 도래가 제공했다고 할 것이다. 유성환 의원은 1992년 상고심에서 무죄판결을 받았다.

그렇지만 반공을 국시가 아니라고 주장한 유성환 의원 사건은 분명 반공주의에 대한 반성적 계기를 제공해주었다.

5. 탈냉전기 반공주의의 진화

1990년대와 2000년대에는 1980년대에 시작된 반미운동의 폭이 다소 넓어졌다. 수많은 미국 유학생이 돌아와 한국 사회의 지식권력을 장악했지만, 1980년대까지 대한민국 지식인들의 미국에 대한 지식은 그리 깊지 않았다. 1980년대에는 미국 내부의 다양한 입장 차이를 분간하지 못했으며 그러려고 하지도 않았다. 물론 지금 대한민국의 미국 이해가 만족할 만한 수준은 아니지만, 1980년대에 비하면 미국에 대한 지식과 정보가 조금씩은 축적되어가고 있다.[44] 그러나 반공주의자들은 여전히 사회의 주류를 형성하고 있으며 '종북'을 구호로 이전의 용공조작을 더 세련되게 진화시키고 있다. 반공주의는 반북주의로 한층 업그레이드되었다고 할 수 있다. 원세훈 국가정보원장은 2009년 취임한 후부터 2012년 12월 대통령 선거 전까지 국정원 직원들에게 정치·선거 관여 글을 인터넷 사이트에 쓰도록 지시한 혐의(공직선거법 위반) 등으로 2013년 6월 14일 불구속 기소됐다. 서울중앙지법 형사합의21부(이범균 부장판사) 심리로 2013년 8월 26일 오전에 열린 첫 공판에서 검찰은 법정에서 원세훈 전 국가정보원장의 관련 혐의를 '신종 매카시즘'이라고 지칭했다. "피고인이 무차별적으로 종북從北 딱지를 붙이는 신종 매카시즘의 행태를 보였다"는 것이다. 검찰은 선거에서 후보 단일화를 추진하던 야권을 모두 종북으로 지목한 원 전 원장의 과거 발언 등을 인용하며 "안보기관의 수장으로서 북한과 유사한 주장을 하는 사람과 단체에 근거 없이 낙인을 찍었다"고 지적했다. 검찰에 따르면 원 전 원장은 재임 당시 국정원 부서장 회의에서 "인터넷이 종북좌파 세력에 점령당하다시피 했다. 전 직원이 청소한다는 자세로 그런 세력을 끌어내야 한다"고 말한 것으로 드러났다. 이어 검찰은 "피고인이 그릇된 종북관을 갖고 적이 아닌 일반 국민을 상대로 여론과 심리전을 벌였다"며 "이는 국정원의 존재 이유에 반할 뿐 아니라 표현의 자유를 침해하는 행위였다"고 비판했다.[45]

소련 공산주의는 몰락했지만 중국 공산당의 지배는 건재하다. 1970년대에 개막된 남북교류 시대에도 반공이 어색하기는 했지만 중국과의 무역의존도가 미국과의 그것보다 높아진 시대에 반공은 더욱 어울리지 않는다. 탈냉전 이래로 반공이 헌법보다 상위에 있는 국시의 위치에서는 퇴장했다. 현재 반공주의자들은 시대착오적 구호인 반공 대신 자유민주주의로 자신들의 이념을 포장했으며 '반북주의'를 내세워 여전히 건재함을 과시하고 있다. 자신들은 '대한민국 세력'이라며 반反대한민국 세력은 제거되어야 한다고 주장한다. 반공주의자들은 사상 진영을 반북·반공·대한민국 세력과 종북·반대한민국 세력이라는 양분법적 구도로 나눠 사상투쟁을 전개하려 하고 있다. 김정인 교수는 상대 진영에 종북 딱지를 붙여 반북주의 캠페인을 벌여 '종북 프레임'을 구축한 사람들은 '뉴라이트'가 아닌 전통적 '올드라이트'이며 박근혜 정부 들어 올드라이트와 건국·호국 세력이 화려하게 부활했다고 해석했다.[46]

1997년 IMF 사태 이후 한국 국민들은 세계의 중심 국가인 미국의 가치를 더욱 경쟁적으로 수용하려 했다.[47] 미군정기(1945~1948) 이래 친미화가 미국이라는 국가에 의해 강요된 것이라면 21세기 글로벌화는 세계체제(를 지배하는 미국)에 의해 강요된 것이다. 그러나 현재의 글로벌화는 강요보다 자발적인 선택으로 포장되어 있으며, 한국은 매우 선도적으로 이 흐름에 동참하고 있다고 여겨진다. 친미주의가 더 진화되고 심화되었다고 말할 수 있다. 친미주의는 반미·종북 캠페인을 통해 그 외연을 넓혀가고 있는 것이다.

지금 한국에서는 미국에 대한 끝없는 선망, 콤플렉스(친미)와 증오(반미)가 공존하고 있다. 한국에서 '글로벌 스탠더드'는 '아메리칸 스탠더드'에 다름 아니다.[48] 광주항쟁 이후 반미주의가 등장했지만 국민 사이에서는 반미가 주류는 아니다. 또한 반미는 학생운동권에서 시작되었고 노동운동 등의 진보적 사회운동권으로 확산되었으나 광주를 제외한 지역에서는 민중 저변에 흐르지 않았다. 그러나 2000년대에는 상황이 다소 달라졌다. 즉 2002년 6월 13일 미군 장갑차에 치어 사망한 여중생 효순·미선 양을 추모하는 그해 12월의 촛불집회[49]와 바로 뒤이은 노무현 정부 출범, 2008년 5~6월 이명박 정부의 미국산 쇠고기 수입 문제에 따른 대규모 촛불시위에서처럼 미국에 대해 비판적인 운동이 단속적斷續的으로나마 이어졌으며, 상황에 따라서 국민의 집단행동을 자극하는 이슈를 제공하기도 했다. 2000년대 국민의 삶에서 미국은 이슈를 제공하는 중요한 변수였던 것이다.

정서적 '반미감정'과 이데올로기적인 '반미주의'를 구별한다고 했을 때[50] 우리 사회에 반미감정은 1980년 이후 생성되기 시작했고 2002년 이후 매우 광범위하게 잠재적으로 퍼졌으나 반미 여론이 지배담론이 되거나 안정적으로 공고화되지는 않았고,[51] 국면에 따라 다르게 표출되었다. 또한 강고한 반미주의는 소수의 정파들만이 가지고 있다고 하겠다. 대한민국은 필리핀 등 다른 아시아 국가들과 달리 미국의 식민지배나 제국주의적 침략을 직접 경험하지 않았으므로 반미주의보다 친미주의가 우세하다고 할 것이다.[52] 이 점에서 북한은 예외적이다.

홍성태 교수는 1980년대 이래 한국의 반미운동이 광주민주화운동 이래의 '정치적 반미운동'→1990년대 초 미군 기지 반환운동 이래 '생존권적 반미운동'→2001년 동계올림픽에서 김동성 사건 이래 '문화적 반미운동'으로 전개되었다고 주장한다.[53]

6. 2000년대 주한미군 주둔 문제

2002년 6월 여중생 사망사건을 계기로 한미 주한미군 지위협정SOFA, Status of Forces Agreement 운영 개선이 시도되었다. 특히 '주한미군 지위협정운영개선특별대책반'과 '주한미군 지위협정운영개선특별합동위원회', '주한미군 지위협정합동위원회' 회의를 통해 운영 개선을 도모했다.[54] 이는 미군 주둔으로 인한 국민 불편 해소책이며 주한미군의 안정적 주둔환경 조성책이었다. 이런 방책 마련에 있어 사회 일각에서 제기된 반미 분위기가 무시하지 못할 지경에 이르렀다는 것을 알 수 있다.

북한이 미군 철수를 통일의 선결조건으로 내세우고 있는 상황에서 대한민국 사회 일각에서도 즉각적인 미군 철수가 구호로 등장했다. 한미동맹을 맹신해 스스로의 국가안보를 소홀히 하는 것도 문제지만 한미동맹 무용론은 국제정치의 냉혹함을 무시한 견해일 수 있다. 자주라는 구호가 매력적이긴 해도 전 세계에서 자국만으로 안보를 책임지는 나라는 거의 없다고 해도 과언이 아니다. 일본과 영국, 독일 등 선진국에도 미군이 주둔하고 있으며 유럽연합의 국방도 미국의 지원을 받고 있다. 심지어는 러시아, 미국도 동맹국과 협조해 국방을 유지한다. 한미동맹은 핵무기로 무장된 북한의 도발을 억제하는 것뿐 아니라 북한의 급변사태 혹은 중국의 급부상에 따른 동북아시아의 세력균형이 일시에 붕괴되는 것을 막기 위해서라도 필요한 안전장치라는 측면도 있다.

1894년 청일전쟁 이후 조선에서 청나라가 물러난 뒤 고종은 1896년

2월 러시아 공사관으로 피신했다. 그 상황에서 청과의 전통적 조공관계를 근대적 조약에 의거한 공식관계로 고쳐보려는 조선은 통역관 박태영朴台榮을 청나라의 서울 주재 위판조선상무총동委辦朝鮮商務總董 탕샤오이唐紹儀와 접촉하게 했다. 1896년 6월 8일 이루어진 만남에서 박태영은 독립국 조선과 청의 관계를 신조약(新約) 체결로 새로이 정립하자고 제의했다. 이에 탕 총동은 "타국의 공사관을 궁중으로 삼는 군주를 어떻게 독립국의 군주라고 부를 것인가. (……) 타국의 병사가 수도에 주재하는 나라는 그 보호국에 다름 아니다. (……) 타국의 보호가 없이는 입국立國할 수 없다면 번속藩屬과 무엇이 다른가"라고 답했다.[55] 청일전쟁에서 청의 패배로 1895년 4월 17일 체결된 시모노세키조약의 제1조에서 "청국은 조선이 완전무결한 독립자주국임을 확인하고 따라서 조선의 독립자주에 손해를 입히는 조선의 청국에 대한 공헌貢獻, 전례典禮 등은 앞으로 완전히 폐지한다"라고 규정되어 있다. 조선은 청의 번속에서 벗어났던 것이다. 그러나 탕 총동은 조선은 독립국이 아니라 러시아의 보호국이 되었다고 평가했다. 그렇다면 1950년 이래 주한미군에 계속 안보의 일부를 위탁하고 있는 대한민국은 완전무결한 자주국으로 보기 어렵다는 평가도 가능하다. 그렇지만 이는 21세기 냉혹한 국제정치의 현실에서 강소국 한국이 생존하기 위해 어쩔 수 없이 선택한 상호의존성을 고려하지 않은 이상적이고 민족주의적인 평가일 수 있다.

한편 반미운동단체인 미군기지 반대 전국공동대책위원회가 편집한 『양키 고 홈』(33~37쪽)에 의하면 한미상호방위조약 제4조가 한일의정서(러일전쟁 직전 중립을 원하는 대한제국에게 일본이 강요하여 1904년 2월 23일 체결된 '조일공수동맹') 제4조와 비슷하다는 것이다(이를 구체적으로 살펴보면 전자는 "상호합의에 의하여 결정된 바에 따라 미합중국의 육군, 해군과 공군을 대한민국의 영토 내와 그 주변에 배치하는 권리를 대한민국은 이를 허여許與하고 미합중국은 이를 수락한다"라고 되어 있다. 한편 후자는 "제3국의 침해나 혹은 내란으로 인하여 대한제국의 황실 안녕과 영토보전에 위험이 있을 경우에는 대일본제국 정부는 속히 임기응변의 필요한 조치를 행할 것이며, 그리고 대한제국 정부는 대일본제국 정부의 행동이 용이하도록 충분히 편의를 제공할 것. 대일본제국 정부는 전항前項의 목적을 성취하기 위하여 군략상 필요한 지점을 임기수용臨機收容할 수 있을 것"이라고 규정되어 있다. 전자는 상호합의에 의한 것이고 후자는 일방적인 강요에 의한 것이므로 실질적으로는 큰 차이가 있다). 또한 미일안보조약의 교환각서에는 "일본의 안전과 극동의 평화 안전유지를 위하여 주둔하는 미합중국 군대의 일본 배치, 장비의 주요한 변경, 일본 국내의 시설과 구역의 기지화는 일본 정부와 사전 협의한다"라고 규정되어 있으나 한미방위조약은 그렇지 않다. 한마디로 불평등하다는 것이다.[56]

그런데 주일미군과 주한미군을 동일시하는 것에는 문제가 없지 않다. 물론 세계 각지에 산재한 미군은 자신의 필요에 따라 주둔하고 있지만 주한미군은 한국이 더 필요해서 주둔하고 있는 측면이 있다. 하지만 주일미군은 일본보다는 미국의 주둔 필요성이 더 강하지 않을까 한다. 물론 탈냉전기 G2 시대 주한미군은 대북억제라는 목적 외에 중국에 대한 미국의 견제 의도 아래 주둔하고 있다. 따라서 현재 미국의 주한미군 주둔 필요성도 대한민국의 주둔 필요성 못지않게 중요하다고 할 것이다.

그런데 여기서 반미주의와 탈미의식은 구별해야 하지 않을까 싶다. 1982년 부산 미문화원 방화사건과 1983년 대구 미문화원 앞 폭발물 폭발사건, 1985년 서울 미문화원 점거사건 등 일종의 테러사건들과 2002년 6월 여중생 사망사건 후의 대중적인 촛불시위 분위기는 사뭇 다르다고 할 것이다. 후자는 지난 50여 년간 어쩔 수 없었던 미국 의존에서 벗어나려는 탈미의식의 표현이라고 볼 수 있다. 2002년 촛불시위에 미국인을 비롯한 서양인도 참여했으므로 당시의 반미는 미국 정책 전부에 대한 반대가 아니라 부시 대통령의 '오만한' 정책에 대한 반대인 '반부시주의'라는 평가도 있다.[57] 그럼에도 촛불행진을 국내외 언론은 반미시위라 규정했고, 특히 미국 언론들은 심한 우려를 표명하기도 했다. 또한 한국의 보수단체들은 이에 대항해 친미시위까지 벌이기도 했다. 이렇듯 반미와 친미라는 이분법은 미국을 보는 다양한 시각을 무시한 채 단순화시킨다. 이들 양극단적인 태도 외에 항미抗美, 혐미嫌美, 탈미(극미), 비미批美, 비미非美, 용미用美(실용주의),[58] 실리적·상황적 친미, 연미聯美, 숭미崇美[59] 등 다양한 스펙트럼이 수많은 층위로 연결되어 있다.

7. 맺음말

한국의 반미·탈미주의는 1980년 5월 광주항쟁에 대한 군부의 유혈진압을 미국이 묵인함으로써 등장했다. 한국의 반미주의는 1980년대 초반 학생들이 주도하다가 1980년대 중반 이후 미국과의 통상마찰을 계기로 농민과 노동자, 일반 국민에게도 점차 확대되었다. 1987년 6월 항쟁 이후 민주화가 달성되면서 1990년대 한국 민주주의가 성숙되고 사상의 자유가 보장되어 반미운동에 대한 심리적·물리적 제약이 완화되자 반미주의가 좀더 쉽게 표출될 수 있는 여건이 조성되었다. 2002년 12월 효순·미선 양 추모 촛불집회가 일반 국민에게 널리 공감을 얻어 노무현 정부가 출범하면서 탈미의 이슈는 주한미군에 대한 문제제기로까지 발전했다.

이렇듯 한국의 반미·탈미주의는 1990년대 이후 점차 조직화되었으며 2004년 4월 국회의원 선거를 통해 미국에 비판적인 정치 세력(민주노동당)이 원내에 진출했다.[60] 2008년 5~6월 이명박 정부의 미국산 쇠고기 수입 문제에 따른 대규모 촛불시위로 탈미는 국민의 지지를 얻었다.

그러나 2012년 12월 미국에 우호적인 정치 세력(새누리당)이 미국에 다소 비판적인 세력(민주당)을 물리치고 계속 집권에 성공한 후 종북 딱지를 붙여 반미주의를 단죄하는 신매카시즘을 구사하면서 반미주의는 위축되었다. 2013년 당시 야당과 진보 진영은 북한에 대한 태도를 기준으로 종북從北(통합진보당)과 비종북非從北(정의당) 그리고 친북과 반북反北으로 분화되었다.[61] 민주노동당·통합진보당의 사회주의자들은 북한 체제를 보는 태도를 중심으로 종북(통합진보당 잔류파)과 비종북(정의당)으로 분립했고 제1야당인 민주당 내에는 친북과 반북 세력이 혼재해 있었다. 민주당 내에

344

는 친대한민국 세력인 반북 세력과 김대중 대통령 측근의 북한에 우호적인 친북 세력이 혼재했다. 친북과 종북은 구별이 필요하다. 친북 세력은 북한과의 평화체제 구축에 집착해 지속적인 교류협력을 할 것을 주장하는 사람들이며, 종북 세력은 북한 체제를 추종하는 사람들이다. 종북인사의 수는 그리 많지 않다. 보수 쪽에서는 친북인사를 종북으로 낙인찍고 제거하려는 의도에서 종북이라는 말을 사용하기도 한다. 친북을 비하하고 욕보이려는 의도에서 종북이라는 굴욕적 용어를 사용하는 것이다.

또한 반북 진영 내에도 진보적 비북批北과 보수적 반북의 분화가 있을 수 있다. 따라서 북한에 대한 우호적인 태도의 강도를 기준으로 종북·친북·비북非〔從〕北≒비북批北·반북으로 구별할 수 있을 것이다. 이에 비해 보수 진영의 인사들은 반북적·친대한민국적 성향으로 거의 일치단결했다. 분열된 진보 진영에 대항해 반공·반북·친미주의 진영은 연대를 과시하면서 결집했던 것이다. 2013년 이석기 의원의 구속과 통합진보당 해산청구사건으로 대한민국 정부는 종북 세력을 불법화시키려고 했다. 이런 상황에서 당초부터 종북 세력과 거리를 두었던 민주당 내 친북주의자들은 종북을 단죄하는 데 반북주의자들에게 동조했다. 결국 2014년 12월 19일 헌법재판소는 통합진보당 해산을 결정했으며 이석기 등 5명의 국회의원은 모두 의원직을 잃었다.

한편 전술한 것처럼 미국에 대한 태도도 친미와 반미 양극단 외에 다양한 입장이 있어 숭미·친미·연미·비미·용미·비미·탈미(극미)·반미·혐미·항미로 배열할 수 있다. 그러나 크고 단순하게 봐서 친미·반미의 경향성을 가진 부류와 종북·친북·반북의 서로 다른 차원을 대응시킨다면 친미·반북, 반미·종북이라는 양극단의 결합이 가장 일반적이다. 그 외에 친미·종북은 불가능하겠지만 친미·친북(민주당 동교동계 우파), 반미·친북(민주당 동교동계 좌파), 반미·반북(민주당 우파)은 현실적으로 가능하다. 반미는 민족주의적 지향으로 북한에 대한 태도인 종북·친북·반북 어느 것과도 결합이 가능하다('우리 민족끼리'의 대동단결을 강조하는 민족주의 사상이 역시 민족주의적 반미와 결합하는 반미·친북이 가장 민족주의적이지만, 김대중과 노무현 정부 이후 그 세력은 위축되었다). 친미도 별개인 북한에 대한 태도와 이론적으로는 결합 가능하지만 현실세계에서는 친미·반북과 결합한 형태가 우세하며 친미·친북파(민주당 동교동계 우파)가 소수파로 명맥만 유지하고 있다. 냉전 시대 이래 진행된 친미 진영과 반북·반공의 결합은 탈냉전기에도 강력한 연대를 과시하고 있다.

한국 대중문화에서의 반공주의

'반공영화'의 진화와 불화

이하나

연세대학교 국학연구원 HK연구교수

1. 머리말: 반공주의에 대한 감성적 대응으로서의 대중문화

이 글은 한국 반공주의가 대중문화와 어떤 관계를 맺으며 공존 또는 길항해왔는지를 역사적·계기적으로 파악하는 데 목적이 있다.[1] 이를 위해 우선 이 글은 반공주의를 정합적인 논리를 가진 이념, 사상이나 이데올로기로 파악하기보다는 다양하고 중층적이며 가변적·모순적인 사회적 감성 혹은 정서로 이해하고자 한다.[2] 이는 반공주의를 생산의 측면이 아닌 수용의 측면에서 바라보게 해주는 장점이 있다. 곧 유일한 분단국가인 한국에서 오늘날까지도 유례없는 무소불위의 위력을 발휘하고 있는 반공주의가 왜 항상 불안하고 모호함 속에 자기방어를 강박적으로 거듭하면서 도전과 저항에 직면하는지, 반공주의에서 끊임없는 균열이 일어나는 이유가 무엇인지를 해명하는 데 실마리를 제공할 수 있다.

한국 반공주의의 뿌리 깊은 연원은 식민지 시기까지 거슬러 올라가며 이후 몇 단계의 과정을 거쳐 형성된다. 일제강점기 민족해방운동의 핵심 세력이었던 공산주의 운동을 탄압하기 위한 반혁명적 언술로 시작된 '반공'은 해방 후 새로운 국가건설을 둘러싼 좌우익 진영의 대립과 모스크바 3상회의 결정안을 둘러싼 입장 차이를 민족감정으로 비화시키면서 표면화되었다. 남한 단독정부 수립에 즈음하여 일어난 제주 4·3사건과 여순사건의 폭력 유혈사태를 군부 내 좌익 공산주의자들의 탓으로 돌려 공산주의자에 대한 공포와 불안의 감정을 양산했고,[3] 이는 남한 사회의 급격한 우경화를 촉발했다. 한국전쟁의 발발은 북한 공산주의의 반민족성을 보여주는 증거로 받아들여졌으며, 전쟁의 이미지와 함께 제공되는 공산주의에 대한 반감과 적대감은 이후 국민교육과 대중문화의 프로파간다를 통해 확대 재생산되었다. 반공주의는 비단 공산주의나 북한에 대한 적대감뿐 아니라 남한 사회 내부의 비판 세력과 계급갈등에 대한 적대감을 기반으로 한 극우반공체제의 버팀목이었기 때문에 이러한 적대적 감성을 발생, 온존, 강화시키는 기제로서 대중문화라는 외피를 절실히 필요로 했다.

그중에서도 영화는 반공주의를 효과적으로 확산시키고 국민 대중에게 내면화시키기 위한 가장 강력한 선전도구로 인식되었다.[4] 영화가 '제2의 총탄'이 될 수 있다는 것은 이미 1, 2차 세계대전 시기 영국과 미국의 선전영화들을 통해 잘 알려져 있었으며, 심리전의 일종으로 영화를 활용하길 원했던 몇몇 관료는 소련과 북한의 선전영화 전략을 본받아야 한다고 주장하기도 했다. 영화가 대중문화의 꽃이었던 1950~1960년대는 물론이고 텔레비전 전성시대가 시작된 1970~1980년대, 영화가 제2의 전성기를 맞은 1990년대 이후에도 영화에 대한 반공주의의 막강한 영향력은 계속되었다. 반공주의를 이데올로기적 기반으로 하는 이른바 '반공영화'는 1960~1970년대 정부의 대대적인 지원 속에 만들어졌으며 1987년까지도 대종상에는 반공영화상이 존재했다. '반공영화'는 냉전체제의 구축과 와해, 북한에 대한 입장과 태도, 할리우드 장르영화의 영향 등에 따라 그 외형과 내용을 달리했으며, 무엇보다도 반공주의의 시대적 정서를 반영하며 재생산되고 변주되고 도전받아왔다.[5] 이런 이유로 반공영화의 변화상은 대중에게 반공주의가 시기에 따라 어떻게 이해되고 받아들여졌는지를 살펴보기에 적절한 텍스트가 되고 있다. 다음에서는 반공주의가 반공영화에 미친 영향이라는 차원과 반공영화가 '반공'의 조건을 재구성하는 양상이라는 두 가지 차원을 고려하면서 반공주의와 대중문화의 밀월, 갈등관계를 분석함으로써 반공주의가 대중적·감성적 차원에서 유통되는 변화 양상을 살펴보고자 한다.

2. 반공의 조건, 대중문화와의 공존과 갈등

1) 1950~1960년대: 반공과 휴머니즘

반공영화는 반공의식을 고취할 목적으로 제작되었거나 반공적 주제의식을 가진 영화를 말하지만, 처음부터 명확한 규정을 갖고 출발한 개념은 아니었다. 최초의 반공영화라 불리는 〈성벽을 뚫고〉(한형모, 1949)와 〈전우〉(홍개명, 1949)는 물론이고 여간첩 서사의 효시인 〈운명의 손〉(한형모, 1954)조차도 개봉 당시에는 반공영화로 지칭되지 않았다. 이 명칭은 무엇이 반공적인 것인가 하는 일련의 논쟁을 거치면서 1950년대 중반에 이르러서야 널리 쓰이기 시작했다.[6] 이는 반공주의에 대한 대중적 공감대 형성에 매우 중요한 의미를 가진다. 극우반공국가의 이데올로기 공세에 노출된 대중에게 반공주의는 타자에 대한 적개심에 기반을 둔 일종의 감정으로, 이것이 대중적 설득력을 얻으려면 '반공'과 '반공'이 아닌 것을 끊임없이 구분해내고 재규정하는 학습과정이 필요했던 것이다. 1950년대 중반까지만 해도 무엇이 '반공'이냐에 대한 사회적 정의가 명확하게 이루어지지 못했다는 것은 반공주의의 내용도 그만큼 모호했다는 것을 의미한다.

반공영화의 핵심을 이루는 양대 축은 전쟁영화와 간첩·첩보영화다.[7] 한국 전쟁영화의 효시인 다큐멘터리 〈정의의 진격〉(한형모, 1951)은 스펙터클의 쾌감과 전쟁에 대한 공포심을 함께 발생시키며 수년 전까지 한국전쟁의 대표적 이미지로 회자되었다. 밀려드는 탱크와 포격, 지평선 너머로 번쩍이는 포화의 섬광 등은 '모두가 잠든 고요한 새벽을 틈타 불법 남침을 감행한 북괴'가 얼마나 폭력적이고 파괴적이며 반민족적이고 반민중적인지를 알려주는 가장 생생한 증거로 다루어졌다. 이후 전쟁영화는 북한 공산주의자들의 '만행'을 시시각각 상기시키는 역할과 북한이 언제 다시 전쟁을 일으킬지 모른다는 공포감 조성에 큰 역할을 했다. 한편 남한 사회 내부로부터의 분열과 파괴를 꾀하는 간첩의 활약과 이를 저지하려는 공권력의 대리인 간의 대결을 그린 간첩·첩보영화는 한시라도 경각심을 늦출 수 없는 분단 현실을 환기시키는 체제유지의 보루로 기능했다. 사회의 어둡고 소외된 곳에 잠입해 각종 사회갈등을 유발하며 밤이면 은밀히 단파 라디오를 듣는 간첩의 이미지는 급격히 진행되는 도시화의 과정에서 낯선 사람에 대한 경계심과 익명성에 대한 일종의 두려움을 불러일으키고 지역 갈등을 부추기는 역할을 했다. 간첩영화에서 방첩대상으로 주장하는 '간접 침략'은 간첩의 남파만을 의미하는 것이 아니라 그들에게 '속아 넘어 간' 일부 국회의원, 학생, 시민, 노동자 등을 간접 침략의 당사자로 규정함으로써 남한 사회 내부의 계급갈등과 민주화운동, 반정권투쟁 등을 원천 봉쇄하려는 의도에서 규정되었다.

반공영화의 최대 관객은 바로 어린이와 청소년이었다. 반공교육과 도덕교육의 결합을 통해 반공주의를 감성적으로 받아들이게 된 어린이와 청소년들에게 전쟁과 간접 침략의 위협은 공산주의에 대한 공포와 두려움의 기반이 되었다.[8] 반공표어, 반공포스터, 반공글짓기, 반공웅변대회 등 학교생활의 상당 부분이 반공주의의 확대 강화에 할애되었으며 공산주의자는 '뿔 달린 도깨비'나 '토끼 탈을 쓴 늑대' 등으로 묘사되어 지속적으로 노출되었다.[9] 학교 단위로 실시하는 단체관람은 반공영화의 주요 소비형태였으며, 이것은 대중성을 상실한 이후에도 반공영화가 상당 기간 온존하는 데 큰 역할을 했다.

그런데 영화가 가진 매체적 속성과 전쟁영화와 간첩·첩보영화라는 장르적 성격은 때때로 반공주의를 온전히 영화에 대입하는 것을 방해하곤 한다. 바로 반공영화가 배제의 감정인 반공이 아니라 통합의 감정인 민족정서를 고취하는 '의도하지 않은 효과'를 내며 귀결되는 경우가 많기 때문이다.[10] 북한 공산주의자에 대한 적대감을 심어주어야 할 반공영화가 공산주의자도 인간이고 북한과 남한은 결국 한 민족이라는 감수성을 남기게 되는 것이다. 그렇다면 1950~1960년대 반공의 조건은 무엇이었으며, 그것은 왜 반공영화 속에서 자기모순에 빠진 것일까?

시대를 대표하는 걸출한 전쟁영화라고 할 수 있는 〈피아골〉(이강천, 1955)과 〈7인의 여포로〉(이만희, 1965)를 둘러싼 논쟁은 당대 반공의 조건을 재검토하는 계기를 제공했다.[11] 이 두 영화는 모두 국가보안법 위반으로 상영이 금지되고 후자의 경우에는 감독에 대한 구속영장까지 청구되었다. 〈피아골〉은 전북도경의 공보주임이 빨치산 노획문서를 바탕으로 직접 시나리오 작업을 한 것으로, 제작 단계에서는 군경의 지원과 협조가 컸지만 막상 영화가 완성되자 영화의 검열에 관여하는 정부 부처 간에 이견이 커지면서 상영에 난항을 겪었다.[12] 문교부는 몇 개의 장면을 수정하거나 삭제하는 조건으로 상영허가를 내주려고 했지만 국방부 정훈국에서는 이를 반대했으며, 육군본부 정훈감실에서는 지지를 표명한 반면 내무부는 이 영화가 "반공영화로 보기 곤란하다"는 의견을 냈다. 이어 평론가들은 이 영화가 매우 훌륭한 반공영화라고 두둔하고 나섰는데,[13] 〈피아골〉이 반공영화라는 근거와 반공영화가 아니라는 근거는 사실 동일한 것이었다.

그것은 바로 이 영화에 깔려 있는 휴머니즘이라는 주제의식과 관련되었다. 당시 반공주의의 한 측면을 이루었던 휴머니즘 옹호의 논리[14]가 반공영화 속에서는 이중적으로 발현되었던 것이다. 곧 공산주의를 비판하는 근거로 공산주의자들의 비인간적·반인륜적 행위를 드러냄으로써 휴머니즘적인 주제를 강조하는 것과, 공산주의와 대비되는 휴머니즘의 위대함과 우월함을 강조하다 보니 공산주의자마저도 휴머니즘에 입각해 바라보고 인간적으로 그리는 것 사이에는 커다란 간극이 있었다. 전자의 경우라면 훌륭한 반공영화로 칭송되어야 하겠지만 후자의 경우라면 사회에 '좋지 않은 영향'을 미칠 수도 있는 매우 위험한 것으로 간주되었다. 공산주의를 비판하기 위해 등장하는 공산주의 논리의 설파가 거꾸로 영화를 보는 관객에게는 공산주의를 학습하게 하는 결과를 낳을 가능성이 있기 때문이다. 관객이 감정을 이입하는 대상인 영화의 주인공이 공산주의자라는 점은 이미 공산주의에 대한 절대적 적대감을 기반으로 하는 반공주의에 위배되는 것이다.

확실히 이 영화가 보여주는 공산주의자에 대한 연민은 당시의 다른 전쟁영화인 〈자유전선〉(김홍, 1955), 〈격퇴〉(이강천, 1956), 〈포화 속의 십자가〉(이용민, 1956) 등에서는 볼 수 없는 것이었다. 이들 영화는 한국전쟁을 국군과 인민군의 대결이 아니라 유엔군과 중공군의 대결로 파악한다. 이는 자유 진영과 공산 진영을 구분하고 우리가 공산 진영과 맞서 싸우는 자유 진영의 최전방에 위치한다는 자의식을 가지는 것을 의미했던 1950년대 반공주의를 반영한 것이다. 이 세 편의 영화가 의심할 바 없는 반공영화일 수 있었던 것은 바로 당시 반공주의가 함의하는 바가 영화에 정확히 반영되었던 데 기인한다. 〈피아골〉이 논란을 불러일으켰던 것은 북한 공산주의를 비인간적·반인륜적인 것으로 위치 지워 남한 체제를 휴머니즘의 담지자로 부각시켜야 했던 반공영화가 그 휴머니즘의 대상과 범위를 공산주의자에게까지 확대했기 때문이다. 〈피아골〉은 결국 마지막 장면에 여주인공이 남한으로 귀순한다는 것을 확실히 보여주기 위해 태극기를 오버랩시킴으로써 논란을 잠재우고 가까스로 개봉될 수 있었다.

〈7인의 여포로〉 역시 문제가 된 것은 휴머니즘이었다. 이 영화에서는 북한 인민군은 남한의 여포로들을 위해 중공군과 맞서 싸운다. 공산주의자를 인간의 견지에서, 한 민족의 견지에서 바라본 것이다. 정부가 주장하는 반공의 조건은 북한 공산주의자들을 민족의 배신자로 보는 것이었는데, 이 영화에서는 오히려 남과 북은 한 민족이라는 정서를 강하게 드러냈다. 이 영화도 공산주의자를 주인공으로 상정하고 관객이 그의 심리를 따라가도록 함으로써 공산주의자에 대한 연민은 피할 수 없는 숙명이 되었다. '여포로'라는 제목 역시 인민군의 입장에서 붙인 제목처럼 보여 이 영화는 사상이 매우 의심스러운 영화가 되고 말았다. 북한을 독립적인 국가로 묘사했다는 것도 북한을 소련과 결탁한 괴뢰집단이라고 보는 당시의 반공주의와 완전히 배치되었다. 북한이 휴머니즘과 자유를 말살하는 곳이라는 사실을 강조했어야 할 반공영화가 북한 공산주의자가 가진 휴머니즘을 내세우는 순간, 이 영화는 국가보안법에 저촉되는 근거를 스스로 드러낸 것이라고 할 수 있다. 〈7인의 여포로〉는 결국 〈돌아온 여군〉으로 제목을 바꾸고 문제의 장면을 삭제·수정한 후에야 개봉될 수 있었다.

그런데 〈7인의 여포로〉가 문제 된 1960년대 중반 이후 이런 영화들은 '반공 휴머니즘 영화'로 불리게 된다. 이 영화를 지지하는 영화인과 평론가들은 이 영화의 휴머니즘이야말로 높은 수준의 반공정신에 입각한 것이라고 주장했다.[15] 반공주의에 철두철미하려면 북한 공산주의자에 대해서까지 휴머니즘을 적용해서는 안 된다는 정부의 반공주의 논리는 휴머니즘이야말로 반공의 필수적인 요소이며 휴머니즘의 테마를 가진 영화가 진정한 반공영화라는 주장 앞에 기세를 꺾을 수밖에 없었다. 이를 인정하지 않을 경우 많은 반공영화, 나아가 예술성을 바탕으로 한 영화들은 대중문화 속에서 그 존재기반이 흔들릴 것이기 때문이었다. 이는 반공주의가 휴머니즘의 일종이라는 신화가 사회 전반에 뿌리내렸음을 의미하기도 했다. 이처럼 반공주의와 대중문화의 불화는 두 가지의 결합을 지배층이 용인하는 것으로 막을 내렸다. 반공주의와 휴머니즘의 문제는 대중문화 속에서 변화하고 정립되는 반공주의의 모습을 보여주며 1960년대 중반 이후 반공영화의 변화에 큰 영향을 주었다.

2) 1970~1980년대: 반공과 오락성

반공주의가 휴머니즘과 더는 갈등을 일으키지 않게 됨으로써 반공영화에 변화가 일어났다. 그것은 북한을 소수의 지배권력층과 다수의 인민으로 분리해 후자에게는 마음껏 연민과 아량을 베풀 수 있게 되었다는 점이다. 이는 북한에 대한 적대감은 북한의 반민족적인 권력층에만 해당하는 것이며 북한의 민중은 여전히 한 민족으로서 감싸 안아야 하는 대상을 의미하기도 한다. 이것은 필연적으로 반공정신의 약화 또는 불철저함을 불러온다. 뛰어난 반공영화로 불리는 〈군번 없는 용사〉(이만희. 1966)와 같은 영화들이 종종 민족정서를 강화하고 오히려 반공전선에 균열을 일으킨 것은 이 때문이었다. 곧 공산주의자라도 뉘우치고 반성하면 한 민족으로 받아줄 수 있으며, 피는 물보다 진하기에 어떤 이념도 가족애와 민족애를 뛰어넘을 수 없다는 것이다.

　그런데 1967년 5월 박정희가 제6대 대통령 선거에 당선되면서 남한 사회가 유신이라는 독재체제의 준비기로 들어가고 보수화됨에 따라 북한을 바라보는 시선에도 변화가 생겼다. 곧 북한의 인민까지 포함한 북한 전체를 비판대상으로 삼는 반북주의가 점차 힘을 얻게 된 것이다.[16] 무장공비의 청와대 침투 미수사건이나 미 해군 정보함 푸에블로호 나포사건, 비무장지대에서 크고 작은 공격과 침투 등이 벌어진 1968년 이후에는 더욱 그랬다. 북한에 대한 경계가 강화되면서 방첩의 중요성이 강조되었다. 방첩은 이미 5·16군사쿠데타 이후 반공주의의 강화와 함께 그 중요성이 강조되어왔으나 1960년대 말에 이르면 북한 권력의 하수인인 간첩을 더 이상 한 민족이라고 감싸 안는 것은 무리였다.

　1960년대 후반 반공영화의 변화는 두 방면에서 일어났다. 하나는 북한 사회를 직접적으로 묘사하는 영화들이 등장했다는 것이다. 〈고발〉(김수용. 1967)과 같이 현재 북한 사회 내부에서 벌어지고 있는 일들을 그린 영화나 〈싸리골의 신화〉(이만희. 1967)와 〈돌무지〉(정창화. 1967)처럼 전쟁 중 북한 지역이 배경이 된 영화가 만들어졌다. 해방 후에서 전쟁기에 이르는 시기의 북한 사회에 주목한 황순원의 1953년작 소설 『카인의 후예』가 영화화된 것도 이 무렵이다. 북한 사회에 대한 이러한 묘사는 북한의 상층 지배권력뿐 아니라 북한의 인민들도 공산주의에 길들여져 있고, 이미 남한과는 이질적인 사회가 되었다는 것을 강조하는 효과를 가져왔다. 특히 해방 후에서 전쟁기에 이르는 시기에 대한 주목은 민족국가 건설의 정통성과 정당성을 부여받은 것은 남한 정부라는 것을 말하고 있다. 또 하나의 변화는 간첩·첩보영화의 성행이다. 간첩에 관한 영화는 박정희 정권이 반공의 구체적인 실천 요강으로 '승공'과 '방첩'을 내놓은 이후 활발히 기획되기 시작해 1962년부터는 본격적으로 쏟아져 나오기 시작했다. 특히 1965년에 수입 개봉된 할리우드 영화 〈007 살인번호〉(테렌스 영, 1962)가 크게 흥행한 이후 첩보영화의 바람이 불기 시작하면서 1966년부터는 홍콩이나 일본을 배경으로 한 국제 첩보영화가 활발히 제작되었다.

1960년대 후반의 이런 변화는 1970년대의 간첩영화들이 왜 해방에서 전쟁에 이르는 시기에 남북을 오가며 첩보활동을 한 간첩들을 즐겨 소재로 차용하고 있는지를 알 수 있게 해준다. 바로 위의 두 가지 흐름이 결합한 자연스러운 귀결인 것이다. 예를 들어 1973~1976년에 총 여섯 편이 만들어진 대표적인 반공영화 〈특별수사본부〉 시리즈는 정권의 하수인으로서 비극적 삶을 살아갈 수밖에 없는 여간첩들을 조명하며 이런 비극을 초래한 북한 정부를 근원적으로 부정하고 남한 정부의 정통성과 정당성을 강조하는 것이 그 특징이다. 1960년대까지의 반공영화에서 권력의 상층부가 묘사되는 일은 거의 없었다. 그런데 1970년대 간첩영화에서 이들에게 지시를 내리는 존재가 권력의 최상층부임을 짐작하게 만드는 건 그리 어렵지 않다. 범죄조직의 그것과도 유사해 보이는 이들의 주도면밀하고 악랄한 수법은 비록 등장하지 않으나 그 존재가 계속 암시되는 배후의 권력조직에 대한 비판을 의미한다.

이처럼 북한 권력에 대한 직접적인 비판이 즐겨 등장한 데는 1970년대 남북관계의 변화가 영향을 미쳤을 것으로 생각된다. 7·4남북공동성명 이후 민간에서 통일론이 걷잡을 수 없이 일어나는 것을 경계하면서[17] 박정희 정권은 반공교육을 철저히 시킬 것을 강조했다. 이전 시기의 반공교육이 초등교육 수준에 치우쳤다면 이제는 좀더 이론적인 접근으로 공산주의를 비판할 수 있어야 했다. 비판의 핵심은 공산주의가 민족을 부정하기 때문에 일제강점기 좌우합작 역시 파탄이 난 것이며, 따라서 남북 분단의 책임은 그들에게 있다는 것이다.[18] 그러므로 공산주의는 전술적 차원에서 민족주의와 합작하는 모양새를 취하지만, 나중에는 결국 민족주의자들을 배신하고 타도하려는 것이 그들의 의도다.[19] 따라서 그들과의 통일 논의는 철저한 반공정신으로 무장할 때만 가능하고 남북대화는 이를 필수적인 조건으로 하는 가운데 행해져야 한다는 것이다.[20] 이런 논리는 7·4남북공동성명이 무조건적인 대화와 통일을 의미하는 것이 아니라 어디까지나 '대화 없는 대결'에서 '대화 있는 대결'로의 전환일 뿐이라는 기본 전제에서 나온다.[21] 이런 대결이 가시적으로 드러난 것이 바로 간첩사건으로, 방첩은 국민 모두가 대결의 주체임을 일깨우는 사안이었다.

1970년대 반공영화가 전쟁영화보다는 간첩·첩보영화 쪽에 방점이 찍히게 된 데는 미디어 환경의 변화라는 요인도 있었다. 텔레비전 수상기의 획기적 보급으로 대중문화의 무게중심이 영화에서 텔레비전으로 옮겨가면서 영화는 관객의 관심을 끌기 위해 더 대중적이고 오락적이며 자극적인 소재와 표현을 개발하지 않을 수 없었다. 더구나 반공영화는 1966년 대종상에 우수반공영화상이 신설되는 등 정부에 의해 대대적으로 장려되었지만 점차 대중성을 잃어가고 있었다. 반공영화에 어느 만큼의 오락성을 허용할 수 있는지에 대한 논쟁은 이미 1950년대부터 존재해왔는데,[22] 1960년대 반공영화의 장르화로 오락적 반공영화가 양산되면서 반공영화의 오락성이 자연스럽게 인정되지 않을 수 없었다. 1970년대 이후 반공영화는 점차 사라져가는 대중의 흥미를 붙잡기 위해 더욱 오락적이고 대중적인 면을 강화해야 했다. 이제 대중성＝오락성은 반공영화의 필수적 조건인 것처럼 여겨졌으며, 이것이 강할수록 더 좋은 반공영화로 인식되었다.[23] 이는 반공영화가 계몽성과 선전성으로부터 탈피하는 것을 의미했으며,[24] 계몽성과 선전성이 약화된 반공영화는 이미 반공영화로서의 기능과 역할을 할 수 없게 되었다. 1950~1960년대 휴머니즘이라는 뜨거운 감자가 반공영화의 발목을 잡았다면, 1970~1980년대에는 오락성이 양날의 칼이 되어 반공영화에 비수를 겨눈 꼴이었다.

1970~1980년대 텔레비전과 영화는 오락성을 강화한 간첩·첩보 수사물을 선보였다. 1971~1984년 MBC에서 방영되었던 〈수사반장〉은 대표적인 범죄 수사물이며, 1973~1983년 역시 MBC가 방영한 〈113 수사본부〉는 대표적인 간첩 수사물로 큰 인기를 끌었다.[25] 또한 영화 〈특별수사본부〉 시리즈는 여섯 편 중 다섯 편이 실존했던 여간첩을 다루고 있다. 1970~1980년대 영화와 텔레비전 드라마에서 즐겨 사용한 '시대와 사회의 가혹한 틈바구니에서 살아가는 기구한 운명의 여인'이라는 소재는 슬픔과 애상의 정조를 유발시켰다. 일제강점기 이래 권위주의 독재정권이 권장해온 '명랑'의 감수성[26]은 대중문화에서 쉽게 발현되지 못했고, 유일하게 명랑할 수 있었던 코미디는 저질 논란에 휩싸여 인정받지 못했다. 여간첩은 자신의 신념과 가치관에 따라 움직이는 주체적 존재가 아니라 배후의 권력으로부터 지시를 받거나 사랑 때문에 어쩔 수 없이 스파이 노릇을 할 수밖에 없는 딜레마에 빠진 여성으로 묘사되었다. 이제 더는 공산주의자인 그들을 인간으로 다루었다거나 같은 민족으로 보았다거나 하는 것에 시비를 거는 사람은 없었다. 눈물과 체념이라는 감상주의는 대중성의 한 조건이 되었다.

1970~1980년대 한국 영화가 비록 침체의 길을 걸은 것은 사실이지만, 바로 이런 조건과 배경 속에서 반공영화는 명맥을 유지했다.[27] 반공주의가 안보 논리로 정착된 1980년대에는 한반도의 평화와 안전을 위협하는 존재로서 국제적으로 암약하는 간첩 이야기가 주로 그려졌다. 국제 첩보전에서 간첩을 일망타진하는 남한의 요원들을 주인공으로 하는 첩보영화는 일종의 장르영화로 만들어졌다. 관객들은 이제 더 이상 "왜 그(그녀)는 간첩이 될 수밖에 없었는가"에 관심을 기울이지 않았다. 홍콩 액션영화에 열광하는 관객들은 가끔 한국형 액션영화로서의 첩보영화를 소비할 뿐이었다. 이는 반공주의의 담지체로서 반공영화의 존립 자체를 어렵게 했으며 반공주의를 강조하면 할수록 영화는 관객 대중으로부터 멀어져갔다. 반공주의를 약화시키고 소재로만 차용한 영화들은 반공영화라고 부르기

도 민망한 수준의 주제의식을 갖고 있었다. 반공영화에 대한 대중의 외면은 당시 반공주의가 억압의 기제로서는 작동할지 모르지만, 대중의 자발적·자생적 정서에서는 멀어져간 하나의 징표라고 할 수 있다.

3. 반공주의에 대한 도전과 변주

1) 1990~2000년대: 민주화와 성찰적 시선

1987년 이후 남한 사회의 민주화에 대한 열망과 세계적인 탈냉전 분위기 속에 반공영화는 새로운 도전을 받게 된다. 바로 반공주의에 의문을 제기하는 영화가 등장하기 시작한 것이다. 1990년대의 대표적 전쟁영화인 〈남부군〉(정지영, 1990), 〈은마는 오지 않는다〉(장길수, 1991), 〈아름다운 시절〉(이광모, 1998)이 그것이다. 전쟁을 배경으로 한 개인의 운명과 공동체 내부의 갈등을 다룬 이들 영화에서 갈등의 중심은 남과 북이 아니다. 오히려 갈등의 원인을 제공하고 공동체를 파괴하는 것은 도움을 주러 왔다고 여겼던 미군(외세)이고, 우리 삶과 어떻게 연관되어 있는지 이해할 수 없는 이념이며, 왜 싸우는지 알 수 없는 전쟁 자체다.

〈남부군〉의 주인공은 신문기자 출신으로 처음부터 철저한 공산주의자는 아니지만 빨치산 대열에 합류하면서 당원이 되는데, 그는 낙오되어 눈 덮인 산속을 헤매다가 결국 토벌군에 붙잡힌다. 〈피아골〉은 국군이 등장하지 않는다는 이유로 반공영화임을 의심받았지만, 〈남부군〉에서는 시시각각 남부군을 옥죄어오는 토벌대로 말미암아 빨치산이 괴멸한다. 그럼에도 이 영화의 탈냉전적 분위기는 반공주의에 균열을 가하기에 충분했다. 실제 빨치산 종군기자 출신의 작가가 쓴 원작[28]에 따르면 〈남부군〉의 주인공은 남한 군경에 체포된 것이 맞지만, 영화에서는 체포 장면이 나오지 않고 빨치산이 모두 절멸한 절망적인 상황에 빠진 주인공의 얼굴로 끝난다. 즉 영화적으로 그는 남한에 귀순한 것이 아니다. 〈피아골〉이 스스로 반공영화임을 증명하기 위해 휘날리는 태극기를 주인공의 얼굴에 작위적으로 오버랩시켰던 것과 비교해보면 이 영화의 엔딩이야말로 이 영화가 반공영화를 지향하기는커녕 오히려 반공주의에 균열을 시도하고 있음을 웅변하고 있다. 역사의 소용돌이에 휩쓸린 한 인간의 조명을 통해 이념의 무상함을 드러낸 것이 이 영화의 주제의식인 것이다.

〈은마는 오지 않는다〉와 〈아름다운 시절〉에서 주인공은 군인이 아니라 전통적인 공동체를 터전 삼아 살아가는 보통 사람들이다. 그런데 미군이 들어오고 미국 문화가 유입되면서 순박한 아낙네는 미군에게 겁탈당한 후 기구한 운명에 발을 들여놓게 되고 전통적 공동체는 파괴된다. 이들 영화에서 한국전쟁의 본질은 남북 간의 갈등이 아니라 외세와 한국 민중 사이의 갈등이다. 1950년대 영화들에서 혈맹의 우방으로 묘사되었던 미국은 1990년대 영화들에서는 갈등을 일으키는 주요 요인으로 등장한다. 반공주의의 가장 기본이 되는 원칙이었던 자유세계 일원으로서의 자의식은 영화 어디에도 등장하지 않는다. 그 대신 점령군으로 원주민을 모욕하는 탐욕스러운 제국의 군인들과 이들을 제어하지 못하는 존재감 없는 국가가 있을 뿐이다. 이는 진영 논리의 붕괴라는 시대 상황을 정확히 반영하는 것일 뿐만 아니라 반미구호를 드높였던 당시의 저항적 지식인과 시민, 학생의 대미인식의 연장선에 서 있는 것이기도 했다. 과거 반공영화의 가장 중요한 양식이었던 전쟁영화는 이제 반공주의를 가장 신랄하게 비판하는 장르가 되었다.

또한 전쟁영화는 직접적으로 전투 상황을 묘사하지 않아도 제작비가 많이 드는 단점이 있다. 1950년대 후반부터 존재했던 '우수영화' 제도[29]가 사라진 1987년까지 정부의 지원은 반공영화 생존의 조건이자 이유였다. 1960~1970년대 많은 전쟁영화와 '국책영화'가 국방부의 체계적인 지원 하에 만들어졌다는 것을 상기한다면,[30] 정부의 지원 없이 어느 정도의 스펙터클을 요구하는 전쟁영화가 그것도 반공영화로 만들어지는 것은 더 이상 무리였다. 이것이 1980년대 후반에서 2000년대 초반까지 막대한 물량을 필요로 하는 본격 전쟁영화가 더는 만들어지지 못했던 이유다. 전투를 중심으로 한 본격 전쟁영화가 오랜만에 다시 등장한 것은 2004년 〈태극기 휘날리며〉(강제규. 이하 〈태극기〉로 줄임)가 개봉되면서부터다. 전쟁영화의 부활은 1990년대 후반부터 2000년대 초 한국 영화시장의 폭발적 성장에 힘입은 바 크다.[31]

그런데 순전한 장르적 관심에서 태어난 전쟁영화 〈태극기〉는 아이러니컬하게도 과거의 반공영화들이 필연적으로 거쳤던 이데올로기 논쟁을 비켜갈 수 없었다. 147억 원이라는 역대 최고의 제작비 조달에 어려움을 겪었던 〈태극기〉의 제작진들이 국방부에 지원을 요청했고, 국방부에서는 이 영화가 '매우 위험한 영화'가 될 소지가 있다며 결국 지원을 거부한 것이다. 그 이유는 주인공들이 전쟁에 임하는 자세에 어떤 군인의식도 없으며 단지 동생을 구하기 위해 인민군이 된다는 설정에도 문제가 있어 젊은 이들이 군대를 기피하고 전쟁을 혐오할 소지가 다분하다는 것이었다. 게다가 영화 소재로는 처음으로 보도연맹사건이나 부역자 처벌 문제, 민간인 학살 등 민감한 사안들을 다룸으로써 전쟁 당시 남한 국가의 부도덕성에 문제를 제기했다. 그런데 보수적인 느낌의 영화 제목과 주인공이 마지막엔 결국 인민군에게로 총구를 겨눈다는 점 등은 이 영화가 반공영화의 연장선에 서 있는 듯 보인다. 하지만 한국전쟁을 정확히 남북의 대립으로 보고 이를 형제간의 갈등으로 은유하면서 화해를 시도한 점이나 국민의 생명을 지켜주지 못하는 남한 국가에 대한 비판을 시도하고 있다는 점 등은 과거의 반공영화와는 분명 달라진 지점이라고 봐야 할 것이다. 가족으로 유비된 강한 민족주의에 반공주의라는 배제의 감성이 개입하기 어렵게 만든 점은 실은 1960년대 전쟁영화에서도 볼 수 있는 지점이다.[32] 가장 반공영화적인 소재에서 반공주의가 배반당한 경우라고 할 수 있다.

〈태극기〉가 장르의 옷을 입고 새롭게 변주된 반공영화인지 아니면 탈냉전적인 반전영화인지에 대해 다소 이견이 있었다면, 이후 등장한 〈웰컴 투 동막골〉(박광현. 2005. 이하 〈동막골〉로 줄임)과 〈고지전〉(장훈. 2011)이 한국전쟁과 북한에 대한 전혀 다른 관점 위에 서 있다는 것에는 이견이 없다.

〈동막골〉에서 이념도 전쟁도 모른 채 순박하게 살아가는 동막골 사람들은 흰옷을 입은 순수한 민족의 원형처럼 보인다. 이 공동체를 파괴하는 것은 오히려 유엔군인데 이때 남북의 군인들은 합심해 마을 사람들을 구한다. 전쟁 전의 한반도가 아무런 갈등도 없었던 것처럼 묘사된 〈태극기〉의 경우와 유사하게 동막골 역시 어떤 갈등이나 대립도 없는 곳으로 그려진다. 결국 피해자는 남북한의 민중이며 이때 '순박한' 공동체를 파괴하는 가해자는 공산주의자가 아니라 미군을 필두로 한 외세라는 것은 〈은마는 오지 않는다〉나 〈아름다운 시절〉에 이어 〈동막골〉과 〈작은 연못〉(이상우, 2009)에서도 드러나는 주제의식이다. 특히 〈작은 연못〉은 피해자의 관점에 서서 반전과 반미의 정서를 강하게 드러낸다. '노근리 민간인 학살사건'을 다큐멘터리적 수법으로 그려낸 이 영화는 전쟁의 비극성을 훌륭히 묘사하고 있지만, 이는 어쩌면 내전으로서 한국전쟁의 본질을 본의 아니게 외면하도록 하는 것일 수도 있다. 〈태극기〉나 〈고지전〉 등 대부분의 전쟁영화가 극사실주의를 표방하고 있다면 판타지를 가미한 〈동막골〉과 〈작은 연못〉에는 그야말로 민족주의적 이상이 표현되어 있다. 이런 민족주의적 감성은 과거의 반공주의에 대한 공공연한 비판에 다름 아니다. 반공주의는 북한을 민족에서 배제하고 남한만이 정통성을 독점하길 원하는 반면, 민족주의는 남북을 모두 포괄한 공동체를 상정하기 때문이다.

또한 〈동막골〉과 〈작은 연못〉은 〈태극기〉에서와 마찬가지로 남한 국가에 대해서도 비판을 가하고 있다. 동막골에 고립된 한 남한 병사는 상부의 명령에 따라 피난민으로 가득한 한강다리를 폭파한 후 죄책감에 못 이겨 탈영하고 급기야 자살을 시도한다. 국가가 자신의 국민을 보호하기는커녕 죽음으로 내몰았다는 것은 그런 명령을 내린 권력 최상층부의 부도덕성을 드러내는 것임과 동시에 그러한 권력층이 장악한 국가의 정당성 부재를 의미한다. 〈작은 연못〉에서 대한민국이라는 국가는 전시작전권을 미국에 넘겨준 채 국민을 죽음으로 내몬 허약한 국가로서 영화상의 존재감도 미약하다. 이런 관점은 〈고지전〉에 이르면 좀더 확실해진다. 이 영화에서 남한이라는 국가는 미국에 밀려 정전협상 테이블에서 제대로 주도권을 가질 수 없을 정도로 나약하고 무능한 존재다. 부역자는 재빨리 처단하지만 친일파 처벌에는 미온적일 정도로 이중적이다. 국민을 보호하기는커녕 최전방 군인들의 목숨 따위는 안중에도 없다. 분단 현실에서 총구를 맞댈 수밖에 없는 남북 군인들의 우정을 다룬 〈공동경비구역 JSA〉(박찬욱, 2001)의 작가가 시나리오를 쓴 〈고지전〉은 〈JSA〉와 마찬가지로 남북 군인들이 무의미하게 총질을 하다가 서로 소통하고 공감하는 대목도 등장한다. 비록 전쟁을 하고는 있지만 한 민족으로서의 공통 정서를 갖고 있던 남북 군인들의 이야기는 민족주의적이지만 판타지에 기대지 않는다는 점에서 〈JSA〉뿐 아니라 〈태극기〉의 뒤를 잇고 있다.

1990~2000년대의 전쟁영화는 과거 반공영화의 하위 장르로 만들어진 전쟁영화와는 다른 차원에서, 아니 그것들을 비판하고 그것들에 도전하는 가운데 만들어졌다. 이것은 두 가지 측면에서 그렇다. 하나는 이들 영화가 북한을 '반공'이라는 배제의 관점이 아닌 '민족'이라는 통합의 관점에서 바라보고 있다는 점이고, 다른 하나는 이들 영화가 밑바탕에 깔고 있는 남한 국가에 대한 성찰적 시선이다. 특히 정권교체를 이루어낸 김대중 정부 이후의 영화들은 전쟁기의 남한 국가에 대해 여지없이 의문을 제기한다. 민주화 이후 영화인들에게 주어진 표현의 자유와 함께 탈냉전과 탈국가주의의 시대 조류는 과거에는 생각조차 할 수 없던 남한 국가에 대한 정통성과 정당성에 대한 문제제기를 가능하게 했다.

2) 최근 경향: 반북과 우월자의 시선

그렇다면 이런 변화는 탈냉전적 사고방식이 한반도에서 완전히 자리 잡아 대중문화에서 더는 반공주의가 발붙일 수 없게 되었다는 것을 뜻하는가? 그렇지 않다는 것은 2010년 등장한 한 편의 전쟁영화가 말해주고 있다. 〈포화 속으로〉(이재한, 2010)는 개봉 당시 평론가들로부터 '시대착오적'이라는 평을 들을 정도로 보수적 색채를 지니고 있었지만, 300만 명 이상의 흥행 성적을 거둠으로써 현실에서나 관객들의 심성에서나 여전히 냉전이 지속되고 있음을 증명해 보였다. 이 영화의 갈등은 정확하게 남과 북이며, 더 정확하게는 남한의 학도병들과 북한 인민군 대장과의 대결이다. 이 영화에 등장하는 인민군 대장은 과거의 반공영화들에 등장하는 전형적인 공산주의자의 모습과는 차이가 있다. 과거의 인민군 대장들은 야비하고 비인간적이며 공산주의의 잔혹성을 보여주는 존재였지만, 이 영화에 등장하는 인민군 대장은 특유의 카리스마를 지녔을 뿐 아니라 어떤 면에서는 인간적이기까지 하다. 학도병이 군인이 아니라 학생이라는 이유로 항복할 시간을 주기 때문이다. 8월 15일까지 부산을 점령하라는 수령의 명령에 따라 포항으로 향했던 그는 학도병을 얕잡아본 자신의 오판과 오만으로 말미암아 결과적으로 연합군이 합류할 시간을 벌어줌으로써 전투에서 승리할 기회를 놓치고 만다.

그런데 김일성이 권력투쟁에서 완전히 승리하는 것은 전쟁 이후이고 정치체제로서의 수령제가 확립되는 것은 1970년대 초반임을 상기할 때,[33] 한국전쟁 당시 당과 수령을 분리해 당의 명령보다 수령의 직접 명령에 따라야 한다고 주장하며 이를 근거로 반대파를 제압하는 인민군 대장의 모습은 실제로는 상상하기 어렵다. 곧 이 영화가 상상하는 인민군 대장은 1950년 전쟁 당시의 실제 인민군 대장을 반영한 것이라기보다는 2008년 보수정권의 재집권으로 목소리를 얻은 보수적인 남한 사람들의 관념 속에서 추상화된 '적'의 모습에 가깝다. 이 영화는 1990년대 이후에 만들어진 전쟁영화들과 달리 한국전쟁이 북한의 남침으로 인한 것이라는 사실을 분명히 밝힌다는 점에서는 냉전기의 반공영화들과 다르지 않지만, 공산주의 이념을 실천하는 주체가 당이 아니라 수령이라고 주장하는 '적'을 상정한다는 의미에서 반공적이라기보다는 반북적이다. 1960년대 후반부터 주목받기 시작한 반북주의는 현실사회주의가 몰락하여 더는 반대할 대상이 사라진 상황에서 과거의 사회주의 국가와는 다른 변질된 사회주의로서의 북한을 비판하며 대중문화의 전면에 나오게 된다.

실화를 기반으로 한 이 영화에서 정부를 수립한 지 얼마 안 된 무능한 국가를 대신해 어린 학생들이 목숨을 걸고 전쟁터로 나서는데, 이는 71명의 학도병이 나라를 위해 목숨을 바친다는 국가 탄생의 서사시와 다름없다. 혈서를 쓰는 학도병들의 비장함이나 아들을 전쟁터로 내보내는 어머니의 담담함은 일제 말기에 전쟁을 선전하는 영화의 이미지와도 겹친다.[34] 정부가 수립된 지 불과 2년 만에 그들은 공산주의로부터 '나라'를 구해야 한다는 결의로 충만한데, 학도병의 이런 이미지는 전쟁기 우익 청년단체들의 광적인 좌익 소탕과도 겹치고 1970년대 이후 반공교육의 세례를 받은 극우청년들의 존재와도 겹쳐진다. 이 영화에서는 정확하게 북한과 반대되는 국가로서의 '대한민국'을 상정하고 이 영화가 개봉된 2010년 무렵 한국 현대사 인식과 역사 교과서 문제를 둘러싼 좌우대립 속에서 우파 학자들이 내세운 '대한민국'의 정통성이나 애국심의 강조와 같은 맥락의 정서를 발현시킨다. 게다가 2002년의 서해교전, 2008년 금강산 관광객 피격사건, 2010년의 천안함 침몰사건 그리고 세 차례에 걸친 북한의 핵실험 등 일련의 사건을 북한이 동북아시아의 평화를 위협하는 존재임을 입증하는 증거로 내세우고 있는 남한의 보수주의자들은 북한의 대립항으로서 '대한민국'의 건국과 애국을 강조하고 있다.

이러한 새로운 반북주의는 여러 가지 모습으로 대중문화에서 나타난다. 2011년 말에 첫 전파를 쏜 종합편성채널에서는 다양한 형태로 북한 관련 방송을 하고 있다. 특히 시사보도 프로그램의 많은 부분을 북한 소식에 할애하는 TV조선과 예능 프로그램 〈이제 만나러 갑니다〉를 방송하는 채널A 등은 북한에 대한 정확한 정보를 제공하기보다는 오늘날 더욱 강하게 변주된 형태의 반북주의를 재생산하는 데 힘쓰고 있는 것처럼 보인다. 북한에 대한 멸시와 조롱이 넘쳐나고 '전쟁 불사' 등의 원색적인 발언들이 횡행하고 있다. 여기에 인터넷 사이트 '일간베스트 저장소'(이른바 '일베')를 주 무대로 하는 극우 성향의 네티즌들은 더욱 자극적인 언어로 왜곡된 애국주의와 반북주의를 공공연히 내세우고 있다. 과거 반공영화의 계보에 있었던 간첩·첩보영화들은 가장 손쉽게 새로이 변주된 반북주의를 전파하는 매체다. 그런데 재미있는 점은 영화 〈쉬리〉의 속편 개념으로 제작된 첩보 드라마 〈아이리스〉 1, 2(KBS, 2009, 2013)나 남남북녀 멜로인 〈더 킹 투 하츠〉(MBC, 2012) 등은 전쟁을 조장하는 국제조직에 남북이 연합해 맞서는 이야기로 선회함으로써 남북의 정권을 직접 비판하는 것에서 비껴간다는 점이다. 북한의 최고 권력에 대한 비판을 지양하면서 테러를 일으키는 급진주의자들을 일부의 과격분자에 불과한 소수 세력으로 묘사하는 것은 반북주의를 살짝 비켜갈 수 있는 방안이었다.

그러나 최근에 개봉된 간첩·첩보영화들에서는 북한의 최고 권력이 '배후의 악당'으로 적극적으로 묘사되고 있다. 그 하수인인 간첩 또는 공작원들은 생존에 급급해하거나(〈간첩〉, 우민호, 2012), 끊임없이 상부로부터 의심받거나(〈베를린〉, 류승완, 2012), 끝내 배반당하고 버려진다(〈은밀하게 위대하게〉, 장철수, 2013). 이들 전·현직 간첩은 과거처럼 이데올로기의 화신이 아니라 김정일 사후 권력승계를 놓고 벌이는 내부 투쟁의 희생양일 뿐이다(〈동창생〉, 박홍수, 2013). 부시 전 미국 대통령이 북한을 '악의 축'으로 지칭한 이래 할리우드 영화에서 심심치 않게 등장하는 북한의 이미지는 야만적인 국제 테러조직의 수장, 부패한 세습정권 그리고 인민의 안위 따위는 우습게 여기는 부도덕한 권력 등으로 묘사되었다. 10여 년 전만 해도 북한을 부정적으로 묘사한 할리우드 블록버스터 영화[35]에 불매운동까지 벌였던 한국 네티즌들은 이제 북한을 '악당'으로 그린 한국 영화에 더 이상 거부감을 보이지 않는다. 지금까지의 그 어느 반공영화들에서보다도 더욱 강고한 반북주의가 남한의 가장 오락적·대중적이고 가장 휴머니즘 지향적인 영화들에서 재생산되고 있다.

〈간첩〉은 가족과 돈을 위해서라면 못하는 게 없는 생계형 간첩들의 이야기로 남한 정부는 이들을 위험요소로 여기지도 않는다. 이들에게 거창한 이념이나 '조국 통일' 같은 대의는 그리 중요한 게 아니다. 오직 생계와 가족의 안위만이 중요하다. 암살 지령을 내리기 위해 내려온 상관은 과거 반공영화에서 자주 보던 '피도 눈물도 없는' 킬러의 이미지가 강하며 그 명령의 맨 위에는 물론 북한의 최고위층 권력자가 있다. 〈베를린〉에서 주인공을 압박하는 배후에는 북한 최고 권력의 부도덕성과 탐욕이 존재한다. 여기서 북한은 공산주의를 실현하는 곳이 아니라 인민을 착취해 자기 배를 채우려는 부도덕한 권력에 의해 움직이는 곳일 뿐이다. 〈은밀하게 위대하게〉에서 남한의 달동네에 동화되어 살던 간첩들은 어느 날 자결하라는 당의 명령을 받고 이에 저항한다. 이때 배후의 권력은 이들이 저항할 때를 대비해 암살하려고 한다. 〈동창생〉에서 북한의 최고 권력은 단일하지 않으며 북한의 권력투쟁이 남한 간첩들 사이에서 그대로 되풀이된다.

자신의 인민에게 배신의 칼날을 들이대는 북한의 최고 권력과 그들 사이의 암투, 자본주의 사회에 동화되어 이곳 사람들과 정을 쌓으며 사는 간첩, 가족과 사랑 때문에 양쪽에서 이용만 당하고 버려지는 간첩, 세습정권의 권력투쟁에 희생되는 간첩, 이 모든 것을 연민의 눈으로 바라보는 남한의 요원이라는 구도는 1970년대 〈특별수사본부〉와 같은 반공영화에서 익히 보아왔던 것이다. 이는 다름 아닌 북한보다 남한 체제가 더 우월하며 이미 게임은 남한의 승리로 끝났다는 우월자의 시선 바로 그것이다. 〈베를린〉과 〈은밀하게 위대하게〉가 각각 700만 명을 넘나드는 관객을 동원했고 〈동창생〉 역시 100만 명 이상의 관객이 보았다는 사실에서도 알 수 있듯이, 이제 우월자의 시선은 남한 대중의 보편적 관점이 되었다. 그리고 이러한 시선은 영화를 장르적으로 소비하는 동안 자연스럽게 반북주의에 동의한 관객들의 정치적 성향과 남북 문제에 대한 시각을 규정하게 된다는 점에서 문제적이라고 할 수 있다.[36]

4. 맺음말: 남남갈등의 대리전으로서의 대중문화

세계가 탈냉전으로 접어든 지 이미 오래인 오늘날에도 한반도의 긴장을 둘러싼 냉전이 지속되는 상황에서 반공주의는 여전히 커다란 위력을 떨치고 있다. 과거와 같은 체제경쟁이 더는 무의미해졌음에도 반공주의의 상징인 국가보안법이 폐지되지 못하는 것은 남한 국가를 지탱하는 하나의 축이 반공주의였음을 다시 한번 상기시킨다. 과거와 같은 형태의 레드콤플렉스는 일견 극복된 것처럼 보이면서도 한편으로는 평화와 안보, 인권의 이름으로 반공주의가 재생산되고 있으며, 이는 대중문화의 한편에서 반북정서를 계속 일깨우고 있다. 냉전시대에 반공주의 국민계몽의 일환으로 장려되었던 반공영화는 장르영화의 대중성과 만나면서 균열을 피할 수 없었다. 과거의 반공영화에서 북한을 민족에서 배제하고자 했던 반공적 정서는 감동과 눈물을 유발시키는 통합의 정서인 민족정서를 이기기는 어려웠다. 1990년대 이후 전쟁영화들이 대개 민족주의적 정서 속에 오히려 남한 정부를 비판적 관점에서 바라보는 것은 휴머니즘이라는 대중적 테마를 지향할 수밖에 없는 상업영화의 운명이라고도 할 수 있다.

또한 북한에 대한 남한의 우월감과 자신감이 커갈수록 남한의 간첩·첩보영화들은 과거와 같은 경쟁적인 반공영화가 아닌 세련되게 변주된 새로운 형태의 반북영화가 되고 있다. 국민의 정부와 참여정부의 햇볕정책의 연장선상에서 북한의 최고 권력을 비판과 공격의 대상으로 삼지 않던 한국 영화들이 보수정권이 들어서고 북한의 3대 세습이 공고해진 이후에는 북한의 최고 권력을 비판대상으로 삼고 그 아래서 이용당하는 하수인으로서의 북한 인민들을 연민의 시선으로 바라보게 된 것은 과거의 전통적인 반공영화의 계보 속으로 회귀함을 의미한다. 오히려 과거의 반공영화에서 북한 인민을 한 민족으로서의 동질감을 기반으로 다루었다면 현재의 새로운 반공영화에서는 우월자의 시선에서 연민과 아량을 베푼다. 우월감은 필연적으로 경멸을 동반하며 경멸은 다시 돌이킬 수 없는 배제를 낳는다. 이는 북한을 결코 남한과 합쳐질 수 없는 완전히 이질적인 사회로 보고 있음을 의미하기도 한다. 분단 이전을 기억하고 있거나 이산가족의 아픔을 가진 사람들이 점차 줄어들고 분단 이후 급격한 경제성장의 혜택을 누리고 있는 젊은 세대의 통일에 대한 인식도 미약하며 이데올로기로서의 민족주의가 퇴조하고 있다. 반면, 이를 대체해 통일의 당위성을 끌어내는 논리조차 빈약하기 짝이 없는, 그리하여 평화와 자기 혁신에 기반을 두어야 할 통일 논의가 반공통일론의 신자유주의적 재편인 '대박통일론'에 머물고 마는, 나아가 통일에 대한 다양하고 창의적인 상상력이 종북 프레임에 갇혀 거부당하는 이 시대에 현재 대중문화가 북한을 다루는 시선은 우리의 마음속 3·8선을 더욱 강고히 하는 데 일조하고 있다.

　그러나 여전히 대중문화 속에서 반공주의는 도전받고 있는데, 그것은 남한 국가에 대한 성찰과 비판을 시도하는 것 자체가 가장 극명한 반공주의 비판이 되기 때문이다. 반공주의는 반공영화라는 옷을 입고 대중문화와 동거하며 진화하기도 했지만, 대중문화와 갈등하며 불화를 빚기도 했다. 영화는 대중의 공감을 바탕으로 하는 것이기 때문에 반공적 감수성의 대중적 유통과 소비는 과거와 결코 동일할 수 없다. 현실정치에서의 좌우익 갈등은 반공주의적 영화 대 비非(혹은 반反)반공주의적 영화로 표상되며, 따라서 전쟁영화와 간첩·첩보영화는 표면상으로 남북갈등을 다루고 있지만 내면적으로는 남남갈등을 표현하는 대리물이다. 반공주의는 남한 사회 내부의 갈등을 타자의 탓으로 돌리고 반대자를 제압하기 위한 억압기제로 탄생했기 때문에 한반도에서 남북의 대립과 이에 기반을 둔 좌우갈등이 사라지지 않는 한 그 명맥을 유지할 것이다. 그러나 시대에 따라 변화하는 대중의 감수성을 기반으로 하는 대중문화는 반공주의를 더 이상 과거와 같은 형태로 존속시키지는 않을 것이다. 이것이 반공주의가 대중문화와 끊임없이 불화, 충돌, 타협하면서 그 자체가 모순을 쌓아갈 수밖에 없는 이유다.

한국의 반공주의와 인권

조효제
성공회대학교 사회과학부 교수

1. 머리말

한국에서 반공주의가 인권에 미친 영향은 결정적이고 지속적이어서 그것에 관한 폭넓은 보고와 연구가 이루어졌다. 반공주의는 해방 후 남한 사회에서 나타난 모든 정치이념 가운데 "어느 것보다도 가장 큰 영향력"을 발휘했으며 국시로 규정될 만큼 "남한 사회의 기본적 정치 이념"의 지위를 누렸다(김학준, 2004). 그 결과 "한국 현대사에서 사회를 통제하는 가장 효과적인 방법은 반공 이데올로기를 이용하는 것"이 될 정도였다(민주화운동 기념사업회 연구소, 2008, 436쪽). 반공주의는 이런 위치 때문에 그 자체로서 인권침해를 불러일으키는 독립 변수 역할을 하기도 했고, 다른 정치적·사회적·경제적 조건과 결부되어 악영향을 끼치기도 했다. 한국 현대사를 통해 제주 4·3사건, 국민보도연맹원 살해, 대규모 민간인 학살사건, 한국전쟁, 극단적인 사상 탄압, 발전국가의 지적 정당화로서 반공주의, 유신 이후 예외적 수단에 의한 통치, 인혁당 재건위 사건, 민청학련 사건, 광주민주화운동, 고문과 의문사 등 각종 인권유린 사건이 광범위하게 일어났고 이 모든 과정에 극우반공 이념이 깊숙이 개입되어왔다(민주화운동기념사업회 연구소, 2008; 2009; 2010).

반공주의와 인권침해를 다룬 기존의 연구들은 사건 중심의 사례연구 식 접근방식, 민주화운동의 분과 영역으로서 활동기술 또는 헌법·형법· 국제인권법 등에 근거하여 인권침해의 일탈성과 심각성을 드러내는 규범 적 접근방식이 주종을 이루었다. 이 글은 이런 접근방식에서 벗어나 반공 주의의 전체 윤곽을 형성하는 여러 차원이 인권에 미친 상이한 양상 그리 고 그것들로 말미암아 인권운동에 가해진 차별적 영향을 분석하고자 한 다. 국제적인 냉전 와중에 반공 이데올로기가 인권을 단순히 침해하는 것 을 넘어 인권의 특징을 형성하고 인권운동에 다양한 영향을 주었던 역사 적 선례가 있다(Foot, 2010). 그런 분석을 위해 활용될 주요 자원으로 구조 적·제도적·사상적·사회심리적 차원이 있다(Parsons, 2007). 이 연구를 통 해 이 글은 다음과 같은 점을 밝힐 것이다. 첫째, 구조−제도−사상−사회심 리의 차원에서 반공주의가 인권에 어떤 침해를 가했는지 그리고 이런 각 각의 차원에서 인권운동이 어떻게 반응했는지를 확인한다. 둘째, 한국의 인권운동이 반공주의의 영향으로 어떤 특징을 갖게 되었고 어떤 도전에 직면해야 했는지를 고찰한다. 이 글에서 다루는 '인권'은 세계인권선언에 규정된 시민적·정치적 권리(소극적 권리)와 경제적·사회적·문화적 권리(적 극적 권리) 그리고 그 후 국제인권규범에 추가된 연대권(집단적 권리)을 모두 합친 종합적 인권 개념을 뜻한다(Steiner et al., 2007).

2. 구조적 제약

한국의 반공주의는 구체적이고 강제적인 규정력을 보유한 통치이념이 다. 그런 의미에서 한국의 반공주의는 독점적·배타적 통치체계와 동의어 에 가까웠고 정치와 사회 전반의 운용 범위를 설정한 한계선과 같았다. 그 러므로 한국의 반공주의를 단순히 강력한 사상체계 또는 영향력이 큰 하나의 이념만으로 볼 수는 없다. 그것은 인권과 민주주의를 논할 수 있는 범위 자체를 규정하는 "구조화된 반공규율체제"를 형성하는 바탕이었으며(윤평중, 2012, 199쪽), "'구조화된 구조'이자 '구조화하는 구조'가 되어 한국 사회의 모든 장 전체를 규율하는 장치"가 되었다(조미숙, 2006, 77쪽). 반공주의적 사고와 역사인식을 한국 내부에서 '객관적'으로 파악하거나 논의하기는 대단히 어려웠다(김동춘, 2000; 홍석률, 2006).

반공주의는 대한민국 정부 수립 이전부터 한국 정치의 구조적 제약조건이 되기 시작했다. 반탁 세력은 친탁을 주장한 공산 세력을 '민족' 범주에서 완전히 배제했다(김수자, 2008). 대한민국이 수립될 때도 반공을 기준으로 피아를 구분해 차별적으로 실질적 시민권을 부여했다. 예를 들어 제헌국회 선거에서 우익이 아닌 세력의 정치활동은 억제되었고 그로 말미암아 좌파가 배제된 상태에서 시민권의 내용이 확정되었다. 이로써 한국의 시민권은 시민들이 권리의 주체로서 국민국가 체제에 속하는 포섭적 성격을 상실하고 정치적 충성 여부로 성원 자격을 심사하는 배제적 성격을 띠게 되었다(김동춘, 2006). 또한 한국전쟁과 학살을 겪으면서 공산주의자는 어떤 경우에도 대한민국의 국민이 될 수 없다는 구조적 배제 원칙이 명확히 설정되었다(곽송연, 2013).

반공주의는 국가주의 논리와도 결부되었다. 일제강점기 중일전쟁 이후 일본 천황에 대한 절대 충성을 내세운 호국주의가 조선에 영향을 주었고 이것이 대한민국 수립 이후에도 지속되었다. 개인보다 집단을 선호하고 개인을 부정하며 강력한 국가와 민족을 선망하면서 강력한 지도자의 주도를 고창하는 정치적 에토스가 일반화되었다(김수자, 2005). 이처럼 강력한 국가가 냉전반공주의와 성장 이데올로기를 구현하는 절대적 주체가 됨으로써 사회보다 국가가 이데올로기적 헤게모니를 실현할 수 있는 하부구조가 우리 사회에 강고하게 구성되었다. 국가주도적이고 권위주의적인 헤게모니의 고착은 개인의 자유와 권리에 구조적 제약을 초래했다(최장집, 2005, 140쪽).

반공 세력은 자기 신념에 기초한 '성전'을 전개해 상대의 죽음을 목표로 하는 '진리의 정치'를 추구했으므로 실질적 민주주의를 떠받칠 수 있는 주체인 시민사회와 노동조합, 진보정당이 취약해져 계급갈등 의제는 물론이고 빈곤 의제나 소수자 인권 의제가 제기될 여지가 아주 협소해졌다. 과거 인권은 시민사회적 의제 자체가 되지 못했던 적이 많았다(유범상, 2012). 4·19혁명 이후 비교적 자유로워진 정치 환경에서도 민간인 학살 진상규명 요구가 인권 의제로 취급되지 못할 정도로(이정은, 2009), 그리고 1970년대 남민전 사건 등의 소위 '좌익수' 가족들에게 민주 진영이 무관심했을 정도로 반공주의가 설정한 구조적 금기의 영역은 넓었다(민주화운동기념사업회 연구소, 2009, 513쪽). 최근에 들어서도 인권이 불온한 좌파 담론처럼 취급되곤 하는 것은 역사적으로 구조화된 반공주의의 제약에서 그 원인을 찾을 수 있다.

이를 통해 한국 사회의 인권침해에 있어 한 가지 중요한 특징을 찾을 수 있다. 즉 적어도 외형상 '정상적'인 법치국가에서 '비정상적'인 인권침해가 일어난 점도 있었지만, 반공 국시로 말미암아 '정상적' 통치행위의 일환으로 인권침해가 일어났던 것이다. 흔히 한국 현대사를 통해 발생한 각종 인권침해를 불법적이고 비정상적인 사건으로 이해하곤 하지만 그것은 빙산의 일각이었을 뿐이다. 인권침해 사건으로 표면화됐든 되지 않았든 시민의 기본권이 정상적 체계하에서 원천적으로 제약을 받던 억압구조가 분명히 존재했던 현실을 기억할 필요가 있다. 반공주의의 통제하에서 사상과 의사표현의 자유가 구조적으로 부정당해 인민혁명당 재건위 사건으로 말미암아 '사법살인'과 같은 사건(1975)이 발생하기도 했다.

또한 반공주의는 발전국가적 경제성장을 정당화하는 지적 후견인 역할을 담당했으므로 경제발전 논리 또한 일체의 비판과 대안적 사유를 봉쇄한 단색적 발전론이 주종을 이루었다. 이는 개발 영역에서도 '자유의 확대'로서 발전이 아니라 자유의 유보와 강요된 성장으로서 개발론이 지배적 위치를 확보했음을 뜻한다. 개발반공주의의 근대화 논리에 의해 노동자, 농민의 경제적·사회적 권리가 구조적으로 억압당했다. 박정희 정권의 체제경쟁적 개발주의와 반공군사주의가 근대화의 전면에 등장하면서 "균등사회건설 논리가 압도당하고 생산증강 논리가 일반화"되어 노동자와 농민의 경제적·사회적 권리가 특히 심하게 탄압을 받았다(신용옥, 2008, 83쪽). 반공주의 논리로 사회권을 억압하는 상황은 그 후에도 계속 이어져 노동자의 파업에 대한 반대, 4대 보험 도입에 대한 비판, 무상급식에 대한 공격 등 다소나마 복지국가를 지향하는 정책을 무차별적으로 종북 노선이라고 치부하는 풍토가 냉전 종식 후 21세기에 들어서도 횡행했다.

이러한 반공주의의 구조적 성격으로 말미암아 한국의 인권운동은 적어도 1990년대 초까지는 국제적으로 통용되는 인권 항목들을 개별적으로 방어하는 통상적 인권운동이 아니라 반공규율체제에 저항하는 일반 사회운동 또는 일반 민주화운동의 범주 내에 위치해야 했다. 한국 민주화운동의 일부로서 표출되었던 인권운동은 고전적 인권인 개인의 자유나 평등을 추구했다기보다 집합적 반체제투쟁이라는 목표를 공유했다. 바로 이 점이 한국의 인권운동을 고전적 '인권'운동이 아닌 반공체제 극복운동과 저항적 정의운동으로 자리매김하는 데 결정적 역할을 했고, 이런 특징은 현재도 어느 정도 남아 있다. 또한 발전국가의 일방적인 경제성장론 틀 내에서 경제적·사회적 권리를 주창하는 인권 요구가 때로는 체제변혁적이고 민중지향적인 성격을 띠기도 했다(박래군, 2006). 정치적·사회적 고려를 초월해 개별 인간 존엄성의 옹호에 초점을 두는 전통적 인권운동을 고수해온 국제 앰네스티가 한국에서 전체 시민사회운동과의 관계 설정을 놓고 오랜 내부 논쟁을 거친 것도 이 같은 현실을 반영한 것이다(국제 앰네스티 한국 지부, 2002). 시민사회에서 인권운동의 고유한 영역을 회복할 필요성이 제기되었던 것도 이런 사정을 반영한다. "(……) 종래의 인권운동은 엄밀히 말하면 정치적 운동의 한 요소와 수단으로 기능해왔다고 볼 수 있다. 인권의 남용과 악화는 결국 부당한 군부 독재정권의 존재에 연유했던 것이므로 이 정권의 타도야말로 일거에 해결할 수 있는 방법이 될 수 있었던 것이다. 이런 인권운동의 성격으로 말미암아 인권운동과 정치운동의 경계가 제대로 서지 않았으며 전문적인 인권운동가가 배출되지 못했다."(박원순, 1993) 이런 현실은 1993년 비엔나국제인권대회 이후 국내에서도 본격적인 인권운동이 등장함으로써 변화되기 시작했다.

3. 제도적 탄압

반공주의의 제도화는 다음과 같이 세분할 수 있다. 첫째, 실질적 헌법이라고까지 일컬어지는 국가보안법, 반공법, 긴급조치 등의 실정법 규범이다. 둘째, 정보기관과 경찰, 공안검찰, 군 정보기관 등 국가 억압기구들에 의한 통치다. 셋째, 반공주의를 당연시하고 그로 말미암아 인권침해에 면죄부를 부여해주었던 이데올로기 대행기구로서의 사법부다. 넷째, 국가의 직간접적 지원하에 전국적 동원 네트워크를 형성하고 반공 이데올로기를 재생산했던 각종 관변단체다. 이 글은 이 중에서 직접적 인권침해를 양산한 대표적 제도인 국가보안법에 초점을 맞춘다.

1948년 12월 1일 국가보안법이 제정됨으로써 "반공주의는 대한민국의 공식적 이데올로기로 법제화되었다."(김학준, 1990, 77쪽) 공산주의자 또는 용공분자라면 무조건 처벌할 수 있는 법적 근거가 마련된 것이다. 대한민국에서 헌법은 단순한 규범에 불과한 반면 국가보안법은 국민의 정치사회적 활동을 사실상 좌지우지하는 '실질 헌법'의 지위를 지녔으므로 국보법은 평상시에도 존재하는 계엄법에 준하는 성격을 지녔다고 볼 수 있다(김득중, 2009). 국가보안법은 제정 당시부터 반공 이데올로기에 근거해 입법의 정당성이 주장되었고 수차례 개정을 거치며 사형제와 단심제, 보도구금, 인심혹란죄, 헌법기관에 대한 명예훼손죄, 특수범죄에 관한 소급입법, 반국가단체와 국가기밀, 찬양·고무·동조와 이적 표현물에 관한 자의적 법해석 등 법치국가의 원칙 및 국제 인권기준과 전혀 들어맞지 않는 대표적 악법으로 기능해왔다(민병노, 2000).

1948년 국가보안법이 제정될 당시 대다수 제헌의원이 민주주의 원칙에 위배될 가능성이 높다고 우려했으나 여순사건 이후의 급박한 시국에서 국가가 일단 "생존과 소멸의 경계선에 놓인 정치"를 추구할 수밖에 없다는 상황 논리에 압도당하고 말았다는 견해도 있다(서희경, 2004). 바람직하지 않지만 불가피한, 일종의 홉스식 상황 인식에 의한 파우스트적 거래를 했다는 것이다. 하지만 백번을 양보해서 그런 '한계상황의 정치' 논리를 인정하더라도 오늘날까지 대한민국이 그런 상황에 놓여 있다고는 볼 수 없다. 국가보안법의 문제는 절차적 민주주의의 영역에 속한다고 볼 수 있는데, 아직도 이 문제가 한국 사회에서 진보와 보수를 가르는 첨예한 쟁점이 되고 있다는 사실은 우리 사회의 인권 수준을 적나라하게 보여주는 것이다(정영태, 2005).

국보법이 인권에 대해 갖는 관계는 다음과 같은 진술로 정리될 수 있다. "헌법상 국가긴급권의 발동, 즉 국가비상사태에 준하는 일상적 역할을 수행한다. (……) 왜 국가보안법이 인권을 일상적으로 침해하게 되는가의 비밀이 여기에 있다. 즉 국가의 존립이나 지배계급의 이익이 모든 기본권에 우선하는 것이다. 헌법의 원리는 역전되고 인권보장은 방치되는 것이다."(김민배, 1999, 52쪽) 민주화실천가족운동협의회(민가협)에 따르면 1968~1990년 제1심 형사공판 사건에서 사형이 선고된 총 593건 중 국보법 또는 반공법에 의한 사형선고가 122건(20.6퍼센트)에 이를 정도였다. 그리고 1961~2002년 국보법과 반공법 위반사건 기소 인원은 총 1만 3,204명에 달했다(〈http://minkahyup.org/html/menu0201.html〉, 2013년 10월 31일 접속). 현재 성립되어 있는 국보법은 그 존재만으로도 인권침해의 가능성이 상존하는 법률이라고 할 수 있다. 이는 국가비상사태라 하더라도 생명권, 소급입법, 사상과 양심의 자유 등은 '절대권'이므로 결코 침해할 수 없음을 규정한, 그리고 대한민국이 비준한, 시민적·정치적 권리에 관한 국제규약 ICCPR 4조와 정면 충돌하는 것이다.

국가보안법의 형태로 제도화된 반공주의는 제도화된 인권침해로 직결되었다. 국가보안법 위반사범, 간첩조작 사건, 고문과 가혹행위 등 시민적·정치적 인권유린에 해당하는 수많은 사건이 양산되었다. 국보법은 단순히 사회적 공포 분위기를 조성하는 법률적 수사가 아니라 실제로 정치적 반대파를 제거하는 도구로 작동했다. 간첩 혐의의 국보법 위반으로 1959년 처형당했지만 2011년 대법원에서 무죄가 선고되었던 진보당 조봉암 사건의 사례가 이를 말해준다. 공안조작 사건이 발생하면 불법연행, 장기구금, 고문, 타살, 허위자백, 국가보안법 적용, 정찰제 판결이 되풀이되었다. "이 과정에서 헌법과 법률에서 보장하고 있는 인간의 존엄과 가치, (……) 권리 등은 한갓 쓰레기통의 휴지조각에 지나지 않았다."(조현연, 2003, 122~123쪽) 국보법 관련 인권침해 사례들은 가장 많이 기록되고 문서의 형태로 보존된 인권침해 영역이기도 하다(김민배, 1999). 더 나아가 1960~1970년대의 좌익수와 비전향 장기수들은 "양심의 자유를 훼손시키는 이상의 인간성 자체에 대한 파괴행위"일 뿐 아니라 "이성의 마비"를 초래하기도 한 폭압적인 강제전향제도의 희생자가 되어야 했다(김귀옥, 2011, 291쪽).

한국의 인권운동은 반공주의에 근거를 둔 국가보안법의 인권침해에 맞서 저항하는 과정에서 세계인권선언 18조에 규정된 양심의 자유라고 하는 인권 고유의 논리와 관점을 표방하고 내면화할 수 있었다(한국기독교교회협의회 인권위원회, 1994). 또한 법적·제도적 수단을 통한 인권운동이 활성화되는 계기가 마련되었으며 '민주주의와 법의 지배'를 구현하고자 한 일단의 인권변호사들이 출현하기도 했다(홍성우·한인섭, 2011). 또한 한국의 인권운동은 제도적 인권침해의 영향으로 행형과 관련된 활동을 활발하게 벌였다. 구속자가족협의회(구가협)와 민가협, 전국민주화운동 유가족협의회(유가협)가 인권단체의 대명사처럼 인식되었으며 간첩조작 사건 진상규명운동, 재판투쟁, 구속자 석방운동, 수감자 지원활동과 구명운동, 장기수 지원, 비전향 장기수의 사회적응 지원 등도 인권운동의 중요한 요소가 되었다. 제도에 의한 탄압에 저항하는 활동의 보편적 성격을 적극 활용해 한국 인권운동은 해외 지원단체, 해외 인권단체들과 연대망을 구축할 수 있었고(국제 앰네스티 한국 지부, 2002: 천주교인권위원회, 2001), 이는 다시 국제 인권규범에 의한 '부메랑 효과'를 낳을 수 있었다(Gready, 2004). 인권운동으로서의 비판적 법학운동이 보수 일변도의 법학계에 중요한 대항 세력으로 떠올랐다(이재승, 2010). 민주화 이후 제도적 반공주의에 대한 가장 확실한 대응이 바로 인권의 제도화라는 각성이 공감대를 형성하게 되었다. 시민사회운동에서 제도 개선과 입법운동이 대세를 이루었고(홍일표, 2007) 국가인권위원회의 설립, 법무부 인권과 설치, 여성가족부와 국민권익위원회 등도 광의의 인권제도화 추세를 반영했다. 또한 진실화해위원회를 위시한 각종 과거사 청산 움직임도 이에 속한다(김동춘, 2013). 인권의 제도화 중 가장 최근의 노력으로 2013년의 차별금지법 제정 시도를 들 수 있다. 차별금지는 고전적인 기본권에 속하는 사안임에도 이 시도는 종북 논쟁에 휩싸이면서 결국 무산되었다. 이것은 이념과 직접 관련이 없는 기본권 보장 논의조차 반북반공주의의 영향으로부터 전혀 자유롭지 않음을 보여준 사례였다.

4. 사상의 왜곡

한국에서 반공주의는 보수주의의 한 요소라기보다 "보수주의 그 자체"라고 할 수 있다(이나미, 2011, 61쪽). 반공보수주의적 해석에 따르면 대한민국은 1948년의 '혁명적 민주주의 체제'로부터 시작되었고 그 체제를 지키기 위한 노력이 반공의 형태로 나타났다고 한다(황인태, 1981). 이승만 정부 수립 기념식 치사에서부터 국가에 대한 충성이 곧 반공이라 했고(곽송연, 2013, 20쪽) 수사적으로 자유민주주의, 내용적으로는 반공이 인권과 동의어로 간주되었다(이정은, 2013). 이런 해석으로부터 "대한민국 현대사 60년이란 반공산 제국주의 투쟁사 그 자체"라는 명제가 도출되었다(김광동, 2008, 44쪽). 반공 노선만이 인권과 민주주의를 보장할 수 있으며 반공투쟁은 한국의 민주주의와 인권을 지켜온 최선의 보루였고 남북경쟁에서 전 국민을 동원하고 통합할 수 있었던 비결이라고도 한다(Oh, 2011). 한국전쟁 후에는 반공 한국의 세계사적 의의를 강조하기 시작했다. '세계 인류 구원' 또는 '세계 평화'와 같은 보편주의적이고 인도주의적인 언사를 통해 한국이 취한 반공주의 노선 덕분에 전 인류의 민주·인권·평화가 보장되었다고 강조했다(김예림, 2007). 기독교계의 일각에서도 반공 노선과 인간 존엄성이 들어맞는다는 주장을 끊임없이 제기해왔다. 이들 기독교인은 종교와 신앙의 자유라는 인권 가치를 반공주의와 등치시킴으로써(강인철, 2005a; 2005b) '반공주의의 종교화'라는 현상까지 발생하게 되었다(강인철, 2006).

반공주의가 스스로 친인권 노선이라고 내세운 것과는 별개로, 반공주의는 지속적으로 반공규율체제에 반대하는 세력을 인권의 범주 바깥으로 추방하려는 사상적·실천적 노력을 기울였다. 한국전쟁을 거치면서 대한민국에서 공산주의는 단순히 지적 부정의 대상이 아니라 "체험에 바탕을 둔 구체적 제거대상"으로 규정되었다(강진호, 2005, 377쪽). 그리고 서구의 반공 정치가들에게 찾아보기 어려운 극단적인 반공론, 대화와 협상 무조건 반대 논리가 횡행했다(김영희, 2010). 특히 박정희는 5·16쿠데타의 6개 혁명공약 중 3개를 반공과 관련된 내용으로 채우면서 자유민주주의를 왜곡하고 억압했다. 1968년 제정된 국민교육헌장은 "자유와 권리에 따르는 책임과 의무를 다하며"라고 강조하고 "반공 민주정신에 투철한 애국 애족이 우리의 삶의 길이며 자유세계의 이상을 실현하는 기반"이라고 하여 반공이 곧 자유와 인권이며 책임을 다하지 않으면 권리도 없다는 식의 국가주의 논리를 전개했다(이나미, 2011). 또한 공산주의는 그 속성상 자유와 인권과 양심을 파괴하는 사상이라는 선전을 전파했다(황병주, 2012). 박정희 정권 시기에는 재건, 경제개발, 조국 근대화를 '기본적 인권'을 보장하기 위한 것으로 정당화했다(이정은, 2008; 2013).

종교화된 반공주의는 반공을 무오류의 정통 신앙관으로 인정하고 용공을 이단시하면서 정죄했다(김동민, 2001). 특히 냉전기 기독교 반공투사들의 정신적 성향 속에는 '선악이원론'이 그 바탕에 자리 잡고 있어 '친공' 혹은 '용공'을 죄악으로 간주했다(류대영, 2004). 이처럼 한국의 반공주의는 '빨갱이'를 인류 종으로부터 영구히 추방해야 한다는 배제의 사상이므로 포괄적인 인권사상과 원리적으로 상충되며, 역사 속에서 인권의 보편적 적용을 제한해온 일련의 반보편 논리의 연장선상에 있다(남원진, 2007). 기독교계 일부는 유신을 옹호하고 유신체제에 반대하는 기독교 민주화운동 세력을 용공으로 매도하기도 했으며, 광주민주화운동 직후 교계의 지도자 23명이 전두환을 지지하는 공개모임을 개최하여 "한국 교회사에 지울 수 없는 오욕과 굴종의 기록"을 남기기도 했다(장규식, 2006, 117쪽).

2000년대 들어 활성화된 이른바 '뉴라이트' 운동은 질서와 전통을 보존하려는 보수주의의 본령으로 돌아간 것이 아니라 '올드라이트'의 반공주의적 중핵을 보존하면서 시장자유주의, 시장공리주의의 프레임을 차용한 것이다(신진욱, 2008). 그러므로 뉴라이트적 보수주의는 반공주의로 인한 시민적·정치적 권리의 침해 가능성을 온존시킨 채 경제적·사회적 권리를 실질적으로 약화시킨 역할을 수행했다고 평가할 수 있다. 뉴라이트 유의 반공주의는 '반북반공주의'의 출현과 긴밀하게 연결되어 있다. 냉전 종식 후 구 공산권과 수교가 이루어지면서 반소-반중 노선이 반공주의를 대표하는 경우가 줄었으며, 2000년대 초반 남북한 화해 무드의 결과 한국에서 반공주의가 약화되고 이데올로기 갈등 축이 서구적 의미의 계급적 균열로 이동하고 있음을 지적하는 논조가 늘어났다(전재호, 2006; 현재호, 2008; Jeon, 2009). 그러나 이런 분위기에서 반공주의가 탈냉전, 민주화, 다원화의 맥락에서 발현되는 비권위주의적·평등주의적 인권 노선을 용공이라고 공격하는 일이 비일비재해졌다(류대영, 2004). 게다가 2000년대 후반부터 반북반공주의가 전면에 등장해 이른바 '친북좌파' 또는 '종북좌파'가 대한민국의 정통성을 부정한다고 비난함으로써 권위주의적이고 이념과잉적인 정치 상황을 조성하고 있다(이항우, 2011). 작금의 반북반공주의는 순수한 인권운동에 대해서도 종북 오명을 부여하는 데 주저하지 않을 정도로 과거보다 더 노골적이고 퇴행적인 경향을 보인다.

한국 반공주의의 사상적 전개과정은 인권과 민주주의 사상의 굴절의 역사라 해도 과언이 아니다. 첫째, 반공주의는 보편적 가치를 내세우면서도 권위주의(반자유주의-반민주주의)와 국가자본주의의 결합을 그 내용으로 유지하면서 수사로만 자유민주주의를 표방했다. 반공주의는 자유주의 이념을 "반공주의에 포획된 자유민주주의"로 착종시켜 민주주의 규범, 다원주의 가치, 개인의 내면적 자율성 등을 파괴했다(조현연, 2003, 120쪽). 구체적으로 본다면 "언론, 출판, 결사, 집회의 자유, 법치제도, 권력분립, 입헌주의적 견제와 균형의 원리 같은 자유주의의 핵심적 덕목들이 자유주의(실제로는 냉전반공주의)의 이름으로 무참히 유린된 것이다. 냉전반공주의로 타락한 한국 자유주의는 자유주의에 고유한 가치와 윤리들을 함께 망실해 버리고 말았다."(윤평중, 2012, 199쪽) 그 결과 한국에서 자유민주주의는 냉전-극우-반공집단의 기표처럼 받아들여졌고 결국 반공주의자들의 '자유주의'는 "조숙하게 반동적인 이데올로기로 타락하여 반공을 앞세우고 국민의 자유와 인권을 침해하거나 무시"했다는 점에서 "근본적인 자가당착에 봉착"하고 말았다(강정인·하상복, 2012, 201쪽).

둘째, 한국 반공주의가 옹호한 '인권'관은 철저히 북한과의 관계와 비교 속에서만 존재하는, 남한의 시민들에게 관념으로만 존재하는 비현실적 사상이 되었다. 냉전반공주의의 상황논리에 따라 해석된 남한 국민의 기본권이란 남한이 적화되지 않은 상태를 의미하는 '불성립에 따른 반사적 가치'를 의미할 뿐이었다. 반공주의 덕분에 남한 사회가 적화되지 않았으므로 그것이 바로 최고의 인권보장이고, 그것만으로도 감지덕지해야 한다는 흑백논리 앞에서 본래적 의미의 민주주의와 인권은 우리 실정에 비춰 사치에 가까운 어떤 것으로 전락하고 말았다. 이런 주장은 '최악'이라고 상정된 어떤 것을 피하기 위해서라면 그 어떤 수단도 무조건 '최선'에 속한다고 하는 목적-수단 전치적 윤리에 기반을 두고 있다. 더 나아가 이승만의 미국식 자유민주주의와 박정희의 '한국식' 민주주의 등이 모두 북한에 대한 '비교우위적 가치'로서의 반공과 인권을 내세웠다. 북한 공산체제하에서 '노예' 상태에 빠져 있는 동포들에 비하면 남한 국민의 삶은 그나마 양호한 편이므로 남한 체제를 비판하는 남한 민중은 결과적으로 북한 체제를 옹호하는 친공 세력이라는 것이다. 이런 식의 현실인식은 오늘날 북한 인권을 둘러싼 논쟁을 보수반공주의자들이 가장 열성적으로 주도하고 있는 사실로도 입증된다.

반공주의의 인권관은 한국의 인권운동에도 심대한 영향을 끼쳤다. 첫째, 인권운동과 민주화운동은 적어도 1980년대 이전까지는 반공을 기본 가치로 인정하는 바탕에서 '진정한' 자유와 민주주의를 그 이상으로 내걸어야 했다. 해방 직후 반탁·반공 노선을 취했던 김구나 "토지개혁을 통해 대한민국에 대한 농민 지지를 구축함으로써 튼튼한 반공의 방벽들을 쌓은" 조봉암 같은 인물을 이 범주의 초기 사례로 들 수 있다(박명림, 2009, 194쪽). 1950년대에 들어서도 여야를 가리지 않고 반공 이데올로기를 한국 정치의 당연한 토대로 간주했다. 보수파가 독재의 알리바이로서 반공을 내세웠다면, 민주파는 진심으로 반공을 위한다면 민주주의를 해야 한다고 주장했다(김봉국, 2012). 4·19혁명 당시 서울대 학생들은 "민주주의 바로잡아 공산주의 타도하자"라는 플래카드를 들고 시위를 벌이기도 했다. 본질적 이유로 공산주의를 반대한다는 차원에서 보면 민주파가 오히려 원래적 의미의 자유민주주의적 반공을 추구하는 것처럼 보이기도 한다. "솔직히 말해 독선적이고 교조주의적 자세야말로 매우 공산주의적이고, 분열을 획책하고 자기 집단의 옹호를 위해서 타 단체를 궤멸시키려는 생각은 공산당의 기초 전략에 속한다. (······) 〔그러나〕 우리는 공산주의에 반대하기 위해서 살고 정부를 운영하는 것이 아니라 (······) 자유의 창달, 민주주의의 신장이 이 나라를 그 어떤 위협으로부터도 방어할 수 있는 가장 빠른 길이 될 것이다."(오재식, 1970, 82~83쪽) 진보적 기독교 지도자들이 1988년 반공주의와 공개적으로 결별할 때까지 종교계에서도 민주주의는 반공의 수단

내지 하위 개념으로 이해되었다(강인철, 2005a).

둘째, 1980년대 이후 민주화운동과 인권운동의 헤게모니를 민족주의와 민중주의가 주도하게 된 뒤에는 고전적인 자유민주주의의 가치를 옹호하는 목소리가 줄었다. 이런 경향으로 1980년대 이후 민주화운동 진영이 옹호했던 인권관은 계몽주의-고전적 자유주의 이래의 자연권적 인권사상에 근거했다기보다(이런 수사를 간혹 차용했지만) 사회운동적 해방론에 가까운 사상이었다. 1980년대 말과 1990년대 초까지만 해도 한국에서는 '비자유주의적-급진적' 인권사상이 주종을 이루었다. 그것은 다음과 같은 진술에서도 잘 드러난다. "한국의 보수파들에 비해 진보파들이 민주주의의 원리와 가치를 구현하는 데 더 열성적이라는 점은 분명하다. 그러나 개인의 자유와 기본권을 수호함에 있어 자유주의 가치의 맥락에서 진보파들이 그런지에 대해서는 확신할 수 없다."(최장집, 2011, 160쪽) 그러므로 한국 인권운동의 사상적 정향은 뎀부르가 말하는 자연권형, 심의형, 담론형, 사회운동-저항형 인권사상 중 사회운동-저항형에 가까웠다고 할 수 있다(조효제, 2011, 264~267쪽; Dembour, 2010).

셋째, 인권운동과 민주화운동 진영은 반공주의에 대항하는 과정에서 반-반공주의의 회로에 진입하는 양상을 보였다(홍세화, 1995). 한국의 반공주의가 반공 외의 모든 사상을 공산주의로 매도·탄압하는 인권침해를 자행했다면 반-반공주의는 모든 종류의 반공주의를 동일한 것으로 인식하는 오류에 빠졌다. 역사적 경험으로서의 반공주의에는 '자유민주주의적 반공주의', '사회민주주의적 반공주의' 그리고 '파쇼적 반공주의'가 포함된다(정영태, 2005). 민주-진보파라면 파쇼적 반공주의를 제외한 나머지 반공주의들의 근거와 논리를 심도 있게 이해했어야 했다. 더 나아가 반-반공주의가 민족주의의 사유를 통해 "국민의 다양한 층위의 정체성을 사장하고 타자의 배제와 억압을 통한 동일성에의 집착"을 고수하는 문제가 발생했다(남원진, 2007, 349쪽). 예를 들어 인권운동과 민주화운동 일부에서 현실공산주의 독재체제에 대한 정당한 문제제기조차 금기시하는 태도를 취했던 적이 없지 않았다. 1990년대 중반 이후 북한 인권 문제를 둘러싼 논쟁에서 한국의 전통적 인권운동이 소극적인 자세를 취하게 된 것의 일부 원인이 여기에 있다고 하겠다. 이 점은 남한의 진보적 인권운동이 남북 화해, 평화공존, 인도적 지원을 통한 교류를 지향해온 중요한 공헌과는 별개의 문제로서 역사적으로 성찰해야 할 사안이다(Cho, 2010).

5. 사회심리적 억압

반공주의의 심리적·정서적 측면은 해방 직후 이승만 시대부터 나타나기 시작했다. 공산주의(자)에 대해서는 소요, 파괴, 피, 내란 등 감정적 언사를 구사했고 공산분자는 소련을 조국으로 여기면서 동족을 파는 원수이자 흡혈귀라는 식의 원초적 민족감정을 자극하는 표현이 등장했다(김수자, 2005: 2008). 이승만 정권의 공보처장을 역임했던 한 관료는 언론출판기관의 임무를 "국가 존립에 위해를 가하는 공산주의에 대한 투쟁에서 적개심을 앙양하고 투쟁 의욕을 진작하는 일"로 규정했으며, 선전보도를 담당하는 사람들은 "국민정신을 지도하는 심리전 내지 신경전의 투사이자 군중심리의 조직자"가 되어야 한다고 주장했다(김영희, 2010, 330쪽). 한국전쟁 이후에는 공산 세력이 단순히 배척 대상이 아니라 '무조건 죽여도 좋은 빨갱이'로 대체되었다. 거창양민 학살사건, 부역자 처리, 용공분자 무차별 학살과 투옥 등을 거치면서 국가는 반공국민대회를 개최해 국민을 폭력적으로 동원하면서 반공담론을 고취했고 국민은 살아남기 위해 이를 내면화해야 했다(김수자, 2008).

역사적 경험을 거치며 체감의 차원으로 현실화된 한국의 반공주의는 북한 체제를 절대악으로 간주하고 심리적 적대감을 극단적으로 조장하는 특징을 보였다(강진호, 2005). 반공주의는 일상적 사유체계에 일종의 자동반사적 회로판을 형성해 체제에 대한 모든 비판적 생각을 용공의 영역과 즉각 결합시킨다. 즉 정치 논쟁이나 이념적 판단이 논리적 차원을 넘어 "이성적 토론을 완전히 '압도하는 감각'the sense of overriding, 따라서 모든 좌파 사상에 대한 부정적 반응이나 객관적 비판을 적대적 감성으로 치환시키는 격렬한 정서의 이념적 표현"으로 전환된 것이다(권혁범, 1998, 10~11쪽). 이는 '분단의식의 과잉사회화'라고 할 수 있다. 일반 대중이 반공주의를 내면화한 결과, 사회 전체적으로 사상적 획일성과 명확성, 군사 동원주의적 심리, 배타적·감시자적 태도, 반정치적 일원주의, 비타협적 견결성 등의 풍조가 만연하게 되었다. 반공주의는 사람들에게 자기검열성과 감시성을 일상적으로 부과해 '간첩신고정신'이 시민적 규범성의 최고 경지로 간주되는 일까지 발생했다. 이는 장기적으로 체제순응을 강제했으므로 박정희 시대 이후 불균형 발전에서 오는 사회적 약자의 저항을 봉쇄하고 길들이는 데 효과적인 기제가 되었다(권혁범, 1998). 근대 인권의 기본 원칙인 사상의 자유(다원주의적 심리 정향)와 의사표현의 비제약을 무의식의 차원에서부터 차단해버린 결과, 한국에서 인권을 주장한다는 것은 대중의 거대한 심리적 차단벽과 마주하는 것과 같은 차원의 일이 되어버렸다.

반공주의의 내면화는 아동 시기의 이데올로기 교육에서부터 시작되어 "의도적으로 체제비판적 언술을 회피하는 비판정신의 불모성"을 지닌 수동적 시민을 양산하게 된다(임성규, 2008, 370~371쪽). 반공주의로 말미암아 획일적이고 맹목적인 심리를 지니게 된 대중의 태도가 권리의식과 자력화된 시민성의 함양에 커다란 장애물이 되고 있는 것은 분명하다. "내면화된 반공 이데올로기는 여전히 한국 사회를 내밀한 방식으로 규율하고 있다는 점에서 다원적 민주사회에서 요구되는 다중적인 주체 형성을 가로막고 있다"는 진단이 이 점을 잘 증언해주고 있다(임성규, 2008, 386쪽). 더 나아가 반공주의가 인간 내면을 구속하면서 안보 쟁점에 있어 순식간에 집단적으로 심리가 결집되는 현상이 나타났다. 그 결과 "반공주의를 축으로 한 분단 규율이 근대적 자유와 권리를(언론·출판·사상·학문·예술의 자유) 기초로 하는 한국 사회의 온전한 형성에 치명적 장애를 초래"하게 된 것이다(권혁범, 1998, 38쪽). 반공주의의 규정력으로 말미암아 문예 창작인들은 기본적인 표현의 자유를 박탈당했고 "공포와 자기검열이라는 심리적 현실"이 만들어낸 "마음의 검열관"이 작가의 전의식과 의식의 세계를 검열하는 지경에 이르렀다(유임하, 2005, 131쪽).

해방 이후 민간인 학살과 광주민주화운동에서 볼 수 있듯, 반공주의는 집단학살과 편집증적 광기의 표출을 가능하게 한 메커니즘으로 변질되었다. 냉전반공주의의 이분법적 특성상 '우리 아닌 그들'에 대해 강렬한 증오와 배제의 심성이 정서 속에 나타나기 때문이다(최장집, 2000, 168쪽). 반공주의로 말미암아 개인의 심성 속에 타자에 대한 문화적·도덕적 거리가 형성되었고 그것 때문에 별도의 내면화 과정을 거치지 않고도, 별다른 심리적 저항을 경험하지 않고도 지도자의 명령만으로 순식간에 집단학살을 저지를 수 있는 심리 상태가 만들어졌다(곽송연, 2013, 38쪽). 반공과 쌍을 이루는 적색공포증은 심리적 공포심만을 의미하지 않으며 광기에 근거한 공격적인 성향과 공포심에 근거해 무자비한 인권탄압을 용인하고 정당화하는 사회심리를 의미하기도 한다(강준만, 1997).

반공주의는 공산주의(자)에 비해 도덕적·인간적 우위를 상정함과 동시에 그 우위를 실천하는 주체로서 흔히 '남성 영웅'을 호명한다. 그렇게 되면 여성은 남성 영웅의 보조자, 어머니의 지위를 부여받고 여성의 고유한 정체성보다 남성을 지원하는 '국민 주체'의 일원으로 간주된다. 그럼에도 국민의 원형은 여전히 '남성 주체'이므로 여성은 피해자 신분으로만 '국민 주체'화하는 경향이 생긴다. 내용적으로는 반북반공주의, 수용적으로는 여성을 타자나 피해자, 방관자로 전락시키는 내면화 기제로 작동하는 것이다(이명희, 2007). 이처럼 한국 사회에서 반공주의는 국가의 지배적 이데올로기 차원을 넘어 젠더 영역과 같은 "사회의 정신습속mentality에까지 침투"해 있는데, 그것의 원인은 반공주의가 역사적으로 구조화되어 있는 한국 현대사의 현실에서 찾아야 한다(유재일, 1992, 139쪽).

반공주의의 정서적 지배력이 워낙 강력해서 한국의 반공주의는 정치이념이 아니라 '사회적 감성, 감정' 그 자체로 보아야 한다는 주장도 제기되었다. 일반인에게 반공주의는 간첩에 대한 의심과 경계의 감정 그리고 미신고로 인한 불이익을 염려하는 공포와 불안으로 각인되었다. 반공체제는 이런 '감성 프로파간다'를 통해 논리적 이유보다 국민의 무의식적 동의를 이끌어내는 방식으로 반공주의를 관철시켰다. 그리하여 "남한 사회에서 반공주의는 나중에는 거의 그 이유 따위는 중요하지 않게 된 하나의 정념이자 신앙"이 되었고, "나와 다른 모든 생각과 가치관을 적으로 간주하고 배척하기에 급급한 우리 마음속의 38선"이 되었던 것이다(이하나, 2012, 234~235쪽).

반공주의적 대중심리 상태는 인권운동에도 적잖은 영향을 끼쳤다. 우선 이성적으로 정당한 기본권의 요구조차 일반 대중의 부정적이고 적대적인 태도와 인식 앞에서 차단되곤 하는 현실을 인권운동은 다반사로 경험해야 했다. 인권운동의 내용적 정당성과 무관하게 일부 대중이 인권에 대해 표출하는 냉소, 회의, 반감이 실질적 인권 향상에 큰 악영향을 끼치고 있다. 인권을 좌파의 정치공세로 간주하는 사회 일각의 부정적 태도도 한국 인권운동가들이 상시적으로 경험하는 바다. 그 결과 인권운동가들은 헌법에 보장된 기본권을 옹호하는 주장조차 실존적 차원의 결심 위에서 제기해야만 했다. 또한 반공주의의 획일적 사고방식이 반-반공주의와 조우하면서 인권운동 역시 진영논리, 흑백논리, 과도한 일반화, 음모론적 세계관에서 완전히 자유롭지 않은 부정적 유산을 경험해야 했다.

6. 맺음말

한국 반공주의는 선과 악의 이원론에 근거해 세상을 극단적인 단순 논리로 이해하는 초규범적 정치사상이다. 반공주의자들은 공산주의와 용공노선을 극단적으로 넓게 해석함으로써 반공주의의 정체성을 스스로 위축시키는 자가당착에 빠지기도 했다. "북한 노동당의 2중대는 민노당이고, 민노당의 2중대는 민주당이고, 민주당의 2중대는 한나라당"이라는 식이다

(김흥도, 2011, 29쪽). 이런 논리는 모든 차이의 소멸 그리고 근대 정치 이념의 다양성 부정으로 이어졌다. 반공주의를 추구하는 과정에서 "타협이나 절충이 있을 수 없었고 삶과 죽음을 건 전쟁만이 있을 뿐이었다. 이것을 남한에 국한시켜 말할 때, 사회민주주의 또는 민주사회주의 같은 절충적 이념이 더 이상 존립할 수 없음을 말해주는 것"이었다(김학준, 1990, 78쪽). 또한 한국의 반공주의는 공산주의자 또는 용공분자들을 '행위 주체성'이 결여된 인간 이하의 존재로 부정하는 경향이 있다. 예를 들어 과거에 북한을 소련의 조종을 받는 괴뢰-꼭두각시로 상정했다면, 현재는 친북 노선을 따른다고 생각되는 사람들을 자율성이 부재한 맹목적인 '종북 세력'으로 상정하는 태도가 그것이다. 이런 세력을 타파하기 위한 모든 행위에 무조건 면죄부가 부여되므로 한국 반공주의는 원죄를 씻고 구원을 추구하는 일종의 정치적 신학의 성격을 띠고 있다.

반공주의의 구조적 제약으로 한국의 인권운동은 고전적 의미에서 개인의 자유와 존엄을 옹호하는 활동에 앞서, 일단 그런 주장을 펼 수 있는 정치체제상의 외연을 넓히는 데 주력할 수밖에 없었다. 그런 의미에서 한국에서 '운동'으로서의 인권담론은 반공규율체제를 반대하는 민주화운동에 그 기원을 두고 있다. 그러나 반공주의의 제도적 탄압은 인권운동을 전문적 인권운동으로 단련시켰고 민주화의 진전과 인권 제도화의 여정을 같은 궤도에 수렴시켰다. 반공주의의 사상적 왜곡으로 말미암아 북한에 의해 적화되지 않은 상태라면 그 어떤 것이라도 인권과 동의어가 된다고 하는 초논리적 궤변이 보수파의 프로파간다로 자리 잡았다. 또한 법의 지배, 시민권적 사회계약사상, 개인의 자유와 존엄 등 인권의 필요조건이라 할 수 있는 정치적 자유주의의 기반이 협소해졌고(Kelly, 2005), 이는 비자유주의적 정서를 내장한 저항형 인권이라는 독특한 한국적 인권관을 발전시켰다. 또한 전통적 인권운동의 일부가 반-반공주의 논리를 수용함으로써 북한과 관련된 인권 문제에 결과적으로 침묵하게 된 역사적 오류가 발생했다. 마지막으로, 반공주의의 사회심리적 억압으로 말미암아 대중에게 반공주의적 심성이 내면화되어 한국의 인권운동은 독재정권에 저항할 뿐만 아니라 인권에 소극적인 대중의 정서를 설득해야 하는 난제를 떠안아야 했다.

결론적으로, 한국의 반공주의와 인권의 교호작용에서 도출된 결과로부터 우리가 취할 수 있는 교훈은 다음과 같다.

첫째, 거시적으로 봤을 때 한국에서 인권은 반공주의라는 구조적 제약 아래서 언제든 후퇴할 수 있고 심각한 침해를 당할 가능성이 높다. 절대적 반공체제의 해소, 그것을 위한 남북한 화해와 한반도의 평화 구축 없이 한국 사회에서 본질적 차원의 인권보장을 논하기 어려운 이유가 여기에 있다. "인권의 실현은 법적 권리의 문제에 그치는 것이 아니라 사회구조와 국제질서의 전환이 있어야" 하기 때문이다(김민배, 1999, 54쪽). 최근 통합진보당 해산사건에서 볼 수 있듯 반북반공주의가 한국 사회의 실질적 통치이념으로 존재하는 한 결사의 자유 등 고전적 기본권에 속하는 인권조차 얼마든지 자의적으로 침해될 수 있는 것이다.

둘째, 설령 공산 세력 때문에 자유민주체제가 위협받을 가능성이 있다고 하더라도 민주주의와 인권이 반북반공주의적 접근방식으로 보장될 수는 없다. 인권과 민주주의는 개인과 타자를 존중하고 수용하는 개방적 시각, 더 많은 자유와 민주주의를 실천하고 실험하는 적극적 정신과 대중의 인도주의적 에토스를 함양할 때만 비로소 가능해지기 때문이다(강진호, 2005). 그런 뜻에서 인권을 최대한 존중하는 심화된 민주주의가 대한민국 헌법이 규정한 '자유민주주의' 체제를 수호할 수 있는 최선의 방책이며 반북반공주의는 오히려 대한민국의 정당성을 위협하고 스스로 허무는 내부의 공적公敵이다. 자유민주주의의 수호를 위해서라도 반인권적 반북반공주의는 추방되어야 하는 것이다.

셋째, 근대 인권 개념에서 정치적 자유주의는 인권의 필요조건이긴 하지만 충분조건이 되지는 못한다. 1948년 세계인권선언을 제정할 당시 가장 중요한 1차 초안을 작성했던 유엔인권국의 존 험프리John Humphrey 교수가 인권의 기본 이념을 "인도적 자유주의와 사회민주주의의 결합"으로 제시했던 역사적 사실을 상기할 필요가 있다(Sears, 2005). 인권담론의 원칙을 현실에서 가장 근접한 형태로 실천하는 정치체제가 사민주의형 복지국가라는 사실을 많은 인권 전문가가 지적한다(Donnelly, 2013; Gearty, 2010). 인권의 이런 사상적 측면은 민주화 이후의 민주주의를 어떤 토대 위에 정초해야 할지를 놓고 모색을 거듭하고 있는 한국 사회에 중요한 시사점을 제시해준다고 하겠다.

국가폭력과 반공주의

고문조작간첩 피해자를 중심으로[1]

한성훈
연세대학교 역사와공간연구소 연구교수

1. 머리말

국가는 권력을 방패막이로 삼아 폭력을 행사한다. 한국에서 오랜 독재와 권위주의 시대를 종식시키면서 가면 쓴 권력을 치우고 국가폭력을 정면으로 다루게 된 것은 민주주의 이행 이후였다. 대량학살이나 고문처럼 국가가 조직한 폭력은 근대의 이면에서 민주주의를 위협해왔다. 한국 현대사는 한반도의 전쟁과 분단체제의 유산인 반공주의에 의해 지배되어왔고, 이는 사람들의 사회심리 속에 남아 있다. 권위주의와 독재체제에서 국가폭력은 '반공'을 내세워 중대한 인권침해를 일삼았다. 김대중과 노무현 정부는 제주 4·3위원회, 의문사위원회, 진실화해위원회와 같은 국가기구를 설립하여 학살과 고문을 밝혀내고 그 피해자와 가족의 명예를 회복시키기 위해 노력했다.[2]

보편적으로 희생자와 그 가족에 대한 명예회복은 과거를 되돌아보는 이행기 정의transitional justice의 중요한 관점이라고 할 수 있다. 이행기 정의는 권위주의 시대의 인권침해 유산을 다루는 정치적 실천으로서 법치를 회복하고 불처벌 문화를 반박하는 사법적 응징과 희생자의 명예회복, 보상, 제도개혁, 화해, 서사 공유 등을 기초로 과거의 복원을 목표로 한다.[3] 한국의 경우 충분하지는 않지만 피해자의 정체성 복원과 이데올로기 민주화, 민주주의 이행의 제도적 효과를 가져왔다.[4] 국제사회에서 이 논의가 활발해진 데는 공공과 잔학행위의 책임성에 대한 기대감이 커졌기 때문이다.

피해자들이 침해당한 권리를 회복하는 과정은 단순히 과거와 관련되어 있는 것만이 아니라 반공주의에 의해 규정되어온 희생자와 그 가족이 국가와 사회 그리고 자기 자신을 어떻게 이해하는가와 연결되어 있다. 과거의 부정을 해결하거나 회복하려는 정의는 민주주의 이행뿐 아니라 인권 침해를 겪은 뒤 정신적 외상으로 고통받아온 희생자와 그 가족들에게 가장 중요한 과제다. 과거를 정화함에도 불구하고 그들은 반공체제가 연속된 기간 동안 학살이나 고문이 조직적으로 감춰지고 억압되어왔던 점에서 PTSD(외상 후 스트레스 장애: Post-Traumatic Stress Disorder)를 가지고 있다.[5] 국가기구인 각종 위원회는 진실 규명을 통해 이런 정신적 외상을 조금 치료했지만, 그들이 삶의 정체성을 회복하고 사회심리적 고통을 얼마나 덜었는지는 명확히 알 수 없다.

피해자의 고통을 덜어내는 과정은 광범위한 진실 규명과 국가의 사과, 재심 등에서부터 시작한다. 피해자는 '말'을 통해 과거의 진실을 털어놓음으로써 고통이 덜어지지만, 그렇다고 과거를 완전히 복원하는 것은 불가능하다. 이 글은 반공주의와 국가폭력의 관계를 고문 피해자들과 그들의 가족이 겪은 고통을 통해 살펴보려고 한다. 구체적으로 '(재)진실의힘'에서 꾸준히 진행한 고문 피해자들의 '마이데이 맘풀이' 증언을 사례로 분석하겠다.[6] 이 증언은 그동안 금기시되어온 고문 생존자들의 고통을 낱낱이 폭로하고 이들이 한국 사회의 구성원으로서 존재하도록 해준 의미 있는 1차 자료라고 할 수 있다. 연구의 논지는 국가폭력과 반공주의에 대한 상호작용으로서 피해자들과 그 가족들의 경험을 사회심리 관점에서 다룬 것이다.

2. 국가폭력과 고통

1) 반공주의와 법의 지배

일반적으로 근대국가는 '법의 지배'를 사회구성원의 계약과 동의를 전제로 통치와 정당성에 대해 설명한다. 이 형식 속에서 법은 폭력행사를 정당화하며 폭력의 뒷받침을 전제로 하는 "'폭력적 법'의 성격"을 갖는다.[7] 법을 집행하는 과정에서 국가기관은 다양한 폭력을 행사하는데 무엇보다도 법을 권력자의 의지대로 적용한다. 에티엔 발리바르Etienne Balibar는 폭력에서 권력으로 그리고 권력에서 폭력으로 상호 전환하는 요소를 법과 안보, 교육이라고 제시했다.[8] 국가폭력은 법질서의 다른 이름이자 순응과 훈육이라는 측면에서 교육이라고 할 수 있으며, 국가안보를 이데올로기로 구성하는 제도적 규범이라고 볼 수 있다.

한국의 분단 현실에 대한 정치사회적 분석은 민주화 이후부터 가능해졌다. 이전까지 '반공사회'에서 분단의 내적 영향과 결과를 연구하는 것은 학문의 영역에서 금기였다. 반공산주의 냉전의식이 다른 사회가치를 초월하는 것으로 인식되기에 이르면 통일과 같은 의제는 의식 차원이 아니라 감정 차원의 문제로 전락한다. 이 과정은 일체의 사실판단을 가치판단에 종속시키는 '반공 분단의식의 과잉사회화oversocialization'라고 하는 극단적인 상태로 발전한다. 사회를 규제하는 이 같은 가치는 생활 속에서 확인되고 끊임없이 재생되어 대중의 내면에 자기검열self censoring 기제로 작동하는 이른바 '반공규율사회'를 형성한다.[9]

반공규율사회는 해방공간과 한국전쟁 경험에서 안착한 극우공동체의 상황을 일컫는다.[10] 이 사회는 반공의식이 내재화해 나타난 하나의 사회 실재social reality로, 이를 형성하는 조건은 해방공간의 정치·계급투쟁이 내전으로 발전하는 과정에서 발생한 저항운동의 초토화와 대중의 탈동원화, 국가와 시민사회의 비대칭성, 내재화된 레드콤플렉스 등이다. 반공이라는 하나의 논리가 다른 모든 논리를 압도하고 이 논리로 시민을 통제

discipline하고 규율regimentation할 수 있게 된다. 한국에서 마르크스주의는 하나의 사상·운동·이념이기 이전에 적대국가의 사상적 기반이었다는 점에서 거부당한다.[11] 이는 한국이 다른 국가들에 비해 시민들이 취할 수 있는 정치적 행위양식의 범위가 좁은 데서 확인할 수 있다.

국가와 희생자들의 관계에서 중요한 것은 정치공동체 구성원으로서 자격과 권리의 주체 문제다. 한국전쟁으로 돌아가보면, 국가폭력으로부터 억압받은 시민들의 다른 이름은 '피해대중'이었다. 조봉암은 이들을 해방 후 압박과 수탈에 학대받고 전쟁의 참화 속에서 극우반공 세력에 의해 피해당한 사람으로 칭했다.[12] 전쟁에서 희생당한 사람들은 "'호모사케르' homo sacer처럼 시민의 자격을 박탈당한 채 법의 영역에서 추방된 저주받은 사람들"이다. 예를 들면 전쟁을 거치며 누구도 다가갈 수 없는 '성역'에 갇힌 국민보도연맹원과 피학살자들은 '정초적定礎的 폭력'의 '원초적 희생물'이었고 이는 "대한민국의 '원죄'이자 법의 궁극적인 근원의 문제"였다.[13]

정권 수립의 정통성이 없고 권력행사의 도덕성을 갖추지 못한 독재와 권위주의 시대는 '반공과 구질서 척결'이라는 그럴싸한 구호를 앞세워 시민의 기본권을 빼앗고 이들을 '내부의 적'으로 몰았다. 게다가 군과 정보기관은 시민을 대상으로 광범위한 사찰과 감시를 일상화했고, 정권이 의도할 때는 언제나 이들을 잡아들여 간첩으로 만들었다. 분단구조가 의사擬似 합의된 사회에서 지배권력은 저항집단이나 그 주변 인물들을 북한과 연계된 것으로 설정한 후 이들을 폭력적인 방법으로 정치과정에서 배제시켜왔던 것이다.

다수의 시민들이 보수화되는 것은 이런 분단의식의 고착과 반공규율사회의 재생산 때문이다. 물론 이는 실제 정치적 반대자로 제거되는 사람들에 대한 물리적 탄압을 시민들이 직접 목격하기 때문에 더욱 그렇다. 1975년 4월 9일 유신독재정권이 자행한 '인혁당 사건 관련자'들의 사형집행에서 보듯 정적에 대한 가차 없는 처리는 최근 법원의 재심으로 무죄판결이 있기까지 희생자들을 '적대적 국민'의 전형으로 만들어버렸다.[14] 이

사법살인에 대해 박형규 목사는 박정희 정권의 의도를 다음과 같이 일갈했다.[15]

> **분단의 저주를 정권유지의 방편으로 활용하는 사술詐術**에 익숙했던 유신정권은 남한 땅 어디에도 존재하지 않는 소위 '인민혁명당'을 만들어 이 지하 공산당조직이 북의 김일성 정권의 사주와 지원을 받아 전국민주청년학생총연맹(민청학련)을 만들었다고 선전 주장함으로써 **국민을 적화통일에 대한 공포심으로 사로잡아 유신의 불가피성과 정당성을 일거에 확보하자**는 심산이었다.

2005년 10월 국정원과거사건진실규명을통한발전위원회는 인혁당과 민청학련 사건을 재조사해서 진실을 밝혀냈다. 두 사건은 박정희 정권이 1964년 민정이양과 1974년 유신체제 출범 직후 학생들의 거센 저항에 직면하자 반독재민주화운동의 진보적인 세력들을 묶어 북한이나 조총련 등의 배후조정을 받은 반국가단체로 조작한 공안사건이었다.[16] 박정희 정권이 독재권력을 유지하기 위해서 반대 세력의 민주화 요구를 중앙정보부와 검찰, 사법부까지 동원해 탄압한 중대한 인권침해였다. 검사와 판사까지 폭력행사에 동원된 이런 경우는 "법의 미명하에 불법을 판결하는" "최악의 범죄"로서 '정치재판'이라고 규정할 수 있다.[17] 재판에서 법관은 고문과 조작으로 범죄혐의가 날조되었음을 알거나 알 수 있었는데도 이를 무시했다. 이 책임은 고문이나 조작을 실행한 경찰이나 검찰, 안기부(중앙정보부)보다 결코 가볍지 않다. 박정희 시대는 "분단시대를 통한 정치권력의 유지와 안정"이 "계엄령이나 긴급조치 등에 의해"서만 가능한 정권이었다.[18] 오늘날 구체적으로 지적되고 있듯이 군사정권 시절에 이들의 권력을 굳건히 떠받친 유신헌법이나 긴급조치 등은 '법률적 불법'이라고 할 수 있다.[19]

전쟁과 분단, 독재와 권위주의의 유산으로 남은 것이 반공주의다. 반공 이념은 정권이 원할 때 반대 세력을 제압하는 데 악용될 수 있고 폭력을 정당한 국가권력 행사로 내세운다. 궁극적으로 이는 체제에 비판적인 시민의 기본권을 강제로 빼앗으려는 의도였다. 폭력은 한나 아렌트가 제기했듯이 권력power, 강제force, 힘strength, 권위authority와 구별할 수 없게 된다.[20] 독재와 권위주의 체제의 잔재를 청산하지 못한 이런 국가는 근본적으로 폭력에 기반을 둔 정치체제다. 이 체제에서 구성원으로 존재하기 위해서 보통 사람들은 "공격적인 집단적 정서를 담는 이념"[21]으로서 반공을 수용한다. 한국에서 반공주의와 결합한 폭력은 극한적 형태인 집단학살과 고문 따위에서 폭력을 정초하고 이를 반복하는 보존적 폭력으로 행사되어왔다.

발터 벤야민Walter Benjamin은 「폭력 비판을 위하여」에서 법과 관련한 두 가지 폭력을 구분했다. 법을 설립하고 정립하는 정초적 폭력(법 정립적 폭력)과 법의 영속성과 적용 가능성을 유지하고 확증하는 보존적 폭력(법 보존적 폭력)이 그것이다. 자크 데리다Jacques Derrida는 벤야민의 논지에서 법 정립적 폭력에 법 보존적 폭력이 내재해 있는 것으로 본다. 정초적 폭력은 반복을 요구하며 폭력이 보존되어야 할 것을 정초한다는 점에서, 정초적 폭력의 구조에 보존적 폭력이 포함되어 있다. 모든 정립은 "정초의 순간 속에 보존의 약속을 기입"하고 "기원적인 것의 중심에 반복의 가능성을 기입한다."[22] 보존적 폭력은 정초적 폭력의 '반복'과 그 가능성에 있다. 폭력이 작동하는 한국의 반공주의 정치과정, 다시 말해 반공주의를 관통하고 있는 폭력은 피해자들이 과거에 겪었고 지금도 일상적으로 되새기고 있는 고통과 트라우마 속에 존재한다.

2) 트라우마와 고통

한국은 정부기구 형태로 설립한 각종 위원회에서 대량학살과 고문에 대한 조사를 벌였는데, 이는 과거에 부인된 피해 사실을 부분적으로 인정받을 수 있는 계기를 마련했다. 피해자들과 그 가족들에게 이 의미는 결코 적지 않다. 국가폭력 피해자들이 국가에 가장 많이 바라는 것이 공식 '사과'라는 점에서 이들의 고통을 줄이는 첫 단계는 국가가 그 잘못을 스스로 인정하는 것이다.[23] 과거를 너무나 생생히 기억하고 있는 사람들에게 국가가 잘못을 인정하는 행위에서부터 피해자의 고통은 줄어들기 시작한다.

'Traumatic', 이 용어가 옥스퍼드 영어사전에 처음 등장한 것은 1656년이다. '상처나 상처의 치료에 포함되는'이라는 뜻을 가진 이 용어는 그리스어에서 유래했고 19세기에 들어 트라우마는 정신적인 상처라는 개념을 포함하게 되었다. 괴로움이나 고통을 가져오는 신체의 부상과 심리적·실존적 괴로움이나 고통과 같은 감정 상태를 표현하는 두 가지 형태는 계통적으로 연결된 개념이다.[24] 용어의 성립과 개념의 발전으로 볼 때 정신적 외상에 대한 학문의 관심은 근대의 현상이라고 볼 수 있다.

진실을 규명하는 과정에서 맞닥뜨리는 피해자와 국가를 대신하는 공무원 간에는 어떤 내적 공감대가 형성된다. 예전에 국가로부터 직접적인 피해를 당한 사람들에게 그 사실을 밝힐 수 있도록 하는 것은 이제 명예회복의 동기가 된다. 폭력을 겪은 이후 정치사회적으로 피해의식 속에서 살아온 이들은 이 과정에서 진실을 말하고 자신들이 겪은 일을 긍정하기 시작한다. 이 과정은 피해자 스스로 정체성을 복원해나가는 과정이자 상대적 박탈감을 해소하고 공공재를 창출하는 가치로 옮아가는 단계다.[25] 말하기, 곧 발화에서 사건은 피해자가 겪은 피학살이나 '간첩'으로 조작된 당시의 현상만을 일컫는 것이 아니다. 이는 최초의 인권침해 이후 현재에 이르기까지 피해자들과 그 가족들이 국가와 공동체로부터 겪은 정치적·사회적·문화적 고초의 긴 과정을 의미한다. 주목할 것은 특정한 국면에서 트라우마가 나타나는 심리적 작용은 겉으로 쉽게 알 수 있을 만큼 분명하게 드러나기도 하지만, 직접적인 고통은 사회의 일상 속에 잠복해 있음을 감안해야 한다는 점이다.

피해자들이 경험한 '사회적 고통'을 구체적으로 설명하려고 한다면 문화적 또는 사회적 틀 안에서 그들 개인의 생애를 담아내야 한다. 이 고통은 사회적인 힘에 의한 파괴적인 상처의 원인과 결과 그리고 이에 따른 여러 가지 문제를 포함한다.[26] 폭력은 가해자가 행사한 강제력, 공격, 고통의 가해 등 물리적 측면만으로는 제대로 포착해낼 수가 없다. 왜냐하면 폭력은 피해자의 인격, 존엄성, 가치관 등에 대한 공격을 포함하기 때문이다. 따라서 물리적 측면뿐만 아니라 피해자에게 미친 사회적·문화적 차원의 접근이야말로 폭력의 전모를 파악할 수 있는 토대가 된다.[27]

폭력은 고통의 사회적 의미와도 관련지어 생각해볼 수 있다. 일반적으로 고통은 두 가지 의미를 가진다.[28] 첫째, 고통은 생명체가 생체적인 특성 때문에 영향을 받는 부정적인 가치 상태를 의미한다. 고통은 육체의 아픔과 이 아픔을 동반하거나 예상하는 인식의 순간과 관련되어 있다. 둘째, 고통의 종류는 광범위한 심리적·실존적·정신적 상태를 포함하는데 '절망'이나 '고립'과 같은 단어들과 동일하게 묘사된다. 이것은 특정한 집단과 공동체의 구원, 가치, 책임, 정의, 결백, 속죄 따위에 대한 감정의 맥락에서 부분적으로 이해할 수 있는 차원의 사회적 또는 도덕적 차원의 고통이다.

반공주의 폭력으로부터 피해자가 받는 사회심리적 고통은 이중적이다. 왜냐하면 국가폭력은 공식적으로는 인정되지 않는 행위를 정당화하기 때문이다. 국가는 이들을 공동체 구성원이나 피해자로서가 아니라 국가이념에 대항하고 지배질서에 도전한 세력으로 규정한다. 반공은 정권에 반대하는 사람들을 '공산주의자'로 매도하고 내부의 비판자를 가장 손쉽게 적으로 치환하는 이념적 도구였다. 국가가 이들에게 행하는 폭력은 당연하게 여겨져왔고 국가의 억압이 정당화되면 피해를 당한 당사자에게 돌아오는 고통은 광범위한 '레드콤플렉스'였다. 피해자를 향한 공동체와 타자의 시선은 오히려 인권을 침해당한 피해자가 국가에 뭔가 잘못했기 때문에 폭력을 당했을 거라는 논리로 확대되어왔다.

3. 폭력의 모호한 보편성

1) '살아 있는 고문'

고문 피해자들의 경험은 그 자체로 비극이다. 이는 고통 때문인데, 비극은 서구의 관념체계에서 가장 기본적인 장르 가운데 하나다. 이 논의는 아리스토텔레스의 시학에까지 거슬러 올라가는데, 그에게 고통pathos은 비극이다. 파토스가 없는 희곡은 비극이 될 수 없다. 파토스는 단지 비참함이나 불행이 아니다. 이는 토머스 굴드Thomas Gould가 "신이나 인간, 어떤 위대한 사람이 고통의 신념에서 과도하게 겪는 파국적인 고통 catastrophic suffering이라고 부른" 것이다.[29] 고통은 살아 있는 죽음과 같으며 신이나 인간의 운명을 좌우한다.

피해자 입장에서 고통과 비극은 어쩌다 자신에게 일어난 사건이지만, 이것은 누군가 명백히 의도적으로 저지른 끔찍한 행위에서 비롯된 것이다.[30] 이는 자신들이 받고 있는 고통의 행태가 자기 의지에 따른 합목적성을 갖고 일어난 것이 아니라는 의미다. 1969년 2월말 임○○은 부친, 친척과 함께 중앙정보부에 끌려가 고문을 당하면서 '일본 거점 간첩단 사건'에 엮였다. 그의 아버지 임○○은 고문 후유증으로 재판 도중에 옥사했고 그는 21년을 감옥에서 보내야 했다.[31] 정치적 기획에 의해 만들어지는 '간첩 조작'은 정권 유지의 수단이었다. '아버지의 죽음'으로부터 임○○이 정치권력의 폭력성과 반공주의의 연관성을 파악하는 데는 오랜 시간이 걸리지 않았다.

고문에 따른 고통은 몸에 국한되지 않는다. 때때로 그 기억은 피해자가 의식하지 못하는 와중에 끊임없이 그들의 행동에 영향을 미치는 근원이기도 하다. 고문은 피해자가 살아 있는 한 아주 오랫동안 정신을 말살하고 인간 존재에 대한 아픔을 남긴다. 인간이 물질을 통해 사유하는 '인식' 또는 '정신'은 육체와 같이 존재한다. 따라서 정신을 파괴하는 것은 몸에 기억된 고통이다. 피해자들은 고문을 당하는 동안 고통이 멈추길 간절히 바랐는데, 죽음으로써 이것이 가능하다면 기꺼이 죽음을 선택하려고 했다. 1971년 군산경찰서에 끌려가 조작'간첩'으로 7년형을 선고받고 만기 출소한 박○○은 고문받을 때면 "틈만 나면 대가리를 박고 죽으려고 했"[32]다고 한다.

고통은 감옥을 나와서도 이어져 박○○은 이후에도 제초제를 먹고 자살을 시도했다. 많은 피해자가 고문을 받으면서 죽음을 생각하게 된다. 할 수만 있다면 이 고통에서 벗어날 수 있는 것은 죽음밖에 없다는 의미다. 고통이 죽음보다 더한 이유는 여기에 있다. 고통을 인식하는 몸이 죽어야 그 고통은 멈춘다. 아니 끝난다. 그러므로 고문 피해자는 자기 몸을 죽여야 하는 데까지 생각이 이르게 된다. 고문당하거나 이것을 떠올리는 것은 죽어야지 멈추는 고통이다. 목숨이 살아 있는 한 생전에 떨쳐버릴 수 없는 되새김이다. 최○○은 부산보안대 지하실에서 발가벗겨진 채 전기고문을 당했다. 그는 스스로 목숨을 끊음으로써 고통을 끝내고 싶었다. 견디기 힘든 고통이었기 때문이다.[33]

'죽음의 유혹'은 피해자가 고문을 받는 동안에만 느끼는 건 아니다. 고문을 당해 조작간첩이 되고 감옥에서 출소한 뒤에도 극심한 고통에 시달려 그 이후의 삶은 죽음이나 마찬가지다. 이는 물리적·신체적 폭력 그 자체보다도 반공주의에 의해 정치사회적 폭력이 계속되기 때문이다. 정○○은 재심에서 무죄를 받은 뒤에도 이 마음을 떨쳐버리지 못하고 있다.[34] 그가 정보기관원한테서 받아 쓴 허위자백 한 줄 한 줄은 그가 받은 고통 하나하나였다.

가해자는 고문해서 목적을 달성하면 고문을 중지한다. 피해자가 '간첩'이라고 자백하는 순간, 고문하는 가해자들이 원하는 대로 피해자가 그 행위를 받아쓰고 자기 행위라고 말하는 것으로 고문은 성공한 셈이다. 이 점은 제러미 벤담Jeremy Bentham이 처벌과 비교해서 주장한 '고문의 합리성'에서 명확해진다.[35] 고문을 실행하는 목적은 그 목적이 이루어질 때마다 명백히 나타나고 그 후 바로 중지된다. 이런 점에서 "고문의 경우 필요 이상의 적용은 전혀 필요가 없다." 이는 처벌과 고문의 차이에 대한 논리적 설명일 것이다. 하지만 실제 고문을 자행하는 수사관들은 자신들의 의도대로 '조작간첩'을 만든 뒤에도 고문을 지속할 수 있다. 폭력의 욕망을 멈추는 것이 계산대로 되지 않을 수도 있기 때문이다.

정치적으로 학살이나 고문과 같은 중대한 인권침해가 차지하는 위치는 법률적 폭력의 경계선에 있다. 국가는 폭력의 불법성을 권력으로 포장하고 반공주의로 합리화한다. 이런 경우 학살이나 고문이 잔혹한 형태들 사이에서 그 어떤 본질적인 차이를 발견할 수 없듯이 권력과 폭력은 동질하다. 폭력이 권력과 동일할 때 이는 모호한 보편성을 띤다. 독재와 권위주의 정권에서 장기적이고 빈번한 시민에 대한 폭력행사, 기본권 제한은 결국 '권력'에 의해 유린당했다. 이 시기 공권력을 수행한 사람들의 보편적인 인식 속에 반공은 폭력을 정당하고 합리적인 행위로 여기도록 만들었다.

2) 피해자: '팔자'의 운명

고통을 당하게 되면 과거의 모든 행적이 운명으로 바뀐다. 한국에서 '팔자'라고 표현하는 삶의 태도는 피해자가 스스로를 돌보는 하나의 근원적 방식이다. 최○○은 고문을 당하고 조작간첩이 되었을 때 그리고 출소한 이후에도 자기에게 닥친 고통을 그저 어찌할 수 없는 운명 탓으로 돌렸다.[36] 팔자라고 스스로 위로하는 삶의 이런 양식은 극한 상황을 겪은 피해자가 취할 수 있는 유일한 방편인지도 모른다. 모든 삶과 일상이 그저 운명처럼 느껴지는 이 상태는 국가공동체 구성원에 대한 파국의 정치라고 해야 할 것이다.

피해자들은 '간첩'이라는 명찰을 달고 감옥에 들어서는 순간부터 교도관의 천대와 다른 재소자들의 손가락질을 받는다. 이○○는 교도소에 갔을 때 교도관이 뱉는 침을 맞았다. 교도관이 "침을 탁 뱉는 거야, '아, 빨갱이들. 재수 없게'"라며 "빨갱이 만났다고 침을 뱉"었다고 한다. 2005년까지 보안관찰을 받은 그는 경찰 제복을 입은 사람들을 보면 기분부터 나빠졌다. 전경을 봐도 미웠다. 교도소에는 "간첩이 어떻게 생겼나" 하고 구경을 오는 근무자도 있었고, 다른 국가보안법 위반자는 자신을 '간첩'이라며 멸시했다.[37]

독재와 권위주의 체제에 맞서 싸웠던 시민뿐 아니라 보통의 시민 사이에서도 '불온한 세력'은 탄생했다. 이들은 때때로 '정치(사상)범'이라는 예단 속에서 부정적이고 적대적인 집단으로 묘사되었다. 공안기관에서 '고문으로 조작된 간첩'은 단지 '사상'이라는 이 색깔 때문에 다른 재소자들한테서도 외면당했다. 정보기관의 고문과 조작은 극우반공체제에서 효과적으로 '간첩'을 만들었고 이들이 몸담은 지역공동체와 가족에게 효과적인 '반공정신'을 전파했다. 국가의 이름으로 행해진 불법한 공권력 행사는 폭력과 고문, 조작마저도 오히려 정당한 것으로 여기도록 만들었다.

반공정권하에서 간첩이라는 징표는 교도소 바깥에서 다시 작용하기 시작한다. 이들이 국가와 마을, 가족공동체에서 추방되는 것은 더 말할 나위도 없다. 감옥에서 18년을 보내고 출소한 박○○은 고향으로 돌아왔다. 동네에서 알 만한 사람들이 "길거리 가면 간첩 새끼, 빨갱이 새끼 간다"라고 수군댔다.[38] 출옥 이후 이웃한테서 당하는 냉대는 반공주의가 사회적 이데올로기로서 작동하는 현실과 결부되어 있다.

이뿐만이 아니다. 이들이 진실을 규명하고 법원에 재심을 청구해 무죄 판결을 받았어도 한국 사회의 구성원이라는 생각을 하기에는 아직 이르다. 이○○는 사회의 일원이라고 생각하며 살지 않는다고 했다. 2010년 그는 경찰에서 어떤 서류를 발부받았는데 거기에 '간첩'이라고 그대로 쓰여 있는 것을 발견했다. 2009년 법원에서 재심판결로 무죄를 받았지만 그는 경찰 기록에서 여전히 '간첩'이었다. 그는 "넌 무죄를 받아도 우린 아니다. 그래서 국가는 아직도 간첩이라고 인정하고 있는 거 아니냐 하는 생각"을 갖고 있다.[39] 법원이 간첩조작 사건 재심에서 무죄를 결정해도 피해자들이 권리의 주체로서 온당한 지위를 갖는 데는 여전히 한계가 따른다.

사법부의 결정 이후 행정부에서 이를 바로잡는 조치를 취하지 않은 것은 피해자들에게 '간첩'과 '반공'의 폭력이 끝나지 않았음을 보여줄 뿐만 아니라 우리 사회가 여전히 이들을 정치공동체 구성원으로서 인정하고 있지 않음을 뜻한다.

고문과 학살이 비극인 것은 단순히 당사자에게만 그 고통이 머무르지 않고 가족들의 운명까지 바꿔놓기 때문이다. 고문으로 인한 외상은 가족, 자녀에게 끼치는 영향이 매우 크다. 그들이 부모의 영향을 받는 것은 일반적인 현상이다.[40] 자녀들은 부모가 한순간 경찰에게 끌려가는 광경을 지켜봤을 수 있으며, 부모의 체포 장면은 자녀에게 외상으로 남아 깊은 상처를 주고 사회생활에 심리적 문제를 유발한다. 심지어 몸과 마음이 병들기도 하고 죽음으로 내몰린 경우도 있다. 남편이나 부모가 정보기관에 끌려가 '간첩'이 된 순간부터 아내와 자식들도 이 세상에 대한 미련을 버리게 된다. 1973년경 임○○은 출소하자마자 목을 매 자살한 아버지의 근황을 어머니의 대성통곡으로 들었다.[41] 자식이 '간첩으로 끌려가거나 간첩이 되었다'는 소식을 들은 부모는 자살을 선택하기도 한다. 왜 그럴까.

반공주의는 삶을 정지시킨다. 사람들의 생각을 빼앗고 이성을 마비시킨다. 개야도와 같은 외딴 지역공동체에서 임○○의 '간첩' 소문은 그 아버지를 고립시키고 결국 '죽음'으로 내몰았다. 이런 관점에서 고문 피해자들은 자기 삶을 사회로부터 스스로 쫓아낸 자들이다. 왜냐하면 그래야만 존재할 수 있기 때문이다. '간첩'이 되었다는 치욕으로부터, 가족을 버렸다는 죄악감으로부터, 아들딸의 장래를 망쳐버린 죄책감으로부터, 결국 반공주의로부터 조금이나마 탈출할 수 있는 비상구는 공동체로부터 스스로의 존재를 없애는 것이다. '간첩'에 대한 시민의 인식은 정부가 퍼뜨리는 소문을 넘어서지 못하고 '간첩'을 조작한 국가의 행위에 대한 믿음과 그로부터 파생하는 반공주의는 절대적이다. 이 같은 사회체계에서 '반공주의'는 곧 독재다.

4. 반공주의 폭력

1) 폭력의 '원죄'

'빨갱이'나 '간첩'은 가족들에게도 부정하고 더러운 존재다. 피해자의 허물은 '간첩'으로 조작되었다는 결과와 무관하게 자식과 아내에게 상처를 남기고 그들의 사회생활을 가로막고 친척들로부터 멀어지게 한 '원흉'이다. 더러움은 피해자에게는 자기 허물이다. 고문은 잔인하고 굴욕적인 처우에 대한 완벽한 복종을 요구한다. 내면을 파괴하는 이 과정에 굴복한 피해자는 비통함을 느끼고 치욕스러워하며 자신을 용서할 수 없게 된다. 고문으로 사실이 아닌 것을 '자백'한 피해자는 수치심과 굴욕감으로 자신을 다시 한번 고통 속으로 밀어 넣는다.

죄책감은 자아와 양심 사이에서 일어나는 긴장을 말하며 내적 현상으로 볼 수 있는데, 이는 다른 사람들이 알아차릴 수 있는 외적 특징을 보이지 않는다. 반면 수치심은 다른 사람이 알 수 있는 신체의 신호로 나타나고 자신이 "사회의 이상에 비해 취약하고 모자라고 무가치하고 사랑받지 못한다"고 평가할 때 발생하는 인간의 기본 감정이다. 수치심을 치료하는 데 중요한 것은 고문 중에 당한 모욕에 대해 타인의 인정을 받으려는 욕구가 있다. 죄책감은 내적 힘에 의지해 치료하는데, 예를 들어 고문당하면서 친구에 대해 발설한 경우를 밝힘으로써 떳떳하지 못한 것에서 해방된다.[42]

박○○은 고문을 받으면서 친구들의 이름을 말했고 동생은 "뚜드려 맞아 가지고 어깻죽지까지 다" 무너졌다. 그는 자기 한 사람 때문에 7남매가 쑥대밭이 된 걸 가슴에 품고 살았다. 국가폭력이라는 이 낱말이 피해자들에게 가져온 파괴의 의미는 '원죄'에 있다. "내가 이 세상에 안 태어났으면 내 동생들, 친구들이 왜 그런 고통을 받았겠냐?"는 식이다.[43] 자신을 파괴하고 가족들을 불행하게 만드는 '원죄'를 안고 사는 사람들이 바로 국가로부터 '공산주의자'나 '간첩'으로 낙인찍힌 이들이다. 반공 이데올로기는 심지어 남편을 살인자보다 못한 인간으로 취급하게 만들었다.

1989년 4월 치안본부 남영동 대공분실에 끌려가서 24일간 고문당한 김○은 22년이 지난 지금까지도 그날을 생생하게 기억한다.[44]

묶여가지고 내려왔을 적에 물을 먹이니깐 배가 이렇게 불러요. 그러니깐 배가 부른 것을 그놈이, 한 놈이 타고서 이렇게 꺼주죠. 그러면 **이렇게 물을 토해내는데 살려달라고, 내가 살려달라고, 애걸을 했던 부분 (……) 어 잘못했으니 살려주십시오, 살려주십시오, 했던 그 부분은 정말 그건 어 (……) 내가 나 자신을 용서를 못할 일이거든요.** 그 부분을 제가 용서를 할 수 없어요. (……) 죽어도 거기에 굴복을 하지 말았어야 했죠.

이 진술은 상대방의 완력에 의해 자기 의지가 지배당하는 수치심이 어떤 것인지를 잘 보여준다. 인간의 본성에는 인간이 자신의 윤리를 통해 말하고자 하는 '자기'가 포함되어 있다. 모든 사람에게는 '본연의 자기'가 있고 또 그렇게 '자기가 되어'간다. 인간은 '자기'가 될 때 자신의 삶, 반항, 자유를 최고로 느낀다. 이것은 인간이 자기 자신의 "존재와 의식의 충만함에 가까워지는 것이다." 알베르 카뮈Albert Camus가 제시하는 삶의 윤리는 '본연의 자기'라고 하는 '최상의 삶'을 의미한다. "사람이 '본연의 자기'가 되기 위해서"는 의식이 명증한 상태에서 "세계를 정면으로 마주보아야 한다." 이 상태에서 의지는 "'삶에 대한 규칙'을 제공한다."[45]

자기를 표현하는 것은 자기 삶에 대한 의지이고 자신을 최고의 상태에서 느끼는 것은 자기 의지의 표현이다. 그런데 고문으로 의지가 꺾였을 때 당하는 고통은 자기혐오에 이르게 만든다. 박○○은 고문 가해자에게 굴복한 자신이 서글프다고 했다. 그는 매를 맞고 고문당해서 "북한도 몇 번씩 갔다" 오게 된 "내가 저주스럽고 보기 싫고", "똥보다도 못하게 생각한 적도" 있었다. 고문으로 인한 허위진술에 자존감이 완전히 무너진 것이다. 피해자들은 한결같이 이런 상태를 증언한다.[46] 국가가 고문과 조작으로 만든 '간첩', 반공폭력의 희생물은 사회 구성원이 아니다. 김○○는 "빨갱이

가 사람이 아니죠, 대한민국에서는……"라고 하더니 "불가촉천민"이라고 결론지었다.[47]

피해자에게 더 고통스러운 것은 고문을 당하고 징역살이를 한 것보다 사람들이 "같이 있지를 못하고 서로 원망하고 반목하고 못 믿게" 만드는 국가보안법 그 자체다.[48] 같은 동네 사람들끼리 눈만 마주치면 피하게 되는데, 이것이 고문을 받거나 맞을 때보다 사람을 더 괴롭게 한다. 독재와 권위주의 시대에 북한을 내부 정치로 끌어들여 간첩을 만드는 것이 국가보안법이다. 이것은 현재에도 별로 달라진 것이 없다. 이 법은 정권이 원할 때 평범한 시민을 간첩으로 만들어 체제를 유지하고 다른 시민들에게 본보기로 삼는다. 한국 역사에서 가장 오랜 기간 특별법의 지위를 가진 이 법은 근본적으로 폭력에 기초한 정치체제를 보존한다. 반공폭력은 단순히 시민을 북한과 연계되었다고 악용할 뿐만 아니라 개인과 가정, 지역공동체를 무너뜨림으로써 한 국가의 민주적 토대를 허문다.

2) 정초와 보존된 폭력

한국에서 반공주의는 폭력과 함께 뿌리 깊은 역사를 가진다. 분단과정에서부터 이미 반공은 보존적 폭력으로 배태되었다고 볼 수 있다. 김○○의 아버지 김○○는 1948년 여순사건에 연루되어 복역하고 이듬해 결성된 국민보도연맹에 가입했다. 한국전쟁이 발발하자 경찰은 그를 끌고 가서 사살했다. 김○○의 공소장 모두진술은 이렇게 시작했다.[49]

피고인은 본적지에서 1948년도에 발생한 공산분자들이 '여수순천반란사건'에 가담타가 검거되고 복역하고 6·25사변이 발발 직후 처형된 망부 김○○의 유복자로 출생하여 (……) 대남공작지도원 김철주에게 완전히 포섭되고 (……).

김○○의 아버지는 이승만 정권에서 학살되고 그 자식인 자신은 전두환 정권에서 '희생물'이 되었다. 그는 묻는다. "대대로 이런 일이 어떻게 일어날 수 있습니까?" 폭력으로 무너진 한 사람이 국가와 정치의 본질에 대해 답을 요구하고 있다.[50] 반공주의와 결합한 폭력은 정치과정에서 상대방이나 비판적인 세력을 힘과 강제, 위력으로 제압한다. 이런 상황에서 정치는 테러와 같은 성격을 띨 수밖에 없는데, 이는 공포에 의존하는 정치인 셈이다.

국가가 그 공동체 구성원을 상대로 벌인 대규모 살해에서 피해자들과 그 가족들 그리고 이를 목도한 사람들에게는 어떤 '교훈'이 전달된다. 이는 국가로부터 "'좌경 세력'이나 '불온분자'라는 딱지가 붙어서는 안 된다"는 것이다. 단 한 번이라도 "이런 사람으로 지목되면 집안에서건 마을에서건 따돌림을 받고 격리되어야"[51] 하는 것이다. 노동운동이나 농민운동, 학생운동 등 민주화운동을 이끌었던 대부분의 사회운동 참여자는 예외 없이 반공주의에 의해 '공산주의자'로 매도되었다. 이렇게 한국의 극우반공체제는 전쟁 때 자행한 학살을 매개로 강력한 기반을 마련했고 시민에 대한 '일반적인 고문과 조작, 간첩 심지어 살해'는 끊임없는 공포를 조장하고 확산시킴으로써 그 체제를 더욱 강화했다.

이 문제는 재심 이후에도 계속된다. 김○○는 재심 재판에서 법원이 무죄라며 건네준 '판결문 몇 자'와 진실화해위원회에서 고문 조작을 밝힌 결정서 '몇 장'이 허망하게 느껴졌다.[52] 이를 악물고 싸운 결과물이 "종이 몇 장에 끝나는 거"다. 그는 고문기술자들을 체포해 '어떻게' 하고 싶어 한다. 하지만 피해자들이 원하는 것은 보복이 아니라 정의다. 억울함과 분노는 고문했던 가해자 개인에 대한 막연한 감정도 있지만, 그보다는 자신들이 수십 년간 겪어야 했던 고통의 긴 과정에 대한 국가의 설명을 요구하는 것이다. 김○○는 재심에서 무죄를 선고받았다. 그러나 그는 이제 와서 "판사가 무죄라고 하는 것은 또 어떻게 이해해야 되는 건가", "피해자들한테 쉽게 말해서 설명을 해줘야 하지 않을까"라고 생각한다.[53]

이 같은 인식은 고문조작간첩으로 빚어진 피해자들의 문제를 해결하는 과정이 완결적이지 않음을 보여준다. 의문사위원회나 진실화해위원회 활동은 여전히 반공주의 틀 내에서만 작동하고 가해자에 대해 그 어떤 조치도 취하지 못하는 한계를 드러냈다. 실체적인 가해자의 사과는 부재하고 법원의 판결은 고문조작 이후 지난 수십 년간 이어진 고통의 정치사회적 의미를 명쾌히 설명해주지 못한다. 이런 상황은 고통이 어떻게 지속적으로 반공주의와 연관되는지, 또 피해자 개인이 고스란히 폭력을 짊어져야 하는 문제로 남았는지를 보여준다.

5. 맺음말

반공은 정치와 법의 폭력적 성격을 가장 잘 드러내는 주의주장이다. 고문 피해자들은 반공과 국가폭력이 결합되었을 때 어떤 사태가 벌어지는지 생생하게 증언한다. 여태까지 단 한 번도 행위의 주체가 되지 못하고 국가폭력 앞에 억압당하며 이웃으로부터 손가락질을 당하는 굴종의 삶을 살아온 이들에게 반공은 무의식으로 자리 잡기도 한다. 이 의식은 피해자가 정치와 권력을 인식하는 순간 반복해서 나타난다. 가족의 이산과 자살, 스스로의 추방과 공동체에서의 고립, 경제적 곤궁은 단순한 고통 그 이상이었다. 팔자라고 하기에는 폭력을 가한 반공정권의 의도가 너무나 명확했고, 체제를 유지하려는 정치적 셈법 또한 자명했다. 독재정권은 간첩이 있어야 권력을 행사할 수 있는 체제였고 정보기관은 간첩을 만들어야 유지할 수 있는 조직이었다.

피해자에게 중요한 것은 반공 이데올로기와 고통에서 삶을 회복하는 것이다. 다시 말해 반공정권의 책임자와 가해자에게 폭력과 고통의 책임이 있다는 뜻이다. 국가폭력 희생자들이 비슷하게 표현하는 것 중 하나가 '죄가 없다'라는 것인데, 이 '죄'는 가해자와 그 책임자에게 있다는 의미다. '북한을 이롭게 하고', '간첩행위를 했다'고 만든 것은 고문으로 사건을 조작한 정보수사기관의 종사자들이며 이를 보고받고 지시한 책임자들이다. 이런 야만의 시대를 '통치'한 최고지도자에게도 당연히 가해자로서의 책임이 있다. 하지만 한국의 이행기 정의는 가해자에 대해 어떤 조치도 취하지 못한 채 흐지부지되고 말았다. 다르게 말하면 반공주의와 국가폭력의 정치적 연계를 단절시키지 못한 것이다.

이런 폭력과 반공의 정치적 카르텔을 극복하는 것은 순전히 피해자 개인의 몫이 되고 말았다. 고문이 시작된 날로부터 교도소 생활과 출소한 이후까지 피해자에게 반공주의 폭력은 일상생활에서도 지속되었다. 최근 들어 국가기관 형태의 각종 위원회에서 사건을 재조사해 고문으로 조작된 사건들을 밝히고 피해자들은 법원의 재심으로 무죄를 선고받고 있다. 또한 피해자와 그 가족은 부분적으로 '마이데이 맘풀이' 모임과 같은 말하기를 통해 고통을 나눈다. 민주주의 이행과 같은 정치 환경의 변화와 재심에 대한 법원의 무죄판결은 피해자가 과거의 자신으로부터 자유로운 담화를 발설할 수 있도록 해준다. 명백히 한계가 있긴 하지만 공사 영역에서 과거의 간첩, 빨갱이로부터 조금이나마 자유로울 수 있는 의식은 피해자들이 반공주의에서 아주 조금씩 벗어나는 것이다.

1987년 이후 지속적으로 확대되어온 한국의 민주주의는 오늘날 냉전자본주의와 반공자유주의 체제에 포섭되고 있다. 이런 사회체계에서 반공주의는 국가폭력과 더 강한 친화성을 갖는다. 이 주장의 핵심은 반공주의 국가폭력이 (자유)민주주의와 대립하는 데 있다는 점이다. 고문 피해자들은 최소한의 인권보호와 민주주의 절차 없이 폭력에 노출되었고 정보기관 종사자들은 어떤 견제도 받지 않고 고문을 행사했다. 반공이라는 이념으로 학살과 고문을 정당하게 여기고 이런 폭력을 반복하려고 하는 권위, 힘, 강제 따위를 내포한 국가권력은 지금도 계속되고 있다.

맺음말

1. 도입

1989년 동서독 장벽의 붕괴와 통일, 소련과 동구권 사회주의의 붕괴로 '냉전' 그리고 그것을 지탱했던 서방 자본주의 진영의 이데올로기인 반공주의는 이제 역사의 한 페이지가 되었다. 유럽과 남미, 일본 등 세계 여러 나라에 여전히 공산당이 소수파로 남아 있지만 그들이 의미 있는 정치 세력의 역할을 하는 경우는 거의 없다. 그리고 소련과 동구권 공산주의가 사라졌기 때문에 이제 지구 차원에서 반공·반소주의가 존립할 근거도 없어졌다. 사실 미국에서는 이미 1954년 매카시 청문회를 정점으로 반공주의가 내리막길을 걷기 시작했고 1953년 스탈린 사망, 1956년 헝가리와 1968년 체코에서의 반소 대중시위, 1970년대 데탕트 분위기와 맞물려 냉전체제는 균열을 일으켰으며 1989년 베를린장벽 붕괴, 소련과 동구권 사회주의 붕괴로 일단 한 매듭을 지었다. 미국과 서유럽 각국은 '자유주의', '자본주의' 체제의 최종 승리를 소리 높이 외쳤다. 현실사회주의의 붕괴 이후 세계는 이제 미국 단일 패권체제로 변했다.

유럽에서 냉전이 종료되었다고 하지만, 세계의 다른 지역에서 냉전은 아직 끝나지 않았다. 특히 아시아에서는 냉전 대신 열전이 지속되었거나, 적어도 유럽과는 다른 형태의 20세기 후반기 역사가 진행되었다고 볼 수 있기 때문에 북대서양과 유럽의 경험을 지구 차원으로 확대 일반화하는 것이 과연 타당할지 의문이다(Wallerstein, 2010; 김동춘, 2012; Heonik Kwon, 2012). 냉전 기간이 '긴 평화'라는 개디스(Gaddis, 1989)의 설명은 더욱 어불성설이다. 한반도에서는 1947년 트루먼 독트린 선포 이전에 이미 공산주의 세력과 반공주의 세력 간의 내전적 정치갈등이 시작되었으며, 냉전이 본격화된 이후 3년간 전면전이 발생했고, 베트남 등 다른 아시아 국가에서도 이 기간 동안 열전 또는 저강도 전쟁Low Intensity War, 국가폭력과 억압이 계속되었기 때문이다. 아시아에서의 냉전은 식민주의 체제의 청산 문제와 직결되어 있고, 이런 이유로 반공주의 역시 미국, 유럽과는 다소 다른 성격과 의미를 갖고 있다.

즉 냉전 자체의 성립은 물론 그 성격에서도 유럽과 달랐기 때문에 동아시아에서는 사실 진정한 의미의 탈냉전이 아직 시작되지 않았다고 봐야 한다. 중국이 경제적으로는 사실상 자본주의 국가가 되었다고는 하지만 아직 공산당 일당독재가 유지되고 있으며, 대만과 여전히 분단 상태에 놓여 있다. 그리고 베트남과 북한은 여전히 사회주의 체제를 유지하고 있다. 물론 쿠바 사회주의 건설과 지속 또한 서방이 사용하는 '냉전' 개념이 잘 적용되기 어려운 사례로 봐야 할 것이다. 베를린장벽 붕괴, 소련·동구권 사회주의의 붕괴에도 불구하고 이들 나라에서 여전히 사회주의가 유지되는 이유도 바로 동아시아에서 탈식민주의, 즉 민족 문제가 냉전의 중요한 배경으로 자리 잡고 있기 때문이다. 그래서 베를린장벽의 붕괴를 '역사의 종언'이라고 찬양하거나 탈냉전으로 지구는 '문명의 충돌' 국면에 접어들었다는 헌팅턴의 해석 역시 서구중심주의에 입각해 세계의 일부만 읽은 것이다(Fukuyama, 1992; Huntington, 1996). 1994년 김일성 사망 이후 북한의 붕괴를 예상했던 서방의 언론과학자들, 그것을 그대로 수입한 한국 학자들의 예상과 예측이 계속 빗나가는 이유도 여기에 있다.

트루먼 독트린은 1947년에 선포되었지만, 미국과 서방 세계에 반공주의를 전면적으로 확산시킨 계기는 한국전쟁이었다. 그래서 한반도는 미국과 서독을 포함한 지구 차원의 냉전과 반공주의를 강화시킨 진원지 역할을 했다. 그리고 남북한 간의 분단이 70여 년 가까이 지속되면서 민주화 이후에도 여전히 북한과 전쟁 상태에 있는 남한이야말로 탈식민화의 굴절로 생겨난 한반도 내부의 자생적 반공주의와 미국 주도 아래 냉전 이데올로기로서의 반공주의가 과거가 아니라 아직 현실정치와 사회를 지배하는 논리로 작동하는 세계 유일의 장소다. 바로 이런 이유 때문에 우리는 한국의 반공주의를 다시 살펴보게 되었고, 과거에는 한국과 유사한 분단국가였으나 이제 통일을 이루어 반공주의가 과거의 것이 된 독일과의 비교를 시도했다.

분단의 장벽이 아직 두텁게 버티고 있는 남한에서 공산주의나 사회주의는 물론 진보적 자유주의를 표방한 사람조차 반국가사범으로 지목되어 정치적·법적·사회적 탄압대상이 되어왔다. 국가보안법이 건재하고 있으며 북한과 내부의 적으로부터 국가를 보호한다는 목표를 가진 국정원NIS, National Intelligence Service이 아직 수사권을 갖고 국내 정치에 깊이 개입하고 있다. 보수 세력은 정치적 반대 세력에게 '종북'이라는 딱지를 붙여 탄압하고 있으며, 급진적 개혁과 반외세 남북통일을 지향하는 통합진보당을 '친북단체'로 간주해 헌법재판소는 2014년 12월 19일 해산을 결정했으며 이석기 등 국회의원 5명의 의원직을 박탈했다. 과거 냉전 시절이나 1987년 민주화 직후 같은 대대적인 '빨갱이 사냥'은 없지만, 여전히 반공은 정치와 사회를 지배하는 담론으로 자리 잡고 있다. 그래서 한국에서 반공·반북주의는 현실정치, 여론, 법, 정치사회 의식의 분석에서 반드시 다뤄야 할 테마로 남아 있다. 2010년 천안함 사건이나 북한의 연평도 포격, 2013년 초 전쟁위기처럼 남북한 간에 긴장이 발생하면 그것은 모든 정치·경제 의제를 완전히 빨아들이는 블랙홀이 된다. 그래서 한국에서는 과거

냉전 시절의 유물인 반공주의를 완전히 넘어서지 않고서는 민주주의를 공고화시키기가 어렵다.

특히 북한의 미사일 발사, 핵개발이 남한의 안보를 위협했고 김일성의 손자 김정은에게까지 권력이 3대에 걸쳐 세습되며 김정은이 권력 획득의 일등공신인 고모부 장성택을 갑자기 처형함으로써 북한은 서방 언론에는 과거 아프리카의 야만적 독재자, 이상한 나라의 군주 정도로 취급되고 있다. 북한의 심각한 인권침해를 문제 삼는 현시점에 남한 사람들이 갖고 있는 반공·반북 의식은 과거 북한 공포에 기초한 반공주의와는 달리 이제 집단적인 '북한 혐오'에 가깝다. 최근 유엔인권위원회에서도 북한의 정치범 수용소에서 발생한 심각한 인권침해 상황을 보고서로 작성해 국제적으로 북한 때리기, 북한 혐오의 분위기가 더욱 고조되고 있는 실정이다.[1]

통일된 지 25년이 지났으나 독일도 아직 완전한 사회통합을 이루지 못하고 있으며, 분단의 현장인 베를린 또한 과거에 대한 서로 다른 기억이 충돌하고 있다(Verheyen, 2010). 하지만 1950년대 식의 반공주의는 존재하지 않고 단지 동독의 비밀경찰(슈타지Stasi) 건물이나 감옥을 박물관으로 만들어 전시함으로써 과거 동독의 공산주의 체제하에 어두웠던 과거를 폭로하고 서독의 자유민주주의 체제의 우월성에 무게를 두는 경향이 있다. 그러나 남북한은 군사적으로 적대하고 있을 뿐만 아니라 유엔에 동시 가입해 사실상 두 개의 국가임에도 불구하고 상대방의 존재를 여전히 인정하지 않는다는 점에서 과거 분단 독일과 매우 다른 상황에 있다. 남북한은 역사 해석이나 공식 기억에서도 화해할 수 없는 거리감을 갖고 있다. 예를 들면 한국전쟁에 대한 해석이나 기억에서 북한은 그것을 '조국해방전쟁'이라고 공식화하고 있지만 남한은 '6·25전쟁', 즉 소련의 조종을 받는 공산주의자들의 불법 침략에 의해 남한이 일방적으로 유린당한 사건으로 해석하고 기억한다(Amstrong, 2013). 북한의 반미주의, 남한의 반공주의는 각각의 체제에 정당성을 부여할 수 있는 최상의 정치 이데올로기로 자리 잡고 있으며 교육이나 미디어를 통해 일상적으로 재생산되고 있다.

1953년 7월 27일의 정전협정ceasefire이 평화협정으로 아직 바뀌지 않은 현재 남한은 북한의 위협을 상시로 의식하고 있지만, 분단이 너무 오래 지속되었을 뿐 아니라 이미 분단하에서 남한은 어느 정도 민주화와 자본주의 발전을 성취했고 남북한 간의 경제력 격차가 훨씬 크게 벌어졌기 때문에 과거와 같은 반공주의는 더는 의미가 없어졌다고 볼 수 있다. 특히 1990년대 이후 남한 역시 탈냉전의 국제정치와 신자유주의의 지구화된 경제질서에 깊이 편입되었고, 중국과의 무역량이 미국과의 무역량을 초과할 정도로 동아시아 경제권에 깊이 편입되어 있기 때문에 현재 남한의 정치·사회도 과거형의 반공·반북주의보다는 친시장, 신자유주의 논리로부터 더 큰 영향을 받고 있다. 결국 오늘날 한국에서도 과거 서방 국가들이 겪었듯이 이제 반공·반북주의는 다른 형태의 친자본주의 논리, 즉 시장주의로 변형되고 있다.

　　이 책에 실린 한국과 독일의 반공주의를 다루는 여러 글을 통해 우리는 한국의 과거와 오늘 그리고 독일의 과거를 지배해온 반공주의가 정치, 법, 정책, 의식문화 등 다양한 사회 영역에서 어떻게 나타났는지를 살펴보았다. 그러나 한국에서 반공·반북주의는 여전히 계속되는 현실이고, 독일 역시 과거의 반공주의 문화를 완전히 청산했다고 보기는 어렵기 때문에 우리는 지난날 두 분단국가에서 자유민주주의의 실제 내용이었던 반공주의의 기원과 성격을 다시 정리해보고 신자유주의 시대에 다양한 방식으로 나타나고 있는 새로운 우익 이념과 우익운동의 위험에 맞서 민주주의를 좀더 안정화시킬 수 있는 방안을 찾아야 할 것이다.

2. 한국에서 반공·반북주의의 특징

　　2차 세계대전 후 지구 차원의 냉전질서 수립과 함께 미국의 직간접 지원과 영향권 아래 있던 모든 나라에서 반공주의는 국가 이데올로기의 근본을 형성했다. 그러나 탈나치화Denazification와 민주화를 수반했던 독일

등 유럽, 미국의 점령정책이 유럽과 달리 자본주의 일본의 재건에 초점을 둠으로써 전쟁범죄자들을 제대로 처벌하지 않고 천황제도 그대로 지속시킨 일본 그리고 식민주의에 협력했던 세력이 다시 반공주의자로 변신해 지배계급의 일원이 됨으로써 결국 탈식민화decolonization의 과제가 굴절된 한국 등 동아시아 국가 간에는 큰 차이가 있다.[2] 동아시아에서 미국과 중국, 소련 간의 긴장, 즉 냉전은 제국주의와 파시즘을 매우 제한적으로만 청산하고 그 유산의 상당 부분을 그대로 지속시켰다(Buruma, 1995; Dower, 2000). 특히 중국의 반제국주의 세력은 일본 제국주의를 물리치는 전쟁과정에서 사회주의 혁명의 길로 나아갔고, 이후 인도와 인도네시아 등 아시아 구식민지 국가들이 중국과 함께 비동맹 노선에 가담함으로써 사회주의 중국과 지정학적으로 직접 마주하고 있는 일본과 한국은 미국 반공정책의 보루 역할을 하게 되었다. 이런 모든 점을 살펴보면 냉전이 동아시아에서는 유럽과 다소 상이한 성격을 갖고 있으며, 그런 이유로 다르게 개념화되어야 함을 말해준다.

해방 후 남한에서 반공주의는 1947년 미군정의 남로당 불법화, 좌익계 노동운동 탄압정책에서부터 시작되었다. 따라서 남한에서의 냉전 또는 반공주의는 사실상 내재적인 것이었고 세계사적으로 보면 독일 파시즘 지배가 후퇴한 이후 내전이 지속된 그리스와 유사한 양상을 띠고 있었다(Eve 1982). 이후 한국전쟁 발발 이후에는 반공주의가 대량학살로 연결되었고 전쟁 후 반공주의는 국가의 공식 이데올로기로 정착해간다. 반공주의는 남북한 간의 정치적·군사적 대립 상황을 집약하고 있으며 남한의 입장에서는 체제유지의 논리이기도 하다. 그것은 일차적으로는 미국 주도의 냉전 세계질서를 적극 내면화하는 친미 이데올로기이기 때문에 민족주의와 양립하기 어려웠으며, 그런 국제정치의 틀 내에서 자본주의 경제발전을 추구하자는 논리이기도 하다.

1950년대에서 1960년대로 넘어오면서 쿠데타를 일으킨 한국의 군부가 "반공을 국시의 제일의로 삼고 지금까지 형식과 구호에만 그쳤던 반공의 태세를 재정비"한다는 공약, 이 책에 실린 박태균의 논문이 지적한 것처럼 로스토 등을 초청해 적극적으로 한국의 경제발전 노선을 지지하도록 한 것은 모두 1960년대 이후 미국 주도의 지구적 반공주의의 진화를 보여주는 것이다. 그런데 여기서 '발전'development은 1960년대 이후 미국의 변화된 냉전정책이 제3세계에 적용될 때 그것을 집약한 개념이었다.[3] 당시 박 정권의 북한에 대한 입장도 경제발전을 통해 북한을 경제적으로 앞지르게 되면 체제경쟁에서 자연스럽게 남한이 우위에 설 거라는 전제를 갖고 있었다. 즉 지배 세력의 입장에서 반공주의를 경제발전론과 결합시킨 것은 적어도 1987년 군부정권의 붕괴 시점까지는 유효했다고 볼 수 있다. 물론 1960년대 이후의 반공주의는 북한의 남조선혁명론, 끊임없는 간첩침투에 의해 정당화되고 재생산되었는데, 이는 1950년대 독일에서 동독의 사통당SED이 서독의 공산당KPD에 영향을 주어 그것이 독일의 반공주의를 강화시킨 것과 유사한 맥락이다.[4]

독일의 경우 1968년 혁명과 신좌파의 등장으로 냉전 지배구조와 반공주의가 결정적으로 약화되는 계기가 마련되었다. 그러나 한국은 오랜 군사독재 기간의 민주화운동 세력도 분단체제와 미국 의존에 대해서는 비판적이었으나 반공주의 자체를 정면으로 부정하지는 않았으며, 1987년 민주화와 1989년 소련·동구권 사회주의 붕괴 이후에도 반공주의 이데올로기는 거의 흔들리지 않은 채 존속했다. 한국의 경우 1945년 8월 15일 일제 패망 직후, 즉 해방 정국에서 다양한 이념적 스펙트럼을 가진 정치·사회운동이 등장했으나 한국전쟁과 분단을 거치면서 거의 불법화되었기 때문에 한국은 과거 독일과 달리 사회민주주의 또는 진보적 자유주의 그룹이 우익보수 세력과 대립하면서도 다른 한편으로 반공주의 이념을 견지한 경우가 거의 없었다. 즉 이승만과 박정희 정권 밑에서 중도 또는 좌익의 입장을 취하되 북한과는 선을 그은 정치 세력도 거의 존재할 수 없었고 사회민주주의 입장을 지지하면서 반북·반공주의 노선을 걸은 조봉암 같은 정치가까지 처형당하고 말았다. 물론 우익반공의 입장을 가지면서도 전체주의에는 비판적인 급진자유주의, 자유지상주의liberitarianism와 같은 노선을 견지한 정치가나 사상가도 설 자리가 없었다.

그래서 이 책의 박태균, 이하나, 김정인 등 몇몇 필자가 주장하듯 한국에서 지배 이데올로기인 반공주의에 대한 비판은 반-반공주의, 즉 공산주의를 지지하는 입장에서가 아니라 우익반공 세력의 반민족성을 비판하는 점, 또한 민족주의나 (자유)민주주의의 입장에서 그것을 우회적으로 비판하는 양상을 지녔다. 그것은 한국 반공주의의 주력이 필자가 이 책의 앞 논문에서 주장한 것처럼 과거 친일, 지주 세력의 주도로 주창되었고 그들이 해방 이후 민족국가 건설의 주역이 되기에는 너무 많은 한계를 갖고 있었기 때문이다. 그래서 한국에서 반공주의에 대한 비판은 사회민주주의, 자유주의보다는 오히려 민족주의의 입장에서 이루어지는 경우가 많았다.

맥락은 다르지만 서독에서도 1968년 혁명과정에서 나치 체제와 이후 서독 반공주의에 대한 비판은 동독GDR 체제나 공산주의의 입장에서 진행된 것이 아니라 서독식 반-반공주의, 즉 신좌파의 노선 또는 사회민주주의, 자유주의의 입장에서 진행되었다. 즉 서독에서 반공주의 비판은 소련과 공산당에 대해서는 분명히 비판적 입장을 견지하되 냉전과 반공주의가 자유민주주의 헌법정신을 위반하는 점을 주로 비판한 것이었다. 미국에서도 1960년대 이후 수정주의 학파에서 냉전 초기의 전통적 반공주의를 비판하기는 했지만 그것 역시 공산주의를 지지하는 입장에서 이루어진 것이 아니라 냉전반공주의의 부정적 측면을 드러낸 것이었다. 이 점에서 과거의 독일과 미국, 한국에서의 반공주의 비판은 한계를 가질 수밖에 없었다. 즉 우파들이 국가, 자본주의 체제, '애국심'을 거론하면서 역공을 취할 경우 방어적인 입장에 설 수밖에 없었다.

그러나 68혁명 이후 체계적인 탈나치화를 추진한 서독과 달리 한국에서는 헌법에서나 기타 법령에서 극우파시즘의 주장이나 행동을 처벌하고 견제할 만한 조항이 없다. 즉 반공주의는 과거 파시즘이나 군사독재, 심지어 대량학살까지 정당화할 수 있는 논리임에도 공공연하게 쿠데타를 선동하는 극우 세력의 언술이나 행동을 막을 수 있는 안전장치가 한국에는 없다. 즉 자유민주주의를 내용으로 하는 헌법을 준수하려면 좌익 극단주의와 함께 우익 극단주의도 견제하고 그들이 민주주의 체제를 전복할 위험을 막을 수 있어야 하는데, 한국에는 좌익진보 세력에 대한 처벌은 이중 삼중으로 이루어지지만 극우 세력의 어떤 반사회적인 발언이나 행동도 처벌되지 않는다. 따라서 반공주의의 구호를 내건 군사쿠데타가 두 번이나 발생했고 그에 앞서 한국전쟁기 반공의 이름으로 정부가 민간인 대량학살을 저질러도 그들을 제대로 단죄할 수 없었다. 또한 박정희와 전두환 군사정권이 수없이 자행한 국가폭력, 간첩조작이나 의문사, 고문 등 중요한 인권침해를 저지른 정보기관을 없애거나 그 기관의 권한 남용을 막을 수 있는 제도적 장치도 결여되어 있다. 이런 한계로 말미암아 한국에서 자유민주주의, 절차적 민주주의는 국가의 안보위기, 즉 반공과 반북주의의 명분으로 얼마든지 제약되거나 정지될 수 있었다.

한편 독일을 비롯한 서유럽 국가나 미국에서는 우익의 사상과 운동 중에서 반공주의가 인종주의, 낙태, 동성애 문제 등과 결합된 사회적 보수주의와 병존했으며 탈냉전 후에는 후자에 좀더 강조점이 두어지는 경향이 있다. 한국에서도 민주화 이후 이런 사회적 보수주의의 흐름이 기독교를 중심으로 형성되어가고 있다(김동춘, 2014). 그러나 한국의 경우 과거나 현재나 시민사회 차원에서 자생적 반공주의나 보수주의가 형성되기보다는 주로 국가 이념, 국가기관 자체가 이념과 정책의 최종 유포자가 되고 집행자가 되는 특징을 갖고 있다. 과거에는 중앙정보부(안기부), 보안사(기무사), 검찰 등 공안기관이 주로 그 역할을 담당했다면 민주화 이후에는 검찰과 보수언론이 서로 주거니 받거니 하면서 반공·반북 히스테리 조성에 앞장서고 있다. 특히 북한 관련 정보는 물론 국내 반체제 비판 세력에 대한 정보를 독점하고 있는 국정원이 이 모든 반공·반북 선전과 대적심리전 수행의 선두에 서 있다는 점이 특징적이고, 이 점에서 한국의 반공주의는 그 주체에서 보면 과거 2차 세계대전 이전의 일본이나 독일의 경우와 유사하며 자생력을 갖지 못하고 있다. 이런 대공수사기관의 존립과 권한 남용, 불법을 정당화해주는 것이 바로 한국의 분단 상황이다.

극단적인 흑백논리, 종교적 근본주의 입장에 서서 모든 세력을 '적'과 '나'로 구분한다는 점에서 반공주의는 정치 이데올로기임과 동시에 일종의 유사종교, 문화, 심리적 태도에 가깝다. 물론 미국은 파시즘을 겪지 않았고 자유민주주의라는 안전장치가 있으며 반공주의가 학살과 대규모 국가폭력을 불러오지 않았기 때문에 한국과는 다른 점이 있다. 그러나 매카시즘하의 미국이나 1950년대 독일에서 모두 공산주의의 위험을 과대 포장하거나(Boyer, 2010), 공직자와 노동조합 지도자는 물론 국민 전체를 국가에 대한 충성의 시험대에 올려놓는다는 점에서 유사성이 있다. 특히 한국과 미국은 기독교 근본주의나 우익 세력의 공포와 위기의식이 만성화되어 있다는 점, 우익 세력이 국가권력과 거대 상업미디어의 힘에 편승해 국가나 사회 전체를 반공 히스테리의 회오리바람으로 몰아넣는다는 점에서도 유사하다(Kovel, 1994).

미국의 경우 1950년대의 매카시즘이 한풀 꺾인 이후 더 이상 과거 형태의 반공주의가 재연되지는 않았으나 1980년대 레이건 집권 초기, 2001년 9·11테러 이후에 이런 국가 주도의 '좌익사냥'이 부드러운 형태로 재연되었다. 미국에서는 매카시즘이 그 이후 미국의 문화나 정치사회 그리고 민주주의에 어떤 해악을 끼쳤는지가 1968년 혁명을 통해 전면적으로 비판되는 계기가 있었고(Haynes, 2000), "비루한 행태이자 광기"라고 비판을 받았다. 독일도 68혁명과 브란트의 동방정책으로 반공·반동독의 정치분위기는 변화되었다. 그러나 한국은 1950년 한국전쟁 전후의 시기 그리고 1972~1979년의 유신체제에서 1980년 광주민주화운동 시기, 1991년 문익환 목사와 임수경 방북 전후, 김영삼 정권기 김일성 사망 시 조문 파동, 김대중 정권기 정권에 진입한 민주인사들의 전력과 사상을 문제 삼은 빨갱이 공세 그리고 박근혜 정부에서의 이석기 등 통합진보당 당 간부들의 내란음모사건 등 1950년대 식의 반공주의의 광기가 여러 번 반복되어왔다. 그리고 이 반공·반북주의 히스테리는 거의 우익 정치권력이 위기에 처했을 때 수사정보기관과 보수언론이 합작해 진행된 점이 그 특징이다. 물론 북한 체제를 경험했거나 한국전쟁기에 북한인민위원회의 체험을 가진 기성세대가 존재하고 이후에도 한국 국민들이 북한의 게릴라 침투, 연평도 포격 등 호전적인 태도를 직접 경험했기 때문에 이처럼 위로부터의 반공·반북주의 선동이 먹혀들어간 셈이다.

히스테리로서 반공주의는 모든 사람을 '적과 나'로 구분해 내부의 적을 색출하는 광기의 정치문화를 만들어내는데, 이 경우 공산주의에 관용적인 자유주의자까지 좌익으로 몰아붙이게 된다. 냉전 초기, 특히 미국의 매카시즘 시기에는 소련이나 국내 공산주의에 분명히 선을 긋지 않는 자유주의 세력까지도 공산주의의 앞잡이라고 공격했으며 한국에서도 그러한 일이 반복되었다. 이런 자유주의나 노동운동의 자기검열은 결국 자유주의 세력이나 노동운동의 정치사회적 입지를 위축시키는 역할을 했다.[5] 즉 반공주의는 처음에 국가의 '내부의 적' 사냥하기 논리로 시작되지만, 그것이 지속되면 이제 언론이 주도해 시민사회가 스스로 적을 찾아내는 캠페인으로 확산되고 나중에는 모든 구성원이 자신이 국가나 사회가 지목한 '적'으로 간주되지 않기 위해 서로를 감시하며 자기 자신을 검열하는 방식으로 진행되기도 한다(김동춘, 2013). 반공주의가 사회 내에서 자기검열의 논리로 착근하게 될 경우 모든 구성원은 국가나 이웃의 의심을 받지 않으려고 어떤 정치적인 비판 발언이나 행동도 자제하게 된다. 이렇게 되면 위로부터의 통제가 없더라도 반공주의가 사회에 침투하고 착근하여 전체주의의 문화로 정착하게 된다. 파시즘, 독재, 권위주의 지배가 물리적 통제 없이 유지되는 것도 이런 이유 때문이다.

물론 한국에서는 1970년대 이후 민주화운동, 특히 광주 5·18학살을 겪은 이후 반공주의의 비판 흐름이 반미주의로 나아가기도 했고[6] 김대중과 노무현 정권 이후 과거 청산 작업을 통해 과거 반공주의의 폭력성과 인권침해를 비판하고 극복하는 계기가 있었다. 그러나 한국전쟁의 공식 기억이 계속 재생산되고 국가보안법과 국정원의 정치적 개입이 엄존하는 상태에서 반공주의·반북주의 이념을 전면적으로 부인하는 정치 세력이나 사회운동이 나오기는 어려웠다. 즉 한국에서는 독일에서의 나치 청산, 미국에서의 매카시즘 비판과 유사한 형태의 전면적인 반공주의 비판과 광기의 역사에 대한 정리 작업이 충분히 이루어지지 않았기 때문에 과거의 쿠데타, 우익독재, 인권침해, 간첩조작을 정당화하는 담론이 거침없이 통용되고 있으며 과거의 국가범죄에 가담했던 세력이 선거를 통해 의회에 진출하거나 다시 정권 핵심부로 들어갔다. 이런 반공주의의 지배는 진보정당의 진출과 노동운동의 정치세력화를 제약하는 것은 물론 재벌의 경제력 남용이나 과도한 사회적 지배에 맞서는 운동과 사회정책 논의의 폭을 제한하는 장애물이 되고 있다. 즉 반공주의는 한국에서 우익보수 세력의 가장 중요한 '정치자본'political capital으로 남아 있다.

3. 신자유주의 시대의 우익보수주의: 반공주의의 진화와 변화

현실사회주의 붕괴 이후 세계의 정치사회 지도는 다시 그려졌다. 미국의 단일패권이 확립되었고 영미식 자본주의 모델이 이제 세계의 표준이 되었다. 동서독 통일 이후 유럽연합 내에서 독일의 역할이 커졌고 유럽연합이 과거 동구권까지 확대되었다. 소련연방이 해체되면서 주변 국가들이 독립했고 유고연방의 해체는 냉전하에 잠복해 있던 인종·종교 간의 갈등을 폭발시켜 급기야 피비린내 나는 살육으로 이어졌다. 9·11테러 이후 미국이 이라크를 침략했고 과거 이래 지속되는 이스라엘·팔레스타인 분쟁과 함께 이라크, 아프가니스탄, 시리아 등에서 국지전이 계속되었다. 튀니지, 리비아, 이집트 등의 재스민 혁명으로 독재자들이 물러났다. 동아시아에서는 중국의 비약적인 경제성장과 국제적 위상 증대로 미국의 헤게모니가 도전받고 있으며 중국과 일본 간에 영토 문제를 둘러싸고 긴장이 고조되고 있다. 일본의 우경화와 맞물려 동북아시아에서는 민족주의, 국가주의가 아주 위험한 지경까지 나아가고 있다. 최근 우크라이나에서의 정치 갈등과 미국·러시아 간의 충돌, 러시아의 군사력 동원으로 새로운 형태의 냉전 조짐까지 나타나고 있다. 즉 소련·동구권 사회주의 붕괴 이후 전파되었던 '자유주의 최종 승리', '역사의 종말', '문명충돌'론은 과거의 '냉전' 개념과 마찬가지로 서구중심주의의 한계를 벗어나지 못하고 결국 그런 이유로 또다시 실제 세계의 변화를 제대로 포착해내지 못하고 있다.

특히 2001년 9·11테러 이후 미국은 과거의 공산주의 대신에 이제 이슬람 근본주의 세력을 새로운 악마로 몰아 '테러와의 전쟁'을 벌이고 있으며, 유럽의 주요 국가들도 대체로 미국의 그런 움직임을 따라가고 있다. 남미 여러 나라에서는 과거와는 다른 새로운 사회주의 정권이 선거를 통해 들어서기도 했는데, 얼마 전에 사망한 베네수엘라의 차베스는 쿠바의 카스트로를 이어받는 21세기형 사회주의 국가를 건설하려고 시도했다. 그러나 남미의 이런 사회주의 정권도 경제적으로는 신자유주의 질서를 거부하지 못하고 있으며, 과거 소련·동구권과 같은 스탈린적 사회주의 국가로 되돌아가려 하지는 않고 있다.

1980년대 영국의 대처 수상과 미국의 레이건 대통령에 의해 본격적으로 실행된 신자유주의 경제정책은 1989년 사회주의 붕괴 이후 지구화가 가속화되면서 전 세계 거의 모든 국가의 지배적 가치, 이념, 정책의 기본 방향으로 자리 잡았다. 이제 영미식의 유연화된 자본주의는 거역할 수 없는 이 시대의 새로운 표준이 되었다. 금융자본이 주도하는 자본의 세계화는 국가 간의 경계를 허물어뜨리고 있으며 전 세계 대부분의 노동자를 고용불안 상태로 몰아넣고 있다. 미국과 서구에서는 공산주의라는 외부의 적이 사라지자 냉전구도하에서 정부와 자본으로부터 양보를 이끌어냈던 각 나라의 사회민주주의 정당이나 조직 노조, 사회운동 단체까지도 모두 이 신자유주의의 물결에 압도당해 약화를 면치 못하고 있다.

그래서 '적이 사라진 자본주의'는 더 거침없이 나아가 이제 지난 100여 년간 인류가 투쟁을 통해 얻어낸 민주주의의 소중한 성과까지 위협하는 지경에 이르렀다. 즉 탈규제와 민영화, 노동시장 유연화로 집약되는 신자유주의 정책 기조는 국가의 시장에 대한 간섭을 배제하고 모든 피고용자를 고용불안 상태로 몰아넣었다. 그 결과 전 세계 거의 모든 나라에서 예외없이 대자본에게 막대한 부가 축적되었고 불평등이 심각해졌으며 CEO의 연봉은 상상을 초월할 정도로 높아졌으나 대다수의 노동인구는 저임금과 고용불안에 신음하고 있다.[7] 그 결과 국가 간 격차보다는 국가 내의 불평등이 심화되었고, 선진자본주의 국가는 후발국에서 밀려온 노동이민자들이 하층 노동시장을 채우게 되자, 국가 내에서 인종차별이 더 심각해졌다. 2008년 미국의 리먼 브라더스 사태, 그리스 등 남유럽 국가들의 국가부도 사태로 고삐 풀린 자본주의가 일대 타격을 입었으나 미국의 대량 긴급 재정지출과 양적 완화 조치로 일단 봉합 국면에 들어섰다.

　2008년 경제위기 이후 잠시 자본주의의 위기에 대한 논의가 활발해지고 마르크스주의에 대한 관심이 갑자기 증가한 적이 있으나, 곧이어 대부분의 나라는 언제 그랬냐는 듯이 다시 과거 상태로 돌아갔다. 즉 자본주의의 내적 모순을 반영하는 노동계급의 조직화는 전통적 노동계급의 현저한 축소로 거의 모든 나라에서 사실상 실패한 것으로 판명이 났으며 (Therborn, 2012), 대항적 이념이나 가치가 존재하지 않음으로써 심각한 불평등, 높은 청년실업률, 빈곤과 늘어나는 범죄는 비조직화된 저항의 일종으로 체제에 경종을 울리고 있다. 하지만 그것이 정치참여나 조직화된 사회운동으로 연결되기보다는 종교적 근본주의와 테러, 폭력, 새로운 극우보수 사회운동, 외국인혐오증Xenophobia, 인종차별과 같은 양상으로 나타나고 있다(Blee et al, 2010).[8] 통일 후 구동독 지역에서 과거 사회통합당의 후신인 민사당이 일부 지지를 얻고 있지만 공산주의나 사회주의 세력이 선거에서 의미 있는 결과를 얻은 경우는 거의 없다. 비록 현재의 자본주의가 심각한 병을 앓고 있으며 좀더 급진적인 개혁이 필요하다는 생각이 널리 확산되고 있기는 하지만, 과거 사회주의 실패 경험 때문인지 다시 과거로 돌아가자는 움직임은 없다.

즉 고삐 풀린 자본주의는 각 나라 내에서 심각한 불평등과 갈등을 일으키고는 있으나, 조직화된 사회주의 운동을 불러오지는 않고 있다. 따라서 과거와 같은 반공주의, 반사회주의 이념이 다시 동원될 명분이나 여지는 거의 없다. 단지 미국이나 남미 국가들에서 범죄가 점점 심각해지자 이에 맞서 점차 '치안국가'의 모습을 보여주고 있으며(Waquant, 2009), '테러와의 전쟁'을 명분으로 국민 일반에 대한 사찰이나 인권침해는 매우 심각해지고 있다. 즉 신자유주의하에서 국가의 국민통제 기능은 약화되기보다 오히려 강화되는 경향이 있다. 그래서 세계의 모든 국가에서 불평등은 정당정치를 약화시키고 민주주의를 후퇴시킨다.

앞서 스첼의 머리말에서도 지적한 것처럼 반공주의는 자본주의의 탄생과 함께 나타났다. 특히 러시아혁명 등 자본주의 체제를 위협하는 운동이나 사상이 등장한 이후 전 세계 모든 나라에서 다양한 형태로 존재했다. 그것은 소련의 위협을 과장하는, 냉전기에 미국의 외교 노선과 국내 정치의 원칙을 집약해주는 용어였지만, 유럽에서 냉전이 종식됨으로써 일단 유럽에서는 더 이상 존재할 수 없게 되었다. 그것은 과거의 반공주의가 오늘날에는 신자유주의라는 새로운 옷을 입게 되었고 신자유주의적 자본주의가 가져온 모순이나 위기에 대한 반발 또는 저항도 종교적 극단주의, 테러, 인종차별, 사회적 보수주의의 형태로 나타나고 있을 따름이다. 물론 자본주의 체제가 존속하는 한 그것에 소외된 사람들의 집단적 저항이 있을 수밖에 없고, 따라서 '테러와의 전쟁'의 기치하에 '증오범죄'나 제도적 차별은 계속될 것이다.

서구 여러 나라에서 과거 국가 차원의 반공주의는 이제 복지국가 확대, 증세, 노동운동, 보편적 의료보험 요구 등을 비판하는 시장 근본주의Market Fundamentalism의 형태로 나타났다. 오늘의 반공주의는 이제 탈규제, 반복지, 시장주의, 개인주의, 국가불간섭주의, 자유지상주의의 형태로 존재하고 있으며, 이 신자유주의의 반사회주의, 반공주의 이념은 프리드리히 하이에크 등 과거 신자유주의 경제사회 사상가들에게서 구해지고 있다.[9]

한국의 반공·반북주의도 오늘날 서구의 발전된 다른 자본주의 국가와 마찬가지로 점차 시장주의나 신자유주의 이데올로기로 변했다. 특히 노조 활동 자체를 아주 혐오하거나 대기업 노조 자체를 '귀족노조'라고 공격하거나 민영화 반대, 복지나 증세 요구 등을 모두 싸잡아 '빨갱이'라고 공격하는 것이 바로 그것이다. 한국의 상당수 경제학자들과 전경련 산하 연구소나 삼성경제연구소 등의 기업연구소가 이런 이념을 생산하고 주요 보수 신문들과 방송이 그것을 확산시키는 역할을 하고 있다. 이런 새로운 형태의 반공·반사회주의는 과거와 달리 공안기관에 의해 일방적으로 유포되는 것이 아니라 교육이나 대중매체 등을 통해 일상적으로 선전되고 있으며, 사람들의 의식으로 자연스럽게 내면화되고 있다. 한병철이 말하는 것처럼 자기개발의 논리, 경쟁질서의 내면화, 개인주의화는 사람들을 '자기 착취'로 몰아가기 때문에 사실상 가장 효과적인 친자본주의 논리라고 할 수 있다(한병철, 2012).

　　물론 이런 신자유주의 시대에 들어선 이후에도 한국에서는 여전히 냉전반공주의를 유지했던 국가보안법이 사라지지 않고 있으며, 간첩조작으로 악명을 떨쳤던 국정원 등 공안기관이 여전히 활개를 치고 있다. 미국도 9·11테러 이후 '테러와의 전쟁'을 빌미로 국가안전보장국NAS, National Security Agency이 미국 국민은 물론 전 세계 여러 나라의 수상과 대통령의 대화까지 감청하는 등 냉전적인 통제방법을 그대로 지속하고 있다. 지구적 불평등에도 과거의 사회주의와 같은 대안적인 이념이 형성되지 않음으로써 빈곤대중과 실업청년들은 월스트리트 점거운동처럼 국가나 사회의 구체적 개혁안을 제시하지 못하는 저항의 형태를 보여준다. 결국 신자유주의는 국가권력을 약화시키기보다는 오히려 확대시키는 경향이 있는데, 이런 '치안국가'로의 변화는 불안한 상태에 놓인 대중을 더욱 위축시키고 있으며 그것은 결국 민주주의를 후퇴시키고 있다.

　　한국에서 과거의 반공주의나 오늘의 시장근본주의는 요한 갈퉁Johan Galtung이 말한 일종의 문화적 폭력의 성격을 갖고 있다(Galting, 1975). 국가나 시장을 반대하는 세력에게 낙인을 찍고 그들의 정당한 항의나 문제제기를 힘으로 눌러 제압하거나, 미디어나 공론장에서 완전히 배제함으로써 그들의 목소리가 사회에 확산되는 것을 차단하기 때문이다. 즉 인종주의, 종교적 근본주의와 함께 반공주의와 시장근본주의는 사회적 소통과 화합을 심각하게 제약하고 있다. 과거에는 국가의 국민통제를 위한 이념으로 반공주의가 정당활동이나 사회운동, 표현의 자유를 제약하는 장벽이었다면, 오늘날에는 신자유주의적 시장근본주의가 유사종교와 같은 성격을 갖고 사람들의 정신세계에 내면화되어 시민참여를 억제하고 결과적으로 민주주의를 위축시키는 힘으로 작용한다. 지그문트 바우만이 말한 "민주주의의 결핍"(Bauman, 2013)은 한국뿐 아니라 유럽을 비롯한 전 세계 모든 국가가 겪고 있는 현실이다. 그래서 우리는 이 근대사회에 존재하는 전근대적인 폭력과 배제의 논리에 적극적으로 맞서 싸우지 않으면 안 된다. 그렇지 않을 경우 지난 200여 년 동안 수많은 사람이 피 흘려 쟁취한 이 문명이 또다시 야만의 나락으로 떨어질지 모르기 때문이다.

우리는 한국과 독일의 반공주의 연구를 통해 한국과 독일의 정치사를 다시 검토해볼 수 있었으며, 오늘날 반공주의가 한국과 독일의 정치사회에 남긴 상처나 그 유산을 극복하고, 특히 한국의 경우에는 현재진행형의 반공분단체제를 넘어서서 평화통일을 완수하고 정치·경제·사회의 민주화를 달성하기 위해 이 문제에 대한 좀더 심층적인 연구가 필요하다고 생각한다.

오늘날 반공주의의 역할은 무엇인가?
과거 반공주의는 왜 그렇게 성공을 거둘 수 있었는가?
어떻게 사람들은 공산주의자가 되거나 반공주의자가 되는가?
반공주의를 어떻게 극복할 것인가?
교육이나 교조 주입, 두뇌 세탁, 테러의 역할은 무엇인가?
물질적 유인은 어떠한가?

어떤 사회적·경제적·정치적·문화적 조건을 만들어야 하는가?
권력관계나 지배는 어떠한가?

앞으로 이런 주제에 대한 개인적·집단적 연구가 필요하다. 특히 아직도 20세기적 반공주의의 틀에서 벗어나지 못하고 있는 한국에서는 정치경제 민주화를 위해 반공주의에 대한 연구가 더 진척되어야 한다.

1. 머리말 _기외르기 스첼, 크리스토프 폴만, 김동춘

1. 유네스코가 카를 마르크스의 『자본론』을 세계문화유산으로 지정했다는 사실은 흥미롭다.
2. 논의과정에 언급되었지만 채택되지 않은 주제는 다음과 같다.
   - 반공주의 체제의 주변인, 코리안 디아스포라: 반공주의의 피해자, 재일교포와 재독교포, 반공주의의 주요 주체로서의 탈북자
   - 반공주의와 기본적 인권: 한국의 헌법과 관련 법률, 사법체계를 중심으로
3. 카를 마르크스는 결코 '마르크스주의자'가 아니었다.
4. 사실 고대 이래의 유토피아까지 거슬러 올라갈 수도 있다(공산주의 유토피아, 초기 기독교; 토머스 모어Thomas More).
5. 가톨릭교회는 특히 폭력적이었다. 예를 들어 교황 비오 11세의 회칙 『사십주년』*Quadragesimo Anno*(1931년 5월 15일)을 참조. 그 반면 초기 기독교 공동체는 공산주의적이었다.
6. 이런 맥락에서 한국과의 관계는 꽤 흥미롭다.
7. 내셔널리즘의 반동적 형태는 "우리나라 먼저!"를 외치는 민족적 쇼비니즘이며 내셔널리즘의 가장 급진적 형태는 인종주의와 반유대주의를 포함하는 파시즘이다. 물론 뒤에서 살펴보겠지만 현실사회주의 역시 내셔널리즘을 확산시켰다.
8. 오늘날 특히 한국과 라틴아메리카, 동남아시아, 동유럽에서 오순절파 교회의 형태로 가장 강력하게 나타난다.
9. 교황의 무오류성이 떠오르는 대목이다.
10. 반스탈린주의에 대한 최근의 비판으로는 다음과 같은 글이 있다. Anton Kaute, 2005; Kurt Gossweiler, 2005.
11. 후자에 대한 비판으로는 다음 참조. Traverso, 2001.
12. 전신으로 '제3인터내셔널 반대 국제동맹상설위원회'가 있었다(1929, 1934).
13. 대부분 잊은 것 같지만 그리스에서는 1946~1949년 끔찍한 내전이 있었다.
14. 헝가리는 2011년 선거 이후로 두 극우정당이 75퍼센트를 득표하는 등 극단적 상황이다. 반민주적 운동과 정부의 반민주적 조치를 고려할 때 서구의 많은 국가도 심각한 상황을 겪고 있다.
15. 다만 필자는 군주제 국가에서 발행되는 『이코노미스트』가 민주주의 지수를 매긴다는 사실에 의구심을 갖고 있다. 미국이 완전한 민주주의 국가로 규정되는 반면 프랑스는 그렇지 않다는 점은 이해하기가 어렵다. 『이코노미스트』에 따르면 167개국 중 완전한 민주주의 국가는 25개국에 불과하다. 그리고 북한은 순위가 가장 낮다.

1. Peter von Zahn an Friedrich von Zahn, 10. 10. 1955., in: Bundesarchiv Koblenz〔코블렌츠 연방문서보관소〕(이하 BAK), N 1524, Peter von Zahn Korrespondenzakten.

2. Friedrich von Zahn an Peter von Zahn, Bonn, 24. 10. 1955, in: BAK, N 1524 Peter von Zahn, Korrespondenzakten.

3. Stefan Creuzberger/Dierk Hoffmann, Antikommunismus und politische Kultur in der Bundesrepublik Deutschland. Einleitende Vorbemerkungen(이하 Creuzberger/Hoffmann, Antikommunismus), in: Stefan Creuzberger/Dierk Hoffmann (Hrsg.), 2014, "Geistige Gefahr" und "Immunisierung der Gesellschaft", Antikommunismus und politische Kultur in der frühen Bundesrepublik (Schriftenreihe der Vierteljahrshefte für Zeitgeschichte. Sondernummer), München(이하 Creuzberger/Hoffmann, "Geistige Gefahr"), 4쪽 참조. Andreas Wirsching, Antikommunismus als Querschnittsphänomen der politischen Kultur, 1917-1945, in: Creuzberger/Hoffmann, "Geistige Gefahr", 24쪽 참조.

4. Richard Löwenthal, 1974, Vom kalten Krieg zur Ostpolitik, Stuttgart, 7쪽.

5. Stefan Creuzberger, Die erste Berlin-Krise. Die sowjetische Blockade 1948/49, in: Helmut Altrichter/Horst Moller (Hrsg.), 2014, Russland-Deutschland. Stationen gemeinsamer Geschichte. Orte der Erinnerung, Band 3: Das zwanzigste Jahrhundert, München, 51쪽 참조.

6. Stefan Creuzberger, 2008, Kampf für die Einheit. Das gesamtdeutsche Ministerium und die politische Kultur des Kalten Krieges 1949-1969, Düsseldorf(이하 Creuzberger, Kampf), 60쪽 참조.

7. Hermann Wenkter, Antikommunismus in der frühen Bonner Republik. Dimensionen eines zentralen Elements politischer Kultur im Ost-West-Konflikt(이하 Wenkter, Dimensionen), in: Creuzberger/Hoffmann, "Geistige Gefahr", 356쪽; Till Kossler, Die Grenzen der Demokratie. Antikommunismus als politische und gesellschaftliche Praxis in der frühen Bundesrepublik(이하 Kossler, Grenzen der Demokratie), in: Creuzberger/Hoffmann, "Geistige Gefahr", 229쪽.

8. Creuzberger/Hoffmann, Antikommunismus, 23쪽 참조.

9. Eckhart Conze, 2009, Die Suche nach Sicherheit. Eine Geschichte der Bundesrepublik Deutschland von 1949 bis zur Gegenwart, München, 154쪽.

10. Stefan Creuzberger, 2009, Das BMG in der frühen Bonner Republik, in: Aus Politik und Zeitgeschichte(이하 Creuzberger, BMG), 28, 30쪽.

11. Dierk Hoffmann, Kampf um die deutsche Öffentlichkeit. Westreisen und andere Aktivitäten der SED-Führung bis Anfang der 1950er Jahre, in: Creuzberger/Hoffmann, "Geistige Gefahr", 69쪽 이하 참조; Heike Amos, Die Westpolitik der DDR 1949 bis Mitte der 1960er Jahre. Institutionelle Voraussetzungen, Apparate

und politische Konzeptionen, in: Creuzberger/Hoffmann, *"Geistige Gefahr"*, 53, 55~56쪽 참조; Wentker, Dimensionen, 359~360쪽. 이에 대한 좀더 자세한 내용은 다음을 참조. Dierk Hoffmann, Die Westpolitik der DDR und der alltägliche Antikommunismus in der Bundesrepublik(한국 학술대회 발표문. 이하 Hoffmann, Westpolitik der DDR), 9쪽 이하.

12. Michael Lemke: Die Wahrnehmung des westdeutschen Antikommunismus durch die SED/DDR, in: Creuzberger/Hoffmann, *"Geistige Gefahr"*, 81쪽; Wenkter, Dimensionen, 361쪽.

13. Bernd Stöver, Politik der Befreiung? Private Organisationen des Kalten Krieges. Das Beispiel Kampfgruppe gegen Unmenschlichkeit (KgU) (이하 Stöver, Kampfgruppe), in: Creuzberger/Hoffmann, *"Geistige Gefahr"*, 228쪽 참조; Wentker, Dimensionen, 366쪽 참조.

14. Abschrift (Anlage zum Schreiben des BMI vom 12. 3. 1951-Gesch. Z. 1306C, unterzeichnet vom BM Dr. Lehr), Abgrenzung der Zuständigkeit auf dem Gebiet des Verfassungsschutzes zwischen dem Bundesministerium für gesamtdeutsche Fragen, dem Bundesminister des Innern und dem Bundesamt für Verfassungsschutz, in: BAK, B 137, Akte 16428 참조.

15. Creuzberger, *Kampf*, 155~156쪽 참조.

16. "Im Bogen der Zeit. Erinnerungen des Dr. Ewert Freiherr von Dellingshausen. Teil II. Aufgaben im Bundesministerium für gesamtdeutsche Fragen, Bonn 1984/85, VS-Vertraulich, amtlich geheimhalten", 25, 31, 90~93, 132, 137쪽, in: BAK, N 1515, Akte 2 참조; Franz Thedieck, Hans Globke und die "Gewerkschaft der Staatssekretäre", in: Klaus Gotto (Hrsg.), *Der Staatssekretär Adenauers. Persönlichkeit und politisches Wirken Hans Globkes*, Stuttgart 1980, 145~147쪽 참조.

17. 같은 곳 참조.

18. I A 1, Bonn, 14. 9. 1953, geheim, Vermerk, Betr.: Psychologische Kriegsführung in Deutschland nach den Bundestagswahlen am 6. 9. 1953, 12쪽, in: BAK, B 137, Akte 16428.

19. Anlage, Denkschrift uber Probleme der "Psychologischen Kriegführung" nach der Aufnahme der diplomatischen Beziehungen zwischen der Bundesrepublik und der Sowjetunion, 14쪽, in: BAK, 137, Akte 16428 참조. 여기에 언급된 가까운 시점에 연방공화국의 불안정화를 꾀하는 소련의 선전활동이 강화될 거라는 우려는 소련의 독일정책에 대한 최근 연구가 보여주는 것처럼 결코 근거 없는 것이 아니었다. Wettig, Adenauers Moskau-Besuch, 199쪽 참조.

20. 이에 대한 자세한 내용은 다음 참조. Creuzberger, 160~167쪽.

21. I 1, Bonn, 31. 3. 1960, geheim, Vermerk, Betr.: Geistige Auseinandersetzung mit dem Kommunismus und psychologische Verteidigung; 여기서 Koordinierungsversuche

innerhalb der Bundesressorts und Vorschlage aus Sicht des BMG-Referats I 1, 1518 쪽, 인용문은 다음 참조. 17, in: BAK, B 137, Akte 16430.

22. 이에 대해 좀더 자세한 것은 Creuzberger, *Kampf*, 197~223, 553쪽 참조.

23. VFF에 관한 일반적인 것에 대해서는 다음 참조. Mathias Friedel, 2001, *Der Volksbund für Frieden und Freiheit(VFF). Eine Teiluntersuchung uber westdeutsche antikommunistische Propaganda im Kalten Krieg und deren Wurzeln im Nationalsozialismus*, St. Augustin (이하 Friedel: *Volksbund*).

24. Detlev Stöver, 2002, *Die Befreiung vom Kommunismus. Amerikanische Liberation Policy im Kalten Krieg 1947-1991*, Köln u.a., 365쪽 참조.

25. 이에 대한 좀더 자세한 내용은 다음 참조. Creuzberger, *Kampf*, 144~145쪽.

26. *Im Bogen der Zeit. Erinnerungen des Dr. Ewert Freiherr von Dellingshausen.* Teil II. *Aufgaben im Bundesministerium für gesamtdeutsche Fragen.* Bonn 1984/85, VS-Vertraulich, amtlich geheimhalten, 52쪽, in: BAK, N 1515, Akte 2 참조.

27. 이에 대한 더 자세한 내용은 다음 참조. Wolfgang Buschfort, 2001, *Parteien im Kalten Krieg. Die Ostbüros von SPD, CDU und FDP*, Berlin; Wolfgang Buschfort, 1991, *Das Ostbüro der SPD. Von der Gründung bis zur Berlin-Krise*, München; Creuzberger, *Kampf*, 143~144, 254~257쪽.

28. Creuzberger, *Kampf*, 143쪽 참조. 그리고 다음도 참조. Frank Hagemann, 1994, *Der Untersuchungsausschuß Freiheitlicher Juristen 1949-1969.* Frankfurt/Main; Frank Hagemann, 1996, "Drohung des Rechts"—Der Kampf des Untersuchungsausschusses Freiheitlicher Juristen, in: Unrecht überwinden—SED-Diktatur Widerstand, St. Augustin, 33~45쪽.

29. Stöver, Kampfgruppe, 215~228쪽; Enrico Heitzer, 2008, "Affäre Walter", *Die vergessene Verhaftungswelle*. Berlin; Kai-Uwe März, 1987, *Kalter Kriegs als antikommunistischer Widerstand. Die Kampfgruppe gegen Unmenschlichkeit 1948-1959*, München.

30. I 2, Bonn, 25. 10. 1950, Vermerk, S. 25, in: BAK, B 137, Akte 1549.

31. Creuzberger, BMG, 29쪽 참조.

32. 같은 곳 참조. 연방공화국에서의 우편물 검열 문제에 대해서는 다음 참조. Josef Foschepoth, 2012, *Überwachtes Deutschland. Post und Telefonüberwachung in der alten Bundesrepublik*, Göttingen.

33. Vermerk über die Ressortbesprechung im Bundesministerium des Innern am 11. 6. 1952, Gegenstand: Maßnahmen gegen die Einfuhr kommunistischen Propagandamaterials aus der SBZ und gegen die Herstellung kommunistischen Materials im Inlande, 5쪽, in: BAK, B 137, Akte 1378. 국가수호 문제에 대해서는 특히 다음 참조. Reinhard Schiffers, 1989, *Zwischen Bürgerfreiheit und Staatsschutz. Wiederherstellung und Neufassung des politischen Strafrechts in der Bundesrepublik Deutschland 1949-1951*, Düsseldorf; Dieter Gosewinkel/

Adolf Arndt, 1991, *Die Wiederbegründung des Rechtsstaats aus dem Geist der Sozialdemokratie* (1945-1961), Bonn.

34. 이에 대해서와 1953년 8월 3일자 제3차 형법개정법상의 형법 제93조 문구 변경에 대해서는 다음 참조. Alexander von Brunneck, 1978, *Politische Justiz gegen den Kommunismus in der Bundesrepublik Deutschland 1949-1968*, Frankfurt/Main, 392쪽.

35. Stefan Tiepmar, "Bürgerkriegsliteratur" und ändere "staatsgefährdende Schriften". Westdeutsche Abwehrstrategien im innerdeutschen Buchaustausch, in: Mark Lehmstedt/Siegfried Lokatis (Hrsg.), 1991, *Das Loch in der Mauer. Der innerdeutsche Literaturaustausch*, 56-71, Wiesbaden, 1991, 64쪽 참조.

36. Tagung der Länderreferenten für gesamtdeutsche Fragen im Bundeshaus Berlin am 12. 2. 1958, Ref. MR Dr. Freiherr von Dellingshausen, Bonn, Thema: Die kommunistische Infiltration-Fragen ihrer Bekämpfung, 4쪽, in: BAK, B 137, Akte 1232.

37. Creuzberger, BMG, 28, 30~31쪽; Stefan Creuzberger, Kampf gegen den inneren Feind. Das gesamtdeutsche Ministerium und der staatlich gelenkte Antikommunismus in der Bundesrepublik Deutschland(이하 Creuzberger, Feind), in: Creuzberger/Hoffmann, "Geistige Gefahr", 96~97쪽.

38. Creuzberger, BMG, 32쪽 참조

39. Z 1 K an den Staatssekretär des Bundeskanzleramtes, z. Hd. Von Ministerialdirigent Gumbel o.V.i.A, Bonn, 18. 9. 1953; Betr., Gesetzgeberische Vorhaben sowie Vorgänge von allgemein-politischer Bedeutung, 2쪽, in: BAK, B 137, Akte 4912.

40. Mathias Friedel, Volksbund, 130~140쪽; Günther Gereke, 1970, Ich war königlich-preußischer Landrat. Berlin-Ost 383쪽; Klaus Körner, 2003, "Die Rote Gefahr", *Antikommunistische Propaganda in der Bundesrepublik 1950-2000*, Hamburg(이하 Körner, *Rote Gefahr*), 45~46쪽.

41. Creuzberger, *Kampf*, 456~458쪽 참조.

42. Creuzberger, BMG, 28, 30~31쪽; Creuzberger, Feind, 96~97쪽.

43. 이에 대한 자세한 내용은 다음 참조. Rüdiger Thomas, Zur Auseinandersetzung mit dem deutschen Kommunismus in der Bundeszentrale für Heimatdienst. Eine kritische Sondierung im Umfeld des KPD-Verbots, in: Creuzberger/Hoffmann, "Geistige Gefahr", 123~143쪽; Hoffmann, Westpolitik der DDR(한국 학술대회 발표문), 16~17쪽에도 자세히 설명되어 있다.

44. 이에 대한 자세한 내용은 다음 참조. Boris Spernol, Die "Kommunistenklausel", Wiedergutmachungspraxis als Instrument des Antikommunismus, in: Creuzberger/Hoffmann, "Geistige Gefahr", 251~273쪽. Hoffmann, Westpolitik der DDR(한국 학술대회 발표문), 15~16쪽에도 자세히 설명되어 있다.

45. Thomas Brechenmacher, Katholische Kirche und (Anti-)Kommunismus in der

frühen Bundesrepublik, in: Creuzberger/Hoffmann, "Geistige Gefahr", 177쪽 참조.

46. 같은 글, 183~184, 186~196쪽 참조.

47. 같은 글, 186쪽 참조.

48. Hans-Ulrich Wehler, 2008, Deutsche Gesellschaftsgeschichte. Bd. 5: Bundesrepublik und DDR 1949-1990, München, 405~406쪽에 이렇게 표현하고 있다.

49. Michael Schwartz, Antikommunismus und Vertriebenenverbände: Ein differenzierter Blick auf scheinbar Eindeutiges in der Bundesrepublik, in: Creuzberger/Hoffmann, "Geistige Gefahr", 169쪽.

50. 같은 글, 172쪽.

51. 이에 대해서는 Kossler, Grenzen der Demokratie, 230쪽 이하 참조.

52. 이에 대한 자세한 내용은 다음 참조. Christoph Classen, Antikommunismus in Film und Fernsehen der frühen Bundesrepublik, in: Creuzberger/Hoffmann, "Geistige Gefahr", 275~295쪽. Hoffmann, Westpolitik der DDR(한국 학술대회 발표문), 18~20쪽에도 좀더 자세한 설명이 있다.

53. Creuzberger, Kampf, 142~143, 256~259, 264~273, 275~293, 543쪽 참조.

54. 이에 대한 더 자세한 내용은 같은 책, 431~458쪽 참조.

55. 같은 책, 535쪽.

56. Büro Bonner Berichte, Rednerdienst, Bonn, 18. 9. 1961, Vermerk, 13쪽, in: BAK, B 137, Akte 16207.

57. Creuzberger, Kamp, 347~358쪽 참조.

58. 이에 대한 자세한 내용은 Creuzberger, Kampf, 359~367쪽 참조.

59. Mende: Keine Angst vor den Kommunisten. 멘데 장관 『쾰르너 슈타트 안차이거』 (1966년 2월 4일자) 신문과의 인터뷰.

60. 전독일문제부 장관인 멘데의 역할에 대한 좀더 자세한 내용은 다음 참조. Creuzberger, Kampf, 347~381쪽. 석방거래에 대해서는 최근에 출판된 다음의 문헌 목록집 참조. Dokumente zur Deutschlandpolitik. "Besondere Bemühungen" der Bundesregierung, Bd. 1: 1962 bis 1969. Häftlingsfreikauf, Familienzusammenführung, Agentenaustausch, München 2012.

61. 이 부분과 아래에 대한 자세한 내용은 Creuzberger, Kampf, 382~429쪽 참조.

62. 헤르베르트 베너의 새로운 방향 설정에 관한 자세한 내용은 같은 책 481~528쪽 참조.

63. Ansprache des Herrn Staatssekretärs Dr. Wetzel anläßlich der Begegnung mit den leitenden Personlichkeiten der vom Referat I 10 betreuten wissenschaftlichen Einrichtungen am 28. 2. 1969 in Bonn, 2쪽, in: BAK, B 137, Akte 73-74.

64. Creuzberger, Kampf, 406~429, 539~540쪽 참조.

65. 1969년 이후부터 오늘날까지 독일의 반공주의에 대한 논의는 Gyorgy Szell, International Politics of Cold War and West Germany's Anti-Communism as its Internalized Form(한국 학술대회 발표문), 8~11쪽 참조.

66. 1960년대 말, 1970년대 초 동독의 대서독정책 문제에 대해서는 다음 참조. Hermann

Wentker, 2007, *Außenpolitik in engen Grenzen. Die DDR im internationalen System 1949-1989*, München, 233~248, 319~345쪽.

3. 냉전의 국제정치와 서독의 내부화된 반공주의 _기외르기 스첼

1. 소위 기초교회공동체basic ecclesial communities, Wikipedia 2013s 참조.
2. 독일에만 존재하는 독특한 학문 분야다.
3. 슈타인이 프러시아 정부를 비판한 뒤 비엔나로 떠나야 했다는 사실은 역사의 아이러니라고 할 수 있다.
4. 독일 공산주의와 좌파 사회주의를 가장 풍부하게 다룬 문헌으로는 1999년부터 출간된 카를 디이츠 출판사의 총 18권짜리 시리즈가 있다(클라우스 키너Klaus Kinner 외 지음).
5. 책 다섯 권 어디에도 반공주의가 언급되지 않았다는 사실이 흥미롭다.
6. 오늘날의 '대안은 없다'(TINA, there is no alternative)와 유사하다.
7. 1992년 체결된 마스트리히트 조약도 같은 기능을 했다.
8. 오늘날까지 독일 최대의 신문으로 자리 잡고 있는 우익 성향의 『슈프링거』*Springer*를 비롯한 일부 언론에서는 1990년까지 이런 표기법을 계속 사용했다(Assheuer, 2007).
9. 『역사적·비판적 마르크스주의 사전』에 반공주의라는 개념이 더 이상 등장하지 않는다는 사실이 흥미롭다(Haug, 1994 참조).
10. 또한 서방의 모든 군과 마찬가지로 서독군은 반공주의의 이데올로기적 중심이었다.
11. 물론 동독은 이런 운동을 이용하려고 했으며 자금지원을 한 경우도 있었다.
12. 역시 나치 시대의 개념이다.
13. 소위 프랑크푸르트학파가 마르크스주의적이라는 잘못된 통념이 있다. 결코 그렇지 않다. 필자가 보기에 프랑크푸르트학파는 신헤겔주의에 가깝고 본인들도 이를 인정했다.
14. 서독의 공식 학생조직은 독일학생연맹VDS이었다. 이 조직은 20여 년간 정부의 자금지원을 받으며 반공주의 프로파간다 활동을 했다. 1960년대 말에 이 조직이 노선을 변경하자 과연 '정치적 권한'이 있는가 여부가 논쟁이 되었는데, 연방최고법원은 권한이 없다고 판결했다(Rohwedder, 2012). 나중에 보수 정부는 이를 근거로 공식 학생조직인 총학생위원회AStA를 폐지했다. 이외에도 대체로 반공주의 성향을 띠는 정치, 종교, 그 밖의 학생 조직이 다양하게 존재했다.
15. 나중에 녹색당 창당의 중요한 요소가 되었다.
16. 슈미트는 지금도 살아 있으며 적극적으로 활동하고 있다. 탈이념적 포지션 때문인지 지금까지도 독일에서 가장 인기 있는 정치인이다.
17. 이에 대한 비판으로는 다음 참조. Habermas, 1973; Lenk, 1973.
18. 하나의 사례는 바이마르공화국의 사회민주당 출신 총리였던 요제프 비르트Joseph Wirth를 기념하는 걸 거부하는 것이다(Erler & Sattler, 1980).
19. 체포되지 않고 살아남은 멤버들이 동독으로 망명했다는 것은 역사의 아이러니다.
20. 이런 국가에서는 우익 테러리즘도 발생해 내전 직전까지 갔다.

21. 미하엘 슈튀르머Michael Stürmer, 안드레아스 힐그루버Andreas Hillgruber, 클라우스 힐데브란트Klaus Hildebrand 등의 역사학자들도 이런 입장에 동조했다.

22. 이 기구의 첫 번째 수장은 2012년 연방 대통령에 선출된 요아힘 가우크Joachim Gauck 였다.

23. 2013년 지하국가사회주의연맹National-Socialist Underground 재판에서 드러나듯 독일 첩보기관은 여전히 '오른쪽 눈'을 감고 있으며 적극적으로 관여한다고까지 말할 수 있다. 네오나치 정당인 NPD 해산 시도는 2003년 최고법원에서 실패로 돌아갔다. 당 내에 첩보 기관 요원이 너무나 많았고 일부가 매우 적극적으로 활동하고 있었기 때문이다.

24. 독일과 미국의 비교로는 Niess, 1976 참조.

25. 이미 당시에 축이 반공주의에서 반이슬람으로 넘어가고 있었다는 사실(첫 번째 문단 두 번째 문장)은 흥미롭다.

26. 독일어 번역본은 독일을 별도의 장에서 다루고 있다.

27. 매카시는 군에 의해 탄핵된 후 술에 의존하다가 비극적 결말을 맞았다.

28. '비미국적'un-American이라는 표현은 나치가 반대파와 '열등한' 인종을 제거하기 위해 사용한 '비독일적'un-German이라는 끔찍한 개념을 떠오르게 한다.

29. 당시에는 영향력이 약한 비종파반나치연맹Non-Sectarian Anti-Nazi League이라는 조 직밖에 없었다(Wikipedia, 2013k).

30. 또한 소련과 유사한 관행이다.

31. 미국에서는 매일 85명이 살해된다. 총기난사는 폭넓게 발생하고 있다.

32. 김동춘에 따르면 얄타회담과 포츠담회담의 합의를 먼저 위반한 나라는 미국이었다 (2007).

33. 한편 이 글(Wiener, 2012)에 따르면 이상하게도 냉전은 미국에서 거의 잊힌 듯하다.

34. 가장 반동적 세력은 KKK로 조직되어 있다(McNergney, 2011).

35. 엄청난 부수적 피해가 발생하지만 성공을 거두지 못하고 있다. 미국은 서구에서 마약 중 독자 비율이 가장 높은 국가다.

36. 200년 가까운 시간이 흘렀지만 필자가 보기에는 여전히 미국 사회에 대한 최고의 분석이다.

37. 미국이 가톨릭교회와 협력해 1951년 아돌프 아이히만이 아르헨티나로 피신하는 것을 도 왔다는 사실은 이런 맥락에서 이해될 수 있을 것이다(Stangneth, 2011).

38. 슈레커에 따르면 의과대학에서는 결코 학문적 자유가 보장된 적이 없다(Schreker, 1986, 244쪽). 또한 의학 연구의 90퍼센트는 민간 부문의 자금 지원을 통해 이루어진다.

39. 과학계에서는 거대과학big science의 비중이 높다. 연구개발의 50퍼센트는 군과의 연계 속에서 특별한 보안기준에 따라 이루어진다.

40. 이를 통해 통일교가 미국에서 성공을 거둔 이유를 설명할 수 있을 것이다(Wikipedia, 2013o).

41. 사실 꼭 그렇지만은 않다. 군비경쟁 역시 소련 경제를 무너뜨리는 데 일조했다. 붕괴 직 전 소련은 축적된 자본의 60퍼센트를 군에 투자하는 비생산적 상황을 맞았다. 반면 미국 의 경우 이 수치는 '겨우' 30퍼센트에 불과했다(Melman, 1985). 여기에 관료주의라는 부 담도 추가로 고려해야 한다. 소련의 1,500만 관료는 모든 혁신은 물론 자신들을 대상으로

삼은 페레스트로이카마저 좌절시켰다.

4. 동독의 서방정책과 서독의 일상적 반공주의 _디르크 호프만

1. Dietmar Süß, 2003, *Kumpel und Genossen. Arbeiterschaft, Betrieb und Sozialdemokratie in der bayerischen Montanindustrie 1945 bis 1976*, München, 64쪽.
2. Landesarchiv Berlin (LAB), E Rep. 200-23, Nr. 29-31, Bericht über die Reise Grotewohls und Dahrendorfs (17-26. 11. 1945), 9~10쪽.
3. Archiv der sozialen Demokratie (AdsD), Bestand, Kurt Schumacher, Mappe 1234, Wilhelm Knothe am 7. 5. 1946, an die SPD Hannover.
4. Dirk Spilker, 2006, *The East German Leadership and the Division of Germany. Patriotism and Propaganda 1945-1953*, Oxford, 77쪽.
5. Stiftung Archiv der Parteien und Massenorganisationen der DDR im Bundesarchiv (SAPMO-BA), NY 4090/126, 302~352면 중 325면. Redemanuskript für die Auftritte Grotewohls in Essen (20. 7.), Köln (21. 7.), Düsseldorf (22. 7.) und Braunschweig (23. 7.) 〔그로테볼의 에센(7월 20일), 쾰른(7월 21일), 뒤셀도르프(7월 22일), 브라운슈바이크(7월 23일) 연설 원고〕. 이에 대한 좀더 자세한 사항은 다음 참조. Dierk Hoffmann, 2009, *Otto Grotewohl(1894-1964), Eine politische Biographie*, München, 281쪽.
6. SAPMO-BA, NY 4036/752, 56~60면, Reisebericht Stahlmanns vom Januar 1962 〔슈탈만 1962년 1월 출장보고서〕.
7. Martina Kessel, 1989, *Westeuropa und die deutsche Teilung. Englische und französische Deutschlandpolitik auf den Außenministerkonferenzen von 1945 bis 1947*, München, 249쪽.
8. *Die SPD unter Kurt Schumacher und Erich Ollenhauer 1946 bis 1963. Sitzungsprotokolle der Spitzengremien, Bd. 1: 1946 bis 1948*. Hrsg. und bearbeitet von Willy Albrecht. Bonn 2000, 175쪽, Sitzung des Parteivorstandes am 13/14. 3. 1947 in Hannover(1947년 3월 13~14일 사민당 집행위 하노버 회의).
9. SAPMO-BA, NY 4090/633, Bl. 26-48, Stenografische Niederschrift über die Pressekonferenz am 18. 3. 1947〔1947년 3월 18일 기자회견 속기록〕.
10. SAPMO-BA, NY 4090/129, 3~9면, Rundfunkansprache Grotewohls vom 16. 4. 1947〔1947년 4월 16일 그로테볼 라디오 연설〕.
11. SAPMO-BA, DY 30/IV 2/1/20, 7면, Stenografische Niederschrift über die 11. Tagung des SED-Parteivorstandes (21/22. 5. 1947) 참조.
12. Dierk Hoffmann, 1987—Honecker in Bonn. Deutsch-deutsche Spitzentreffen 1947-1990, in: Udo Wengst/Hermann Wentker (Hrsg.), 2008, *Das doppelte Deutschland. 40 Jahre Systemkonkurrenz*, Berlin, 336~339쪽 참조.

13. 『슈피겔』Spiegel, 1947년 6월 14일자, 1면.
14. 『차이트』Die Zeit, 1947년 6월 5일자, 2면.
15. SAPMO-BA, NY 4090/129, 116~124면, 여기서 116면, Rundfunkansprache Grotewohls (7/8. 6. 1947)〔1947년 6월 7~8일 그로테볼 라디오 연설〕.
16. 『새 독일』Neues Deutschland, 1947년 6월 29일자, 1면.
17. Hoffmann, Otto Grotewohl, 295쪽.
18. Heike Amos, 1999, Die Westpolitik der SED 1948/49-1961, "Arbeit nach Westdeutschland" durch die Nationale Front, das Ministerium für Auswärtige Angelegenheiten und das Ministerium für Staatssicherheit, Berlin, 16쪽.
19. 같은 책, 17쪽.
20. 같은 책, 60쪽.
21. Der Gesamtdeutsche Ausschuß. Sitzungsprotokolle des Ausschusses für gesamtdeutsche Fragen des Deutschen Bundestages 1949-1953. Hrsg. von Karl Dietrich Bracher u.a. Bearbeitet von Andreas Biefang. Düsseldorf 1998, 124쪽.
22. Bernd Stöver, 2002, Die Befreiung vom Kommunismus. Amerikanische Liberation Policy im Kalten Krieg 1947-1991, Köln u.a., 444~466쪽.
23. 더 자세한 사항은 Hoffmann, Otto Grotewohl, 567~586쪽 참조.
24. Michael Lemke, 2001, Einheit oder Sozialismus? Die Deutschlandpolitik der SED 1949-1961, Köln u.a., 134쪽.
25. Alexander Gallus, 2001, Die Neutralisten. Verfechter eines vereinten Deutschland zwischen Ost und West 1945-1990, Düsseldorf, 118쪽.
26. Aufzeichnung von Bundesverkehrsminister Hans Christoph Seebohm (DP) über die Kabinettssitzung am 5. 12. 1950, in: Dokumente zur Deutschlandpolitik (DzD). II. Reihe, Bd. 3. Hrsg. vom Bundesministerium des Innern unter Mitwirkung des Bundesarchivs. Bearbeitet von Hanns Jürgen Küsters und Carsten Tessmer, München, 1997, 1141쪽 이하.
27. AdsD, Bestand Kurt Schumacher, Mappe 53, Broschüre, "Einheit in Freiheit. Dr. Kurt Schumacher gibt Grotewohl die Antwort" des SPD-Parteivorstands (o. D.).
28. Protokoll über die SPD-Fraktionssitzung am 9. 1. 1951, in: Die SPD-Fraktion im Deutschen Bundestag. Sitzungsprotokolle 1949-1957. 1. Halbband (1949-1953). Hrsg. von Karl Dietrich Bracher u.a. Bearbeitet von Petra Weber, Düsseldorf, 1993, 225쪽.
29. Vermerk für den DDR-Ministerpräsidenten vom 16. 12. 1950, in: DzD. II/3, 1177-1178쪽.
30. Lemke, Einheit oder Sozialismus, 136~137쪽.
31. Dieckmann am 30. 12. 1950 an Ehlers, in: DzD II/3, 482~483쪽.
32. Rolf Badstübner/Wilfried Loth (Hrsg.), 1994, Wilhelm Pieck—Aufzeichnungen zur Deutschlandpolitik 1945-1953, Berlin, 361쪽.

33. *Die Kabinettsprotokolle der Bundesregierung.* Hrsg. für das Bundesarchiv von Hans Booms. Bd. 4: *1951.* Bearbeitet von Ursula Hüllbüsch. Boppard 1988. XXXV쪽, 주석 78.

34. Lemke, *Einheit oder Sozialismus*, 142쪽.

35. *Dokumente der Sozialistischen Einheitspartei Deutschlands. Beschlüsse und Erklärungen des Parteivorstandes, des Zentralkomitees sowie seines Politbüros und seines Sekretariats*, Bd. III. Berlin (Ost) 1952, 552~564쪽.

36. 같은 책, 444~464쪽.

37. Hans-Peter Schwarz, 1986(개정판), *Adenauer. Der Aufstieg: 1876-1952*, Stuttgart, 881쪽.

38. Gerhard Wettig, Die Note vom 10. März 1952 im Kontext von Stalins Deutschland-Politik seit dem Zweiten Weltkrieg, in: *Die Stalin-Note vom 10. März 1952. Neue Quellen und Analysen*, hrsg. von Jürgen Zarusky, München, 2002, 139~196쪽, 특히 175쪽.

39. Otto Grotewohl, 1959, *Im Kampf um die einige Deutsche Demokratische Republik. Reden und Aufsätze*, Bd. II. Berlin (Ost), 509~527쪽.

40. Amos, *Die Westpolitik der SED*, 68쪽.

41. 이에 대해서는 슈테판 크로이츠베르거Stefan Creuzberger의 논문을 참조했다.

42. 이하 설명은 2011년 말 뮌헨/베를린현대사연구소Institut für Zeitgeschichte München-Berlin, 포츠담대학교, 연방정치교육원이 공동 주최한 회의에서 발표된 새로운 연구 결과들을 토대로 한다. Stefan Creuzberger/Dierk Hoffmann (Hrsg.), 2014 *"Geistige Gefahr" und "Immunisierung der Gesellschaft", Antikommunismus und politische Kultur in der frühen Bundesrepublik*, München.

43. Till Kössler, Die Grenzen der Demokratie. Antikommunismus als politische und gesellschaftliche Praxis in der frühen Bundesrepublik, in: Stefan Creuzberger/Dierk Hoffmann (Hrsg.), 2014, *"Geistige Gefahr" und "Immunisierung der Gesellschaft", Antikommunismus und politische Kultur in der frühen Bundesrepublik*, München, 229~250쪽 참조.

44. 이에 대한 예로 오버팔츠 막스휘테 사건 참조. Süß, *Kumpel und Genossen*, 97~106쪽.

45. Till Kössler, Die Grenzen der Demokratie. Antikommunismus als politische und gesellschaftliche Praxis in der frühen Bundesrepublik, in: Creuzberger/Hoffmann (Hrsg.), *"Geistige Gefahr" und "Immunisierung der Gesellschaft"*, 236쪽 참조.

46. 같은 글, 240쪽.

47. 이러한 변화에 대한 좀더 자세한 사항은 다음 참조. Till Kössler, 2005, *Abschied von der Revolution. Kommunisten und Gesellschaft in Westdeutschland 1945-1968*, Düsseldorf, 357~368쪽.

48. Boris Spernol, Die 'Kommunistenklausel', Wiedergutmachungspraxis als

Instrument des Antikommunismus, in: Stefan Creuzberger/Dierk Hoffmann (Hrsg.), 2014, *"Geistige Gefahr" und "Immunisierung der Gesellschaft"*, *Antikommunismus und politische Kultur in der frühen Bundesrepublik*, München, 251~273쪽 중 252쪽에서 인용했다.

49. 일반적 사항에 대해 Constantin Goschler, 2005, *Schuld und Schulden. Die Politik der Wiedergutmachung für NS-Verfolgte seit 1945*, Göttingen; Hans Günter Hockerts, Wiedergutmachung in Deutschland. Eine historische Bilanz 1945-2000, in: Vierteljahrshefte für Zeitgeschichte 49, 2001, 167~214쪽 참조.

50. Boris Spernol, Die 'Kommunistenklausel'. Wiedergutmachung als Instrument des Antikommunismus, in: Creuzberger/Hoffmann (Hrsg.), *"Geistige Gefahr" und "Immunisierung der Gesellschaft"*, 273쪽 참조.

51. 같은 곳.

52. 같은 글, 272쪽.

53. Rüdiger Thomas, Zur Auseinandersetzung mit dem deutschen Kommunismus in der Bundeszentrale für Heimatdienst. Eine kritische Sondierung im Umfeld des KPD-Verbots, in: Stefan Creuzberger/Dierk Hoffmann (Hrsg.), 2014, *Geistige Gefahr" und "Immunisierung der Gesellschaft", Antikommunismus und politische Kultur in der frühen Bundesrepublik*, München, 123~143쪽 참조.

54. 같은 글, 127쪽.

55. 같은 곳.

56. 같은 글, 136쪽.

57. APuZ B 6/56, 77~95쪽 참조.

58. 이에 대한 자세한 사항은 Rüdiger Thomas, Antikommunismus zwischen Wissenschaft und politischer Ordnung. Bundeszentrale für Heimatdienst und Ostkolleg, in: Deutschland Archiv 45, 2012, 277~293쪽 참조.

59. Rüdiger Thomas, Zur Auseinandersetzung mit dem deutschen Kommunismus in der Bundeszentrale für Heimatdienst. Eine kritische Sondierung im Umfeld des KPD-Verbots, in: Creuzberger/Hoffmann (Hrsg.), *"Geistige Gefahr" und "Immunisierung der Gesellschaft"*, 134쪽 참조.

60. APuZ B 49/57, 837~851쪽 참조.

61. Thomas Lindenberger: Einleitung, in: Ders. (Hrsg.), 2006, *Massenmedien im Kalten Krieg. Akteure, Bilder, Resonanzen*, Köln u.a., 9~23쪽 중 11쪽.

62. Christoph Classen, *Antikommunismus in Film und Fernsehen der frühen Bundesrepublik*, in: Stefan Creuzberger/Dierk Hoffmann (Hrsg.), 2014, *Geistige Gefahr" und "Immunisierung der Gesellschaft", Antikommunismus und politische Kultur in der frühen Bundesrepublik*, München, 275~295쪽 참조.

63. 같은 글, 285쪽.

64. 같은 글, 294쪽.

65. Rainer Gries, "Dein Päckchen nach drüben", Antikommunismus für jedermann, in: Stefan Creuzberger/Dierk Hoffmann (Hrsg.), 2014, *"Geistige Gefahr" und "Immunisierung der Gesellschaft", Antikommunismus und politische Kultur in der frühen Bundesrepublik*, München, 335~353쪽 중 336쪽.

66. 같은 곳.

67. 같은 글, 337쪽.

68. 같은 곳.

69. 같은 글, 339쪽.

70. 같은 글, 346쪽.

71. 같은 글, 347쪽.

72. 같은 글, 345쪽.

73. 같은 글, 352쪽.

5. 서독의 반공주의와 사민당 및 노조의 정책에 대한 영향 _위르겐 트로일리프

1. 하이네만·포서 변호인 서류

형법 제90a조와 제100d조 제2항에 의한 죄는 1951년 8월 30일자 제1차 형법개정법에 따라 정치적 형법으로서 형법에 삽입된, 내란죄/국가위험죄/간첩죄에 대한 형벌 규정에 해당된다.

제90a조는 국가위험죄에 대한 장의 일부이며, 그 문구는 다음과 같다.

"그 목적이나 활동이 헌법질서 또는 국가 간 이해에 반하는 단체를 설립하거나, 그러한 단체의 노력을 수괴 또는 배후 조종자로서 지원하는 자는 징역형에 처한다. 이 행위가 특히 중한 경우에는 5년 이하의 징역을 부과할 수 있다. 그 외에 경찰감독이 허용될 수 있다. 당해 단체가 이 법의 장소적 적용 범위 내의 정당일 경우에는 연방헌법재판소가 그 정당을 위헌이라고 심판한 이후에 그 행위를 형사 소추할 수 있다."

형법 제100d조는 간첩죄에 대한 장의 일부이며, 그 문구는 다음과 같다.

"독일연방공화국이나 독일연방공화국의 연방주에 대하여 전쟁 또는 무력도발 또는 강제보호를 야기하거나 지원할 목적으로 이 법의 장소적 적용 범위 외의 정부, 정당, 단체, 기관 또는 그 중개인과 관계를 형성하거나 유지한 자는 징역형에 처한다.

범인이 법의 장소적 적용 범위 외의 정부, 정당, 단체, 기관의 그 밖의 조치나 기도를 불러일으키거나 지원할 목적으로 행위하고 위의 조치나 기도가 독일연방공화국의 존립(제88조 제1항)이나 안전의 침해 또는 제88조에 명시된 헌법 원칙의 제거, 무력화, 파괴를 목적으로 하는 경우 징역형에 처한다.

미수범은 처벌한다.

제1항과 제2항에 따른 조치나 기도를 야기하거나 지원할 목적으로 사실관계와 관련해 허위 또는 현저히 왜곡된 주장을 하거나 유포한 자는 징역형에 처한다.

미수범은 처벌한다.

제1항의 행위가 특히 중한 경우에는 종신형에 처할 수 있으며 제2항과 제3항의 행위가 특히 중한 경우에는 징역형에 처할 수 있다."

여기서 주의할 점은 체포영장에 해당 조의 제2항만 포함되어 있다는 것이다. 제100d조 제2항에 언급된 형법 제88조는 다음과 같다.

"이 장의 의미에서 행위가 독일연방공화국의 존립을 침해하는 것을 목적으로 한다는 것은 행위가 독일연방공화국 전체 또는 일부를 외국의 지배에 예속시키거나, 또는 그 밖의 방법으로 자립성을 제거하거나, 또는 영토 일부를 분리시키는 것을 목적으로 하는 것을 이른다.

독일연방공화국이 주권을 양도하는 국제기구, 또는 그 유익을 위해 독일연방공화국의 주권을 제한하는 국제기구에 참여하는 것은 이 장의 의미에서의 독일연방공화국 존립의 침해가 아니다.

이 장의 의미에서의 헌법적 원칙은 다음과 같다.

1) 선거와 투표로써, 또는 입법부·행정부·사법부의 특별한 기관을 통해서 국가권력을 행사하고 보통·직접·자유·평등·비밀 선거에 의해 대표를 선출할 국민의 권리
2) 입법부의 헌법질서에의 기속, 행정부와 사법부의 법률에의 기속
3) 헌법에 따른 야당의 형성과 그 활동 수행에 관한 권리
4) 의회에 대한 정부의 책임
5) 법원의 독립
6) 모든 폭력적·자의적 지배의 배제"

형법 제73조는 '상상적 경합'Idealkonkurrenz에 관한 것이며, 그 문구는 다음과 같다.

"동일한 행위가 수 개의 형법 법규를 위반한 경우 가장 중한 형을 규정한 법을 적용하며, 형의 종류가 상이한 경우에는 가장 중한 형의 종류를 규정한 법을 적용한다."

연방헌법재판소법 제42조와 제47조는 1951년 12월 3일자 연방헌법재판소법의 법규정에 관한 것이다. 제42조는 다음과 같다.

"결정에 대한 위반행위 또는 연방헌법재판소의 결정이나 결정의 집행 시 취해진 조치에 대한 고의적 위반행위는 6개월 이상의 징역형에 처한다."

연방헌법재판소법 제47조는 압수·수색 규정에 관한 것이다.

2. 형사소송법 제112조 제1항은 형사소송 절차에서 구속 사유로서의 도주의 위험에 관한 규정이다.
3. 형사소송법 제112조 제1항 제2문은 구속 사유로서의 증거인멸의 위험에 관한 규정이다.
4. 빅토어 아가르츠와 함께 그의 여비서 루트 루트비히Ruth Ludwig와 직원 구스타프 빌란트Gustav Wieland가 기소되었다. 그들은 "위에 언급된 죄에 대해 알면서 그를 도운 혐의가 있다"(공소장, 2쪽).

5. 공소장, 2쪽, 형법 제88조. 미주 1 참조.

6. 공소장, 2~3쪽.

7. 공소장, 6~7쪽.

8. 공소장, 8쪽.

9. 공소장, 8~9쪽.

10. 공소장, 9쪽.

11. 같은 곳.

12. 같은 곳.

13. 같은 곳.

14. 공소장, 20쪽.

15. 공소장, 22쪽.

16. 공소장, 23쪽.

17. 같은 곳.

18. 같은 곳.

19. 공소장, 24쪽.

20. 공소장, 26쪽.

21. 같은 곳.

22. 같은 곳.

23. 공소장, 13쪽.

24. 공소장, 14쪽.

25. 공소장, 18쪽,

26. 공소장, 19쪽.

27. 같은 곳.

28. 공소장, 20쪽.

29. 공소장, 22쪽.

30. WISO, Nr. 10, 31. 07. 1956, 108~110쪽.

31. WISO, Nr. 15, 15. 10. 1956, 185~186쪽.

32. WISO, Nr. 13, 15. 09. 1956, 143~162쪽.

33. WISO, Nr. 19, 15. 12. 1956, 257~262쪽.

34. WISO, Nr. 16, 01. 11. 1956, 209~213쪽.

35. WISO, Nr. 17, 15. 11. 1956, 219~221쪽.

36. WISO, 2. Jg., H. 6, 15. 03. 1957, 121~124쪽.

37. WISO, Nr. 3, 15. 04. 1956, 21~22쪽.

38. WISO, Nr. 14, 01. 10. 1956, 163~166쪽.

39. 공소장, 35쪽. WISO, Nr. 13, 15. 09. 1956, "Zum gewerkschaftlichen Aktionsprogramm", 151쪽과 WISO, Nr. 17, 15. 11. 1956, "Die politische Rolle der Gewerkschaften", 224쪽 참조. WISO, Nr. 19, 15. 12. 1956, "Die Gewerkschaftlichen Monatshefte zum Hamburger Kongress", 258쪽 참조.

40. WISO, Nr. 14, 01. 10. 1956, "Zur Rechenschaftsablegung über das gewerk-schaftliche Aktionsprogramm", 178쪽 참조.

41. WISO Nr. 17, 15. 11. 1956, "Die politische Rolle der Gewerkschaften", 225쪽.

42. 공소장, 36쪽. 공소장 주석 41 참조.

43. 공소장, 36쪽. WISO, 2. Jg. H. 4, 15. 02. 1957, "Der Streik in Schleswig-Holstein", 73쪽 참조.

44. 공소장, 36쪽. WISO, Nr. 13, 15. 09. 1956, "Zum gewerkschaftlichen Aktion-sprogramm", 151쪽 참조.

45. 디터 포서 인터뷰, 1978년 12월 28일, 뒤셀도르프.

46. 볼프강 아벤트로트 인터뷰, 1979년 1월 30일, 프랑크푸르트.

47. 테오 피르커 인터뷰, 1979년 2월 5일, 베를린.

48. 하이네만·포서 변호인 서류.

49. Bekommen wir eine andere Republik? Hrsg. von Walter Hähnle, Stuttgart 1978, 31~32쪽. 포서는 1978년 12월 28일 필자와의 인터뷰에서 귀데 연방검찰총장이 아가르츠 재판 당시에 아직 진보적 사상을 갖고 있지 않았지만, 이미 내적 갈등 중이었다고 말했다.

50. 『프랑크푸르터 알게마이네』Frankfurter Allgemeine Zeitung, 1957년 3월 28일자.

51. 『쥐트도이체 차이퉁』Süddeutsche Zeitung, 1957년 3월 28일자.

52. 『프랑크푸르터 알게마이네』, 1957년 3월 29일자.

53. 『디 벨트』Die WELT, 1957년 3월 28일자.

54. 『비스바덴 소식』Wiesbadener Kurier, 1957년 3월 28일자.

55. 『뤼네부르거 하이데 지방신문』Die Landeszeitung für die Lüneburger Heide, 1957년 3월 29일자.

56. 『산업소식』Industriekurier, 1957년 3월 28일자.

57. 『독일·경제신문』Deutsche Zeitung und Wirtschaftszeitung, 1957년 4월 13일자.

58. 『바이에른 소식』Bayernkurier, 1957년 4월 6일자.

59. 『라이니셔 메르쿠어』Rheinischer Merkur, 1957년 4월 5일자.

60. 『보헨프레세』Wochenpresse, 빈, 1957년 4월 6일자. 볼프강 하리히는 1957년 3월 동독 대법원 형사 1부에서 사통당 분파 형성, 서독 사민당 동부 사무소와의 접촉, '전복 기도와 간첩활동 미수'에 대한 유죄가 인정되어 징역 10년형을 선고받았다.

61. 『디 타트』Die Tat, 취리히, 1957년 3월 29일자.

62. 『슈피겔』, 1957년 4월 3일자.

63. 『자유언론』Freie Presse, 1957년 3월 29일자.

64. 『프랑크푸르터 룬트샤우』Frankfurter Raundschau, 1957년 3월 28일자; 『앞으로』 Vorwärts, 1957년 4월 5일자.

65. 『프랑크푸르터 알게마이네』, 1957년 3월 28일자.

66. 『앞으로』, 1957년 4월 5일자.

67. 『노동세계』Die Welt der Arbeit, 1957년 4월 5일자.

68. 『빌트』BILD-Zeitung, 1957년 3월 28일자.

69. 『사회주의 정치』*Sozialistische Politik*, Köln, Mai 1957, 4. Jg. Nr. 5.

70. 『디 벨트』, 1957년 12월 14일자.

71. 디터 포서 인터뷰, 1978년 12월 28일, 뒤셀도르프.

72. 테오 피르커 인터뷰, 1979년 5월 2일, 베를린.

73. Hannover, Heinrich, 1962, *Politische Diffamierung der Opposition im freiheitlich–demokratischen Rechtsstaat*, Dortmund–Barop.

74. Riesche, Hans–Peter, 1979, *Von der 'Neuen Wirtschaftsdemokratie' zur 'Expansiven Lohnpolitik', Ein Beitrag zur Biographie von Viktor Agartz*(Diss.), Hannover, 209쪽.

75. 같은 책, 210쪽.

76. 『슈피겔』, 1961년 5월 7일자.

77. 같은 곳.

78. Hannover, Heinrich, 1962, *Politische Diffamierung der Opposition im freiheitlich–demokratischen Rechtsstaat*, Dortmund–Barop.

6. 반공주의와 정당체제의 왜곡 _강명세

1. 더글러스 노스Douglas North가 1993년 노벨경제학상을 수상한 이후 제도에 대한 관심은 사회과학 전반으로 확산되었으며, 2000년 이후 대런 아세모글루Daron Acemoglu가 주도하는 제도의 정치경제에서 만개했다.

2. 1980년 12월 국가보위입법회의는 반공법을 폐기하고 더욱 폭압적인 국가보안법을 만들었다.

3. 1992년 대법원은 면책특권을 인정해 검찰의 공소권이 없다는 취지에서 무죄를 선고했다.

4. 제2당으로 전락한 한나라당은 2004년 국보법 폐지를 저지하기 위해 국회 법제사법위원회 회의장을 점거하는 등 총력전으로 대응했다.

5. 배리 R. 와인개스트Barry R. Weingast는 다음과 같은 일련의 글에서 역사적 변화를 합리적 선택이론으로 설명하려고 했다.
   "Political Stability and Civil War: Institutions, Commitment, and American Democracy"(1998); "Self–Enforcing Constitutions: With An Application to Democratic Stability in America's First Century"(2005); Persuasion, Preference Change, and Critical Junctures"(2005).

6. 엘스터는 민주화 전환과정에서 개혁 세력과 구체제 세력의 함의관계에 따라 민주화의 동학이 결정된다고 분석했다(Elster, 2005).

7. 반공주의의 유산 문제는 "한국에는 왜 사회당이 존재하지 않는가?"의 문제와 동전의 앞뒤 관계를 형성한다. 미국에서 사회당이 존재하지 않는 것에 대한 광범한 연구는 미국적인 독특한 역사로부터 해답을 찾았는데, 이런 해법은 한국에서도 마찬가지로 적용될 수 있다. 이에 대해서는 강명세(2006)의 글 참조.

8. 제도의 정치경제적 중요성을 강조한 연구로는 강명세(2014)의 글 참조.

1. 반공주의를 집행하는 법으로는 국가보안법 외에도 과거의 반공법(1963~1979), 사회안 전법, 보안관찰법, 국정원법 등이 있다. 그리고 과거 검찰과 경찰조직 내외에 좌익사범합 동수사본부, 공안합동수사본부 등 비상대책기구 등이 조직되었고, 정부 내에 보안문제연 구소, 공안문제연구소 등의 사상 검증을 위한 조직도 반공주의를 뒷받침한 기구였다.

2. 유럽과 미국에서는 조지 오웰George Orwell, 어빙 하우Irving Howe와 같은 좌익 반공 주의자, 여러 부류의 무정부주의자, 사민주의 반공주의자들이 존재했다. 그러나 이 경우 도 냉전 이후에는 우익반공주의로 단일화되는 경향이 있었다. http://en.wikipedia.org/ wiki/Anti-communism

3. 1986년 10월 13일 민주당의 유성환 국회위원이 "반공을 국시로 하면 올림픽에 동구권 국 가가 참석하겠느냐. 이 나라의 국시는 반공이 아니라 통일이 되어야 한다"고 주장했다가 당시 여당인 민정당의 강력한 반발을 사서 발언 다음 날 체포되어 구속된 사건이다. 이후 국가보안법 위반 혐의로 구속되었으나 상고심에서 무죄판결을 받았다. "반공을 국시로 한 다"는 것은 박정희 군사 쿠데타 세력이 내세운 구호였다. 그 이후 1987년까지 한국의 군 사정권은 반공을 사실상 헌법적 가치 위에 두었다.

4. 리처드 호프스태터Richard Hofstadter는 미국 정치의 지속적 특징을 '편집증'이라는 정 신의학적 용어로 설명했다(Hofstadter, 1964). 특히 그는 1950년대의 매카시즘, 1960년 대 골드워터Goldwater 등 공화당 내 극우주의의 행태들을 설명하는 데 이 개념을 사용했 다. '편집증'은 성난 태도를 드러낸 것이며 상대에 대한 과도한 공포증이나 두려움의 표현 이며 정치적 상대를 심리적으로 투사하여 도덕적·종교적 적으로 간주해 최종적으로는 제 거해야 할 존재로 본다. 편집증은 히스테리와 함께 사용되기도 한다. 즉 히스테리적 편집 증 또는 편집증 히스테리로 불리기도 하는데, 자신을 소수자로 과소평가하거나(Powers, 2010) 존재하지도 않는 적을 과대 포장해서 자제력과 통제력을 잃고 감정적 흥분 상태에 있는 것을 말한다.

5. 김동춘, 2006, 『전쟁과 사회―우리에게 한국전쟁은 무엇이었나』, 돌베개, 366~381쪽 참조.

6. 강인철, 2006, 『한국 개신교와 반공주의―보수적 개신교의 정치적 행동주의 탐구』, 중심, 59쪽.

7. 노영기, 2008, 「1945-50년 한국군의 형성과 성격」, 성균관대학교 대학원 사학과 박사학 위 청구논문, 204쪽.

8. Herbert, Bix, 2001, "War Crimes Law and American Wars in the Twentieth Century Asia", *Hitotsubashi Journal of Social Studies*, Vol 33.

9. 이 점에서 오웰은 "사회주의가 파시즘을 키웠다"고 말한다. 조지 오웰 지음, 이한중 옮김, 2010, 『위건 부두로 가는 길』, 한겨레출판, 251~311쪽.

10. 1925년 2월 19일 중의원 위원회에 제출된 치안유지법 제1조에는 "국체 혹은 정체를 변혁 하거나 사유재산제도를 부인함을 목적으로 결사를 조직하거나 이에 가입한 자는 10년 이 하의 징역 또는 금고에 처한다"라고 되어 있다. 주로 무정부주의자와 공산주의자를 구분 하려는 의도가 이 법에 담겨 있다(미첼, 1987).

11. Raskin, 1976 ; Robin, 2001 참조.

12. 매카시즘은 바로 자유주의까지 공산주의의 전위대로 간주했다(Haynes, 2000). 이 점에서 반공주의는 이념, 사상이기 이전에 우파의 정치전략이었다. 냉전을 지탱하는 이데올로기로서 반공주의는 슈미트가 말했듯이 모든 정치갈등을 "적과 나의 투쟁"으로 본다. 이에 대해서는 다음 참조. Schmitt, 2005 ; 2007.

13. Richard Lauterback, 1947, "Hodge's Korea", *The Verginia Quarterly Review*, 23(3), 353쪽.

14. 장병혜, 1973, 『상록의 자유혼』, 현대인쇄문화사, 78쪽.

15. 같은 책, 85쪽.

16. 모윤숙이 그 대표적 인물이었다. "이제는 사상의 침략을 조심해야 해"라고 반공의 입장을 표방했던 이광수의 추종자였다. 반민족문제연구소, 1993, 『친일파 99인』(3), 돌베개, 64쪽.

17. 허정, 1979, 『내일을 위한 증언—허정 회고록』, 샘터사, 110쪽.

18. 진덕규, 한배호, 김학준, 한승주, 김대환 외, 1991, "이승만 시대 권력구조의 이해", 『1950년대의 인식』, 한길사.

19. 심지연, 1982, 『한국민주당 연구』, 도서출판 풀빛, 119~125쪽.

20. 반민특위법은 "군경찰의 관리로서 악질적인 행위로 민족에게 해를 가한 자"와 "일제 치하에서 고등관 3등급 이상, 동 5등급 이상을 받은 관공리 또는 헌병, 헌병보, 고등경찰의 직에 있던 자는 공무원에 임용될 수 없다"고 규정했다. 이렇게 되면 당시 군·경찰의 수뇌부 상당수는 그 직을 상실하게 되어 있었다. 이에 관한 것은 다음 참조. 허종, 2003, 『반민특위의 조직과 활동—친일파 청산과 그 좌절의 역사』, 선인.

21. 노영기, 앞의 논문, 224~231쪽.

22. 조병옥, 1986, 『나의 회고록』, 해동, 57~58쪽. 또한 그는 "나는 컬럼비아 대학 당시 씽코비치 교수로부터 개인적 지도를 받아 공산주의의 본질과 공산주의의 파괴적 특징을 잘 파악하고 있는 고로 ……" 남북협상이 실패할 것으로 예상했다고 말하기도 한다(같은 책, 192쪽).

23. 허정은 자신은 자유주의자로서 지배와 피지배관계를 가장 싫어하고 강요된 단결이나 총화를 거부한다고 밝혔다(허정, 앞의 책, 64쪽).

24. 강정인·서희경, 2013, "김성수와 한국의 자유민주주의—한국보수주의 정치이념의 기원과 연속성을 중심으로", 『한국정치학회보』 47(1).

25. 이찬수 목사는 한국 기독교 근본주의는 미국에서 온 것이라고 주장한다. http://news.khan.co.kr/kh_news/khan_art_view.html?artid=201004061835505&code=960205.

26. 강인철, 2006, 『한국 개신교와 반공주의—보수적 개신교의 정치적 행동주의 탐구』, 중심, 59쪽.

27. 해방 직후 정국을 주도한 세력은 좌익계였다. 건국준비위원회가 인민위원회로 변신하면서 좌익 세력은 대중조직까지 장악해 들어갔다. 남한에서 자생적인 우익 청년운동은 주로 기독교 학생들이 중심이 되었다. 석정길, 1984, 『새벽을 달린 동지들—대구지방 반탁반공 학생운동 소고』, 갑인출판사, 69~72쪽.

28. 한국전쟁 이전에는 중·상류층 출신이 상대적으로 많았으나 전쟁 이후에는 농민 등 하류

층 출신이 더 많았다는 조사 결과가 상당했다.

29. 강인철, 2005년, "한국 개신교 반공주의의 형성과 재생산", 『역사비평』 70호(봄호), 45쪽. 좌익에서 전향한 양한모는 "공산주의의 민족 문제는 약소민족의 해방이 아니라 공산주의의 식민화에 불과했다"고 자신의 전향을 변명했다. 양한모, 1990, 『조국은 하나였다』, 일선기획, 213쪽.

30. 실제 기독교에서 사탄을 상징하는 대부분의 동물이 붉은색이라고 한다. 여우와 다람쥐가 대표적이다.

31. 강인철, 앞의 논문, 47쪽.

32. 오웰, 앞의 글, 286쪽.

33. 김수자, 2010, "해방 이후 노기남 주교와 반공주의: 1945-1953", 한국교회사연구소, 『교회사연구』 35쪽, 74쪽; 여진천, 2000, "한국전쟁에 대한 교회의 입장", 한국천주교중앙협의회, 『한국천주교회사의 성찰과 전망 2—해방공간과 한국전쟁을 중심으로』.

34. 같은 논문, 88쪽.

35. 1954년에 열린 세계교회협의회WCC 총회에서 한국 개신교는 이렇게 주장했다. 심지어 한국 교회는 중국을 승인하려는 세계교회협의회나 미국 교회와 관계를 단절해야 한다는 주장까지 했다(강인철, 2007, 77쪽).

36. "국가의 말살과 주권의 포기, 자기 민족의 과정을 무시하는 공산주의와는 얼음과 숯이 서로 용납할 수 없는 혈분적 상관성을 가진 것이다."(한국사료연구소, 1972, 『조선통치사료 10』, 759쪽; 서희경, 2012, 『대한민국 헌법의 탄생—한국헌정사, 만민공동회에서 제헌까지』, 창비, 88쪽에서 재인용)

37. 반탁 주장에서 찬탁으로 갑자기 돌아선 것이 가장 중요한 계기였다. 김창숙의 좌익 비판 참조. 심산사상 연구회, 2004, 『김창숙 문존』, 성균관대학교 출판부, 375쪽.

38. 후지이 다케시, 2012, 『파시즘과 제3세계주의 사이에서—족청계의 형성과 몰락을 통해 본 해방 8년사』, 역사비평사.

39. 서중석, 2005, 『일민주의와 파시즘』, 역사비평사, 87~88쪽.

40. 같은 책, 95~99쪽.

41. 이범석, 1948, 『민족과 청년』, 3~4쪽(후지이 다케시, 앞의 책에서 재인용).

42. 같은 책, 229쪽.

43. 김헌식, 2003, 160쪽; 강준만, 1997 참조.

44. 장석만, 2007, "아프가니스탄 피랍 사태가 보여주는 한국 개신교", 『황해문화』 겨울호.

45. 김헌식, 앞의 책, 163쪽.

46. 미국과의 완전한 일체감은 당시 한 기독교 지도자의 기도문에 나와 있다. "하늘에 계신 우리 아버지는 미국인의 아버지요 한국 국민의 아버지요 이승만의 아버지요 인류의 하나님이라는 말이다."(김인서, 1963, 『망명노인 이승만을 변호함』, 신앙생활사, 85쪽)

47. 에리히 프롬 지음, 박근원 옮김, 1979, 『정신분석과 종교』, 전망사.

48. 다음을 참조. 김동춘, 1992, "한국전쟁과 반공 이데올로기의 변화", 한국사회학회, 『한국전쟁과 한국사회의 변동』, 풀빛.

49. 김헌식, 앞의 글, 166쪽 참조.

446

50. 케넌은 1947년 국립국방대학의 강의에서 "사실은 우리 한 사람 한 사람의 마음속에 전체주의적인 생각이 조금씩 묻어 있다"고 말한 바 있다. 존 루이스 개디스 지음, 정철·강규형 옮김, 2008,『냉전의 역사―거래, 스파이, 거짓말 그리고 진실』, 에코리브르, 72쪽.

51. 조병옥, 앞의 책, 140~141쪽.

8. 역사 교과서 논쟁과 반공주의 _김정인

1. 에드가 볼프룸, 2007,『무기가 된 역사』, 역사비평사, 183~201쪽.

2. 최갑수, 2008,「국가, 과거의 힘, 역사의 효용」,『역사비평』 85; 김기봉, 2011,「미국의 역사전쟁에 비춰보는 한국사 교과서 논쟁」,『철학과사상』 90.

3. 하종문, 2007,「반일민족주의와 뉴라이트」,『역사비평』 78.

4. 교과서포럼, 2008,『대안 교과서 한국 근·현대사』, 기파랑, 7쪽.

5. 뉴라이트 단체인 교과서포럼은 한 국가공동체 내에서 도덕적 가치나 국민의 정체성을 역사의 어떤 부분에서 찾을 것인지, 좀더 궁극적으로는 국가공동체의 도덕적 가치를 어떻게 정의할 것인지를 놓고 팽팽한 긴장과 격렬한 갈등이 발생하는 일이 벌어진다고 하며 역사 교과서 논쟁의 문화전쟁적 속성에 주목한다(박효종 외, 2006,『빼앗긴 우리 역사 되찾기』, 기파랑, 15쪽).

6. 최근 뉴라이트를 비롯한 보수는 친북보다 종북이라는 개념을 더 자주 사용한다. 본래 종북은 진보정당 간 논쟁에서 탄생한 단어다. 2001년 북한 조선노동당의 노선에 반대한다는 입장을 분명히 한 사회당은 친북과 구별되는 종북이라는 표현을 쓰며 민주노동당의 통합 제안을 '조선노동당의 외교정책을 우위에 놓는 종북 세력'과 함께할 수 없다며 거부했다. 2006년에는 일심회 사건을 계기로 민주노동당 안에서 종북 논쟁이 일어나 NL주사파 계열에 반대하는 세력의 분당으로까지 이어졌다. 이렇게 종북은 진보 진영의 갈등과 분열을 불러일으키는 뜨거운 감자가 되었고, 이내 뉴라이트를 비롯한 보수우익 진영에게 친북을 대신할 공격 무기로 간택되었다.

7. 역사교육연대회의, 2009,『뉴라이트 위험한 교과서, 바로 읽기』, 서해문집, 94쪽.

8. 반-반공주의는 미국의 매카시 시대에 등장한 용어다. 반매카시파는 공산주의를 포용, 즉 친공하고자 한 것이 아니라 반공주의를 거부하고자 했다는 것이다(제프리 C. 알렉산더 지음, 박선웅 옮김, 2007,『사회적 삶의 의미』, 한울아카데미, 89쪽).

9. 김동춘, 2013,『이것은 기억과의 전쟁이다』, 사계절, 181~185쪽.

10. 한홍구, 2008,「되살아난 친일 세력과 독재자의 망령」,『내일을 여는 역사』 32, 15쪽.

11. 이하 네 가지 쟁점과 근거 자료는 교과서포럼의 초기 문제제기를 정리한 다음 글에서 인용한 것이다. 박효종, 2005년,「광복 60주년의 '사실주의'와 '교과서 바로쓰기' 운동」,『시대정신』 봄호.

12. 김한종 외, 2003,『고등학교 한국근현대사』, 금성출판사, 266쪽.

13. 위의 책, 265쪽.

14. 위의 책, 268쪽.

15. 교과서포럼, 2005, 『한국 현대사의 허구와 진실』, 두레시대, 74~78쪽.

16. 교과서포럼, 2009, 「금성 교과서 현대사 문제점」(김한종, 「한국 근현대사 교과서 파동의 전말과 쟁점」, 『역사와세계』 35, 24쪽에서 재인용).

17. 김한종 외, 2003, 『고등학교 한국근현대사』, 금성출판사, 268쪽.

18. 위의 책, 269쪽.

19. 홍진표는 북한 체제에 대한 우월성을 확보한 이상 국가보안법 제7조는 삭제되어야 한다며 반공주의의 파산을 주장했다(홍진표, 2006, 「반공주의와 사상적 다원주의」, 『시대정신』 가을호).

20. 김한종 외, 앞의 책, 276쪽.

21. 위의 책, 288쪽.

22. 위의 책, 303쪽.

23. 위의 책, 307쪽.

24. 위의 책, 327쪽.

25. 위의 책, 329쪽.

26. 위의 책, 305쪽.

27. 위의 책, 334쪽.

28. 위의 책, 301쪽.

29. 안병직, 2008, 「한국 근현대사의 체계와 방법」, 『시대정신』 가을호.

30. 역사교육연대회의, 앞의 책, 61~62쪽.

31. 뉴라이트의 식민지근대화론 비판은 다음 참조. 김기협, 2008, 『뉴라이트 비판』, 돌베개, 3장.

32. 위의 책, 281~282쪽.

33. 교과서포럼, 2008, 『대안 교과서 한국 근·현대사』, 기파랑, 132쪽.

34. 역사교육연대회의, 앞의 책, 283~285쪽.

35. 위의 책, 19쪽.

36. 위의 책, 16~17쪽.

37. 교과서포럼, 「금성 교과서 현대사 문제점」(김한종, 앞의 논문, 26쪽에서 재인용).

38. 교과서포럼, 앞의 책, 206쪽.

39. 위의 책, 15쪽.

40. 위의 책, 56쪽.

41. 역사교육연대회의, 앞의 책, 19쪽.

42. 신주백, 2006, 「교과서포럼의 역사인식 비판」, 『역사비평』 76, 209~210쪽.

43. 교과서포럼, 앞의 책, 148쪽.

44. 위의 책, 280쪽.

45. 위의 책, 282~283쪽.

46. 김한종 외, 앞의 책, 301쪽.

47. 교과서포럼, 앞의 책, 289쪽

48. 김한종 외, 앞의 책, 302쪽.

49. 교과서포럼, 앞의 책, 291쪽.

50. 김한종 외, 앞의 책, 305쪽.

51. 교과서포럼, 앞의 책, 291~292쪽.

52. 위의 책, 300~301쪽.

53. 이영훈, 2004, 「민족사에서 문명사로의 전환을 위하여」, 『국사의 신화를 넘어서』, 휴머니스트, 46쪽.

54. 이준식, 2013, 「한국 역사 교과서인가, 아니면 일본 역사 교과서인가?」, 『역사비평』 105, 76쪽.

55. 위의 글, 71쪽.

56. 정경희, 2013, 『한국사 교과서 어떻게 편향되었는가』, 비봉출판사, 189쪽.

57. 뉴라이트 계열의 이영훈은 "민족주의는 우리의 소중한 공동체 정서"라고 언급하면서도 북한에서 민족은 이제 '김일성 민족'을 뜻하기 때문에 같은 민족이라지만 대한민국 국민으로서는 도저히 받아들일 수 없다고 하며 반북적 민족주의관을 제시하고 있기도 하다(이영훈, 2013, 『대한민국 역사』, 기파랑, 30쪽).

58. 지수걸, 2013, 「교학사판 한국사의 논리와 책략」, 『역사비평』 105, 46쪽.

9. 반공주의와 화해·협력의 분단극복정책 _노명환

1. Ferdinand de Saussure, Roy Harris, 1998, *Course in General Linguistics*, Open Court Classics (reprint of the first edition in 1916); 요하네스 페르 지음, 최용호 옮김, 2002, 『소쉬르, 언어학과 기호학 사이』, 인간사랑.

2. 이런 루스벨트의 정책을 뒤에 설명할 빌리 브란트와 김대중의 반공주의나 분단극복정책과 비교해보는 것은 큰 의미가 있으리라고 생각된다.

3. 이에 대해서는 다음 참조. Wilfried Loth, 1980 (7. edt. 1989), Die Teilung der Welt des Kalten Krieges 1941-1955, München, 23~34쪽.

4. 이에 대해서는 다음 참조. Wilfried Loth, 위의 책, 120~127쪽.

5. 마셜George Catlett Marshall(1880-1959)이 1947년 6월 5일 하버드대학교에서 유럽원조를 제안한 연설이다.

6. 독일 분단은 엄밀히 말해 전쟁범죄 때문에 4분할되었고, 냉전 덕택에 2분할로 통합되었다고 말할 수 있다. 그러나 지속적이고 구조적인 동서의 분단은 냉전에서 비롯된 독일연방공화국과 독일민주주의공화국의 건국에 따른 것이었다.

7. 아비투스 개념에 대해서는 다음 참조. P. Bourdieu, 1979, La Distinction. Critique sociale de Jugement, Paris(최종철 옮김, 2006, 『구별 짓기—문화와 취향의 사회학』 상·하, 새물결); P. Bourdieu, 1977, Algérie 60: structures économiques et structures temporelles, Editions de Minuit(최종철 옮김, 1995, 『자본주의의 아비투스』, 동문선).

8. 노명환, 2002, 「미군정기(1945-1949) 독일인 '재교육'Reeducation 정책의 내용과 역사적 의미. 학교제도를 중심으로」, 서양사론 74호.

9. 김대중, 2010, 『김대중 자서전 1』, 삼인, 61~63쪽.

10. 위의 책, 76~82쪽.

11. 김대중, 1994, 『나의 길 나의 사상』, 한길사, 39쪽.

12. 위의 책, 98~101쪽.

13. 같은 곳.

14. 같은 곳.

15. 같은 곳.

16. 같은 곳.

17. 같은 곳.

18. 노명환, 2012, 「초국가주의 민주주의 평화사상과 지역공동체의 추구 및 분단극복정책: 빌리 브란트의 동방정책과 김대중의 햇볕정책의 비교사적 연구」, 『EU 연구』 30호(2), 166~170쪽.

19. 김대중, 『김대중 자서전 1』, 421~422쪽.

20. 위의 책, 422쪽.

21. 이런 관점의 비교에 대해서는 다음 참조. 노명환, 2013, 「분단국의 민주주의와 통일정책의 상호관계: 구성주의 이론과 하버마스의 공론장 개념을 적용한 빌리 브란트와 김대중의 민주주의 이념과 정책, 분단극복 방안에 대한 비교를 중심으로」, 『역사학연구』 49호.

22. 아태평화재단, 2000, 『김대중의 3단계 통일론. 남북연합을 중심으로』, 한울.

23. 김대중, 1쇄, 2000; 3쇄, 2009, 『옥중서신』, 한울, 327쪽.

24. 김대중, 『나의 길 나의 사상』, 121쪽.

25. Gregor Schellgen, *Willy Brandt*(김현성 옮김, 2003, 『빌리 브란트』, 빗살무늬), 72~73쪽.

26. Nr. 61. Aus der Broschure Brandts. "Die Außenpolitik der Sowjetunion 1917-1939" Oktober 1939, Bundeskanzler-Willy-Brandt-Stiftung (Hrsg.), *Berliner Ausgabe Band 1, Willy Brandt. Hitler ist nicht Deutschland. Jugend in Lubeck Exil in Norwegen 1928-1940*, 429~433쪽.

27. 같은 책, 432~433쪽.

28. Gregor Schellgen, 앞의 책, 74~75쪽.

29. "Abschiedsrede des Parteivorsitzenden Willy Brandt beim außerordentlichen Parteitag der SPD", 3쪽.

30. 같은 책, 6쪽.

31. Gregor Schellgen, 앞의 책, 107~108쪽; Willy Brandt, 1994, *Erinnerungen. Mit den "Notizen zum Fall G."*, erw. Ausgabe, Berlin und Frankfurt/Main, 149쪽.

32. *ibid*.

33. 그는 서베를린 시장으로서 이 말을 자주 언급했으며, 이는 Bundeskanzler-Willy-Brandt-Stiftung (Hrsg.), *Berliner Ausgabe Band 3*의 제목이기도 하다.

34. Nr. 22. Aus der Rede des Berliner Bundestagsabgeordneten Brandt auf dem Landesparteitag der Berliner SPD zu seiner Kandidatur als Landesvorsitzender, 9. Mai 1954, Bundeskanzler-Willy-Brandt-Stiftung (Hrsg.), *Berliner Ausgabe Band 3, Willy Brandt. Berlin bleibt frei. Politik in und fur Berlin 1947-1966*, 176쪽.

35. Bundeskanzler-Willy-Brandt-Stiftung (Hrsg.), *Berliner Ausgabe Band 3*, 177쪽.

36. Bundeskanzler-Willy-Brandt-Stiftung (Hrsg.), *Berliner Ausgabe Band 3*, 431쪽.

37. 최영태, 2007. 『베른슈타인의 민주적 사회주의론 수정주의 논쟁과 독일사회민주당』, 전남대학교 출판부, 70-78쪽.

38. Bundeskanzler-Willy-Brandt-Stiftung (Hrsg.), *Berliner Ausgabe Band 3*, 436~437쪽.

39. Nr. 92 Rede des Regierenden Bürgermeisters von Berlin, Brandt, im Politischen Club der Evangelischen Akademie Tutzing 15. Juli 1963, Bundeskanzler-Willy-Brandt-Stiftung (Hrsg.), *Berliner Ausgabe Band 3*, 419~449쪽.

40. 이러한 브란트의 정치는 앞에서 김대중이 '선 민주 후 통일'을 주장한 것과 매우 큰 유사성을 보여준다.

41. Bundeskanzler-Willy-Brandt-Stiftung (Hrsg.), *Berliner Ausgabe Band 3*, 434쪽.

42. 그는 이 평화를 위해 일찍부터 유럽합중국의 꿈에 대한 깊은 성찰을 가졌다. Nr. 63, Artikel Brandts. "Der Traum von Europas Vereinigten Staaten" 28. Dezember 1939, Bundeskanzler-Willy-Brandt-Stiftung (Hrsg.), *Berliner Ausgabe Band 1*, *Willy Brandt. Hitler ist nicht Deutschland. Jugend in Lubeck Exil in Norwegen 1928-1940*, 452~458쪽.

43. 노명환, 2006년 여름호, 사민당·자민당 연립정부의 동방정책과 동·서독 관계에 대한 국민의식 개혁 교육 그리고 그 변화 (1969-82)─국가 상황에 대한 보고와 역사, 지리 그리고 사회과학 학교교재들의 내용을 중심으로─, 국제지역연구 10권 2호(통권 37호), 63, 71, 72쪽.

10. 2000년대 한국 개신교 보수주의자들의 정치활동과 반공주의 _류대영

1. "'우리는 대한민국을 지킬 것': 시청 앞 좌익척결 3·1절 국민대회 열려─공산주의에 대한 적개심 불타", 『뉴스앤조이』(2004년 3월 4일자).

2. '역습'은 "똘똘 뭉친 한국 보수 진영의 '역습'", 『신동아』(2003년 10월호), 296~307쪽에서 따온 것이다.

3. "뉴라이트 침묵에서 행동으로", 『동아일보』(2004년 11월 7일자).

4. 이한우, 2005, "한국 뉴라이트 인맥 지도", 『월간조선』 9월호, 288~301쪽.

5. Lloyd Billingsley, 1987, "Radical Evangelicals and the Politics of Compassion", in *Piety and Politics: Evangelicals and Fundamentalists Confront the World*, eds. Richard J. Neuhaus and Michael Cromartie (Washington, D.C.: Ethics and Public Policy Center), 214~215쪽.

6. 이에 대해서는 다음 참조. 류대영, 2003, 『초기 미국 선교사 연구(1884-1910): 선교사들의 중산층적 성격을 중심으로』, 한국기독교역사연구소, 18~19쪽; 류대영, 2001년 8월, "초기 한국 교회에서 'evangelical'의 의미와 현대적 해석의 문제", 『한국 기독교와 역사』 117~144쪽. 이 글에서 '복음주의'는 1920년대의 근본주의-현대주의 논쟁the

Fundamentalist-Modernist Controversy 이후 1940년대부터 새롭게 등장한 복음주의, 즉 현대적 의미의 기독교 보수주의를 일컫는다.

7. Alvera Mickelsen, ed., 1986, *Women, Authority and the Bible* (Inter Varsity Press: Downers Grove, IL)에 실린 여성주의에 대한 여러 전향적 논문들; 사회정의와 적극적 사회참여에 관한 로널드 J. 사이더Ronald J. Sider와 짐 윌리스Jim Wallis의 여러 책과 논문; 핵무기 경쟁을 중단하도록 요구하는 등 진보적 정치운동의 선봉에 섰던 미국 워싱턴의 '유숙자'the Sojourners 집단과 거기서 발행하는 정기간행물 *The Sojourners* 등 참조.

8. "공산주의 척결 '3·1 십자군' 결성식 열리다", 『뉴스앤조이』(2004년 3월 4일자).

9. 2004년 "한국 정치 세력의 현주소와 미래"라는 주제로 개최된 한 토론회에서 정치학자들이 지적한 것처럼 정치적 보수 세력이 "보수"하려는 것이 무엇인가가 모호하다. 이 토론회는 미래전략연구원과 동아일보사가 공동주최해 2004년 3월 1일부터 3일에 걸쳐 개최되었다. 토론회의 내용은 『동아일보』(2004년 3월 8일자) 관련 기사와 www.donga.com에 정리된 토론 내용 참조.

10. 최장집은 현재 우리 사회를 성격 짓는 가장 큰 요인으로 '냉전구조', 즉 냉전반공주의적 정치·사회질서를 들었다. 최장집, 2002, 『민주화 이후의 민주주의: 한국민주주의의 보수적 기원과 위기』, 후마니타스, 특히 41~66, 213~214쪽 참조.

11. Joel A. Carpenter, 1997, *Revive Us Again: The Reawakening of American Fundamentalism* (New York: Oxford University Press), 16, 63, 118쪽; George M. Marsden, *Fundamentalism and American Culture: The Shaping of Twentieth-Century Evangelicalism, 1870-1925* (New York: Oxford University Press, 1982), 208~211쪽.

12. John K. Davis to Joseph C. Grew, Nov. 25, 1932(이만열 엮음, 2003, 『신사참배 문제 영문 자료집 I: 미국 국무성 극동국 문서 편』, 한국기독교역사연구소).

13. 해방 이후 북에서 있었던 기독교와 사회주의의 조우에 대해서는 다음 참조. 류대영·김흥수, 2002, 『북한 종교의 새로운 이해』, 다산글방, 56~83쪽.

14. 예를 들어 1949년 보린원에서 출간된 한경직 목사의 『건국과 기독교』에 실린 각종 반공적 설교들을 보라.

15. 강인철, 2007, 『한국의 개신교와 반공주의』, 중심, 514~530쪽.

16. 위의 책, 65~69쪽; 김흥수, 1999, 『한국전쟁과 기복신앙 확산 연구』, 한국기독교역사연구소, 57~77쪽.

17. 김재준, 1971, "공산주의론", 『장공 김재준 저작전집 2』, 한국신학대학교 출판부, 302쪽.

18. Ryu Dae Young, Winter 2004, "Korean Protestant Churches' Attitude towards War: With a Special Focus on the Vietnam War," *Korea Journal* 44, 191~222쪽; 류대영·김흥수, 2002, 『북한 종교의 새로운 이해』, 다산글방, 247~248쪽.

19. George F. Will, "Who Put Morality in Politics?," in *Piety and Politics*, 261쪽.

20. Harvey Cox, 1984, *Religion in the Secular City: Toward A Postmodern Theology* (New York: Simon and Schuster), 62쪽.

21. Martin E. Marty, "Fundamentalism as a Social Phenomenon," in *Piety and Politics*,

308쪽, 310쪽.

22. 류대영, 2003년 2월, "1980년대 이후 보수교회 사회참여의 신학적 기반," 『한국기독교와 역사』, 18쪽, 71~72쪽.

23. 최장집, 앞의 책, 5~7장.

24. 출범선언문, www.christianngo.org.

25. 뉴라이트 네트워크 창립선언문, www.hankiun.net.

26. 발기취지문 가운데 "뉴라이트 운동의 출현 배경", www.newright.net.

27. 뉴라이트 기독교연합 창립선언문, www.newright.net.

28. 뉴라이트 운동의 출현 배경.

29. '선진화시민행동' 창립선언문, www.sunjingo.org; 뉴라이트 네트워크 창립선언문.

30. 예를 들면 다음과 같다. 민병호·나기환, 2007, 『뉴라이트가 세상을 바꾼다』, 예아름미디어, 223~229쪽; 신지호, 2006, 『뉴라이트의 세상읽기』, 기파랑, 40~78쪽; "뉴라이트의 역사관," www.newright.net.

31. '상상의 공동체'imagined communities 의미에 관해서는 다음 참조. Benedict Anderson, 2006, *Imagined Communities: Reflections on the Origin and Spread of Nationalism*(London: Verso).

32. "뉴라이트의 역사관".

33. "뉴라이트 운동의 출현 배경".

34. 정효임, "좌파로부터 나라 구한다는 기독당, '다시 꿈틀'", 『뉴스앤조이』(2008년 11월 11일자), www.newsnjoy.co.kr.

35. 발기취지문, 창립선언문, www.sunjingo.org.

36. 서경석, "내가 왜 변절자인가?", 『동북아신문』(2008년 6월 16일자), www.dbanews.com.

37. "뉴라이트 운동의 출현 배경", "뉴라이트 운동은 어떤 운동인가?", www.newright.net.

38. "공동체 자유주의란 무엇인가?", www.newright.net; 민병호·나기환, 앞의 책, 177~182쪽; 신지호, 앞의 책, 200~202쪽.

39. Marsden, *Fundamentalism and American Culture*, 210~211쪽에 인용된 리처드 호프스태터Richard Hofstater의 연구.

40. Pheme Perkins, 1990, "Mani, Manichaeism", *Encyclopedia of Early Christianity*, ed. Everett Ferguson(New York: Garland), 362~363쪽.

41. Marty, 앞의 책, 309쪽.

42. George M. Marsden, 1991, *Understanding Fundamentalism and Evangelicalism* (Grand Rapids: Eerdmans), 117~118쪽.

43. 같은 책, 192~194쪽.

44. Marsden, *Fundamentalism and American Culture*, 211쪽.

45. Francis A. Schaeffer, 1979, *How Should We Then Live?: The Rise and Decline of Western Thought and Culture* (New York: Fleming H. Revell), 32쪽.

46. 쉐퍼에 따르면 인본주의는 "인간을 모든 것의 중심에 놓고 모든 일의 척도로 삼는" 일이다. Francis Schaeffer, 1981, *A Christian Manifesto*(Westchester, IL: Crossway), 23쪽.

47. 류대영, 2006, "신사참배 관련 소수파 의견: 해럴드 H. 헨더슨Harold H. Henderson의 사례", 『한국기독교와 역사』 39호, 178쪽과 각주 126.

48. "공산주의 척결 '3·1 십자군' 결성식 열리다".

49. 같은 글.

50. James Davison Hunter, 1981, *American Evangelicalism: Conservative Religion and the Quandary of Modernity*(New Brunswick: Rutgers University Press), 43~44쪽.

51. 강인철, 앞의 책, 68~72쪽.

52. 미국 복음주의 개신교와 자본주의적 가치관의 관계에 대해서는 다음 참조. 류대영, 2007, 『미국 종교사』, 청년사, 393~395, 527쪽.

11. 1960년대 반공 이데올로기의 진화 _박태균

1. 이러한 사실은 그가 1953년 정전협정을 통해 아이젠하워 대통령과 덜레스 국무장관에게 보낸 편지에 나타나 있다. 이승만 대통령은 정전협정이 체결된 이후에도 90일 이내에 고위급 정치회담이 개최되어야 한다는 조항을 들어 정전협정 체결 후 90일 이후에 북진을 감행할 거라는 의사를 미국 정부에 전달하기도 했다(대통령기록관, 2012, 73~76쪽, 115~120쪽).

2. 물론 그 당시 『사상계』에서 주장한 자유와 민주주의가 반공 이데올로기이면서 동시에 이승만 정부의 지배담론에 대한 대항담론으로서 작동하고 있었는가 하는 것에는 의문의 여지가 있다. 왜냐하면 당시 『사상계』에는 미국의 영향력이 작동하고 있었기 때문이다. 그럼에도 당시 이승만 정부와 미국의 아이젠하워 정부 사이에 민주주의 체제를 둘러싼 갈등이 있었다는 점을 고려한다면, 미국의 영향력에도 『사상계』의 민주주의 담론은 주요한 저항담론이 될 수 있었다.

3. 로스토는 공산주의를 근대화과정에서 나타나는 '질병'이나 '감염자'로 파악했으며 후진국 내부의 민족주의적인 성향이 공산주의에 감염되지 않도록 유도해야 한다고 주장했다. 물론 개발도상국 내부에 민족주의가 태동되었다는 사실만으로 경제개발 원조를 통한 경제성장이 가능한 것은 아니었다. 로스토는 경제개발 원조를 경제성장으로 연결하기 위해서는 자본흡수력을 제고하기 위한 개발도상국 내부의 사회개혁이 필요하다고 주장했다. 그는 토지개혁, 세제개혁, 정부조직 개혁 등을 통해 전전자본주의적 생산관계와 절연해야 하며 부패구조의 개혁을 위해서는 정신개혁이 함께 이루어져야 한다고 강조했다. 사회개혁을 위해서는 전근대적 생산관계와 연결되어 있지 않은 새로운 사회지배 세력이 나타나야 하며 지식인-상인-군인의 연합이 되어야 한다는 것이 로스토의 주장이었다(로스토, 1961, 23~25쪽).

4. 경제학자 최호진은 "비공산당 선언: 파문을 일으킨 로스토 학설"이라는 글을 통해 경제성장의 과정을 소개했을 뿐만 아니라 그의 주장이 공산주의 이론에 반대하는 이론이라는 점을 밝혔다(최호진, 1962).

5. 『사상계』 1960년 1월호의 표지에는 "비공산당 선언"이라는 제하에 굵은 글씨로 로스토의

454

글이 강조되고 있다.

6. Walter P. McConaughy to Members of Korea Task Force, "Meetings of Korea Task Force", May 12, 1961, RG 59, Lot 67D378, Box 9, Richard N. Gardner, 1961~65.

7. 1950년대 지식인들 사이에서 '개조'라는 용어는 거의 사용되지 않았다. 반면 이광수는 그의 '민족개조론'의 서두에서 "근래에 전 세계를 통하여 개조라는 말이 많이 유행됩니다. 일찍 구주대전이 끝나고 파리에서 평화회의가 열렸을 때에 우리는 이를 세계를 개조하는 회의라 하였습니다. 인하여 국제연맹이 조직되매 더욱 광열하는 열정을 가지고 이는 세계를 개조하는 기관이라 하였습니다. 그래서 큰일에나 작은 일에나 개조라는 말이 많이 유행되게 되었습니다"라고 하면서 당시 '개조'라는 말이 대세였음을 지적하고 있다(이광수, 1922). 박정희는 왜 굳이 1920년대에 많이 사용되었던 용어를 다시 사용하려고 했을까? 박정희가 1917년생이고 1930년대를 통해 고등교육을 받았다는 점을 고려한다면 이광수를 비롯한 당시 조선 지식인들의 주장에 많은 영향을 받았을 가능성이 크다.

8. 물론 『사상계』에 필진으로 참여했던 지식인들 가운데 박희범과 박종홍은 박정희 국가재건최고회의 의장의 자문위원으로 군사정부에 참여했고, 군사정부 초기 국가주도적인 경제개발계획과 통화개혁 그리고 1960년대 후반 국민교육헌장의 입안과 선포에서 가장 큰 역할을 수행했다.

9. 여기에 더해 그가 국회의원을 하던 시기에는 그의 반공사상에서도 일정한 변화를 보이기 시작한다. 그는 북한을 타도대상이 아니라 미래를 위해 안아야 할 대상으로 설정하기 시작했다.

12. 한국 반공주의의 궤적 _신광영

1. 한국의 개신교 교회는 반공주의의 보루다. 최근 동유럽 국가사회주의가 붕괴한 이후로 반공주의를 전파하는 데 더욱 적극적이다(강인철, 2007). 소련군과 한국 공산주의자들이 북한을 점령했을 때 대부분의 교회지도자들이 남쪽으로 도망을 나왔고 이들은 반공주의를 전파하는 전도사가 되었다. 그리고 반공주의 신학을 대변하는 남한의 핵심적인 교회지도자가 되었다. 1950년대 이래 교세를 급격하게 확장한 개신교는 반공주의를 재생산하는 데 중요한 역할을 담당했다.

2. 앰네스티 인터내셔널Amnesty International(2012, 6쪽) 보고에 따르면 국가보안법 중에서 가장 많이 적용된 조항은 제7조인데, 그 내용은 다음과 같다.

   "(1) 국가의 존립·안전이나 자유민주적 기본 질서를 위태롭게 한다는 점을 알면서 반국가단체나 그 구성원 또는 그 지령을 받은 자의 활동을 찬양·고무·선전 또는 이에 동조하거나 국가변란을 선전·선동한 자는 7년 이하의 징역에 처한다.

   (2) 삭제 [91·5·31]

   (3) 제1항의 행위를 목적으로 하는 단체를 구성하거나 이에 가입한 자는 1년 이상의 유기징역에 처한다.

   (4) 제3항에 규정된 단체의 구성원으로서 사회질서의 혼란을 조성할 우려가 있는 사항에

관해 허위사실을 날조하거나 유포한 자는 2년 이상의 유기징역에 처한다.

(5) 제1항·제3항 또는 제4항의 행위를 할 목적으로 문서·도화 기타의 표현물을 제작·수입·복사·소지·운반·반포·판매 또는 취득한 자는 그 각 항에 정한 형에 처한다.

(6) 제1항 또는 제3항 내지 제5항의 미수범은 처벌한다.

(7) 제3항의 죄를 범할 목적으로 예비 또는 음모한 자는 5년 이하의 징역에 처한다."

13. 한국의 반공주의와 노동운동 _유범상

1. 새마을운동은 1970년대에 박정희 정권의 국민동원 전략이었다. 새마을교육은 정신훈련을 통해 정신자세를 확립하고 국가목표 달성을 위한 사명감과 발전지향적 가치관을 기르며 유신과업 수행에 앞장서게 하고 새마을운동을 지속적으로 발전시킬 역군을 양성한다는 목표를 가지고 있었다. 유신체제는 새마을교육의 이러한 목표를 달성하기 위해 교육과정에 유신 과업과 우리의 좌표, 새마을운동, 한국의 경제발전과 개발계획, 안보업무, 비상계획 등의 과목을 공통적으로 배치했다(김영수, 2006, 452쪽).

2. 이런 입장은 현재까지도 한국노총 일각에서 견지되고 있다. 이것은 1999년판 한국노총 서울시 지역 본부 백서의 1970년대 국내 정치정세 서술에서도 나타나고 있다. '격변하는 아시아 정세하에서 북한은 전례 없는 활발한 외교전략을 펴고 있는 등 외면에서 급전환을 보이고 있었고 한편으로는 땅굴작전을 비롯 무력통일을 위한 남침 준비를 강화하고 있었다. 남북회담이 거부되고 UN 동시가입에 대한 우리 측의 제의를 묵살하는 등 긴장감이 갈수록 고조되었다. 이렇게 긴박한 정세를 보고 정계와 언론계, 종교계 및 학계에서는 총화단결로써 조국을 수호하겠다는 굳은 의지로 결속하게 되었다. 국력배양을 가속화하여 자주방위력을 확보함으로써 평화정착과 번영된 민족사회의 건설을 추진하려는 박 대통령의 통일을 위한 기반조성 선행론에 국민은 전폭적인 지지를 보냈다. 한편 민방위법, 교육법, 사회안전법, 방위세법 등 국가안정에 관한 4대 기본 법률이 국회에서 통과됨으로써 국민의 총력방위 태세를 한층 강화하였다." 이때 "우리의 우호국인 미국에 카터 신정부가 들어섰고……"(한국노총 서울특별시 지역본부, 1998, 51~52쪽).

14. 한국의 반공주의와 친미주의 _이완범

1. 문부식, 2002, 『잃어버린 기억을 찾아서: 광기의 시대를 생각함』, 삼인, 72쪽.

2. 1970년대까지 한국 사회에서 반공은 권위주의(독재)와 친화력이 있었으며 안보 논리의 밑바탕이 되었다. 1978년 6월 27일 전남대 교수 11인은 '우리의 교육지표'를 발표하면서 "민주주의 교육이 선행되지 않은 애국애족 교육은 진정한 안보에도 도움이 되지 않는다. 민주주의의 실천이 결핍된 채 민주주의보다 반공만을 앞세운 나라는 다 공산주의 앞에 패배한 역사를 우리는 알고 있지 않은가?"라고 선언했다. 민주주의를 무시하고 안정만을 추구하다가 공산화가 된 베트남의 예를 떠올리라는 경고였다. 미국으로서도 민주화의 요구

를 마냥 무시할 수만은 없었다. 만약 민주주의를 계속 억압하고 안정만을 추구한다면 공산화가 될지도 모른다고 판단해 4·19혁명 때 이승만 하야를 강권했던 것이다. 그런데 유신의 심장을 쏜 김재규도 "민주주의를 해야 국가안보도 튼튼하다"라고 주장했다. 문영심, 2013, 『바람 없는 천지에 꽃이 피겠나: 김재규 평전』, 시사IN북.

3. 진방식, 1997, 『분단한국의 매카시즘』, 형성사, 198쪽.

4. 한홍구, "광주가 김세진·이재호를 낳았다", 『한겨레21』, 제606호(2006년 4월 26일), http://legacy.www.hani.co.kr/section-021075000/2006/04/02107500020060 4260606042.html(검색일 2013년 8월 13일).

5. 장세진, 2012, 『상상된 아메리카』, 푸른역사, 428, 442쪽.

6. "고대생들이 시위: 한미행협 체결을 촉구", 『동아일보』(1962년 6월 7일), 1면.

7. 이학성, "이것이 '박동선 사건'의 전모다", 『신동아』(1984년 1월호), 136쪽.

8. William H. Gleysteen, Jr., 1999, *Massive Entanglement, Marginal Influence: Carter and Korea in Crisis* (Washington, DC: Brookings Institution Press), 15쪽; 윌리엄 H. 글라이스틴William H. Gleysteen, Jr., 황정일 엮음, 1999, 『알려지지 않은 역사: 전 주한 미국대사 글라이스틴 회고록*Massive Entanglement, Marginal Influence: Carter and Korea in Crisis*』, 중앙 M&B, 41쪽.

9. 뉴욕=로이터 합동, "미 정보원들 청와대 도청: NYT 보도 75년 對議會贈賄 정보입수: 70년 서울·워싱턴 전신·전화도 도청", 『경향신문』(1977년 6월 21일자), 1면.

10. "청와대 도청 중대한 주권 모독: 국회 본회의 대정부 질문 시작: 철저규명, 미 정부에 경고를", 『경향신문』(1977년 6월 22일자), 1면.

11. 안치용, 2012, 『박정희 대미 로비 X파일』(상): 도청·로비 편, 타커스.

12. "'청와대 도청했다' 포터 전 주한 미 대사 밝혀", 『동아일보』(1978년 4월 4일자), 1면; 뉴욕=AP 합동, "'67년 서울 부임 후 중단 포터 전 대사 도청 시인", 『경향신문』(1978년 4월 4일자), 1면.

13. 최석채, "양키 고 홈 소리 없는 유일한 날: 포터 전 대사 청와대 도청 시인의 충격", 『경향신문』(1978년 4월 4일자), 1면.

14. "박 외무, 스턴 대사대리 불러 진상 따져: 미 청와대 도청 사실이면 중대한 주권침해", 『경향신문』(1978년 4월 4일자), 1면.

15. "미 정부 도청 해명 문서 전달," 『경향신문』(1978년 4월 17일자), 1면.

16. "시내 5개 고교 주권 침해 잇달아 도청 규탄", 『경향신문』(1978년 4월 10일자), 7면; "청와대 도청 성토대회 6개 高 …… 주부들도 시위", 『동아일보』(1978년 4월 10일자), 7면; "대전서도 시위 미 도청 규탄 전국 확대", 『경향신문』(1978년 4월 11일자), 7면; "전국서 연일 도청 규탄", 『경향신문』(1978년 4월 12일자), 7면; "도청 규탄 대학가로 번져", 『경향신문』(1978년 4월 13일자), 7면; "도청 규탄 날로 번져", 『경향신문』(1978년 4월 14일자), 7면.

17. "대전서도 시위 미 도청 규탄 전국 확대", 『경향신문』(1978년 4월 11일자), 7면.

18. "도청 규명 요구 최상이 군경회장 미국 대사관 방문", 『경향신문』(1978년 4월 12일자), 1면.

19. "동아60년 60대 사건", 『동아일보』(1980년 4월 1일자), 19면.

20. "미 정부 도청 해명 문서 전달", 『경향신문』(1978년 4월 17일자), 1면.

21. 송태호, "해설: 외교 면에선 해소됐지만 국민적 차원선 미흡점이", 『경향신문』(1978년 4월 17일자), 1면.

22. 윤민재, 2004, "한국 보수 세력의 이념과 활동에 대한 정치사회학적 연구", 『사회이론』 통권 26호(가을·겨울호), 270쪽; 윤민재, 2004, 『중도파의 민족주의 운동과 분단국가』, 서울대학교 출판부.

23. William H. Gleysteen, Jr., 1999, *Massive Entanglement, Marginal Influence: Carter and Korea in Crisis*, Washington, DC: Brookings Institution Press, 145쪽; 윌리엄 H. 글라이스틴, 황정일 옮김, 1999, 『알려지지 않은 역사: 전 주한미국대사 글라이스틴 회고록』, 중앙 M&B, 206쪽.

24. William H. Gleysteen, Jr., 1999, 위의 책, 195쪽; 윌리엄 H. 글라이스틴, 1999, 위의 책, 274쪽.

25. William H. Gleysteen, Jr., 위의 책, 128쪽; 윌리엄 H. 글라이스틴, 1999, 위의 책, 183쪽.

26. 배진영, 2013, "미, 신군부에 끌려가면서 당혹스러워해: 1980년 '서울의 봄' 당시 한미관계를 보여주는 세 건의 문건", 『월간조선』 5월호, 340쪽.

27. June 19, 1989, "United States Government Statement on the Event in Kwangju, Republic of Korea, in May 1980", Vertical File, Box 71, Presidential Papers of Jimmy Carter, Jimmy Carter Library; John Adams Wickham, Jr., 1999, *Korea on the Brink, 1979-1980: From the '12/12' Incident to the Kwangju Uprising*(Washington, DC: National Defense University Press), 206쪽; 존 위컴John Adams Wickham, Jr., 김영희 감수, 유은영 외 공역, 1999, 『12-12와 미국의 딜레마: 전 한미연합사령관 위컴 회고록』, 중앙 M&B, 310쪽.

28. 강인섭, "미 조기경보기 두 대 한국 지역으로 급파", 『동아일보』(1980년 5월 23일자), 1면; "Summary of Conclusions from the Policy Review Committee on Korea", White House Situation Room, May 22, 1980—4:00-5:15 p.m. attached in "Memorandum of Christine Dodson (Staff Secretary, NSC) to the Vice President, the Secretary of State, the Secretary of Defense, Joint Chief of Staff (Chairman), Central Intelligence (Director): Summary of Conclusions", May 30, 1980, http://timshorrock.com/wp-content/uploads/CHEROKEE-FILES-White-House-NSC-meeting-on-Kwangju-May-22-1980.pdf(검색일: 2011년 7월 14일); 이홍환, 2004년 5월, "[특별연재 | 美 비밀문서로 본 격동의 80년대 ①]: 광주민주화운동 발발과 미국의 오판, 글라이스틴 "'2등 시민' 전라도민의 지역주의가 폭동 불렀다", 『신동아』, http://shindonga.donga.com/docs/magazine/shin/2004/04/28/200404280500012/200404280500012_7.html(검색일: 2011년 5월 30일).

29. "[역사] 세계기록유산이 될 5·18 대자보: 미 항공모함 유언비어", http://cafe.daum.net/issue21(검색일: 2011년 7월 11일).

30. 1982년 부산 미문화원을 방화했던 문부식은 광주학살을 미국이 '묵인'하고 심지어는 그 일을 '교사'했다고 주장했다. 그는 법정에서 "미국은 전두환을 묵인했으며 그의 행위를

지원했고 그들에게 무기를 공급함으로써 우리 시민에 대한 폭력적 공격을 교사했다. 결국 미국은 독재권력의 후원자였다"고 주장했다. 이런 견해는 다음 글에 나와 있다. 이삼성, 1990, "광주 민중봉기와 미국의 역할: 광주를 통해 본 미국의 제3세계정책 그 성격의 총체적 인식", 박영호·김광식 외, 『한미관계사』, 실천문학사, 54~68쪽: 이삼성, 1989, "미국의 12-12,「광주」해명에 의혹 있다,"『신동아』 8월호, 300~319쪽: 이삼성, 1993, 『미국의 대한정책과 한국의 민족주의: 광주항쟁-민족통일-한미관계』, 한길사: 유낙근, 1991, "현대 한국 정치와 미국", 장상환 외, 『제국주의와 한국 사회』, 한울, 163쪽에 따르면 광주민화운동 당시 미국의 행동을 통해 미국에 대한 국민의 환상이 깨졌다고 한다. 광주민화운동은 미국의 의도를 명백하게 드러나게 한 상징적 사건이었다는 것이다. 이를 통해 지배자로서의 미국의 존재가 드러났다는 것이다.

31. 김성보, 1990, "80년대 반미자주화운동의 전개과정", 박영호·김광식 외, 앞의 책, 67쪽: 안병욱, 1999, "5·18, 민족사적 인식을 넘어 세계사의 지평으로," 학술단체협의회 (편), 『5·18은 끝났는가』, 푸른숲, 18~19쪽.

32. Bruce Cumings, 1997, *Korea's Place in the Sun: A Modern History* (New York: W. W. Norton): 브루스 커밍스, 김동노 외 공역, 2001, 『한국현대사』, 창작과비평사, 541쪽.

33. East Asia/Intelligence (Gregg), "Memorandum for Zbigniew Brzezinski: Evening Report", May 23. 1980, National Security Affairs-Brzezinski Material, Collection # 10: Staff Evening Reports File, Folder: 5/20-23/80, Box 29, Jimmy Carter Library (NLC-10-29-3-43-9).

34. 『뉴욕타임스』의 주필 존 오크스가 한국을 방문하고 돌아간 후 쓴 칼럼의 기사 제목이 "양키 고 홈 소리 없는 지구상 유일한 나라"다. 이는 반쯤은 한국을 칭찬하고 반쯤은 비꼬는 투의 논조였다. 최석채, "양키 고 홈 소리 없는 유일한 나라: 포터 전 대사 청와대 도청 시인의 충격", 『경향신문』(1978년 4월 4일자), 1면.

35. 한동혁, 1988, 『지배와 항거』, 힘, 213쪽.

36. 한홍구, 2006, "광주가 김세진·이재호를 낳았다", 『한겨레21』 606호(4월호), http://legacy.www.hani.co.kr/section-021075000/2006/04/021075000200604260606042.html (검색일: 2013년 8월 13일).

37. 이강로, 2004, "한국 내 반미주의의 성장과정 분석", 『국제정치논총』 제44집 4호(12월), 243쪽.

38. 한홍구, 2006, "광주가 김세진·이재호를 낳았다", 『한겨레21』, 606호(4월호), http://legacy.www.hani.co.kr/section-021075000/2006/04/021075000 200604260606042.html(검색일: 2013년 8월 13일).

39. 한홍구, 앞의 글, http://legacy.www.hani.co.kr/section-021075000/2006/04/0210750002 00604260606042.html(검색일: 2013년 8월 13일).

40. 문부식, 2002, 『잃어버린 기억을 찾아서: 광기의 시대를 생각함』, 삼인, 68쪽.

41. 한홍구, 2006, 앞의 글, http://legacy.www.hani.co.kr/section-021075000/2006/04/0210750002 00604260606042.html(검색일: 2013년 8월 13일).

42. 한홍구, 앞의 글, http://legacy.www.hani.co.kr/section-021075000/2006/04/

0210750002 00604260606042.html(검색일: 2013년 8월 13일).

43. 교육인적자원부, 2001, 『고등학교 교육과정 해설 3 도덕 교육부 고시 1997-15호』, 교육인적자원부.

44. 한홍구, 앞의 글, http://legacy.www.hani.co.kr/section-021075000/2006/04/021075000 200604260606042.html(검색일: 2013년 8월 13일).

45. 한지훈, "대통령 국정수행 성공 위해 사이버 여론조작", 『연합뉴스』, 기사입력 2013-08-26 11:43 | 최종 수정 2013-08-26 15:00, http://news.naver.com/main/read.nhn?mode=LPOD&mid=sec&oid=001&aid=0006447155&isYeonhapFlash=Y(검색일: 2013년 8월 26일).

46. 김덕련·최하얀, "[인터뷰] 김정인 춘천교대 사회과교육과 교수 ②: 박근혜 둘러싼 '소통령'들, 제 무덤 파고 있다", 『프레시안』, 기사 입력 2013-11-01 오전 9:30:17, http://www.pressian.com/article/article.asp?article_num=60131031181721(검색일: 2013년 11월 11일).

47. 문부식, 앞의 책, 89쪽.

48. 같은 책, 91쪽.

49. 이 당시 촛불집회와 반미운동과의 연관성은 다음에서 볼 수 있다. 홍성태 글, 노순택 사진, 2003, 『생각하는 한국 국민들을 위한 반미 교과서』, 당대.

50. 김진웅, 2003, 『반미』, 살림, 49~56쪽.

51. 이내영·정한울, 2005, "동맹의 변환Transformation과 한국 국민의 대미인식: 한미동맹 위기론과 대미인식 다원화 현상을 중심으로", 『국제정치논총』 45집 3호, 85, 88쪽.

52. Gregg Brazinsky, 2007, *Nation Building in South Korea: Koreans, Americans, and the Making of a Democracy*(Chapel Hill, NC: University of North Carolina Press); 그레그 브래진스키 지음, 나종남 옮김, 2011, 『대한민국 만들기 1945-1987(경제성장과 민주화 그리고 미국)』, 책과함께.

53. 홍성태 글, 노순택 사진, 2003, 『생각하는 한국 국민들을 위한 반미 교과서』, 당대, 22~23쪽.

54. 대한민국 외교부, 2009년 6월, "주한미군", 『미국 개황』, 대한민국 외교부, http://terms.naver.com/entry.nhn?docId=957010&cid=540&categoryId=540(검색일: 2013년 8월 24일).

55. "唐紹儀原稟: 韓王擬派使中國請修商約及與朴台榮問答各情形", 中央研究院近代史研究所 編, 1972, 『淸季中日韓關係史料』 第八卷(臺北: 中央研究院近代史研究所), 4873쪽; 오카모토 다카시岡本隆司, 강진아 옮김, 2009, 『미완의 기획, 조선의 독립: 글로벌 시대, 치열했던 한중일 관계사 400년』, 소와당, 230~232쪽.

56. 셴딩창沈定昌, 2006, 『한국 외교와 미국관계: 중국적 관점과 전망』, 소학사, 211쪽.

57. 브루스 커밍스, 2003, "한국 '반미주의'의 구조적 기반", 『역사비평』 통권 62호(봄호), 56~59쪽.

58. Yongsik Bong, Winter/Spring 2004, "Yongmi: Pragmatic Anti-Americanism in South Korea", *Brown Journal of World Affairs* Vol. X, No. II, 156~157쪽.

59. 홍성태, 2004, 『반미가 왜 문제인가』, 당대, 31~34쪽.

60. 이강로, 2004, "한국 내 반미주의의 성장과정 분석", 『국제정치논총』 44집 4호(12월호), 257~258쪽.

61. 비주사파 NL계열 출신 하태경 의원(새누리당)은 종북, 비종북, 반북 세 가지 스펙트럼 으로 구분했다. 김필재金泌材, "從北을 몰라도 너무 모르는 '새누리당' 의원: "박원순 시 장까지 從北으로 몬다는 것은 從北이 뭔지 잘 모른다는 것" …… 하태경 의원, 『뉴데일 리』, 최종 편집 2013.01.21 17:15:53, http://www.newdaily.co.kr/news/article_ s.html?no=139136&rvw_no=1559(검색일: 2013년 11월 24일).

15. 한국 대중문화에서의 반공주의 _이하나

1. 반공주의에 대한 최근 연구로는 다음과 같은 자료가 있다. 김정훈·조희연, 2003, 「지배담 론으로서의 반공주의와 그 변화—'반공규율사회'의 변화를 중심으로」, 조희연 편, 『한국 의 정치사회적 지배담론과 민주주의 동학』, 함께읽는책; 후지이 다케시, 2008, 「제1공화 국의 지배 이데올로기—반공주의와 그 변용들」, 『역사비평』 83(여름호), 역사문제연구소; 후지이 다케시, 2011, 「4·19/5·16 시기의 반공체제 재편과 그 논리」, 『역사문제연구』 25, 역사문제연구소; 후지이 다케시, 2013, 「1950년대 반공교재의 정치학」, 『역사문제연 구』 30, 역사문제연구소; 이하나, 2012a, 「1950-60년대 반공주의 담론과 감성정치」, 『사 회와 역사』 95, 한국사회사학회. 반공주의가 문학에 미친 영향에 대해서는 비교적 풍부 한 연구가 있다. 상허학회, 2005, 『반공주의와 한국문학』, 깊은 샘; 김진기 외, 2008, 『반 공주의와 한국 문학의 근대적 동학』(1), 한울; 김진기 외, 2009, 『반공주의와 한국 문학의 근대적 동학』(2), 한울; 김준현, 2007, 「반공주의의 내면화와 1960년대 풍자소설의 한 경 향—이호철·서기원의 단편을 중심으로」, 『상허학보』 21, 상허학회; 김진기, 2009, 「반공 의 내면화와 정체성 구축—손창섭 소설을 중심으로」, 김진기 외, 위의 책. 한편 반공영화 자체에 대한 연구가 아닌 반공주의와 반공영화의 관계에 주목한 연구는 드문 편이다. 이 하나, 2012b, 「반공주의 감성기획, '반공영화'의 딜레마—1950-60년대 '반공영화' 논쟁을 중심으로」, 『동방학지』 159, 연세대학교 국학연구원.

2. 이하나, 2012a, 앞의 글, 204~205쪽. 이 글에서 필자는 반공주의를 다양하고 모순된 논 리와 정서가 결합된 감성적 복합체로 파악하고 1950~1960년대의 반공주의를 대략 10개 의 범주로 분류한 바 있다.

3. 김득중, 2009, 『빨갱이의 탄생—여순사건과 반공국가의 형성』, 선인.

4. 박세화, 1963, 「반공태세 강화를 위한 소고」, 『경찰』 2-4호, 126~132쪽.

5. 이를 더 이상 '반공영화'로 부를 수 있는가 하는 것에 대해서는 이견이 있을 수 있다. 이런 이유로 반공영화보다는 '분단영화'라는 명칭을 쓰기도 한다. 이 글에서는 '반공영화'의 진 화라는 측면을 강조하기 위해 반공영화라는 명칭을 사용했다. 분단영화의 정의에 대해서 는 다음 참조. 변재란, 2001, 「남한 영화에 나타난 북한에 대한 이해」, 『영화연구』 16, 한 국영화학회.

6. 정영권, 2010, 「한국 반공영화 담론의 형성과 전쟁영화 장르의 기원 1949-1956」, 『현대

영화연구』10, 한양대학교 현대영화연구소, 385~391쪽.

7. 반공영화는 이밖에도 분단의 비극을 주제로 한 사회드라마, 멜로드라마, 액션드라마 등의 하위 장르를 가졌지만 그 이야기는 대개 전쟁 중의 이야기이거나 전쟁 후의 이야기라는 점에서 전자는 전쟁과 관련된 영화로 후자는 간첩과 관련된 영화로 귀결되는 것이 보통이다. 여기서 전쟁영화는 전투 장면을 주된 내용으로 하는 '전투영화'combat film만을 이르는 것이 아니라 넓은 의미에서 전쟁이 서사에 직접적 영향을 미치는 영화들을 총칭하는 개념이다.

8. 감성교육으로서의 반공교육에 대해서는 다음 참조. 이하나a, 앞의 글, 224~230쪽.

9. 정부가 직접 제작한 문화영화 〈다시는 속지 말자〉(1964, 박영일)는 남한 국민을 토끼로, 북한 인민을 늑대로, 간첩은 토끼의 탈을 쓴 늑대로 묘사한 애니메이션이다.

10. 이하나, 2012b, 앞의 글, 75~77쪽.

11. 1950~1960년대 반공영화 논쟁에 대해서는 다음 참조. 김소연, 2003, 「전후 한국의 영화 담론에서 '리얼리즘'의 의미에 관하여: 〈피아골〉의 메타비평을 통한 접근」, 김소연 외, 『매혹과 혼돈의 시대: 50년대 한국영화』, 소도: 정영권, 앞의 글: 김한상, 2011, 「냉전체제와 내셔널 시네마의 혼종적 원천―〈죽엄의 상자〉 등 김기영의 미공보원USIS 문화영화를 중심으로」, 『영화연구』47, 한국영화학회: 이하나, 2012b, 앞의 글.

12. 1955년 문교부가 영화의 주무부서가 되기 전까지 영화 관련 업무는 국방부, 공보부, 문교부 그리고 내무부에서 조금씩 관여했다.

13. 임긍재, 「선전가치와 영화예술성―반공영화 비판의 시비, 특히 〈피아골〉을 중심하여」, 『동아일보』(1955년 8월 12일자); 이정선, 「한국 영화의 새로운 스타일―〈피아골〉의 소감」, 『경향신문』(1955년 9월 30일자).

14. 이하나, 2012a, 앞의 글, 211~212쪽.

15. 「이만희 감독에 관대한 처분을」, 『동아일보』(1965년 2월 9일); 이영일, 1966년, 「1965년 내외영화 결산―한국 영화 총평」, 『영화예술』 1월호.

16. 반공주의의 예각화로서의 반북주의에 대해서는 다음 참조. 이하나, 2012a, 앞의 글, 222~223쪽.

17. 4·19혁명 이후 사회 곳곳에서 통일 열기가 거세어지고 다양한 통일론이 제기되었던 역사적 경험은 박 정권이 다른 통일론을 저지하는 데 주력하게 한 원인이 된 것으로 보인다.

18. 윤종현, 1975, 「공산주의와 신민족주의는 어떤 관계인가」, 『세대』 13, 143, 150~157쪽.

19. 김창순, 1976, 「공산주의와 민족주의는 합작이 가능한가」, 『국제문제』 66, 54~60쪽.

20. 오제도, 1974, 「남북대화와 평화통일」, 『변호사』 5, 203~218쪽.

21. 국민방첩연구소 편, 1972, 『지공교육독본』, 흑백문화사, 824~838쪽.

22. 이하나, 2012b, 앞의 글, 69~72쪽.

23. 김태수, 1972, 「국민총화를 위한 영화예술: 안보영화의 제작 방향과 대중성」, 『코리아시네마』 5월호: 조연현, 1972, 「국민총화를 위한 영화예술: 안보영화의 소재와 그 구성」, 『코리아시네마』 5월호.

24. 김소동, 1976, 「반공영화의 소재, 표현 그리고 대중성」, 『영화』 4-6호, 영화진흥공사, 21~25쪽.

25. 텔레비전에서는 영화 소재로 인기가 없어진 전쟁 소재의 드라마를 많이 방영했는데 그중 대표적인 것이 1975~1978년과 1983~1984년에 방영된 드라마 〈전우〉였다. 이는 KBS 가 한국전쟁 25주년 특집으로 기획한 것으로, 2010년 KBS는 이를 한국전쟁 60주년 특집 으로 리메이크했다.

26. 소래섭, 2011, 『불온한 경성은 명랑하라: 식민지 조선을 파고든 근대적 감정의 탄생』, 웅 진지식하우스; 김청강, 2011, 「현대 한국의 영화 재건논리와 코미디 영화의 정치적 함의 (1945-60)—명랑하고 유쾌한 '발전 대한민국' 만들기」, 『진단학보』 112, 진단학회.

27. 반공영화의 정확한 편수는 '반공영화'라는 범주의 정의에 따라 다를 수 있어 산정하기가 어렵다. 1970년대 중반 한 평론가의 통계에 따르면 1946~1975년 만들어진 반공영화는 총 242편으로 전체 극영화 2,736편의 8.99퍼센트다. 극영화 전체의 제작 편수가 훨씬 줄 어든 1970~1980년대에도 반공영화의 비율은 이와 유사하다. KIU, 1976, 「성격별로 본 반공영화 30년」, 『영화』 4-6호, 영화진흥공사, 34쪽.

28. 이태, 1988, 『남부군』, 두레.

29. '우수영화'는 대중영화 가운데 정부가 국가재건 방향과 일치하는 작품을 선정하여 표창한 영화를 말한다. 이하나, 2011, 「1950년대 민족문화 담론과 '우수영화'」, 『역사비평』 92, 역사문제연구소.

30. 국방부훈령 89호, 「군사관계영화 제작지원 규정」(1965년 11월 3일).

31. 1999년 〈쉬리〉(강제규)가 600만 명 이상의 관객을 동원하면서 1998년 개봉한 할리우드 블록버스터 〈타이타닉〉(제임스 카메론, 1997)의 520만 명을 넘어섰다. 여기에는 한국 영 화가 미국 영화를 이길 수 있다는 민족주의적 열망도 한몫했다. 1980년대 30퍼센트 이하 였던 한국영화 점유율은 계속 상승해 2006년 60퍼센트에 달했으나 2007년부터 하락세를 보이다가 2009년 다시 회복 국면에 접어들었다. 2014년 8월에는 한국 영화 점유율이 84퍼 센트에 달하기도 했다.

32. 이하나, 2013, 『'대한민국', 재건의 시대(1948~1968)』, 푸른역사, 224~238쪽.

33. 정우곤, 1997, 「북한 '수령제' 정치체제의 제도화와 특성」, 『통일문제연구』 9-1호, 평화문 제연구소, 188~189쪽.

34. Hana Lee, 31. 5. 2013, "The Unending War: Continuity and Rupture in Korean War Films in Post-Cold War Era", SOAS conference 2013, London University.

35. 2002년에 개봉한 〈007 어나더데이〉(리 타마호리)를 말한다. 이 영화에 캐스팅 얘기가 오 갔던 배우 차인표는 이 영화가 한 민족인 북한을 비하했다는 이유로 출연을 거부했다고 한다.

36. 그렇다고 이들 영화가 의도적으로 반북주의를 고취시키는 작품이라고 볼 수는 없다. 〈베 를린〉을 연출한 류승완 감독은 이 영화를 준비하는 과정에서 흥미로운 텔레비전 다큐멘 터리를 연출한 적이 있다. 〈타임—류승완 감독의 간첩〉(MBC, 2011)이 그것이다. 이 다큐 멘터리 안에서 감독은 기자와 함께 간첩을 찾아 나서지만 결국 찾지 못한다. 이는 우리 사 회의 간첩담론을 신랄하게 풍자한 것이다. 영화는 때때로 감독이나 제작자의 직접적 의도 를 넘어서는 효과와 징후를 드러내기도 한다.

1. 이 글의 전반적인 논지와 고문 피해자 증언에 대해 자세히 논평해주신 법무법인 지평 조용환 변호사께 감사한다.

2. 진실화해를위한과거사정리위원회는 진실화해위원회, 대통령소속 의문사진상규명위원회는 의문사위원회로 약식 표기했다.

3. Lundy, Patricia and McGovern, Mark, Jun. 2008, "Whose Justice? Rethinking Transitional Justice from the Bottom Up", *Journal of Law and Society*, Vol. 35, No. 2, 267~268쪽.

4. 한성훈, 2010, 「과거청산과 민주주의 실현─진실화해위원회 활동과 권고사항의 이행기 정의를 중심으로」, 역사문제연구소, 『역사비평』 93호, 122~129쪽.

5. 진실화해위원회·전남대학교 산학협력단 심리건강연구소, 2007, 『심리적 피해현황 조사 보고서』, 66~87쪽. 이 내용은 진실화해위원회에서 의뢰한 "조사의 신뢰성 제고와 치료 및 재활측면의 화해방안 모색을 위한 심리적 피해현황" 연구용역사업 결과다.

6. (재)진실의힘은 2010년 군사독재시절 안기부(중앙정보부) 등 정보수사기관에 끌려가 고문을 당한 후 허위자백과 불공정한 재판 끝에 '간첩'으로 조작되었던 고문 생존자들이 만든 시민단체다. 아시아 고문피해자와 인권침해사건 진상규명, 국가폭력 피해자 치유센터 건립, 고문방지협약 이행 감시활동, 인권상, 고문피해자 집단상담과 재활 등을 지원한다. http://www.truthfoundation.or.kr/

7. 김동춘, 2011, 「냉전, 반공주의 질서와 한국의 전쟁정치: 국가폭력의 행사와 법치의 한계」, 비판사회학회, 『경제와사회』 제89호, 338~339쪽.

8. 에티엔 발리바르 지음, 최원·서관모 옮김, 2007, 『대중들의 공포: 맑스 전과 후의 정치와 철학』, 도서출판b, 499쪽.

9. 조희연, 1998, 『한국의 국가·민주주의·정치변동』, 당대, 94~95쪽.

10. 조희연, 위의 책, 92~93쪽.

11. 조희연, 위의 책, 104쪽.

12. 서중석, 1999, 『조봉암과 1950년대』(하), 역사비평사, 531~533쪽.

13. 조용환, 2010, 「역사의 희생자들과 법: 중대한 인권침해에 대한 소멸시효의 적용문제」, 법학평론편집위원회, 『법학평론』 창간호, 서울대학교 출판원, 11쪽.

14. 천주교인권위원회 엮음, 2001, 『사법살인: 1975년 4월의 학살』, 학민사.

15. 박형규, "역사 속에 묻혀진 영혼들을 위하여"(추천사), 천주교인권위원회 엮음, 위의 책, 5쪽. 강조는 인용자.

16. 인혁당과 민청학련 사건에 대한 자세한 경과와 내용은 다음을 참조. 국정원과거사건진실규명을통한발전위원회, 2007, 『과거와 대화 미래의 성찰: 주요 의혹사건편』(上권 Ⅱ), 국가정보원.

17. 이재승, 2010, 『국가범죄』, 앨피, 314~315쪽.

18. 이효재, 1985, 『분단시대의 사회학』, 한길사, 62쪽.

19. 이재승, 앞의 책, 461~473쪽.

20. Arendt, Hannah, 1970, *On Violence*, Harcourt Brace Javanovich, 43~45쪽. 이는 이미 독일어 Gewalt가 의미하는 뜻에 내재해 있다. 보편적으로 '게발트'는 '폭력'으로 번역하지만 독일에서 이 단어는 쓰임새에 따라 적법한 권력, 정당화된 권위, 공적인 힘을 의미한다.

21. 조현연, 2004, 「국가공안기구와 인권침해」, 대통령소속 의문사진상규명위원회, 『의문사진상규명위원회 보고서 2차 별책』, 207쪽.

22. 자크 데리다 지음, 진태원 옮김, 2012, 『법의 힘』, 문학과지성사, 88~90쪽.

23. 진실화해위원회 조사보고에 따르면 진실규명 결정과 불능 사건에서 가장 많은 권고사항은 국가기관의 '사과' 항목이었다(한성훈, 앞의 글, 122~123쪽).

24. Young, Allan, 1997, "Suffering and the Origins of Traumatic Memory", Arthur Kleinman, Veena Das and Margaret Lock eds., *Social Suffering* (Berkerly and Los Angeles: University of California Press), 246쪽. 트라우마는 그리스어 'traumat'에서 온 말로 상처를 뜻한다.

25. Klandermans, Ber, Oct.,1984, "Mobilization and Participation: Social-Psychological Expansion of Resource Mobilization Theory", *American Sociological Review*, Vol. 49, No. 5, 583~600쪽.

26. Arthur Kleinman, Veena Das, and Margaret Lock, "Introduction", Arthur Kleinman, Veena Das, and Margaret Lock, 같은 책, ix쪽.

27. Scheper-Hughes, Nancy and Philippe Bourgois, 2004, "Introduction: Making Sense of Violence", in Nancy Scheper-Hughes and Philippe Bourgois (eds.), *Violence in War and Peace* (Malden: Blackwell Publishing), 1쪽.

28. Young, Allan "Suffering and the Origins of Traumatic Memory", Arthur Kleinman, Veena Das, and Margaret Lock, 같은 책, 245쪽.

29. Gould, Thomas, 1990, *The Ancient Quarrel Between Poetry and Philosophy* (Princeton, N.J.: Princeton University Press), ix쪽; Morris, David B., "Voice, Genre, and Moral Communuty", Arthur Kleinman, Veena Das, and Margaret Lock, 같은 책, 35쪽에서 재인용.

30. 스탠리 코언 지음, 조효제 옮김, 2009, 『잔인한 국가 외면하는 대중』, 창비, 70쪽.

31. 임○○(2013. 2. 27), 진실의힘, 2013, 『"말해줘서 고맙습니다 들어줘서 감사합니다": 마이데이 맘풀이 자료집』(3), 86~120쪽(이하 『마이데이 맘풀이 자료집』으로 표기함). 1939년 일본에서 태어난 임○○은 해방 후 제주로 귀향했다가 일본으로 밀항해 사진 기술을 배워 한국으로 돌아왔다. 부산에서 사진관을 하던 그는 1969년 2월말 아버지, 친인척과 함께 중앙정보부에 끌려가 한 달 넘게 고문을 당한 후 일본 거점 간첩단사건에 조작되었다. 그는 무기징역을 선고받고 21년간 복역한 뒤 출소했고, 2012년 2월 24일 서울고등법원은 재심에서 43년 만에 무죄를 선고했다.

32. 박○○(2011. 2. 22), 진실의힘, 2011, 『마이데이 맘풀이 자료집』(1), 64쪽. 그는 군산 개야도 출신으로 1968년 5월경 북방한계선 부근에서 조기를 잡다 피납되어 약 5개월간 북한에 억류된 후 남한으로 돌아와서 수산어법 위반 등으로 징역 8개월을 복역했다. 1972년

초 그는 군산경찰서에 끌려가 두 달 가까이 눈에서 피가 흐를 정도로 고문을 당한 끝에 간첩으로 7년간 징역을 살고 1979년 만기 출소했다. 2009년 4월 20일 진실화해위원회는 반공법 위반이 조작되었음을 밝혔고 법원에 재심을 청구한 박○○은 2011년 3월 28일 대법원으로부터 무죄 판결을 받았다. 박○○, 임○○ 등 납북귀환어부 간첩조작에 대해서는 다음 참조. 진실화해위원회, 2009, 『2009년 상반기 조사보고서 05』, 195~218쪽.

33. 최○○(2012. 12. 3), 진실의힘, 2013, 『마이데이 맘풀이 자료집』(3), 64쪽. 그는 1975년경 일본에 불법으로 체류하기 시작했는데 일본인 여권으로 한국을 왕래하다가 1982년 일본에서 여권법 위반으로 붙잡혀 오무라 수용소에 구금되었다. 3개월 후 한국으로 강제 송환되어 부산 보안부대와 서울 서빙고분실에서 고문을 당한 끝에 조총련에 포섭된 간첩이 되어 15년형을 선고받고 9년 동안 징역을 살고 1991년에 출소했다. 그는 재심을 청구한 끝에 2011년 3월 28일 대법원으로부터 무죄를 선고받았다.

34. 정○○(2011. 9. 27), 진실의힘, 2012, 『마이데이 맘풀이 자료집』(2), 45, 53~54쪽. 군산 개야도 출신인 그는 1968년 인근 서해바다에서 조기를 잡다 북한 경비정에 나포된 후 귀환했는데, 반공법 위반으로 1년간 징역을 살았다. 19년이 지난 1985년 전주 보안부대로 연행되어 52일간 고문을 당한 뒤에 '간첩'이 되었다. 2007년 9월 18일 진실화해위원회는 이 사건을 고문으로 조작된 간첩사건임을 규명했고, 그는 법원에 재심을 청구해 2009년 1월 광주고등법원에서 무죄를 선고받았다. 사건에 대해서는 다음 참조. 진실화해위원회, 2008, 『2007년 하반기 조사보고서』, 1173~1197쪽.

35. 고문은 처벌과 구분되고 처벌은 적용을 확인하기 위해 필요하며 더 많이 적용하게 될 위험을 안고 있다. Bentham, Jeremy, in James, *Bentham and Legal Theory*, 45 ; Talal Asad, "On Torture", Arthur Kleinman, Veena Das, and Margaret Lock, 같은 책, 307쪽, ENDNOTES 21, 재인용.

36. 최○○(2012. 12. 3), 진실의힘, 2013, 『마이데이 맘풀이 자료집』(3), 63~64쪽.

37. 이○○(2010. 11. 23), 진실의힘, 2011, 『마이데이 맘풀이 자료집』(1), 14, 16~17쪽. 1972년 1월 한국전쟁 때 월북한 작은 아버지가 강화도에 왔는데 마침 휴교령으로 고향에 있던 이○○는 숙부를 잠깐 만났다. 그 후 1985년 치안본부 옥인동 대공분실에 끌려가 고문을 당한 후 '모자간첩'으로 조작되었다. 어머니는 3년 6개월, 이○○는 7년의 징역을 살고 출소했다. 2009년 7월 10일 재심 재판에서 서울고등법원은 이○○와 그의 어머니에게 무죄를 선고했다.

38. 박○○(2012. 3. 19), 진실의힘, 2012, 『마이데이 맘풀이 자료집』(2), 192쪽.

39. 이○○(2010. 11. 23), 앞의 책, 22쪽.

40. Lone Jacobsen & Knud Smidt-Nielsen 지음, 변주나·김록호·박원순 옮김, 2003, 『고문생존자―외상과 재활―』, 현문사, 51~52쪽.

41. 임○○(2011. 1. 22), 진실의힘, 2011, 『마이데이 맘풀이 자료집』(1), 50~52쪽.

42. 페터 엘리사 지음, 최현정 옮김, 2009, 『고문·폭력 생존자 심리치료』, 민주화운동기념사업회, 166~168쪽.

43. 박○○, 앞의 책, 67~68쪽.

44. 김○(2011. 11. 29), 진실의힘, 2012, 『마이데이 맘풀이 자료집』(2), 104~107쪽(강조는

인용자). 2008년 11월 4일 진실화해위원회는 피해자 김○이 수사기관의 불법구금과 고문·가혹행위, 허위증언 등으로 조작된 사건임을 밝혔다. 진실화해위원회, 2009, 『2008년 하반기 조사보고서 04』, 233~263쪽.

45. 에릭 베르네르 지음, 변광배 옮김, 2012, 『폭력에서 전체주의로: 카뮈와 사르트르의 정치사상』, 그린비, 92쪽.

46. 박○○, 김○○ 등 많은 사람이 김○의 증언에 덧붙여 자신들의 상태를 동일하게 표현했다. 진실의힘, 2012, 『마이데이 맘풀이 자료집』(2), 109~111, 199쪽.

47. 김○○, 진실의힘, 2011, 『마이데이 맘풀이 자료집』(1), 115쪽.

48. 김○○, 위의 책, 83쪽.

49. 여수 지역에서 발생한 국민보도연맹 사건 중 김○○에 대해서는 다음 참조. 진실화해위원회, 2010, 『2009년 하반기 조사보고서 04』, 108, 115쪽. 김○○는 자신의 재판기록 중수사기록철에 첨부되어 있는 '부역자 명부'에서 아버지에 대한 내용을 사본해서 진실화해위원회에 제출했다. 이 명부는 여수경찰서 정보계에서 만들었던 자료다.

50. 김○○, 「다시 되돌려지지 않는 온몸의 가시」, 제주4·3연구소, 『4·3트라우마, 그 치유의 모색』, 제주4·3 63주년 기념 전국학술대회, 네이버후드호텔, 2011년 4월, 29~30, 96~99쪽.

51. 서중석, 앞의 책, 703쪽.

52. 김○○, 진실의힘, 2011, 『마이데이 맘풀이 자료집』(1), 82쪽.

53. 김○○(2011. 4. 26), 위의 책, 125, 130쪽.

맺음말 _김동춘

1. 2014년 3월 18일 최근 제네바 유엔인권위원회에서 오스트레일리아 법관 출신 제임스 커비James Kirby는 북한이 나치식의 인권침해를 가했으며 현대 사회에서 유례를 찾아볼 수 없는 전체주의 국가라고 공격했다. http://www.aljazeera.com/indepth/features/2014/03/will-n-korea-abuses-lead-war-crimes-court-20143186202408696.html

2. 이 글의 공동 저자인 스첼은 독일의 나치 청산이 불철저했다고 본다. 250명 정도만 처벌을 받았는데, 그것도 곧바로 풀려났다는 것이다(Szell, 앞의 글). 미국이 전범 처벌 등 탈나치화에 적극적이었다기보다는 독일 내에서 이후의 68혁명 등 민주화가 나치 청산을 완수한 동력이었다는 지적이 그것이다. 김동춘도 이에 대해 어느 정도 수긍하지만, 일본처럼 전범들이 국가의 수상이 되거나 주요 지위에 진출하고, 야스쿠니의 전범들이 숭배의 대상이 되지 않는다는 점에서 독일과 일본 간에는 차이가 있다고 본다.

3. 보아벤투라 더 소사 산토스는 "발전은 본래적으로 냉전의 개념"이라고 주장했다. "Boaventura de Sousa Santos Interview", 4 February, 2011, Terraviva. http://www.ips.org/TV/wsf/category/english/

4. 이 책에서 호프만이 쓴 글 참조.

5. 이 책에서 강명세와 유범상이 쓴 글 참조.

6. 이 책에서 이완범이 쓴 글 참조.
7. 바우만은 오늘날의 사회적 차별은 상중하 간에 발생하는 것이 아니라 극소수 최상층과 나머지 거의 모든 구성원 사이에 발생한다고 했다(Bauman, 2014).
8. 지구적인 보수우익의 강화는 미국에서는 반국가주의나 극도의 개인주의로 나타나며, 유럽에서는 집단적인 우익운동의 형태로 표출되고 있다. http://en.wikipedia.org/wiki/Right-wing_politics
9. 이 책에서 스첼이 쓴 머리말과 신광영의 글 참조.

참고문헌

1. 머리말 _기외르기 스첼, 크리스토프 폴만, 김동춘

Altrichter, Helmut, 2009, *Russland 1989. Der Untergang des sowjetischen Imperiums*, München, C. H. Beck.

Anderson, Perry, 1976, *Considerations on Western Marxism*, London, New Left Books.

Arendt, Hannah, 1951, *The Origins of Totalitarianism*, New York, Schocken [revised ed. 2004].

Becker, Elizabeth, 1998, *When the War Was Over: Cambodia and the Khmer Rouge Revolution*, New York, Public Affairs Pr. [1986], revised edition.

Behrendt, Lutz-Dieter, 2010, 'Kriegskommunismus', in Wolfgang F. Haug et al. (eds.), *Historisch-kritisches Wörterbuch des Marxismus*, Hamburg, Argument Verlag, Vol. 7/II: 2043-2056.

Bell, Daniel A., 2010, *China's new Confucianism: politics and everyday life in a changing society*, Princeton / N. J., Woodstock, Princeton University Press [first ed. 2008].

Bloyet, Dominique & Jean-Pierre Sauvage, 2005, *La répression anticommuniste en Loire-Inférieure*, La Crèche, Geste Ed.

Borchgrevik, Aare, 2013, *A Norwegian Tragedy: Anders Behring Breivik and the Road to Utoya*, London, Polity.

Bottomore, Tom (ed.), 1983, *A Dictionary of Marxist Thought / DMT*, Oxford, B. Blackwell.

Boveri, Margret, 1956-1960, *Der Verrat im XX. Jahrhundert*, Reinbek bei Hamburg, Rowohlt, 4 Vols.

Brown, Archie (ed.), 2004, *The Demise of Marxism-Leninism in Russia*, London, Palgrave.

Brown, Archie, 2010, *The Rise and Fall of Communism*, New York, Vintage.

Bureau Permanent de l'Entente Internationale contre la IIIe Internationale, 1929, *Une nouvelle guerre mondiale: ≪La guerre bolchéviste≫*, Publié à l'occasion de la VIe Conférence du Conseil International de l'Entente internationale contre la IIIe Internationale, Genève.

Bureau Permanent de l'Entente Internationale contre la IIIe Internationale, 1934, *Le Komintern, le gouvernement soviétique et le Parti Communiste de l'U.R.S.S*,

Genève.

Busgalin, Alexander & Günter Mayer, 2008, 'Kasernenkommunismus', in Wolfgang F. Haug et al. (eds.), *Historisch-kritisches Wörterbuch des Marxismus*, Berlin, Argument Verlag, Bd. 7/I: 407–411.

Caberta, Ursula, 2007, *Schwarzbuch Scientology*, Gütersloh, Gütersloher Verlagshaus.

Caillat, Michel (ed.), 2009, *Histoire(s) de l'anticommunisme en Suisse*, Zürich, Chronos.

Churchill, Winston S., 1956, *The Second World War, Vol. VI: Triumph and Tragedy*, London, Penguin Classics [6th ed. 2005].

Collins English Dictionary, 2013, 'Communism' ⟨http://www.collinsdictionary.com/dictionary/english/communism⟩ [19 August].

Courtois, Stéphane (ed.), 2010, *Das Handbuch des Kommunismus: Geschichte? Ideen? Köpfe*, München, Piper.

Courtois, Stéphane, 2009, *Communisme et totalitarisme*, Paris, Perrin.

Courtois, Stéphane (ed.), 2002, *Du Passé faisons table rase! Histoire et mémoire du communisme en Europe*, Paris, Robert Laffont.

Courtois, Stéphane (ed.), 2003, *Une si longue nuit. L'apogée des régimes totalitaires en Europe, 1935–1953*, Monaco, Éditions du Rocher.

Courtois, Stéphane (ed.), 2006, *Le Jour se lève. L'héritage du totalitarisme en Europe, 1953–2005*, Monaco, Éditions du Rocher.

Courtois, Stéphane (ed.), 2006, *Les Logiques totalitaires en Europe*, Monaco, Éditions du Rocher.

Courtois, Stéphane (ed.), 2007, *Dictionnaire du communisme*, Paris, Éditions Larousse.

Courtois, Stéphane (ed.), 2011, *Sortir du communisme. Changer d'époque en Europe*, Paris, Presses Universitaires de France.

Courtois, Stéphane; Werth, Nicolas; Panné, Jean L. & Andrzej Paczkowski et al., 1999, *The Black Book of Communism: Crimes, Terror, Repression*, Cambridge / MA, Harvard University Press.

Creuzberger, Stefan, 2009, *Stalin: Machtpolitiker und Ideologe*, Stuttgart, Kohlhammer.

Defty, Andrew, 2004, *Britain, America and anti-communist propaganda 1945–1953: The information research department*, London et al., Routledge.

Delwit, Pascal (ed.), 1996, *La peur du rouge. Bruxelles*, Ed. de l'Université de Bruxelles, Institut de Sociologie.

Dijk, Ruud van; Gray, William Glenn; Savranskaya, Svetlana; Suri, Jeremi & Qiang Zhai (eds.), 2008, *Encyclopedia of the Cold War*, New York, Taylor & Francis.

Djilas, Milovan, 1982, *The New Class: An Analysis of the Communist System*, New York, Mariner Books [1957].

Dokumentation zum Fall Ernest Mandel, 1973, Karlsruhe, ISP-Verlag.

Droz, Jacques (ed.), 1984, *Geschichte des Sozialismus*, Frankfurt a.M., Berlin & Wien, Ullstein, 17 Vols.

Encyclopedia 69.com, 2013, *Convergence Theory* ⟨http://www.encyclopedia69.com/ eng/d/convergence-theory/convergence-theory.htm⟩[1 August 2013].

European Network Against Racism / ENAR, 2013, *Recycling Hatred: Racism(s) in Europe today*, Brussels.

Evola, Julius, 2008, *Anticomunismo positivo. Scritti su bolscevismo e marxismo, 1938- 1968*, Napoli, Controcorrente Ed.

Farrant, Andrew; McPhail, Edward & Sebastian Berger, 2012, 'Preventing the "Abuses" of Democracy. Hayek, the "Military usurper" and Transitional Dictatorship in Chile?', *The American Journal of Economics and Sociology*, Vol. 71, Nr. 3: 513-538.

Femia, Joseph V., 1982, *Gramsci's political thought. Hegemony, consciousness and revolutionary process*, Oxford, Oxford University Press.

Ferro, Marc, 2010, *Le livre noir du colonialisme*, Paris, Fayard / Pluriel.

Franke, Berthold, 1988, *Die Kleinbürger. Begriff, Ideologie, Politik*, Frankfurt a.M., Campus.

Franklin, Bruce (ed.), 1972, *The essential Stalin. Major theoretical writings, 1905-1952*, Garden City & New York, Anchor.

Friedman, Milton, 1970, 'The Social Responsibility of Business is to Increase its Profits', *The New York Times Magazine*, 13 September.

Friedman, Milton, 2002, *Capitalism and Freedom*, Chicago & London, University of Chicago Press.

Friedrich, Carl J. & Zbigniev Brzeziński (eds.), 1956, *Totalitarian Dictatorship and Autocracy*, Cambridge / MA, Harvard University Press.

Friedrich, Carl J.; Curtis, Michael & Benjamin R. Barber, 1969, *Totalitarianism in perspective: three views*, London, Pall Mall Press.

Fuëg, Jean-François, 2000, *L'anticommunisme des anarchistes*, Paris, Ed. du Monde Libertaire et al.

Fukuyama, Francis, 1992, *The End of History and the Last Man*, New York, Free Press.

Generalsekretariat zum Studium des Bolschewismus, 1975, *Führer durch die bolschewistische und antibolschewistische Literatur*, London, Slienger.

Giddens, Anthony, 1998, *The Third Way. The Renewal of Social Democracy*, Cambridge, Polity.

Gills, Barry, 1996, *Korea Versus Korea: Political Economy, Diplomacy and Contested Legitimacy*, Hoboken, Routledge.

Giovannini, Fabio, 2004, *Breve storia dell'anticomunismo*, Roma, Datanews.

Goethe, Johann Wolfgang von, 1827, *The Sorcerer's Apprentice*, http://german.about.

com/library/blgzauberl.htm

Goldthorpe, John Harry; Lockwood, David; Bechhofer, Frank & Jennifer Platt (eds.), 1968-1970, *The affluent worker*, Cambridge, Cambridge UP, 3 Vols.

Gorz, André, 1987, *Farewell to the Working Class: An Essay on Post-Industrial Socialism*, London, Pluto Press.

Gramsci, Antonio, 2000, *The Antonio Gramsci Reader: Selected Writings, 1916-1935*, New York, New York University Press.

Greiner, Bernd u.a. (eds.), 2006-2013, *Studien zum Kalten Krieg*, Hamburg, Hamburger Edition, 6 Vols.

Guérin, Daniel, 1966, *La Commune de Paris*, Paris.

Gurvitch, Georges, 1962, 'Problèmes de sociologie générale', in Georges Gurvitch (ed.), 1945, *Traité de sociologie*, Paris, Presses Universitaires de France: 155-251.

Hall, Peter A. & David Soskice (eds.), 2001, *The Varieties of Capitalism*, Oxford, Oxford University Press.

Haug, Wolfgang Fritz, 2010, 'Krise des Marxismus', in Wolfgang F. Haug et al. (eds.), *Historisch-kritisches Wörterbuch des Marxismus*, Hamburg, Argument Verlag, HKWM 7/II: 2160-2192.

Haug, Wolfgang Fritz et al. (eds.), 1994 ff, *Historisch-kritisches Wörterbuch des Marxismus*, Hamburg, Argument Verlag, 15 Vols.

Haupt, Heinz-Gerhard, 1979, *Die Pariser Kommune*, Frankfurt a.M. & New York, Campus.

Hayek, Friedrich, 1948, *Individualism and Economic Order*, Chicago, University of Chicago Press.

Hayek, Friedrich, 1952, *The Counter-Revolution of Science: Studies on the Abuse of Reason*, Glencoe / Ill., Free Press.

Hayek, Friedrich, 1960, *The Constitution of Liberty*, Chicago, University of Chicago Press [Reprint Chicago, Henry Regnery, 1972].

Hegedus, Andras, 1976, *Socialism and Bureaucracy*, London, Allison & Busby.

Hegedus, Andras, 1977, *The Structure of Socialist Society*, London, Constable.

Heller, Agnes; Fehér, Ferenc & Markus, G., 1983, *Der sowjetische Weg. Bedürfnisdiktatur und entfremdeter Alltag*, Hamburg, VSA.

Hilferding, Rudolf, 1981, *Finance Capital. A Study of the Latest Phase of Capitalist Development*, London, Routledge & Kegan Paul [1904].

Hirschfeld, Dieter, 1968, 'Umrisse einer Theorie des Antikommunismus', *Das Argument*, 48: 335-347.

Hofmann, Werner, 1967, *Stalinismus und Antikommunismus: zur Soziologie des Ost-West-Konflikts*, Frankfurt a.M., Suhrkamp.

Horowitz, David (ed.), 1967, *Containment and revolution. Western policy towards social revolution: 1917 to Vietnam*, London, Blond.

Hubbard, Ron L., 1956, *Scientology. The Fundamentals of Thought*, Commerce / CA, Bridge.

Huntington, Samuel P., 1996, *The Clash of Civilizations and the Remaking of World Order*, New York, Simon & Schuster.

Huxley, Aldous, 1960, *Brave new world: a novel*, London, Chatto & Windus [1932].

Inchiesta sull'anticomunismo, 1954. Milano, Istituto Poligrafico dello Stato.

Ito, Narihiko, 2001, *Japan und die friedliche Wiedervereinigung Koreas*, Osnabrück, Universität Osnabrück, Forschungsstelle Japan (Schriften # 14).

Jakowlew, Alexander, 2004, 'Der Bolschewismus, die Gesellschaftskrankheit des 20. Jahrhunderts', in Stéphane Courtois et al. (ed.), *Das Schwarzbuch des Kommunismus 2*, München, Piper: 176-236.

James, C. L. R., 1937, *World revolution 1917-1936. The rise and fall of the Communist International*, London, M. Secker & Warburg.

Jorion, Paul, 2013, 'Lord Turner et la City', *Le Monde*, Eco & Entreprise, 9 avril: 2.

Kahan, Vilém (ed.), 1990, *Bibliography of the Communist International: 1919-1979*, Vol. 1. Leiden et al., Brill.

Kaplan, Lewis E., 2006, *God Bless You Joe Stalin: The Man Who Saved Capitalism*, New York, Algora.

Kassis, Wassilis & Charlotte Schallié, 2013, ≫Nicht wirklich tolerant≪, Universität Osnabrück, Pressemitteilungen # 168, 28 June ⟨http://www.noz.de/drucken/73178689/0207-lo-studie⟩.

Kenrick, Douglas Moore, 1988, *Where Communism Works. The Success of Competitive Communism in Japan*, Rutland, Basingstoke Macmillan & Tokyo, C.E. Tuttle [2nd ed. 1991].

Kiernan, Ben, 2004, *How Pol Pot Came to Power: Colonialism, Nationalism, and Communism in Cambodia, 1930-1975*, New Haven, Yale University Press, second edition.

Kim, DongChoon, 2007, *Der Korea-Krieg und die Gesellschaft*, Münster, Westfälisches Dampfboot.

Kim, Dschong Il, 1984, *The Worker's Party of Korea is a Juche type revolutionary party which inherited the glorious traditions of the DIU*. Pyongyang (Reprint).

Klein, Matthäus, 1971, 'Antikommunismus', in Georg Klaus & Manfred Buhr (eds.), *Philosophisches Wörterbuch*, Leipzig, VEB Bibliographisches Institut, Vol. 1: 83-91.

Kornai, János, 1986, *Contradictions and Dilemmas: Studies on the Socialist Economy and Society*, Harvard, MIT Press.

Kornai, János, 1992, *The Socialist System. The Political Economy of Communism*, Princeton, Princeton University Press.

Kovacs, Stéphanie, 2002, *Communisme et anticommunisme au Luxembourg*, Bertrange, Rapidpress.

Kropotkin, Peter A., 1968, *Fields, factories and workshops*, New York, B. Bloom.

Kurz, Robert, 1999, *Schwarzbuch Kapitalismus. Ein Abgesang auf die Marktwirtschaft*, Frankfurt a.M., Eichborn.

Laski, Harold Joseph, 1933, *Democracy in Crisis*, London, Allen & Unwin & New York, AMS Press [Reprint 1969].

Lavabre, Marie-Claire, 1983, 'Antikommunismus', in Georges Labica et al. (eds.), *Kritisches Wörterbuch des Marxismus*, Hamburg, Argument Verlag, Vol. 1: 65–68.

Lazar, Marc, 2005, *Le communisme, une passion française*, Paris, Perrin.

Lee, Namhee, 2007, *The making of minjung: democracy and the politics of representation in South Korea*, Ithaca / N.Y., Cornell University Press.

Lefebvre, Henri, 1938, *Hitler au pouvoir, bilan de cinq années de fascisme en Allemagne*, Paris, Bureau d'Éditions.

Lefebvre, Henri, 1965, *La proclamation de la Commune*, Paris, Gallimard.

Lejeune, Dominique, 2003, *La peur du 'rouge' en France*, Paris, Belin.

Lennon, Alexander T. J., 2002, *Contemporary Nuclear Debates: Missile Defenses, Arms Control, and Arms Races in the Twenty–First Century*, Cambridge / MA, MIT Press.

Lepre, Aurelio, 1997, *L'anticomunismo e l'antifascismo in Italia*, Bologna, Il Mulino.

Linden, Marcel van der (Hg.), 2007, *Was war die Sowjetunion? Kritische Texte zum real existierenden Sozialismus*, Wien, Promedia.

Lissagaray, Hippolyte Prosper Olivier, 1969, *Histoire de la Commune de 1871*, Paris, Maspero [1877].

Luff, Jennifer, 2012, *Commonsense anticommunism*, Chapel Hill, Univ. of North Carolina Press.

Lutz, Burkhard, 1984, *Der kurze Traum immerwährender Prosperität. Eine Neuinterpretation der industriell-kapitalistischen Entwicklung im Europa des 20. Jahrhunderts*, Frankfurt a.M. & New York, Campus.

Luxemburg, Rosa, 1972, *Selected political writings*, London, Cape & New York, Grove.

Mandel, Ernest, 1973, *Contrôle ouvrier, conseils ouvriers, autogestion*, Paris, Maspero, 3 Vols.[1970].

Mannheim, Karl, 1936, *Ideology and Utopia. An introduction to the sociology of knowledge*, London & New York, Routledge & Kegan Paul [1929].

Manutscharjan, Aschot, 2009, 'Die Gorby–Show. Wendejahr 1989. Der Anfang vom Ende der Sowjetunion', *Das Parlament*, #41, 5 October: 23.

Mao, Zedong, 1970, *Die antijapanischen Kräfte kühn entfalten und die Angriffe*

474

der antikommunistischen Ultrakonservativen abwehren, Peking, Verlag für fremdsprachige Literatur [4. Mai 1940].

Marcou, Lilly, 1988, 'Stalinismus', in Georges Labica et al. (eds.), *Kritisches Wörterbuch des Marxismus*, Hamburg, Argument Verlag, Vol. 7: 1259-1263.

Marcuse, Herbert, 1964, *The one-dimensional man. Studies in the ideology of advanced industrial society*, Boston / MA, Beacon Press.

Martens, Ludo, 1993, *Fascisme et anticommunisme*, Bruxelles, PTB.

Marx, Karl, 1875, *Critique of the Gotha Programme*, Gloucester, Dodo Press [reprint 2009].

Marx, Karl, 1871, *Civil War in France* ⟨http://www.marxists.org/archive/marx/works/1871/civil-war-france/ch05.htm⟩ [1 April 2013].

Marx, Karl, 1871, *The Paris Commune, 1871*, London, Sidgwick & Jackson [1971].

Marx, Karl, 1976, *The Capital*, Vol. 1. Harmondsworth, Penguin [1867].

Marx, Karl & Friedrich Engels, 1975, *The Manifesto of the Communist Party* (The Communist Manifesto), Beijing, Foreign Language Press [1848].

Marx, Karl; Engels, Friedrich; Bakunin, Mikhail A.; Kropotkin, Peter & Wladimir I. Lenin, 2008, *Writings on the Paris Commune*, St Petersburg / FL, Red & Black Publishers.

Meyer, Thomas; Klär, Karl-Heinz; Miller, Susanne; Novy, Klaus & Heinz Timmermann (eds.), 1986, *Lexikon des Sozialismus*, Köln, Bund Verlag.

Moch, Jules, 1978, *Le communisme, jamais!*, Paris, Plon.

Montalbano, Giuseppe, 1987, *Critica al comunismo*, Caltanissetta, Krinon.

Müller, Tim B., 2013, Rezension zu John Lamberton Harper: The Cold War', *H-Soz-u-Kult*, 31.05., ⟨http://hsozkult.geschichte.huberlin.de/rezensionen/2013-2-154⟩.

Niedhart, Gottfried (ed.), 1983, *Der Westen und die Sowjetunion: Einstellungen und Politik gegenüber der UdSSR in Europa und in den USA seit 1917*, Paderborn, Schöningh.

Nolte, Ernst, 1963, *Der Faschismus in seiner Epoche. Action française—Italienischer Faschismus—Nationalsozialismus*, München, Piper [last ed. 2000].

Nolte, Ernst, 1989, *Der europäische Bürgerkrieg 1917-1945. Nationalsozialismus und Bolschewismus*, Frankfurt a.M., Propyläen, 4th ed.

Nolte, Ernst & François Furet, 1998, *"Feindliche Nähe": Kommunismus und Faschismus im 20. Jahrhundert. Ein Briefwechsel*, München, Herbig Verlag.

Orwell, George, 1988, *Animal farm: a fairy story*, Harlow, Longman [1945].

Pagès, Max; Bonetti, Michel; Gaulejac, Vincent de & Daniel Descendre, 1979, *L'emprise de l'organisation*, Paris, PUF [Paris, Desclée de Brouwer 2009].

Palacios, Margarita, 2009, *Fantasy and Political Violence: The Meaning of Anticommunism in Chile*, Wiesbaden, VS Verlag für Sozialwissenschaften (GWV).

Pankratowa, Anna, 1976, *Fabrikräte in Rußland. Der Kampf um die sozialistische Fabrik*, Frankfurt a.M., Fischer [1923].

Pannekoek, Anton, 1950, *Workers' councils*, Melbourne, Southern Advocate for Workers Councils.

Pareto, Vilfredo, 2006, *The Rise and Fall of Elites: An Application of Theoretical Sociology*, New Brunswick / N.J., Transaction Publ.

Polanyi, Karl, 1957, *The great transformation: the political and economic origins of our time*, Boston, Beacon Press [c1944].

Pope Pius IX, 1998, *Qui Pluribus: On Faith and Religion*, Kansas City / MO, Angelus Press [1846].

Proctor, Robert N. & Londa Schiebinger (eds.), 2008, *Agnotology. The making and unmaking of ignorance*, Stanford, Stanford University Press.

Proudhon, Pierre–Joseph, 1969, *Selected writings*, New York, Doubleday.

Rebatet, Lucien, 1940, *Le bolchevisme contre la civilisation*, Paris, Nouvelles Etudes Françaises.

Reitman, Janet, 2011, *Inside Scientology: The Story of America's Most Secretive Religion*, Boston, Houghton Mifflin.

Right to Food, 2013, http://www.righttofood.org [30 March 2013].

Ruotsila, Markku, 2001, *British and American anticommunism before the Cold War*, London et al., Frank Cass.

Ruotsila, Markku, 2005, *Churchill and Finland: a study in anticommunism and geopolitics*, London, Frank Cass.

Sanders, Alain, 1988, *Mes maquis anti–communistes*, Maule, Ed. du Présent.

Saxonberg, Steven, 2012, *Transitions and Non–Transitions from Communism: Regime Survival in China, Cuba, North Korea, and Vietnam*, Cambridge, Cambridge University Press.

Schmeitzner Mike (ed.), 2007, *Totalitarismuskritik von links*, Göttingen, Vandenhoeck & Ruprecht.

Schrecker, Ellen W., 1986, *No Ivory Tower: McCarthyism and the Universities*, New York, Oxford UP.

Schreiber, Max, 2013, 'Xenophobia stretches from the street to the dinner table', *Japan Times*, May 26 〈http://www.japantimes.co.jp/news/2013/05/26/national/xenophobia-stretches-from-the-street-to-the-dinner-table/#.UfukyhZbV-c〉.

Schumpeter, Joseph A., 1928, 'The Instability of Capitalism', *Economic Journal*, # 38, pp. 361–386.

Schumpeter, Joseph A., 1943, *Capitalism, socialism and democracy*, London, G. Allen & Unwin.

Schwan, Gesin e, 1999, *Antikommunismus und Antiamerikanismus in Deutschland*.

476

Kontinuität und Wandel nach 1945, Baden-Baden, Nomos.

Shin, Jin-Wook, 2005, *Modernisierung und Zivilgesellschaft in Südkorea. Zur Dynamik von Gewalt und Heiligkeit in der modernen Politik*, Wiesbaden, Deutscher Universitäts-Verlag.

Sik, Ota, 1976, *Third Way: Marxist-Leninist Theory and Modern Industrial Society*, London, Wildwood House.

Song, Du-Yul & Rainer Wernin g, 2012, *Korea—Von der Kolonie zum geteilten Land*, Wien, Promedia.

Soros, George, 1998, *The crisis of global capitalism. The open society endangered*, New York, Public Affairs Publisher.

Souvarine, Boris, 2007, *Stalin—A Critical Survey of Bolshevism*, N.p., Detzer Press & (2010), Whitefish / Montana, Kessinger [1939].

Stoner, John Charles, 2001, *Anti-communism, Anti-colonialism, and African Labor*, Ann Arbor, UMI.

Stöver, Detlev, 2013, *Geschichte des Koreakriegs: Schlachtfeld der Supermächte und ungelöster Konflikt*, München, Beck.

Suret-Canale, Jean, 2002, *Le livre noir du capitalisme*, Paris, Le Temps des cérises.

Swennen, Marc, 2010, *Les mouvements anticommunistes dans les années 1920*, Bruxelles, CRISP.

Széll, György, 1985, 'Démocratie et Société en 1984—L'Allemagne, Orwell et Tocqueville', *Bulletin de l'Association Internationale des Sociologues de Langue Française*, nr. 2: 52-69.

Széll, György, 1988, *Participation, Workers' Control and Self-Management*, Trend report and bibliography, *Current Sociology*, Vol. 36, # 3.

Széll, György, 1992a, 'Totalitarianism', in György Széll (ed.), *Concise Encyclopaedia of Participation and Co-Management*, Berlin & New York, de Gruyter: 855-862.

Széll, György, 1992b, 'Yugoslavia', in György Széll (ed.), *Concise Encyclopaedia of Participation and Co-Management*, Berlin & New York, de Gruyter: 981-986.

Széll, György, 2001, 'To learn from Japan?', in György Széll (ed.), *European Labour Relations*, Aldershot, Gower, Vol. 2: 191-205.

Széll, György, 2010a, 'Changing Labour Relations in China', *Indian Journal of Industrial Relations*, Vol. 45/4, April: 554-565.

Széll, György, 2010b, 'Modernisierung in (Süd-)Korea—Gewalt und Globalisierung', *Sozialwissenschaftliche Literaturrundschau*, # 60, 1-2010: 68-73.

Széll, György, 2012, 'Besprechung von Song DuYul & Rainer Werning (2012), KOREA— Von der Kolonie zum geteilten Land', *Zeitschrift Asien*, Oktober 2012, # 125: 141- 143.

Széll, György & Ute Széll (eds.), 2009, *Quality of Life & Working Life in Comparison*,

Frankfurt a.M. et al., Peter Lang.

Teodori, Massimo (ed.), 1998, *L'anticomunismo democratico in Italia*, Firenze, Liberal Libri.

Tetsuo, Hirata & John W. Dower, 2006, 'Japan's Red Purge: Lessons from a Saga of Suppression of Free Speech and Thought', originally in *Shukan Kinyobi*, No. 616, July 28, 2006, translation *Japan Focus* on July 7, 2007, republished [Zmag.org|Zcommunications.org] 2007 ⟨http://en.wikipedia.org/wiki/Anti-communism#Japan⟩.

The International Newsletter of Communist Studies ⟨http://newsletter.icsap.de/onlinenewsletter.html⟩ [31 March 2013].

Thur, Paul, 1937, *Aus der Hexenküche des Anti-Bolschewismus*, Basel, Verlag Freie Schweiz.

Tito, Josip Broz, 1960, *The building of socialism and the role and tasks of the Socialist Alliance of the Working People of Yugoslavia*, Beograd, Socialist Alliance of the Working People of Yugoslavia.

Tosel, André, 2010, 'Kommunismus', in Wolfgang F. Haug et al. (Eds.), *Historisch-kritisches Wörterbuch des Marxismus*, Hamburg, Argument Verlag, HKWM 7/II, Spalten 1298-1333.

Traverso, Enzo, 2001, ≪De l'anticommunisme. L'histoire du XXe siècle revue par Nolte, Furet et Courtois≫, *L'Homme et la société*: 169-194.

Traverso, Enzo (ed.), 2001, *Le totalitarisme. Le XXe siècle en débat*, Paris, Seuil.

Trotsky, Leon D., 1972, *The revolution betrayed. What is the Soviet Union and where is it going?*, New York, Pathfinder, 1937.

United Nations / Department of Economic und Social Affairs, 1971, *Popular Participation in Development. Emerging Trends in Community Development*, New York.

Vilmar, Fritz, 1986, 'Antikommunismus', in Thomas Meyer; Karl-Heinz Klär; Susanne Miller; Klaus Novy & Heinz Timmermann (eds.), *Lexikon des Sozialismus*, Köln, Bund Verlag: 30.

Vitols, Sigurt, 2002, 'Shareholder-Value. Risse in der Glitzerfassade', *Die Mitbestimmung*, # 11: 21-23.

Wagenknecht, Sahra, 1994, *Antisozialistische Strategien im Zeitalter der Systemauseinandersetzung*, Bonn, Pahl-Rugenstein.

Ward, Benjamin, 1967, 'Marxism-Horvatism. A Yugoslav theory of socialism', *American Economic Review*, Vol. 57 (2): 509-523.

Weisz, Bernard, 2011, *Une voix communiste*, Chauvigny, Escampette.

Wikipedia, 2013a, Communism ⟨http://en.wikipedia.org/wiki/Communism⟩ [19 August].

Wikipedia, 2013b, *Anti-Communism* ⟨http://en.wikipedia.org/wiki/Anti-communism⟩ [30 March].

Wikipedia, 2013c, *Anti-Communists* ⟨http://en.wikipedia.org/wiki/Category:Anti-communists⟩ [30 March].

Wikipedia, 2013d, *Totalitarianism* ⟨http://en.wikipedia.org/wiki/Totalitarianism⟩ [2 September].

Wikipedia, 2013e, *The Third Way* ⟨http://en.wikipedia.org/wiki/Third_Way⟩ [30 March].

Wikipedia, 2013f, *Unification Church / Moon Sect* ⟨http://en.wikipedia.org/wiki/Sun_Myung_Moon⟩ [30 March].

Wikipedia, 2013g, *Don Camillo* ⟨http://en.wikipedia.org/wiki/Don_Camillo⟩ [27 July].

Wikipedia, 2013h, *Anders Behring Breivik* ⟨http://en.wikipedia.org/wiki/Anders_Behring_Breivik⟩ [1 August].

Wright, Lawrence, 2013, *Going Clear: Scientology, Hollywood, and the Prison of Belief*. New York, Vintage.

Yazawa, Shujiro, 2009, 'Two interpretations of the Japanese information society—The Japanese information society at a crossroad', in György Széll, Werner Kamppeter & Woosik Moon (eds.), *European Social Integration—A Model for East Asia?*, Frankfurt a.M. et al., Peter Lang: 241-254.

Ziegler, Jean et al., 2011, *The Fight for the Right to Food: Lessons Learned*, London, Palgrave Macmillan.

3. 냉전의 국제정치와 서독의 내부화된 반공주의 _기외르기 스첼

Abendroth, Wolfgang, 1978, *Faschismus und Antikommunismus*, Berlin / West, Argument-Verlag.

Abendroth, Wolfgang; Helmut Ridder & Otto Schönfeldt (eds.), 1968, *KPD-Verbot oder Mit Kommunisten leben?*, Reinbek, Rowohlt.

Adolphi, Wolfram, 2010, 'Kommunistenverfolgung', in Wolfgang F. Haug et al. (eds.), *Historisch-kritisches Wörterbuch des Marxismus / HWKM*, Hamburg, Argument Verlag, Vol. 7/II: 1333-1354.

AFL, 1955, *Das geht Dich an, Kollege! Offener Brief des größten amerikanischen Gewer-kschaftsbundes (AFL) an die freien Gewerkschaften Europas*, Köln, Kölnische VerlagDruckerei.

AG Antifa Pankow, 2012, *Antikommunistische Affekte*, Berlin.

Akademie für Gesellschaftswissenschaften beim ZK der SED und Institut für Gesellschaftswissenschaften beim ZK der KPdSU (1981) (ed.), *Antikommunismus heute*, Berlin, Dietz Verlag.

Alwood, Edward, 2007, *Dark days in the newsroom: McCarthyism aimed at the press*, Philadelphia, Temple UP.

Aly, Götz, 2008, *Unser Kampf: 1968—ein irritierter Blick zurück*, Frankfurt a.M., Fischer.

Amann, Walther, 2006, *Justizunrecht im Kalten Krieg. Die Kriminalisierung der westdeutschen Friedensbewegung im Düsseldorfer Prozess 1959/60*, Köln, PapyRossa Verlag.

American Association of University Professors/AAUP, 2013, http://www.aaup.org [1 April 2013].

American Civil Liberties Union/ACLU, 2013), http://www.aclu.org [1 April 2013].

Anders, Ferdinand, 1932, *Deutsches Volk! Was gibt dir der Kommunismus? Eine sachliche Auseinandersetzung mit dem Kommunismus; sie wendet sich an die Gesamtheit der Kopf—und Handarbeiter*, Berlin, Verlag Dt. Volkswirtschaftsdienstag.

Anderson, Jack & Ronald May, 1953, *McCarthy*, Hamburg, Akros Verlag.

Aptheker, Herbert, 1962, *The era of McCarthyism*, New York, Marzani & Munsell.

Arbeitsgruppe Alternative Wirtschaftspolitik, 2013, ⟨http://www.alternative-wirtschaftspolitik.de⟩ [2 August].

Assheuer, Thomas, 2007, 'Hat die Springer–Presse Hass geschürt?', *Die Zeit*, # 21, 16. Mai: 61.

Baier, Horst (ed.), 1977, *Freiheit und Sachzwang. Beiträge zu Ehren Helmut Schelskys*, Opladen, Westdeutscher Verlag.

Baran, Paul A. & Paul Sweezy, 1967, *Monopoly Capitalism*, New York, Monthly Review Press.

Barranger, Milly S., 2008, *Unfriendly witnesses*. Carbondale, Southern Illinois Univ. Press.

Bell, Daniel, 1960, *The End of Ideology: On the Exhaustion of Political Ideas in the Fifties*, Cambridge / MA, Harvard UP & Glencoe/IL, Free Press.

Benser, Günter, 2009, *Der deutsche Kommunismus. Selbstverständnis und Realität. Band 4: Neubeginn ohne letzte Konsequenz (1945/46)*, Band IX der Reihe "Geschichte des Kommunismus und Linkssozialismus", Berlin, Karl Dietz Verlag Berlin.

Benz, Wolfgang, 1983, 'Die Entstehung der Bundesrepublik', in Wolfgang Benz (ed.), *Die Bundesrepublik Deutschland*, Frankfurt a.M., Fitabu, Vol. 1, Politik: 15–35.

Benz, Wolfgang (ed.), 1983, *Die Bundesrepublik Deutschland*, Frankfurt a.M., Fitabu # 4312–4314, 3 Vols.

Bernhard, Patrick & Nehring, Holger (Hrsg.), 2014, *Den Kalten Krieg denken. Beiträge zur sozialen Ideengeschichte seit 1945*, Essen, Klartext Verlag.

Bernstein, Eduard, 1899, *Die Voraussetzungen des Sozialismus und die Aufgaben der Sozialdemokratie*, Berlin / West & Bonn, Neue Gesellschaft [8th ed. 1984].

Bertolt Brecht Testifies Before the House Un-American Activities Committee (1947), History, Politics, Theatre, November 12th, 2012 ⟨http://www.openculture.com/2012/11/bertolt_brecht_testifies_before_the_house_un-american_activities_committee_1947.html⟩ [30 March 2013].

Bleuel, Hans Peter & Engelmann, Bernt (eds.), 1985, *Feindbilder oder: Wie man Kriege vorbereitet*, Göttingen, Steidl.

Bloch, Ernst, 1995, *The Principle of Hope*, Cambridge / MA, MIT Press, 3 Vols.

Böll, Heinrich; Kopelew, Lew & Heinrich Vormweg, 1982, *Antikommunismus in Ost und West*, Köln, Bund-Verlag.

Borowsky, Peter, 1983, 'Sowjetrußland aus der Sicht des deutschen Auswärtigen Amts und der Reichswehrführung 1918-1923', in Gottfried Niedhart (ed.), *Der Westen und die Sowjetunion: Einstellungen und Politik gegenüber der UdSSR in Europa und in den USA seit 1917*, Paderborn, Schöningh: 27-52.

Boveri, Margret, 1956-1960, *Der Verrat im XX. Jahrhundert*, Reinbek bei Hamburg, Rowohlt, 4 Vols.

Braukman, Stacy, 2012, *Communists and perverts under the palms*. Gainesville et al., Univ. Press of Florida.

Braun, Hans, 1989, 'Helmut Schelskys Konzept der "nivellierten Mittelstandsgesellschaft" und die Bundesrepublik der 50er Jahre', *Archiv für Sozialgeschichte*, Vol. XXIX: 199-223.

Braverman, Harry, 1974, *Labor and Monopoly Capital. The Degradation of Work in the Twentieth Century*, New York, Monthly Review Press.

Brenneman, Richard, 2013, *U.S. stands alone against U.N. anti-Nazi measure* ⟨http://richardbrenneman.wordpress.com/2010/12/23/u-s-stands-alone-against-u-n-anti-nazi-measure/⟩ [26 March 2013].

Briefs, Ulrich, 1989, 'Co-determination in the Federal Republic of Germany: An Appraisal of a Secular Experience', in György Széll et al. (eds.), *The State, Trade Unions and Self-Management. Issues of Competence und Control*, Berlin & New York, de Gruyter: 63-74.

Bristol, James E. et al., 1969, *Anatomy of Anti-Communism*, New York, Hill & Wang.

Bristol, James E. et al., 1970, *Anatomie des Antikommunismus*, Olten et al., Walter.

Brünneck, Alexander von, 1976, 'Politik und Verfolgung der KPD seit 1948', in Bernhard Blanke; Friedrich Christian Delius & Tilman Fichter (eds.), *Die Linke im Rechtsstaat. Bedingungen sozialistischer Politik 1945-1965*, Berlin/W. Rotbuch Verl., Vol. 1: 211-235.

Brünneck, Alexander von, 1978, *Politische Justiz gegen Kommunisten in der*

Bundesrepublik Deutschland: 1949–1968, Frankfurt a.M., Suhrkamp.

Buckingham, Peter H., 1988, *America sees red*. Claremont/Calif., Regina Books.

Bund Freiheit der Wissenschaft, 2013, 〈http://bund-freiheit-der-wissenschaft.de〉 [1 April 2013].

Bundeszentrale für politische Bildung et al., 2011, *Antikommunismus in der frühen Bundesrepublik Deutschland. Zur politischen Kultur im Kalten Krieg*, Tagung 3-5. November 2011, AZK Königswinter. Bonn.

Burisch, Wolfram, 1967, *Ideologie und Sachzwang. Die Entideologisierungsthese in neueren Gesellschaftstheorien*, Tübingen, Elly Huth.

Burrell, Joseph, c2008, *Republican treason: Republican fascism exposed*, New York, Algora Pub.

Butterwegge, Christoph; Brock, Adolf; Dressel, Jochen & Ulla Voigt (eds.), 1991, *Bremen im Kalten Krieg. Zeitzeug(inn)en berichten aus den 50er und 60er Jahren: Westintegration—Wiederbewaffnung—Friedensbewegung*, Bremen, Steintor.

Ceplair, Larry, 2011, *Anti-communism in twentieth-century America*. Santa Barbara et al., Praeger.

Charlie Chaplin, Victim of McCarthyism, Had MI5 File 〈http://dissenter.firedoglake. com/2012/02/16/charlie-chaplin-victim-of-mccarthyism-had-mi5-file/〉 [30 March 2013].

Chef der Ordnungspolizei, 1941, *Bolschewismus, jüdisches Untermenschentum*, Berlin.

Cochran, Bert, 1977, *Labor and communism*, Princeton, Princeton UP.

Coppi, Hans & Stefan Heinz, 2011, *Der vergessene Widerstand der Arbeiter. Gewerkschafter, Kommunisten, Sozialdemokraten, Trotzkisten, Anarchisten und Zwangsarbeiter*, Band XVI der Reihe "Geschichte des Kommunismus und Linkssozialismus", Berlin, Karl Dietz Verlag Berlin.

Courtois, Stéphane & Uwe Backes (eds.), 2002, ≪*Ein Gespenst geht um in Europa*≫. *Das Erbe kommunistischer Ideologien*, Köln, Weimar & Wien, Böhlau Verlag.

Courtois, Stéphane; Werth, Nicolas; Panné, Jean L. & Andrzej Paczkowski, 1998, *Das Schwarzbuch des Kommunismus: Unterdrückung, Verbrechen und Terror*, München, Piper.

Courtois, Stéphane; Werth, Nicolas; Panné, Jean L. & Andrzej Paczkowski et al., 2004, *Das Schwarzbuch des Kommunismus 2: Das schwere Erbe der Ideologie*, München, Piper.

Creuzberger, Stefan, 2008, *Kampf für die Einheit: das gesamtdeutsche Ministerium und die politische Kultur des Kalten Krieges 1949–1969*, Düsseldorf, Droste.

Creuzberger, Stefan, 2009, *Deutsche Geschichte im 20. Jahrhundert. # 14. Westintegration und Neue Ostpolitik: Die Außenpolitik der Bundesrepublik*, Berlin, be.bra verlag.

Cummings, Richard H., 2010, *Radio Free Europe's Crusade for Freedom: Rallying Americans Behind Cold War Broadcasting. 1950-1960*, Jefferson / NC, McFarland.

Dammann, Klaus & Erwin Siemantel (eds.), 1987, *Berufsverbote und Menschenrechte in der Bundesrepublik*, Köln, Pahl-Rugenstein.

Davis, Angela Y., 1990, *Women, Culture & Politics*, New York, Vintage.

Democracy ranking, 2013, http://www.democracyranking.org/en/ [31 July 2013].

Deutsche Friedens-Union, Landesverband Bayern (ed.), 1977, *Dokumente antikommunistischer Propaganda und Politik 1848 bis heute*, Nürnberg.

Die Behörde des Bundesbeauftragten für die Unterlagen des Staatssicherheitsdienstes der ehemaligen Deutschen Demokratischen Republik (BStU) ⟨http://www.bstu. bund.de/DE/Home/home_node.html⟩ [28 July 2013].

Diederich, Reiner; Grübling, Richard & Max Bartholl, 1976, *Die rote Gefahr*, Berlin / West, Verlag für das Studium der Arbeiterbewegung.

Dittmar, Peter, 1979, *Antikommunismus: Torheit oder Notwendigkeit?*, Köln, Dt. Instituts-Verlag.

Dlubek, Rolf; Wettengel, Hanni & Günter Wisotzki, 1982, 'Marxologie im Dienste des Antikommunismus', *Beiträge zur Marx-Engels-Forschung*, # 13: 7-25.

Doerry, Thomas, 1980, 'Antifaschismus oder Antikommunismus', *Blätter für deutsche und internationale Politik*, Vol. 25/5: 539-548.

Dönhoff, Marion Gräfin, 1963, *Die Bundesrepublik in der Ära Adenauer: Kritik und Perspektiven*, Reinbek, Rowohlt.

Doody, Colleen Patrice, 2005, *Anticommunism in America*, Charlottesville, Univ., Ph.D. thesis.

Dutschke, Rudi, 1974, *Versuch, Lenin auf die Füße zu stellen. Über den halbasiatischen und den westeuropäischen Weg zum Sozialismus*, Berlin / West, Wagenbach.

Dymschiz, Alexander, 1977, *Wandlungen und Verwandlungen des Antikommunismus: Essays zu Literatur und Ästhetik*, Berlin, Dietz.

Ehrt, Adolf, 1933, *Bewaffneter Aufstand! Enthüllungen über den kommunistischen Umsturzversuch am Vorabend der nationalen Revolution*, Berlin et al., Eckart-Verlag.

Emmons, Caroline S., 2010, *Cold War and McCarthy era: People and perspectives*, Santa Barbara / CA, ABC-CLIO.

Engel, Gerhard, 2010, *Johann Knief—ein unvollendetes Leben*, Band XV der Reihe "Geschichte des Kommunismus und Linkssozialismus", Berlin, Karl Dietz Verlag Berlin.

Erler, Gernot & Karl-Otto Sattler, 1980, *Die unterlassene Ehrung des Reichskanzlers Joseph Wirth: Blüten eines provinziellen Antikommunismus; ein dokumentarisches*

Lesebuch, Freiburg i.Br., Dreisam–Verlag.

European Economists for an Alternative Economic Policy in Europe, 2013, ⟨http://www.euromemo.eu⟩ [2 August].

Evans, Stanton, 2009, *Blacklisted by History: The Untold Story of Senator Joe McCarthy and his Fight against America's Enemies*, New York, Three Rivers Press.

Faulenbach, Bernd, 2008, '"Antikommunismus" als Problem der Geschichte der Bundesrepublik Deutschland', *Jahrbuch für historische Kommunismusforschung / JHK*: 231–238.

Flyvbjerg, Bent, 2001, *Making Social Science Matter—Why Social Inquiry Fails and How it Can Succeed Again*, Cambridge, Cambridge University Press.

Foschepoth, Josef, 1985, *Kalter Krieg und deutsche Frage. Deutschland im Widerstreit der Mächte 1945–1952*, Göttingen & Zürich, Vandenhoeck & Ruprecht.

Foschepoth, Josef, 2008, 'Rolle und Bedeutung der KPD im deutsch–deutschen Systemkonflikt', *Zeitschrift für Geschichtswissenschaft*, Vol. 56/11: 889 –909.

Foschepoth, Josef, 2012, *Überwachtes Deutschland. Post–und Telefonüberwachung in der alten Bundesrepublik*, Vandenhoeck & Ruprecht, Göttingen (2nd ed. 2013).

Franke, Berthold, 1988, *Die Kleinbürger. Begriff, Ideologie, Politik*, Frankfurt a.M. et al., Campus.

Fried, Albert, 2001, *FDR and his Enemies*, New York, Palgrave [1999].

Fried, Richard M., 1990, *Nightmare in Red: The McCarthy Era in Perspective*, Oxford, Oxford UP.

Friedel, Mathias, 2001, *Der Volksbund für Frieden und Freiheit (VFF)*, St. Augustin, Gardez!–Verlag.

Friedman, Andrea, 2007, 'The Strange Career of Annie Lee Moss: Rethinking Race, Gender, and McCarthyism', *The Journal of American History*, Vol. 94/2: 445–468.

Fukuyama, Francis, 1992, *The End of History and the Last Man*, New York/N.Y., Free Press.

Fulbright, James William, 1970, *The Arrogance of Power*, New York, Penguin Books.

Fulbright, James William, 1989, *The Price of Empire*, London, Fourth Estate.

Füssl, KarlHeinz, 2002, 'Vom Anti–Nationalsozialismus zum Antikommunismus: Identitätskonstanten im Systemwechsel', in Ulrich Herrmann (ed.), *Protestierende Jugend*, Weinheim et al., Juvena: 415–444.

Gaddis, John Lewis, 2004, *Surprise, Security, and the American Experience*, Cambridge, Cambridge UP.

Gaddis, John Lewis, 2011, *George F. Kennan. An American Life*, New York, Penguin Press HC.

Galbraith, John Kenneth, 1960, *The liberal hour*, Boston, Houghton Mifflin & Cambridge, Riverside Press.

Gauck, Joachim, 1998, 'Vom schwierigen Umgang mit der Wahrnehmung', in Stéphane Courtois et al., *Das Schwarzbuch des Kommunismus: Unterdrückung, Verbrechen und Terror*, München, Piper: 885-896.

Gauck, Joachim, 1999, 'Das Ritual der Antifaschisten. Erfahrungen im Umgang mit den Gegnern des *Schwarzbuch des Kommunismus*', in Horst Möller (ed.), *Der rote Holocaust und die Deutschen: Die Debatte um das ≫Schwarzbuch des Kommunismus≪*, München, Piper: 227-231.

Gerlof, Kathrin, 1999, *Gegenspieler: Gerhard Löwenthal, Karl-Eduard von Schnitzler*, Frankfurt a.M., Fischer Taschenbuch.

German History Documents, 2013, *Godesberg Program of the SPD* ⟨http:// germanhistorydocs.ghi-dc.org/sub_document.cfm?document_id=3049⟩ [2 April 2013].

Gerrits, Andre, 2011, *The Myth of Jewish Communism: A Historical Interpretation*, Brussels, P.I.E.-Peter Lang.

Gesamtverband Deutscher Antikommunistischer Vereinigungen e.V. (ed.), 1933, *Ein Kampf um Deutschland*, Berlin.

Gladchuk, John Joseph, 2007, *Hollywood and anticommunism*, New York / NY et al., Routledge.

Glotz, Peter, 1984, 'Das Flügelchen oder Antikommunismus aus Identitätsangst', *Neue Gesellschaft*, Vol. 31/3: 266-275.

Goebbels, Joseph, 1935, *Kommunismus ohne Maske*, München, Zentralverl. der NSDAP, 7th ed.

Goebbels, Joseph, 2009, *Goebbels on the Power of Propaganda*, Shamrock Eden Publishing.

Goebbels, Joseph, 2012, *From the Kaiserhof to the Reich Chancellery*, lulu.com.

Görtemaker, Manfred & Christoph Safferling (eds.), 2013, *Die Rosenburg. Das Bundesministerium der Justiz und die NS-Vergangenheit—eine Bestandsaufnahme*, Göttingen, Vandenhoeck & Ruprecht.

Gorz, André, 1987, *Farewell to the Working Class: An Essay on Post-Industrial Socialism*, London, Pluto Press.

Gossweiler, Kurt, 2005, *Der Anti-Stalinismus—das Haupthindernis für die Einheit aller antiimperialistischen Kräfte und der kommunistischen Bewegung*, Berlin, Ernst Thälmann-Verlag.

Graf, William D., 1984, 'Anti-communism in the Federal Republic of Germany', *The Socialist Register*: 164-213.

Gramsci, Antonio, 2000, *The Antonio Gramsci Reader: Selected Writings, 1916-1935*, New York, New York UP.

Greffrath, Matthias, 1976, 'Schelskys Weg von der "Technokratie" zum "Klassenkampf"',

Das Argument, # 100 : 949–965.

Greiner, Bernd, 2011, *Antikommunismus, Angst und Kalter Krieg. Versuch einer erneuten Annäherung—Essay*, Bonn, Bundeszentrale für politische Bildung.

Greiner, Bernd; Müller, Tim B. & Claudia Weber (eds.), 2011, *Macht und Geist im Kalten Krieg*, Hamburg, Hamburger Edition.

Gross, Bertram, 1977, *Friendly Fascism: The New Face of Power in America*, New York, M. Evans.

Group, David Jacob, 1979, *The legal repression of the American Communist Party 1946–1961: A study in the legitimation of coercion*, Amherst, Ph.D. thesis.

Gurvitch, Georges (ed.), 1945, *Twentieth century sociology*, New York, Philosophical Library.

Habermas, Jürgen, 1968, *Technik und Wissenschaft als 〉Ideologie〈*, Frankfurt a.M., Suhrkamp.

Hall, Robert, 1957, *Der Generalsekretär: Schauspiel in fünf Akten*, Bonn Bundeszentrale für Heimatdienst.

Hannover, Heinrich, 1962, *Politische Diffamierung der Opposition im freiheitlich-demokratischen Rechtsstaat*, Dortmund, Verlag Pläne.

Hardt, Michael & Antonio Negri, 2000, *Empire*, Cambridge / MA & London, Harvard UP.

Harper, John Lamberton, 2011, *The Cold War*, Oxford, Oxford UP.

Haus der Geschichte der Bundesrepublik Deutschland, 2013, *Hallstein-Doktrin* http://www.hdg.de/lemo/html/DasGeteilteDeutschland/DieZuspitzungDesKaltenKrieges/StaatsmannAdenauer/hallsteindoktrin.html [31 March 2013].

Haynes, John Earl, 1987, *Communism and anti-communism in the United States*, New York et al., Garland Publ.

Heale, M.J., 1990, *American anticommunism*, Baltimore / MD et al., Johns Hopkins UP.

Hedeler, Wladislaw & Klaus Kinner (eds.), 2008, *"Die Wache ist müde". Neue Sichten auf die russische Revolution 1917 und ihre Wirkungen*, Berlin, Karl Dietz Verlag Berlin (Band VI der Reihe "Geschichte des Kommunismus und Linkssozialismus").

Hege, Hans, 1983, 'Recht und Justiz', in Benz, Wolfgang (ed.), *Die Bundesrepublik Deutschland*, Frankfurt a.M., Fitabu # 4312, Vol. 1, Politik: 92–125.

Heimerl, Daniela, 1990, 'La social-démocratie allemande face au défi communiste de 1945 à nos jours', *Communisme*, No. 24–25: 134–149.

Hitler, Adolf, 2012, *Mein Kampf*, Create Space Independent Publishing Platform [1923].

Hoffmann Dierk; Schwartz Michael & Hans Günter Hockerts (eds.), 2004, *1949–1961: Im Zeichen des Aufbaus des Sozialismus*, Baden-Baden, Nomos-Verl.

Hoffmann, David E., 2010, *The Dead Hand. The Untold Story of the Cold War Arms*

Race and Its Dangerous Legacy, New York, Anchor.

Hoffmann, Dierk, 2009, *Otto Grotewohl (1894-1964). Eine politische Biographie*, München, Oldenbourg.

Hoffrogge, Ralf, 2008, *Richard Müller. Der Mann hinter der Novemberrevolution*, Band VII der Reihe Geschichte des Kommunismus und Linkssozialismus. Berlin, Karl Dietz Verlag Berlin.

Holt, Robert T., 1958, *Radio Free Europe*, Minneapolis, University of Minnesota / Lund Press.

Hommes, Jakob, 1956, *Kommunistische Ideologie und christliche Philosophie*, Bonn, Bundeszentrale für Heimatdienst.

Hook, Sidney, 1953, *Heresy, yes—Conspiracy, no*, New York, Day.

Horowitz, David, 2003, *Left Illusions: An Intellectual Odyssey*, Dallas / TX, Spence Publishing.

Horowitz, David, 2006, *The Professors: The 101 Most Dangerous Academics in America: Springtime for Stalin and Other Hits*, Washington / D.C., Regnery / Gateway.

Horowitz, David, 2007, *Shadow Party: How George Soros, Hillary Clinton, and Sixties Radicals Seized Control of the Democratic Party*, Nashville / TN, Thomas Nelson Books.

Horowitz, David, 2009, *One-Party Classroom: How Radical Professors at America's Top Colleges Indoctrinate Students and Undermine Our Democracy*, New York / NY, Crown Forum.

Horowitz, David, 2012, *Radicals: Portraits of a Destructive Passion*, Washington / D.C., Regnery / Gateway.

Howard, Peter, 1965, *Morgen ist es zu spät*, Bonn, Moralische Aufrüstung.

Hughes, Quenby Olmsted, 2011, *In the interest of democracy*, Oxford et al., Lang.

Hurwitz, Harold, 1966, *Heimliche Leser in der DDR: Kontrolle und Verbreitung unerlaubter Literatur*, Siegfried Lokatis & Ingrid Sonntag (eds.). Köln, Verl. Wiss. und Politik.

Hurwitz, Harold, 1983 ff, *Demokratie und Antikommunismus in Berlin nach 1945* (4 Vols., Vol. 4 in 2 parts), Köln, Verl. Wiss. und Politik.

Huster, ErnstUlrich; Kraiker, Gerhard & Burkhard Scherer, 1976, *Determinanten der Westdeutschen Restauration, 1945-1949*, Frankfurt a.M., Suhrkamp.

Index on Censorship, 2012, *Censors on Campus*, September, Vol. 41 (3) ⟨http://ioc.sagepub.com/content/41/3.toc⟩.

Janossy, Ferenc, 1971, *The end of the economic miracle*, White Plains / N.Y., International Arts and Sciences Press.

Jervolino, Domenico, 2008, 'Katho-Kommunismus', in Wolfgang F. Haug et al. (eds.), *Historisch-kritisches Wörterbuch des Marxismus*, Hamburg, Argument Verlag, Bd.

7/I: 515–517.

Jung, Horst–Wilhelm, 1976, *Rheinland–Pfalz zwischen Antifaschismus und Antikommunismus: Zur Geschichte des Landesparlaments 1946–1948*, Meisenheim am Glan, Hain.

Kahn, Albert E., 1950, *High treason: the plot against the people*, New York, Lear Publishers.

Kahn, Albert E. (ed.), 1954, *McCarthy on trial*, New York, Cameron & Kahn.

Kampfbund gegen Unmenschlichkeit, 1950, *Der Kampfbund gegen Unmenschlichkeit e.V. Göttingen*, Göttingen.

Kampfgruppe gegen Unmenschlichkeit, 1953, *Der Weg der Kampfgruppe gegen Unmenschlichkeit*, Berlin.

Kaute, Anton, 2005, *"Stalinismus": Geißel der Menschheit oder Pseudobegriff aus dem Arsenal des Antikommunismus*, Berlin, Ernst–Thälmann–Verlag.

Kautsky, Karl, 1899, *Bernstein und das sozialdemokratische Programm. Eine Antikritik*, Stuttgart, J. H. W. Dietz Nachf.

Keil, Hartmut (ed.), 1979, *Sind oder waren Sie Mitglied?*, Reinbek, Rowohlt.

Kimmage, Michael, 2009, *The conservative turn: Lionel Trilling, Whittaker Chambers, and the lessons of anti–communism*, Cambridge / MA, Harvard UP.

Kinner, Klaus, 2009, *Der deutsche Kommunismus. Selbstverständnis und Realität. Band 3: Im Krieg (1939–1945)*, Band VIII der Reihe "Geschichte des Kommunismus und Linkssozialismus", Berlin, Karl Dietz Verlag Berlin.

Kinner, Klaus (ed.), 2012, *Der deutsche Kommunismus. Selbstverständnis und Realität. Band 1: Die Weimarer Zeit*, Band I der Reihe "Geschichte des Kommunismus und Linkssozialismus", 2nd ed., Berlin, Karl Dietz Verlag Berlin, 239 Seiten.

Kinner, Klaus (ed.), 2010, *DIE LINKE—Erbe und Tradition. Teil 1. Kommunistische und sozialdemokratische Wurzeln*, Band XI der Reihe "Geschichte des Kommunismus und Linkssozialismus", Mit einem Vorwort von Lothar Bisky, Berlin, Karl Dietz Verlag Berlin.

Kinner, Klaus (ed.), 2010, *DIE LINKE—Erbe und Tradition. Teil 2. Wurzeln des Linkssozialismus*, Band XII der Reihe "Geschichte des Kommunismus und Linkssozialismus", Berlin, Karl Dietz Verlag Berlin.

Kinner, Klaus & Elke Reuter, 2005, *Der deutsche Kommunismus. Selbstverständnis und Realität. Band 2: Gegen Faschismus und Krieg (1933–1939)*, Band V der Reihe "Geschichte des Kommunismus und Linkssozialismus", Berlin, Karl Dietz Verlag Berlin.

Kinner, Klaus & Helmut Seidel (ed.), 2013, *Rosa Luxemburg. Historische und aktuelle Dimensionen ihres theoretischen Werkes*, Band III der Reihe "Geschichte des Kommunismus und Linkssozialismus", Berlin, Karl Dietz Verlag Berlin.

Knapp, Manfred, 1983, 'Die Einstellung der USA gegenüber der Sowjetunion in der Periode des Kalten Krieges 1947-1969', in Gottfried Niedhart (ed.), *Der Westen und die Sowjetunion : Einstellungen und Politik gegenüber der UdSSR in Europa und in den USA seit 1917*, Paderborn, Schöningh : 205-234.

Kommunistischer Bund. Gruppe Hamburg. Antifa-Kommission, 1976, *1956-1976: 20 Jahre KPD-Verbot*, Hamburg, Verl. Arbeiterkampf Reents.

Körner, Klaus, 2003, *"Die rote Gefahr"*, Hamburg, Konkret-Literatur-Verlag.

Korte, Jan, 2008, 'Bundesdeutsche Vergangenheitspolitik und Antikommunismus', *Jahrbuch für Forschungen zur Geschichte der Arbeiterbewegung*, Vol. 7/1 : 56-71.

Korte, Jan, 2010, *Instrument Antikommunismus*, Köln, Dietz-Verlag.

Koslowski, Peter, 1998, *The Social Market Economy : Theory and Ethics of the Economic Order*, Berlin, Springer.

Kuhn, Heinz Gerhard, 1961, *Geködert und gekauft : die antikommunistische Politik der Richter-Gruppe im DGB*, Berlin, Verlag Tribüne.

Kuk, Leszek, 2001, *La Pologne du postcommunisme à l'anticommunisme*, Paris et al., L'Harmattan.

Kundler, Herbert, 2002, *RIAS Berlin*.

Lang, Andrew (n.d.), *Convergence. The politics of Armageddon. Reagan links Bible Prophecy with Nuclear War* ⟨http://www.prop1.org/inaugur/85reagan/85rrarm. htm⟩ [30 March 2013].

Lang, Clarence, 2009, *Anticommunism and the African American freedom movement : "Another side of the story"*, New York, Palgrave Macmillan.

Latzo, Anton (n.d.), *Antikommunismus hat Tradition. Historisches und Aktuelles*, Potsdam, Deutsche Kommunistische Partei / DKP Potsdam und Umland.

Leffler, Melvyn P., 2007, *For the Soul of Mankind. The United States, the Soviet Union, and the Cold War*, New York, Simon & Schuster.

Leffler, Melvyn P. & Odd Arne Westad (eds.), 2010, *The Cambridge History of the Cold War*, Cambridge, Cambridge UP, 3 Vols.

Lehndorff-Felsko, Angelika & Fritz Rische, 1981, *Der KPD-Verbotsprozeß 1954 bis 1956: Wie es dazu kam, sein Verlauf, die Folgen*, Frankfurt a.M., Verlag Marxistische Blätter.

Leistritz, Hans Karl, 1944, *Marxismus und Bolschewismus*. München, Reichsorganisationsleiter der NSDAP, Hauptschulungsamt.

Lenk, Hans (Ed.), 1973, *Technokratie als Ideologie. Sozialphilosophische Beiträge zu einem politischen Dilemma*, Stuttgart et al., W. Kohlhammer.

Lepsius, M. Rainer, 1993, 'Das Erbe des Nationalsozialismus und die politische Kultur der Nachfolgestaaten des "Großdeutschen Reiches" (1989)', in Rainer M. Lepsius, *Demokratie in Deutschland. Soziologisch-historische Konstellationsanalysen*.

Ausgewählte Aufsätze, Göttingen, Vandenhoeck & Ruprecht: 229–245.

Levenstein, Harvey A., 1981, *Communism, anticommunism, and the CIO*, Westport et al., Greenwood Press.

Lewis, Laurie, 2011, *Little comrades*. Erin / Ont., Porcupine's Quill.

Liga zum Schutze der Deutschen Kultur, 1920, *Der Kommunismus, sein Wesen und seine Ziele*, Berlin (Flugschrift 11).

Link, Andrea, 1996, 'Der tradierte Antikommunismus und die PDS', in Lothar Bisky; Lothar Czerny & Herbert Mayer (eds.), *Die PDS—Herkunft und Selbstverständnis*, Berlin, Dietz: 246–249.

Loth, Wilfried, 1983, 'Der "Kalte Krieg" in der historischen Forschung', in Gottfried Niedhart (ed.), *Der Westen und die Sowjetunion: Einstellungen und Politik gegenüber der UdSSR in Europa und in den USA seit 1917*, Paderborn, Schöningh: 155–175.

Löw, Konrad, 1999, *Das Rotbuch der kommunistischen Ideologie*, München, Langen Müller.

Mählert, Ulrich; Baberowski, Jörg; Bayerlein, Bernhard H.; Dähn, Horst; Faulenbach, Bernd; Neubert, Ehrhart; Steinbach, Peter; Troebst, Stefan & Manfred Wilke (eds.), 2008 ff., *Jahrbuch für Kommunismusforschung*, Berlin, Aufbau (on behalf of the Bundesstiftung zur Aufarbeitung der SED-Diktatur).

Major, Patrick, 1997, *The Death of the KPD. Communism and Anti-Communism in West-Germany 1945–1956*, Oxford, Oxford UP.

Marcou, Lilly, 1988, 'Stalinismus', in Georges Labica et al. (eds.), *Kritisches Wörterbuch des Marxismus*, Hamburg, Argument-Verlag, Vol. 7: 1259–1263.

Marion, Georges, 1950, *The communist trial: an American crossroads*, New York, Fairplay Publ. [2nd ed.].

Marx, Karl, 1853, *Enthüllungen über den Kommunisten-Prozeß zu Köln*, Basel, Buchdruckerei Chr. Krüsi.

März, Peter & Hans-Joachim Veen (eds.), 2006, *Woran erinnern? der Kommunismus in der deutschen Erinnerungskultur*, Köln, Böhlau.

McNamara, Patrick, 2005, *A Catholic Cold War: Edmund A. Walsh, S.J., and the politics of American Catholic anticommunism*, New York, Fordham UP.

McNergney, Jo Ellen, c2011, *Right in Michigan's grassroots: from the KKK to the Michigan militia Vinyards*, Ann Arbor, University of Michigan Press.

Melman, Seymour, 1985, *Permanent War Economy: American Capitalism in Decline*, New York, Simon & Schuster.

Merz, Kai-Uwe, 1987, *Kalter Krieg als antikommunistischer Widerstand*, München, Oldenbourg.

Mickelson, Sig, 1983, *America's other voice*: the story of Radio Free Europe and Radio

Liberty

Miscamble, Wilson D., 2007, *From Roosevelt to Truman: Potsdam, Hiroshima, and the Cold War*, Cambridge, Cambridge UP.

Möller, Horst (ed.), 1999, *Der rote Holocaust und die Deutschen: Die Debatte um das ≫Schwarzbuch des Kommunismus≪*, München, Piper (2nd ed.).

More, Thomas, 1992, *Utopia: a revised translation, backgrounds, criticism*, Edited and translated by Robert M. Adams. New York [et al.], Norton [1516].

Mothes, Jürgen, 2010, *Lateinamerika und der "Generalstab der Weltrevolution". Zur Lateinamerikapolitik der Komintern*, Berlin, Karl Dietz Verlag Berlin (Band XIV der Reihe "Geschichte des Kommunismus und Linkssozialismus").

Muscio, Giuliana, 1982, *Hexenjagd in Hollywood*, Frankfurt a.M., Verlag Neue Kritik.

Nähle, Kirsten, 2005, *Der schwarze Kanal—Ein politisches Magazin des DDR-Fernsehens*, Marburg, Tectum–Verlag.

Niederhut, Jens, 2011, *Frohe Ferien in der DDR. Kommunismus und Antikommunismus in den 1950er Jahren*, Bonn, Bundeszentrale für politische Bildung.

Niedhart, Gottfried (ed.), 1983, *Der Westen und die Sowjetunion: Einstellungen und Politik gegenüber der UdSSR in Europa und in den USA seit 1917*, Paderborn, Schöningh.

Niess, Frank, 1976, 'Zur Logik und Geschichte des Antisozialismus in Deutschland und den USA', *Das Argument*, Vol. 18, # 100: 936–948.

Nolte, Ernst, 1985, *Deutschland und der Kalte Krieg*, Stuttgart, Klett–Cotta [1974].

Nolte, Ernst, 1989, *Der europäische Bürgerkrieg 1917-1945. Nationalsozialismus und Bolschewismus*, 4. Auflage, Frankfurt a.M., Propyläen; 6. Aufl. 1997, München, Herbig Verlag.

NSDAP/ Nationalsozialistische Deutsche Arbeiterpartei, 1943, *Judentum und Bolschewismus*, München, Eher (Nazi propaganda literature; NCY 1732,6) (Schriftenreihe zur weltanschaulichen Schulungsarbeit der NSDAP 27).

NSDAP/ Nationalsozialistische Deutsche Arbeiterpartei, Beauftragter des Führers für die Überwachung der gesamten geistigen und weltanschaulichen Schulung und Erziehung, 1944, *Das Gesicht des Bolschewismus*, Berlin, Eher.

Oshinsky, David M., 1976, *Senator Joseph McCarthy and the American labor movement*, Columbia, Univ. of Missouri Pr.

Pais, Abraham, 2006, *J. Robert Oppenheimer: A Life*, New York et al., Oxford UP.

Papcke, Sven, 1978, 'Zur Legitimität des Antikommunismus', *Die Neue Gesellschaft*, Vol. 25/5: 387–389.

Paterson, Thomas G., 1990, *Meeting the Communist Threat: Truman to Reagan*, New York, Oxford UP.

Pätzold, Kurt, 1990, 'Antikommunismus und Antibolschewismus als Instrumente der

Kriegsvorbereitung und Kriegspolitik', in Norbert Frei & Hermann Kling (eds.), *Der nationalsozialistische Krieg*, Frankfurt a.M., Campus: 122 – 136.

Perucci, Tony, 2012, *Paul Robeson and the Cold War Performance Complex. Race, Madness, Activism*, Ann Arbor, University of Michigan Press.

Phelps, Christopher, 1997, *Young Sidney Hook: Marxist and Pragmatist* (227). Ithaca / NY, Cornell University.

Piper, Ernst Reinhard (ed.), 1987, *Historikerstreit. Eine Dokumentation der Kontroverse um die Einzigartigkeit der national–sozialistischen Judenvernichtung*, München, Piper.

Popper, Karl R., 1949, *The open society and its enemies*, London, Routledge & Kegan Paul.

Popper, Karl R., 1957, *The Poverty of Historicism*, London, Routledge & Kegan Paul.

Popper, Karl R., 2000, *Alles Leben ist Problemlösen. Über Erkenntnis, Geschichte und Politik*, München, Piper.

Postman, Neil, 1999, *A Bridge to the Eighteenth Century*, New York, Alfred Knopf.

Proctor, Robert N. & Londa Schiebinger (eds.), 2008, *Agnotology. The making and unmaking of ignorance*, Stanford, Stanford UP.

Puddington, Arch, 2000, *Broadcasting Freedom: The Cold War Triumph of Radio Free Europe and Radio Liberty*, Lexington / KY, UP of Kentucky.

Quesel, Carsten, 1989, *Soziologie und soziale Frage: Lorenz von Stein und die Entstehung der Gesellschaftswissenschaft in Deutschland*, Wiesbaden, Dt. Univ.– Verlag.

Rabe, Stephen G., 1988, *Eisenhower and Latin America: The Foreign Policy of Anticommunism*, Chapel Hill, University of North Carolina Pr.

Rabe, Stephen G., 2012, *The Killing Zone. The United States Wages Cold War in Latin America*, Oxford, Oxford UP.

Rabofsky, Eduard, 1981, 'Die Verfolgung der Kommunisten in der BRD 1949–1968', *Weg und Ziel*, Vol. 39, # 3: 111–114.

Radlmeier, Steffen, 2001, *Der Nürnberger Lernprozeß*, Frankfurt a.M., Eichborn.

Ramb, Bernd–Thomas, 2013, 'Kritischer Rationalismus', in Springer Gabler Verlag (ed.), *Gabler Wirtschaftslexikon*, http://wirtschaftslexikon.gabler.de/Archiv/7916/kritischer–rationalismus–v10.html [28 July 2013].

Reimann, Ulrich, 1988, *Zum Platz der sozialistischen Intelligenz in der antikommunistischen Strategie und Ideologie des Imperialismus*, Leipzig, Univ., Ph.D. thesis.

Reuter, Elke; Hedeler, Wladislaw; Helas, Horst & Klaus Kinner (eds.), 2003, *Luxemburg oder Stalin. Schaltjahr 1928. Die KPD am Scheideweg*, Band IV der Reihe "Geschichte des Kommunismus und Linkssozialismus", Berlin, Karl Dietz

Verlag Berlin.

Rohwedder, Uwe, 2012, *Kalter Krieg und Hochschulreform. Der Verband Deutscher Studentenschaften in der frühen Bundesrepublik (1949-1969)*, Essen, Klartext Verlag.

Roth, Karl-Heinz, 2000, *Anschließen, angleichen, abwickeln. Die westdeutschen Planungen zur Übernahme der DDR 1952-1990*, Hamburg, Konkret Literatur Verlag.

Rovere, Richard H., 1959, *McCarthy oder die Technik des Rufmords*. Gütersloh, Mohn.

Rubinstein, William D., 2009, *The End of Ideology and the Rise of Religion: How Marxism and Other Secular Universalistic Ideologies have given Way to Religious Fundamentalism*, London, Social Affairs Unit.

Sachs, Stephen, 1992, 'Freedom', in György Széll (ed.), *Concise Encyclopaedia of Participation and Co-Management*, Berlin & New York, de Gruyter, pp. 378-384.

Sayers, Michael & Albert E. Kahn, 1949, *Die große Verschwörung*, Berlin, Verlag Volk & Welt.

Schelsky, Helmut, 1965, *Auf der Suche nach der Wirklichkeit—Gesammelte Aufsätze*, Düsseldorf, E. Diederichs.

Schelsky, Helmut, 1975, *Die Arbeit tun die anderen. Klassenkampf und Priesterherrschaft der Intellektuellen*, Opladen, Westdeutscher Verlag.

Schmidt, Regin, 2000, *Red scare: FBI and the origins of anticommunism in the United States, 1919-1943*, Copenhagen, Univ. of Copenhagen, Museum Tusculanum Press.

Schnitzler, Karl-Eduard von, 1993, *Der rote Kanal: armes Deutschland*, Hamburg, Nautilus, 3rd ed.

Schrecker, Ellen W., 1986, *No Ivory Tower: McCarthyism and the Universities*, New York, Oxford UP.

Schrecker, Ellen W., 2001, *Age of McCarthyism: A Brief History with Documents*, Bedford, St. Martin's (2nd edition).

Schröder, Wolfgang, 2010, *Wurzeln und Werden des Arbeiterbildungsvereins 1848/49 bis 1878/81. Mit Dokumenten im Buch*, Band XIII der Reihe "Geschichte des Kommunismus und Linkssozialismus", Berlin, Karl Dietz Verlag Berlin.

Schröder, Wolfgang, 2012, *Wilhelm Liebknecht. Soldat der Revolution, Parteiführer, Parlamentarier*, Band XVIII der Reihe "Geschichte des Kommunismus und Linkssozialismus", Berlin, Karl Dietz Verlag Berlin.

Schubert, Klaus von, 1983, 'Sicherheitspolitik und Bundeswehr', in Benz, Wolfgang (ed.) *Die Bundesrepublik Deutschland. Geschichte in drei Bänden*, Frankfurt a.M., Fitabu # 4312, Vol. 1, *Politik*: 298-330.

Schulze, Hans, 1979, 'Antikommunismus und Antisowjetismus—Wesenszüge der Ideologie und Politik des Sozialreformismus in der BRD', in *Probleme des gegenwärtigen Sozialdemokratismus*, Berlin / O, Akademie-Verlag: 9-45.

Schütze, Hans, 1959, *Argumente und Zitate aus sowjetischen und sowjetzonalen Quellen*, Zsgest. als Material für die Auseinandersetzung mit der Theorie und Praxis des Marxismus–Leninismus. Bonn, Bundesministerium für gesamtdeutsche Fragen.

Seitenbecher, Manuel, 2013, *Mahler, Maschke & Co. Rechtes Denken in der 68er-Bewegung?*, Paderborn, Schöningh.

Senghaas, Dieter, 1966, 'Sachzwang und Herrschaft', *atomzeitalter*, # 3: 366–370.

Sirgiovanni, George, 1990, *An Undercurrent of Suspicion: Anti–Communism in America During World War Two*, Piscataway / NJ, Transaction Publ.

Sombart, Werner, 1979, *Why is there no socialism in the United States?*, Armonk / NY, M.E. Sharpe [1906].

Sorenson, Dale R., 1980, *The anticommunist consensus in Indiana 1945–1958*, Bloomington, Diss.

Soukup, Uwe, 2007, *Wie starb Benno Ohnesorg? Der 2. Juni 1967*, Berlin, Verlag 1900.

Sozialdemokratischen Partei Deutschlands (ed.) [ca. 1930], *Kampf dem Hakenkreuz: Rededisposition über die faschistische Gefahr*; mit einem Anhang: Referentenmaterial über die Rolle der KPD, Berlin.

Spaethen, Rolf, 1962, *Was hat der Westen dem Kommunismus entgegenzusetzen? Versuch eines Beitrages zur Analyse sowjetischer Politik*, Hamburg, DAG/Hauptvorstand.

Stadtler, Eduard, 1919, *Weltkrieg, Welttragödie und Weltbolschewismus*, Berlin, Generalsekretariat zum Studium und zur Bekämpfung des Bolschewismus.

Stangneth, Bettina, 2011, *Eichmann vor Jerusalem: Das unbehelligte Leben eines Massenmörders*, Hamburg, Hoffmann & Campe.

Stein, Lorenz von, 1964, *History of the Social Movement in France, 1789–1850*, New York, Bedminster Press.

Steinberg, Peter Lincoln, 1979, *The great "red menace": U.S. prosecution of American communists, 1947–1951*, New York, Ph.D. thesis.

Stieglitz, Olaf, 2013, *Undercover. Die Kultur der Denunziationz*, Frankfurt a.M., Campus.

Streeck, Wolfgang, 2013, *Gekaufte Zeit. Die vertagte Krise des demokratischen Kapitalismus*, Berlin, Suhrkamp.

Stroobants, JeanPierre, 2012, 'Le lent glissement à droite des ouvriers européens', *Le Monde*, Géo & Politique, 12–13 février: 3.

Sünker, Heinz, 2006, 'Kritische Theorie und Analyse des Nationalsozialismus', in Marion Heinz & Goran Gretic (eds.), *Philosophie und Zeitgeist im Nationalsozialismus. Zur Sache des Denkens*, Würzburg, Königshausen & Neumann: 67–86.

Széll, György, 1988, *Participation, Workers' Control and Self-Management*, Trend report and bibliography. *Current Sociology*, SAGE, London, Vol. 36, # 3.

Széll, György, 1989, *1789 und die Entstehung der deutschen Sozialwissenschaften*, Osnabrück, Universität Osnabrück, Osnabrücker Sozialwissenschaftliche Manuskripte, # 12.

Széll, György, 2009, '1968 und die Sozialwissenschaften', *Hitotsubashi Journal of Social Sciences*, Vol. 41/2, December: 59–87.

The Economist, 2013, *Democracy Index 2012* http://www.eiu.com/Handlers/ WhitepaperHandler.ashx?fi=Democracy-Index-2012.pdf&mode=wp&campaignid =DemocracyIndex12 [31 July].

Thomas, Rüdiger, 2012, *Antikommunismus zwischen Wissenschaft und politischer Bildung*, Bonn, Bundeszentrale für politische Bildung.

Tocqueville, Alexis de, 1965, *Democracy in America*, London et al., Oxford Univ. Press [1835].

Treulieb, Jürgen, 1982, *Der Landesverratsprozeß gegen Viktor Agartz: Verlauf und Bedeutung in der innenpolitischen Situation der Bundesrepublik auf dem Höhepunkt des Kalten Krieges*, Münster, SZD–Verlag, 2 Vols.

Tudor, Henry & J. M. Tudor (eds.), 1988, *Marxism and Social Democracy: The Revisionist Debate, 1896–1898*, Cambridge, Cambridge UP.

Urban, George R., 1997, *Radio Free Europe and the Pursuit of Democracy: My War Within the Cold War*, Binghamton / NY, Vail–Ballou Press.

Utley, Freda, ca. 1950, *Warum ich nicht mehr Kommunistin bin* ···, Hannover, Hannoversche Presse.

Vatlin, Alexander, 2009, *Die Komintern. Gründung, Programmatik, Akteure*, Band X der Reihe "Geschichte des Kommunismus und Linkssozialismus", Berlin, Karl Dietz Verlag Berlin.

Vorstand der SPD (ed.), 1950, *Von der NSDAP zur KP/SED*, Bonn.

Vorstand der SPD (ed.), 1952, *Von Hitler zu Pieck*, Bonn.

Wagenknecht, Sahra, 1994, *Antisozialistische Strategien im Zeitalter der Systemauseinandersetzung*, Bonn, Pahl–Rugenstein.

Wang, Jessica, 1999, *American science in an age of anxiety: scientists, anticommunism, and the cold war*, Chapel Hill / NC, University of North Carolina Press.

Wehler, Hans–Ulrich, 1987–2008, *Deutsche Gesellschaftsgeschichte*, München, Beck, 5 Vols.

Weiss, Günter, 1976, 'Antikommunismus—die Sektendoktrin der maoistischen Gruppen', *Marxistische Blätter*, Vol. 14/6: 45–50.

Westad, Odd Arne, 2005, *The Global Cold War. Third World Interventions and the Making of Our Times*, Cambridge, Cambridge UP.

Wiener, Jon, 2012, *How We Forgot the Cold War. A Historical Journey across America*, Berkeley / CA, University of California Press.

Wikipedia, 2013a, *Antikommunismus* ⟨http://de.wikipedia.org/wiki/Antikommunismus⟩ [19 May].

Wikipedia, 2013b, *David Horowitz* ⟨http://en.wikipedia.org/wiki/David_Horowitz⟩ [19 May].

Wikipedia, 2013c, *Franklin D. Roosevelt* ⟨http://en.wikipedia.org/wiki/Franklin_D._Roosevelt⟩ [6 April].

Wikipedia, 2013d, *Gesetz gegen die gemeingefährlichen Bestrebungen der Sozialdemokratie* ⟨http://de.wikipedia.org/wiki/Sozialistengesetz⟩ [4 April].

Wikipedia, 2013e, *Haymarket affair* ⟨http://en.wikipedia.org/wiki/Haymarket_Affair⟩ [30 March].

Wikipedia, 2013f, *House Un-American Activities Committee* ⟨http://en.wikipedia.org/wiki/House_Un-American_Activities_Committee⟩ [1 April].

Wikipedia, 2013g, *Kommunistenverfolgung* ⟨http://de.wikipedia.org/wiki/Kommunistenverfolgung⟩ [30 March].

Wikipedia, 2013h, *Konferenz von Jalta* ⟨http://de.wikipedia.org/wiki/Konferenz_von_Jalta⟩ [6 April].

Wikipedia, 2013i, *McCarthyism* ⟨http://en.wikipedia.org/wiki/McCarthyism⟩ [30 March].

Wikipedia, 2013j, *NATO Double-Track Decision* ⟨http://en.wikipedia.org/wiki/NATO_Double-Track_Decision⟩ [30 March].

Wikipedia, 2013k, *Non-Sectarian Anti-Nazi League* ⟨http://en.wikipedia.org/wiki/Non-Sectarian_Anti-Nazi_League⟩ [26 March].

Wikipedia, 2013l, *Potsdam Conference* ⟨http://en.wikipedia.org/wiki/Potsdam_Conference⟩ [6 April].

Wikipedia, 2013m, *September 11 attacks* ⟨http://en.wikipedia.org/wiki/September_11_attacks⟩ [30 March].

Wikipedia, 2013n, *Winston Churchill* ⟨http://de.wikipedia.org/wiki/Winston_Churchill⟩ [6 April].

Wikipedia, 2013o, Sun Myung Moon(문선명) ⟨http://en.wikipedia.org/wiki/Sun_Myung_Moon⟩ [19 August].

Wikipedia, 2013p, *Kritischer Rationalismus* ⟨http://de.wikipedia.org/wiki/Kritischer_Rationalismus⟩ [28 July].

Wikipedia, 2013q, *Die Linke* ⟨https://de.wikipedia.org/wiki/Die_Linke⟩ [28 July].

Wikipedia, 2013r, *Historikerstreit* ⟨http://de.wikipedia.org/wiki/Historikerstreit⟩ [29 July].

Wikipedia, 2013s, *Basic ecclesial community* ⟨http://en.wikipedia.org/wiki/Basic_

ecclesial_community〉〔30 March〕.

Wikipedia, 2013t, *Angela Davis* 〈http://de.wikipedia.org/wiki/Angela_Davis〉〔19 May〕.

Wikipedia, 2013u, *Democracy Index* 〈http://en.wikipedia.org/wiki/Democracy_Index〉〔31 July〕.

Wippermann, Wolfgang, 2012, *Heilige Hetzjagd*. Berlin, Rotbuch Verlag.

6. 반공주의와 정당체제의 왜곡 _강명세

강명세, 2014, 『민주주의, 복지국가 그리고 재분배』, 도서출판 선인.

_____, 2008, 『세계화와 탈산업화시대의 노동과 복지의 정치』, 도서출판 한울.

Acemoglu, D., 2005, "Unbundling Institutions", *Journal of Political Economy*, 113(5): 949-995.

Bates, Robert, Rui de Figueiredo and Barry R. Weingast, 1998, "Rationality and Interpretation: The Politics of Transition", *Politics and Society* 26(December): 603-642.

Bensel, Richard F., 2008, *Passion and Preferences: William Jennings Bryan and the 1896 Democratic National Convention*, New York: Cambridge University Press.

Brady, David, Ferejohn, and Jeremy C. Page, 2005, "Congress and Civil Rights Policy: An Examination of Endogenous Preferences, In Ira Katznelson and B. R. Weingast, eds., *Preferences and Situations: Points of Intersection Between Historical and Rational Choice Institutionalism*, Russel Sage Foundation, 62-87.

Elster, Jon, 2005, "Preference Formation in Transitional Justice", In Ira Katznelson and B. R. Weingast, eds., *Preferences and Situations: Points of Intersection Between Historical and Rational Choice Institutionalism*, Russel Sage Foundation, 247-278.

Inglehart, Ronald, 1977, *Silent Revolution: Changing Values and Political Styles Among Western Publics*, Princeton University Press.

Lijphart, A., 2012, *Patterns of Democracy: Government Forms and Performance in ThirtySix Countries*, Yale University Press.

North, D., 2005, *Understanding the Process of Economic Change*, Princeton University Press.

Przeworski, A., Alvarez, M. E., Cheibub, J. A., and Limongi, F., 1996, "What Makes Democracies Endure?", *Journal of Democracy*, 7(1), 39-55.

Sanders, Elizabeth, 2008, "Historical Institutionalism", in R. A. W. Rhodes, Sarah A. Binder, and Bert A. Rockman, eds., *The Oxford Handbook of Political Institutions*, Oxford University Press, chapter 3.

Schofield, Norman, 2000, "Constitutional Political Economy: On the Possibility of Combining and Rational Choice Theory and Comparative Politics", *Annual Review of Political Science* 3 (June): 277-303.

Weingast, Barry. R., 2005, "Self-Enforcing Constitutions: With An Application to Democratic Stability in America's First Century", Working Paper, Hoover Institution, Stanford University.

_____, 2005, "Persuasion, Preference Change, and Critical Junctures: The Microfoundations of a Macroscopic Concept." In Ira Katznelson and B. R. Weingast, eds., *Preferences and Situations: Points of Intersection Between Historical and Rational Choice Institutionalism*, Russel Sage Foundation, 161-184.

_____, 1998, "Political Stability and Civil War: Institutions, Commitment, and American Democracy".

7. 한국의 지배집단과 반공주의 _김동춘

강정인·서희경, 2013, "김성수와 한국의 자유민주주의—한국보수주의 정치 이념의 기원과 연속성을 중심으로", 『한국정치학회보』 47(1).

강인철, 2005, "한국 개신교 반공주의의 형성과 재생산", 『역사비평』 봄호.

강준만, 1997, 『레드콤플렉스』, 삼인.

개디스·존 루이스 지음, 정철·강규형 옮김, 2008, 『냉전의 역사—거래, 스파이, 거짓말 그리고 진실』, 에코리브르.

김동춘, 1992, "한국전쟁과 지배이데올로기의 변화", 한국사회학회 편, 『한국전쟁과 한국사회 변동』, 풀빛.

_____, 2006, 『전쟁과 사회—우리에게 한국전쟁은 무엇이었나?』, 돌베개.

김수자, 2010, "해방 직후 노기남 주교와 반공주의: 1945-1953", 한국교회사연구소, 『교회사 연구』 35.

노영기, 2008, 「1945-50년 한국군의 형성과 성격」, 성균관대학교 대학원 사학과 박사학위 청구논문.

김인서, 1963, 『망명노인 이승만을 변호함』, 신앙생활사.

김헌식, 2003, 『색깔 논쟁—한국사회 색깔론의 생산구조와 탈주』, 새로운사람들.

리차드 H. 미첼 지음, 김윤식 옮김, 1982, 『일제의 사상통제—사상전향과 그 법체계』, 일지사.

반민족문제연구소, 1993, 『친일파 99인』(3), 돌베개.

서중석, 2005, 『이승만의 정치 이데올로기』, 역사비평사.

서희경, 2012, 『대한민국 헌법의 탄생—한국헌정사, 만민공동회에서 제헌까지』, 창비.

석정길, 1984, 『새벽을 달린 동지들—대구지방 반탁반공 학생운동 소고』, 갑인출판사.

심산사상 연구회, 2004, 『김창숙 문존』, 성균관대학교 출판부.

양한모, 1990, 『조국은 하나였다』, 일선기획.

에리히 프롬 지음, 박근원 옮김, 1979, 『정신분석과 종교』, 전망사.

여진천, 2000, "한국전쟁에 대한 교회의 입장", 한국천주교중앙협의회, 『한국천주교회사의 성찰과 전망 2—해방공간과 한국전쟁을 중심으로』.

윤덕영, 1998, "고하 송진우의 생애와 그의 정치경제 사상", 한국정신문화연구원 현대사연구소, 『한국현대사의 재조명』(2).

장석만, 2007, "아프카니스탄 피랍 사태가 보여주는 한국 개신교", 『황해문화』 겨울호.

조병옥, 1986, 『나의 회고록』, 해동.

조지 오웰 지음, 이한중 옮김, 2010, 『위건부두로 가는 길』, 한겨레출판.

진덕규, "이승만 시대 권력구조의 이해", 진덕규, 한배호, 김학준, 한승주, 김대환 외, 1981, 『1950년대의 인식』, 한길사.

허정, 1979, 『내일을 위한 증언—허정 회고록』, 샘터사.

허종, 2003, 『반민특위의 조직과 활동—친일파 청산과 그 좌절의 역사』, 선인.

후지이 다케시, 2012, 『파시즘과 제3세계주의 사이에서—족청계의 형성과 몰락을 통해 본 해방 8년사』, 역사비평사.

Bix, Herbert, 2001, "War Crimes Law and American Wars in the Twentieth Century Asia", Hitotsubashi Journal of Social Studies 33.

Haynes, John earl, 2000, "The Cold War Debate Continues: A Traditional View on Historical Writings on Demestic Communism and Anticommunism", The Journal of Cold War Studies, Vol. 2, No. 1, Winter.

Kovel, Joel, 1994, Red Hunting in the Promised Land: Anticommunism and the Making of America, New York: Basic Books.

Raskin, Marcus, 1976, "Democracy versus the National Security State", Law and Contemprrary Problems, Vol. 40, No. 3, pp. 189–220.

Powers. R. G., 2010, "Anticommunism", The Oxford Companion to United States History, Oxford: oxford University Press, http://www.oxfordreference.com/view/10.1093/acref/9780195082098.001.0001/acref-9780195082098-e-0090

Richard, 1964, Hofstadte, 1964, The Paranoid Style in American Politics, New York: Harper's magazine.

Ron Robin, 2001, The Making of the Cold War Enemy: Culture and Politics in the Military Industrial Complex, Princeton: Princeton University Press.

Schmitt, Carl, 2005, Political Theology: Four Chapters on the Concept of Sovereignty, Chicago: University of Chicago Press.

_____, 2007, The Concept of the Political, Chicago: University of Chicago Press.

Shaw, Martin, 2003, War and Genocide: Organized Killings in Modern Society, London: Polity Press.

http://en.wikipedia.org/wiki/Anti-communism

8. 역사 교과서 논쟁과 반공주의 _김정인

교과서포럼, 2008, 『대안 교과서 한국 근·현대사』, 기파랑.

_____, 2005, 『한국 현대사의 허구와 진실』, 두레시대.

김기봉, 2011, 「미국의 역사전쟁에 비춰보는 한국사 교과서 논쟁」, 『철학과사상』 90.

김기협, 2008, 『뉴라이트 비판』, 돌베개 (특히 뉴라이트의 식민지근대화론 비판 참조).

김동춘, 2013, 『이것은 기억과의 전쟁이다』, 사계절.

김한종 외, 2003, 『고등학교 한국근현대사』, 금성출판사.

김한종, 2009, 「한국 근현대사 교과서 파동의 전말과 쟁점」, 『역사와세계』 35.

박효종 외, 2006, 『빼앗긴 우리역사 되찾기』, 기파랑.

박효종, 2005, 「광복 60주년의 '사실주의'와 '교과서 바로쓰기' 운동」, 『시대정신』 봄호.

신주백, 2006, 「교과서포럼의 역사인식 비판」, 『역사비평』 76.

안병직, 2008, 「한국 근현대사의 체계와 방법」, 『시대정신』 가을호.

_____, 2008, 「한국 근현대사의 체계와 방법」, 『시대정신』 가을호.

에드가 볼프룸 지음, 이병련·김승렬 옮김, 2007, 『무기가 된 역사』, 역사비평사.

역사교육연대회의, 2009, 『뉴라이트 위험한 교과서, 바로 읽기』, 서해문집.

이영훈, 2004, 「민족사에서 문명사로의 전환을 위하여」, 『국사의 신화를 넘어서』, 휴머니스트.

_____, 2013, 『대한민국 역사』, 기파랑.

이준식, 2013, 「한국 역사 교과서인가, 아니면 일본 역사 교과서인가?」, 『역사비평』 105.

정경희, 2013, 『한국사 교과서 어떻게 편향되었는가』, 비봉출판사.

제프리 C. 알렉산더 지음, 박선웅 옮김, 2007, 『사회적 삶의 의미』, 한울아카데미.

지수걸, 2013, 「교학사판 한국사의 논리와 책략」, 『역사비평』 105.

최갑수, 2008, 「국가, 과거의 힘, 역사의 효용」, 『역사비평』 85.

하종문, 2007, 「반일민족주의와 뉴라이트」, 『역사비평』 78.

한홍구, 2008, 「되살아난 친일 세력과 독재자의 망령」, 『내일을 여는 역사』 32.

홍진표, 2006, 「반공주의와 사상적 다원주의」, 『시대정신』 가을호.

9. 반공주의와 화해·협력의 분단극복정책 _노명환

김대중, 『옥중서신』, 한울, 2000 (제1쇄; 2009, 제3쇄).

_____, 1994, 『나의 길 나의 사상』, 한길사.

_____, 2010, 『김대중 자서전 1』, 삼인.

노명환, 2012, 「초국가주의 민주주의 평화사상과 지역공동체의 추구 및 분단극복정책: 빌리
      브란트의 동방정책과 김대중의 햇볕정책의 비교사적 연구」, 『EU연구』 제30호.

_____, 2013, 「분단국의 민주주의와 통일정책의 상호관계: 구성주의 이론과 하버마스의 공론
      장 개념을 적용한 빌리 브란트와 김대중의 민주주의 이념과 정책, 분단극복 방안에 대한 비
      교를 중심으로」, 『역사학연구』 제49호.

아태평화재단, 2000, 『김대중의 3단계 통일론. 남북연합을 중심으로』, 한울.
최영태, 2007, 『베른슈타인의 민주적 사회주의론 수정주의 논쟁과 독일 사회민주당』, 전남대
　　학교 출판부.

Brandt, Willy, 1994, *Erinnerungen. Mit den "Notizen zum Fall G."*, erw. Ausgabe,
　　Berlin und Frankfurt / Main.
Bundeskanzler-Willy-Brandt-Stiftung (Hrsg.), *Berliner Ausgabe Band 1, Willy Brandt.
　　Hitler ist nicht Deutschland. Jugend in Lubeck Exil in Norwegen 1928-1940*.
Bundeskanzler-Willy-Brandt-Stiftung (Hrsg.), *Berliner Ausgabe Band 3, Willy Brandt.
　　Berlin bleibt frei. Politik in und fur Berlin 1947-1966*.
Bundeskanzler-Willy-Brandt-Stiftung (Hrsg.), *Berliner Ausgabe Band 3, Willy Brandt.
　　Berlin bleibt frei. Politik in und fur Berlin 1947-1966*.
Bourdieu, P., La Distinction. Critique sociale de Jugement, Paris 1979(최종철 옮김,
　　2006, 『구별 짓기—문화와 취향의 사회학』[상·하], 새물결).
Loth, Wilfried, 1980, *Die Teilung der Welt des Kalten Krieges 1941-1955*, München (7.
　　edt. 1989).
Schellgen, Gregor, *Willy Brandt*(김현성 옮김, 2003, 『빌리 브란트』, 빗살무늬).
Saussure, Ferdinand de/Harris, Roy, 1998, *Course in General Linguistics*, Open Court
　　Classics (reprint of the first edition in 1916).

11. 1960년대 반공 이데올로기의 진화 _박태균

곽준혁, 2010, 「결과론적 후견주의와 박정희 리더십」, 『국가전략』 16권 4호.
국가재건최고회의한국군사혁명사편찬위원회, 1963, 『한국군사혁명사』 제1집, 동아서적주식
　　회사.
권보드래, 2011, 「사상계와 세계문화자유회의」, 『아세아연구』 114호.
김건우, 2010, 『사상계와 1950년대 문학』, 소명출판.
_____, 2009, 「1964년 담론 지형: 반공주의, 민족주의, 민주주의, 자유주의, 성장주의」, 『대중
　　서사연구』 제22호, 대중서사학회.
김진기, 2005, 「반공에 전유된 자유, 혹은 자유주의」, 『상허학보』 15.
박태균, 1995, 『조봉암 연구』, 창비.
_____, 2007, 『원형과 변용』, 서울대학교 출판부.
박정희, 1962, 『국가와 혁명과 나』.
_____, 1963, 『우리 민족의 나갈 길』.
변형윤, 1969, 「로스토우 도약이론의 한국경제에 대한 적용 문제」, 내각기획조정실, 『경제성
　　장의 이론과 현실』.
박희범, 1968, 『한국경제성장론』, 고려대학교 출판부.

서중석, 1995, 「이승만과 북진통일: 1950년대극우반공독재의해부」, 『역사비평』 31.

_____, 2005, 『이승만의 정치 이데올로기』, 역사비평사.

아서 W. 루이스 지음, 박희범 옮김, 1958, 『경제계획의 원리』, 환조사.

이완범, 1999, 「제1차 경제개발5개년계획의 입안과 미국의 역할」, 『1960년대의 정치사회 변동』, 백산서당.

이광수, 1922, 「민족개조론」, 『개벽』.

이상록, 2007, 「1960-70년대 비판적 지식인들의 근대화 인식」, 『역사문제연구』 제18호.

이하나, 2012, 「1950-60년대 반공주의 담론과 감성정치」, 『사회와 역사』 95.

대통령기록관, 2012, 『이승만 대통령: 영문서한 번역집』.

장준하, 1958, 「권두언: 나라의 주인은 백성이다」, 『사상계』 10월호.

_____, 1958, 「권두언: 자주·자립의 촉진을 위하여」, 『사상계』 9월호.

_____, 1961, 「긴급을 요하는 혁명과업의 완수와 민주정치에로의 복귀」, 『사상계』 7월호.

_____, 1962, 「자유의 확보가 승공의 길이다」, 『사상계』 6월호.

_____, 1964, 「견실한 사회개혁의 비전을 확립하자: 8·15 해방 19주년을 맞이하면서」, 『사상계』 8월호.

정용욱, 2003, 「1945년 말 1946년 초 신탁통치파동과 미군정: 미군정의 여론공작을 중심으로」, 『역사비평』 62호.

주요한, 1958, 「대공정책은 어떻게 세울 것인가」, 『사상계』 10월호.

최호진, 1962, 『한국경제의 제문제』, 삼중당.

한국은행조사부, 1956, 『경제개발계획 작성에 관한 제 문제와 제 기술』.

후지이 다케시, 2011, 「4·19/5·16 시기의 반공체제 재편과 그 논리」, 『역사문제연구』 25.

_____, 2008, 「제1공화국의 지배 이데올로기: 반공주의와 그 변용들」, 『역사비평』 83.

홍석률, 1999, 「1960년대 지성계의 동향」, 『1960년대 사회변화 연구, 1963-1970』, 백산서당.

Charles Wolf, Jr., 1961, Economic Department, The RAND Corporation, p-2288, "On Aspects of Korea's Five-Year Development Plan, Prepared for Ministry of Reconstruction, Republic of Korea", Produced by The RAND Corporation, Santa Monica, California, 24 April.

Hirschman, Albert O., 1958, The Strategy of Economic Development, New Haven: Yale University Press.

Huntington, Samuel P., 1968, *Political Order in Changing Societies*, New Haven: Yale University Press.

Keynes, John Maynard, 1926, *The End of Laissez-Faire*, London: Published by L. & V. Woolf at the Hogarth Press(케인스 지음, 김윤환 옮김, 1959, 『자유방임의 종언』, 위성문고).

Millikan, Max F. and W. W. Rostow, 1957, *A Proposal: Key to an Effective Foreign Policy*, New York: Harper & Bros.

Myrdal, Gunnar, 1957, *Economic Theory and Underdeveloped Regions*, New York: Harper & Row(탁희준 옮김, 1960, 『저개발국의 경제이론』, 한국번역도서주식회사).

Nurskse, Ragnar. 1955, *Problems of Capital Formation in Underdeveloped Countries*, Oxford: Blackwell(박동섭 옮김, 1957, 『후진국의 자본형성론』, 대한재무협회출판부).

Pye, Lucian W., 1966, *Aspects of Political Development ; An Analytic Study*, Boston: Little, Brown.

Reischauer, Edwin O., 1986, *My Life between Japan and America*, New York: Harper & Row.

Rostow, W. W., 1955, *An American Policy in Asia*, Cambridge: Published jointly by the Technology Press of Massachusetts Institute of Technology, and Wiley, New York.

_____, 1960 *The United States in the World Arena : An Essay in Recent History*, New York: Harper.

_____, 1960, *The Stages of Economic Growth, A Non-Communist Manifesto*, Cambridge〔Eng.〕: University Press(이상구·강명규 공역, 1961, 『경제성장의 제 단계』, 법문사).

Scalapino, Robert A., 1960, *Communist China and Taiwan*, Berkeley, Calif: Institute of International Studies,University of California.

Scalapino Robert A., and Lee, Chong-sik, "The Origins of the Korean Communist Movement", *Journal of Asian Studies*, November 1960, and February 1961.

Tinbergen, Jan, 1958, *The Design of Development. Baltimore*: 〔Published for〕 the Economic Development Institute, International Bank for Reconstruction and Development 〔by〕 the Johns Hopkins Press(박희범·송정범 공역, 1958, 『경제개발의 설계론』, 동아출판사).

12. 한국 반공주의의 궤적 _신광영

강인철, 2007, 『한국의 개신교와 반공주의』, 중심.

김동춘, 2013, 『전쟁정치』, 길.

김민배, 1998, "국가보안법과 반공법 50년", 『역사비평』 99호.

엄기호·한홍구·최철웅·홍성수·한상희, 2012, 『감시사회』, 철수와영희.

이성택, 2006, "민주화 이행에서의 국가보안법: 제도화와 전체주의적 경향을 중심으로", 『사회와 역사』 8호.

이준식, 2010, "친일부역자 해결의 역사적 의미", 『역사비평』 93호.

최장집, 2010, 『민주화 이후의 민주주의: 보수적 민주주의의 위기와 기원』, 후마니타스.

Amnesty International, 2012, THE NATIONAL SECURITY LAW CURTAILING FREEDOM OF EXPRESSION AND ASSOCIATION IN THE NAME OF SECURITY IN THE REPUBLIC OF KOREA, London: Amnesty International Publications.

Choi, Jang-Jip, 1993, "Political Cleavages in South Korea", *The State and Society in Contemporary Korea*, (ed.), by Hagen Koo, Ithaca: The Cornell University Press.

Cohen, Theodore, 1987, *Remaking Japan: The American Occupation as New Deal*, New York: The Free Press.

Croissant, Aurel, 2004, "Riding the Tiger: Civilian Control and the Military in Democratizing Korea", *Armed Forces & Society*, Vol. 30, No. 3, 357-381.

Cumings, Bruce, 1993, "Japan's Position in the World System", *Postwar Japan as History*, ed. by Andrew Gordon, Berkeley: California University Press, 34-63.

_____, 1997, *Korea's Place in the Sun: A Modern History*, New York: W.W. Norton & Company.

Gordon, Andrew (ed.), 1993, *Postwar Japan as History*, Berkeley: California University Press.

Hanneman, Mary L., 2013, *Japan Faces the World*, New York: Taylor & Francis.

Kennan, George, 1947, "The Sources of Soviet Conduct", *Foreign Affairs* 25 (4): 566 - 582.

_____, 1997, *George F. Kennan and the Origins of the Containment 1944-1946*, Columbia: University of Missouri Press.

Kim, Sunhyuk, 1997, "State and Civil Society in South Korea's Democratic Consolidation: Is the Battle Really over?", *Asian Survey* 37(12): 1136-1144.

Kim, Youngmi, 2011, *The Politics of Coalition in Korea: Between Institution and Culture*, Lonon: Routledge.

Moon, Seungsook, 2005, *Militarized Modernity and Gendered Citizenship in South Korea*, Duke University Press.

Shin, Kwang-Yeong, 2012, "The Dilemmas of Korea's New Democracy in an Age of Neoliberal Globalisation", *Third World Quarterly* 33(2): 290-309.

Takemae, Eiji, 1988, *Postwar Labor Reform in the Postwar Japan: The history of GHQ labor policy*, Tokyo: Tokyo University Press (in Japanese).

13. 한국의 반공주의와 노동운동 _유범상

권진관, 2006, "1970년대 산업선교 활동과 특징", 『1960-70년대 노동자의 작업장 문화와 정체성』.

김경민, 2011, "1960년대 인권보장 기제로서의 반공주의", 한림대학교 국어국문학과.

김광동, 2008, "대한민국 60년사는 반공산주의 투쟁사다", 『한국논단』.

김동춘, 2013, "공안정국 부활과 노동운동", 『한국노총』.

김영수, 2006, "1960-70년대 박정희체제의 지배이데올로기와 철도노동자들의 의식", 『1960-70년대 한국 노동자의 계급문화와 정체성』.

신병현, 2005, "1960-70년대 산업화과정에서 노동자들의 사회적 정체성에 영향을 미친 주요 역사적 담론들", 『1960-70년대 노동자의 생활세계와 정체성』.

유범상, 2005, 『한국노동운동의 이념: 이념의 과잉과 소통의 빈곤』, 한국노동연구원.

_____, 2009, 『노동운동리더십의 위기: 이기주의자라는 정치적 낙인에 관한 연구』, 한국노동연구원.

이상록, 2008, "안정·발전·번영 이미지의 재구성: 1960-70년대 〈문화영화〉에 재현된 개발주의와 반공주의", 『역사와 문화』 15호.

이정은, 2008, "1950년대 노동 지배담론과 노동자의 대응", 『역사비평』 83호.

임성규, 2008, "아동문학 교육에 반영된 반공주의 비판: 1950년대 전시기 아동문학교육을 중심으로", 서울대학교 국어교육연구소.

장상철, 2006, "작업장통제전략으로서의 공장새마을운동: 성과와 한계", 『1960-70년대 노동자의 작업장 문화와 정체성』.

조미숙, 2006, "반공주의와 국어교과서: 1차 교과서를 중심으로 한 교과서의 선택과 배제 양상", 건국대학교 교양학부.

조희연, 2005, "'반공규율사회'형 자본주의 발전과정에서의 노동자계급의 '구성'적 출현", 『1960-70년대 노동자의 생활세계와 정체성』.

한홍구, 2006, "병영국가 대한민국에서의 군대체험과 노동계급 형성", 『1960-70년대 노동자의 작업장 문화와 정체성』.

15. 한국 대중문화에서의 반공주의 _이하나

자료

국민방첩연구소 편, 1972, 『지공교육독본』, 흑백문화사.

『경찰』, 『국제문제』, 『변호사』, 『세대』, 『영화』, 『영화예술』, 『코리아시네마』

『동아일보』, 『경향신문』

단행본

김득중, 2009, 『빨갱이의 탄생—여순사건과 반공 국가의 형성』, 선인.

김소연 외, 2003, 『매혹과 혼돈의 시대: 50년대 한국영화』, 소도.

김진기 외, 2008·2009, 『반공주의와 한국 문학의 근대적 동학』(1·2), 한울.

상허학회, 2005, 『반공주의와 한국문학』, 깊은샘.

소래섭, 2011, 『불온한 경성은 명랑하라: 식민지 조선을 파고든 근대적 감정의 탄생』, 웅진지식하우스.

이태, 1988, 『남부군』, 두레.

이하나, 2013, 『국가와 영화』, 혜안.

_____, 2013, 『'대한민국', 재건의 시대(1948~1968)』, 푸른역사.

조희연 편, 2003, 『한국의 정치사회적 지배담론과 민주주의 동학』, 함께읽는책.

논문

김소연, 2003, 「전후 한국의 영화담론에서 '리얼리즘'의 의미에 관하여: 〈피아골〉의 메타비평을 통한 접근」, 김소연 외, 『매혹과 혼돈의 시대: 50년대 한국영화』, 소도.

김정훈·조희연, 2003, 「지배담론으로서의 반공주의와 그 변화— '반공규율사회'의 변화를 중심으로」, 조희연 편, 『한국의 정치사회적 지배담론과 민주주의 동학』, 함께읽는책.

김준현, 2007, 「반공주의의 내면화와 1960년대 풍자소설의 한 경향—이호철·서기원의 단편을 중심으로」, 『상허학보』 21, 상허학회.

김청강, 2011, 「현대 한국의 영화 재건논리와 코미디 영화의 정치적 함의(1945-60)—명랑하고 유쾌한 '발전 대한민국' 만들기」, 『진단학보』 112, 진단학회.

김한상, 2011, 「냉전체제와 내셔널 시네마의 혼종적 원천—〈죽엄의 상자〉 등 김기영의 미공보원(USIS) 문화영화를 중심으로」, 『영화연구』 47, 한국영화학회.

변재란, 2001, 「남한 영화에 나타난 북한에 대한 이해」, 『영화연구』 16, 한국영화학회.

이하나, 2011, 「1950년대 민족문화 담론과 '우수영화'」, 『역사비평』 92, 역사문제연구소.

_____, 2012a, 「1950-60년대 반공주의 담론과 감성 정치」, 『사회와 역사』 95, 한국사회사학회.

_____, 2012b, 「반공주의 감성기획, '반공영화'의 딜레마—1950-60년대 '반공영화' 논쟁을 중심으로」, 『동방학지』 159, 연세대학교 국학연구원.

이하나, 2014, 「유신체제성립기 '반공' 논리의 변화와 냉전의 감각」, 『역사문제연구』 32, 역사문제연구소.

정영권, 2010, 「한국 반공영화 담론의 형성과 전쟁영화 장르의 기원 1949-1956」, 『현대영화연구』 10, 한양대학교 현대영화연구소.

정우곤, 1997, 「북한 '수령제' 정치체제의 제도화와 특성」, 『통일문제연구』 9-1, 평화문제연구소.

후지이 다케시, 2013, 「1950년대 반공교재의 정치학」, 『역사문제연구』 30, 역사문제연구소.

_____, 2011, 「4·19/5·16 시기의 반공체제 재편과 그 논리」, 『역사문제연구』 25, 역사문제연구소.

_____, 2008, 「제1공화국의 지배 이데올로기—반공주의와 그 변용들」, 『역사비평』 83호 (여름호), 역사문제연구소.

Hana Lee, 31. 5. 2013, "The Unending War: Continuity and Rupture in Korean War Films in Post-Cold War Era", SOAS conference 2013, London University.

16. 한국의 반공주의와 인권 _조효제

강인철, 2005a, 「한국 개신교 반공주의의 형성과 재생산」, 『역사비평』 70.

_____, 2005b, 「개신교 반공주의의 재생산 기제: 순교담론 및 순교 신심운동을 중심으로」, 『역사비평』 71.

_____, 2006, 「해방 이후 4·19까지의 한국 교회와 과거청산 문제: 의제설정을 위한 시론」, 『한국기독교와 역사』 24.

강정인·하상복, 2012, 「박정희의 정치사상: 반자유주의적 근대화 보수주의」, 『현대정치연구』

5(1).

강준만 편, 1997, 『레드콤플렉스: 광기가 남긴 아홉 개의 초상』, 삼인.

강진호, 2005, 「반공주의의 규율과 '국어' 교과서: 1946-1954년의 '국어' 교과서를 중심으로」, 『민족문학사 연구』 28.

곽송연, 2013, 「정치적 학살politicide 이론의 관점에서 본 가해자의 학살 동기 분석: 5·18 광주의 사례를 중심으로」, 『민주주의와 인권』 13(1).

국제 엠네스티 한국 지부, 2002, 『한국 엠네스티 30년! 인권운동 30년!: 국제 엠네스티 한국 지부 30년 약사』, 국제 엠네스티 한국 지부.

권혁범, 1998, 「반공주의 회로판 읽기: 한국 반공주의의 의미체계와 정치사회적 기능」, 『통일연구』 2(2).

김광동, 2008, 「8·15 건국 60주년을 말한다: 대한민국 60년사는 반공산주의 투쟁사다」, 『한국논단』 226.

김귀옥, 2011, 「1960-70년대 비전향장기수와 감옥의 일상사: 비전향장기수의 구술 기억을 따라」, 『역사비평』 94.

김동민, 2001, 「반공주의와 이단, 그리고 마녀사냥」, 『기독교사상』 45(9).

김동춘, 2000, 『전쟁과 사회: 우리에게 한국전쟁은 무엇이었나?』, 돌베개.

_____, 2006, 「한국의 분단국가 형성과 시민권: 한국전쟁, 초기 안보국가하에서 '국민 됨'과 시민권」, 『경제와사회』 70.

_____, 2013, 『이것은 기억과의 전쟁이다: 한국전쟁과 학살 그 진실을 찾아서』, 사계절.

김득중, 2009, 『빨갱이의 탄생』, 선인.

김민배, 1999, 「국가보안법·반공법과 한국 인권 50년」, 『역사비평』 46.

김봉국, 2012, 「한국전쟁 이후 1950년대 간첩담론의 양가성」, 『역사연구』 22.

김수자, 2005, 「대한민국 수립 직후 민족주의와 반공주의의 형성과정」, 『한국사상사학』 25.

김수자, 2008, 「해방 이후 우익 민족담론의 공고화 과정(1945-1953)」, 『역사학보』 198.

김영희, 2010, 「제1공화국 초기 이승만 정부 공보선전활동의 성격」, 『한국언론학보』 54(3).

김예림, 2007, 「냉전기 아시아 상상과 반공 정체성의 위상학—해방~한국전쟁 후(1945~1955) 아시아 심상지리를 중심으로」, 『상허학보』 20.

김학준, 1990, 「한국에서의 이데올로기적 갈등: 해방부터 한국전 휴전까지(1945-1953)」, 『한국정치외교사논총』 79.

_____, 2004, 「반공주의의 성립과 변화에 대한 사회과학과 국사학의 공동연구」, 『한국사 시민강좌』 357.

김홍도, 2011, 「다음에는 반공·친미주의자가 국회 들어가고 대통령도 돼야」, 『한국논단』 264.

남원진, 2007, 「반공反共의 국민화, 반반공反反共의 회로—반반공 내셔널리즘을 묻는다」, 『국제어문』 40.

류대영, 2004, 「2000년대 한국 개신교 보수주의자들의 친미·반공주의 이해」, 『경제와사회』 62.

민병노, 2000, 「국가보안법의 과거, 현재, 그리고 미래: 헌법재판소 결정에 대한 비판적 고찰」, 『법률행정논총』 19.

민주화운동기념사업회 연구소 엮음, 2008, 『한국민주화운동사 1: 제1공화국부터 제3공화국까지』, 돌베개.

──────────────────────, 2009, 『한국민주화운동사 2: 유신체제기』, 돌베개.

──────────────────────, 2010, 『한국민주화운동사 3: 서울의 봄부터 문민정부 수립까지』, 돌베개.

박래군, 2006, 「전환기 인권운동, 추상적 보편성 뚫고 민중생존권과 결합하라」, 『노동사회』 108.

박명림, 2009, 「대한민국 건국과 한국 민족주의: 김구 노선을 중심으로」, 『한국정치외교사논총』 31(1).

박원순, 1993, 「새로운 인권운동의 지평을 향하여: 김영삼 정권 하의 인권 상황과 인권운동의 방향」, 『인권하루소식』 61호(12월 4일).

서희경, 2004, 「'한계상황의 정치'politics of extremity와 민주주의: 1948년 한국의 여순사건과 국가보안법 관련 논의를 중심으로」, 『한국정치학회보』 38(5)1.

신용옥, 2008, 「대한민국 헌법의 경제사상」, 『황해문화』 가을호.

신진욱, 2008, 「보수단체 이데올로기의 개념구조, 2000-2006」, 『경제와사회』 78.

오재식, 1970, 「기독교 반공주의의 망령」, 『기독교사상』 14(11).

유범상, 2012, 「한국 사회의 계급갈등과 진리의 정치: 갈등 억압의 기원과 구조에 관한 논의」, 『동향과 전망』 84.

유임하, 2005, 「마음의 검열관, 반공주의와 작가의 자기검열: 김승옥의 경우」, 『상허학보』 15.

유재일, 1992, 「한국전쟁과 반공 이데올로기의 정착」, 『역사비평』 봄호.

윤평중, 2012, 「진보적 자유주의를 위한 변론: 급진 자유주의의 시각에서」, 『사회와철학』 23.

이나미, 2011, 「박정희 정권과 한국 보수주의의 퇴보」, 『역사비평』 95.

이명희, 2007, 「반공주의 형성과 성차별주의: 1950년대 남성 작가 소설을 중심으로」, 『아시아여성연구』 46(1).

이재승, 2010, 『국가범죄: 한국 현대사를 관통하는 국가폭력과 그 법적 청산의 기록』, 앨피.

이정은, 2008, 「제도로서의 인권과 인권의 내면화: 1960년대 인권담론의 정치학」, 『사회와 역사』 79.

_____, 2009, 「4·19혁명과 인권: 인권개념에 대한 인식과 제도의 변화」, 『민주주의와 인권』 9(2).

_____, 2013, 「한국 인권운동의 토대 형성: 해방 후부터 1970년대 초까지」, 『역사비평』 103.

이하나, 2012, 「1950~60년대 반공주의 담론과 감성 정치」, 『사회와 역사』 95.

이항우, 2011, 「이념의 과잉: 한국 보수 세력의 사회정치 담론전략(2005~2006년, 2008~2009년)」, 『경제와사회』 89.

임성규, 2008, 「아동문학 교육에 반영된 반공주의 비판: 1950년대 전시기 아동문학 교육을 중심으로」, 『국어교육학연구』 32.

장규식, 2006, 「군사정권기 한국 교회와 국가권력: 정교유착과 과거사 청산의제를 중심으로」, 『한국기독교와 역사』 24.

전재호, 2006, 「세계화·정보화 시대 한국의 정치적 정체성 변화: 반공의식을 중심으로」, 『한국정치학회보』 40(3).

정영태, 2005, 「진보적 자유민주주의 대 보수적 반공주의: 인천 시민사회의 이데올로기 지형 확장과 그 효과」, 『황해문화』 봄호.

조미숙, 2006, 「반공주의와 국어 교과서: 1차 교과서를 중심으로 한 교과서의 선택과 배제 양상」, 『새국어교육』 74.

조현연, 2003, 「한국 사회의 과거청산: 군사독재와 반공주의, 그리고 '우리 안의 군사문화'」, 『기억과전망』 4.

조효제, 2011, 『인권을 찾아서』, 한울.

천주교인권위원회 엮음, 2001, 『사법살인: 1975년 4월의 학살』, 학민사.

최장집, 2000, 「냉전 해체기의 평화와 공존의 철학」, 『황해문화』 겨울호.

_____, 2005, 『민주화 이후의 민주주의: 한국 민주주의의 보수적 기원과 위기』, 후마니타스.

_____, 2011, 「한국에서의 자유주의」, 『한국정치학회 연례학술대회 논문집』.

한국기독교교회협의회 인권위원회 편, 1994, 『한국 교회 인권선교 20년사』, 한국기독교교회협의회.

현재호, 2008, 「한국 사회의 이데올로기 갈등: 정치적 대표체제로서의 정당을 중심으로」, 『한국정치학회보』 42(4).

홍석률, 2006, 「민족분단과 6 · 25전쟁에 대한 역사인식」, 『내일을 여는 역사』 24.

홍성우 · 한인섭, 2011, 『인권변론 한 시대: 홍성우 변호사의 증언』, 경인문화사.

홍세화, 1995, 『나는 빠리의 택시운전사』, 창작과비평사.

홍일표, 2007, 『기로에 선 시민입법』, 후마니타스.

황병주, 2012, 「1970년대 유신체제의 안보국가 담론」, 『역사문제연구』 27.

황인태, 1981, 「공산주의 이론의 대안 제시」, 『윤리연구』 11.

Cho, Hyo-Je, 2010, "Lessons for global human rights movement: The response of South Korean human rights movement to the North Korean situation", In: Hans Harbers (ed.) *Strangeness and Familiarity: Global Unity and Diversity in Human Rights and Democracy*, Utrecht: Forum, pp. 206-235.

Dembour, Marie-Bénédicte, 2010, "What are human rights?: F our schools of thought." *Human Rights Quarterly* 32(1): pp. 1-20.

Donnelly, Jack, 2013, *Universal Human Rights in Theory and practice*, 3rd Edition, New York: Cornell University Press.

Foot, Rosemary, 2010, "The cold war and human rights." In: Melvyn P. Leffler and Odd Arne Westad (Eds), *The Cambridge History of the Cold War Volume 3: Endings*, Cambridge: Cambridge University Press, pp. 445-465.

Gearty, Conor, 2010, "Coming Out: Human rights provide the best platform for progressive politics in our post-political age",〈http://therightsfuture.com/wp-content/uploads/2010/10/The_Rights_Future_T1_Coming_Out.pdf〉〔Access: 31 October 2013〕.

Gready, Paul, 2004, "Conceptualising globalisation and human rights: Boomerangs and borders." *The International Journal of Human Rights*, 8(3): pp. 345-354.

Jeon, Tae Kook, 2009, "Changing unification consciousness of Koreans." *Korean Journal of Sociology* 43(6): pp. 1-24.

Kelly, Paul, 2005, *Liberalism*, Cambridge: Polity.

Oh, Il-Whan, 2011, "Anticommunism and the national identity in Korea in the contemporary era: With a special focus on the USAMGIK and the Syngman Rhee government period", *The Review of Korean Studies* 14(3): pp. 61-100.

Parsons, Craig, 2007, *How to Map Arguments in Political Science*, Oxford: Oxford University Press.

Sears, Robin V., 2005, "The left: From hope to sneers in only 25 years." *Policy Options*, March-April: pp. 19-26.

Steiner, Henry J., Philip Alston, Ryan Goodman, 2007, *International Human Rights in Context: Law, Politics, Morals*, 3rd Edition, Oxford: Oxford University Press.

17. 국가폭력과 반공주의 _한성훈

증언

이○○(2010. 11. 23); 임○○(2011. 1. 22); 박○○(2011. 2. 22); 김○○(2011. 4. 26); 박○○(2011. 5. 24); 진실의힘, 『마이데이 맘풀이 자료집』(1), 2011.

한○○(2011. 7. 26); 정○○(2011. 9. 27); 김○(2011. 11. 29); 진○○(2012. 2. 24); 박○○(2012. 3. 19); 진실의힘, 『마이데이 맘풀이 자료집』(2), 2012.

최○○(2012. 12. 3); 임○○(2013. 2. 27), 진실의힘, 『마이데이 맘풀이 자료집』(3), 2013.

논문 · 단행본

국정원과거사건진실규명을통한발전위원회, 2007, 『과거와 대화 미래의 성찰: 주요 의혹사건 편』(上권 II), 국가정보원.

김동춘, 2011, 「냉전, 반공주의 질서와 한국의 전쟁정치: 국가폭력의 행사와 법치의 한계」, 비판사회학회, 『경제와사회』 89호.

김○○, 2011년 4월 29~30일, 「다시 되돌려지지 않는 온몸의 가시」, 제주 4·3연구소, 『4·3 트라우마, 그 치유의 모색』, 제주 4·3 63주년 기념 전국학술대회, 네이버후드호텔.

박형규, 2001, "역사 속에 묻혀진 영혼들을 위하여"(추천사), 천주교인권위원회 엮음, 『사법살인: 1975년 4월의 학살』, 학민사.

서중석, 1999, 『조봉암과 1950년대』(하), 역사비평사.

스탠리 코언 지음, 조효제 옮김, 2009, 『잔인한 국가 외면하는 대중』, 창비.

에릭 베르네르 지음, 변광배 옮김, 2012, 『폭력에서 전체주의로: 카뮈와 사르트르의 정치사상』, 그린비.

에티엔 발리바르 지음, 최원·서관모 옮김, 2007, 『대중들의 공포: 맑스 전과 후의 정치와 철학』, 도서출판b.

이재승, 2010, 『국가범죄』, 앨피.

이효재, 1985, 『분단시대의 사회학』, 한길사.

자크 데리다 지음, 진태원 옮김, 2012, 『법의 힘』, 문학과지성사.

조용환, 2010, 「역사의 희생자들과 법: 중대한 인권침해에 대한 소멸시효의 적용문제」, 법학평론편집위원회, 『법학평론』 창간호, 서울대학교출판원.

조현연, 2004, 「국가공안기구와 인권침해」, 대통령소속 의문사진상규명위원회, 『의문사진상규명위원회 보고서 2차 별책』.

조희연, 1998, 『한국의 국가·민주주의·정치변동』, 당대.

천주교인권위원회 엮음, 2001, 『사법살인: 1975년 4월의 학살』, 학민사.

진실화해위원회, 2008, 『2007년 하반기 조사보고서』.

_____, 2009, 『2008년 하반기 조사보고서 04』.

_____, 2009, 『2009년 상반기 조사보고서 05』.

_____, 2010, 『2009년 하반기 조사보고서 04』.

진실화해위원회·전남대학교 산학협력단 심리건강연구소, 2007, 『심리적 피해현황 조사보고서』.

페터 엘리사 지음, 최현정 옮김, 2009, 『고문·폭력 생존자 심리치료』, 민주화운동기념사업회.

한성훈, 2010, 「과거청산과 민주주의 실현—진실화해위원회 활동과 권고사항의 이행기 정의를 중심으로」, 역사문제연구소, 『역사비평』 93호.

(재)진실의힘 http://www.truthfoundation.or.kr/

Young, Allan, 1997, "Suffering and the Origins of Traumatic Memory", Arthur Kleinman, Veena Das and Margaret Lock eds., Social Suffering, Berkerly and Los Angeles: University of California Press.

Arthur Kleinman, Veena Das, and Margaret Lock, 1997, "Introduction", Arthur Kleinman, Veena Das, and Margaret Lock eds., Social Suffering, Berkerly and Los Angeles: University of California Press.

Arthur Kleinman and Joan Kleinman, 1997, "The Apeal of Experience; The Dismay of Images: Cultural Appropriations of Suffering in Our Times", Arthur Kleinman, Veena Das, and Margaret Lock eds., Social Suffering, Berkerly and Los Angeles: University of California Press.

Bert Klandermans, 1984, "Mobilization and Participation: SocialPsychological Expansion of Resource Mobilization Theory", American Sociological Review, Vol. 49, No. 5, (Oct.).

David B. Morris, 1997, "Voice, Genre, and Moral Communuty", Arthur Kleinman, Veena Das, and Margaret Lock eds., Social Suffering, Berkerly and Los Angeles: University of California Press.

Hannah Arendt, 1970, *On Violence*, Harcourt Brace Javanovich.

Hirsch, E. D., Jr., 1977, *The Philosophy of Composition*, Chicago and London: University of Chicago Press.

Lone Jacobsen & Knud Smidt-Nielsen 지음, 변주나·김록호·박원순 옮김, 2003, 『고문생존자—외상과 재활』, 현문사.

Patricia Lundy and Mark McGovern, 2008, "Whose Justice? Rethinking Transitional Justice from the Bottom Up", *Journal of Law and Society*, Vol. 35, No. 2, (Jun.).

ScheperHughes, Nancy and Philippe Bourgois, 2004, "Introduction: Making Sense of Violence", in Nancy Scheper-Hughes and Philippe Bourgois(eds.), *Violence in War and Peace*, Malden: Blackwell Publishing.

Talal Asad, 1997, "On Torture", Arthur Kleinman, Veena Das, and Margaret Lock eds., *Social Suffering*, Berkerly and Los Angeles: University of California Press.

Thomas Gould, 1990, *The Ancient Quarrel Between Poetry and Philosophy*, Princeton, N.J.: Princeton University Press.

Walter J. Ong, 1982, *ORALITY and LITERACY: The Technology of the Word*, London and New York: METHUEN.

맺음말 _김동춘

김동춘, 2011, "냉전, 반공주의 질서와 한국의 전쟁정치", 『경제와사회』 봄호.

_____, 2014, "우익의 운동", 『황해문화』 봄호.

_____, 2013, 『전쟁정치』, 길.

한병철, 2012, 『피로사회』, 문학과지성사.

Armstrong, Charles, 2013, *Tyranny of the Weak: North Korea and the World, 1950–1992*, Cornell University Press, forthcoming.

Bauman, Zygmunt, 15 May, 2013, "Europe is Trapped between Power and Politics", *Social Europe Journal*.

Bauman, Zygmunt, February 2014, "Does the Richness of the Few Benefits Us All", *Social Europe Journal*.

Blee, Kathleen M. Kimberly A Creasap, 2010, "Conservative and Right Wing Movements", *Annual Review of Sociology*, 36, 36: 269–286.

Boyer, Paul S., 2010, "Anticommunism", *The Oxford Companion to United States History Dictionary*, Oxford University Press.

Buruma, Ian 1995, *THE WAGES OF GUILT Memories of War in Germany and Japan*, New York: Farrar, Straus & Giroux.

Dower, John W. 2003, *Embracing defeat: Japan in the wake of World War II*, W. W.

Norton & Co.

Eve, Martin, 1982, "Anticommunism and American Intervention in Greece", Lawrence Wittnered, *American Intervention in Greece: 1943-1949*, Colombia University Press, 1982.

Fukuyama, Francis, 1995, *Trust—The social virtues and the creation of prosperity*, Hamish Hamilton, London.

Gaddis, John Lewis, 1989, *The Long Peace: Inquiries Into the History of the Cold War*, Oxford University Press.

Galtung, Johan, 1975, "Peace: Research, Education, Action", *Essays in Peace Research*, Vol. 1, Copenhagen: Christian Ejlers.

Haynes, John Earl, 2000, "The Cold War debate continues: Its Traditional View in Historical Writing on Domestic Communism and Anticommunism", *Journal of Cold War Studies*, Vol. 2, No. 1, Winter.

Heonik Kwon, 2010, *The Other Cold War*, New York: Columbia University Press.

Kim, DongChoon, 2009, *The Unending Korean War: A Social History* (translation of War and Society), Translated by Sung-Ok Kim, Larkspur, CA: Tamil Vista.

Kim, DongChoon, 2007, The War against the "Enemy Within": Hidden Massacres in the Early Stages of the Korean War, Gi-wook Shin, Sun-Won Park eds, *Rethinking Historical Justice and Reconciliation in North-East Asia*, London: Routledge (English).

Giles Scott Smith, 2013, *Western Anti-Communism and the Interdoc network—Cold War Internationale*, Palgrave Macmillan Transnational History Series.

Kovel, Joel, 1994, *Red hunting in the promised land: anticommunism and the making of America*, New York: Basic books.

Schonberger, Howrd, 1982, "U.S Policy in PostWar Japan: The retreat from Liberalism", *Science and Society*, Vol. 46. No. 1, Spring.

Wallerstein, Immanuel, 2010, "What Cold War in Asia? An Interpretive Essay," in Zhang Yangwen, Hong Liu, and Michael Szony, eds. *The Cold War in Asia: The Battle for Hearts and Minds*, Leiden: Brill.

Therborn, Goran, Nov. Dec. 2012, "Class in the 21th Century", *New left Review*, 78.

Verheyen, Dirk, 2010, *United City, Divided Memories: Cold War Legacies in Contemporary Berlin*, M & D: Lexington kooks.

Wacquant, Loïc, 2009, *Punishing the Poor: The Neoliberal Government of Social Insecurity*, Durham: Duke University Press.

찾아보기

인명

ㄱ

갈퉁, 요한Galtung, Johan 424

개디스, 존 루이스Gaddis, John Lewis 410

고르바초프, 미하일 28, 87

굴드, 토머스Gould, Thomas 398

귀데, 막스Güde, Max 124, 140

귀르비치, 조르주Gurvitch, Georges 77, 95

그로테볼, 오토Grotewohl, Otto 79, 100~104, 107~112

김구 251, 285, 381

김규식 251, 323

김대중 160, 200, 222~224, 229~236, 241, 244, 247, 248, 254~257, 265, 266, 296, 297, 327, 330, 345, 346, 362, 390, 418, 419

김일성 185, 203~205, 214~216, 257, 266, 324, 363, 394, 410, 412, 418

김재준 251, 252

김정은 266, 412

김정일 204, 205, 215, 216, 243, 266, 317, 365

김창준 251

ㄴ

넉스, R.Nurkse, R. 278

노무현 160, 169, 170, 172, 244, 265

놀라우, 귄터Nollau, Günter 116

니마이어, 게르하르트Niemeyer, Gerhart 116

니묄러, 마르틴Niemöller, Martin 111

닉슨, 리처드 93

ㄷ

다렌도르프, 구스타프Dahrendorf, Gustav 101

대처, 마거릿Thatcher, Margaret 88, 198, 421

덜레스, 존 F. 94

데르팅어, 게오르크Dertinger, Georg 109

데리다, 자크Derrida, Jacques 395

델링스하우젠, 에버트 폰Dellingshausen, Ewert von 51, 52, 57

되프너, 율리우스Döpfner, Julius 60

드골, 샤를 39

디크만, 요하네스Dieckmann, Johannes 110

ㄹ

라이샤워, 에드윈 O. Reischauer, Edwin O. 276

레논, 존 93

레닌, 블라디미르 22

레머, 에른스트Lemmer, Ernst 137, 140

레이건, 로널드 23, 88, 91, 198, 418, 421

렉스, 한스 리터 폰Lex, Hans Ritter von

116

로스토, 월트 W.Rostow, Walt W. 11,
274~289, 415

루스벨트, 프랭클린Roosevelt, Franklin
91, 224, 293

루이스 W. A. Lewis 278

룩셈부르크, 로자Luxemburg, Rosa 29, 76

리프크네히트, 빌헬름Liebknecht, Wilhelm
27

리프크네히트, 카를Liebknecht, Karl 76

리히터, 빌리Richter, Willi 150

□

마르크스, 카를Marx, Karl 10, 16, 23, 24,
28, 38, 74, 75, 85, 86, 231, 274

마오쩌둥 23, 203

마코토, 사이토 250

만하임, 카를Mannheim, Karl 32

매카시, 조지프McCarthy, Joseph 91~92,
98, 239, 409

매큔, 조지 250

매킨타이어, 칼McIntire, Carl 259, 261

메르카츠, 한스-요아힘Merkatz, Hans-
Joachim 153

메이첸, 그레섬 J.Machen, Gresham, J. 260

멘데, 에리히Mende, Erich 65, 66

몰로토프, 뱌체슬라프 M.Molotow, Vyache-
slav M. 105

무솔리니, 베니토 29

문익환 252, 418

미르달, G.Myrdal, G. 278

미테랑, 프랑수아 23

ㅂ

바르케, 헤르베르트Warnke, Herbert 129,
130

박근혜 266, 339, 418

박정희 195, 204, 205, 209~211, 233,
257, 281~285, 289, 295, 305, 310,
324, 327, 328, 338, 354, 355, 373, 378,
381, 384, 394, 415, 417

박형규 394

박희범 286

발리바르, 에티엔Balibar, Etienne 392

베너, 헤르베르트Wehne, Herbert 67, 69,
70, 82, 107, 122, 146, 149, 154

베른슈타인, 에두아르트Bernstein, Eduard
75, 239

베벨, 아우구스트Bebel, August 132

베셀, 헬레네Wessel, Helene 57, 58

베스캄, 빌헬름Weskamm, Wilhelm 60

베첼, 귄터Wetzel, Günter 68

벤담, 제러미Bentham, Jeremy 320, 399

벤야민, 발터Benjamin, Walter 395

벵시, 알프레트Bengsch, Alfred 60

보헨스키, 요제프 M.Bochenski, Joseph M.
116

뵈클러, 한스Böckler, Hans 110, 122, 138

부르디외, P.Bourdieu, P. 227

부시, 조지 W. 23, 91, 198, 343, 365

브란트, 빌리Brandt, Willy 46, 64, 65,
67, 70, 80, 85, 87, 197, 222~224, 229,
234~241, 418

블로흐, 에른스트Bloch, Ernst 85

블뤼허, 프란츠Blücher, Franz 108

비르트, 요제프Wirth, Joseph 58, 433

비르트-하이네만 58

ㅅ

서경석 258

셸, 발터Scheel, Walter 46, 70

쉐퍼, 프랜시스 260, 261

슈뢰더, 게르하르트Schröder, Gerhard
37, 153

슈마허, 쿠르트Schumacher, Kurt 100~
105, 108~110, 112, 121, 122

슈타인, 로렌츠 폰Stein, Lorenz von 75

슈탈만, 리하르트Stahlmann, Richard 102

슈토프, 빌리Stoph, Willi 69

슈트라우스, 프란츠 요제프Strauß, Franz-
Josef 111

슈페르놀, 보리스Spernol, Boris 114

스칼라피노, 로버트 A.Scalapino, Robert A.
276

스탈린, 이오시프 22, 27, 28, 48, 60, 77,
81, 107, 154, 180, 203, 230, 236, 409

ㅇ

아가르츠, 빅토어Agartz, Viktor 84,
121~127, 131, 133, 136~157

아데나워, 콘라트Adenauer, Konrad 45,
49, 60, 79, 83, 100, 106, 108~112,
117, 120, 122, 137, 150, 151, 154

아돌프, 발터Adolph, Walter 59

아렌트, 한나Arendt, Hannah 34, 395

아르놀트, 카를Arnold, Karl 138

아리스토텔레스 73, 398

아벤트로트, 볼프강Abendroth, Wolfgang
85, 136, 139, 153~155

아우에, 루돌프 로즈만 폰Aue, Rudolf Lodg-
man von 61

아우크슈타인, 루돌프Augstein, Rudolf 108

아이젠하워, 드와이트 96, 119, 279

안호상 189, 269

양우정 269

에버트, 프리드리히Ebert, Friedrich 76

에하르트, 한스Ehard, Hans 103

엘러스, 헤르만Ehlers, Hermann 110

엥겔스, 프리드리히Engels, Friedrich 10,
38, 74

옐친, 보리스 28

오바마, 버락 91, 95

오시츠키, 카를 폰Ossietzky, Carl von 153

올렌하우어, 에리히Ollenhauer, Erich
103, 149

올리버 267

울브리히트, 발터Ulbricht, Walter 66,
108, 110~112, 130, 154, 155

울프, 찰스Wolf, Charles Jr. 279

이명박 236, 257, 258, 265, 340, 344

이범석 189, 446

이승만 178, 179, 181, 183, 184, 186,
189~191, 194~196, 204, 205, 209,
251, 257, 267, 294, 307, 309, 318, 323,
330, 333, 338, 380, 415

ㅈ

장준하 252, 271~274, 279, 284, 285,
287

장택상 181, 182, 184

조봉암 185, 269, 294, 381, 393, 415

주요한 272, 502

ㅊ

찬, 페터 폰Zahn, Peter von 45

처칠, 윈스턴 38

체 게바라 41

ㅋ

카뮈, 알베르Camus, Albert 404
카우츠키, 카를Kautsky, Karl 75
카이저, 야코프Kaiser, Jakob 108, 111
케넌, 조지Kennan, George 193, 275, 293, 294
케네디, 로버트 93
케네디, 존 F. 93, 277
케인스Keynes 278
콜프, 발터Kolb, Walter 103
쿠벨, 알프레트Kubel, Alfred 102
크노테, 빌헬름Knothe, Wilhelm 101
클린턴, 빌 37, 91
키징어, 쿠르트 게오르크Kiesinger, Kurt Georg 69
킹, 마틴 루서 93

ㅌ

태완선 279
토마스, 뤼디거Thomas, Rüdiger 115
토크빌, 알렉시스 드 96
트로츠키, 레온 28
트루먼, 해리Truman, Harry S. 91, 157, 224, 225, 293
틴버겐 J.Tinbergen J. 278

ㅍ

파슨스 279
파울, 후고Paul, Hugo 138
페테, 크리스티안Fette, Christian 111
포서, 디터Posser, Diether 136, 139, 148, 155

포퍼, 칼 라이문트Popper, Karl Raimund 87
프롬, 에리히 192
프루동, 피에르 조제프 39
프르할라, 레프Prchala, Lev 61
프리드먼, 밀턴 25, 26, 87
피르커, 테오Pirker, Theo 126, 136, 138, 139, 142, 143, 156
픽, 빌헬름Pieck, Wilhelm 102, 103, 110~112

ㅎ

하노버, 하인리히Hannover, Heinrich 157
하리히, 볼프강Harich, Wolfgang 146, 151
하이네만, 구스타프Heinemann, Gustav 57, 58, 136~138, 140, 141, 148, 157, 197
하이에크, 프리드리히 아우구스트 폰Hayek, Friedrich August von 25, 34, 87, 423
한경직 250, 251
함석헌 287
험프리, 존Humphrey, John 388
호커츠, 한스 귄터Hockerts, Hans Günter 107
후버, 존 에드거Hoover, John Edgar 91, 98
흐루시초프, 니키타 27
히틀러, 아돌프 22, 39, 47, 76, 77, 122, 131, 154, 189, 236

기타

〈007 살인번호〉 355
10월 혁명 47, 91
1953년 6월 17일 46, 58, 62, 63, 71, 83,
  115, 119
1968년 혁명(68혁명) 85, 86, 228, 415,
  416, 418
1차 세계대전 47, 76, 115, 117, 249
24보안법 파동 270
3개 서방연합국 105
3상회의 결정서 268
4·19혁명 160, 274, 279, 281, 284, 294,
  324, 329, 333, 372, 381
『5·16군사혁명사』 280, 282
5·16쿠데타 195, 279~281, 284, 287,
  295, 309, 338, 378
5·18민주화운동 176, 333
6·25전쟁 202~204, 207, 250~252, 257,
  261, 262, 323, 324, 412
6월 항쟁 254, 338, 344
7·4남북공동성명 355, 356
〈7인의 여포로〉 351~353
CIA 42, 50, 52, 53, 63, 325~327
PTSD 391

ㄱ

가족주의 189
간접 침략 350
간첩 87, 92, 94, 145, 176, 177, 302, 350,
  354, 355, 357, 365~367, 376, 386,
  393, 396, 399~408
〈간첩〉 365
간첩·첩보영화 346, 350, 355~357, 365,

367, 368
간첩신고정신 384
간첩조작 사건 376, 401
간첩죄 재판 121
감성 프로파간다 386
강요된 성장으로서 개발론 372
강제 통합 101, 102
강제전향제도 376
개신교 형제평의회
  Bruderrat der Evangelischen Kirche 111
개인의 내면적 자율성 380
거창양민학살 사건 383
건국준비위원회 182, 193
〈격퇴〉 352
경제 2개년계획 106
『경제·사회과학통신』WISO 124, 125,
  127, 131, 133~136, 138, 139, 145,
  150, 156, 157
경제발전 5단계설 275
『경제성장의 제 단계』 275, 277
경제적·사회적·문화적 권리(적극적 권리)
  370
경제제일주의 279, 281
경제학연구소WWI 122, 126, 136, 138,
  142, 143, 150
경향신문 폐간 사건 270
계급적 균열 379
계급투쟁 24, 50, 128, 132, 133, 143, 144,
  154, 186, 392
계몽주의 15, 32, 33, 260, 382
고문과 가혹행위 376
〈고발〉 354
고전적 기본권 388
고전적인 자유민주주의 382

〈고지전〉 360~362

공격적인 성향 385

〈공동경비구역 JSA〉 362

공론장 199, 221, 425

공산당 16, 27, 28, 40, 51, 55, 56, 61, 62, 101, 102, 105, 112~114, 120, 122, 128, 146, 148, 149, 181, 185, 186, 194, 230, 237, 272, 304, 311, 322, 381, 409, 410, 416

공산당 금지 61, 116, 122, 131, 135, 153

공산당 금지 절차 115, 116

『공산당 선언』 10, 20, 74

『공산주의 문제들』 271

공산주의자 유보조항 59, 62, 114

공안검찰 175, 374

공안조작 사건 376

공포와 자기검열 385

과거사 청산 200, 377

관변단체 374

광주민주화운동 252, 254, 312, 322~324, 328, 334~337, 341, 369, 379, 385, 418

괴뢰-꼭두각시 387

교과서 포럼 200~205, 207~209, 211, 213, 256

교학사 교과서 218~220

구속자 석방운동 376

구속자가족협의회(구가협) 376

구조적 금기 372

구조적 배제 원칙 371

구조화된 구조 371

구조화된 반공주의 372

구조화하는 구조 371

국가보안법 158~160, 173, 175, 179, 183, 290, 294~298, 300, 301, 303, 313, 315, 324, 338, 351, 353, 367, 374~376, 401, 405, 411, 420, 424

국가 비상사태 309, 375

국가수호 법령 56

국가수호법 56

국가안전부(=슈타지) 89, 100

국가억압기구 371

『국가와 혁명과 나』 283

국가의 존립 375

국가인권위원회 377

국가자본주의 22, 27, 35, 380

국가주의 논리 371, 378

국민 여론조사 105, 106, 110

국민교육헌장 378

국민권익위원회 377

국민보도연맹원 369, 393

국민의 원형 385

국민청원 106

국정원 175, 338, 339, 411, 417, 420, 424

국제 공산주의와의 사상적·정치적 대결을 위한 조정위원회 52

국제 앰네스티 373, 377

국제인권규범 370

〈군번 없는 용사〉 354

군사독재 26, 35~37, 41, 84, 196, 252, 265, 291, 300, 415, 416

군사정부 160, 277, 280~282, 286, 287, 289, 328

권위주의 31, 34, 42, 95, 158, 160, 167, 168, 200, 244, 257, 295, 296, 357, 380, 390, 393~395, 400, 401, 405, 419

균형성장론 278, 279

그로테볼Grotewohl 서신 108~110

극단적인 반공론 378

극우 36, 39, 86, 160, 161, 177, 255, 309, 364, 417

근대적 자유와 권리 384

근대화론 199, 274, 276~278, 281, 284~286, 288, 289

근본주의 15, 32, 42, 74, 93, 186, 246, 248, 253, 259~262, 418, 421~425

글라스노스트 28

글라스노스트/페레스트로이카 정책 87

금성교과서 200~208, 213~217, 220

기독교 17, 23, 178, 184~188, 194, 245, 246, 250~254, 256~263, 265, 311, 323, 379, 381, 417, 418

기독교 근본주의 418

기독교 민주화운동 379

기독교 반공투사 259, 379

기독교 사회주의 186

기독교 우파 253, 254, 260, 262, 263

기독교인 187, 188, 191, 194, 246, 251, 252, 265, 378

기독당 258

기민CDU·기사당CSU 66, 84, 100, 109, 136

기본권 보장 377

기본법 80, 114, 129, 131, 139, 140, 153, 155

기본권 인권 92, 378

기의the signified 223

기표the signifier 223, 380

기호the sign 223

기호학 223

긴장완화정책 118, 120

ㄴ

나치 독재 117, 118, 198

나치독재희생자보상법 59

〈남부군〉 358

남북 화해 247, 383

남성 영웅 385

남한 사회가 적화 380

남한의 진보적 인권운동 383

내독 교통협정 70

내독 여객운송 70

내란죄 150, 151

내면화된 반공 이데올로기 384

내부의 공적公敵 388

내생적 164, 165

내포적 공업화 286

냉전반공주의 229, 255, 319, 371, 380, 385, 416, 424

냉전사 18

노동시장 유연화 314, 422

노무현 정부(정권) 160, 161, 165, 169, 172, 200, 244, 247, 248, 254~258, 265, 266, 297, 340, 344, 346, 390, 419

노조 106, 113, 121, 122, 126~131, 133~138, 142~146, 149, 150, 152, 155~157, 167, 307, 310, 421, 424

농민의 경제적·사회적 권리 373

뉴라이트 198~204, 207~220, 243~245, 256~259, 262, 263, 265, 339, 379

뉴라이트 기독교연합 256

뉴라이트 운동 244, 245, 262, 379

뉴라이트 전국연합 256~258, 297, 298

뉴라이트적 보수주의 379

『뉴스앤조이』 247

ㄷ

다원화 247, 248, 255, 379

단색적 발전론 372

대량학살 176, 390, 395, 414, 416, 417

대연정 46, 67, 69, 70, 84

대중단체 100

대중의 거대한 심리적 차단벽 384

대한노총 307~310, 318

대한독립촉성전국청년총연맹 307

대한민국 헌법 388

대한민국의 공식적 이데올로기 374

대한민국의 정통성 219, 244, 257, 379

대화와 협상 무조건 반대논리 378

〈더 킹 투 하츠〉 365

도약 단계 276, 279, 280

도약take-off이론 280

독·독 우편협상 70

독일 감사신탁주식회사Deutsche Revisions-
und Treuhand AG 118

독일 인민위원회Deutscher Volksrat 106

독일개신교협회EKD 140

독일공산당KPD 45, 50, 51, 55, 59, 76,
77, 79, 83, 86, 99, 101, 110, 122, 123,
138, 153, 154, 237

독일노동조합총연맹DGB(＝독일노총) 84,
111, 122, 125

독일노총 100, 122, 126, 127, 130,
131, 134, 135, 138, 141~145, 147,
150~154, 156, 157

독일민주주의공화국(동독)GDR 79, 107,
128, 132, 227

독일연방공화국(서독)FRG 45, 65, 79,
107, 124, 133, 145, 151, 222, 227

독일연방정보국(연방정보국)Bundes-

nachrichtendienst 50, 52

독일인 재교육정책re-educational policy
227

독일인동맹BdD 58

독일평화연합DFU 58

독재 미화 218

독점적·배타적 통치체계 370

〈돌무지〉 354

〈돌아온 여군〉 353

동구권 13, 27, 37, 81, 118, 409, 410,
415, 420, 421

동독 대외 비밀정보국 102

동독 민중봉기 46, 58, 62, 119

동독 사무소 54, 67, 116

동독의 서방정책 99, 100, 101

동방정책 47, 68, 70, 81, 85, 87, 222,
224, 236, 238, 240, 241, 418

동방학부Ostkolleg 115, 116

동서독 간 국경 117

『동아일보』 244

동일방직 310

〈동창생〉 365, 366

두 개의 세계정책two world policy 224,
225

ㄹ

랜드연구소 279

런던 외무장관회의 105

레드콤플렉스 190, 191, 302, 303, 316,
319, 367, 392, 397

롤백정책 53, 59, 63

ㅁ

마니교 259, 260, 262, 264, 265

마르크스-레닌주의 16, 17, 20, 21, 35, 86, 88, 129, 131
마르크스주의 16, 17, 20, 74, 84~86, 133, 139, 146, 239, 246, 249, 250, 261, 312, 313, 393, 422
마셜플랜Marshall Plan 105, 224
마오주의 14, 17, 20, 41, 85, 86, 92, 93
마음속의 38선 386
마음의 검열관 385
마이데이 맘풀이 391, 408
매카시 현상 239
매카시즘 32, 42, 83, 91, 176, 180, 192, 259, 322, 339, 418~420
멸공 181, 251, 267, 269, 279, 281, 288
모스크바 외무장관회의 102, 103
목적-수단 전치적 윤리 380
무신론 96, 186, 249
뮌헨 주총리회의 103, 104
미국 점령지구 101~103
미국 점령지구 배상법 114
미국 국제개발처USAID 277
미군정청 293
민간독재 291, 300
민간인 학살 200, 360, 361, 369, 372, 385
민영화 422, 424
민족민주주의 220
민족적 민주주의 장례식 287
민족전선Nationale Front 107, 129
민족주의 47, 61, 179, 185, 187~190, 193, 195, 196, 199, 200, 202, 205, 207~209, 213, 217~221, 228, 233, 240, 241, 268, 269, 272~276, 278, 283, 284, 288, 289, 321, 328, 345, 356, 360, 361, 368, 382, 414, 416, 420

민족주의의 사유 382
민주노조운동 310, 312~314
민주노총 312, 314, 316, 317
민주당 정부 279, 281
민주사회주의 185, 387
민주적 사회주의Demokratischer Sozialismus 86, 238, 239
민주주의 25, 33, 34, 40, 43, 49, 55, 57, 74, 82, 85, 96, 97, 107, 115, 118, 131~133, 135, 143, 151~155, 161, 179, 184, 189, 204, 208, 220, 223, 224, 227~229, 231~242, 270~273, 276, 277, 282~284, 287~290, 296, 325, 330~333, 336, 344, 371, 372, 375~378, 380~382, 388~391, 408, 412, 413, 417, 418, 421, 423~425
민주주의는 반공의 수단 229, 381
민주주의와 법의 지배 376
민주화 36, 160, 161, 168, 177, 186, 201, 204, 210, 212, 233, 237, 247, 248, 254, 255, 277, 293, 295, 296, 300, 303, 313, 332, 334, 337, 344, 358, 377, 379, 387, 391, 394, 411, 413, 415, 425, 426
민주화 이후 160, 164, 167, 168, 177, 291, 304, 362, 377, 389, 392, 411, 417
민주화실천가족운동협의회(민가협) 375, 376
민주화운동 177, 212, 220, 252, 330, 335, 350, 370, 373, 379, 381, 382, 387, 406, 415, 419
민중신학 252
민중주의 382

ㅂ

바이마르공화국 47, 112, 117, 153
박정희 정부 204, 280, 281, 286~288, 309, 328
박정희의 한국식 민주주의 381
반격(롤백) 51
반계몽주의 15, 30, 96
반공 민주정신 378
반공 이데올로기 267, 268, 270~281, 288, 289, 369, 370, 374, 381, 384, 407
반공 한국의 세계사적 의의 378
반공교육 250, 304, 350, 355, 364
반공규율사회 303, 304, 306, 317, 320, 392, 393
반공규율체제 371, 373, 378, 387
반공담론 383
반공민주주의 220
반공산 제국주의 투쟁사 377
반공산당 선언 286
반공영화 11, 347~368, 461
반공적 노동조합주의 307, 309, 310
반공주의 노선 113, 181, 237, 238, 378, 415
반공주의 히스테리anticommunist hysteria 176
반공주의에 포획된 자유민주주의 380
반공주의와 인권침해 370
반공주의의 내면화 11, 302, 384
반공주의의 심리적·정서적 측면 383
반공주의의 정서적 지배력 385
반공주의의 종교화 176, 378
반공주의의 획일적 사고방식 386
반공주의자들의 '자유주의' 380
반공주의적 대중심리 386

반공주의적 심성 388
반공체제 극복운동과 저항적 정의운동 373
반공투쟁 59, 60, 71, 183, 187, 188, 264, 308, 377
반민특위 183, 210
반-반공주의 200, 208, 218, 220, 416
반-반공주의 논리 387
반보편 논리 379
반북 반공주의 377, 379, 385, 388
반북反北주의 177, 202, 207, 217, 220, 299, 301, 302, 305, 316, 318, 319, 338, 339, 354, 363~366, 411, 413, 417, 419, 420, 424
반비인도주의 투쟁단KgU 55, 63
반소-반중 노선 379
반유대주의 29, 47, 74, 76, 91, 228
반인권적 반북 반공주의 388
반입 금지의 감시에 관한 법Verbringungsgesetz 57
반전제주의 48, 49
반종교운동 249
반탁·반공 노선 381
반탁운동(신탁통치) 186, 268
발전국가적 경제성장 372
방첩 53, 350, 354~356
배제적 성격 371
법무부 인권 377
법의 지배 376, 387, 392
베를린 위기 48, 117
〈베를린〉 365, 366
베를린장벽 46, 59, 64, 84, 89, 100, 118, 120, 238, 240, 409, 410
베를린장벽 구축 46, 59, 64, 100, 118, 120
베트남전쟁 94, 252, 324

병영인민경찰Kasernierte Volkspolizei 109

보상 59, 62, 76, 102, 112, 114, 115, 120, 181, 287, 391

보수주의 14, 31, 98, 165, 188, 196, 244~248, 322, 327, 328, 377, 379, 417, 423

보존적 폭력 395, 405

『복음과 상황』 247

복음주의 245, 246, 260, 265

복음주의 좌파 246

본격적인 인권운동 374

본래적 의미의 민주주의와 인권 380

본질적 차원의 인권보장 388

봉쇄containment 48, 77, 94, 225, 230, 275, 293, 319, 350, 372, 384

부메랑 효과 377

부역자 처리 383

부처 간 동서영화문제위원회Interminis-terieller Ausschuss für Ost/West-Filmfragen 118

북서독 방송 45

북진통일 251, 252, 267~269, 272, 279, 288, 294

북한 13, 28, 43, 161, 162, 167, 169, 173, 176, 177, 179, 180, 184~186, 190~192, 194, 199~203, 205~208, 211~217, 219, 220, 223~227, 230, 232~235, 242, 243, 247, 250~252, 261, 262, 264, 266~268, 273, 291, 293, 294, 298~302, 304, 305, 307, 315~317, 324, 331~333, 336, 339, 341, 344~346, 348, 350~355, 360~368, 379~381, 383, 386~388,

393, 394, 404, 405, 407, 410~415, 417, 419

북한 인권 381, 383

북한 인권 문제 383

분단 7, 41, 48, 81, 104, 112, 116~120, 141, 146, 158, 161, 162, 167, 174~178, 180, 183, 185, 187, 192~196, 211, 212, 214, 221~229, 251, 252, 257, 263, 304, 319, 334, 350, 355, 362, 367, 384, 392, 394, 410~413, 415, 418

분단의식의 과잉사회화 319, 384, 392

불균형성장론 279, 286

불량국가 299, 300

불성립에 따른 반사적 가치 380

블록당 100

비교우위적 가치로서의 반공과 인권 381

비례대표제도 169

비스마르크 시대 113

비스바덴협정 61

비엔나국제인권대회 374

비자유주의적 정서 387

비자유주의적-급진적 인권 사상 382

비전향 장기수의 사회적응 지원 376

비판정신의 불모성 384

빨갱이 194, 263, 303, 304, 310~312, 316, 317, 320, 338, 379, 383, 400, 401, 403, 404, 408, 411, 418, 424

ㅅ

사민당SPD 49, 51, 54, 65, 68~70, 100~106, 108~110, 112, 116, 121, 122, 125, 126, 130, 131, 133, 135, 137, 138, 143, 145~151, 154, 155, 157, 237, 238~241

사민주의 행동Sozialdemokratischen Ak-
tion 112
사민주의형 복지국가 389
사사오입 개헌 270
『사상계』 270~274, 278, 279, 284~287
사상의 왜곡 377
사상의 자유 33, 80, 322, 344, 384
사이언톨로지 23, 33, 95
사탄 187, 259, 263
사회민주당SPD 12, 27, 75~77, 79, 82,
84~87, 90, 186, 236
사회민주주의 15, 18, 37, 77, 161, 176,
184, 185, 193, 195~197, 237, 299,
387, 389, 415, 416, 421
사회민주주의의 결합 389
사회민주주의적 반공주의 382
사회심리 192, 370, 385, 390
사회운동-저항형 382
사회운동적 해방론 382
사회의 정신습속 385
사회주의 13~16, 20, 21, 24, 25, 27, 28,
31, 35, 37~40, 59, 73, 75~78, 80,
82~86, 98, 125, 128, 132, 143, 145,
149, 161, 167~169, 178~180, 182,
184~186, 188, 190, 191, 195, 196,
204~206, 209, 211, 228, 236, 239,
246, 249~251, 266, 290, 299, 310,
312, 316, 363, 409~411, 414, 415,
421~424
사회주의통일당(사통당SED) 45, 49, 50,
56, 63, 64, 71, 99~113, 116, 119, 120,
124, 127~131, 140, 145, 152, 237, 415
사회통합 8, 276, 412
산업노동자 113

산업전사 303, 305, 306, 308, 318
상식철학 259, 260, 264
『새 독일』Neues Deutschland 104, 109
샌프란시스코 회의 286
서독 11~13, 45~73, 78~80, 82~89,
99~105, 107~115, 117~123, 129~
133, 136, 138, 140, 142, 143, 146~148,
151, 152, 154~157, 197, 198, 222, 224,
225, 227~229, 235, 237, 240~242,
411, 412, 415, 416, 420
서독 서방 통합 107
서방 3개 점령국 106, 108
서방 점령지구 102, 103, 105
서방 통합 48, 107
서방 연합국 105
서방 연합군 점령지구 103
서부업무공동체Arbeitsgemeinschaft West
106
서쪽의 건국 106
선교사 100, 186, 249~251, 261, 311,
323
선민의식 264
선先민주 후後통일 234
선진화시민행동 258
선호의 형성 159, 162
성경 246, 247, 261
〈성벽을 뚫고〉 349
성장 이데올로기 371
『세계 공산주의 개론』Handbuch des Welt-
kommunismus 116
세계교회협의회WCC 252, 311
세계인권선언 370, 376, 388
소련 군정청 104
소련 점령지구 44, 45, 54, 65, 81,

101~106, 123~125, 128~130, 146, 237

소비에트화 48

소선거구제 173

소중화주의 264

수감자 지원활동 376

수데티독일동포협회 61

수동적 시민 384

수출주도형 산업화 275

〈쉬리〉 365

『슈피겔』Spiegel 104, 108, 147, 149, 157

스탈린 구상서 112

스탈린주의 17, 20, 28, 81, 91, 154

승공勝共 280, 281, 283, 305, 309, 318, 355

시민운동 244, 254

시민적 규범성 384

시민적·정치적 권리(소극적 권리) 370, 375, 379

시민적·정치적 권리에 관한 국제규약ICCPR 375

시장공리주의 379

시장근본주의Market Fundamentalism 424, 425

시장자유주의 379

식료품 공급 119

식료품 소포Care-Pakete 119

식민지 근대화론 199

신동방정책Neue Ostpolitik 46, 64, 65, 67, 70

신본주의 260, 261

신자유주의 13, 25, 26, 41, 96, 314, 321, 413, 420~424

신좌파 415, 416

실정법 규범 374

실질 헌법 374

실천적 통치 이념 388

심리전 32, 44, 45, 51, 53, 57, 71, 339, 348, 383

심화된 민주주의 388

〈싸리골의 신화〉 354

ㅇ

〈아름다운 시절〉 358, 359, 361

아비투스habitus 227, 229

〈아이리스〉 365

알렌스바하 여론조사연구소 110

양심의 자유 375, 376

여성가족부 377

여순사건 176, 178, 183, 348, 375, 405

역사 교과서 논쟁 197~207, 213, 217, 218, 220, 221

역사전쟁 2013 200, 218, 220

역사학계 88, 198~200, 207~212, 217~220

역코스 292~294

연대권 370

연방 전독일문제연구원BfgA 68

연방내무부 50, 51, 55, 56, 58, 59, 67, 115, 116, 118

연방대법원 123, 128, 129, 136, 138, 142, 153, 155

연방배상법Bundesergänzungsgesetz 114

연방보상법Bundesentschädigungsgesetz 114

연방정부 48, 49, 51, 55, 59, 62, 65, 67, 69, 70, 96, 109, 110, 112, 114~116, 131, 146, 153~155

연방정치교육원Bundeszentrale für politi-
sche Bildung 115, 116

연방주의 39, 105, 113

연방하원 50, 51, 57, 58, 107, 109, 110,
112, 116, 122, 131, 136, 138, 149, 153,
154

연방하원 전독일위원회 107, 116

연방향토봉사원Bundeszentrale für Hei-
matdienst 59, 115, 116

연방헌법수호청Bundesamt für Verfas-
sungsschutz 50~52, 116

연방헌법재판소 45, 114, 116, 122~124,
136

연합국 31, 44, 78, 80, 83, 86, 89, 101,
103~108, 122, 292

연합국 고위위원회 108

연합국관리위원회Alliierter Kontrollrat
105, 106

연합군사령부 292~294

영국 점령지구 102, 106, 125, 138

영미 점령지구 122, 125, 138, 148

오락성 353, 356, 357

올드라이트 199, 200, 339, 379

외국인혐오증Xenophobia 422

용공분자 무차별 학살 383

『우리 민족의 나갈 길』 281, 283

우리 사회 인권의 수준 375

우수반공영화상 356

우익사관 198

우편물 검열 56

〈운명의 손〉 349

원초적 민족감정 383

『월간조선』 244

월남 185, 186, 191, 251

〈웰컴 투 동막골〉 360

유교 41

유물론 16, 231, 249, 321

유신 158, 196, 204, 233, 234, 288, 354,
379, 394

유신 옹호 379

유엔 23, 41, 87, 97, 111, 235, 278, 412

〈은마는 오지 않는다〉 358, 359, 361

〈은밀하게 위대하게〉 365, 366

의문사위원회 390, 407

의사표현의 비제약 384

『의회』Das Parlament 116

이데올로기 11, 14, 20, 23, 24, 34, 41, 45,
47, 48, 59, 60, 73, 85, 87, 96, 116, 117,
175~178, 184, 187, 190, 193, 196, 244,
256, 258, 262, 267, 268, 270~274,
277~281, 288~291, 298, 299, 301,
303, 310, 328, 347, 349, 360, 365, 367,
369~371, 374, 379~381, 384, 385,
391, 392, 401, 409, 411~416, 418, 424

이데올로기 갈등 축 379

이데올로기 교육 384

이데올로기 대행기구 374

이데올로기적 헤게모니 371

이승만 시대 383

이승만 정부 178, 185, 201, 202, 204,
251, 267~273, 307, 328, 377

이승만의 미국식 자유민주주의 381

이원론 259, 260, 262, 264, 265, 386

『이코노미스트』The Economist 97, 278

이행기 정의 390, 408

인권 제도화 387

인권과 민주주의 371, 377, 380, 388

인권과 민주주의 사상 380

인권변호사 376
인권운동과 정치운동 374
인권의 제도화 377
인권의 특징 370
인권침해의 일탈성과 심각성 370
인도적 자유주의 389
인도적 지원 383
인민위원회 182
인민의회Volkskammer 107, 110, 111, 128, 129
인민혁명당 재건위 사건 372
인민회의 104, 106
인민회의운동Volkskongressbewegung 101, 105, 106
인본주의 260, 261
인종주의 29, 30, 73, 76, 93, 177, 192, 193, 228, 321, 417, 425
인혁당 사건 393
일민주의 189, 190, 268~270, 318
일반 민주화운동 373
일반 사회운동 373
일본 13, 21, 22, 30, 40, 42, 43, 77, 179, 182, 184, 186, 189, 191, 198, 209, 211, 212, 214, 217, 219, 225, 226, 249, 250, 269, 275, 278, 286, 287, 291~294, 300, 341~343, 355, 371, 398, 409, 414, 417, 420
일상적 반공주의 12, 55, 99, 112
일제강점기 175, 178, 181, 184, 185, 208, 209, 211, 249, 250, 285, 289, 292, 302, 321, 347, 355, 357, 371

ㅈ
자기강화 159, 166
자기검열성 384
자본주의 12, 13, 15, 23, 24, 26, 28~30, 37, 38, 42, 76, 96, 99, 135, 156, 184, 189, 195, 201, 211, 224, 225, 228, 231, 232, 239, 240, 249, 250, 265, 266, 269, 274, 275, 278, 292, 318, 337, 366, 409, 410, 413, 414, 416, 420~424
자석 이론 100, 107
자연권적 인권 사상 382
자유당 196, 270
자유독일노조총연맹FDGB 124
자유독일노총 124, 127~131, 133, 138, 140, 145, 150
자유민주주의 51, 64, 161, 176, 184, 185, 196, 212, 243, 258, 259, 269, 270, 280, 281, 283, 284, 297, 303, 322, 339, 377, 378, 380~382, 388, 412, 413, 416~418
자유민주주의 체제 258, 283, 388, 412
자유민주주의적 반공 381
자유민주주의적 반공주의 382
자유법조인 조사위원회UfJ 54, 68
〈자유전선〉 352
자유주의 14, 19, 24, 25, 31, 66, 175, 176, 184, 185, 189, 193~196, 198, 200, 220, 228, 254, 258, 259, 270, 272, 282, 380, 382, 387~389, 409, 411, 415, 416, 419, 421
자유주의 연대 200, 256
자유지상주의liberitarianism 416, 423
자학사관 198, 201, 257
〈작은 연못〉 361
(재)진실의힘 391
재건국민운동본부 282
저강도 전쟁Low Intensity War 410

저항형 인권 382, 387

적그리스도 96, 250, 262, 264

적대적 공생관계 300

적색공포red-scare 91, 176~179

적색공포증 385

전국민주화운동 유가족협의회운동 376

전단 101, 102, 129, 131

전독일문제부 45, 48, 50~59, 63~71, 108, 115, 118, 137, 140

전독일민족당Gesamtdeutsche Volkspartei 57

전독일 평의회Gesamtdeutscher Rat 111

전두환 160, 233, 328~336, 379, 417

전문적인 인권운동가 374

〈전우〉 349

전쟁영화 349~352, 356, 358~363, 367, 368

전체 대표권 100

전체주의totalitarianism 34, 68, 97, 176, 193, 196, 212, 224, 228, 269, 283, 419

전통적 인권운동 373, 383, 387

절대권 375

절차적 민주주의 375, 417

정당체제 33, 158, 165

정서의 이념적 표현 384

〈정의의 진격〉 349

정전협정 180, 268, 413

정초적 폭력 395

『정치교육 정보』Informationen zur politischen Bildung 115

정치교육politische Bildung 59, 112, 115

정치범 석방거래 67

『정치와 현대사에서』Aus Politik und Zeitgeschichte 115, 116

정치적 선호 158, 162

정치적 신학 387

정치적 자유주의의 기반 387

제1차 경제개발5개년 계획 286

제1차 형법개정법 124, 133

제3세계 13, 21, 24, 40, 88, 176, 186, 195, 276, 415

제3의 길 15, 37, 41, 99, 239

제국향토봉사원Reichszentrale für Heimatdienst 115

제도 11, 15, 20, 159, 162, 163, 167, 193, 230, 295, 370, 376, 377

제도 개선과 입법운동 377

제도적 탄압 374, 387

제도화된 반공주의 375

제도화된 인권침해 375

제주 4·3사건 176, 178, 348, 369

제한적 민주화 296

젠더 영역 385

조봉암 사건 376

조선공산당 185

조선노동조합전국평의회 307

『조선일보』 244

존슨 행정부 277

종교화된 반공주의 378

종말(세계종말, 종말론) 28, 187, 251, 264, 421

종북 노선 373

종북 논쟁 377

종북 세력 303, 345, 387

종북 오명 380

종북 좌파 339, 379

종업원평의회Betriebsrat 62, 102, 113

좌익수와 비전향 장기수 376

좌파적 가치 257

주사파 302, 314, 315

주총리 102~104

주한미군사고문단 178

중대한 인권침해 390, 394, 400

중립주의자 49, 99

중위투표자 163, 173, 174

지배계급의 이익 375

지지·해방 전략 45

진보 36, 47, 66, 142, 155, 158, 160, 166,
  167, 170~174, 197, 199, 208, 237,
  245, 251, 252, 254, 265, 277, 297, 315,
  344, 345, 375

진보당 269, 270, 273, 294, 376

진보를 위한 동맹 277

진실화해위원회 377, 390, 406, 407

진영 논리 197, 359

집합적 반체제투쟁 373

ㅊ

차별금지법 제정 시도 377

『차이트』Die Zeit 104

천황제 179, 414

철의 장막 36, 54, 74, 77, 80, 100, 178

청구권 자금 287

체코민족위원회 61

초규범적 정치사상 386

추방민 60, 61

치안국가 423, 424

친공 세력 381

친미·반공(반공·친미) 245, 321, 324,
  334, 336, 337

친미주의 11, 188, 248, 252, 254, 259,
  321~324, 340, 345

친북 프레임 219

친북좌파(친북좌익) 243, 244, 253, 258,
  262, 265, 319, 379

친일프레임 219

ㅋ

카멜롯 프로젝트 94

케네디 행정부 277, 279, 285

쾨니히슈타인회Königsteiner Kreis 114

쿠바 위기 65

ㅌ

탈군국주의화 293

탈규제 422, 423

탈나치화denazification 227~229, 413,
  416

탈냉전 7, 177, 248, 252, 254, 255, 338,
  339, 358, 362, 379, 410, 413, 417

탈식민화decolonization 226, 411, 414

〈태극기 휘날리며〉 360

통일 7, 14, 45, 48, 49, 54, 62~64, 79,
  89, 101, 108, 128, 129, 132, 160,
  162, 174, 214, 233~235, 247, 267,
  270~273, 300, 304, 305, 315, 337,
  341, 356, 365~368, 392, 411, 412

통일과 정의로운 평화를 위한 독일 인민회
  의Deutscher Volkskongress für Einheit
  und gerechten Frieden 104

통합경제 지역Bizone 105

통합진보당 해산청구 사건 345

통행협정 65, 67

통화개혁 286

트라우마 19, 93, 287, 395, 396

트로츠키주의 17, 28, 86

트루먼 독트린 180, 224, 293, 410, 411
〈특별수사본부〉 355, 357, 366

ㅍ

파리 코뮌 38
파쇼적 반공주의 382
파시즘 14, 15, 23, 26, 28~31, 34, 35,
    48, 73, 74, 77, 91, 97, 122, 132, 179,
    180, 183, 184, 187~189, 193, 196,
    249, 414, 416, 418, 419
팔자 400, 407
페레스트로이카 28
편집증paranoid 27, 176, 177
편집증적 광기 385
평등주의적 인권 노선 379
평양 250, 261
평화공존 234, 383
평화와 자유를 위한 민족동맹VFF 53, 68,
    81
평화통일론 269, 273
『포린 어페어스』Foreign Affairs 271
포섭적 성격 371
〈포화 속으로〉 362
〈포화 속의 십자가〉 352
「폭력 비판을 위하여」 395
표현의 자유 27, 97, 339, 362, 385, 425
프랑스 점령지구 103, 106
〈피아골〉 351, 352, 358
피해대중 393

ㅎ

하나의 세계정책one world policy 224
한국 근현대사 교과서 198, 199, 201
한국 문제에 관한 긴급임무팀 279

한국기독교개혁운동 256
한국기독교교회협의회KNCC 252, 310,
    311, 376
한국기독교총연합회(한기총) 244
한국노총 307~310, 312~314
한국적 인권관 387
한국전쟁 13, 48, 94, 158, 161, 162, 166,
    167, 170, 175~178, 180, 185, 187,
    188, 190, 192, 195, 200, 226, 229,
    267~270, 288, 291, 298, 306, 307,
    323, 324, 348, 349, 352, 359~361,
    363, 369, 371, 378, 383, 392, 393, 405,
    411~419
한미동맹 263, 264, 341
한민당 178, 182~185, 193, 194, 196
한일관계 정상화 286, 287
한일협정 반대운동 285, 286
해방정책 53
해외 인권단체 377
햇볕정책 87, 222, 224, 229, 233, 235,
    236, 241, 242, 254, 367
행정법원 113
헌법수호 50, 51
헌법재판소 44, 45, 99, 114, 116, 122~
    124, 297, 345, 411
헤르만괴링사 102
헬싱키 프로세스 36, 87
혁명공약 280, 281, 338, 378
현실공산주의 독재체제 382
호국주의 371
호모사케르 393
홀로코스트 8, 29, 78, 88, 97
홉스식 상황 인식 375
휴머니즘 349, 351~353, 356, 365, 367

흑백 논리 93, 239
히스테리 94, 133, 176, 177, 181, 190,
  192, 417~419
힘의 공백 253~255, 265, 266